Die Zulässigkeit zweiseitig
zwingender Normen im Arbeitsrecht

Europäische Hochschulschriften

Publications Universitaires Européennes
European University Studies

Reihe II
Rechtswissenschaft

Série II Series II
Droit
Law

Bd./Vol. 3131

PETER LANG
Frankfurt am Main · Berlin · Bern · Bruxelles · New York · Oxford · Wien

Daniela Heise

Die Zulässigkeit zweiseitig zwingender Normen im Arbeitsrecht

Unter besonderer Berücksichtigung des § 4 Abs. 1 EFZG

PETER LANG
Europäischer Verlag der Wissenschaften

Die Deutsche Bibliothek - CIP-Einheitsaufnahme

Heise, Daniela:

Die Zulässigkeit zweiseitig zwingender Normen im Arbeitsrecht unter besonderer Berücksichtigung des § 4 Abs. 1 EFZG / Daniela Heise. - Frankfurt am Main ; Berlin ; Bern ; Bruxelles ; New York ; Oxford ; Wien : Lang, 2001
(Europäische Hochschulschriften : Reihe 2, Rechtswissenschaft ; Bd. 3131)
Zugl.: Bonn, Univ., Diss., 2000
ISBN 3-631-37640-5

D 5
ISSN 0531-7312
ISBN 3-631-37640-5

www.peterlang.de

Meinen Eltern

Inhaltsverzeichnis

Einleitung

I. Darlegung der aktuellen arbeitsmarktpolitischen Problemlage - Arbeitsrecht als Lösungsoption -

Wer sich mit dem deutschen Arbeitsrecht befaßt, stößt in letzter Zeit vermehrt auf den Vorwurf, dieses Arbeitsrechtssystem sei „überaltert"[1] und bedürfe infolge seiner „historisch überkommenen Vorstellung"[2] als Schutzgesetz dringend der Reform[3].

Daß derartige Mahnungen ihre Berechtigung nicht allein im rechtstheoretischen Bereich finden, sondern reale wirtschaftliche und soziale Notwendigkeiten widerspiegeln, wird bei der Betrachtung der gegenwärtigen Situation des deutschen Arbeitsmarktes offenbar:

Der Anstieg der Erwerbslosenquote von 2,5 Millionen Erwerbslosen 1991 auf nahezu 5 Millionen Erwerbslosen im Februar 1998[4] führt zu einer nahezu unerträglichen Belastung des Systems der sozialen Sicherheiten. Unabhängig von den verschiedenen Ursachen, von denen hier nur die Folgen der deutschen Wiedervereinigung und der europäischen Wirtschafts- und Währungsunion sowie die fortschreitende Globalisierung genannt werden sollen, steht der Gesetzgeber vor der Frage nach einem gemeinwohlverträglichen Ausweg. Infolge der rechts- und sozialstaatlichen Gebundenheit des Gesetzgebers verbietet sich hierbei eine einseitige Lastenverteilung, so daß vielmehr eine möglichst gleichmäßige, das heißt eine anhand der subjektiven Leistungsfähigkeit zu bestimmende Beteiligung aller Elemente erfolgen muß. Das bedeutet, daß neben der Wirtschaft auch der einzelne und damit auch der Arbeitnehmer teilhaben muß an den auftretenden Belastungen.

Trotz dieser Erkenntnis tut sich der Gesetzgeber schwer, seiner Aufgabe gerecht zu werden und die bestehenden Probleme durch rechtliche Konzeptionen zu lösen.

Die Ursache dafür liegt in zwei Punkten begründet.

---

1 *Heinze,* Wege aus der Krise des Arbeitsrechts, NZA 1997, S. 1 ff (1).
2 *Düwell,* Beschäftigungsschutz und Sozialstaat, AuR 1998, S. 149 ff (151).
3 *Oppolzer,* Individuelle Freiheit und kollektive Sicherheit im Arbeitsrecht, AuR 1998, S. 45 ff (45f).
4 FAZ vom 6.11.1998, S. 19.

Das deutsche Arbeitsrecht, als Antwort auf die soziale Frage des 19. Jahrhunderts konzipiert, hat unter der Geltung des Bonner Grundgesetzes einen Ausbau erfahren, der ausgehend von der Grundidee der Existenzsicherung der Arbeitnehmer zu einer stetigen Erweiterung der Arbeitnehmerrechte und –ansprüche führte. Angesichts der sich seit den 50er Jahren als kontinuierlich erweisenden Konjunktur der deutschen Wirtschaft, erscheint diese Entwicklung zugunsten der Arbeitnehmer folgerichtig und für ein System der sozialen Marktwirtschaft sogar zwingend. Die Beteiligung der Arbeitnehmer an der wirtschaftlichen Prosperität des Staates erfolgte durch die Ausweitung des sozialen und des arbeitsrechtlichen Schutzgesetzes. Der so entstandene Wohlfahrtsstaat sieht sich heute jedoch stark veränderten wirtschaftlichen Gegebenheiten ausgesetzt. Denn anders als in den vergangenen Jahrzehnten steht dem weiteren Ausbau dieser Systeme - und teilweise sogar ihre Fortführung auf dem heutigen Stand - die mangelnde Finanzierbarkeit infolge anderweitiger staatlicher Beanspruchung (Wiedervereinigung, Europäische Union) und verminderter wirtschaftlicher Leistungsfähigkeit entgegen.

Um einen Ausweg aus der Krise zu finden, wäre es im Rahmen einer gleichmäßigen Lastenverteilung konsequent, die Arbeitnehmer mittels eines teilweisen Abbaus ihrer arbeitsrechtlichen Ansprüche an dieser Krisenbewältigung zu beteiligen. Doch hier zeigt sich die Problematik eines seit vier Jahrzehnten nur „nach oben" ausgebauten Arbeitsrechts: In Sorge um die Reaktion vor einem Eingriff in bestehende arbeitsrechtliche Besitzstände scheut der Gesetzgeber die notwendigen Reformen. Die Gestaltung des Arbeitsrechts wird als Zementierung der rechtlichen Lage und damit als irreversibel gewertet.

Das zweite Problem, dem sich diese Arbeit vordringlich widmet, besteht für den deutschen Gesetzgeber in der Existenz und dem Wirkungsfeld der Tarifvertragsparteien. In Parallele zur stetigen Weiterentwicklung des individuellen Arbeitsrechts ist die Bedeutung der Koalitionen immer weiter gestiegen. Ganz im Zeichen der Abkehr von staatlichem Dirigismus entwickelten sich die Koalitionen zu bedeutenden Regelungskräften im Arbeitsrecht, die, gestützt auf die aus Art. 9 Abs. 3 GG gefolgerte Tarifautonomie ergänzend und sogar ausschließlich das Arbeitsrecht mittels Tarifvertrag gestalteten.

Daß dieses so entstandene Nebeneinander von Normsetzern im Moment der Krise zu einem Konkurrenzproblem wird, das nicht nur von theoretischem Belang ist, zeigt sich am Verhalten des Gesetzgebers selbst[5].

---

5 *Auch in der Literatur wird dieses Konkurrenzverhältnis als aktuelles Problem erkannt:*
Stein, Die Konkurrenz von Gesetz und Tarifvertrag, AuR 1998, S. 1 ff;
Henssler, Tarifautonomie und Gesetzgebung, ZfA 1998, S. 1 ff.

Ausgehend von der Überlegung, daß eine für notwendig erachtete Senkung der Lohnnebenkosten erforderlich ist, steht dem Staat rechtstechnisch die Möglichkeit zu Gebot, mittels zweiseitig zwingender Normen unabdingbar gesetzliche Ansprüche zu verringern.

Der Einsatz arbeitsrechtlicher Gestaltungen zur Verbesserung der Lage schien Mitte 1996 erstmals mit dem Entwurf eines neuen Entgeltfortzahlungsgesetzes realisiert zu werden. Damals wurde die Entgeltfortzahlung im Krankheitsfall gem. § 4 Abs. 1 S. 1 auf 80 % der bisher 100% des Entgeltes gesenkt. Doch die Diskussionen um eine Vereinbarkeit mit der Regelungskompetenz der Tarifvertragsparteien führte zu einer abdingbaren Regelung anstelle einer zwingenden Vorgabe.

Die Scheu vor einer Verletzung der koalitionären Rechte aus Art. 9 Abs. 3 GG durch Verwendung zweiseitig zwingender Normen steht damit als Hindernis auf dem Weg der Verbesserung der Arbeitsmarktlage mittels zwingenden legislativen Eingreifens[6].

Dieses Hindernis zu überwinden setzt voraus, daß der rechtliche Nachweis gelingt, daß dem Gesetzgeber das letztliche legislative Gestaltungsrecht zukommt und er aus diesem Grund mittels des Einsatzes zweiseitig zwingender Normen Wege aus der arbeitsmarktpolitischen Krise finden kann.

Damit ist es erforderlich, die generellen Zulässigkeitsvoraussetzungen dieses Normtypes festzustellen. Wie sich im Verlauf der Untersuchung anhand von Beispielen realisierter oder geplanter zweiseitig zwingender Normen zeigen wird, führte jede in diese Richtung zielende Gestaltungsüberlegung unweigerlich zu Meinungsdifferenzen, in deren Folge das Gesetz nicht als zweiseitig zwingende

Norm ausgestaltet wurde oder aufgrund langer gerichtlicher Klärungsverfahren um ihre Zulässigkeit nicht oder erst spät vom Makel der rechtlichen Unsicherheit befreit wurde

Dies zeigt insbesondere das Beispiel des § 57 a Hochschulrahmengesetz (HRG), der ebenso wie das Arbeiterkrankheitsgesetz (ArbKrankhG) erst nach einer verfassungsrechtlichen Klage seine volle rechtliche Akzeptanz und Wirkungskraft erhielt.

Angesichts der Tatsache, daß ein solches Verfahren nicht selten mehrere Jahre bis zur letztinstanzlichen Entscheidung in Anspruch nimmt (Einfügung des § 57 a HRG am 14. Juni 1985, Urteil des BVerfG am 30.07.1996), wird jeder bezweckte arbeitsmarktpolitische Effekt gemindert, wenn nicht gar aufgehoben. Damit erübrigt sich jedoch die Überlegung, durch gezieltes Einsetzen zweiseitig zwingender Normen konkrete Veränderung auf dem Arbeitsmarkt zu bewirken.

---

6 Diese Scheu hat auch v. *Arnim* konstatiert, der von einer Tabuisierung und Mystifizierung der Tarifautonomie spricht, in: Gemeinwohl und Gruppeninteressen, S. 108.

Um diese Konsequenz zu vermeiden, ist es notwendig, verbindliche formelle und materielle Voraussetzungen aufzustellen, die generell als Prämisse zulässiger Verwendung vorzuliegen haben.

In der Folge solcher genereller, den wissenschaftlichen Diskussionen im Einzelfall entzogener Zulässigkeitsvoraussetzungen ergibt sich die Option, zweiseitig zwingende Normen tatsächlich als schnellen Regelungsmechanismus zur Lösung arbeitsmarktpolitischer Problemlagen einzusetzen.

Die vorliegende Arbeit befaßt sich daher mit der Frage, ob es überhaupt möglich ist, zweiseitig zwingende Regelungen im Bereich der Arbeitsnormen zu erlassen und welche konkreten Zulässigkeitsvoraussetzungen generell vorliegen müssen.

II. Kodifikationsformen im Arbeitsrecht

Herkömmlich als „Sondermaterie der Arbeitnehmer"[7] bezeichnet, weicht das Arbeitsrecht nicht unerheblich von dem im Privatrecht vorherrschenden Prinzip der Vertragsfreiheit ab[8], um durch zwingende Arbeitnehmerschutzvorschriften das Funktionsdefizit des Arbeitsvertrages auszugleichen[9]. Zum Schutz des Arbeitnehmers vor der Disparität von Arbeitnehmer- und Arbeitgeberseite wurden erstmals 1869 in der Gewerbeordnung des Norddeutschen Bundes allgemeine Arbeitnehmerschutzvorschriften erlassen. Bis heute ist eine Fülle solcher Normen entstanden, die aufgrund ihrer öffentlich-rechtlichen Ausgestaltung bei Verstößen eine staatliche Ahndung sichern.

Dieses kodifikatorische Schutzsystem wird notwendig ergänzt durch die rechtliche Option des Tarifvertrages, zur Durchsetzungsstärkung der Arbeitnehmerseite mittels kollektiven Vorgehens. Dem so entstandenen Arbeitnehmerschutz steht ein differenziertes Betriebs- und Unternehmerverfassungsrecht zur Seite[10].

Dieser Schutztrias überlagert die privatrechtliche Vertragsfreiheit und fördert das Gleichgewicht von Arbeitnehmer- und Arbeitgeberstellung, so daß eine Ausbeutung frühkapitalistischer Provenienz der Vergangenheit angehört[11].

---

7 *Zöllner/Loritz*, Arbeitsrecht, § 1, S. 2.

8 *Löwisch*, Arbeitsrecht, § 3, S.21, RNr. 64; *Hanau/Adomeit*, Arbeitsrecht, S. 30.

9 *Löwisch*, Arbeitsrecht, § 3, S. 21, RNr. 64; *Zöllner/Loritz*, Arbeitsrecht, § 1, S. 4.

10 *Schaub*, Arbeitsrechts-Handbuch, § 2, S. 2.

11 *Hanau/Adomeit*, Arbeitsrecht, S. 31.

Die rechtliche Gestaltung der Arbeitsverhältnisse bedeutet jedoch nicht, daß das Arbeitsrecht, seine privatrechtliche Abstammung negierend, keinen Raum mehr für die freie Disposition der Vertragsparteien ließe. Diese Deutung verbietet sich allein aufgrund der Gesellschaftsstruktur des Grundgesetzes, die eine freiheitliche Gestaltung der Lebens-, und somit auch der Arbeitsverhältnisse (Art. 2 Abs. 1 GG), voraussetzt[12].

Die Gestaltung des Arbeitsrechtes steht somit vor dem Problem, sowohl den Arbeitnehmerschutzgedanken, als auch das freiheitliche Verfassungssystem ausreichend zu verwirklichen. Eine Möglichkeit zur Problemlösung bietet hierbei gerade die effektive Kombination der im Arbeitsrecht verwandten Normtypen.

Zu unterscheiden ist hier zwischen tarifdispositiven Normen, den einseitig zwingenden sowie zweiseitig zwingenden Normen[13].

Diese Einteilung zeigt die besondere Problematik der Normsetzung im Arbeitsrecht auf: Sowohl Tarifvertragsparteien als auch der Gesetzgeber besitzen in dieser Rechtsmaterie Regelungskompetenz, die sich teilweise gegenseitig ausschließt, wie die der tarifdispositiven Normen und der zweiseitig zwingenden Normen, oder unmittelbar aufeinander trifft, wie bei der einseitig zwingenden Norm.

Zur Erläuterung dieses Kompetenzproblems sind zunächst die verschiedenen Normtypen darzustellen.

1. Tarifdispositive Arbeitsrechtsnormen

Die tarifdispositiven Arbeitsrechtsnormen ermöglichen einerseits eine Abweichung von der schutzgesetzlichen Normierung in günstigere Richtung, beinhalten jedoch andererseits die Möglichkeit der Parteien, für den Arbeitnehmer auch ungünstigere Regelungen zu vereinbaren.

Die tarifdispositive Norm bietet den Tarifvertragsparteien somit lediglich einen Anhaltspunkt, welchen Regelungsinhalt der Gesetzgeber für angemessen hält.

Ermöglicht werden tarifdispositive Regelungen, die nach überwiegender Ansicht als solche explizit im Gesetzestext gekennzeichnet sein müssen[14], durch die Anerkennung der Aufgabe der Koalitionen zur Regelung der Arbeits- und Wirt-

---

12 *Schaub*, Arbeitsrechts-Handbuch, § 2,S.2.

13 *Winterfeld*, Das Verhältnis von Art. 1 § 1 BeschFG zu tarifvertraglichen Regelungen über befristete Arbeitsverträge, ZfA 1986, S. 157 ff (167).

14 BAG AP 1,2,6 zu § 13 BUrlG.

schaftsbedingungen in Art. 9 Abs. 3 GG und der damit einhergehenden Kompetenz zur sachnahen Regelung spezieller Arbeitsbedingungen[15].

Selbstverständlich können tarifdispositive Gesetze nicht die Regel arbeitsrechtlicher Vorschriften sein, da ansonsten die Gefahr eines von Tarifgebiet zu Tarifgebiet stark divergierenden Arbeitnehmerschutzes bestünde[16].

2. *Einseitig zwingende Arbeitsrechtsnormen*

Die einseitig zwingenden Arbeitsrechtsnormen stellen den überwiegenden Anteil der Schutzvorschriften dar[17].

Diese Normen gestatten den Arbeitsvertragsparteien Abweichungen zugunsten der Arbeitnehmer individual- oder tarifvertraglich zu vereinbaren, verbieten jedoch für den Arbeitnehmer ungünstige Abweichungen[18].

Sicherlich stellt diese Form des teildispositiven Gesetzes einen gelungenen Ausgleich von Schutzinteressen und Autonomierechten dar.

Problematisch ist hier jedoch - wie in den sonstigen Fällen eines Günstigkeitsvergleiches ebenfalls[19]- oftmals die Qualifizierung einer Vertragsregelung als günstiger im Verhältnis zum Schutzgesetz.

3. *Zweiseitig zwingende Arbeitsrechtsnormen*

Die dritte Normenart im Arbeitsrecht schließt jegliche Disposition durch Individual - oder Kollektivvertrag aus.

Diese sogenannten zweiseitig zwingenden Normen ermöglichen den Parteien weder ein günstiges noch ein ungünstiges Abweichen von dem Gesetzestext[20]. Vielmehr eröffnet diese Form der gesetzlichen Gestaltung der Legislative einen ungehinderten staatlichen Zugriff auf die Regelung des betreffenden arbeitsrechtlichen Bereiches.

---

15 Bsp.: §§ 7,25 AZG; § 13 BUrlG; §§ 616, 622 IV BGB; § 4 IV EFZG; § 6 BeschFG; §§ 48 II, 101 I,II ArbGG.

16 *Zöllner/Loritz*, Arbeitsrecht, § 6, S. 63.

17 *Schaub*, Arbeitsrechts-Handbuch, § 2, S. 2.

18 *Winterfeld*, Das Verhältnis von Art. 1 § 1 BeschFG zu tarifvertraglichen Regelungen über befristete Arbeitsverträge, ZfA 1986, S. 155 ff (167f).

19 *Belling*, Das Günstigkeitsprinzip im Arbeitsrecht, S. 1 ff;
Tech, Günstigkeitsprinzip und Günstigkeitsbeurteilung im Arbeitsrecht, S. 1 ff;
Wlotzke, Das Günstigkeitsprinzip, S. 1 ff ;
Blohmeyer, Das Günstigkeitsprinzip in der Betriebsverfassung, NZA 1996, S. 337 ff.
Heinze, Tarifautonomie und sogenanntes Günstigkeitsprinzip, NZA 1991, S. 329 ff.

20 *Schaub*, Arbeitsrechts-Handbuch, § 31, S. 167.

Von der Möglichkeit dieser Form arbeitsrechtlicher Regelung wurde bis dato wenig Gebrauch gemacht.

Dies könnte zum einen an der teilweise vertretenen Ansicht liegen, zweiseitig zwingende Normen stellten das typische Instrumentarium der Planwirtschaft dar und seien somit unvereinbar mit dem System der sozialen Marktwirtschaft in der Bundesrepublik[21]. Zum anderen stellt die Frage nach der Vereinbarkeit mit der grundrechtlich garantierten Tarifautonomie ein bis dato ungelöstes Problem dar.

III. Vorgehensweise der folgenden Untersuchung

Trotz dieser - zu untersuchenden - Probleme erscheint es angebracht, zu überlegen, ob die oben bereits geschilderte arbeitsmarktpolitische Lage (7.2.1997 höchster Arbeitslosenstand seit 1933 mit mehr als 4,7 Millionen Arbeitslosen) nicht mittels der stärkeren Verwendung zweiseitig zwingender Normen verbessert werden könnte.

Die Frage nach der Lösung arbeitsmarktpolitischer Mißstände durch gesetzliche Intervention stellt sich schon aus dem heutigen Verständnis der Aufgaben des Gesetzgebers, der nicht allein Normen schafft, die die Wertvorstellung der Gesellschaft enthalten, sondern dessen Aufgabe vielmehr eine aktive und flexible Gestaltung der Wirtschafts- und Sozialpolitik beinhaltet. Diese Steuerung und Planung nimmt der Gesetzgeber primär mit Hilfe von Legislativakten vor, die, sollen sie die angestrebte Wirkung entfalten, Abweichungen nicht zulassen können.

Aus diesem Grund ist im Folgenden zu untersuchen, welche Bedeutung die zweiseitig zwingenden Normen im Bereich der Förderung des Arbeits- und Sozialstandortes Deutschland haben bzw. in der Zukunft haben könnten.

Im Verlauf dieser Arbeit wird gezeigt werden, in einem ersten Teil, welche arbeitsrechtlichen Schutzgesetze bis dato ihre Ausprägung als zweiseitig zwingende Norm gefunden haben bzw. bei welchen Gesetzen diese Gestaltung in der Diskussion war, welche Schlußfolgerungen die jeweiligen Argumentationen zulassen und zudem, daß eine definitive Beurteilung anhand bisher gewählten Argumentationen ist, solange eine verfassungsrechtliche Abgrenzung der Regelungskompetenzen nicht erfolgt.

In einem zweiten Teil, wird untersucht, ob generelle Kompetenzabgrenzungskriterien existieren, die anhand von formellen und materiellen Verfassungsprinzipien und -vorgaben bestimmt werden können, um abschließend in einem dritten Teil festzustellen, ob die untersuchten Gesetze und insbesondere das § 4 Abs. 1

21 *Schaub*, Arbeitsrechts- Handbuch, § 31,S. 167.

S. 4 Entgeltfortzahlungsgesetz von 1996 mit zweiseitig zwingender Wirkung hätten ergehen können.

A. Erster Teil: Untersuchung der ausgewählten Gesetze, deren zweiseitig zwingende Wirkung in Literatur und Rechtsprechung umstritten war und ist

Um zu verdeutlichen, welche rechtlichen Probleme bei der Verwendung der zweiseitig zwingenden Normqualität besteht, werden im Folgenden drei Gesetze dargestellt, deren Normqualität umstritten ist. Es handelt sich hierbei um § 1 Arbeiterkrankheitsgesetz von 1957, § 1 Beschäftigungsförderungsgesetz 1985 sowie um § 57 a S.2 Hochschulrahmengesetz 1985.

Anhand der Auseinandersetzung mit den verwendeten Argumenten wird deutlich werden, daß eine tatsächliche Festlegung von generellen Zulässigkeitskriterien für zweiseitig zwingende Normen bisher nicht erfolgt ist. Um eine differenzierte Beurteilung der vertretenen Ansichten zu ermöglichen, werden jeweils sowohl die gesetzliche Lage vor und nach Inkrafttreten der betreffenden Norm erläutert sowie die relevantesten Argumentationen dargestellt und analysiert.

1. Kapitel: Normqualität des Arbeiterkrankheitsgesetzes von 1957

Die erste arbeitsrechtliche Normierung, deren zwingende Wirkung umstritten war, stellt das Arbeiterkrankheitsgesetz von 1957 dar.

I. Rechtslage vor Inkrafttreten des Arbeiterkrankheitsgesetzes

Nicht immer gehörte die Fortzahlung des Lohnes bzw. des Entgeltes im Krankheitsfall zu dem arbeitsrechtlichen Schutzstandard deutscher Arbeitnehmer.

In der den Merkantilismus ablösenden Zeit des Liberalismus[22] zu Beginn des vorigen Jahrhunderts war der Arbeitnehmerschutz vor Gefahren am Arbeitsplatz und Arbeitsunfähigkeit durch Krankheit faktisch nicht existent. Bei Krankheit entfiel die Bezahlung, so daß der Einzelne in einem solchen Fall sozial und körperlich verelendete und nicht selten starb.

Das unternehmerische Ziel der Gewinnoptimierung wurde nicht zuletzt mittels einer möglichst gravierenden Senkung des Kostenfaktors und Produktionsmittels Arbeitskraft realisiert[23]. Erst langsam verstärkte sich das Bewußtsein, daß

22 *Hueck/Nipperdey*, Arbeitsrecht, § 3 II, S. 9.
23 *Hueck/Nipperdey*, Arbeitsrecht, § 3 II, S. 8.

der Arbeitsvertrag nicht generell auf dem streng synallagmatischen Prinzip des Leistungsaustausches beruht, sondern den Arbeitgeber schutzrechtliche Fürsorgepflichten aufgrund der personenrechtlichen Prägung des Vertrages gegenüber seinem Arbeitnehmer treffen[24].

Die aus diesem Gedanken resultierende Überlegung, wie man abhängig Beschäftigte vor der Existenznot bei eintretender Krankheit bewahren könnte, wurde zum ersten Mal 1861 zur kodifikatorischen Realität.

Im Allgemeinen Deutschen Handelsgesetzbuch vom 24.6.1861[25] wurde zunächst ausschließlich für Handelsgehilfen eine sechswöchige Lohnfortzahlung im unverschuldeten Krankheitsfall vorgesehen. Daraus ergab sich für das Gros der abhängig Beschäftigten jedoch keine Besserung ihrer Situation bei Krankheit. Dies änderte sich auch nicht 1891 durch die Novelle der Gewerbeordnung, die eine Lohnfortzahlung für gewerbliche Angestellte in Leitungs- und Aufsichtsfunktionen vorschrieb[26].

Zwar galt die Gewerbeordnung ab 1871 im gesamten Deutschen Reich und nicht mehr allein in Preußen[27], jedoch kamen lediglich vereinzelte Arbeitnehmer in den Genuß der Lohnfortzahlung im Krankheitsfall. Dies änderte sich formal 1900 mit Inkrafttreten des § 616 im Rahmen des Bürgerlichen Gesetzbuches, der die Lohnfortzahlung im Krankheitsfall - aus Gründen der Humanität und der sozialpolitischen Rücksichtnahme[28] - nun auf alle Arbeitnehmer ausdehnte. Mangels zumindest einseitig zwingender Gestaltung der Norm war ihre faktische Kraft nur bedingt, konnte sie doch durch Vertrag jederzeit aufgehoben werden.

Die Zeit der Weimarer Republik brachte Veränderungen im Lohnfortzahlungsrecht, die teilweise bis zum Inkrafttreten des Entgeltfortzahlungsgesetzes am 1.1.1994 Bestand hatten. Hier erfolgte durch Notverordnungen die Trennung der Arbeiter und Angestellten betreffende Regelungen[29].

Während den Angestellten gemäß des neu eingeführten § 616 Abs. 2 BGB eine zwingende Lohnfortzahlung für sechs Wochen ohne Karenztage zugesprochen wurde, stellte die Regelung des § 616 Abs. 1 BGB, der bis hin zum vollständigen Ausschluß der Lohnfortzahlung[30] für Arbeiter abdingbar war, mit bis zu 50 % des Grundlohns und mit drei Karenztagen eine deutlich schlechtere Regelung dar.

---

24 *Nikisch*, Arbeitsrecht Band I, § 43 I, S. 610; so für das heutige Wirtschaftssystem BAGE 8, S. 285 ff (298).
25 Artikel 60, GS Preußen 1861, S. 449,491.
26 § 133 c GewO, RGBl 1891, S. 261, 277.
27 *K/D/H/K*, Einleitung RNr. 3.
28 Vgl.Motive II, S. 463.
29 RGBl I, S.517; RGBl I, S. 279.
30 *Hueck/Nipperdey*, Arbeitsrecht, § 44 Abs. 3, S. 339.

Diese Ungleichbehandlung führte ab 1955 verstärkt zu der Forderung einer unabdingbaren sechswöchigen Lohnfortzahlung für alle Arbeitnehmer, die von den Gewerkschaften und von der SPD-Fraktion im Bundestag erhoben wurden[31].

Infolge der Ablehnung eines in diese Richtung zielenden Gesetzesentwurfes der SPD[32] erfolgte 1956 ein 16 Wochen andauernder Streik von 34.000 Beschäftigten der Metallindustrie Schleswig-Holsteins. In Konsequenz dieses Streiks wurde zunächst größtenteils die Lohnfortzahlung für alle Arbeitnehmer in den Tarifverträgen verbessert. Auch in legislativer Hinsicht hatte dieser Streik Folgen: Am 26.6.1957 wurde das Arbeiterkrankheitsgesetz verkündet und trat am 1.7.1957 im Rahmen des Gesetzes zur Verbesserung der wirtschaftlichen Sicherung der Arbeiter im Krankheitsfalle in Kraft[33]. Dieses Gesetz garantierte zum ersten Mal allen Arbeitern eine Lohnfortzahlung im Krankheitsfall und trug so wesentlich zur Verbesserung der sozialpolitischen Situation der Arbeiter bei[34].

II. Änderung der rechtlichen Lage mit Inkrafttreten des Arbeiterkrankheitsgesetzes

Das Arbeiterkrankheitsgesetz von 1957 beinhaltete die zu Lasten des Arbeitnehmers unabdingbare Verpflichtung des Arbeitgebers zur Zahlung der Differenz zwischen den Leistungen der gesetzlichen Kranken- bzw. Unfallversicherung und 90 % des Nettolohnes, § 1 I S.1 und 2 ArbKrankhG. Diese Verpflichtung bestand gegenüber jedem Arbeiter, soweit der Arbeiter in einem vierwöchigen ununterbrochenen Arbeitsverhältnis mit seinem Arbeitgeber stand, § 1 Abs. 2 ArbKrankhG.

Eine weitere Voraussetzung für das Bestehen dieses Anspruchs war gemäß § 1 I S.4 ein bestehender Anspruch des kranken Arbeiters auf Zahlung von Kranken- oder Hausgeld aus der gesetzlichen Krankenversicherung oder auf die entsprechende Leistung aus der gesetzlichen Unfallversicherung. Gemäß § 8 Abs. 1 Nr. 2 RVO, der ebenfalls im Rahmen des Gesetzes zur Verbesserung der wirtschaftlichen Sicherung der Arbeiter im Krankheitsfall als Änderung und Ergänzung von Vorschriften des Zweiten Buches der Reichsversicherungsordnung Aufnahme fand, erfolgt die Zahlung des Krankengeldes erst am dritten Tag der Arbeitsunfähigkeit (mit besonderen Ausnahmen bei längerer Krankheitsdauer,

---

31 Vgl. *Schelp*, Verbesserung der wirtschaftlichen Lage des Arbeiters im Krankheitsfalle, RdA 1957, S. 245 ff (246).

32 BT-Drs. II/1704 vom 28.9.1955.

33 BGBl I 1957, S. 649 ff (651).

34 *Hessel*, Gesetz zur Verbesserung der wirtschaftlichen Sicherung der Arbeiter im Krankheitsfalle, BB 1957, S. 681 ff (681).

Arbeitsunfall und Berufskrankheit). Nach § 1 Abs. 1 S. 4 ArbKrankhG gelten diese beiden Karenztage somit auch als Voraussetzung für die Leistungen des Arbeitgebers.

Da der Gesamtbetrag des Krankengeldes 75 % des Grundlohnes nicht übersteigen durfte, § 8 Abs. 1 Nr.2, S.3 RVO - bei 50 % Minimumleistung - und der Arbeitgeber lediglich die Differenz zu 90% des Nettolohnes zu tragen hatte (Legaldefinition des Nettoarbeitsentgeltes in § 2 ArbKrankhG), belief sich der Arbeitgeberanteil auf minimal 15 % und maximal 40 % des Nettolohnes. Die Krankenkassen trugen damit den Großteil der finanziellen Belastung, der sich auf geschätzte 450 Millionen DM belief. Demgegenüber betrug der Arbeitgeberanteil ca. 130 Millionen DM[35].

Diese Regelung stellte damit eine gemischt sozialversicherungsrechtliche und arbeitsrechtliche Lösung des Lohnfortzahlungsproblemes im Krankheitsfall dar[36] und wird allgemein als „gespaltene Lösung" bezeichnet[37].

Die Trennung zwischen Lohnfortzahlungsregelungen bezüglich Arbeitern und Angestellten hat dieses Gesetz nicht überwunden. Die Entgeltfortzahlung für Angestellte bestimmte sich weiterhin nach § 616 Abs. 2 BGB, der weder Karenztage, noch vorherige Beschäftigungsfristen vorsah.

Der reelle Gewinn für die Arbeiter bestand in der Festschreibung der Unabdingbarkeit einer sechswöchigen Lohnfortzahlung im Krankheitsfall.

Die Auswirkungen des Arbeiterkrankheitsgesetzes waren sowohl in Bezug auf § 616 BGB, als auch bezüglich des Schicksals der bestehenden Tarifverträge umstritten.

III. Beurteilung der Normqualität des Arbeiterkrankheitsgesetzes durch Rechtsprechung und Literatur sowie Bewertung der Argumente im Hinblick auf ihre Eignung als generelle Kriterien für die Zulässigkeit zweiseitig zwingender Normen

Dies galt zunächst für das Schicksal der den Bereich der Lohnfortzahlung im Krankheitsfall kodifizierenden Tarifvertragsnormen.

---

35 Zahlen bei: *Trieschmann*, Lohnfortzahlung im Krankheitsfalle für Arbeiter, DB 1957, S. 532 ff (534).

36 *K/D/H/K*, Einleitung Rnr.13.

37 *Trieschmann*, Lohnfortzahlung im Krankheitsfall für Arbeiter, DB 1957, S. 532 ff (532); *Schelp*, Verbesserung der wirtschaftlichen Lage des Arbeiters im Krankheitsfalle, RdA 1957, S. 245 ff (247).

Hier kristallisierten sich in den Jahren nach Inkrafttreten des Arbeiterkrankheitsgesetzes 1957 drei Ansichten heraus, die die Normqualität divergierend beurteilten.

1. Begründung der Ansicht des Bundesarbeitsgerichtes, die das Arbeiterkrankheitsgesetz als temporäre zweiseitig zwingende Norm qualifiziert

Die erste Ansicht vertritt ein ipso iure Außer-Krafttreten aller bestehenden Tarifverträge mit entsprechendem Regelungsinhalt und damit eine temporäre zweiseitig zwingende Wirkung des Arbeiterkrankheitsgesetzes[38].

Die Grundsätze dieser Ansicht basieren auf dem Beschluß des BAG vom 17.12.1957. Das Resultat der generellen Derogation wird durch eine vielseitige Argumentation begründet:

a. Wegfall der Geschäftsgrundlage

Zum einen lehnt der Große Senat des BAG eine Fortgeltung tarifvertraglicher Regelungen aus dem Gesichtspunkt eines „Wegfalls der Geschäftsgrundlage" ab[39].

Die Grundlage jeder Tarifnorm, die die Lohnfortzahlung im Krankheitsfall vorsehe, stelle - unabhängig von einem diesbezüglichen Bewußtsein der Tarifvertragsparteien - die Regelung des § 616 Abs. 1 BGB dar. Irrelevant sei hierbei die Tatsache, daß § 616 Abs. 1 BGB durch Tarifvertrag modifiziert, erweitert oder abgedungen werde. Vielmehr bleibe diese Norm als einzige gesetzliche Normierung der Lohnfortzahlung zentraler Ausgangspunkt der tariflichen Gestaltung[40]. Wie in § 11 Abs. 2 ArbKrankhG eindeutig normiert sei, werde § 616 Abs. 1 jedoch durch dieses neue Gesetz verdrängt[41], so daß mangels einer normativen Grundlage die auf dieser Norm basierenden und in einem inneren sachlichen Zusammenhang stehenden Tarifverträge obsolet seien[42].

---

38 BAGE 8, S. 285 ff (309); *Gotzen/Doetsch*, § 6, S. 105;
Hiersemann, Normenkonkurrenz bei der Zuschußzahlung zum Krankengeld, RdA 1958, S. 210 ff (211);
Habner, Konkurrenz zwischen Arbeiterkrankheitsgesetz, Bürgerlichem Gesetzbuch und Tarifvertrag, BB 1960,S. 944 ff (944f).

39 BAGE 8, S. 285 ff (313).

40 BAGE 8, S. 285 ff (312f).

41 *Habner*, Konkurrenz zwischen Arbeiterkrankheitsgesetz, Bürgerlichem Gesetzbuch und Tarifvertrag, BB 1960, S. 944 ff (944);
Gotzen/Doetsch, § 6, S. 105.

42 BAGE 8, S. 285 ff (313).

b. Ordnungsprinzip

Weiterhin begründet diese Ansicht das Außerkraftsetzen der bestehenden Tarifverträge durch das Arbeiterkrankheitsgesetz mit dem das Günstigkeitsprinzip einschränkenden Ordnungsprinzip[43].

Um eine einheitliche Ordnung der Rechtslage zu sichern, soll nach dem BAG eine neue allgemeine Regelung eines arbeitsrechtlichen Tatbestandes die bisherige allgemeine - insbesondere auch günstigere- Regelung derart verdrängen, daß alle Arbeitsverträge von der neuen Regelung in vollem Umfang ergriffen werden. Dies müsse allein deshalb gelten, weil ansonsten einheitliche Ordnungen nur zugunsten der Arbeitnehmer geändert werden könnten: ein nicht praktikables Ergebnis[44].

Auch würde ansonsten die Rechtssicherheit und der Rechtsfriede gravierend beeinträchtigt.

c. Wortlautanalyse

Dieser Argumentation, die einen Fortfall der Tarifnormen aus externen Gründen fordert, stellt das BAG „Erlöschensgründe" aus den konkreten Regelungen des Arbeiterkrankheitsgesetzes im Verhältnis zu der Natur der Tarifnormen selbst zur Seite.

aa. § 11 Abs. 2 Arbeiterkrankheitsgesetz

Gemäß § 11 Abs. 2 ArbKrankhG treten am Tage des Inkrafttretens des Arbeiterkrankheitsgesetzes alle entgegenstehenden Vorschriften außer Kraft. Zur Entscheidung der Frage, ob § 11 Abs. 2 ArbKrankhG auch Tarifverträge erfaßt, mußte das BAG zunächst klären, welchen Begriffsinhalt der Begriff „Vorschriften" besitzt.

Das BAG begründet das Erfassen der Tarifverträge durch diesen Begriff und damit eine Ausdehnung der verdrängenden Wirkung des § 11 Abs. 2 ArbKrankhG zunächst über den Umweg einer Wirkung des § 11 Abs. 2 ArbKrankhG auf Tarifordnungen[45].

---

43 BAGE 8, S. 285 ff (311);
Hiersemann, Normenkonkurrenz bei der Zuschußzahlung zum Krankengeld, RdA 1958, S. 210 ff (211);
zustimmend: *Habner*, Konkurrenz zwischen Arbeiterkrankheitsgesetz, Bürgerlichem Gesetzbuch und Tarifvertrag, BB 1960, S. 944 ff (945).

44 BAGE 8, S. 285 ff (311).

45 BAGE 8, S. 285 ff (310).

Tarifordnungen seien als Kodifikationen des Gesetzgebers von der verdrängenden Wirkung eines neuen Gesetzes erfaßt, da dies gerade der Sinn und Zweck einer neuen Kodifikation sei.

Aufgrund der Ersetzung der Tarifordnungen durch Tarifverträge wäre eine Unterscheidung zwischen den Rechtsnormen unsinnig. Durch diese Gleichsetzung kommt das BAG zu dem Ergebnis, daß „Vorschriften" im Sinn des § 11 Abs. 2 ArbKrankhG auch bestehende Tarifverträge erfaßt und folglich außer Kraft setzt.

bb. § 6 Arbeiterkrankheitsgesetz

Weiterhin argumentiert das BAG mit § 6 ArbKrankhG, der vorsehe, daß die vorgenannten Vorschriften nicht zuungunsten der betroffenen Arbeiter abgedungen werden können.

Nach Ansicht des BAG schließt diese Norm einen Günstigkeitsvergleich des Arbeiterkrankheitsgesetzes mit bestehenden Tarifverträgen - und somit die Möglichkeit ihres Fortbestehens - aus[46].

Begründet wird diese Überlegung zunächst mit dem Wortlaut „abgedungen werden", der eher auf die alleinige Zulässigkeit eines Günstigkeitsvergleiches mit zukünftigen Tarifverträgen hinweise. Zudem könne eine Parallele zu § 4 Abs. 3 TVG nicht gezogen werden, da dieser lediglich das Verhältnis Tarifvertrag - Arbeitsvertrag, nicht jedoch dasjenige von Gesetz und Tarifvertrag erfasse.

Zur Verifizierung der These weißt das BAG zudem auf den Sinnzusammenhang der Paragraphen 11 Abs. 2 und 6 ArbKrankhG hin[47].

Die Tarifverträge seien aufgrund ihres Rechtsnormcharakters Vorschriften im Sinn des § 11 Abs. 2 ArbKrankhG. Würde § 6 ArbKrankhG eine Fortgeltung günstigerer Tarifverträge gestatten, wäre die weite Fassung des § 11 Abs. 2 ArbKrankhG („Vorschriften", nicht „Gesetze") sinnlos.

Insgesamt vertrage sich diese Auffassung von der Außerkraftsetzung der Tarifverträge mit der Tarifvertragsautonomie, da der Bereich zukünftiger günstigerer Regelungen der Normsetzungsbefugnis der Tarifvertragsparteien eröffnet sei[48].

Diesem Ergebnis haben sich Teile der Literatur - wenn auch größtenteils ohne Bemühen um eine nähere Begründung - unter Berufung auf den kodifikatorischen

---

46 BAGE 8, S. 2285 ff (310);
Habner, Konkurrenz zwischen Arbeiterkrankheitsgesetz, Bürgerlichem Gesetzbuch und Tarifvertrag, BB 1960, S. 944 ff (945).

47 BAGE 8, S. 285 ff (311).

48 BAGE 8, S. 285 ff (314).

Zweck bzw. auf die generelle Verdrängungswirkung nach dem Grundsatz: lex posterior derogat legi priori[49] angeschlossen.

2. *Beurteilung der Argumente des Bundesarbeitsgerichts*

a. *Der Wegfall der Geschäftsgrundlage als untaugliche Begründung für die vorrangige Geltung einer Rechtsnorm*

Die Grundsätze des Wegfalls der Geschäftsgrundlage, die eine Weiterentwicklung der bereits im Allgemeinen Landrecht bekannten[50] (und dort auch kodifizierten![51]) Lehre „clausula rebus sic stantibus“ darstellen[52], wurden bereits vom Reichsgericht angewandt[53]. Grund einer solchen Konzeption für Vertragsanpassungen waren die gravierenden Veränderungen der bei Vertragsschluß zugrunde gelegten Umstände, die aus dem ersten Weltkrieg, der Revolution und insbesondere der Inflation in den zwanziger Jahren resultierten[54]. Auch nach Stabilisierung dieser äußeren Geschäftsgrundlagen festigte sich diese Konzeption, wurde über die Fälle von Sozialkatastrophen hinaus erweitert und ermöglicht seitdem eine Änderung oder Aufhebung eines Vertrages, wenn ein Festhalten am Vertrag unzumutbar erscheint[55].

Die Übertragung dieser Konstruktion auf das vorliegende Problem der Weitergeltung bestehender Tarifverträge muß in der vom BAG angenommenen Allgemeinheit scheitern:

Die Anwendung des Wegfalls der Geschäftsgrundlage ergibt sich für Tarifregelungen zwar aufgrund der Rechtsform des Vertrages. Allerdings kann eine

---

49 *Schlessmann*, Günstigkeitsvergleich beim Arbeiterkrankheitsgesetz?,DB 1958, S. 109 ff (109);
Habner, Konkurrenz zwischen Arbeiterkrankheitsgesetz, Bürgerlichem Gesetzbuch und Tarifvertrag, BB 1960, S. 944 f (944f); *Gotzen/Doetsch*, § 6, S. 105.

50 Vgl. *Windscheid*, Die Lehre des römischen Rechts von der Voraussetzung, 1850.

51 Vgl. §§ 321, 519, 530 ALR.

52 RG 100, S. 129 ff (130).

53 Vgl. erstmals RG 103, S. 328 ff (332)

54 *Palandt-Heinrichs*, § 242, RNr. 112.

55 *Medicus*, Bürgerliches Recht, RNr. 166, S. 90; in st. Rechtsprechung anerkanntes Rechtsinstitut: BGH 25, S. 390 ff (392); BGH JZ 1966, S. 409 f; BGH NJW 1985, S. 2693 ff; BGH NJW 1976, S. 565 ff. Allerdings ist die konkrete Ausgestaltung sowie die Begründung der Lehre vom Wegfall der Geschäftsgrundlage noch nicht abschließend geklärt. Wie *Chiotellis* in: Rechtsfolgenbestimmung bei Geschäftsgrundlagenstörungen in Schuldverträgen (1981), anschaulich darstellt, existieren ca. 56 verschiedene Theorien. Dennoch stellt der Wegfall der Geschäftsgrundlage ein funktionales und in der Rechtsprechung auch verwandtes Instrument der Vertragsanpassung dar.

Vertragsanpassung, bzw. eine Vertragsaufhebung nach den allgemeinen Regeln dieses Rechtsinstituts nur dann erfolgen, wenn eine der *Vertragsparteien* das Festhalten am Vertrag für unzumutbar hält. Die Vertragspartei, zu deren Nachteil sich die dem Vertrag zugrundegelegte Basis ändert, kann ebenfalls an dem Vertrag festhalten, wenn sie aus wirtschaftlichen, persönlichen oder sonstigen - nicht nachzuprüfenden - Gründen die Vertragsabwicklung wünscht.

Das bedeutet, daß die Konzeption des Wegfalls der Geschäftsgrundlage ein Ausdruck der privatautonomen Gestaltungsrechte ist. Es besteht keine rechtliche Möglichkeit, die Vertragsparteien zu einer Änderung oder Aufhebung des Vertrages gerichtlich zu veranlassen, wenn die Vertragsparteien selbst diesen Wunsch nicht artikulieren. Dies führt zu der Konsequenz, daß es keine generelle Regel geben kann, die bei Veränderung der ursprünglichen gesetzlichen Ausgangsbasis zu einer ipso iure Aufhebung der Tarifverträge führt.

Hierzu ist vielmehr erforderlich, daß eine der Vertragsparteien die Unzumutbarkeit erklärt hat und deren Vorliegen (sowie die weiteren Voraussetzungen des Wegfalls der Geschäftsgrundlage) im Einzelfall gerichtlich festzustellen ist.

b. Das Ordnungsprinzip als untaugliche Begründung für die vorrangige Geltung einer Rechtsnorm

Das BAG bediente sich des Ordnungsprinzips um die Verdrängung der günstigeren Tarifverträge durch Gesetz zu begründen[56]. Ob dieses Prinzip tatsächlich einen Gesetzesvorrang der vom BAG apostrophierten Form zu begründen vermag, erscheint zweifelhaft. Dies gilt insbesondere bezüglich der Frage, ob das BAG hier nicht vielmehr auf den Grundsatz vom allgemeinen Vorrang des Gesetzes[57] bzw. auf das Derogationsprinzip unter dem Namen des Ordnungsprinzips zurückgreift[58].

Überlegungen zum Ordnungsprinzip waren in der damaligen Diskussion einer der Hauptschwerpunkte der Auseinandersetzung[59]. Es ist in seiner Funktion als notwendige Begrenzung des Günstigkeitsprinzips generell eine der entscheiden-

56 BAGE 8, S. 285 ff (311).

57 *Wiedemann/Stumpf*, TVG, § 4 Rn 312;
Kamman, Das Ordnungsprinzip in der Rechtsprechung des Bundesarbeitsgerichts, RdA 1967, S. 401 ff (403).

58 *Joost*, Ablösende Betriebsvereinbarungen und allgemeine Arbeitsbedingungen, RdA 1989, S. 17 ff (15).

59 *Hiersemann*, Normenkonkurrenz bei der Zuschußzahlung zum Krankengeld, RdA 1958, S. 210 ff (211);
Schlessmann, Günstigkeitsvergleich beim Arbeiter-Krankheitsgesetz?, DB 1958, S. 109 f (109);
BAGE 8, S. 285 ff (311).

den Überlegungsansätze zur Klärung des Verhältnisses von Gesetz und Tarifvertrag.

aa. Ursprüngliche Konzeption des Ordnungsprinzips

Nipperdey entwickelte das sogenannte Ordnungsprinzip (zusammen mit dem Leistungs- und Spezialitätsprinzip)[60] zunächst als Auslegungsregel bei der Frage, ob Tarifnormen bei Ablauf ihrer Geltungswirkung im Einzelarbeitsvertrag weiterwirken[61].

Mit Hilfe des Ordnungsprinzips, das auf die konkrete Gemeinschaftsordnung gegründet die Verdrängung alter durch neue kollektive Regelungen auch bzgl. der Geltung im Einzelarbeitsvertrag vorsieht, wurde zum ersten Mal das Ablösen einer Tarifordnung durch eine neue ungünstigere Tarifordnung dogmatisch begründet.

Dieses Ordnungsprinzip wurde im Laufe der Jahre weiter verallgemeinert, bis es als Kollisionsnorm den generellen Vorrang einer neuen, echt kollektivrechtlichen Ordnung vor einer bestehenden allgemeinen gesamtheitlichen betrieblichen Ordnung des gleichen Bereiches normiert[62]. Eine gesetzliche Normierung des Ordnungsprinzips unterblieb bis heute.

bb. Anwendung des Ordnungsprinzips auf das Verhältnis von Gesetz und Tarifvertrag als unzulässige Ausweitung

Das Ordnungsprinzip gilt seiner Entwicklungsgeschichte folgend primär zugunsten der Tarifvertrags- und Betriebsparteien, denen eine Abbedingung günstigerer betriebseinheitlicher Regelungen (Betriebsvereinbarungen, Gesamtzusagen etc.) ebenso ermöglicht wird, wie die Ablösung eines alten günstigen durch einen neuen ungünstigeren Tarifvertrag.

Das Ordnungsprinzip ist generell für die Frage der Derogationswirkung gleichrangiger kollektiver Ordnungen entwickelt worden[63].

---

60 *Nipperdey,* Mindestbedingungen und günstigere Arbeitsbedingungen, Lehmann-FS, S. 257 ff.

61 kurze Darstellung bei: *Kamman,* Das Ordnungsprinzip in der Rechtsprechung des Bundesarbeitsgerichts, RdA 1967, S. 401 ff (401).

62 *Siebert,* Kollektivcnorm und Individualabrede im Arbeitsverhältnis, Nipperdey-FS, S. 119 ff (126);
Hueck/Nipperdey, Arbeitsrecht II 1, § 30 VII, S. 593.

63 *Nipperdey,* Mindestbedingungen und günstigere Arbeitsbedingungen, Lehmann-FS, S. 275 ff;
Richardi, Eingriff in eine Arbeitsvertragsregelung durch Betriebsvereinbarung, RdA 1983, S. 201 ff (207).

Fraglich ist somit, ob das Ordnungsprinzip auf das Verhältnis Gesetz - Tarifvertrag angewandt werden kann.

Zunächst bleibt bei der Betrachtung entstehungsgeschichtlicher Aspekte zu beachten, daß das Ordnungsprinzip von Nipperdey ursprünglich konzipiert wurde, um eine Ablehnung der Nachwirkung günstiger Tarifordnungen bei Inkrafttreten neuer Tarifordnungen dogmatisch zu begründen.

Nipperdey selbst wandte jedoch das Ordnungsprinzip auch auf die in der damaligen Form existierenden Betriebsordnungen an, da diese ebenso wie die Tarifordnungen keinen Interessenausgleich bezweckten, sondern allein die Ordnung des Arbeitslebens garantieren sollten[64].

Vor allem die Rechtsprechung hat das Ordnungsprinzip häufig als entscheidende Kollisionsnorm herangezogen: So wurde mit Hilfe des Ordnungsprinzips neben der Ablösung alter durch neue ungünstigere Tarifverträge auch die Ablösung einer Betriebsvereinbarung durch eine andere Betriebsvereinbarung[65], einer Betriebsvereinbarung durch einen Tarifvertrag sowie die Aufhebung allgemeiner Vertragsbedingungen durch eine Betriebsvereinbarung entschieden[66].

Dabei wurde offensichtlich der ursprünglichen Konzeption des Ordnungsprinzips als Kollisionsregel ranggleicher Normen[67] wenig Aufmerksamkeit geschenkt. Vielmehr wurde es als allgemein gültiges Prinzip auch bei Normen verschiedener Rangstufen angewandt. Die Literatur hielt zum überwiegenden Teil an der ursprünglichen Konzeption fest und äußerte zum Teil harsche Kritik an der undifferenzierten Anwendungspraxis insbesondere des Bundesarbeitsgerichtes[68].

Im weiteren Verlauf der Diskussion gab der 3. Senat des BAG in seinem Urteil vom 30.1.1970 das Ordnungsprinzip als Entscheidungskriterium für Fälle der Kollision rangverschiedener Normen praktisch auf[69].

Für die Anwendung des Ordnungsprinzips wurde insbesondere in der Diskussion um das Arbeiterkrankheitsgesetz angeführt, daß sich die Anwendbarkeit des Prinzips in Fällen der Kollision rangverschiedener Normen und insbesondere in den Fällen einer Kollision von Tarifvertrag und neuer, ungünstigerer gesetzlicher

---

64 *Hueck/Nipperdey,* TVG; § 4 Rn 82.

65 BAG AP Nr. 11 zu Art. 44 Truppenvertrag; AP Nr. 1 zu § 7 BetrVG.

66 BAG AP Nr. 1 zu § 32 SchwBeschG; AP Nr. 5 zu § 9 TVG; AP Nr. 7 zu § 4 TVG Günstigkeitsprinzip; AP Nr. 1 zu § 242 BGB betriebliche Übung.

67 *Hilger,* Änderung und Aufhebung betriebseinheitlich geltender Arbeitsbedingungen, BB 1958, S. 417 ff (419).

68 *Zöllner,* Der Abbau einheitsvertraglicher Arbeitsbedingungen im nicht tariflich gesicherten Bereich, RdA 1969, S. 250 ff (252f);
Richardi, Eingriff in eine Arbeitsvertragsregelung durch Betriebsvereinbarung, RdA 1983, S. 201 ff (213f);
Fastrich, Betriebsvereinbarung und Privatautonomie, RdA 1994, S. 129 ff (129).

69 BAGE 22, S. 252 ff (259).

Norm aus einem Erst-recht-Schluß ergebe. Wenn das Ordnungsprinzip bereits späteren gleichrangigen Normen zur Geltung verhelfe, müsse dies erst recht gelten, wenn die spätere Norm schon aufgrund der arbeitsrechtlichen Rangordnung als höherstehend zu qualifizieren sei[70].

Daß diese Überlegung die Anwendung des Ordnungsprinzips bei der Kollision rangverschiedener Normen nicht begründen kann, ergibt sich zunächst aus dem Zweck, der ursprünglich mit dem Ordnungsprinzip zu erreichen beabsichtigt war.

Nipperdey hatte verhindern wollen, daß es aufgrund des Günstigkeitsprinzips zum einen zu einer nicht sinnvollen Bindung der Tarifvertragsparteien an alte Tarifregelungen käme[71]. Ohne das Ordnungsprinzip wären die Tarifvertragsparteien gezwungen, bestehende Regelungen lediglich in Form der Verbesserung durch neue Verträge zu ersetzen, ohne die Möglichkeit zu besitzen, die einmal gewährten Leistungen bedarfsorientiert auch wieder zurückzunehmen. Des weiteren würde es ohne das Ordnungsprinzip zu einer lediglich partiellen Geltung neuer Tarifverträge kommen, da lediglich die Bestandteile Wirksamkeit entfalten würden, die im Verhältnis zur existenten Regelung die günstigeren Normen aufzuweisen hätten. Dann aber wäre die Rechtsordnung und die Rechtssicherheit in diesem Bereich nahezu aufgegeben.

Bei rangverschiedenen Normen ergibt sich eine hiervon abweichende Situation. Insbesondere für das Verhältnis von Tarifverträgen und Gesetzen gilt, daß sich ihre Durchsetzbarkeit und ihre Legitimation in keiner Weise vergleichen läßt.

Zwar gelten sowohl Gesetze als auch Tarifverträge gemäß § 4 Abs. 1 TVG unmittelbar, sie unterscheiden sich jedoch in ihrem Wirkungskreis durch die Begrenzung der Tarifwirkung auf Mitglieder der Tarifvertragsparteien. Diese Begrenzung setzt sich auch auf der Legitimationsbasis fort, da (wie später noch näher zu erläutern sein wird) selbst bei der Ableitung der Tarifautonomie in Form der verdrängenden Normsetzungskompetenz unmittelbar aus der Verfassung selbst insofern keine Ranggleichheit mit dem Gesetzgeber erreicht wird, da die Koalitionen allein von ihren Mitgliedern legitimiert werden.

Das Ordnungsprinzip könnte daher ausschließlich eine *analoge* Anwendung finden. Das wiederum würde das Bestehen einer Regelungslücke voraussetzen. Für die grundsätzliche Gestaltung der Kollision verschiedenrangiger Normen besteht jedoch im gesamten Recht die sich aus der Rechtsquellenlehre ergebende

---

70 *Schlessmann*, Günstigkeitsvergleich beim Arbeiter-Krankheitsgesetz ?, DB 1958, S. 109 f (109).

71 *Nipperdey*, Mindestbedingungen und günstigere Arbeitsbedingungen, Lehmann-FS, S. 275 ff.

Rang- und Ablösungsregelung. Grundsätzlich ergibt sich die vorrangige Geltung einer höherrangigen Norm allein aus ihrer abstrakten Rangeinordnung, ohne daß hierbei auf die Frage nach dem Inhalt der Norm abgestellt würde. Im Arbeitsrecht steht an der Spitze der Normhierarchiepyramide das Gesetz, ihm folgt die Tarifvertragsregelung, die Vorrang vor der Betriebsvereinbarung besitzt, welche wiederum höherrangiger zu qualifizieren ist als die einzelvertragliche Vereinbarung.

Diese bestehende Kollisionsregelung macht eine analoge Anwendung des Ordnungsprinzips auf das Verhältnis Tarifvertrag - Gesetz überflüssig. Zudem ist zu berücksichtigen, daß das Ordnungsprinzip in seiner speziellen arbeitsrechtlichen Ausrichtung genauso wie die Rechtsquellenlehre eine rein formalistische Beurteilung der Kollision zuläßt.

Das Ordnungsprinzip ist dem zufolge nicht in der Lage, das Verhältnis von legislative und tarifautonomer Gestaltungsbefugnis materiell unter Berücksichtigung der sich aus der beiderseitigen Zuständigkeit zur Rechtsetzung ergebenden Abgrenzungsprobleme zu lösen.

Folglich ist kein Grund ersichtlich, warum der Anwendung des Ordnungsprinzips auf das Verhältnis von Gesetzen und Tarifverträgen zuzustimmen sein sollte. Die Argumentation des BAG greift materiell zu kurz und verlegt die Lösung der Kollision unzulässig in den formaljuristischen Bereich.

c. *Wortlautanalyse als untaugliche Begründung für die vorrangige Geltung einer Rechtsnorm*

Auch die Argumentation des BAG anhand einer Wortlautanalyse überzeugt nicht, denn eine an die Typik der Tarifordnung angelehnte Argumentation erscheint heute ungewöhnlich.

Die Tarifordnung war als rechtliches Instrument im 3. Reich nach Beseitigung der Koalitionen und Übernahme durch eine totalitäre staatliche Lenkung als Ersatz für Tarifverträge entstanden. Sie besaß die Normqualität einer Rechtsverordnung, mit der durch die entsprechenden staatlichen Stellen (staatlicher Treuhänder der Arbeit) eine generelle staatliche Regelung der Arbeitsbedingungen erfolgte[72]. Unter der Geltung des Grundgesetzes traten gemäß § 9 TVG kurz nach dem Zusammenbruch wieder Tarifverträge an die Stelle der Tarifordnungen, die Ermächtigungsgrundlage zum Erlaß von Tarifordnungen (§ 32 Abs. 2 i.V.m. § 65 Nr. 6 AOG) wurde am 1.1.1947 außer Kraft gesetzt (KRG Nr. 40) .

72 *Hueck/Nipperdey*, Band II, § 7, S. 88.

Tarifverträge hingegen sind materielle Gesetze von Privatrechtssubjekten, die aufgrund ihrer normativen Wirkung verbindliche Rechte und Pflichten für tarifgebundene Personen manifestieren[73].

Diese Betrachtung der Rechtswirkung der Tarifverträge an sich hätte selbstverständlich zur Begründung der Erfassung durch den Begriff „Vorschriften" des § 11 Abs. 2 ArbKrankhG genügt. Daß das BAG trotzdem diesem Argumentations(um)weg folgte, mag daran liegen, daß die Tarifordnungen Regelungen einer staatlichen Behörde in Form von Rechtsvorschriften waren, die wie Tarifverträge autonomes Recht darstellen. Die Verdrängung alter durch neue Regelungen mag damals allein für staatliche Regelungen anerkannt gewesen sein[74]. Abgesehen von der Frage, ob die Verdrängung tariflicher Normen durch neue Gesetze allgemein möglich ist, zeigt diese Argumentationsart, daß es dem BAG nicht primär darum ging, die Frage zu beantworten, ob Tarifverträge von dem Begriff „Vorschriften" erfaßt sind, sondern im Grunde genommen bereits, ob Tarifverträge von Gesetzen verdrängt werden können. Diese Problematik kann jedoch nicht allein durch die Fragestellung nach dem Unterfallen unter einen bestimmten Begriff beantwortet werden.

Dies gilt auch für die weiteren Argumentationen des BAG, die eine Verdrängungswirkung des Arbeiterkrankheitsgesetzes aus dem Wortlaut der §§ 6 und 11 begründen. Sicherlich ist der Wortlaut dahingehend deutbar, daß Tarifverträge mit anderslautender Regelung durch die neue gesetzliche Regelung obsolet werden sollten. Eine derartige Verdrängungswirkung allein durch die entsprechende Regelung im Gesetz zu bewirken, würde aufgrund der Existenz des Art. 9 Abs. 3 GG, der die Betätigungsfreiheit der Koalitionen schützt, voraussetzen, daß der Gesetzgeber autorisiert wäre, durch Gesetz in Tarifverträge einzugreifen und diese auch unwirksam werden zu lassen. Ob eine derartige rechtliche Option existiert, kann jedoch nicht lediglich formal-juristische beantwortet werden, sondern ist allein nach eingehender Beurteilung der materiell-rechtlichen Verfassungskonzeptionen zu ersehen.

d. Abschließende Bewertung

Wie im späteren zu zeigen sein wird, ist die Frage nach der Kompetenzverteilung bei der Regelung der Arbeits- und Wirtschaftsbedingungen bis dato derart strittig beantwortet worden, daß eine umfassende und verdrängende Legislativkompe-

---

73 *Gramm*, Das Ordnungsprinzip im kollektiven Arbeitsrecht, AuR 1961, S. 353 ff (354).

74 Vgl.*Hiersemann*, Normenkonkurrenz bei der Zuschußzahlung zum Krankengeld, RdA 1958, S. 210 ff (211).

tenz nicht a priori behauptet werden kann. Wenn das BAG das Problem der Kompetenzabgrenzung zwischen Tarifautonomie und Legislativkompetenz nicht zur Lösung des Verdrängungsproblems heranzieht, müssen alle weiteren Argumentationen anhand des Wortlautes, des Sinn und Zweckes etc. aufgrund der fehlenden Berücksichtigung dieser besonderen Regelungsüberschneidung als lediglich allgemein-formale Kriterien bei einer materiell überzeugenden Ergebnisfindung versagen. Daß das BAG die Tarifautonomie allein unter dem Gesichtspunkt erwähnt, daß eine Verletzung der Rechte aus Art. 9 Abs. 3 GG infolge der Abdingbarkeit des Gesetzes für zukünftige günstige Tarifverträge nicht vorliegen würde, zeigt, daß sich das BAG zu diesem Zeitpunkt noch nicht über die Brisanz und Relevanz einer speziell auf die Besonderheiten des Art. 9 Abs. 3 GG bezogenen inhaltlichen Abgrenzung der Regelungskompetenzen im klaren war.

Es bleibt festzuhalten, daß die vom BAG herangezogenen Argumentationstopoi nicht überzeugend begründen konnten, daß das Arbeiterkrankheitsgesetz von 1957 eine verdrängende Wirkung für bestehende Tarifverträge besaß.

3. *Begründung der Ansicht, die das Arbeiterkrankheitsgesetz auf der Basis des Günstigkeitsprinzips als einseitig zwingende Norm qualifiziert*

Die Ansicht des BAG wurde in weiten Teilen der Literatur aufgrund ihrer Argumentationsschwäche abgelehnt und dem entgegen eine einseitig zwingende Wirkung des Arbeiterkrankheitsgesetzes begründet.

So widerspricht insbesondere Herschel[75] der richterlichen Überlegung, alle bestehenden Tarifverträge fußten auf § 616 Abs. 1 BGB und wären somit mit dessen Wegfall ebenso obsolet, mit dem Verweis auf die fehlende Ratifizierungsmöglichkeit dieser These.

Vielmehr blieben die tarifvertraglich gesicherten Rechte der Arbeiter insoweit bestehen, als sie im Verhältnis zum Arbeiterkrankheitsgesetz günstigere Regelungen darstellten.[76]

Dies folge aus dem Zusammenspiel der § 11 Abs. 2 und § 6 ArbKrankhG. § 11 Abs. 2 ArbKrankhG bestimme das Außerkrafttreten entgegenstehender Vorschriften, die sich wiederum anhand des Maßstabs des § 6 ArbKrankhG ergeben. § 6 ArbKrankhG qualifiziere lediglich die für den Arbeiter ungünstigere

---

75 *Herschel*, Anmerkungen zum BAG-Beschluß vom 17.12.1959, AuR 1960, S. 223 f (224).

76 *Schelp/Trieschmann*, Das Arbeitsverhältnis im Krankheitsfall, S. 160;
Schediwy, Die Zuschußzahlungen zum Krankengeld im Krankheitsfall,RdA 1958, S. 51 ff (53);
Frey, Konkurrenz von Gesetz und Tarifvertrag bei der Zuschußzahlung zum Krankengeld, BB 1957, S. 753 ff (753).

Abweichung als entgegenstehend, so daß folgerichtig § 11 Abs. 2 ArbKrankhG auch nur diese Tarifregelungen ausschließe. Günstigere Regelungen - die sich nach dem allgemeinen Günstigkeitsvergleich des § 4 Abs. 3 TVG bemessen[77] - erfasse der Geltungsbereich des § 11 Abs. 2 ArbKrankhG dem entgegen nicht.

Somit werde deutlich, daß die bestehenden Tarifverträge nicht zur Gänze und ipso iure unwirksam würden, sondern vielmehr die grundsätzlich schwächere tarifliche Regelung sich bei positiv verlaufender Günstigkeitsprüfung neben der gesetzlichen Regelung behaupte[78].

Deutlich werde so, daß das Verhältnis von Arbeiterkrankheitsgesetz zu Tarifverträgen nicht das einer totalen, sondern vielmehr das einer partiellen Konkurrenz sei[79].

Damit müßten die bestehenden Tarifverträge zumindest dann weiter Geltung besitzen, wenn sie im Verhältnis zu den Regelungen des Arbeiterkrankheitsgesetzes günstigere Normierungen aufweisen.

4. *Beurteilung der Normqualifizierung anhand des Günstigkeitsprinzips*

Diese Begründung der Geltung bestehender und zukünftiger Tarifverträge anhand des Günstigkeitsprinzips scheitert an der rechtlichen Struktur und Geltungswirkung dieses Prinzips.

a. *Konzeption des Günstigkeitsprinzips und Anwendbarkeit im Verhältnis Gesetz - Tarifvertrag*

Das in § 4 Abs. 3 TVG normierte Günstigkeitsprinzip verhilft rangniedrigeren Rechtsquellen zur Geltung, soweit sie den selben Regelungsgegenstand beinhalten und eine günstigere Regelung vorsehen als die ranghöhere Norm[80].

Explizit gilt das Günstigkeitsprinzip gemäß § 4 Abs. 3 TVG allein für das Verhältnis von Tarifverträgen zu Einzelverträgen, nach gefestigter Auffassung begrenzt jedoch auch für das Verhältnis zu Betriebsvereinbarungen[81].

---

77 *Frey*, Konkurrenz von Gesetz und Tarifvertrag bei der Zuschußzahlung zum Krankengeld, BB 1957, S. 753 ff (753);
Schediwy, Die Zuschußzahlungen zum Krankengeld im Krankheitsfall,RdA 1958,S. 51 ff (53).

78 *Schelp-Trieschmann*, Das Arbeitsverhältnis im Krankheitsfall, S. 160;
Schediwy, Die Zuschußzahlungen zum Krankengeld im Krankheitsfall, RdA 1958, S. 51ff (53); *Herschel*, Anmerkungen zum BAG-Beschluß vom 17.12.1959, AuR 1960, S. 223f (224).

79 *Frey*, Konkurrenz von Gesetz und Tarifvertrag bei der Zuschußzahlung zum Krankengeld, BB 1957, S. 753 ff (753).

80 *Tech*, Günstigkeitsprinzip und Günstigkeitsbeurteilung im Arbeitsrecht, S. 4.

Problematisch ist die Frage, ob über den Anwendungsbereich des § 4 Abs. 3 TVG hinaus das Günstigkeitsprinzip als generelles Prinzip im Arbeitsrecht auch auf das Verhältnis von Tarifverträgen zu Gesetzen anzuwenden ist.

Bejaht man diese Frage, könnten Tarifverträge erstens generell von ungünstigeren gesetzlichen Regelungen abweichen, zweitens wäre es dem Gesetzgeber nicht mehr möglich, einmal gesetzte tarifvertragliche Standards mittels ungünstigerer Gesetze zu verändern. Damit wäre eine Feststellung, daß es aufgrund des Sozialstaats- und des Demokratieprinzips dem Gesetzgeber möglich sein muß, auch im Bereich materieller Arbeitnehmerschutzvorschriften zwingende Regelungen zu erlassen, aufgrund der Geltung des Günstigkeitsprinzips unmöglich.

Trotz dieser Bedenken wird die Übertragbarkeit des Günstigkeitsprinzips auf das Verhältnis Gesetz - Tarifvertrag größtenteils ohne weitere Begründung und mit divergierender rechtlicher Qualifikation[82], bejaht[83].

Zwar wird die Wirkung des Günstigkeitsprinzips teilweise von der ausdrücklichen Aussage der gesetzlichen Norm abhängig gemacht, daß sie keine unbedingte Geltung beanspruche, das heißt, daß sie lediglich einseitig zwingend wirken wolle[84]. Eine umfassende Würdigung dieser Problematik erfolgte bislang, soweit ersichtlich, jedoch nicht.

---

81 BAG AP Nr. 27 zu § 59 BetrVG 1952; BAG AP Nr. 5 zu § 4 TVG Effektivklausel; *Nikisch*, Arbeitsrecht, Band II, S. 427.

82 *Wiedemann*, Das Arbeitsverhältnis als Austausch- und Gemeinschaftsverhältnis, S. 22 ff; *Ramm*, JZ 1966, S. 214 ff (218) : Günstigkeitsprinzip als grundlegendes Rechtsprinzip mit rechtsfortbildender Funktion.
Ehmann/Lambrich, Vorrang der Betriebs- vor der Tarifautonomie?, NZA 1996, S. 346 ff (348) : Günstigkeitsprinzip als Verfassungsprinzip.

83 *Tech*, Günstigkeitsprinzip und Günstigkeitsvergleich im Arbeitsrecht, S. 26;
Hiersemann, Normenkonkurrenz bei der Zuschußzahlung zum Krankengeld, RdA 1958, S. 210 f (210);
Ehmann/Lambrich, Vorrang der Betriebs- vor der Tarifautonomie?, NZA 1996, S. 346 ff (348);
Nikisch, Arbeitsrecht, Band II, S. 419;
Schediwy, Die Zuschußzahlung zum Krankengeld im Krankheitsfall, RdA 1958, S. 51 ff (53);
Wlotzke, Das Günstigkeitsprinzip, S. 11.

84 *Nikisch*, Arbeitsrecht, Band II, S. 418;
Tech, Günstigkeitsprinzip und Günstigkeitsvergleich im Arbeitsrecht, S. 26 ;
Vgl. auch *Belling*, Das Günstigkeitsprinzip im Arbeitsrecht, S. 161ff (163). Belling will das Günstigkeitsprinzip nicht generell bei Gesetzen anwenden, sondern differenziert vielmehr nach der Normausrichtung in generell abdingbare Minimalgesetzgebung (S. 163) und in nur bei Öffnungsklauseln abdingbare verteilende arbeitsrechtliche Schutzgesetze (S. 164). Dieser Gedanke ist indes nicht innovativ: Bereits *Biedenkopf* hat in seinem Grundlagenwerk „Grenzen der Tarifautonomie“ die Abdingbarkeit staatlicher Arbeitsgesetzgebung anhand dieser Normqualifikation ent-

Ein grundlegender Ansatz, entgegen der herrschenden Meinung die Anwendbarkeit des Günstigkeitsprinzips im Verhältnis Tarifvertrag - Gesetz abzulehnen, stellt die Überlegung Biedenkopfs dar[85]:

Der Staat ist grundsätzlich zur Neutralität gegenüber den Tarifparteien und den Tarifverhandlungen verpflichtet. Wenn das Günstigkeitsprinzip es ermöglichen würde, stets zugunsten der Arbeitnehmer von der gesetzlichen Vorgabe abzuweichen, könnte dies eine einseitige Besserstellung der Arbeitnehmerseite darstellen, da die Arbeitgeberseite keine Möglichkeit besitzt, die Arbeitsbedingungen frei auszuhandeln.

Die Handlungsoption der Arbeitgeber bestünde dann allein darin, über den gesetzlichen Anspruch hinausgehende Forderungen der Arbeitnehmervertreter abzuwehren. Sie besäßen im Gegensatz zu den Arbeitnehmervertretern nicht die Option für sie günstig abweichende Regelungen zu vereinbaren.

Diese Überlegungen sind zutreffend:

aa. Unzulässigkeit der Anwendung als verhältnisbestimmendes Kriterium zwischen Gesetz und Tarifvertrag aufgrund des Neutralitätsgebotes

Im Gegensatz zu den Beteiligten eines Günstigkeitsvergleiches auf der Ebene der Tarifverträge, der Betriebsvereinbarungen und der Einzelabreden besteht hier der Sonderfall der Neutralitätsbindung des Gesetzgebers[86]. Dieser ist verpflichtet, keine der Tarifvertragsparteien in ihren Rechten unzulässig zu beschränken, indem er die Gegenseite bevorteilt. Folglich verbietet sich eine generelle und umfassende Anwendung des Günstigkeitsprinzips auf alle Gesetze. Zwar könnte man an eine partielle Geltung des Günstigkeitsprinzips bei expliziter gesetzlicher Normierung oder bei Minimalbedingungen, für die den Gesetzgeber eine aus dem Sozialstaatsprinzip resultierende Pflicht trifft, denken. Dem ist jedoch entgegenzuhalten, daß bei Differenzierung anhand des Normtypes kaum überwindbare Einordnungsschwierigkeiten bestünden. Die Geltung des Günstigkeitsprinzips bei expliziter gesetzlicher Gestattung ist in sich widersprüchlich, denn die ausdrückliche Zulassung günstigerer tariflicher Regelungen verdrängt als spezielle Normierung den allgemeinen Günstigkeitsgrundsatz.

Die Alternative zur Verletzung des Neutralitätsgebotes, die in der völligen Aufgabe zwingender Normen zugunsten einer umfassenden Tarifautonomie be-

---

schieden (S.143 ff). Wie auch Biedenkopf ist die Differenzierung Bellings dem Vorwurf ausgesetzt, daß derart weitreichende Konsequenzen sich nicht aus der kaum eindeutig zutreffenden Unterscheidung zwischen den jeweiligen Gesetzestypen ergeben können und dürfen.

85 *Biedenkopf*, Grenzen der Tarifautonomie, S. 149 f.

86 BVerfGE 50, S. 290 ff (309).

stünde, ist aufgrund der grundgesetzlichen Zuweisung zur Regelung der Arbeits-, Wirtschafts- und Sozialbelange durch den Staat nicht zulässig.

bb. Unzulässigkeit aufgrund des Sozialstaatsprinzips

Auch aufgrund der unten getroffenen Ausführungen[87] zu den aus dem Sozialstaatsprinzip resultierenden Verpflichtungen des Gesetzgebers kann einer Anwendung des Günstigkeitsprinzips nicht zugestimmt werden.

Würde man das Günstigkeitsprinzip aus das Verhältnis Gesetz - Tarifvertrag anwenden, würde im Ergebnis die vorgenommene Abgrenzung der Reichweite der Tarifautonomie von der staatlichen Gesetzgebungskompetenz auf einfachgesetzlichem Wege negiert. Dann aber würden die verfassungsrechtlichen Vorgaben, wie das Sozialstaats- und das Demokratieprinzip ebenso unbeachtet bleiben, wie das

hieraus resultierende Verhältnis der Kompetenzen. Denn es gilt zwar formell die gleiche Normquelle (Grundgesetz) als Kompetenzbasis für beide Seiten, von der gleichen Rangqualität kann man indes infolge der oben näher erläuterten Pflichten, Bindungen und Verantwortlichkeiten nicht ausgehen[88]. Bei der Beurteilung des Verhältnisses von Gesetz und Tarifvertrag muß es daher bei den Abgrenzungen anhand der Verfassungsgestaltung verbleiben.

cc. Unanwendbarkeit aufgrund der dem Günstigkeitsprinzip zugrunde liegende Konzeption

Die Unanwendbarkeit des Günstigkeitsprinzips ergibt sich auch bei der Betrachtung der dem Prinzip zugrundeliegenden Motivationen.

Das Günstigkeitsprinzip existiert nicht als Selbstzweck, sondern stellt vielmehr die Ausprägung des Leistungsgedankens dar und soll daneben der kollektivrechtlichen Geltungsmacht zugunsten der Privatautonomie Grenze setzen[89].

Der Leistungsgedanke stellt als individuelle Komponente sicher, daß der Einzelne seinen arbeitstechnischen besonderen Leistungen/ seinem Können entsprechend vom Arbeitgeber behandelt wird[90]. Die Anwendung des Günstigkeitsprin-

87 Vgl. ab S. 196 ff.

88 Die Rangdivergenz zwischen Gesetz und Tarifvertrag ist die unabdingbare Voraussetzung der Anwendbarkeit des Günstigkeitsprinzips (*Nikisch*, Arbeitsrecht, Band II, S. 418). Daß es sich bei der vorliegenden Divergenz jedoch um verfassungsrechtlich bestimmte Kompetenzgrenzen handelt, übersehen die meisten Autoren, die eine Anwendung des Günstigkeitsprinzips befürworten.

89 *Wlotzke*, Das Günstigkeitsprinzip, S. 43,47.

90 *Hueck/Nipperdey*, Lehrbuch des Arbeitsrechts, Band II/1, S. 572;

zips gemäß § 4 Abs. 3 TVG stellt diese Berücksichtigung der individuellen Leistung dar.

Der zweite Grund der Existenz des Günstigkeitsprinzips liegt in der durch die privatautonome Gestaltung des Grundgesetzes (insbesondere der allgemeinen Handlungs- und Vertragsfreiheit in Art. 2 Abs. 1 GG) erforderlichen Begrenzung der Kollektivmacht[91].

Die Existenzberechtigung der Kollektivparteien liegt in der Sicherung der individuellen Vertragsfreiheit, um die in den geschichtlichen Erfahrungen evident gewordene reale Imparität der Vertragspartner aufzufangen und auszugleichen. Da die Kollektivgewalt demnach eine Fortsetzung der Privatautonomie auf abstrahierter Ebene ist, muß sie infolge der Vorrangstellung, die das Grundgesetz der individuellen Entscheidungsfreiheit einräumt (Art. 2 Abs. 1 GG, Art. 12 GG, negative Koalitionsfreiheit, Art. 9 Abs. 3 GG), dort ihre Grenze finden, wo die Gefahr einer Benachteiligung durch arbeitsmarktbedingte Imparität nicht zu befürchten steht[92]. Diese Deutung des Verhältnisses von Kollektiv- und Individualautonomie erklärt die Geltung des Günstigkeitsprinzips zwischen Tarifvertrag und Einzelabrede.

Diese dem Günstigkeitsprinzip zugrundeliegenden Motivationen kommen bei der Anwendung des Prinzips auf das Verhältnis Gesetz - Tarifvertrag jedoch nicht zum Tragen:

Der Leistungsgedanke kann die Notwendigkeit der Anwendung nicht begründen, da der Regelungsinhalt der Tarifvertragsparteien lediglich die Anspruchsvoraussetzungen einer Gruppe von Arbeitnehmern betreffen kann. Eine spezielle Berücksichtigung der individuellen Arbeitsleistungen und des Arbeitsverhaltens unterbleibt.

Gleiches gilt für das zweite Element des Günstigkeitsprinzips. Hier wird nicht die Kollektivgewalt zur Wahrung der Privatautonomie zurückgedrängt. Vielmehr konkurrieren hier staatliche Kompetenz mit kollektiv-autonomer Kompetenz.

Die Causa der staatlichen Gesetzgebung besteht im Gegensatz zu den Koalitionen auch nicht in der Beseitigung der zwischen den Vertragsparteien bestehenden Ungleichheiten. Staatliches Handeln wird - wie oben erläutert - vielmehr durch gesamtwirtschaftliche und gesamtarbeitsmarktpolitische Gründe motiviert, in denen neben den Interessen der am Arbeitsleben Beteiligten auch die Interessen der übrigen Bevölkerung, der Wirtschaft sowie die zukünftige Entwicklung des Staates Berücksichtigung finden.

Nikisch, Arbeitsrecht, Band II, S. 421.

91 *Wlotzke*, Das Günstigkeitsprinzip, S. 47.

92 Vgl. *Heinze*, Tarifautonomie und das sogenannte Günstigkeitsprinzip, NZA 1991, S. 329 ff (331).

Stellt damit das Gesetz keine Fortsetzung bestehender Interessen (der Tarifvertragsparteien) auf höherer Ebene dar (wie dies für das Verhältnis von Tarifvertrag und Einzelabrede gilt), kann sich eine Zurückdrängung der Gesetzgebungskompetenz durch das Günstigkeitsprinzip auch nicht aus einer Gleichrichtung der betroffenen Interessen ergeben.

Die zwischen Gesetzgeber und Tarifvertragsparteien vorzunehmende Kompetenzabgrenzung kann sich nicht anhand des Günstigkeitsprinzips ergeben, da mangels ausreichend differenzierter verfassungsrechtlicher Gesichtspunkte allein nach der Frage der jeweiligen Günstigkeit entschieden würde.

b. Ergebnis: Keine Verhältnisregelung zwischen Gesetz und Tarifvertrag mittels des Günstigkeitsprinzips

Entgegen der herrschenden Meinung ist das Günstigkeitsprinzip nicht geeignet, den Vorrang tariflicher Normen auf dem Wege des Günstigkeitsvergleiches zu manifestieren. Damit können zum einen zwingende ältere Gesetze nicht durch neue günstigere Tarifverträge abgedungen werden sowie zum anderen neue ungünstigere Gesetze bestehende günstigere Tarifverträge im Rahmen der verfassungsrechtlichen Grenzen außer Kraft setzen.

Das Günstigkeitsprinzip kann folglich auch keine Kompetenzregelung bzgl. des Arbeiterkrankheitsgesetzes normieren.

5. Begründung der Ansicht, die das Arbeiterkrankheitsgesetz als generelle zweiseitig zwingende Norm qualifiziert

Die dritte Ansicht dehnt den Geltungsbereich des Arbeiterkrankheitsgesetzes zu Lasten der Tarifverträge auch mit Wirkung für die Zukunft aus und qualifiziert das Arbeiterkrankheitsgesetz damit als zweiseitig zwingende Norm[93].

a. Derogation nach den Prinzipien „lex specialis“ und „lex posterior“

Sich weitgehend grundsätzlich der Argumentation des BAG anschließend (bzgl. der Geltung des Ordnungsprinzips), verweist Schlessmann u.a. auf die Geltung des Prinzips des „ lex specialis derogat legi generali“. Dies gelte insbesondere im Verhältnis Tarifvertrag - Gesetz, da hier ein jüngeres Gesetz einer älteren privat-

93 *Schlessmann*, Günstigkeitsvergleich beim Arbeiterkrankheitsgesetz ?, DB 1958, S. 109 f (109),
Biedenkopf, Grenzen der Tarifautonomie, S. 165.

rechtlichen Regelung gegenüberstehe, die stets die schwächere Regelungsquelle darstelle[94].

b. Wortlautanalyse

Die Schlußfolgerungen dieser Ansicht aus dem Text des Arbeiterkrankheitsgesetzes gehen jedoch über die des BAG hinaus.

Sowohl Schlessmannn als auch Biedenkopf argumentieren anhand des Wortlauts des § 6 ArbKrankhG: " Die Vorschriften dieses Abschnitts können nicht zuungunsten des Arbeiters abgedungen werden...".

Während Biedenkopf[95] aus der singulären Verwendung des Begriffs „Arbeiters" den Schluß einer allein einzelvertraglichen Änderungsoption zieht, sieht Schlessmann[96] den Beleg für den Ausschluß kollektivrechtlicher Regelungen in der Verwendung des Begriffes „abdingen". Dieser Begriff sei allein definiert im Sinn einer Vereinbarung im Rahmen von Einzelverträgen. Hätte der Gesetzgeber eine kollektive Abänderungsoption eröffnen wollen, hätte er in Parallele zu § 4 Abs. 3 TVG den Begriff „regeln" verwenden müssen.

Beide Autoren belegen das so gewonnene Ergebnis mit Argumentationen zum Sinn und Zweck des Arbeiterkrankheitsgesetz. Da aufgrund der Aufhebung in § 11 Abs. 2 ArbKrankhG deutlich werde, daß der Gesetzgeber mit dem Arbeiterkrankheitsgesetz eine abschließende Regelung treffen wollte, sei es nicht ersichtlich, wieso diese kodifikatorische Wirkung auf die Vergangenheit begrenzt sein solle. Dafür spreche die sorgfältige Austarierung des Verhältnisses von Sozialversicherungs- und Arbeitsrecht, die vom Gesetzgeber mit Blick auf die Schaffung einer neuen Belastung für den Arbeitgeber mit Bedacht gewählt sei, um der Wirtschaft keine unzumutbare Neubelastung aufzuerlegen.

6. Beurteilung der Argumente

a. Wortlautargumentation kein ausreichendes Kriterium, um das Verhältnis von Gesetz und Tarifvertrag zu bestimmen

Den Vertretern dieser Ansicht ist zuzugeben, daß sowohl der Wortlaut des § 11 Abs. 2 ArbKrankhG, als auch insbesondere der Zweck des Gesetzes, eine umfangreiche und nach Billigkeitsgesichtpunkten zutreffende Aufteilung der Kosten

---

94 *Schlessmann*, Günstigkeitsvergleich beim Arbeiter-Krankheitsgesetz?, DB 1958,S. 109 f (109).

95 *Biedenkopf*, Grenzen der Tarifautonomie, S. 165.

96 *Schlessmann*, Günstigkeitsvergleich beim Arbeiter-Krankheitsgesetz?, DB 1958,S. 109 f (109).

der Lohnfortzahlung im Krankheitsfall zu kreieren, für einen generellen Verdrängungswillen bzgl. der bestehenden und auch der künftigen Tarifverträge spricht.

Allerdings ist dieser Argumentation, ebenso wie der Überlegung des BAG zum Wortlaut der Normen, vorzuhalten, daß allein der Wille des Gesetzgebers nicht ohne weitere Berücksichtigung der Vorgaben des Art. 9 Abs. 3 GG als hinreichendes Einschränkungserfordernis angesehen werden kann.

Eine dergestalte Aussage könnte lediglich das Ergebnis der im Folgenden vorzunehmenden Untersuchung der Kompetenzgrenzen der verschiedenen rechtsetzenden „Organe“ (Gesetzgeber und Tarifvertragsparteien) sein.

b. Derogationsprinzip ebenfalls kein ausreichendes Kriterium

Dieser Einwand gilt ebenfalls für die allgemeine Verdrängungsregel „lex specialis derogat legi generali“, der im deutschen Recht allgemein Kollisionsfragen entscheidet.

Dieser Grundsatz ist zunächst einmal dann anwendbar, wenn sich zwei Normen des staatlichen Gesetzgebers gegenüberstehen. Hier ist es sinnvoll, die speziellere Regelung bei entsprechenden Sachverhalten vorrangig anzuwenden, um dem Willen des Normgebers, der eine von der generellen Regel abweichende Norm für erforderlich gehalten hat, gerecht zu werden.

Die Übertragung dieser Kollisionsregel auf das Verhältnis Gesetz - Tarifvertrag scheitert zunächst einmal an der Tatsache, daß hier keine „leges“ zu bewerten sind. Vielmehr handelt es sich bei den Tarifverträgen um privatrechtliche Vereinbarungen, die allein in ihrer Wirkung teilweise der Wirkungsweise von Gesetzen angenähert sind (§ 4 Abs. 1 TVG).

Hier fehlt es demnach schon an dem Willen eines einzigen Normgebers, der in Abweichung zur generellen eine spezielle Regelung für notwendig hält.

Wenn Schlessmann argumentiert, die Verdrängung der Tarifverträge durch das Arbeiterkrankheitsgesetz ergebe sich zudem aus der Rangordnung der Rechtsquellenlehre[97], muß noch einmal festgestellt werden, daß die Rechtsquellenlehre im Arbeitsrecht nicht geeignet ist, daß Verhältnis von gesetzlichen und koalitionären Regelungen final zu bestimmen. Dies gilt insbesondere aufgrund der Tatsache, daß unter anderem das Bundesverfassungsgericht sogar von einer Normsetzungsprärogative der Tarifvertragsparteien ausgeht. Diese Qualifizierung wäre - unbeachtet ihrer Verifizierung- nicht möglich, wenn bereits die Rechtsquellenlehre oder allgemeine staatstheoretische Kollisionsregeln das Verhältnis abschließend festschreiben könnten.

---

97 *Schlessmann,* Günstigkeitsvergleich beim Arbeiterkrankheitsgesetz ?, DB 1958, S. 109 f (109).

Auch diese Ansicht kann ihre Thesen daher nicht überzeugend begründen.

IV. Ergebnis: Die Normqualität des Arbeiterkrankheitsgesetzes wurde nicht hinreichend belegt. Fehlende Eignung der Argumente, um das generelle Verhältnis von Gesetz und Tarifvertrag festzustellen und Zulässigkeitskriterien für zweiseitig zwingende Normen aufzustellen

Im Ergebnis handelt es sich dieser letzten Ansicht zufolge um eine generelle zweiseitig zwingende Norm, während das BAG zu dem Ergebnis einer temporären zweiseitig zwingenden Wirkung gelangt und die zweite Ansicht von einer tarifdispositiven Gestaltung des Arbeiterkrankheitsgesetzes ausgeht.

In der Praxis setzte sich die von Herschel vertretene Ansicht durch. Die Tarifverträge, die Regelungen bezüglich der Lohnfortzahlung im Krankheitsfall beinhalteten, blieben insoweit in Kraft, als sie im Verhältnis zum Arbeiterkrankheitsgesetz günstigere Regelungen aufwiesen[98]. Jedoch wurden auch die im Günstigkeitsvergleich dem Arbeiterkrankheitsgesetz überlegenen Tarifnormen teilweise neu gestaltet. Dies geschah, um den Günstigkeitsvergleich im Einzelfall zu vermeiden, indem sowohl bestehende tarifliche Regelungen erhalten, als auch die neuen Regelungen des Arbeiterkrankheitsgesetzes im Tarifvertrag aufgenommen wurden[99].

Das Arbeiterkrankheitsgesetz hat, wie kaum ein zweites arbeitsrechtliches Schutzgesetz, das Bundesarbeitsgesetz in den Jahren nach seinem Inkrafttreten beschäftigt. Dies belegen die Zahlen der in den Folgejahren anhängigen Revisionen: Den Höhepunkt setzte das Jahr 1958 mit 32 Revisionsvorlagen, das Jahr 1959 blieb, wie das Jahr 1960 (15 Revisionen) mit 23 Revisionen hinter diesem Wert zurück, verdeutlicht jedoch ebenfalls die Problematik im praktischen Umgang mit diesem Gesetz, dessen Normqualität und funktionale Stellung nicht eruiert war[100]. Dieser Mangel haftete dem Arbeiterkrankheitsgesetz bis zu seiner Ablösung durch neue Arbeiterschutzgesetze an.

Auffällig ist, daß in der gesamten wissenschaftlichen Auseinandersetzung kaum einmal das Problem eines eventuell unzulässigen Eingriffs in Art. 9 Abs. 3 GG aufgegriffen wurde. Lediglich das Bundesarbeitsgericht wirft in seinem Beschluß vom 17.12.1959 dieses Problem auf, um es jedoch unmittelbar mit der Überlegung abzutun, die Möglichkeit einer dem Arbeiterkrankheitsgesetz zeitlich

98 *Schelp/Trieschmann*, Das Arbeitsverhältnis im Krankheitsfall, S. 161 f.

99 Bsp: § 15 TOB vom 19.7.1957, in: MinBl des Bundesministers der Finanzen 1957, S. 916.

100 *Joachim*, Die Rechtsprechung des Bundesarbeitsgerichtes zum Arbeiterkrankheitsgesetz, BB 1961, S. 219 ff (219).

nachfolgenden Regelung durch die Tarifvertragsparteien garantiere die Tarifautonomie in hinreichendem Maße[101].

Der Verzicht auf eine Untersuchung des Problems unter dem Aspekt der Autonomieverletzung erscheint nicht ganz nachvollziehbar, handelt es sich bei der Lohnfortzahlung im Krankheitsfall doch um eine die Gewerkschaften besonders elementar betreffende Problematik, die bereits im 19. Jahrhundert zu einem besonderen Anliegen im Schutz der Arbeiter wurde und sich diese besondere Rolle bis und gerade in den Metallarbeiterstreiks Schleswig-Holsteins 1956 manifestierte.

Deutlich wurde bei der Untersuchung der vertretenen Ansichten, daß die von allen Vertretern herangezogenen Argumente das eigentliche Problem der Konkurrenz von Gesetz und Tarifvertrag nicht erfaßten. Die Auseinandersetzung mit Art. 9 Abs. 3 GG, die es allein ermöglicht, die tatsächlichen Kompetenzgrenzen festzustellen, wurde nicht gesucht.

Die angeführten Überlegungen zum Ordnungsprinzip, zum Günstigkeitsprinzip, dem Wegfall der Geschäftsgrundlage und den allgemeinen Verdrängungsregeln gehen zu stark problemverkürzend allein auf die sekundären Verdrängungsmechanismen ein.

Wie im weiteren zu zeigen sein wird, ändern sich im Verlauf der Zeit die Argumentationsformen bei den Überlegungen zur funktionalen Einordnung von Arbeitsrechtsgesetzen, deren Wirkung auf eine Verringerung des tarifvertraglichen Einflusses abzielen.

2. Kapitel: Das Beschäftigungsförderungsgesetz von 1985

Die zu untersuchende Regelung des Art. 1 § 1 Beschäftigungsförderungsgesetz (BeschFG) wurde am 26.4.1985 im Bundestag verabschiedet und trat am 1.5.1985 als Teil einer politischen Gesamtstrategie, die Änderungen sowohl arbeitsrechtlicher als auch sozialrechtlicher Regelungen vorsah, in Kraft[102].

Die hierin normierte Zulässigkeitserleichterung befristeter Arbeitsverträge bestand zunächst für den Zeitraum von fünf Jahren (1.5.1985 bis 1.1.1990), wurde jedoch bereits zweimal verlängert, zuletzt durch Gesetz vom 26.7.1994[103], das die ununterbrochene Fortgeltung des Beschäftigungsförderungsgesetzes bis zum 31.12.2000 vorsieht.

---

101 BAGE 8, S. 285 ff (314).
102 BGBl I, S. 710.
103 BGBl I, S. 1786.

Die ursprüngliche Bedeutung als temporäres Arbeitsmarktregulativ wurde so im Verlauf der Jahre zu einer permanenten Konzeption transformiert.

I. Rechtslage vor Inkrafttreten des Beschäftigungsförderungsgesetzes

Die grundsätzliche Möglichkeit des uneingeschränkten Abschlusses eines befristeten Vertrages ergibt sich aus der Grundregel des § 620 I BGB, die, explizit für Dienstverträge geltend, auch bei Arbeitsverträgen Anwendung findet.

Trotz der in dieser Befristungsoption zum Ausdruck kommenden Vertrags- und Dispositionsfreiheit des Unternehmers, wurde die Zulässigkeit arbeitsvertraglicher Befristungen im Gegensatz zu sonstigen Dienstverträgen judikativ konzipierten Voraussetzungen unterworfen[104].

Generelle Einschränkungen wurden mit Entstehen eines zwingenden Kündigungsschutzrechtes nötig, da hier das Problem einer Umgehung des durch diese zwingenden Normen entstandenen Dispositionsverlustes mittels des Instituts des befristeten Arbeitsvertrages relevant wurde[105].

Bereits das Reichsarbeitsgericht versuchte diese Umgehungsprobleme mittels einer Unwirksamkeitserklärung der Befristungsvereinbarung bei nachgewiesen absichtlicher Umgehung der Kündigungsvorschriften zu lösen[106]. Das Bundesarbeitsgericht hat in seiner Grundsatzentscheidung vom 12.10.1960[107] diesen im Kündigungsschutzgesetz zum Ausdruck kommenden Bestandsschutz und aus dem Sozialstaatsprinzip[108] als institutionelle Schranke[109] begründete Judikatur im Sinn einer objektiven Gesetzesumgehung, der objektiven Theorie Enneccerus/Nipperdeys[110] folgend, weiterentwickelt.

Hiernach war eine Befristung bereits dann unzulässig, wenn sie der unabdingbar gestalteten Rechtsnorm des Kündigungsschutzgesetzes zuwider lief. Eine Umgehungsabsicht festzustellen erübrigte sich, da der Normanspruch der zwingenden Regelung bereits bei objektiver Umgehung negiert wird[111].

In Konsequenz des sich in § 620 Abs. 1 BGB artikulierenden Prinzips der Vertragsfreiheit sind befristete Arbeitsverträge jedoch ein grundsätzlich zulässi-

---

104 *M/W/G/S-Winterfeld*, Beschäftigungsförderungsgesetz 1985, I 1., RNr. 3, S. 31.
105 *MüKo-Schwerdtner*, § 620, RNr. 1.
106 RAG, Arbeitsrechtssammlung Band 32, S. 174, zunächst bzgl. Kettenarbeitsverträgen, vgl. *MüKo-Schwerdtner*, § 620, RNr. 13.
107 BAGE (GS), DB 1961, S. 409 ff (409).
108 BAGE,DB 1955, S. 23.
109 *MüKo-Schwerdtner*, § 620, RNr. 14.
110 *Ennerccerus/Nipperdey*, BGB AT, S. 1162.
111 BAGE, DB 1961, S. 409 ff (410).

ges Vertragsinstrument, so daß ein Ausgleich zwischen Bestandsinteresse und Dispositionsfreiheit geboten war. Das Bundesarbeitsgericht fand einen solchen Ausgleich in der generellen Zulässigkeit befristeter Arbeitsverträge bei Vorliegen eines nachzuweisenden sachlichen Grundes[112]. Zwar wurde weder in dieser Grundsatzentscheidung, noch in den zahlreichen folgenden Entscheidungen des Bundesarbeitsgerichtes eine Definition des unbestimmten Rechtsbegriffes[113] „sachlicher Grund" aufgestellt, im Wege der richterlichen Rechtsfortbildung gelangte das Bundesarbeitsgericht jedoch zu Entscheidungsgrundsätzen, anhand derer der Begriff folgendermaßen präzisiert und modifiziert wurde:

Demnach sind befristete Arbeitsverträge zulässig, wenn aus der Sicht verständiger Vertragspartner ein arbeitsrechtlich beachtlicher Sachverhalt als sachlicher Grund für eine derartige Vereinbarung vorliegt[114]. Dies bedeutet, daß zunächst nach der Üblichkeit einer solchen Befristung im Arbeitsleben und den Verhältnissen im Einzelfall zu fragen ist, wobei die Beurteilung vom Standpunkt verständiger und verantwortungsbewußter Parteien zu geschehen hat[115]. Zu beachten ist, daß Ausgangs- und letztliches Bewertungskriterium immer die Frage nach einer objektiven Gesetzesumgehung der Kündigungsschutzvorschriften bleibt. In Konsequenz der diesbezüglichen Motivationssteuerung erübrigt sich eine richterrechtliche Zulassungsbeschränkung bei

a) Zeitverträgen unter sechs Monaten (wegen § 1 KSchG) und

b) Zeitverträgen in Kleinbetrieben (wegen § 23 Abs. 1 KSchG),

da hier der Regelungsbereich des Kündigungsschutzgesetzes nicht tangiert ist und somit auch nicht umgangen werden kann. Dies gilt aufgrund spezialgesetzlicher Kündigungsregelungen jedoch nicht für Schwangere (§ 9 MuSchG) und Schwerbehinderte (§ 12 ff SchwbG). Hier ist das Eingehen eines befristeten Arbeitsvertrages zwar möglich, aufgrund der Umgehungsgefahr des spezialgesetzlichen Kündigungsschutzes jedoch nur unter Beachtung eines sachlichen Grundes rechtswirksam[116].

Anhand dieser Richterrecht gewordenen Grundsätze hat das Bundesarbeitsgericht im Laufe der Jahre in einer Vielzahl von Einzelentscheidungen den unbestimmten Begriff des sachlichen Grundes mit Inhalt gefüllt[117].

Neben dieser richterrechtlichen Einschränkung des § 620 Abs. 1 BGB normierten auch tarifvertragliche Regelungen die formelle und materielle Zulässigkeit befristeter Arbeitsverträge, insbesondere die maximale Dauer der Befristung,

---

112 BAGE, DB 1961, S. 409 ff (410).

113 *Häfele*, Die Zulassung befristeter Arbeitsverträge durch § 1 BeschFG 1985, S. 57.

114 BAG AP NR. 39,50,52,54,56,70,72 zu § 620 befristeter Arbeitsvertrag.

115 *Häfele*, Die Zulassung befristeter Arbeitsverträge durch § 1 BeschFG 1985, S. 61f.

116 *M/W/G/S-Winterfeld*, Beschäftigungsförderungsgesetz 1985, RNr. 15, S. 36.

117 Beispiele bei: *Lorenz/Schwedes*, DB 1985, S. 1077 ff, (1077).

Wiederholungsvoraussetzungen, Schriftformerfordernisse sowie andere allgemeine Zulässigkeitsvoraussetzungen[118]. Das Verhältnis von Richterrecht und Tarifverträgen beruhte grundsätzlich auf einer Interdependenzwirkung: Die tariflich festgelegten Zulässigkeitsvoraussetzungen galten aufgrund großer Sachnähe der Tarifvertragsparteien[119] für das Bundesarbeitsgericht grundsätzlich als übliche Regelung im Arbeitsleben[120], wohin gegen die Tarifvertragsparteien sich an die vom Bundesarbeitsgericht entwickelten Grundsätze zur Befristungszulässigkeit zu halten hatten.

II. Änderung der rechtlichen Lage mit Inkrafttreten des Beschäftigungsförderungsgesetzes 1985

Die gesetzliche Neuregelung der Rechtslage bei befristeten Arbeitsverhältnissen durch Art. 1 § 1 BeschFG basierte allein auf arbeitsmarktpolitischen Motiven[121].

Infolge der auf hohem Niveau stagnierenden Arbeitslosenzahlen - für das Jahr 1985 wies das Jahresgutachten des Sachverständigenrates eine voraussichtliche Arbeitslosenzahl von 2.000.000, trotz einer allgemeinen Konjunkturlage und einer Steigerung des Arbeitskräftebedarfs aus[122] - verfolgten die Bundesregierung und die Regierungsfraktionen die Bekämpfung der Massenarbeitslosigkeit durch Initiativen zur Verbesserung der wirtschaftlichen Rahmenbedingungen und zur Verstärkung der Investitions- und Innovationsfähigkeit der deutschen Wirtschaft[123]. Der existierende Handlungsbedarf ergab sich aus der Progression der Arbeitslosenquote in den Jahren 1980 bis 1983 um jeweils 2 % absolut. So steigerte sich die Erwerbslosenquote von 3,8 % im Jahr 1980 auf 9,1 % im Jahr 1983, wobei 1984 diese Entwicklung stagnierte[124]. Aus der Erkenntnis, daß die Arbeitsmarktpolitik der Legislative einen wichtigen Beitrag zur Lösung arbeitsmarktpolitischer und allgemein-wirtschaftlicher Problemlagen zu leisten im Stande ist und diesen Beitrag auch leisten muß, folgte in Konsequenz der Entwurf zum Beschäftigungsförderungsgesetz 1985, der neben der Förderung von Arbeitsbeschaffungsmaßnahmen (Art. 7 BeschFG), einer schärferen Bestrafung bei illegaler Ausländerbeschäftigung (Art. 8 BeschFG), arbeitsrechtlicher Regelun-

118 Vgl. *Häfele*, Die Zulassung befristeter Arbeitsverträge durch § 1 BeschFG 1985, S. 70.
119 *M/W/G/S-Winterfeld*, Beschäftigungsförderungsgesetz 1985, RNr. 15, S. 36.
120 BAG AP Nr. 31,32,35,36 zu § 620 befristeter Arbeitsvertrag.
121 BT-DS 10/3217, S. 1.
122 BT-DS 10/2541, S. 155.
123 BT-DS, 10/2106, S. 14.
124 Jahreswirtschaftsbericht der Bundesregierung 1984, BT-DS 10/952, S. 34.

gen zur Teilzeitarbeit (Art. 1, §§ 2-6 BeschFG) als Zentralpunkt eben die erleichterte Zulassung befristeter Arbeitsverträge bei Neueinstellungen bis zum 1.1.1990 (Art. 1, § 1 BeschFG) vorsah.

Die vorhandene Phase konjunktureller Belebung sollte sich bis auf die Einstellungspolitik der Unternehmer durchschlagen und nicht erst die Stabilisierung dieser Phase abgewartet und der vermehrte Produktionsanfall mit Hilfe von arbeitsmarktpolitisch irrelevanten Überstunden aufgefangen werden. Aus diesem Grund sollte die erweiterte und durch Verzicht auf die vom Bundesarbeitsgericht aufgestellten Voraussetzungen erleichterte Möglichkeit des Abschlusses zeitlich befristeter Arbeitsverträge den Arbeitgebern einen Anreiz zur vermehrten Neueinstellung geben, final in der Hoffnung auf eine Umwandlung der befristeten in unbefristete Arbeitsverträge, dem sozialpolitisch erstrebten Arbeitsvertragskonzept[125].

Diese, als Angebot an die Wirtschaftsbeteiligten zur Leistung ihres Beitrags zum Abbau der Arbeitslosigkeit zu verstehende gesetzliche Normierung wurde im Verlauf des Gesetzgebungsverfahrens einigen Änderungen durch Beschlüsse des 11. Ausschusses für Arbeit und Sozialordnung unterzogen, blieb jedoch in seinen wesentlichen Grundaussagen unverändert[126].

Der ursprüngliche Referenten-Entwurf[127], der eine 12 monatige Befristungshöchstdauer und die Geltung des BeschFG bis zum 31.12.1991 vorsah, wurde verworfen, da die Regierungsfraktionen bereits 1990 mit einer Entspannung der Arbeitsmarktlage rechneten und aus Arbeitnehmerschutzgründen die Regelungsdauer auf den unbedingt erforderlichen Zeitraum beschränken wollten[128]. Wie sich aus der Fortgeltung des Gesetzes bis ins Jahr 2000 ergibt, scheint diese Prognose eine eklatante Fehleinschätzung der wirtschaftlichen Entwicklung und des zwischenzeitigen - Februar 1998- Höchststandes der Arbeitslosenzahlen seit Bestehen der Bundesrepublik darzustellen.

Der von der SPD- Fraktion dem entgegen eingebrachte Antrag unterscheidet sich konzeptionell von dem Gesetz gewordenen Entwurf durch die strikte Ablehnung der Zulässigkeitserleichterung befristeter Arbeitsverträge und sieht die Lösung der arbeitsmarkt- und wirtschaftspolitischen Regressionsprobleme primär in der universal-wirtschaftlichen Einführung der Arbeitszeitverkürzung auf 35 Stunden pro Woche[129].

Dieser, auf Sozialverträglichkeits- und Arbeitnehmerschutzüberlegungen gründende Antrag wurde jedoch im Bundestag nicht aufgenommen, vielmehr

125 BT-DS 10/2102, S. 16, Begründung des Entwurfes der Bundesregierung.
126 BT-DS 3206, S. 5 ff.
127 BT-DS 10/2102, S. 5.
128 Anschlußbericht BT-DS 10/3206.
129 BT-DS 10/2132, S. 1,3.

wurde mit den Stimmen der FDP- und CDU/CSU- Fraktionen am 26.4.1985 das Beschäftigungsförderungsgesetz in seiner heutigen Form verabschiedet.

Inhaltlich stellt der § 1 BeschFG zwar eine Zulässigkeitserleichterung zur Notwendigkeit des Vorliegens eines sachlichen Grundes nach der Rechtsprechung des Bundesarbeitsgerichtes dar. Er beinhaltet jedoch - aufgrund der Notwendigkeit eine generelle Befristungsmöglichkeit mit dem Schutzzweck des KSchG in ein Verhältnis praktischer Konkordanz zu bringen[130] - ebenfalls normative Voraussetzungen für den Abschluß eines befristeten Arbeitsvertrages:

Gemäß § 1 Abs. 1 BeschFG muß der Arbeitnehmer neu oder alternativ im unmittelbaren Anschluß an seine Berufsausbildung infolge mangelnder unbefristeter Arbeitsplätze und nicht länger als einmalig für die Dauer von 18 Monaten eingestellt werden. Nach § 1 Abs. 2 BeschFG erhöht sich die Befristungsdauer auf 24 Monate, wenn es sich auf Seiten des Arbeitgebers um eine Betriebsgründung oder um eine Betriebsgröße von nicht mehr als 20 Arbeitnehmern handelt.

Neben der erleichterten Zulassung befristeter Arbeitsverträge besteht nach wie vor die Möglichkeit, Befristungen anhand der Rechtsprechung des Bundesarbeitsgerichtes zu rechtfertigen: Nach dem Sinn und Zweck der gesetzlichen Novation sollte § 1 BeschFG keineswegs Exklusivitätscharakter besitzen, sondern vielmehr in einem Parallelverhältnis zur bisherigen Rechtsprechung zu befristeten Arbeitsverhältnissen stehen.

Die einzelnen Kriterien des § 1 BeschFG waren bzw. sind umstritten und sind zu Objekten extensiver Erörterungen in Literatur und Rechtsprechung geworden[131]. Die Vielfalt divergierender Ansichten und Streitpunkte (z.B. über die Qualifizierung der Neueinstellung, dem Begriff der Berufsausbildung oder generell über die eventuelle Verletzung des Sozialstaatsprinzips durch Außerkraftsetzung des Kündigungsschutzgesetzes) kann und soll an dieser Stelle nicht Gegenstand der weiteren Darstellung sein[132].

Vielmehr interessiert hier allein die Frage nach dem Verhältnis des § 1 BeschFG zu den bestehenden und neuen Tarifverträgen, deren normative Regelungen die Zulässigkeit befristeter Arbeitsverträge beinhalten.

Wie bereits im Fall des Arbeiterkrankheitsgesetzes von 1957, wurde die funktionelle Relevanz des Beschäftigungsförderungsgesetzes stark divergierend betrachtet.

---

130 *Schanze*, Zur Frage der Verfassungsmäßigkeit der erleichterten Zulassung befristeter Arbeitsverträge im Beschäftigungsförderungsgesetz, RdA 1986, S. 30 ff (31).

131 Vgl.Streitstand bei: *Hafele*, Die Zulassung befristeter Arbeitsverträge durch § 1 BeschFG 1985, S. 78-85; *KK-BeschFG*, 65, RNr. 82.

132 Vgl.*Löwisch*, Das Beschäftigungsförderungsgesetz 1985, BB 1985, S. 1200 ff (1200).

III. Beurteilung der Normqualität des Beschäftigungsförderungsgesetzes durch Rechtsprechung und Literatur sowie Bewertung der Argumente im Hinblick auf ihre Eignung als generelle Kriterien für die Zulässigkeit zweiseitig zwingender Normen

Die Bestimmung des Verhältnisses von § 1 BeschFG zu Tarifverträgen desselben Regelungsbereiches wurde in den Jahren nach Inkrafttreten des Beschäftigungsförderungsgesetzes zu einer der umstrittensten Fragen, die dieses Gesetz aufwarf.

So fand eine überaus intensive Auseinandersetzung mit dieser Problematik in der Literatur[133] statt, wohingegen richterliche Auseinandersetzungen vereinzelt blieben[134].

Die in der Literatur vertretenen Ansichten zur Bestimmung dieses Verhältnisses beruhen auf der jeweils zugrunde gelegten Einschätzung der Rechtsqualität des § 1 BeschFG[135]. Daher lassen sich die Ansichten anhand dieser Überlegungen in vier Strömungen aufteilen, wobei jedoch stets zu beachten und im folgen-

---

133 *Gast*, Perspektiven des Arbeitsrechts, BB 1986, S. 1513 ff (1514);
Otto, Erleichterte Zulassung befristeter Arbeitsverträge, NJW 1985, S. 1807 ff (1810);
Hanau, Befristung und Abrufarbeit nach dem Beschäftigungsförderungsgesetz 1985, RdA 1987, S. 25 ff (26);
Friedhofen/Weber, Rechtsprobleme des befristeten Arbeitsvertrages,NZA 1985, S. 337 ff (339);
Kempen, Arbeitnehmerschutz, Tarifverträge und Beschäftigungsförderungsgesetz, AuR 1985, S. 374 ff (375);
Kothe, Über den Umgang mit Tarifverträgen, BB 1986, S. 397 ff (398);
Löwisch, Das Beschäftigungsförderungsgesetz 1985, BB 1985, S. 1200 ff (1201);
Schwerdtner,Beschäftigungsförderungsgesetz, Tarifautonomie und Betriebsverfassung, NZA 1985, S. 577 ff (579);
Schanze, Zur Frage der Verfassungsmäßigkeit der erleichterten Zulassung befristeter Arbeitsverträge im Beschäftigungsförderungsgesetz, RdA 1986, S. 30 ff (31 ff);
Heinze, Das befristete Arbeitsverhältnis zwischen Gesetz und Tarifvertrag, DB 1986, S. 2327 ff (2329f);
Lorenz/Schwedes, Das Beschäftigungsförderungsgesetz, DB 1985, S. 1077 ff (1078f);
Andritzkj, Beschäftigungsförderungsgesetz 1985, NZA 1986, S. 385 ff (388);
Winterfeld, Das Verhältnis von Art. 1 § 1 BeschFG zu tarifvertraglichen Regelungen über befristete Arbeitsverträge, ZfA 1986, S. 157 ff (168f);
Gaul, Vorrang tarifvertraglicher Befristungsregelungen vor dem Beschäftigungsförderungsgesetz, ZTR 1987, S. 164 ff (169);
Falkenberg, Vorrang der BAT-Sonderregelung über befristete Arbeitsverträge gegenüber dem Beschäftigungsförderungsgesetz, ZTR 1987, S. 19ff (20).

134 BAGE 56, S. 155 ff (155f); ArbG Bonn in:BB 1988, S. 1042 ff.

135 *Heinze*, Das befristete Arbeitsverhältnis zwischen Gesetz und Tarifvertrag, DB 1986, S. 2327 ff (2329f).

den noch darzustellen bleibt, daß die einzelnen Meinungen bzgl. der konkreten Argumentation und der Auswirkungen auf das Verhältnis zu den Tarifverträgen auch innerhalb dieser einzelnen Kategorien stark divergieren. Bei der Einteilung der Ansichten aufgrund ihrer dogmatischen Grundposition ergibt sich, daß eine Gruppe von der normativen Qualität eines einseitig zwingenden Gesetzes ausgeht, während die konträre Ansicht eine zweiseitig zwingende Wirkung für gegeben hält. Neben diesen Primärströmungen vertreten einzelne Stimmen in der Literatur die vollständige Tarifdispositát[136], bzw. dem entgegen eine partielle Derogation bestehender Tarifverträge durch das Beschäftigungsförderungsgesetz[137].

1. Begründung der Ansicht, die § 1 BeschFG als einseitig zwingende Norm qualifiziert

Die primär vertretene Ansicht zur Frage der Normqualität des Art. 1 § 1 BeschFG rückt die Gestaltung des Gesetzes als einseitig zwingende Norm in den Mittelpunkt ihrer Argumentation[138].

Im folgenden soll versucht werden, die bisher lediglich partielle Darstellung der Vielzahl von Argumenten in eine Gesamtdarstellung zu erfassen, die es erlaubt, die hieraus gezogenen Schlüsse kritisch zu untersuchen und zu einem dogmatisch belegbaren Ergebnis zu kommen. Ausgangspunkt ist hierbei die - soweit ersichtlich- vollständige Darstellung der von dieser Ansicht verwendeten Argumentationen[139].

---

136 *Falkenberg*, Vorrang der BAT-Sonderregelung über befristete Arbeitsverträge gegenüber dem Beschäftigungsförderungsgesetz, ZTR 1987, S. 19ff (20).

137 *Heinze*, Das befristete Arbeitsverhältnis zwischen Gesetz und Tarifvertrag, DB 1986, S. 2327 ff (2329).

138 *Friedhofen/Weber*, Rechtsprobleme des befristeten Arbeitsvertrages,NZA 1985,S. 337 ff (339);
Gast, Perspektiven des Arbeitsrechts, BB 1986, S. 1513 ff (1514);
Kothe, Über den Umgang mit Tarifverträgen, BB 1986, S. 397 ff (398);
Kempen, Arbeitnehmerschutz, Tarifverträge und Beschäftigungsförderungsgesetz, AuR 1985, S. 374 ff (375);
Otto, Erleichterte Zulassung befristeter Arbeitsverträge, NJW 1985, S. 1807 ff (1810);
Löwisch, Das Beschäftigungsförderungsgesetz 1985, BB 1985, S. 1200 ff (1201);
ArbG Bonn, DB 1986, S. 1683 ff (1683).

139 Problematisch bei der Darstellung dieser Meinung ist zum einen, daß sich die Autoren trotz Erzielung desselben Ergebnisses dem Problem von sehr unterschiedlichen Seiten aus annähern, so daß eine Vielzahl von einzelnen Argumentationen aber auch Argumentationsansätzen zu unterscheiden ist. Erschwert wird die Darstellung durch die teilweise konträre Ansicht einiger Autoren zu dem gleichen Punkt. Auch wird eine einheitliche Konsequenz für das Verhältnis von § 1 BeschFG und Tarifverträ-

Der überwiegende Teil der eine einseitig zwingende Wirkung bejahenden Autoren zieht zur Begründung dieser Ansicht die sich anhand der Grundprinzipien juristischer Methodenlehre ergebenden einzelnen Auslegungstopoi wie Wortlaut, Systematik, Entstehungsgeschichte, sowie Sinn und Zweck[140] des zu untersuchenden Gesetzes heran.

a. *Wortlautanalyse*

Die sich zunächst primär anbietende Wortlautanalyse stößt bei § 1 BeschFG auf Probleme.

aa. *Begründung der Ansicht anhand des Wortlautes*

Ausdrücklich normiert § 1 BeschFG keinerlei Verhältnisregelung zwischen dem Gesetz und inhaltlich betroffenen Tarifverträgen. Der Mangel einer expliziten Normierung veranlaßte den 7. Senat des Bundesarbeitsgerichtes in seinem Urteil vom 25.9.1987[141] zu der Feststellung, daß aus dem Fehlen einer Regelung „... kein Hinweis entnommen werden (kann), ob und gegebenenfalls in welchem Umfang von der gesetzlichen Befristungsregelung abweichende Tarifverträge verdrängt werden sollen“, da dem Gesetzestext weder eine unmittelbare noch eine mittelbare Erwähnung des Verhältnisses entnommen werden könne.

Dem entgegen kommen die sich dieses Argumentationspunktes annehmenden Autoren zu dem Ergebnis, daß aus dem Fehlen eines wörtlich fixierten Anhaltspunktes in § 1 BeschFG der Rückschluß einer rechtlichen Qualifizierung des § 1 BeschFG als einseitig zwingende Norm zu ziehen sei[142].

Teilweise wird ohne jede nähere Begründung allein von dem gesetzgeberischen Verzicht, das Verhältnis in § 1 BeschFG zu regeln, auf die normative Absicht der Fortgeltung bestehender günstigerer Tarifverträge geschlossen[143]. Das

---

gen aus der einseitig zwingenden Wirkung nicht gezogen. Trotzdem wird von einer autorenbezogenen zugunsten einer problemorientierten Darstellung abgesehen, um eine Auseinandersetzung mit den einzelnen Argumenten zu ermöglichen.

140 *Bydlinski*, Juristische Methodenlehre und Rechtsbegriff, S. 437.

141 BAGE 56, S. 155 ff (162).

142 *Friedhofen/Weber*, Rechtsprobleme des befristeten Arbeitsvertrages, NZA 1985, S. 337 ff (339) ;
Gast, Perspektiven des Arbeitsrechts, BB 1986, S. 1513 ff (1514);
Kohte, Über den Umgang mit Tarifverträgen, BB 1986, S.397 ff (398);
Kempen, Arbeitnehmerschutz, Tarifverträge und Beschäftigungsförderungsgesetz, AuR 1985, S. 374 ff (375);
ArbG Bonn, Urteil vom 27.5.1986 in: DB 1986, S. 1683 ff (1683).

143 *Kohte*, Über den Umgang mit Tarifverträgen, BB 1986, S. 397 ff (398);

Arbeitsgericht Bonn versucht eine Begründung dieser Deutung unter dem Aspekt, daß bei fehlender Normierung die allgemeinen Regeln des Arbeitsrechts Geltung behielten. Da § 1 BeschFG zu den arbeitsrechtlichen Schutzgesetzen gehöre, folge aus dieser Charakterisierung, wie bei jedem allgemeinen Schutzgesetz, die Qualifizierung als einseitig zwingende Norm[144]. Dieser Begründung schließt sich Kempen an, ohne jedoch näher auf dieses Problem einzugehen[145].

bb. Bewertung

Die Deutung des § 1 BeschFG als einseitig zwingende Norm allein anhand des Fehlens einer expliziten Verhältnisbestimmung anzunehmen, erscheint bei fehlender Begründung dieser Annahme nicht überzeugend. Aus dem Fehlen einer Regelung auf einen spezifischen Inhalt zu schließen wäre nur dann möglich, wenn es generelle Praxis des Gesetzgebers wäre, eine bestimmte Aussage stets durch Verzicht einer Regelung treffen und nur in diesem Sinn verstanden werden zu wollen.

Wie die vorangegangenen Ausführungen zum Arbeiterkrankheitsgesetz zeigen, ist es jedoch nicht möglich, bei fehlender gesetzlicher Regelung des Verhältnisses zu Tarifverträgen den Willen des Gesetzgebers a priori aus diesem Fehlen zu schließen. Von einer generellen Praxis des Gesetzgebers, durch Fehlen der Regelung eine bestimmte Aussage treffen zu wollen, kann daher nicht ausgegangen werden. Aus dem Fehlen in § 1 BeschFG kann somit nicht zwingend geschlossen werden, der Gesetzgeber habe nur die eine Interpretation ermöglichen wollen. In diese Richtung zielt jedoch die Begründung des Arbeitsgerichtes Bonn. Jedoch stellt diese Interpretation des Wortlauts im Grunde genommen keine solche dar. Vielmehr gehört das Argument, bei Fehlen jeder Regelung verbleibe es bei dem Grundsatz der einseitig zwingenden Norm, zur Frage nach den Voraussetzungen einer zweiseitig zwingenden Wirkung.

Lediglich hierzu wird argumentiert, zur Geltung als zweiseitig zwingende Norm müßte das Gesetz diesen Willen explizit artikulieren. Ansonsten bleibe es bei der einseitig zwingenden Wirkung. Das Fehlen einer expliziten Regelung kann somit nicht unbesehen dazu führen, daß sich bereits aus dem Wortlaut die Qualifizierung als einseitig zwingende Norm ergibt.

Gast, Perspektiven des Arbeitsrechts, BB 1986, S. 1513 ff (1314);
Friedhofen/Weber, Rechtsprobleme des befristeten Arbeitsvertrages, NZA 1985, S. 337 ff (339).

144 ArbG Bonn, DB 1986, S. 1683 ff (1683).

145 *Kempen*, Arbeitnehmerschutz, Tarifverträge und Beschäftigungsförderungsgesetz, AuR 1985, S. 374 ff (375).

Das würde zum einen eine Auseinandersetzung mit der - vom Arbeitsgericht Bonn implizierten, jedoch nicht verifizierten - Prämisse bedeuten, die bei Fehlen wörtlicher Regelungen eine Wirkung als zweiseitig zwingende Norm verneint.

Zum zweiten müßte die Qualifizierung des § 1 BeschFG als Arbeitnehmerschutzvorschrift erfolgen - eine Annahme, die so nicht unzweifelhaft ist[146].

Abgesehen davon besteht eine Wortlautanalyse primär aus der Ermittlung des üblichen Gebrauchs des Wortes im Gesetz, das heißt, vorhandener Begrifflichkeiten[147]. Ergebnisse aus nicht vorhandenen Worten anhand einer Wortlautanalyse zu finden, kann kaum zu zwingenden Ergebnissen führen.

Des weiteren würde der Wille des Gesetzgebers bereits - unzulässigerweise - im Wortlaut gedeutet, ohne näher auf die übrigen Analysepunkte einzugehen. Den Willen anhand des Fehlens einer gesetzgeberischen Artikulation zu begründen, erscheint als vereinfachende Verkürzung gesetzesanalytischen Vorgehens.

Aus diesen Gründen erscheint die Deutung des Wortlautes durch das Bundesarbeitsgericht mit dem Ergebnis, daß ein eindeutiger Rückschluß nicht möglich sei, die zutreffendere Überlegung.

b. Analyse der Gesetzessystematik

Uneinigkeit bzgl. der zu gewinnenden Ergebnisse bestimmt ebenfalls die Analyse der Gesetzessystematik.

aa. Begründung der Ansicht aufgrund der Systematik

Auch hier kommt das Bundesarbeitsgericht[148]zu dem Schluß, daß sich der Systematik des Gesetzes keine wesentlichen Hinweise auf die Normqualität des § 1 BeschFG entnehmen lassen.

Das Bundesarbeitsgericht folgert dieses Ergebnis auf dem Hintergrund einer systematischen Untersuchung des Verhältnisses von Art. 1, Abschnitt 1, § 1 BeschFG und Art. 1, Abschnitt 2, § 6 Abs. 1 BeschFG .

§ 6 Abs. 1 BeschFG normiert, daß „von den Vorschriften dieses Abschnitts ... auch zuungunsten des Arbeitnehmers durch Tarifvertrag abgewichen werden (kann).“ Im Mittelpunkt der Überlegungen steht somit die Frage, ob die besondere Normierung der Möglichkeit durch Tarifvertrag *auch* zuungunsten von den Normen des 2. Abschnitts des Beschäftigungsförderungsgesetzes abzuweichen,

---

146 In diese Richtung: *Heinze*, Das befristete Arbeitsverhältnis zwischen Gesetz und Tarifvertrag, DB 1986, S. 2327 ff (2327f).
147 *Schmalz*, Methodenlehre für das juristische Studium, RNr. 232, S. 104.
148 BAGE 56, S. 155 ff (162 ff).

die generelle Geltung des Günstigkeitsprinzips auch für den 1. Abschnitt normiert und so § 1 BeschFG als einseitig zwingende Norm erscheinen läßt oder ob die Anordnung der generellen Tarifdispositát im 2. Abschnitt im Umkehrschluß den Ausschluß jeder Form von Dispositionsfreiheit im 1. Abschnitt und damit eine zweiseitig zwingende Wirkung bedeutet.

Diese zweite Möglichkeit hält das Bundesarbeitsgericht jedoch nicht für zwingend und verweist zur Begründung auf die Gestaltung des § 1 BeschFG als Arbeitnehmerschutznorm, deren Abdingbarkeit zugunsten der Tarifvertragsparteien in der Regel anzunehmen sei[149]. Aus der generellen Tarifdispositát des § 6 Abs. 1 BeschFG und dem Fehlen jeder Kollisionsnorm in § 1 BeschFG könne geschlossen werden, es solle nach dem Willen des Gesetzgebers bei der oben genannten Abdingbarkeit zugunsten der Arbeitnehmer bleiben.

Andererseits spreche für eine Interpretation im Sinn eines völligen Ausschlusses der Tarifdispositát im § 1 BeschFG der eigentliche Regelungsgehalt des § 6 Abs. 1 BeschFG. Dieser bestehe darin, die Regelungen des 2. Abschnitts auch für ungünstige tarifvertragliche Regelungen zu öffnen, während der Verweis auf die Möglichkeit der günstigeren Abweichung durch das Wort „ auch" lediglich der Klarstellung diene, daß nicht allein negativ von den Normierungen des 2. Abschnitts abgewichen werden könne. Das Bundesarbeitsgericht verweist darauf, daß diese Klarstellung prinzipiell überflüssig sei, da sich die Möglichkeit günstiger Abweichung bereits aus dem Charakter des 2. Abschnitts als Arbeitnehmerschutzvorschriften ergebe. Der somit allein zur Vermeidung von Mißverständnissen aufgenommene Begriff „auch" hat nach Ansicht des BAG keine Bedeutung für die Interpretation der Normqualität des § 1 BeschFG, da der Regelungswille, der in § 6 Abs. 1 BeschFG zum Ausdruck komme, allein auf den 2. Abschnitt bezogen bleibe.

Diese argumentativ begründete Ansicht findet in der Literatur jedoch wenig Beifall. Einheitlich wird hier von der Verwendung des Begriffs „auch" als Manifestation der vom Gesetzgeber als selbstverständlich angesehenen Geltung günstiger tariflicher Abweichungen auf die Gestaltung des § 1 BeschFG als einseitig zwingende Norm geschlossen[150].

---

149 BAGE 56, S. 155 ff (163).

150 *Löwisch*, Das Beschäftigungsförderungsgesetz 1985, BB 1985, S. 1200 ff (1201) ;
Otto, Erleichterte Zulassung befristeter Arbeitsverträge, NJW 1985, S. 1807 ff (1810);
Kohte, Über den Umgang mit Tarifverträgen, BB 1986, S. 397 ff (398);
Kempen, Arbeitnehmerschutz, Tarifverträge und Beschäftigungsförderungsgesetz, AuR 1985, S. 374 ff (375);
ArbG Bonn, DB 1986, S. 1683 ff (1683).

Stelle der Gesetzgeber heraus, daß auch eine ungünstige Abweichung durch Tarifvertrag möglich sei, verzichte er aber auf eine explizite Darstellung der günstigen Abweichungsmöglichkeit, mache der Gesetzgeber deutlich, daß eine gesonderte Normierung nicht nötig sei[151]. Vielmehr ergebe sich im Umkehrschluß aus

§ 6 Abs. 1 BeschFG die Möglichkeit günstiger Abweichungen auch für § 1 BeschFG[152], als Ausdruck einer generellen Regelungstechnik für das Verhältnis von Tarifverträgen und Gesetz[153].

bb. Bewertung

Wie das Bundesarbeitsgericht zutreffend erkennt, ist die von der Literatur einhellig vertretene Auslegung der Bedeutung des § 6 Abs. 1 BeschFG für § 1 BeschFG in systematischer Hinsicht nicht zwingend.

Zwar könnte man aufgrund der Erwähnung des Begriffes „auch zuungunsten" in § 6 Abs. 1 BeschFG zu dem Schluß gelangen, die hierin zum Ausdruck kommende Normierung einer günstigen Abweichung gelte als grundsätzliches Prinzip ebenfalls für § 1 BeschFG. Diese, von der Literatur als zwingend empfundene Annahme ist jedoch einigen Kritikpunkten ausgesetzt:

Zum einen ist die in dieser Formulierung fraglos zum Ausdruck kommende Geltung günstiger Tarifverträge für den 2. Abschnitt des 1. Artikels des Beschäftigungsförderungsgesetzes nicht a priori Ausdruck eines allgemeinen Prinzips[154]. Um die Geltung eines solchen Prinzips und seine Einwirkung auf § 1 BeschFG anzunehmen, hätte ein solches zunächst begründet werden müssen. Die hinter diesen Äußerungen der Literatur stehende Überlegung ist die Qualifizierung des § 1 BeschFG als Arbeitnehmerschutzgesetz und die Anwendung des als bestehend vorausgesetzten Prinzips, daß es sich bei dieser Normart stets um einseitig zwingende Normen handele.

Wenn diese von der Literatur implizierten Voraussetzungen zutreffend wären, stellt sich die Frage nach dem Zweck einer Begründung der einseitig zwingenden Normqualität aus systematischen Erwägungen. Diese systematischen Erwägungen können dann lediglich diese Annahme stützen - sie sind insgesamt dann jedoch eigentlich überflüssig.

---

151 *Kohte*, Über den Umgang mit Tarifverträgen, BB 1986, S. 397 ff (398).

152 ArbG Bonn, DB 1986, S. 1683 ff (1683);
Kempen, Arbeitnehmerschutz, Tarifverträge und Beschäftigungsförderungsgesetz, AuR 1985, S. 374 ff (375).

153 *Kohte*, Über den Umgang mit Tarifverträgen, BB 1986, S. 397 ff (398).

154 So jedoch: *Kohte*, Über den Umgang mit Tarifverträgen, BB 1986, S. 397 ff (398).

Somit zeigt sich, daß bei dieser Argumentationsbasis kein anderer Schluß gezogen werden kann, als daß § 1 BeschFG einseitig zwingender Natur ist, da die Literatur bei der systematischen Analyse deren Ergebnis bereits voraussetzt.

Desweiteren krankt die Literaturansicht an einer bemerkenswerten Ignoranz betreffend die ebenfalls möglichen Interpretationsmodelle, die das Bundesarbeitsgericht zutreffend anführt. Neben der Tatsache, daß der beabsichtigte Regelungsgehalt rein inhaltlich gesehen zur Vermeidung von Mißverständnissen allein auf den 2. Abschnitt zu beziehen ist, spricht gegen die Annahme der einseitigen Wirkung des § 1 BeschFG auch die Unterteilung des 1. Artikels des Beschäftigungsförderungsgesetzes in zwei Abschnitte.

Zweck der systematischen Analyse ist es, aus der Stellung der Norm zu anderen gesetzlichen Vorschriften[155] Schlüsse auf den objektiven Gehalt dieser Norm zu ziehen[156]. Hierbei kann auch die Einteilung eines Gesetzes in Abschnitte oder die Inhaltseingrenzung durch Überschriften hilfreich sein[157].

Zu beachten ist zunächst, daß § 1 BeschFG und § 6 Abs. 1 BeschFG nicht in demselben Abschnitt erfaßt sind. Während der erste Abschnitt die erleichterte Zulassung befristeter Arbeitsverträge normiert, regelt der 2. Abschnitt Fragen der Teilzeitarbeit.

Die Aufnahme der Teilzeitarbeit erfolgte, um die Stellung teilzeitbeschäftigter Arbeitnehmer zum ersten Mal explizit gesetzlich festzuhalten und so diese Form der Erwerbstätigkeit gesetzlich stärker zu schützen.

Dem entgegen beinhaltet der 1. Abschnitt des 1. Artikels des Beschäftigungsförderungsgesetzes die erleichterte Zulassung befristeter Arbeitsverträge. Befristete Arbeitsverhältnisse sind im Verhältnis zum unbefristeten Arbeitsverhältnis zwar auch temporär beschränkt, jedoch ist diese Beschränkung eine inhaltlich andere als die bei Teilzeitarbeitsverträgen, bei der der Umfang der Beschäftigung geringer ist als beim Vollzeitarbeitsverhältnis. Somit unterscheiden sich beide Abweichungen vom „Normalarbeitsvertrag“ einmal in der Begrenzung der Dauer und einmal in der des Inhalts.

Demnach erfolgt nicht allein eine rein formalistische Trennung, vielmehr werden hier zwei inhaltlich unabhängige Normierungen ihrem Regelungsbereich entsprechend getrennt.

Diese in den Abschnittsunterteilungen zum Ausdruck kommende Trennung spricht bei systematischer Analyse für die Annahme, die in § 6 Abs. 1 BeschFG normierte Tarifdispositát erlaube keinerlei Rückschlüsse auf § 1 BeschFG.

---

155 *Schmalz*, Methodenlehre für das juristische Studium, RNr. 239, S. 107.
156 *Bydlinski*, Juristische Methodenlehre und Rechtsbegriff, S. 428.
157 *Schmalz*, Methodenlehre für das juristische Studium, RNr. 241, S. 108.

Dem könnte entgegenzuhalten sein, daß bei völliger inhaltlicher Trennung der Gesetzgeber die Abschnitte eins und zwei des Artikels 1 auch zu explizit unabhängigen Artikeln hätte machen können.

Diese Überlegung scheint auf den ersten Blick stichhaltig. Doch bei näherer Betrachtung zeigt sich, daß sie das oben gefundene Ergebnis nicht umzustoßen vermag:

Wie bei der Betrachtung der übrigen Artikel deutlich wird, handelt es sich bei den Artikeln zwei bis dreizehn lediglich um Änderungen bereits bestehender arbeits - und sozialrechtlicher Normierungen. Demgegenüber stellen die Regelungen zur erleichterten Zulassung befristeter Arbeitsverträge und zur Teilzeitarbeit eine arbeitsrechtliche Novität dar, die der Gesetzgeber für unerläßlich bei der Förderung der arbeitsmarktpolitischen Lage unter Beachtung von Arbeitnehmerbelangen hielt.

So rechtfertigt sich die Zusammenfassung beider Gesetze in einem Artikel, lediglich getrennt durch Abschnittsunterteilungen.

Es bleibt festzuhalten, daß die gezeigte Analyse nicht zu dem Schluß führt, daß die Qualifizierung des § 1 BeschFG, die Teile der Literatur aufgrund systematischer Überlegungen vornehmen, zwingend ist. Vielmehr bleibt es, wie schon zutreffend vom Bundesarbeitsgericht festgestellt, auch nach der systematischen Analyse dabei, daß die behauptete einseitig zwingende Wirkung nicht nachgewiesen werden konnte.

c. *Analyse der Enstehungsgeschichte*

Unterschiedliche Schlußfolgerungen werden auch aus der Entstehungsgeschichte für die Begründung einer einseitig zwingenden Wirkung gezogen.

Die Besonderheit der Entstehungsgeschichte liegt in der ursprünglichen Regelung des Verhältnisses von Tarifverträgen und § 1 BeschFG in den der jetzigen Fassung vorangehenden Referentenentwürfen.

Während der erste Referentenentwurf vom 23.3.1984 in seinem Art. 1, § 10 vorsah[158], daß von der Befristungsmöglichkeit allein durch künftige Tarifverträge abgewichen werden könne, wurde die Tarifdispositát im zweiten Referentenentwurf vom 17.7.1984 dahingehend erweitert, daß gemäß § 2 Abs. 1 generell die Befristungsregelung des Beschäftigungsförderungsgesetzes durch bestehende und zukünftige Tarifverträge abgedungen werden konnte[159].

158 RdA 1984, S. 169 - 177 (170).
159 Vgl. BT-Steno-Prot 10/132/1, S. 9868 ff.

Im letztlich gesetzliche Geltung erlangenden Entwurf der Bundesregierung fehlt demgegenüber eine Verhältnisregelung völlig[160].

aa. Begründung der Ansicht anhand der Entstehungsgeschichte

Dieses Fehlen wird vom Bundesarbeitsgericht[161] und ihm folgend von Schwerdtner[162] nicht für ausreichend gehalten, um eine eindeutige Aussage über die Normqualität zu ermöglichen.

Während Schwerdtner ohne weitere Prüfung der Entstehungsgeschichte zu diesem Ergebnis gelangt, argumentiert das Bundesarbeitsgericht anhand der Bundestags- und Bundesratsprotokolle sowie der dazugehörigen Drucksachen[163].

Das Bundesarbeitsgericht stellt fest, daß mit dem Referentenentwurf vom 24.8.1984[164], die Regelung des Verhältnisses von Tarifvertrag und Gesetz gestrichen wurde und daß diese in keiner Beratung im Laufe des Gesetzgebungsverfahrens thematisiert wurde.

Für eine einseitig zwingende Wirkung könnten laut Bundesarbeitsgericht Teile des Entschließungsantrags der CDU/CSU- und der FDP - Fraktion vom 18.4.1985[165] sprechen :

Hierin werden die Tarifvertragsparteien, die Arbeitgeber, die Gewerkschaften sowie die Betriebs- und Personalräte aufgerufen, die durch dieses Gesetz eröffneten Möglichkeiten in vollem Umfang zu nutzen. Dieser Appell des Bundestages könnte so zu verstehen sein, daß mittels Tarifvertrag auch die Tarifvertragsparteien zur Förderung der arbeitsmarkpolitischen Lage beitragen sollten, was jedoch das Bestehen einer tarifvertraglichen Handlungsmöglichkeit und somit die Gestaltung des § 1 BeschFG als einseitig zwingende Norm voraussetzte[166]. Jedoch sei diese Interpretation nicht zwingend, wie auch die Auslegung dieses Antrags durch die Revision zeige, die diesen Antrag als Indiz für die zweiseitig zwingende Wirkung des § 1 BeschFG wertet[167].

Insgesamt lasse die Entstehungsgeschichte keinen eindeutigen Schluß auf die Normqualität des § 1 BeschFG zu.

---

160 BT-DS, 10/3217.
161 BAGE 56, S. 155 ff (166).
162 Schwerdtner, NZA 1985, S. 577 ff (579).
163 BAGE 56, S. 155 ff (167f).
164 BR-DS 393/84.
165 BT-DS 10/3217.
166 BAGE 56, S. 155 ff (168).
167 BAGE 56, S. 155 ff (168).

Dieses Ergebnis teilt Kothe jedoch nicht[168]. Seiner Ansicht nach spricht auch die Entstehungsgeschichte für eine einseitig zwingende Wirkung des § 1 BeschFG.

Abstellend auf den ersten Referenten-Entwurf vom 23.3.1984, der eine Aufhebung bestehender Tarifverträge vorsah, legt Kohte dar, daß dieser Eingriff in der Folgezeit bewußt aufgehoben worden sei.

Offensichtlich bezieht Kohte sich bei seinen Ausführungen auf die Regelung des § 2 Abs. 1 des Referenten-Entwurfs vom 17.7.1984, der eine generelle Dispositát bzgl. bestehender und künftiger Tarifvertragsregelungen vorsah. Daß hier der Verzicht auf einen Eingriff auch in bestehende Tarifverträge vorgeschlagen wurde, ist zwar zutreffend, Kohte beachtet jedoch nicht, daß dieser Entwurf niemals Gesetzeskraft erlangte, sondern durch den Regierungsentwurf vom 18.4.1985 überholt wurde. Seine Überlegungen führen somit um das Hauptproblem der Entstehungsgeschichte herum und sind folglich nicht geeignet, überzeugend die behauptete Konsequenz aus der Enstehungsgeschichte zu belegen.

bb. Bewertung

Die vom Bundesarbeitsgericht aufgeworfene Überlegung zum Entschließungsantrag vom 18.4.1985 entbehren nicht der Überzeugungskraft. Tatsächlich erscheint es möglich, den Aufruf an die Tarifvertragsparteien in dem Sinn zu deuten, daß eine Initiative nur möglich ist, wenn den Tarifvertragsparteien eine Regelungsoption eröffnet bleibt. Das hieße, daß § 1 BeschFG partiell tarifdispositiv im Sinn einer einseitig zwingenden Wirkung wäre.

Tatsächlich ist jedoch zu beachten, daß dieser Appell nicht allein auf § 1 BeschFG bezogen ist, sondern sich vielmehr auf den gesamten Bereich des Beschäftigungsförderungsgesetzes bezieht, wie die allgemeinen arbeitsmarktpolitischen Zwecküberlegungen zum Gesetz als Gesamtwerk eingangs des Antrags belegen[169]. Wie aber bereits oben erörtert, sieht § 6 Abs. 1 BeschFG die völlige Tarifdispositát im Bereich der Teilzeitarbeit vor, so daß sich dieser Aufruf auch auf diese Regelung beziehen könnte, bzw. das gesamte Regelungswerk einschließt.

Kann somit aus dem Entschließungsantrag kein eindeutiger Schluß gezogen werden, muß es dabei bleiben, daß die Entstehungsgeschichte des Beschäftigungsförderungsgesetz keine unzweifelhafte Qualifizierung des § 1 BeschFG erlaubt.

---

168 *Kohte*, Über den Umgang mit Tarifverträgen, BB 1986,S. 397 ff (398).
169 BR-DS 167/85, S.2.

Die Frage, warum die ursprünglich vorgesehene Verhältnisregelung letztlich keine Aufnahme im Gesetzestext fand, läßt sich anhand der zur Verfügung stehenden Materialien nicht klären. Darüber hinaus gehende Äußerungen von Verbänden (einige Arbeitgeberverbände regten nach dem zweiten Referenten-Entwurf die Rücknahme der Tarifdispositát an, um die eigentlich bezweckte Vereinfachung der Befristungsregelung nicht durch tarifvertragliche Regelungen zu konterkarieren[170]) können bei der Analyse nicht in Betracht gezogen werden, da bei der Ermittlung des objektiven Gesetzeswillens allein die Äußerungen der an dem Gesetzgebungsverfahren Beteiligten über Inhalt und Gründe entscheiden können.

Folglich läßt auch die Entstehungsgeschichte keine Deutung des § 1 BeschFG als einseitig zwingende Norm zu.

d. Analyse des Sinn und Zwecks

Zum Abschluß der klassischen Auslegungsmethoden bleibt § 1 BeschFG auf seinen Sinn und Zweck hin zu untersuchen, um hieraus eventuell Schlüsse für eine Qualifizierung als einseitig zwingende Norm zu gewinnen.

Nach Darstellung der Beweggründe der den Antrag stützenden Fraktionen sowie der Regierung[171]besteht der Zweck des Beschäftigungsförderungsgesetzes in dem Abbau der seit 1983 auf sehr hohem Niveau stagnierenden Arbeitslosenzahl von 2.000.000 Arbeitnehmern, das entspricht einer Erwerbslosenquote von über 9 %[172].

Zur Aufgabe „Nummer Eins" wird die Beseitigung dieser seit 1979 steil ansteigenden Arbeitslosigkeit für alle am Arbeits- und Wirtschaftsleben Beteiligten erklärt[173]. Diese Aufgabe soll durch den Beitrag den das Beschäftigungsförderungsgesetz mittels einer Verbesserung der arbeits- und sozialrechtlichen Rahmenbedingungen leistet, der Lösung näher geführt werden. Dem § 1 BeschFG fällt durch die erleichterte Zulassung befristeter Arbeitsverträge die Rolle zu, den konjunkturellen Aufschwung auch in den Arbeitsverträgen Niederschlag finden zu lassen, indem er einen Anreiz bietet, Neueinstellungen anstelle von Überstunden zur Bewältigung des vermehrten Produktionsanfalles vorzunehmen, auch wenn die weitere wirtschaftliche Situation noch nicht gänzlich absehbar ist.

---

170 *Otto*, Erleichterte Zulassung befristeter Arbeitsverträge, NJW 1985, S. 1807 ff (1811).

171 BT-DS 10/2102, 10/3206, 10/3217.

172 Jahreswirtschaftsbericht der Bundesregierung 1984, BT-DS 10/952, S. 34.

173 BT-DS 10/3217

aa. Begründung der Ansicht anhand des Sinn und Zwecks

Aus dieser Zweckbestimmung leiten die Autoren, die eine einseitig zwingende Wirkung für gegeben halten, unterschiedliche Argumentationen ab.

Das Bundesarbeitsgericht - dem sich auch das Arbeitsgericht Bonn ohne Begründung im Ergebnis anschließt[174]- hält auch die Zweckbestimmung des § 1 BeschFG nicht für geeignet, die Normqualität final festzustellen[175].

Der Zweck der Förderung von Einstellungen auch bei ungewisser Auftragslage solle durch eine temporäre Beseitigung der Voraussetzungen der Rechtsprechung („sachlicher Grund") in gewissen Fallkonstellationen bewirkt werden. Die sich so manifestierende Befreiung von Schranken staatlichen Rechts müßte jedoch nicht zwingend auch für tarifvertragliche Schranken gelten. Eine einseitig zwingende Wirkung des § 1 BeschFG wäre nur ausgeschlossen, wenn bei dieser Wirkung der Gesetzeszweck leer liefe. Eine solche Annahme sei jedoch nicht zutreffend, da in der Privatwirtschaft Befristungsvoraussetzungen selten und im öffentlichen Dienst lediglich bei tarifgebundenen Arbeitnehmern im Bereich der Protokollnotiz Nr. 1 zu Nr. 1 SR 2y BAT anzutreffen seien. Von einem Leerlaufen des Zwecks von § 1 BeschFG könne infolge nur geringfügiger Einschränkungen durch Tarifverträge nicht gesprochen werden, so daß es nicht zwingend sei, § 1 BeschFG mit zweiseitig zwingender Wirkung auszustatten.[176] Der Zweck der Beschäftigungsförderung gebe, da er sowohl durch zweiseitig als auch durch einseitig zwingende Wirkung zu erreichen sei, keinen Aufschluß über die Normqualität des § 1 BeschFG.

Dieser Ansicht schließt Kohte sich nicht an; vielmehr kommt er zu dem Schluß, der Zweck des § 1 BeschFG gebiete eine einseitig zwingende Wirkung[177].

Die Überlegungen, die Kohte zu diesem Schluß bringen, sind nicht primär an der Überlegung orientiert, welche Normart sich für die Zweckerreichung besser bzw. allein eignet, sondern sie sind auf die Konsequenzen bezogen, die sich aus einer zweiseitig zwingenden Wirkung ergeben würden.

Der Autor stellt zunächst dar, daß der arbeitsmarktpolitische Gesetzeszweck in § 1 BeschFG lediglich mittelbar zum Ausdruck komme, wohingegen unmittelbare Regelungen, wie z.B. das Gebot von Neueinstellungen anstelle von Überstunden fehlten. Somit sei der Zweck des Gesetzes lediglich die Eröffnung einer Wahlfreiheit des Arbeitgebers zwischen Überstunden und befristeter Neueinstel-

174 ArbG Bonn, DB 1986, S. 1683 ff (1683).
175 BAGE 56, S. 155 ff (164f).
176 BAGE 56, S. 155 ff (166).
177 *Kohte*, Über den Umgang mit Tarifverträgen, BB 1986, S. 397 ff (399).

lung. Die Vereinbarung von Überstunden unterliege der Kontrolle von kollektiven Regelungen, die den Bestandsschutz der Arbeitnehmer sicherten. Ein Ausschalten der kollektivrechtlichen Regelungen durch ein zweiseitig zwingend wirkendes Beschäftigungsförderungsgesetz bei Befristungen hätte nur zur Folge, daß der Arbeitnehmer aufgrund der prinzipiellen Unterlegenheit beim Abschluß eines befristeten Einzelarbeitsvertrages dem de facto nicht gestaltbaren Alleinentscheidungsrecht des Arbeitgebers ausgesetzt sei.

Die zweiseitig zwingende Wirkung des § 1 BeschFG verbietet sich nach Kohte aufgrund von Arbeitnehmerschutzerwägungen und der betriebswirtschaftlichen Logik, daß Arbeitgeberalternativen (hier: befristete Arbeitsverträge) prinzipiell nicht anders reguliert werden könnten als die Gegenmöglichkeit (hier: Überstunden, geregelt durch kollektivrechtliche Vereinbarungen).

Aufgrund dieser systemwidrigen Konsequenz könne kein zulässiger arbeitsmarktpolitischer Zweck verfolgt werden, da der Arbeitgeber allein eigene Interessen und keine arbeitsmarktpolitischen Interessen wahrnehme. Somit könne der arbeitsmarktpolitische Zweck nicht mittels zweiseitig zwingender Gestaltung erreicht werden.

§ 1 BeschFG sei daher als einseitig zwingende Norm zu qualifizieren.

Zu dem entgegengesetzten Ergebnis kommt Schwerdtner, der zugesteht, daß es beim Vorrang tariflicher Regelungen vor § 1 BeschFG zur Verfehlung des in diesem zum Ausdruck kommenden Zwecks kommen könnte. Der Autor verzichtet auf eine Begründung seines Ergebnisses, so daß eine Auseinandersetzung mit der von ihm vertretenen Ansicht nicht möglich ist.

bb. Bewertung

Tatsächlich erlaubt die Zwecksetzung des Beschäftigungsförderungsgesetzes keine eindeutige Qualifizierung des § 1 BeschFG als einseitig zwingende Norm.

Kohtes Ausführungen sind demgegenüber nicht zutreffend. Zwar hat der arbeitsplatzfördernde Zweck des Gesetzes keinen unmittelbaren Niederschlag in Form von Ge- oder Verboten gefunden. Der Gesetzeszweck ergibt sich jedoch aus der zugrundeliegenden Interessenlage und der Bewertung durch den Gesetzgeber[178]. Die in diesem Rahmen erfolgende Untersuchung der sozialen Realität[179] hat der Gesetzgeber in den Begründungen der Entwürfe und Beschlüsse[180] selbst vorgenommen. Der Zweck des Gesetzes manifestiert sich somit bereits in dieser

178 *Schmalz*, Methodenlehre für das juristische Studium, RNr. 251, S. 112.
179 *Schmalz*, a.a.O., RNr. 254, S. 113.
180 Statt aller: BT-DS 10/3217.

Zweckbindung des Gesetzgebers, die auch ohne explizite Darlegung in § 1 BeschFG zwingend für die Auslegung der Norm ist.

Zweck des § 1 BeschFG als Teil des Gesamtprogramms ist folglich allein die Verbesserung der arbeitsmarktpolitischen Lage. Daß dieses Ziel durch verschiedene arbeits - und sozialrechtliche Änderungen erreicht werden soll, verändert diese Zielsetzung nicht. Diese gesetzlichen Änderungen sind allein Mittel zum Zweck. Dies gilt auch für das den Arbeitgebern eröffnete Wahlrecht (das im übrigen schon immer bestand).

Primärziel des Gesetzgebers war es nicht, die Arbeitgeber von kollektivrechtlichen Vorgaben zu befreien, sondern die Förderung der arbeitsmarktpolitischen Lage. Das der einzelne Arbeitgeber durch § 1 BeschFG einen erweiterten Handlungsspielraum erhält ist dem gegenüber lediglich Nebenfolge.

Dies verkennt Kohte, wenn er davon ausgeht, die erleichterte Wahlmöglichkeit des Arbeitgebers sei Zweck des § 1 BeschFG. Der Versuch, durch Darlegung angeblich systemwidriger Konsequenzen die Unzulässigkeit des Gesetzeszwekkes festzustellen, muß daher scheitern.

Abgesehen davon, ist der Schluß, bei Vorliegen von Handlungsalternativen müßten beide gleichförmig reguliert sein, betriebswirtschaftlich keineswegs zwingend. Es mag arbeitsrechtlich für die Koalitionen wünschenswert ein, alle Arbeitgeberhandlungen von den gleichen kollektivrechtlichen Voraussetzungen abhängig zu machen. Allerdings setzt eine gleichartige Regelung immer voraus, daß eine Vergleichbarkeit der Sachverhalte vorliegt. Hier geht es jedoch einerseits um die Frage der kurzzeitigen Änderung bestehender Arbeitsverträge bei Überstunden und andererseits um die Neubegründung bei Abschluß eines befristeten Arbeitsverhältnisses. Diese Alternativen werden allein aufgrund der Möglichkeit, beide als Reaktionen auf verstärkten Produktionsanfall einzusetzen, hier in Zusammenhang gebracht. Eine rechtliche Folgerung ist aus diesem faktischen Zusammenhang jedoch nicht abzuleiten.

Die Annahme des Bundesarbeitsgerichtes, die Gestaltung des § 1 BeschFG als einseitig zwingende Norm würde den Zweck nicht leerlaufen lassen, da der Anwendungsbereich infolge geringer Aufnahme in Tarifverträge nicht entscheidend beeinträchtigt werde, ist Zweifeln ausgesetzt.

Neben der Tatsache, daß es auch in der Privatwirtschaft durchaus Tarifverträge mit diesem Regelungsbereich gab[181], betrifft die Regelung des § 1 SR 2y BAT derzeit etwa 3,2 Millionen Beschäftigte im öffentlichen Dienst[182] und damit nicht

---

181 MTV-Metall-Niedersachsen (Angestellte), § 2 Nr. 6; MTV-Metall- Bayern(Arbeiter), § 7 Nr. 3 I ;MTV-Metall-Nordwürttemberg-Nordbaden (Arbeiter,Angestellte), § 2 Nr. 6; etc..

182 FAZ vom 3.4.1998, S. 17.

lediglich einen kleinen Teil der öffentlich Beschäftigten. Daher ist nicht davon auszugehen, daß aufgrund einer Geringfügigkeit tarifvertraglicher Betroffenheit das Ziel des Gesetzgebers mittels einseitig zwingender Wirkung ebenso gut zu erreichen wäre, wie mit zweiseitig zwingender Wirkung[183].

Im Ergebnis bleibt festzustellen, daß eine Bestätigung der hier dargestellten Ansicht, es handele sich bei § 1 BeschFG um eine einseitig zwingende Norm, auch nicht aufgrund der Zweckanalyse erfolgen kann. Insgesamt hat die Untersuchung des § 1 BeschFG anhand der klassischen Auslegungkriterien durch die erste Ansicht keine einseitig zwingende Wirkung belegen können.

Zu untersuchen sind im folgenden daher die weiteren Argumentationen der ersten Ansicht.

e. *Analyse der Parallelgesetzgebung in § 57 a Satz 2 Hochschulrahmengesetz*

Die Vertreter der einseitig zwingenden Wirkung des § 1 BeschFG begründen zu einem großen Teil ihrer Ansicht -einvernehmlich- anhand eines Vergleiches von § 1 BeschFG zu dem im gleichen Zeitraum entstandenen § 57 a S.2 HRG[184].

Dieser normiert: „Die arbeitsrechtlichen Vorschriften und Grundsätze über befristete Arbeitsverträge sind nur insoweit anzuwenden, als sie den Vorschriften dieses Gesetzes nicht widersprechen“. Als arbeitsrechtliche Vorschriften unterfallen unstreitig auch die Tarifverträge dieser Vorrangregelung[185].

aa. *Begründung der Ansicht anhand der Parallelgesetzgebung*

Zum überwiegenden Teil zieht diese Meinung aus dem Fehlen einer solchen Vorrangregelung in § 1 BeschFG den Schluß, der Gesetzgeber habe bewußt den zur gleichen Zeit beim Hochschulrahmengesetz beschrittenen Weg nicht wählen und § 1 BeschFG einseitig zwingend ausgestalten wollen[186], bzw. sieht dieses Fehlen

---

183 Wovon *Schwerdtner* im Ergebnis jedoch ausgeht: Beschäftigungsförderungsgesetz, Tarifautonomie und Betriebsverfassung, NZA 1985, S. 577ff (579)

184 *Kempen*, Arbeitnehmerschutz, Tarifverträge und Beschäftigungsförderungsgesetz, AuR 1985, S. 374 ff (375);
Hanau, Befristung und Abrufarbeit nach dem Beschäftigungsförderungsprogramm 1985, RdA 1987, S. 25 ff (27);
Kohte, Über den Umgang mit Tarifverträgen, BB 1986, S. 397 ff (398);
ArbG Bonn, DB 1986, S. 1683 ff (1683);
BAGE 56, S.155 ff(168f).

185 BT-DS 10/2283, S. 9.

186 *Plander*, Gesetzliche Fixierung oder Beeinflussung des Inhalts von Tarifverträgen, DB 1986, S. 2180 ff (2180);
Kohte, Über den Umgang mit Tarifverträgen, BB 1986,S. 397 ff (398).

als Anhaltspunkt dafür, daß es sich nicht um eine zweiseitig zwingende Norm handele[187].

bb. Bewertung

In der Tat bestand zwischen beiden Gesetzen ein sehr enger zeitlicher Zusammenhang:

§ 57 a S. 2 HRG wurde im Rahmen einer Änderung des Hochschulrahmengesetzes am 14.6.1985[188]erlassen. Beide Gesetze wurden in ein und derselben Plenarsitzung in dritter Lesung beschlossen[189]. Es fragt sich, ob dieser zeitliche Zusammenhang einen aussagekräftigen Hinweis auf einen vom Gesetzgeber bewußten Verzicht zweiseitig zwingender Wirkung zuläßt.

Aus den Entwürfen und den Begründungen im Gesetzgebungsverfahren ist insoweit kein expliziter Anhaltspunkt zu entnehmen, da Verweise auf das jeweils andere Gesetz nicht existieren. Somit bleibt allein die Frage, welche Motivation des Gesetzgebers eher anzunehmen ist:

1. Die explizite Normierung des Tarifvorranges in § 57 a S. 2 HRG bedeutet, daß der Gesetzgeber die zweiseitig zwingende Wirkung für besonders einschneidend hält und die ausdrückliche Normierung für erforderlich hält. Bei fehlender Normierung müßte daher darauf geschlossen werden, es sei lediglich eine einseitig zwingende Wirkung beabsichtigt.

oder:

2. Der Gesetzgeber hat keinen Zusammenhang zwischen dem Hochschulrahmengesetz und dem Beschäftigungsförderungsgesetz hergestellt, da § 57 a S. 2 HRG keine allgemeingültige Relevanz für andere Gesetze hat. Das eigenständige Beschäftigungsförderungsgesetz sollte allein in § 6 Abs. 1 BeschFG tarifdispositiv gestaltet werden, während § 1 BeschFG diese Möglichkeit nicht vorsehen sollte.

Zu der Lösung dieses Problems könnten die Stenographischen Berichte der Verhandlungen des Bundestages beitragen, da die zweite und dritte Beratung beider Gesetzesentwürfe an einem Sitzungstag stattfanden[190].

Auffällig hierbei ist, daß in der Beratung zum Hochschulrahmengesetz die Frage der Zulässigkeit des Eingriffs in die Tarifautonomie durch § 57 a S. 2 HRG als zweiseitig zwingende Norm von allen Rednern problematisiert wurde[191].

---

187 BAGE 56, S. 155 ff (169).
188 BGBl I,S. 1065.
189 Steno-Prot. 10/133,S. 9893.
190 Steno-Prot. 10/133, S. 9869 ff.
191 Steno.-Prot. 10/133, S. 9887 - 9892.

Während der Abgeordnete Vogelsang (SPD) in dem Ausschluß tarifvertraglicher Regelungen durch § 57 a S. 2 HRG einen unzulässigen Eingriff in die Tarifautonomie sah[192], gingen die Abgeordneten Wisnieswski (CDU/CSU) und die Bundesministerin für Bildung und Wissenschaft von der Verträglichkeit der Regelung mit Artikel 9 Abs. 3 GG aus [193].

Demgegenüber fand keine Auseinandersetzung dieser Art bei der Beratung des Beschäftigungsförderungsgesetzes statt. Vielmehr griff der Bundesarbeitsminister Blüm den Gedanken auf, das Gesetz bedürfe der Ergänzung durch die Tarifpartner[194], um die Chance dieses Gesetzes zu nützen.

Aus der hier fehlenden Auseinandersetzung mit dem Problem des Verhältnisses zu Tarifverträgen könnte aufgrund der unmittelbar zeitlich aufeinander folgenden Beratungen zu schließen sein, daß keiner der Abgeordneten hierin ein Problem sah, das heißt von einer partiellen Tarifdispositát durch einseitig zwingende Wirkung ausging. Diese Annahme könnte dadurch unterstützt werden, daß Arbeitsminister Blüm die Gewerkschaften explizit zur Ergänzung des Gesetzes heranzog.

Gegen dieses Argument ist jedoch einzuwenden, daß der Aufruf in dem Abschnitt beinhaltet ist, der das Ende der Rede über das Gesamtgesetz markiert. Der Aufruf ist somit nicht allein im Kontext der speziellen Regelung des § 1 BeschFG zu sehen, sondern bezieht sich als Schlußwort auf das gesamte Beschäftigungsförderungsgesetz.

Bleibt somit die Frage zu untersuchen, ob aus der zeitlichen Nähe der Beratungen beider Gesetze auf eine einseitig zwingende Wirkung zu schließen sein könnte.

Ein Argument, das gegen diese Annahme und für die Unabhängigkeit beider Gesetze spricht, könnte die Abgabe an unterschiedliche federführende Ausschüsse darstellen:

Während beim Gesetzgebungsverfahren des Beschäftigungsförderungsgesetz der Ausschuß für Arbeit und Sozialordnung federführend war[195], wurde die Änderung des Hochschulrahmengesetzes an den Ausschuß für Bildung und Wissenschaft verwiesen[196].

Im Ausschuß für Bildung und Wissenschaft wurde die Frage nach einem Eingriff in Artikel 9 Abs. 3 GG konträr diskutiert (die Vertreter der SPD- und Grüne-Fraktion lehnten den Gesetzesentwurf aus diesem Grund ab), wohingegen die Sachverständigen beim Ausschuß für Arbeit und Sozialordnung lediglich die ver-

---

192 Steno.-Prot. 10/133, S. 9889.
193 Steno.-Prot.10/133,S. 9888 und S. 9892.
194 Steno.-Prot. 10/133,S. 9885.
195 BT-DS 10/3206, S. 1 ff.
196 BT-DS 10/3119, S. 1 ff.

fassungsrechtlichen Probleme im Hinblick auf Artt. 3,6,12 und Art. 20 GG erörterten[197].

Daß die Bedeutung des Art. 9 Abs. 3 GG keinerlei Eingang in die Erörterung gefunden hat, könnte darauf deuten, daß der Ausschuß unbeeinflußt von den Überlegungen des Ausschusses für Bildung und Wissenschaft blieb und das Hochschulrahmengesetz nicht als Parallelgesetzgebung mit Relevanz für das Beschäftigungsförderungsgesetz angesehen hat, so daß eine Überlegung oder auch explizite Regelung der Normqualität unterblieb.

Andererseits ließe sich auch begründen, daß bei einem derartig eng zusammenliegenden Verlauf der Gesetzgebungsverfahren und insbesondere der Beratungen, der Verzicht auf Regelungen und Ausschußüberlegungen bzgl. Art. 9 Abs. 3 GG die Annahme nahelegt, daß der Ausschuß mangels Eingriffscharakters des § 1 BeschFG keine Notwendigkeit der Erörterung sah.

Da diese Überlegungen zur Motivation des Ausschusses und des Parlaments mangels schriftlicher Belege spekulativ bleiben müssen und nicht verifizierbar sind, ist es aufgrund der Parallelgesetzgebung in § 57 a S. 2 HRG nicht möglich, eine endgültige Bestimmung des § 1 BeschFG vorzunehmen.

f. Analyse der sich aus Art. 9 Abs. 3 GG ergebenden Normgrundsätze

Die letzte Form der Begründungsversuche der ersten Meinung besteht in der Ableitung der einseitig zwingenden Wirkung des § 1 BeschFG aus Art. 9 Abs. 3 GG.

aa. Begründung der Ansicht anhand des Art. 9 Abs. 3 GG

Neben Löwisch[198], Otto[199] und Kohte[200] leitet auch das Bundesarbeitsgericht[201] die einseitig zwingende Wirkung des § 1 BeschFG aus der in Art. 9 Abs. 3 GG normierten Tarifautonomie ab.

Der Grundsatz der Tarifautonomie beinhalte die grundsätzliche Normsetzungsprärogative der Tarifvertragsparteien aufgrund der größeren Sachnähe der Koalitionen und dem im Arbeitsrecht allgemein anerkannten Prinzip der Privatautonomie[202]. Da der Staat bei der Ordnung des Arbeits- und Wirtschaftslebens

---

197 BT-DS 10/3206, S. 27.

198 *Löwisch*, Das Beschäftigungsförderungsgesetz 1985, BB 1985, S. 1200 ff (1201).

199 *Otto*, Erleichterte Zulassung befristeter Arbeitsverträge, NJW 1985, S. 1807 ff (1810).

200 *Kohte*, Über den Umgang mit Tarifverträgen, BB 1986, S. 397 ff (398 f).

201 BAGE 56, S. 155 ff (169).

202 *Kohte*,Über den Umgang mit Tarifverträgen, BB 1986, S. 397 ff (398f).

seine Zuständigkeit zur Rechtsetzung weit zurückgenommen habe und die Bestimmung der regelungsbedürftigen Einzelheiten des Arbeitsvertrages grundsätzlich den Koalitionen überlassen habe[203], gelte generell der Vorrang dieser tarifautonomen Gestaltung[204]

Infolge dieser grundsätzlichen Vorrangwirkung tarifvertraglicher Regelungen müsse der Gesetzgeber in den Fällen, in denen er von der ihm verbleibenden Kompetenz in Form zweiseitig zwingender Normen Gebrauch mache, die tarifverdrängende Wirkung eindeutig zu erkennen geben. Ansonsten gelte die Vermutung einer einseitig zwingenden Wirkung als Regelfall der Gesetzgebung und geringerer Eingriffsintensität[205]. Diese Vermutung gelte jedenfalls generell bei Arbeitnehmerschutzvorschriften.

§ 1 BeschFG sei als Einschränkung des § 620 Abs. 1 BGB eine solche Arbeitnehmerschutznorm. Da weiterhin keine eindeutigen Anhaltspunkte für eine zweiseitig zwingende Wirkung des Gesetzes zu finden seien, sei § 1 BeschFG folglich eine einseitig zwingende Norm. Eine Abweichung durch Tarifvertrag wäre somit zugunsten der Arbeitnehmer möglich.

bb. Bewertung

Fraglich ist, ob diese Konsequenz der ersten Ansicht zwingend zu folgern ist. Dies wäre der Fall, wenn tatsächlich ein Regel-Ausnahme-Verhältnis zugunsten der einseitig zwingenden Normierung existieren würde, das den Gesetzgeber zu einer expliziten Nennung der zweiseitig zwingenden Wirkung verpflichten würde.

Allerdings bleibt hier zu untersuchen, ob es zutreffend ist, die Wirkung einer Norm von deren Formulierung abhängig zu machen. Das würde bedeuten, daß der expliziten Einschränkung der Tarifdispositàt konstitutiver Charakter zukäme[206]. Dies würde im Grunde genommen dazu führen, daß dem Wortlaut einer Norm nicht nur indizierende Bedeutung im Rahmen einer umfassenden Analyse, sondern darüber hinaus konstitutiver Charakter zukäme, ohne die Notwendigkeit

---

203 BAGE 56, S. 155 ff (169).

204 *Kohte*, Über den Umgang mit Tarifverträgen, BB 1986, S. 397 ff (398).

205 *Kohte*, mit Über den Umgang Tarifverträgen, BB 1986, S. 397 ff (399); im Ergebnis:
Löwisch, Das Beschäftigungsförderungsgesetz 1985, BB 1985, S. 1200 ff (1201) ;
Hanau, Befristung und Abrufarbeit nach dem Beschäftigungsförderungsgesetz 1985, RdA 1987, S. 25 ff (27);
Otto, Erleichterte Zulassung befristeter Arbeitsverträge, NJW 1985, S. 1807 ff (1810);
BAGE 56, S. 155 ff (169).

206 So: *Kohte*, Über den Umgang mit Tarifverträgen, BB 1986, S. 397 ff (399).

einer Analyse anhand von Systematik, Entstehungsgeschichte und Zweckbestimmung zu beachten.

Juristische Konsequenzen aus lediglich begrifflich-formaler Betrachtung eines Gesetzes zu ziehen, führt zu positivistischen und begriffsjurisprudenten Auslegungsansätzen[207], die in Zeiten allgemeiner Interessen- und Wertungsjurisprudenz überholt sind.

Die Frage nach der Wirkung einer Norm kann somit nicht anhand eines äußeren Erscheinungsbildes beantwortet werden[208].

Sicherlich können sich aus der besonderen Grundrechtsrelevanz Art. 9 Abs. 3 GG betreffend ebenfalls besondere Voraussetzungen an einschränkende Normen ergeben. Jedoch bleibt zu beachten, daß der Gesetzgeber in anderen ebenfalls grundrechtsrelevanten Gesetzen nicht explizit alle Voraussetzungen für den Eintritt der Rechtsfolge normiert (z.B. § 263 StGB regelt den Vermögensverfügungsbegriff nicht ausdrücklich), sondern hier eine Auslegung anhand der klassischen Auslegungstopoi ermöglicht. Als Norm an sich betrachtet kann somit das Fehlen der Erwähnung der zweiseitig zwingenden Wirkung keine Rückschlüsse auf die Normqualität erlauben.

Vielmehr ist, wie das Bundesarbeitsgericht zutreffend ausführt[209],die Frage zu untersuchen, was für die Einordnung als zweiseitig zwingende Norm spricht.(Zur Klarstellung sei noch einmal betont, daß die vorangehenden Überlegungen auf die generelle Zulässigkeit einer Wirkungsdefinition anhand des Wortlauts abzielt. Die Analyse der Frage, ob eine generelle Regel besteht, die aus Art. 9 Abs. 3 GG abgeleitet, die Nennung der zweiseitig zwingenden Wirkung zur Voraussetzung erhebt, wird an späterer Stelle vorgenommen werden, da dies zu einem zentralen Punkt der generellen Zulässigkeit dieses Normtyps führt.)

Auf die Frage, ob tatsächlich eine aus Art. 9 Abs. 3 GG abgeleitete Normsetzungsprärogative der Tarifvertragsparteien besteht und ob der § 1 BeschFG als eindeutiges Arbeitnehmerschutzgesetz zu qualifizieren sei, soll an dieser Stelle nicht weiter eingegangen werden. Eine Beantwortung dieser Problempunkte soll zu diesem Zeitpunkt nicht erfolgen, da dies auch die Kernfrage bei der Qualifizierung des § 57 a S. 2 HRG darstellt. Die Frage nach der Normsetzungsprärogative ist als entscheidendes Kriterium bei der Abgrenzung der Regelungskompetenzen und damit bei der Frage der generellen Zulässigkeit zweiseitig zwingender Normen zu werten.

---

207 *Schmalz*, Methodenlehre für das juristische Studium, RNr. 211 u. 213, S. 215.
208 *Bydlinski*, Juristische Methodenlehre und Rechtsbegriff, S. 442.
209 BAGE 56, S. 155 ff (169).

g. Zwischenergebnis: Einseitig zwingende Wirkung kann von dieser Ansicht nicht nachgewiesen werden

Eine abschließende Beurteilung der Argumente dieser Ansicht ist bisher nicht möglich. Festzuhalten bleibt, daß die Argumentationen anhand von Wortlaut, Systematik, Entstehungsgeschichte und Zweck des § 1 BeschFG ebensowenig von der einseitig zwingenden Gestaltung überzeugen konnten, wie die Untersuchung der Parallelgesetzgebung zu § 57 a S. 2 HRG.

h. Analyse der von diesem Argumentationsmuster abweichenden Begründungsversuche

Beachtet werden sollen hier desweiteren noch die von der Hauptargumentationslinie abweichenden Begründungsversuche, die teilweise aufgrund verfassungsrechtlicher Überlegungen[210], bzw. aufgrund von Überlegungen zur normativen Gesetzeswirkung[211], zu einer einseitig zwingenden Wirkung des § 1 BeschFG gelangen.

aa. Kohtes Ansatz: Verletzung des Verhältnismäßigkeitsgrundsatzes

Kohte argumentiert, daß bei einer zweiseitig zwingenden Wirkung ein Eingriff in Art. 9 Abs. 3 GG vorläge, der nur dann zu rechtfertigen sei, wenn der Verhältnismäßigkeitsgrundsatz gewahrt werde. Gegen eine Verhältnismäßigkeit des § 1 BeschFG spreche nach seiner Ansicht insbesondere das empirische belegbare Fehlen der Eignung[212]. Dies werde besonders deutlich bei der These, daß mit dem § 1 BeschFG ein Ausweichen der Arbeitgeber auf Überstunden zugunsten von befristeten Arbeitsverträgen verhindert werden könne. Denn maßgeblich für die Entscheidung der Arbeitgeber seien allein betriebswirtschaftliche Kostenrechnungen, die im Vergleich zugunsten der Überstunden ausfielen. Ohne Verteuerung der Überstunden werde sich daran nichts ändern, so daß das Beschäftigungsförderungsgesetz nicht geeignet sei, Neueinstellungen zu fördern[213]. Zudem

---

210 *Schanze*, Zur Frage der Verfassungsmäßigkeit der erleichterten Zulassung befristeter Arbeitsverträge im Beschäftigungsförderungsgesetz, RdA 1986, S. 30 ff (31 ff).

211 *Kempen*, Arbeitnehmerschutz, Tarifverträge und Beschäftigungsförderungsgesetz, AuR 1985, S. 374 ff (384).

212 *Kohte*, Über den Umgang mit Tarifverträgen, BB 1986,S. 397 ff (400); sich anschließend :
Schanze, Zur Frage der Verfassungsmäßigkeit der erleichterten Zulassung befristeter Arbeitsverträge im Beschäftigungsförderungsgesetz, RdA 1986, S. 30 ff (32).

213 *Kohte*, Über den Umgang mit Tarifverträgen, BB 1986, S. 397 ff (400).

werde die These des Gesetzgebers, befristete Arbeitsverhältnisse würden in einer Vielzahl der Fälle in unbefristete Arbeitsverhältnisse münden, durch Forschungen bzgl. von Arbeitsbeschaffungsmaßnahmen widerlegt, die ergaben, daß lediglich 8 % der Arbeitnehmer in ein unbefristetes Arbeitsverhältnis übernommen wurden[214].

Kohte folgert aus diesen Untersuchungen die fehlende Eignung und somit die fehlende Verhältnismäßigkeit bei einem Eingriff in Art. 9 Abs. 3 GG durch eine zweiseitig zwingende Wirkung des § 1 BeschFG. Folglich sei § 1 BeschFG eine einseitig zwingende Norm.

bb. Schanzes Ansatz: Verfassungswidrigkeit des § 1 BeschFG wegen Verstoßes gegen Art. 9 Abs. 3 GG

Schanze geht in seiner Schlußfolgerung, gestützt auf die Annahme, § 1 BeschFG verstoße bereits gegen Art. 3 und Art. 12 GG, so weit, § 1 BeschFG für verfassungswidrig zu erklären, sollte der Gesetzgeber das Gesetz nicht nachbessern[215].

cc. Bewertung

Diese Überlegungen sehen sich zwei Einwänden ausgesetzt:

1. Zum einen hat der Gesetzgeber grundsätzlich einen Prognosespielraum, der lediglich bzgl. sachfremder Erwägungen, bzw. dann justiziabel ist, wenn im Entscheidungszeitpunkt bereits deutlich wird, daß der gewählte Weg falsch ist[216].

   Tatsächlich wurde im Lauf des Gesetzgebungsverfahrens der Vorwurf laut, § 1 BeschFG könne nicht nachweisbar zu den angestrebten Ergebnissen führen, sondern im Gegenteil neben der Zerteilung in Arbeitnehmer erster und zweiter Klasse, auch zur Abschaffung des Kündigungsschutzrechtes für Millionen von Arbeitnehmern führen[217].

   Diese Kritik konnte jedoch nicht zahlenmäßig belegt werden. Folglich war im Zeitpunkt der Gesetzgebung nicht klar, daß das Beschäftigungsförderungsgesetz ungeeignet war, das angestrebte Ziel zu erreichen. Demnach

---

214 *Kohte*, Über den Umgang mit Tarifverträgen, BB 1986, S. 379 ff (400).

215 *Schanze*, Zur Frage der Verfassungsmäßigkeit der erleichterten Zulassung befristeter Arbeitsverträge im Beschäftigungsförderungsgesetz, RdA 1986, S. 30 ff (34), insbesondere bzgl. der Mängel der sachlichen Rechtfertigung.

216 BVerfGE 36, S. 47 ff (63f); BVerfGE 37, S. 154 ff (165f); BVerfGE 50, S. 290 ff (332).

217 Abgeordneter Dreßler (SPD) in: Steno.-Prot. 10/133, S. 9873f.

könnte eine zweiseitig zwingende Wirkung auch nicht als ungeeignet, das heißt unverhältnismäßig qualifiziert werden.

2. Desweiteren bestätigt die 1992 von Infratest Sozialforschung München im Auftrag der Bundesregierung vorgenommene Untersuchung die faktische Eignung des Gesetzes[218].

   Demnach sind im Jahr 1992 zwischen 150.000 und 290.000 befristete Arbeitsverhältnisse aufgrund des § 1 BeschFG abgeschlossen worden, von denen 20.000 bis 45.000 in ein unbefristetes Arbeitsverhältnis umgewandelt worden. der „Übernahmeerfolg" liegt somit bei 13 - 15 % und damit deutlich über den von Kothe in Vergleich gebrachten 8 % bei Arbeitsplatzbeschaffungsmaßnahmen. Auch Befürchtungen, § 1 BeschFG könnte zur Umgehung von Kündigungsschutzrechten führen, bewahrheiteten sich nicht.

   Insgesamt bestätigt die ex-post Betrachtung die Eignung des § 1 BeschFG zum Zweck der Beschäftigungsförderung.

Die von Kohte / Schanze vorgebrachten Einwände gegen § 1 BeschFG sind aus den beiden genannten Gründen daher unzutreffend und nicht geeignet, eine einseitig zwingende Wirkung nachzuweisen.

i. Ergebnis: Die Normqualität des § 1 Beschäftigungsförderungsgesetz wurde nicht hinreichend belegt. Fehlende Eignung der Argumente, um das generelle Verhältnis von Gesetz und Tarifvertrag festzustellen und Zulässigkeitskriterien für zweiseitig zwingende Normen aufzustellen

Auch generell konnten die Argumente dieser Ansicht keine zutreffenden Kriterien für die Zulässigkeit zweiseitig zwingender Normen erbringen.

Trotzdem soll wegen der Relevanz, die diese Ansicht beim Umgang des Beschäftigungsförderungsgesetzes auch in praktischer Hinsicht besitzt, kurz dargestellt werden, welche Ergebnisse die Vertreter der ersten Ansicht aus der angenommenen einseitig zwingenden Wirkung des § 1 BeschFG ableiten.

Interessant dabei ist, daß die hier vertretenen Ergebnisse ebenso uneinheitlich sind, wie der Argumentationsverlauf[219].

Einige Autoren sind der Ansicht, § 1 BeschFG begründe infolge des Günstigkeitsprinzips generell den Vorrang günstigerer Tarifverträge[220].

---

218 BT-DS 12/7565, S. 10.

219 Vgl.Heinze, Das befristete Arbeitsverhältnis zwischen Gesetz und Tarifvertrag, DB 1986, S. 2327 ff (2329f).

220 *Gast*, Perspektiven des Arbeitsrechts, BB 1986, S. 1513 ff;
Otto, Erleichterte Zulassung befristeter Arbeitsverträge, NJW 1985, S. 1807 ff;

Andere Autoren, wie etwa Löwisch[221], trennen zwischen bestehenden und künftigen Tarifverträgen. Künftige Tarifverträge sollen bei günstigeren Regelungen Vorrang vor § 1 BeschFG haben, während bestehende Tarifverträge dem Beschäftigungsförderungsgesetz nicht entgegenstünden, das heißt, nicht anwendbar seien. Dies soll sich aus der Tatsache ergeben, daß die Tarifvertragsparteien nicht vorsorglich alle möglichen Befristungsnovellen ausschließen wollten, sondern sich ihre tarifrechtlichen Reaktionen vorbehalten wollten[222].

Dem gegenüber gehen Lorenz/Schwedes[223] davon aus, daß bei tariflicher Regelung besonderer Befristungsformen diese meist keine günstigere Abweichung von § 1 BeschFG normieren wollten, so daß hier das Beschäftigungsförderungsgesetz Anwendung fände. Bezüglich der allgemeiner gehaltenen Tarifverträge, die eine Rechtfertigung der Befristung über einen sachlichen Grund vorsehen, gelte § 1 BeschFG als neuer sachlicher Grund, da in Tarifverträgen die jeweils geltende gesetzliche Regelung gemeint sei. Bei eigenständigen und abschließenden Tarifverträgen bestehe jedoch ein Vorrang vor § 1 BeschFG.

2. *Begründung der Ansicht, die § 1 Beschäftigungsförderungsgesetz als zweiseitig zwingende Norm qualifiziert*

Die Gegenmeinung qualifiziert § 1 BeschFG als zweiseitig zwingende Norm, die die Geltung der Tarifverträge in diesem Bereich aufhebt[224].

Diese Ansicht, die in Literatur und Rechtsprechung wenig Unterstützung fand, argumentiert zunächst auch auf der Basis der klassischen Auslegungsmethoden, um jedoch neben der Gestaltung in den Tarifverträgen insbesondere

---

Friedhofen/Weber, Rechtsprobleme des befristeten Arbeitsvertrages nach Art. 1 § 1 des Beschäftigungsförderungsgesetzes 1985, NZA 1985, S. 337 ff;
Hanau, Befristung und Abrufarbeit nach dem Beschäftigungsförderungsgesetz, RdA 1987, S. 25 ff (27);
KR-Weller, BeschFG, RNr. 8 ff
Kohte, Über den Umgang mit Tarifverträgen, BB 1986, S. 397 ff;
BAGE 56, S. 155 ff ;
ArbG Bonn, DB 1986, S. 1683 ff.

221 *Löwisch*, Das Beschäftigungsförderungsgesetz 1985, BB 1985, S. 1200 ff (1201f).

222 *Löwisch*, Das Beschäftigungsförderungsgesetz, BB 1985, S. 1200 ff (1201).

223 *Lorenz/Schwedes*, Das Beschäftigungsförderungsgesetz, DB 1985, S. 1077 ff (1078f).

224 *Andritzky*, Beschäftigungsförderungsgesetz 1985, NZA 1986, S. 385 ff (388);
Winterfeld, Das Verhältnis von Art. 1 § 1 BeschFG zu tarifvertraglichen Regelungen über befristete Arbeitsverhältnisse, ZfA 1986, S. 157 ff (168f);
Gaul, Vorrang tarifvertraglicher Befristungsregelungen vor dem Beschäftigungsförderungsgesetz, ZTR 1987,S. 164 ff (169)

Überlegungen mit verfassungsrechtlichem Bezug zur Begründung ihrer Ergebnisse heranzieht[225].

a. Wortlautanalyse

aa. Begründung der Ansicht anhand der Wortlautanalyse

Gaul[226] und Winterfeld[227] halten beide den Wortlaut des § 1 BeschFG für ungeeignet, eine zweiseitig zwingende Wirkung zu begründen.

Während Winterfeld nicht näher auf den Wortlaut eingeht, sieht Gaul hingegen das Problem der Wortlautanalyse nicht im völligen Fehlen jeder Aussage, sondern in der indifferenten Auslegung, die der Wortlaut zuläßt.

So könnte das Fehlen einer ausdrücklichen Anordnung der zweiseitig zwingenden Wirkung nahelegen, daß das Günstigkeitsprinzip auch im Rahmen des § 1 BeschFG gelte. Andererseits spreche gerade die explizite Regelung des Verhältnisses von Gesetz und Tarifvertrag in § 6 Abs. 1 BeschFG dafür, daß der Gesetzgeber sich des Problems bewußt war und eben nur für die Teilzeitarbeit die Tarif-dispositát zulassen wollte[228].

bb. Bewertung

Diese Überlegungen zur Wortlautanalyse müssen in Anbetracht der oben ausgesprochenen Zweifel an einer definitiven Interpretation für zutreffend gehalten werden. Der Wortlaut läßt eine Interpretation in beide Richtungen zu und bringt keine eindeutige Festlegung des gesetzgeberischen Willens zum Ausdruck.

b. Analyse der Gesetzessystematik

aa. Begründung der Ansicht anhand der Systematik

An das Verhältnis zwischen § 1 BeschFG und § 6 Abs. 1 BeschFG knüpft Gaul auch seine weiteren Überlegungen zur systematischen Interpretation.

---

225 Vgl. *Gaul*, Vorrang tarifvertraglicher Befristungsregelungen vor dem Beschäftigungsförderungsgesetz ZTR 1987, S. 164 ff (165-167).

226 *Gaul*, Vorrang tarifvertraglicher Befristungsregelungen vor dem Beschäftigungsförderungsgesetz, ZTR 1987, S. 164 ff (168).

227 *Winterfeld*, Das Verhältnis von Art. 1 § 1 BeschFG zu tarifvertraglichen Regelungen über befristete Arbeitsverhältnisse, ZfA 1986, S. 157 ff (168).

228 *Gaul*, Vorrang tarifvertraglicher Befristungsregelungen vor dem Beschäftigungsförderungsgesetz, ZTR 1987, S. 164 ff (168).

Der Gesetzgeber habe es trotz des engen Zusammenhanges zwischen dem ersten und dem zweiten Abschnitt unterlassen, das Verhältnis zu Tarifverträgen generell in einer Klammer vor oder hinter beiden Abschnitten klarzustellen. Daß er für den zweiten Abschnitt eine solche Regelung in § 6 I BeschFG jedoch getroffen habe, könne nur bedeuten, daß der Gesetzgeber die Befristungsregelung als eigenständige und abschließende Konzeption angesehen habe[229].

Auch Winterfeld mißt der Tatsache Bedeutung zu, daß Art. 1 des Beschäftigungsförderungsgesetzes in zwei Abschnitte unterteilt ist, von denen nur der zweite durch § 6 Abs. 1 BeschFG tarifdispositiv gestaltet ist. Sie zieht jedoch aus dieser Feststellung weniger weitreichende Konsequenzen als Gaul und kommt lediglich zu dem Ergebnis, § 1 BeschFG sei jedenfalls nicht auch zuungunsten der Arbeitnehmer abdingbar[230].

bb. Bewertung

Wie oben bereits erläutert wurde, ist eine eindeutige Aussage über die Normqualität des § 1 BeschFG anhand einer systematischen Auslegung nicht möglich.

Wenn Winterfeld auch in ihrem Ergebnis nicht so weit zielt wie Gaul, der eine klare Aussage zugunsten der zweiseitig zwingenden Wirkung in der systematischen Stellung des § 1 BeschFG erkennen will, so ist die Basis beider Argumente doch der enge Zusammenhang, der zwischen dem ersten und dem zweiten Abschnitt besteht.

Die von Gaul angestellte Überlegung, das Fehlen einer einheitlichen Regelung für beide Bereiche sei ein eindeutiges Zeichen für die eigenständige, und damit zweiseitig zwingende, Wirkung des § 1 BeschFG, ist nur unter der Prämisse haltbar, daß der Inhalt beider Abschnitte eine gemeinsame Regelung ermöglicht. Das wiederum setzt voraus, daß der Inhalt beider Abschnitte einen homogenen bzw. ähnlichen Regelungsbereich aufweist. Genau das ist, wie oben erläutert[231], nicht der Fall:

Während § 1 BeschFG allein arbeitsmarktpolitischen Zielsetzungen folgt, soll der zweite Abschnitt über die Teilzeitarbeit diese Form des Arbeitsverhältnisses auf eine normative Grundlage stellen und so zum Schutz der betroffenen Arbeitnehmer beitragen[232]. Diese unterschiedlichen Regelungsziele beider Abschnitte

---

229 *Gaul*, Vorrang tarifvertraglicher Befristungsregelungen vor dem Beschäftigungsförderungsgesetz, ZTR 1987, S. 164 ff (168).

230 *Winterfeld*, Das Verhältnis von Art. 1 § 1 BeschFG zu tarifvertraglichen Regelungen über befristete Arbeitsverhältnisse, ZfA 1986, S. 157 ff (168).

231 Vgl. S. 47 ff.

232 *Winterfeld*, Das Verhältnis von Art. 1 § 1 BeschFG zu tarifvertraglichen Regelungen über befristete Arbeitsverhältnisse, ZfA 1986, S. 157 ff (171).

zeigen, daß gerade kein enger inhaltlicher Zusammenhang besteht. Bei einer so belegten Trennung des ersten vom zweiten Abschnitt ist es nicht möglich, Schlüsse aus der Regelung des § 6 Abs. 1 BeschFG zu ziehen. Dies gilt, siehe oben, sowohl für die Befürworter der einseitig zwingenden Wirkung, als auch für Gaul, der aus dem systematischen Zusammenhang eine zweiseitig zwingende Wirkung ableiten will.

c. Analyse der Entstehungsgeschichte

aa. Begründung der Ansicht anhand der Entstehungsgeschichte

Zur Entstehungsgeschichte äußert sich allein Winterfeld, die aus der Nichtaufnahme der Vorrangregelung der Referenten-Entwürfe in den geltenden § 1 BeschFG, den bewußten Entschluß des Gesetzgebers zugunsten einer zweiseitig zwingenden Geltung ableitet[233].

Gegen den bereits oben erhobenen Einwand, daß die Begründungen zum Gesetzesentwurf keinerlei Hinweise auf die Motivation des Gesetzgebers bzgl. des Verzichts auf eine solche Regelung geben, macht Winterfeld geltend, daß die Bundesregierung allein zur Begründung des Gesetzesentwurfes verpflichtet sei.

Eine Pflicht zur Begründung der Abweichung von Referenten-Entwürfen bestehe dagegen nicht, so daß aus dem Fehlen auch keine Schlüsse zugunsten einer einseitig zwingenden Norm gezogen werden könnten.

bb. Bewertung

Selbstverständlich hat der Initiator eines Gesetzes keine Pflicht zur Erläuterung vorangegangener - interner - Überlegungen und Entwürfe. Allerdings kann aus dem Fehlen einer Verpflichtung keine Konsequenz für die tatsächliche Normgeltung folgen, da es nichts an der Tatsache ändert, daß der Gesetzgeber sich nicht zur Frage der Tarifgeltung geäußert hat. Zwar ist zutreffend, daß dann aus dem Fehlen der Äußerung keine einseitig zwingende Wirkung geschlußfolgert werden kann, dies gilt jedoch ebenso sehr für die Folgerung, bei § 1 BeschFG habe der Gesetzgeber eine zweiseitig zwingende Geltung vorgesehen.

233 *Winterfeld*, Das Verhältnis von Art. 1 § 1 BeschFG zu tarifvertraglichen Regelungen über befristete Arbeitsverhältnisse, ZfA 1986, S. 157 ff (168f).

d. *Analyse des Sinn und Zwecks*

aa. *Begründung der Ansicht anhand des Sinn und Zwecks*

Gaul[234] und Winterfeld[235] betonen einhellig, daß der Zweck des § 1 BeschFG - die Förderung der arbeitsmarktpolitischen Lage durch Ermunterung der Arbeitgeber, Arbeitnehmer auch bei konjunkturell unsicherer Zukunft befristet einzustellen - nur durch eine zweiseitig zwingende Wirkung des § 1 BeschFG erreicht werden könne.

Bei partieller Tarifdispositāt werde dieser Zweck durch befristungsbeschränkende Tarifverträge konterkariert, da der Anreiz für die Arbeitgeber, zugunsten befristeter Arbeitsverträge auf Überstunden zu verzichten, zunichte gemacht würde[236]. Der Gesetz gewordene Wille müßte demzufolge auch von den Tarifvertragsparteien respektiert werden[237].

bb. *Bewertung*

Gegen die Richtigkeit dieser Argumentation könnte lediglich das Argument des Bundesarbeitsgerichtes angeführt werden, der Zweck des § 1 BeschFG könne mittels einer einseitig zwingenden Wirkung ebensogut erfüllt werden, da die Betroffenheit regelungsgleicher Tarifverträge zu gering wäre, um den Zweck faktisch konterkarieren zu können[238]. Diese Beurteilung kann jedoch in zweifacher Hinsicht nicht überzeugen:

Zum einen regelt - neben einigen anderen Tarifverträgen - der BAT in § 1 SR 2y die Voraussetzungen zur sachlichen Rechtfertigung einer Befristung. Dem personellen Anwendungsbereich des BAT unterfallen zur Zeit etwa 3,2 Millionen Arbeitnehmer im öffentlichen Dienst[239]. Allein diese Zahl belegt, daß eine Vernachlässigung wegen „Geringfügigkeit" nicht möglich ist.

Zum zweiten kann es bei der Beurteilung, ob allein mittels zweiseitig zwingender Wirkung der angestrebte Zweck zu erreichen ist, nicht nur um die zur Zeit

---

234 *Gaul*, Vorrang tarifvertraglicher Befristungsregelungen vor dem Beschäftigungsförderungsgesetz, ZTR 1987, S. 164 ff (168f).
235 *Winterfeld*, Das Verhältnis von Art. 1 § 1 BeschFG zu tarifvertraglichen Regelungen über befristete Arbeitsverhältnisse, ZfA 1986, S. 157 ff (169f).
236 *Winterfeld*, Das Verhältnis von Art. 1 § 1 BeschFG zu tarifvertraglichen Regelungen über befristete Arbeitsverhältnisse, ZfA 1986, S. 157 ff (170).
237 *Gaul*, Vorrang tarifvertraglicher Befristungsregelungen vor dem Beschäftigungsförderungsgesetz, ZTR 1987, S. 164 ff (169).
238 BAGE 56, S, 155 ff (166).
239 FAZ vom 3.4.1998, S. 17.

vorliegende Menge faktischer Abweichungen gehen. Vielmehr muß die Konsequenz bedacht werden, die die Ermöglichung einer Abweichung durch Tarifvertrag mit sich bringt. Wäre § 1 BeschFG tarifdispositiv gestaltet, könnten alle zukünftigen Tarifverträge von dieser Norm abweichende, befristungsbeschränkende Regelungen vorsehen. Für alle in einer Koalition organisierten Arbeitgeber würde dann die Möglichkeit vereinfachter befristeter Einstellungen entfallen. Die Beschränkung der Befristungsmöglichkeit würde dazu führen, daß der Arbeitgeber zu vermehrter Überstundenleistung übergehen würde und befristete Neueinstellungen gar nicht, bzw. nur in den selteneren Fällen, in denen ein sachlicher Grund vorläge, vornehmen würde. Damit wäre das Gesetz dann aber nahezu obsolet geworden, da nicht davon auszugehen ist, daß der Gesetzgeber bei einer derartig brisanten arbeitsmarktpolitischen Lage (mehr als 9 % Arbeitslose 1984) ein Gesetz verabschiedet, das in seiner Wirkung von dem Willen der Koalitionen abhängt, ist unwahrscheinlich. Dem Gesetzgeber muß vielmehr daran gelegen sein, den beabsichtigten Zweck auch zu erreichen. Etwas anderes würde sich nur dann ergeben, wenn der Gesetzgeber mit § 1 BeschFG allein eine Anregung geben wollte, welche Möglichkeiten er für den Abbau der Arbeitslosenzahlen für sinnvoll hält. Eine solche Überlegung widerspricht jedoch der in den Gesetzesbegründungen zum Ausdruck kommenden Motivation des Gesetzgebers[240] : Die Regierung drückt hier ganz deutlich aus, daß gerade § 1 BeschFG zur Verringerung der Arbeitslosenzahl unmittelbar beitragen soll. Das bedeutet, daß der Gesetzgeber § 1 BeschFG für ein Instrument zur Durchsetzung arbeitsmarktpolitischer Änderungen hielt und nicht lediglich einen Leitfaden geben wollte, dessen Umsetzung den Koalitionen überlassen bleiben sollte.

Folglich ist Gaul und Winterfeld in ihrer Annahme zuzustimmen, der Zweck des Gesetzes sei allein durch eine zweiseitig zwingende Wirkung erreichbar und dies sei vom Gesetzgeber auch beabsichtigt worden.

Die Untersuchung der Argumente der zweiten Meinung ergibt auf der Basis der Zweckanalyse eine zweiseitig zwingende Wirkung des § 1 BeschFG. Der Zweck der Norm kann jedoch keine definitive Aussage über die tatsächliche Normqualität erlauben, da sich aus anderen Gesichtspunkten gravierende Argumente gegen die Zulässigkeit einer solchen Gestaltung aus verfassungsrechtlichen Gründen ergeben könnten.

---

240 BT-DS 10/3206.

e. Analyse der Gestaltung der Tarifverträge

aa. Begründung der Ansicht anhand dieser Gestaltung

Auch aus der Gestaltung der Befristungsbeschränkungen in Tarifverträgen sollen sich nach Winterfeld Gründe für eine zweiseitig zwingende Wirkung des § 1 BeschFG ergeben[241]. Die bestehenden Tarifverträge würden eine Regelungslücke aufweisen, in deren Rahmen § 1 BeschFG gelten würde[242]. Dies ergebe sich aus der Tatsache, daß den Tarifvertragsparteien diese neue Befristungsmöglichkeit bei Abschluß der Tarifverträge unbekannt war und sie dem zufolge diese Möglichkeit auch nicht ausschließen wollten. Zudem wäre diese neue Option nach der bisherigen Rechtsprechung zum „sachlichen Grund“ nicht zulässig gewesen, so daß die Tarifvertragsparteien diese Regelung aufgrund von Drittinteressen (Arbeitslose) nicht hätten vornehmen können. Aufgrund der Unvereinbarkeit mit den Grundsätzen der Rechtsprechung sahen die Tarifvertragsparteien auch keine Notwendigkeit, diese Befristungsmöglichkeit auszuschließen. Folglich sei die Befristung gemäß § 1 BeschFG nie Regelungsinhalt der Tarifverträge geworden, so daß § 1 BeschFG die Tarifverträge gar nicht tangiere.

§ 1 BeschFG gelte somit allein und abschließend im Bereich befristeter Arbeitsverhältnisse ohne die Notwendigkeit sachlicher Rechtfertigung.

bb. Bewertung

Wenn das Problem des Verhältnisses von Tarifverträgen und § 1 BeschFG allein anhand des Regelungsinhaltes der Tarifverträge zu klären wäre, wäre es unnötig, die Normqualität des § 1 BeschFG festzulegen.

Zutreffend ist selbstverständlich, daß die Tarifvertragsparteien bei Abschluß der Tarifverträge nicht an die Möglichkeit gedacht haben, daß neben die durch das Bundesarbeitsgericht herausgearbeiteten sachlichen Gründe die partielle Aufhebung dieser Zulässigkeitsvoraussetzungen durch Gesetz treten könnte. Ob dies jedoch ausreicht, um eine Regelungslücke zu begründen, erscheint unter dem Aspekt fraglich, daß die Tarifvertragsparteien gegenüber der voraussetzungsfreien Regelung des § 620 Abs. 1 BGB aus Arbeitnehmerschutzgründen Zulassungsvoraussetzungen aufstellen wollten und § 1 BeschFG letztlich in die Richtung des § 620 Abs. 1 BGB zielt. Muß man hier nicht fragen, ob also die freie

241 *Winterfeld*, Das Verhältnis von Art. 1 § 1 BeschFG zu tarifvertraglichen Regelungen über befristete Arbeitsverhältnisse, ZfA 1086, S. 157 ff (160-165).

242 *Winterfeld*, Das Verhältnis von Art. 1 § 1 BeschFG zu tarifvertraglichen Regelungen über befristete Arbeitsverhältnisse, ZfA 1986, S. 157 ff (165).

Befristungsmöglichkeit in § 1 BeschFG gerade dem, in den Tarifverträgen manifestierten, Willen der Tarifvertragsparteien zuwiderläuft? Auch wenn Winterfeld Recht zu geben ist, daß § 1 BeschFG nicht als sachlicher Grund im Rahmen des Tarifvertrages zu deuten ist[243], und in den Tarifverträgen auch mit dem Begriff „sachlich gerechtfertigt" als Bezug zum jeweiligen Rechtszustand wohl nur die Weiterentwicklung der Rechtsprechung und nicht § 1 BeschFG gemeint ist[244], kann daraus nicht die von ihr gezogene Konsequenz folgen[245]. Denn die tarifvertraglichen Befristungsbeschränkungen haben eindeutig das Ziel, den Schutz gegen „freie Befristungen" im Sinn des § 620 Abs. 1 BGB zu bewirken. Wenn eine, zwar bis dato nicht bekannte und nicht erwartete, Norm dem Regelungsgehalt des § 620 Abs. 1 BGB - mit Einschränkungen, aber deutlich entgegen der Rechtsprechung - nachfolgt, muß dieses Schutzinteresse auch gegenüber dieser Norm gelten. Das bedeutet, daß die Tarifverträge keine Regelungslücke aufweisen, sondern dem § 1 BeschFG konträr gegenüberstehen.

Folglich liegt ein Normenkonflikt vor, der nur anhand der Frage nach der Vorrangwirkung zu beantworten ist. Die Lösung des Verhältnisproblems zwischen Tarifvertrag und § 1 BeschFG kann somit nicht in der von Winterfeld dargelegten Lückenhaftigkeit der Tarifverträge gesehen werden.

f. Ergebnis: Keine Feststellung der zweiseitig zwingenden Wirkung des § 1 BeschFG

Die Analyse, der von dieser Ansicht vertretenen Argumente, ergibt insbesondere unter dem Aspekt der Zweckerreichung einen deutlichen Anhaltspunkt für die zweiseitig zwingende Wirkung des § 1 BeschFG. Allerdings sind die vorgebrachten Argumente nicht in der Lage, die Zulässigkeit einer solchen Gestaltung im vorliegenden Fall nachzuweisen oder darüber hinaus die generellen Zulässigkeitsvoraussetzungen zweiseitig zwingender Regelungen zu normieren. Eine definitive Aussage über die Normqualität des § 1 BeschFG setzt vielmehr eine über die herkömmlichen Auslegungsregeln hinausgehende Auseinandersetzung mit den verfassungsrechtliche garantierten Kompetenzbereichen des staatlichen Gesetzgebers und der Tarifvertragsparteien voraus.

---

243 So aber: *Wlotzke*, Zum arbeitsrechtlichen Teil des Regierungsentwurfs eines Beschäftigungsförderungsgesetzes 1985, NZA 1984, S. 217 ff (218); *Kohte*, Über den Umgang mit Tarifverträgen, BB 1986, S. 397 ff (404).

244 So aber: *Lorenz/Schwedes*, Das Beschäftigungsförderungsgesetz, BB 1985, S. 1077 ff (1079).

245 *Winterfeld*, Das Verhältnis von Art. 1 § 1 BeschFG zu tarifvertraglichen Regelungen über befristete Arbeitsverhältnisse, ZfA 1986, S. 157 ff (164).

3. *Sonderansichten*

Neben diesen beiden Hauptmeinungen haben sich auch zwei Meinungen gebildet, die von diesen gängigen Begründungsmustern nicht so sehr im Ergebnis, als durch die Art der dogmatischen Begründung abweichen. Hier ist zum einen die Annahme der vollständigen Tarifdispositär und zum anderen die Derogation bestehender Tarifverträge zu nennen.

a. *Falkenbergs Ansatz: Vollständige Tarifdispositär des § 1 BeschFG*

Falkenberg vertritt- soweit ersichtlich allein - die Ansicht, § 1 BeschFG sei tarifdispositiv, das heißt, er ließe Abweichungen zugunsten und zuungunsten der Arbeitnehmer durch Tarifverträge zu[246]. Dieses Ergebnis belegt er durch Ergebnisse der Gesetzesauslegung und durch verfassungsrechtliche Argumente.

aa. *Begründung der Ansicht anhand klassischer Auslegungsmethoden*

Falkenbergs Überlegungen zu Wortlaut, Systematik und Entstehungsgeschichte sind stark angelehnt an die Ausführungen Kohtes[247] und ergeben keine neuen Gesichtspunkte:

Zutreffend hält Falkenberg den Wortlaut für wenig aussagekräftig, zieht aber anhand systematischer Erwägungen aus § 6 Abs. 1 BeschFG den - nicht näher begründeten - Schluß, es handle sich bei § 1 BeschFG um eine tarifdispositive Norm[248]. Diese Überlegung stützt er mit der Betrachtung des § 57 a S.2 HRG, der als Teil der Parallelgesetzgebung zeige, daß das Fehlen einer Vorrangregelung kein Versehen des Gesetzgebers sei, sondern bewußt erfolge, um die Tarifdispositär zu sichern.

Wie oben bereits ausgeführt, lassen sich die Schlüsse nicht anhand der systematischen Analyse oder der Betrachtung des Hochschulrahmengesetzes gewinnen. Folglich sind sie auch nicht geeignet, eine tarifdispositive Gestaltung des § 1 BeschFG zu begründen.

Falkenberg belegt die von ihm behauptete Tarifdispositär mit verfassungsrechtlichen Argumenten[249]. Aufgrund der in Art. 9 Abs. 3 GG gewährleisteten

---

246 *Falkenberg*, Vorrang der BAT- Sonderregelung über befristete Arbeitsverträge gegenüber dem Beschäftigungsförderungsgesetz, ZTR 1987, S. 19 ff (20).

247 *Kohte*, Über den Umgang mit Tarifverträgen, BB 1986, S.397 ff.

248 *Falkenberg*, Vorrang der BAT- Sonderregelung über befristete Arbeitsverträge gegenüber dem Beschäftigungsförderungsgesetz, ZTR 1987,S. 19 ff (20).

249 *Falkenberg*, Vorrang der BAT- Sonderregelung über befristete Arbeitsverträge gegenüber dem Beschäftigungsförderungsgesetz, ZTR 1987, S. 19 ff (20).

Normsetzungsprärogative der Tarifvertragsparteien sei es dem Staat nur dann möglich, eine zweiseitig zwingende Norm zu erlassen, wenn die Belange der Allgemeinheit sie zwingend geböten.

bb. Bewertung

Es sei einmal abgesehen von der Frage, ob das hier zur Begründung herangezogene Urteil[250] in diesem Sinne zu verstehen ist und ob die Voraussetzung „zwingend geboten" tatsächlich eine strikte Voraussetzung darstellt.

Denn diese Fragen sind nicht zu beantworten, wenn bereits diese von Falkenberg herangezogene Voraussetzung hier erfüllt wäre. Falkenberg selbst untersucht § 1 BeschFG nicht im Hinblick auf diese Voraussetzung. Zutreffend tut dies indes Gaul, der zu dem Resultat gelangt, daß die zweiseitig zwingende Wirkung des § 1 BeschFG aufgrund von Belangen der Allgemeinheit geboten sei[251].

Das Beschäftigungsförderungsgesetz sollte bei dem Abbau der bis dato höchsten Arbeitslosenquote der Bundesrepublik helfen. Solch hohe Arbeitslosenzahlen haben neben den negativen Folgen für die allgemeine wirtschaftliche Lage (verminderte Kaufkraft), den steuerlichen Einbußen (Lohnsteuer) und staatlichen Kosten (Arbeitslosenhilfe) auch schwere Konsequenzen für den einzelnen Erwerbslosen, der neben materiellen Einbußen auch immaterielle Verluste, wie den sozialen Status und Existenzängste erleidet.

Aufgrund der überaus hohen Zahl von über 2.000.000 Arbeitslosen im Jahr 1984 kann auch nicht von Einzelschicksalen gesprochen werden, vielmehr betreffen die negativen Auswirkungen die Allgemeinheit. Wegen der hohen Belastungen, die durch diese hohe Arbeitslosigkeit auftreten, ist eine Abhilfe zwingend erforderlich. Daß der § 1 BeschFG als Teil einer Gesamtstrategie auch geeignet ist, die Beschäftigung zu fördern, ergibt sich aus der positiven Bilanz des Gesetzes.

Folglich ist § 1 BeschFG geeignet und seine zweiseitig zwingende Normierung aufgrund von Belangen der Allgemeinheit zwingend geboten.

Damit ist Falkenberg in seiner Ansicht, § 1 BeschFG sei tarifdispositiv, in sich inkonsequent und damit unzutreffend.

---

250 BVerfGE 34, S. 307 ff (316).

251 *Gaul*, Vorrang tarifvertraglicher Befristungsregelungen vor dem Beschäftigungsförderungsgesetz, ZTR 1987, S. 164 ff (166).

b. *Heinzes Ansatz: Derogation der Tarifverträge durch § 1 BeschFG*

Die zweite, lediglich von Heinze vertretene Sondermeinung beruht auf der Annahme, § 1 BeschFG derogiere im Rahmen seines Anwendungsbereiches bestehende Tarifverträge[252].

aa. *Begründung der Ansicht*

Heinze begründet dieses Ergebnis durch eine Ableitung der Derogationswirkung in dem Verhältnis § 620 Abs. 1 BGB - § 1 BeschFG. § 620 Abs. 1 BGB sei durch richterliche Rechtsfortbildung zu einer restriktiveren Befristungsregelung weiterentwickelt worden[253], die in dieser Form durch das neue Gesetz in Form des § 1 BeschFG materiell derogiert werde. Da die tariflichen Befristungsregelungen allesamt von dieser weiterentwickelten Norm abgeleitet seien, müßten folgerichtig auch diese implizierten Normen derogiert werden, da der rechtliche Bestand dieser Normen nicht weiter reichen könne, als die inhaltlich vorausgesetzte Norm[254]. Daß die Tarifverträge in dieser Weise von dem weiterentwickelten § 620 Abs. 1 BGB abgeleitet seien, ergebe sich bereits aus der Tatsache, daß nur aus dieser Norm die Befristungsvoraussetzungen folgen könnten[255].

Folglich erfasse die im Rahmen des Regelungsbereiches des § 1 BeschFG erfolgende Derogation des § 620 Abs. 1 BGB in diesem Umfang auch die bestehenden Tarifverträge. Bestätigt würde diese Derogationswirkung durch den Willen des Gesetzgebers: Der habe gerade in dem, von der Frage der Normqualität besonders betroffenen Bereich des § 1 SR 2y BAT, den Vorrang des § 1 BeschFG bewirken wollen, um das Ziel, gerade im öffentlichen Dienst neue Beschäftigungsmöglichkeiten zu schaffen, auch zu erreichen[256].

Die Derogationswirkung trete unabhängig von der Qualifizierung des § 1 BeschFG als einseitig oder zweiseitig zwingende Norm ein. Bzgl. der künftigen Tarifverträge qualifiziert Heinze die Wirkung des § 1 BeschFG ebenfalls als einseitig zwingend[257].

---

252 *Heinze*, Das befristete Arbeitsverhältnis zwischen Gesetz und Tarifvertrag, DB 1986, S. 2327 ff (2327f).

253 *Heinze*, a.a.O., S. 2327 ff (2329).

254 *Heinze*, a.a.O., S. 2327 ff (2332).

255 *Heinze*, a.a.O., S. 2327 ff (2331).

256 *Heinze*, a.a.O., S. 2327 ff (2334).

257 *Heinze*, Das befristete Arbeitsverhältnis zwischen Gesetz und Tarifvertrag, DB 1986, S. 2327 ff (2334).

bb. Bewertung: Derogation nicht möglich

Der Ausgangspunkt der Begründung der Derogationswirkung von § 1 BeschFG auf bestehende Tarifverträge liegt in der Annahme, die richterrechtlich entwickelten Befristungsvoraussetzungen seien Bestandteil des § 620 Abs. 1 BGB geworden.

Gegen diese Annahme hat sich insbesondere Falkenberg[258] gewandt: Die richterrechtlichen Befristungsvoraussetzungen hätten den Zweck gehabt, die durch die freie Regelung des § 620 Abs. 1 BGB ermöglichte Umgehung des Kündigungsschutzes zu verhindern. Die gesetzliche Norm bleibe in ihrer Geltung jedoch unverändert.

aaa. Richterrechtliche Befristungsvoraussetzungen als Bestandteil des § 620 Abs. 1 BGB; Derogation des § 620 Abs. 1 BGB durch § 1 BeschFG

Zur Lösung der Frage, ob Richterrecht als integrierter, beschränkender Bestandteil des § 620 Abs. 1 BGB anzusehen ist oder ob Richterrecht lediglich die externe Grenze des § 620 Abs. 1 BGB festlegt, ist das Verhältnis von Richterrecht zu den betroffenen Normen festzustellen.

In Anlehnung an die von Falkenberg[259] vorgebrachte Kritik zur Derogationswirkung fragt sich, ob die richterliche Kreation der Zulässigkeitsvoraussetzungen des „sachlichen Grundes" tatsächlich als richterrechtliche Fortentwicklung des § 620 Gesetzeskraft erlangt habt. Nur in diesem Fall wäre es möglich, eine Derogationswirkung auch des § 1 BeschFG anzunehmen. Anderenfalls wäre die bürgerlich-rechtliche Regelung des § 620 BGB unverändert geblieben und § 1 BeschFG würde eine Beschränkung des § 620 BGB darstellen.

Grundsätzlich stellt die richterliche Rechtsetzung mit gesetzesgleicher Wirkung die Ausnahme und die gesetzesähnliche Wirkung die Regel dar[260]. Ausgehend von dem Grundsatz, daß das Richterrecht seiner Natur nach eine inter-partes-Wirkung besitzt, besteht eine anerkannte inter-omnes-Wirkung lediglich im Bereich der Normenkontrollentscheidungen[261] und im Fall des Überganges zu Gewohnheitsrecht[262]. Da die Entscheidungen des BAG zu § 620 BGB keine

258 *Falkenberg*, Vorrang der BAT- Sonderregelung über befristete Arbeitsverträge gegenüber dem Beschäftigungsförderungsgesetz, ZTR 1987, S. 19 ff (21f).

259 *Falkenberg*, Vorrang der BAT- Sonderregelung über befristete Arbeitsverträge gegenüber dem Beschäftigungsförderungsgesetz, ZTR 1987, S. 19 ff (21).

260 *Stern*, Staatsrecht, Band II, § 37 II 2, S. 586.

261 *Achterberg*, Verwaltungsrecht AT, § 15 RNr. 77;
Wolff/Bachof, Verwaltungsrecht I, § 25 VI, RNr. 21, S. 272.

262 *Stern*, Staatsrecht, Band II, § 37 II 2, S. 586.

Normenkontrollentscheidung darstellen, könnte eine gesetzliche Geltung der Zulässigkeitsvoraussetzungen im Rahmen des § 620 BGB nur zu begründen sein, wenn die richterrechtliche Entwicklung gewohnheitsrechtlich anerkannt wäre. Voraussetzung dafür ist, daß eine „längere tatsächliche Übung (besteht), die eine dauernde und ständige, gleichmäßige und allgemeine ist und von den Beteiligten als verbindliche Rechtsnorm anerkannt wird“[263].

Wie oben erläutert, erklärte bereits das Reichsarbeitsgericht den Abschluß von Kettenarbeitsverträgen für unzulässig, wenn der Arbeitgeber die gesetzlichen Vorschriften über den Kündigungsschutz der Arbeitnehmer zu umgehen suchte[264]. Diese Rechtsprechung nahm des Bundesarbeitsgericht auf und entwickelte sie im Hinblick auf die generelle Unzulässigkeit befristeter Arbeitsverträge bei objektiver Kündigungsschutz-Umgehung weiter[265].

Das Bundesarbeitsgericht legte in einer Vielzahl von Einzelentscheidungen[266] die Voraussetzungen zum Vorliegen eines sachlichen Grundes fest, wobei wirtschaftliche und soziale Gründe berücksichtigt wurden.

Dabei war Beweggrund und Grenze der Einschränkung der Vertragsfreiheit in § 620 BGB die aus den Grundprinzipien des Arbeitsrechtes folgenden Bestandsschutzinteressen der Arbeitnehmer[267].

Die Voraussetzungen einer längeren tatsächlichen Übung, die eine dauernde und ständige und gleichmäßige und allgemeine ist, sind somit erfüllt.

Die rechtliche Anerkennung dieser Rechtsfortbildung zeigt sich in den dieser Rechtsprechung zugrunde liegenden Tarifverträgen.

Folglich kann die richterliche Rechtsfortbildung zu § 620 nicht allein als gesetzesgleiche externe Grenzziehung zur Dispositionsfreiheit des § 620 BGB gesehen werden, sondern stellt vielmehr eine Gesetzesergänzung aufgrund besonderer Berücksichtigung arbeitsrechtsspezifischer Bestandsinteressen dar. Daß dieser Schluß zutreffend ist, ergibt sich neben der Tatsache, daß die Hauptaufgabe des Richters die Lückenfüllung und Rechtsfortbildung ist[268], auch aus der Tatsache, daß der Gesetzgeber auf dem Gebiet des Arbeitsrechts die Rechtsprechung in gravierendem Maß auf sich gestellt läßt und oft erst im Anschluß an die gefestigte Rechtsprechung des Bundesarbeitsgerichtes gesetzgeberische Initiative zeigt[269]. Bei einer derartig weiten „ gesetzgebervertretenden Rolle“ des Bundes-

---

263 BVerfGE 34, S. 293 ff (303); BVerwGE 8, S. 317 ff (321f).
264 RAGE AR-Sammlung 32 (1938), S. 174 ff (176).
265 BAGE in DB 1961, S. 409 ff (410).
266 Vgl. bei *Lorenz/Schwedes*, Das Beschäftigungsförderungsgesetz, DB 1985, S. 1077 ff (1077).
267 BAGE in DB 1961, S. 409 ff (410).
268 *Stern*, Staatsrecht, Band II, § 37 II 2, S. 384.
269 *Fischer*, Die Weiterbildung des Rechts durch die Rechtsprechung, S. 22.

arbeitsgerichtes muß einer über das Jahrzehnt formierte Rechtsprechung gesetzesgleiche Wirkung zuerkannt werden. Dem entspricht auch das Selbstverständnis des Bundesarbeitsgerichtes, das davon ausgeht, daß „sich der sachliche Grund für die Befristung von Arbeitsverträgen aus § 620 BGB ergibt“[270]

Im Ergebnis bleibt festzuhalten, daß § 620 BGB trotz seines grenzenlosen Wortlautes durch richterliche Rechtsfortbildung durch das immanente Erfordernisses des sachliche Grundes eingeschränkt wird.

Folglich kann es tatsächlich zu einer von Heinze apostrophierten Derogationswirkung des § 620 BGB durch § 1 BeschFG kommen.

bbb. Keine unmittelbare Derogationwirkung gegenüber Tarifverträgen

Daß damit unmittelbar auch die Derogation der bestehenden Tarifverträge festgestellt ist, ist jedoch nicht zutreffend.

Das „Durchschlagen“ der Derogation des bestehenden gesetzlichen Norm durch das neue Gesetz auf die bestehenden Tarifverträge, beruht bei näherem Hinsehen auf zwei Annahmen:

Erstens bedeutet die Derogation der Tarifverträge infolge der Derogation des „Basisgesetzes“ im Grunde die Übertragung der allgemeinen Regel: „lex posterior derogat legi priori“ im Verhältnis Gesetz - Tarifvertrag.

Diese Übertragung ist, wie bereits beim Arbeiterkrankheitsgesetz ausgeführt, jedoch unter dem Aspekt problematisch, daß es sich hier um allgemeine staatstheoretische Grundsätze handelt, deren Anwendungsbereich primär im Kollisionsfall zweier Gesetze liegt. Eine analoge Anwendung dieser Grundsätze auf Kollisionsprobleme von Gesetz und Tarifverträgen kommt mangels vergleichbarer Situation nicht in Betracht.

Im Unterschied zu den Argumentationen bzgl. der Arbeiterkrankheitsgesetzes begründet Heinze die Derogationswirkung des Gesetzes nicht als unmittelbare Verdrängung des Tarifvertrages als solchen, sondern vielmehr mit dem Argument, die Wirkung tariflicher Normen könne nicht über die inhaltlich vorausgesetzten Normen hinausgehen.

Hierin liegt bei genauer Betrachtung nicht die eigentliche Begründung einer Derogation im engeren Sinn, sondern die Begründung des Wegfalls der Geschäftsgrundlage. Denn allein bei diesen Rechtsinstitut stellt sich die Frage nach der Abhängigkeit der bestehenden Regelung von den zugrunde gelegten tatsächlichen oder rechtlichen Umständen. Bei der einfachen Zeit-Derogation kommt es allein auf den Zeitpunkt des Inkrafttretens und in keiner Weise auf die Beachtung der rechtlichen Basis an. Die Feststellung, inhaltlich über die gesetzliche Basis

---

270 BAG AP Nr. 50 und 54 zu § 620 BGB befristeter Arbeitsvertrag.

hinausgehende Tarifverträge unterfiehlen ebenfalls der Derogation, stellt allein auf den Inhalt der Tarifverträge und deren gesetzliche Grundlage ab. In der Tat ist es den Tarifvertragsparteien immer möglich gewesen, tarifliche Regelungen zu treffen, die der Gesetzgeber nicht vorgesehen hat, und die insoweit über die rechtliche Basis der gesetzlichen Normen hinausgehen (Dies gilt insbesondere für tarifliche Regelungen bei Lohnfortzahlung im Krankheitsfall).

Eine ipso iure Aufhebung bestehender Tarifverträge durch gesetzliche Änderung ist, wie beim Arbeiterkrankheitsgesetz erläutert, nicht möglich. Dieses Rechtsinstitut setzt generell den Willen zumindest einer Vertragspartei zur Aufhebung oder Anpassung des Vertrages voraus.

Heinzes These der Derogation der bestehenden Tarifverträge als Bestandteil der derogierten Regel des § 620 BGB läßt sich zur Begründung der Verdrängungswirkung damit nicht heranziehen.

ccc. Bedeutung der Derogation für die Rechtsnatur arbeitsrechtlicher Normen und die Zulässigkeitsvoraussetzungen zweiseitig zwingender Normen

Es fragt sich zudem, ob mit der Erklärung des Fortfalls der Tarifverträge mittels der Derogation etwas für die Frage nach der Rechtsnatur und den Voraussetzungen einer solchen Unwirksamkeit gewonnen werden kann.

Sicherlich kann diese Lösung eine rechtstechnisch zutreffende Erklärung der Unwirksamkeit der bestehenden Tarifverträge liefern. Jedoch bietet sie keine Lösung für die Frage nach dem Schicksal zukünftiger Tarifverträge. Zudem - und dieser Einwand stellt sich als gravierend dar - betrachtet dieser Erklärungsversuch zwar die rein technische Ableitung einer Unwirksamkeit, ohne jedoch auf eventuelle materiellrechtliche Hindernisse, bzw. Überlegungen wie sie sich aus Art. 9 Abs. 3 GG etwa in Form der strittigen Normsetzungsprärogative oder des Günstigkeitsprinzips ergeben, einzugehen.

c. Ergebnis

Demnach kann diese Ansicht keinen hinreichenden Aufschluß über die Rechtsnatur von § 1 BeschFG und die hieraus resultierenden Fragen nach der grundsätzlichen Vereinbarkeit zweiseitig zwingender Normen mit Verfassungs - und Arbeitsrechtsprinzipien geben.

IV. Abschließende Bewertung der Normqualität des § 1 BeschFG

a. Generelle Zulässigkeit einer zweiseitig zwingenden Normierung mangels Qualität eines Arbeitnehmerschutzgesetzes

Das Bundesarbeitsgericht kommt zu der Qualifizierung des § 1 BeschFG als einseitig zwingende Norm durch die Annahme, es handle sich bei § 1 BeschFG um ein sogenanntes Arbeitnehmerschutzgesetz, bei dessen Vorliegen in der Regel von einer einseitig zwingenden Wirkung auszugehen sei[271].

Tatsächlich besteht in der Literatur teilweise die Ansicht, Arbeitnehmerschutzgesetze seien a priori einseitig zwingende Normen, während im Bereich der arbeitsrechtlichen Organisationsvorschriften die zweiseitig zwingende Norm vorrangig anzutreffen sei[272].

Abgesehen von der generell zutreffenden Überlegung, bei allen arbeitsrechtlichen Normen handle es sich - in irgendeiner Form - immer um Gesetze, die den Schutz der Arbeitnehmer bezwecken[273], ist zunächst die Frage zu klären, ob § 1 BeschFG überhaupt ein Arbeitnehmerschutzgesetz im engeren Sinn darstellt.

Die Beantwortung dieser Frage hängt von dem jeweiligen Betrachtungsstandpunkt ab:

Geht man generell von dem abstrakten Wesen der Norm ohne Betrachtung der geltenden arbeitsrechtlichen Regelungen aus, so muß jede Norm, die über den arbeitsrechtlichen Urzustand der totalen Schutzlosigkeit hinausgeht, um die reale Imparität auszugleichen, und die keine organisationsrechtliche Norm darstellt, als Arbeitnehmerschutzgesetz im engeren Sinn qualifiziert werden.

Ist Bezugspunkt jedoch die jeweils geltende Rechtslage, so kann eine Norm nur dann als Arbeitnehmerschutzgesetz gelten, wenn sie einen über diesen status quo hinausgehenden Schutz normiert.

Für diese zweite Sicht spricht, daß zur Bewertung einer Entwicklung generell der momentane rechtliche status quo herangezogen werden muß, da sich nur so arbeitsrechtliche Entwicklungstendenzen feststellen und gegebenenfalls regulieren lassen. Auch das Bundesarbeitsgericht zieht in seinen Überlegungen den § 620 BGB als Bewertungsgrundlage heran, ohne jedoch die oben genannte richterrechtliche Modifizierung der Norm selbst zu berücksichtigen[274].

Tatsächlich würde bei der Beachtung der Eingang in das Gesetz gefundenen Zulässigkeitsvoraussetzungen § 1 BeschFG prinzipiell einen Abbau rechtlichen

---

271 BAGE 56, S. 155 ff (163).

272 *Wiedemann/Stumpf*, Tarifvertragsgesetz, Einleitung, RNr. 91.

273 *Zöllner/Lorenz*, Arbeitsrecht, § 29 I, S. 305.

274 BAGE 56, S. 155 ff (163).

Arbeitnehmerschutzes und folglich selbst kein Arbeitnehmerschutzgesetz darstellen. Das würde in der Konsequenz bedeuten, daß eine - behauptete - Normsetzungsprärogative der Tarifvertragsparteien infolge der Normqualität des § 1 BeschFG nicht bestehen würde.

Gegen die Betrachtung der rechtlichen Einordnung auf dem Hintergrund existenter Arbeitnehmerschutzvorschriften spricht jedoch, daß die Beurteilung des Normcharakters hierbei auf rechtlichen Zufälligkeiten beruhen würde und marginale Veränderungen im Sinn einer Verschlechterung zu einer Umqualifizierung bestehender Arbeitnehmerschutzgesetze führen würde.

So würde z.B. eine Verringerung der Entgeltfortzahlung im Krankheitsfall von 100 % auf 98 % dazu führen, daß der Arbeitnehmerschutzcharakter entfiele, obwohl diese Regelung noch deutlich über dem Fortzahlungsstandard des § 616 BGB liegen würde.

Daher muß die Grundlage der Betrachtung immer der „Urzustand“ schutzloser Arbeitnehmer sein.

Aus diesen Überlegungen könnte nun zu folgern sein, bei § 1 BeschFG handle es sich, da hier auch Zulässigkeitsvoraussetzungen aufgestellt werden, die dazu führen, daß der Arbeitgeber nicht grenzenlos und autonom befristete Arbeitsverträge zum Nachteil der Arbeitnehmer schließen kann, um ein Arbeitnehmerschutzgesetz.

Nun wäre es sicherlich verfehlt, alle arbeitsrechtlichen Gesetze als Arbeitnehmerschutzgesetze zu qualifizieren, mit der Folge, daß die von der oben genannten Meinung generelle einseitig zwingende Wirkung bei jedem Arbeitsrechtsgesetz gelten würde.

Der Inhalt des Begriffs „Arbeitnehmerschutzgesetz“ umfaßt daher diejenigen gesetzlichen Regelungen zum Schutz des Arbeitnehmers, deren Einhaltung behördlicher Überwachung und behördlichem Zwang oder straf- bzw. ordnungsrechtlichen Sanktionen unterliegen[275].

Dazu gehören

a) der Betriebs- und Gefahrenschutz,
b) der soziale Arbeitsschutz und
c) der Arbeitsvertragsschutz[276].

In Frage käme bei § 1 BeschFG die Gestaltung als soziale Arbeitsschutznorm, die neben Jugend- und Mutterschutz unter anderem den Arbeitszeitschutz beinhaltet.

Das Beschäftigungsförderungsgesetz enthält teilweise Normen, die diesen sozialen Arbeitnehmerschutz beinhalten, so gemäß § 5 BeschFG bezüglich der Ar-

---

275 *Zöllner/Lorenz*, a.a.O..

276 *Schaub*, Arbeitsrechts-Handbuch, § 153 II, S. 1312.

beitsplatzteilung und § 4 Abs. 1 BeschFG bezüglich der KAPOVAZ. Jedoch enthält § 1 BeschFG als Befristungserleichterung gerade keine solche Zweckausrichtung auf Gesundheits- und Persönlichkeitsschutz bezogen[277].

§ 1 BeschFG stellt folglich kein Arbeitnehmerschutzgesetz im klassischen Sinn dar, so daß die - behauptete - Regel, es müsse sich infolge seiner Normqualität als Schutzvorschrift um eine einseitig zwingende Norm handeln, keine Anwendung findet.

b. Letztentscheidung abhängig von der Existenz der behaupteten Normsetzungsprärogative

Im Endergebnis steht fest, daß es sich bei § 1 BeschFG um ein zweiseitig zwingendes Gesetz handelt, dessen verdrängende Wirkung sich auf bestehende und zukünftige Tarifverträge erstreckt. Die entgegengesetzte Praxis, die § 1 BeschFG lediglich als Richtmaß betrachtet und in späteren Tarifverträgen von den Vorgaben des § 1 BeschFG abwich, ignoriert die spezielle Gestaltung des Gesetzes.

An diesem Gesetz zeigt sich, daß der Gesetzgeber aus Furcht vor dem Vorwurf, einen Eingriff in die Tarifautonomie zu statuieren, auf eine deutliche Konzeption des Gesetzes verzichtet hat. Die Konsequenz dieses mehrdeutigen Gesetzestextes ist die Unsicherheit der Arbeitgeber, ob und in welchem Maß die Möglichkeit einer erleichterten, von der Rechtsprechung des Bundesarbeitsgerichtes gelösten, Zulässigkeit befristeter Arbeitsverträge besteht. Gerade diese Gruppe war jedoch Adressat der Norm und sollte durch § 1 BeschFG zu schnellem und flexiblen Einstellungen ermuntert werden. Daß dieses Ziel auf dem Weg eines indifferenten und umstrittenen Regelungswerk nicht erreichbar ist, ist evident.

Abgesehen davon kann die Normqualität final jedoch nur dann geklärt werden, wenn feststeht, ob eine Normsetzungsprärogative der Tarifvertragsparteien existiert und welchen Umfang sie besitzt. Während die übrigen Untersuchungstopoi sicherlich geeignet sind, Teilaspekte des Verhältnisses von Gesetz und Tarifvertrag zu beleuchten, kann eine umfassende Feststellung lediglich dann erfolgen, wenn die besonderen, aus der Verfassung resultierenden Vorgaben hinreichende Beachtung finden. Hierzu genügt nicht allein die Beurteilung der einzelnen in Rede stehenden Gesetze anhand der allgemeinen staats- und arbeitsrechtlichen Kompetenzregeln. Es ist vielmehr notwendig, die Einzigartigkeit dieses Verhältnisses zu berücksichtigen, da hier ein Privatrechtssubjekt quasi-gesetzgeberische Tätigkeiten wahrnimmt und in dem von Art. 9 Abs. 3 GG bestimmten Rahmen von der Verfassung geschützt wird.

---

277 *Zöllner/Loritz*, Arbeitsrecht, § 31 VIII, S. 318 und § 31 I, S. 315.

3. Kapitel: Das Gesetz über befristete Arbeitsverhältnisse mit wissenschaftlichem Personal an Hochschulen und Forschungseinrichtungen - § 57 a Satz 2 Hochschulrahmengesetz

Das Gesetz über befristete Arbeitsverhältnisse mit wissenschaftlichem Personal an Hochschulen und Forschungseinrichtungen (HFVG) wurde als Änderungsgesetz des Hochschulrahmengesetzes am 19.4.1985 in dritter Lesung vom Bundestag mit den Stimmen der Koalitionsfraktionen von CDU/CSU und FDP verabschiedet[278]. Nach erfolgter Ausfertigung (14.6.1985) und Verkündung (25.6.1985)[279] trat das Gesetz am 26.6.1985 in Kraft und ergänzt das Hochschulrahmengesetz (HRG) nun in Form der §§ 57 a - 57 f, § 70 VI und § 72 Abs. 1 2.HS (des Art.1 HFVG sowie die übrigen Artikel 2 - 4 HFVG).

Inhaltlich reglementiert das HFVG zum erstem mal gesetzlich die Voraussetzungen und die Ausgestaltung befristeter Arbeitsverhältnisse von wissenschaftlichen und künstlerischen Mitarbeitern, Personal mit ärztlichen Aufgaben, Lehrkräften mit besonderen Aufgaben und wissenschaftlichen Hilfskräften, § 57 a S. 1 HRG.

Detailliert wird neben der Befristungsdauer ,§ 57 c HRG, der Aufzählung sachlicher Befristungsgründe, § 57 b HRG, auch die Kündigungsmöglichkeit bei Wegfall der Drittmittel, § 57 d HRG geregelt.

Diese Befristungsregelungen gelten vorrangig vor allen übrigen arbeitsrechtlichen Vorschriften und Grundsätzen über befristete Arbeitsverträge, die gemäß § 57 a S. 2 HRG nur dann und insoweit Anwendung finden, als „sie den Vorschriften dieses Gesetzes nicht widersprechen“.

I. Rechtslage vor Inkrafttreten des § 57 a S. 2 HRG

Vor dem Inkrafttreten der Änderungen des Hochschulrahmengesetzes und damit der erstmaligen gesetzlichen Normierung befristeter Arbeitsverträge im Bereich Wissenschaft und Forschung, fand eine Regelung dieser Materie ausschließlich durch Tarifvertrag statt.

Im Bundesangestelltentarifvertrag BAT sind Sonderregelungen für Zeitangestellte, Angestellte für Aufgaben mit begrenzter Dauer und für Aushilfsangestellte aufgeführt[280], die durch die Protokollnotizen als Bestandteil dieses Tarifvertrages ergänzt werden. Demnach dürfen wissenschaftliche Zeitangestellte nur

278 BT-Steno.Prot. 10/ Band 132/1, S. 9868 ff (9893).
279 BGBl I, S. 1065.
280 Anlage 2 y, SR 2 y BAT.

eingestellt werden, wenn hierfür sachliche oder in der Person des Angestellten liegende Gründe vorliegen[281]. Dieser nicht näher ausgeführte Rechtsbegriff des „sachlichen Grundes“ bezog sich auf die durch die Rechtsprechung des Bundesarbeitsgericht zu befristeten Arbeitsverhältnissen elaborierten Einzelgründe. Dieser Tarifvertrag[282] erfaßte alle tarifgebundenen Arbeitsverträge mit wissenschaftlichem Personal an den Hochschulen und Forschungseinrichtungen sowie darüber hinaus aufgrund der im öffentlichen Dienst geübten Praxis als einzelvertragliche Vereinbarung auch die sogenannten Außenseiter[283].

Daß die durch diese tarifvertragliche Regelung normierten Zulässigkeitsvoraussetzungen für befristete Arbeitsverträge an Hochschulen und Forschungseinrichtungen zu eng seien und eine Erweiterung der Befristungsmöglichkeiten nötig sei, wurde erstmals 1979 im Rahmen der Tarifverhandlungen in die öffentliche Diskussion gestellt[284]. Diese Anregung gründete zunächst auf der Feststellung der Abnahme der Fluktuation bei wissenschaftlichem Personal an den Hochschulen von 1977[285] und der Zunahme der Anzahl wissenschaftlicher Mitarbeiter, die nicht Beamte waren (beamtenrechtlich war eine Befristung unproblematisch jederzeit möglich), sondern als Angestellte dem BAT und somit den strengeren Befristungsvoraussetzungen des Bundesarbeitsgerichtes unterfiehlen.

Doch die von der Arbeitgeberseite (Bund, Tarifgemeinschaft der deutschen Länder und die Vereinigung der kommunalen Arbeitgeberverbände) in Tarifverhandlungen initiierte Änderung der Protokollnotiz mit dem Ziel, mehr speziell hochschulbedarfsbezogene Gründe, wie etwa Drittmittelfinanzierungen, in den Tarifvertrag aufzunehmen, scheiterte in mehrfachen Verhandlungen[286] an der Ablehnung der Arbeitnehmerseite[287]. Da jedoch die Arbeitgeberseite nicht die Kündigung des BAT erklärte, galt die Rechtsprechung des Bundesarbeitsgerichtes, auf die sich die Protokollnotiz SR 2 y BAT bezog, fort[288].

---

281 Protokollnotiz Nr. 1 zu SR 2y BAT.

282 BAT vom 23.2.1961, GMBl 138.

283 BVerfGE 94, S. 268 ff (273).

284 Manteltarifverhandlungen vom 8./9. Mai 1979 und 4./5. September 1979, in: *Nagel*, Fristverträge an Hochschulen, Einleitung, RNr. 6, S. 8.

285 Stellungnahme zur Neugestaltung der Personalstruktur vom 11. November 1977, veröffentlicht in: Empfehlungen und Stellungnahmen des Wissenschaftsrechts (WR) 1977, S. 38.

286 Die Gespräche über eine Befristungserweiterung wurden ab 1979 permanent geführt.

287 4./5. September 1979 und 26./27. April 1984. ÖTV, DAG und die GEW übernahmen den BAT durch Anschlußtarifverträge.

288 Vgl. *Nagel*, Fristverträge an Hochschulen, RNr. 8, S. 9.

Im Laufe der Jahre wurden die Stimmen, die eine speziell auf Hochschulbedürfnisse abgestimmte erleichterte Befristungsmöglichkeit forderten, immer lauter[289].

Neben den Arbeitgebern, dem Wissenschaftsrat[290] und der Westdeutschen Rektorenkonferenz[291], nahm sich auch der Bundestag dieses Problems an. Er ersuchte die Bundesregierung um einen Bericht zu Fragen der Drittmittelfinanzierung an Hochschulen, wobei er zugleich den Vorschlag zur gesetzlichen Änderung der Befristungszulässigkeit bei wissenschaftlichen Mitarbeitern forderte[292].

Die Bundesregierung versprach, mit Vorlage des Berichts die Änderung der rechtlichen Lage auf gesetzlichem Wege - dies jedoch nur für den Fall, daß die Problemlösung nicht durch eine Einigung der Tarifvertragsparteien und damit durch Änderung des Tarifvertrages erfolgen würde[293]. Die Bundesregierung präferierte somit grundsätzlich, ebenso wie der Wissenschaftsrat und die Westdeutsche Rektorenkonferenz, die Problemlösung auf tarifautonomem Weg.

Aufgrund des erneuten Scheiterns der Tarifverhandlungen durch Ablehnung der Befristungsöffnung seitens der Gewerkschaften[294] brachte die Bundesregierung am 8.11.1984 den Gesetzesentwurf zur Änderung des Hochschulrahmengesetzes und damit eine arbeitsrechtliche Lösung des Befristungsproblems an Hochschulen im Bundestag ein[295].

II. Rechtslage nach Inkrafttreten des § 57 a S. 2 HRG

In der Begründung des Gesetzesentwurfes betont die Bundesregierung, daß sie zu der gesetzlichen Lösung nur deshalb greife, weil die Tarifpartner seit Jahren dieses Problem nicht lösten und eine Einigung in absehbarer Zeit - trotz mehrfacher Anmahnung - nicht absehbar sei.

Die Sicherung und Erweiterung befristeter Arbeitsverhältnisse bei wissenschaftlichem Hochschulpersonal soll nach den Überlegungen des Gesetzgebers vor allem die Leistungsfähigkeit der Forschung und den wissenschaftlichen Nachwuchs fördern, eine funktionsfähige Personalstruktur erhalten und zudem den drittmittelfinanzierten Forschungsarbeiten Vorschub leisten, indem arbeits-

---

289 *Lieb*, Zur Befristung von Beschäftigungsverhältnissen im Bereich der Rundfunkfreiheit, Hilger-Stumpf - FS, S. 409 ff (426).
290 Wissenschaftsrat, RdA 1983, S. 44 ff.
291 Westdeutsche Rektorenkonferenz, RdA 1982, S. 238 f (238f).
292 BT-DS 9/1936 und 9/2275.
293 BT-DS 10/225, S. 21.
294 26./27. April 1984.
295 BT-DS 10/2283, S. 8.

rechtliche Befristungshindernisse, die in der Vergangenheit zu einer zögerlichen Beteiligung von Drittmittelgebern führte, ausgeräumt werden[296].

Diese Ziele sollen primär durch die erleichterte und generalisierende Zulassung befristeter Arbeitsverhältnisse erreicht werden:

Während unter der Geltung des SR 2y BAT jeweils im Einzelfall der sachliche Grund für eine Befristung vorzuliegen hatte und nachzuweisen war, schafft § 57 b HRG mehrere Sondertatbestände, bei deren Vorliegen keine weiteren sachlichen Voraussetzungen mehr nötig sind[297].

Die im universitären Bereich am häufigsten vorkommenden Befristungssachverhalte aufgreifend, normiert § 57 b HRG die nach der Rechtsprechung des Bundesarbeitsgerichtes notwendigen sachlichen Gründe bei Befristungen im Arbeitsrecht, wobei in Abkehr von der Bundesarbeitsgerichtsrechtsprechung jedoch von der legislativen Rechtsetzungsprärogative Gebrauch gemacht wird[298] und Befristungsgründe festgelegt werden, deren singuläres Vorliegen das Bundesarbeitsgericht bisher als nicht hinreichenden sachlichen Grund ablehnte (so etwa die Drittmittelfinanzierung, § 57 b Abs. 2 Nr. 4 HRG).

Die so geschaffenen erweiterten Befristungsmöglichkeiten werden in §§ 57 c und d HRG spezielle Regelungen über Dauer der Befristung und Kündigung bei Wegfall der Drittmittelfinanzierung zur Seite gestellt.

Sachlich gilt das HFVG sowohl für staatliche Hochschulen, als auch gemäß § 70 Abs. 6 HRG für staatlich anerkannte Hochschulen, gemäß § 72 Abs. 1 HRG für Hochschulen der Länder und nach Art. 2 HFVG auch für staatliche oder auf der Grundlage des Art. 91 GG finanzierte Forschungseinrichtungen.

Personell hat sich der Anwendungsbereich der Befristungsregelungen im Gegensatz zum Bundesangestelltentarif naturgemäß dahingehend erweitert, daß ab jetzt ohne Differenzierung nach tariflicher oder einzelvertraglicher Gestaltung, alle Arbeitsverhältnisse im Sinn des § 57 a S. 1 HRG qua Gesetz erfaßt sind.

Zusammen mit der Normierung der sachlichen Gründe in § 57 b HRG ergibt diese Ergänzung des Hochschulrahmengesetzes eine an den speziellen Verhältnissen des Hochschulbereiches ausgerichtete Regelung befristeter Arbeitsverhältnisse, die in dieser besonderen Gestaltung deutlich von den allgemeinen arbeitsrechtlichen Befristungsregelungen - insbesondere der Parallelgesetzgebung in § 1 BeschFG - abweichen. Der Gesetzgeber ist den Forderungen der Sachverständigen nach einem „Hochschulsonderrecht“ somit voll und ganz nachgekommen.

---

296 BT-DS 10/2283, S. 6 und 7.

297 BT-DS 10/2283, S. 9.

298 *Buchner*, Befristete Arbeitsverhältnisse mit wissenschaftlichem Personal an Hochschulen und Forschungseinrichtungen, RdA 1985, S. 258 ff (279).

Die besondere Brisanz dieses Gesetzes ergibt sich jedoch nicht lediglich aus der sonderrechtlichen Behandlung universitärer Befristungsregelungen: Vielmehr bildet die Geltungsregelung in § 57 a S. 2 HRG den Zentralpunkt arbeitsrechtlicher Auseinandersetzungen.

§ 57 a S. 2 HRG normiert die vorrangige Geltung der §§ 57 b - f, in dem er festlegt : „Die arbeitsrechtlichen Vorschriften und Grundsätze über befristete Arbeitsverhältnisse sind nur insoweit anzuwenden, als sie den Vorschriften dieses Gesetzes nicht widersprechen".

Nach dem Willen des Gesetzgebers gilt diese Vorrangregelung auch und besonders für die tarifvertraglichen Regelungen als arbeitsrechtliche Vorschriften[299], sowie für die Rechtsprechung des Bundsarbeitsgerichtes als arbeitsrechtliche Grundsätze.

Damit kann durch Tarifvertrag weder eine Erleichterung noch eine Erschwerung der Befristung vereinbart werden, so daß die Regelungen des SR 2y BAT, die einen an der Rechtsprechung des Bundesarbeitsgerichtes orientierten sachlichen Grund voraussetzen, obsolet geworden sind.

Die so erfolgte Verdrängung tariflicher Normen steht seit dem Inkrafttreten des HFVG im Mittelpunkt der Auseinandersetzungen.

Der Unterschied zu den bisher untersuchten Gesetzen im Hinblick auf die zweiseitig zwingende Wirkung ist evident :

Zum ersten Mal geht es nicht um die Frage, *ob* ein zweiseitig zwingendes Arbeitsgesetz vorliegt, sondern hier geht es nach der erstmaligen und eindeutigen Normierung der zweiseitig zwingenden Wirkung des Gesetzes um das Problem der Rechtmäßigkeit und Zulässigkeit der zweiseitig zwingenden Gestaltung.

Die Beurteilung dieses Problems wurde in der Literatur sehr zwiespältig betrachtet und vom Bundesverfassungsgericht auch höchstrichterlich entschieden, ohne daß es hierdurch zu einer Beendigung der Diskussion kam.

III. Verfassungsmäßigkeit der zweiseitig zwingenden Wirkung des § 57 a S. 2 HRG ?

Die vertretenen Ansichten lassen sich auch hier wieder in zwei grobe Richtungen unterteilen: Die Ansicht, daß die gesetzliche Normierung als zwingende Norm zu Lasten des Tarifvertrages verfassungsgemäß ist und damit Geltungskraft beansprucht und der Gegenansicht, die eine Verfassungswidrigkeit bejaht.

---

299 BT-DS 10/2283, S. 9.

Wie bereits bei der Darstellung der Ansichten zum § 1 BeschFG wird auch bei der Erläuterung des Streitstandes zu § 57 a S. 2 HRG nicht von einer autoren- sondern von einer argumentationsbezogenen Darstellung Gebrauch gemacht.

Im Vordergrund der Überlegungen soll hier nicht der gesamte Komplex der Diskussionen stehen, die mit bzw. vor dem Inkrafttreten des HFVG entstanden sind, wie etwa der strittigen Einordnung der Gesetzgebungskompetenz des Bundes[300] (Art. 74 Abs. 1 Nr. 12 GG, dagegen: Art. 75 Nr. 1 GG). Vielmehr interessiert hier allein die Frage, ob die im Arbeitnehmerschutzrecht erstmalige explizite Normierung der zweiseitig zwingenden Wirkung für bestehende und künftige Tarifverträge[301] in § 57 a S. 2 HRG verfassungsgemäß ist.

Diese Frage wurde und wird in der Literatur strittig beurteilt und ist schließlich nach 10-jähriger Anhängigkeit in Form einer Verfassungsbeschwerde der betroffenen Gewerkschaften ÖTV und GEW mit dem Ergebnis der Verfassungsmäßigkeit des § 57 a S. 2 HRG vom Bundesverfassungsgericht entschieden worden. Trotzdem stehen die Argumentationen der ablehnenden Meinung weiter im Raum und können die Problematik dieses Gesetzes verdeutlichen helfen und im Vergleich zu den Argumentationstopoi in der Diskussion um das Arbeiterkrankheitsgesetz von 1957 und um das Beschäftigungsförderungsgesetz von 1985 Aufschluß über die Entwicklung der für relevant gehaltenen Kritik - und Argumentationspunkte geben.

In besonderer Form problematisch wird bei der Frage der Verfassungsmäßigkeit des § 57 a S. 2 HRG die Tatsache, daß der Bundesgesetzgeber sowohl zeitgleich verhandelnder Tarifpartner war, als auch nach Scheitern der Arbeitgebervorschläge in den Tarifverhandlungen als einseitiger Normsetzer fungierte[302]. Dieses besondere Problem, ob der Gesetzgeber bei gescheiterten Tarifverhandlungen zum Mittel des zwingenden Gesetzes greifen darf, um die vom Bund selbst vertretende Arbeitgebersicht „zwangsweise" durchzusetzen, ist ebenso umstritten, wie die Frage nach der Verfassungsmäßigkeit der zweiseitig zwingenden Gestaltung.

Obgleich einige Autoren dieses Problem der „Parteienidentität" als quasi übergeordneten Problemkreis qualifizieren, in dessen Rahmen sie das Problem der zweiseitig zwingenden Wirkung des § 57 a S. 2 HRG inversiert behandeln und so zu einer verfassungsrechtlichen Beurteilung kommen, die ausschließlich

---

300 Für Art. 74 I Nr. 12 GG, statt aller:
Ossenbühl, WissR 1983, S. 201 ff;
Für Art. 75 Nr.1 GG, statt aller: *Hauck*, vgl. Ausschußprotokoll Nr. 37, S. 7 ff.

301 *Nagel*, Fristverträge an Hochschulen, § 57 a, RNr. 9, S. 21.

302 Vgl.BT-DS 10/2283, S. 8.

auf dieser besonderen Parteienkonstellation gründet[303], muß dieses Problem hier als gleichrangiger Sonderpunkt im Anschluß an die Frage der generellen Zulässigkeit des § 57 a S. 2 HRG als zweiseitig zwingende Norm untersucht werden.

Ansonsten würde diese ganz spezielle Konstellation, die grundsätzlich keine Relevanz für die Frage nach der Vereinbarkeit der Norm***qualität*** des § 57 a S. 2 HRG mit der Verfassung besitzt, die detaillierte Herausarbeitung allgemeingültiger Kritik- und Argumentationspunkte erschweren bzw. verhindern.

Die Ansicht, bei der zweiseitig zwingenden Wirkung des § 57 a S. 2 HRG handle es sich um eine verfassungsrechtlich unzulässige Normengestaltung, wurde bereits in der Sachverständigenanhörung des federführenden Ausschusses für Bildung und Wissenschaft von den Professoren Hauck und Nagel vertreten. Im weiteren Verlauf des Gesetzgebungsverfahrens schlossen sich dieser Ansicht weitere Autoren an[304], so auch Plander[305], der in Folge von der Gewerkschaft ÖTV mit der Prozeßvertretung vor dem Bundesverfassungsgericht bevollmächtigt wurde[306].

Mit einigen Unterschieden begründen diese Autoren ihre ablehnende Haltung mit drei Grundargumenten:

Mit dem Verstoß des § 57 a S. 2 HRG gegen das Sozialstaatsprinzip Art. 20 GG, mit dem Vorwurf, § 57 a S. 2 HRG normiere keine ausreichend explizite Bindungswirkung und mit dem Verstoß gegen die in Art. 9 Abs. 3 GG implizierte Normsetzungsprärogative der Tarifvertragsparteien.

1. Vorwurf der Verfassungswidrigkeit aufgrund eines Verstoßes gegen das Sozialstaatsprinzip

a. Verstoß gegen das Sozialstaatsprinzip durch die Normierung bestimmter Befristungsmöglichkeiten ?

Peiseler sieht einen Verstoß gegen das Sozialstaatsprinzip in der Ausweitung der Möglichkeiten, befristete Arbeitsverhältnisse im Hochschulbereich zuzulassen[307].

---

303 *Plander*, Gesetzliche Eingriffe öffentlicher Arbeitgeber in Tarifverträge, RiA 1985,S. 54 ff (55)

304 *Peiseler*, Probleme des befristeten Arbeitsverhältnisses, NZA 1985, S. 238 ff (242); *Reich*, Wissenschaftliche Mitarbeiter und andere Lehrende, HbdWissenschaftsR Band 1, S. 409 ff (419).

305 *Plander*, Gesetzliche Eingriffe öffentlicher Arbeitgeber in Tarifverträge, RiA 1985, S. 54 ff und *derselbe*, Gesetzliche Fixierung oder Beeinflussung des Inhalts von Tarifverträgen, DB 1986, S. 2180 ff.

306 BVerfGE 94, S. 268 ff (268).

307 *Peiseler*, Probleme des befristeten Arbeitsverhältnisses, NZA 1985, S. 238 ff (242).

Aufgrund der höchstrichterlich vom Bundesarbeitsgericht aufgestellten Prämisse, daß ein unbefristetes Arbeitsverhältnis nicht nur die Regel arbeitsrechtlicher Vertragsgestaltung sei, sondern im Gegensatz zu befristeten Arbeitsverhältnissen auch die „ sozialrechtliche privilegierte und daher sozialstaatlich gesehen erwünschtere Regelung“[308] darstellt, kommt Peiseler zu dem Schluß, daß bei der durch das HFVG erfolgenden Umkehr des Regel-Ausnahme-Verhältnisses zu Lasten der unbefristeten Arbeitsverhältnisse das Sozialstaatsprinzip nicht hinreichend beachtete worden sei[309].

Gerade im öffentlichen Dienst, respektive im Hochschulbereich, sei der befristete Arbeitsvertrag weitaus häufiger anzutreffen als in der Privatwirtschaft, was aufgrund der Tatsache, daß der Staat als der geborene Hüter der sozialen Rechtsordnung zu fungieren habe[310], zu einer mißbilligenswerten Sonderstellung des öffentlichen Dienstes führe.

Aus diesen Gründen folgert Peiseler, daß die zwingende Regelung des § 57 a S. 2 HRG aufgrund des Verstoßes gegen das Sozialstaatsprinzips verfassungswidrig sei.

b. *Vereinbarkeit des § 57 a S. 2 HRG mit dem Sozialstaatsprinzip*

Sicherlich ist es zutreffend, daß hier nicht, wie beim Beschäftigungsförderungsgesetz die Rechtfertigung einer Verletzung des Sozialstaatsprinzips aus der gleichzeitigen Erfüllung des Sozialstaatsprinzips durch eine primäre Förderung der arbeitsmarktpolitischen Lage zu rechtfertigen ist.

Bei der Novellierung des Hochschulrahmengesetzes ging es offensichtlich nur am Rande um eine allgemeine arbeitsmarktpolitische Beschäftigungsförderung, sondern vielmehr um die Förderung speziell des akademischen Nachwuchses sowie der Leistungsfähigkeit der Forschung und der Erleichterung einer verläßlichen Personalplanung[311]. Ehe sich jedoch die Frage stellt, ob diese Ziele der Verwirklichung des Sozialstaatsprinzips dienen, ist zu klären, ob und gegebenenfalls inwieweit die erleichterte und zweiseitig zwingende Zulässigkeit befristeter Arbeitsverhältnisse gegen das Sozialstaatsprinzip verstößt.

Das Sozialstaatsprinzip gilt als eine bindende Staatsleitlinie mit normativer Verbindlichkeit für alle Staatsgewalten und somit selbstverständlich im besonderen Maß für den Gesetzgeber[312]. Dieses Verfassungsprinzip ist jedoch nirgendwo

308 BAG AP § 1 KSchG 1951, Nr. 14.
309 *Peiseler*, Probleme des befristeten Arbeitsverhältnisses, NZA 1985, S. 238 ff (242).
310 *KR-Hillebrecht*, § 620 BGB, RNr. 20.
311 BT-DS 10/2283, S. 6 und 7.
312 *M/D/H/S-Herzog*, Art. 20 VIII, RNr. 6. Vgl. zur weiterführenden Problemdarstellung S. 196.

inhaltlich fixiert, so daß die Auslegung und Ausgestaltung naturgemäß in besonderem Maß interpretationsoffen sind.

Den Überlegungen von Peiseler stehen dann auch zwei Einwände, die mit dem Inhalt des Sozialstaatsprinzips verbunden sind, entgegen:

Denn weder wird der zutreffende Standpunkt zur Beurteilung der Sozialstaatlichkeit gesetzlicher Regelungen noch wird die Reichweite des Bestandsschutzes des Sozialstaatsprinzips korrekt erkannt.

aa. Standpunkt der Vereinbarkeitsbewertung

Bei der Klärung der Frage, ob eine gesetzliche Regelung gegen das Sozialstaatsprinzip verstößt, ist zunächst festzustellen, welcher Bewertungsansatz zur Beurteilung heranzuziehen ist.

So besteht bei der Betrachtung der jeweiligen Regelung die Möglichkeit, die sozialrechtlichen Konsequenzen entweder vom makrosozialen oder vom mikrosozialen Ansatz her zu bewerten[313].

Beim mikrosozialen Ansatz bemißt sich die Vereinbarkeit mit dem Sozialstaatsprinzip danach, ob den ***individuellen*** Defiziten abgeholfen wird. Beim makrosozialen Ansatz wird die Vereinbarkeit auf dem Hintergrund beurteilt, ob ***gesamtgesellschaftlich*** sozial günstige Bedingungen geschaffen werden.

Bei der Betrachtung des § 57 a S. 2 HRG zeigt sich, daß mikrosozial durch die Ausweitung der Befristungsmöglichkeiten der unbefristete Arbeitsvertrag in diesem Bereich stark zurückgedrängt wird und der einzelne Arbeitnehmer den für ihn sozial wünschenswerten Zustand nicht erreicht. Untersucht man die Norm des § 57 a S. 2 HRG auf der Basis makrosozialer Ansätze wird deutlich, daß eine Zunahme befristeter Arbeitsverhältnisse im Hochschulbereich aufgrund der eintretenden hohen Fluktuationsrate zur Förderung des wissenschaftlichen Nachwuchses insgesamt führen.

Je nach Wahl des Betrachtungshorizontes der sozialstaatlichen Wirkung verändert sich somit auch das Ergebnis. Das allein zeigt, daß die Bestimmung eines Verstoßes gegen das Sozialstaatsprinzip und damit gedanklich vorausgehend die Bestimmung des konkreten Inhalts des Sozialstaatsprinzips in eindeutiger Weise so nicht möglich ist[314].

Vielmehr kann es bei der Untersuchung einer Norm auf ihre Vereinbarkeit mit Art. 20 GG nur um die Frage gehen, ob die Regelung eine eindeutig unsoziale Gestaltung aufweist. Das bedeutet, daß zur Feststellung eines Verstoßes die äußeren Grenzen des sozialstaatlichen Schutzes zu bestimmen sind.

---

313 Vgl. *Zacher*, Das soziale Staatsziel, HbdStR I, § 25, RNr. 70, S. 1088.

314 *M/D/H/S-Herzog*, Art. 20 VIII, RNr. 24.

bb. Umfang des Bestandsschutzes des Art. 20 GG

Die Frage, ob § 57 a S. 2 HRG gegen das Sozialstaatsprinzip verstößt, entscheidet sich also danach, ob die äußeren Grenzen des Art. 20 GG überschritten sind und der garantierte Bestandsschutz verletzt ist.

§ 57 a S. 2 HRG ist unter dem Aspekt des Bestandsschutzes zu betrachten, weil durch die erweiterte Möglichkeit, befristete Arbeitsverträge abzuschließen, der Kündigungsschutz in diesem Bereich zurückgedrängt wird. Da der Kündigungsschutz eine Ausprägung des arbeitsrechtlichen Aspektes des mikrosozialen Sozialstaatsprinzips ist[315], ist auch der Abschluß unbefristeter Arbeitsverträge Ausprägung des Sozialstaatsprinzips[316].

Fraglich ist also, ob die existierende Beschränkung der Befristung von Arbeitsverträgen im Hochschulbereich als Element des Kündigungsschutzes, der wiederum Teil des Sozialstaatsprinzips ist, nicht teilweise aufgehoben werden darf, ohne daß hierin ein Verstoß gegen ein Art. 20 GG liegt.

Bei dieser Überlegung muß die Tatsache beachtet werden, daß der Begriff der Sozialstaatlichkeit als verfassungsrechtliches Gebot nicht mit der politischen Aufgabe des Gesetzgebers verwechselt wird : Grundsätzlich sind Probleme der Sozialpolitik eben allein politische Ermessensentscheidungen und folgern nicht unmittelbar aus Art. 20 GG.

Sicherlich ist und muß es Ziel des Gesetzgebers sein, sozialen Fortschritt politisch durchzusetzen: Das Sozialstaatsprinzip kann hierbei jedoch nur Leitlinie und Untergrenze sein, konkrete Realisierungsvorgaben können angesichts des strukturellen Sozialwandels und der damit einhergehenden Aufgabenänderung durch das Sozialstaatsprinzip nicht erfolgen.

Die unterschiedliche Auffassung vom Sozialstaatsprinzip zeigt sich auch in Ausführungen der Beschwerdeführer ÖTV und GEW und der Stellungnahme des Bundesministeriums für Bildung und Wissenschaft namens der Bundesregierung[317].

Während die Beschwerdeführer einen Verstoß gegen das Sozialstaatsprinzip im Hinblick auf die undifferenzierte umfassende Befristungspraxis erkennen, wobei die Begründung dieses Verstoßes wohl letztlich auch in der Unzulässigkeit des Abbaus des Kündigungsschutzes liegen dürfte, sieht das BMWB in der Einschränkung des Kündigungsschutzes keinen Verstoß gegen das Sozialstaatsprinzip, da das HFVG eine sozial ausgewogene Lösung biete.

---

315 *Buchner*, Befristete Arbeitsverhältnisse mit wissenschaftlichem Personal an Hochschulen und Forschungseinrichtungen, RdA 1985, S. 258 ff (279).

316 BAG AP § 1 KSchG 1951, Nr. 14.

317 BVerfGE 94, S. 268 ff (277 f).

Auf der Bestandsschutzseite steht das Interesse jetziger und zukünftiger Hochschulangestellter, möglichst unbefristete Beschäftigungsverhältnisse einzugehen, die unter dem Schutz des Kündigungsschutzgesetzes stehen. Im Gegensatz zu den tarifvertraglich normierten und richterrechtlich weiterentwickelten sachlichen Befristungsgründen gilt nun die gesetzliche Ausweitung der Gründe (§ 57 b Abs. 2 HRG) in zwingender Form gemäß § 57 a S. 2 HRG, so daß eine Rücknahme der Befristungsmöglichkeiten durch Tarifvertrag nicht erfolgen kann. Diese Änderung macht sich insbesondere bei dem neuen sachlichen Grund der Drittmittelfinanzierung bemerkbar, der vorher richterrechtlich nicht als sachlicher Grund anerkannt war, jedoch von großer praktischer Relevanz ist.

Der Ausweitung der Befristungsmöglichkeiten steht das Bedürfnis gegenüber, an Hochschulen durch permanente Fluktuation die Forschung funktionsfähig und innovativ zu erhalten. Diesem Innovationsbedürfnis läuft natürlich die Regelung des SR 2 y BAT entgegen, die nur in wenigen bestimmten Fällen eine Befristung zuläßt und die so zur akademischen Stagnation führen kann. Eine solche Stagnation hat jedoch nicht nachteilige Konsequenzen für die nachrückenden Akademiker, die in ihren Chancen auf einen wissenschaftlichen Arbeitsplatz stark eingeschränkt sind, sondern macht sich auch gesamtgesellschaftlich betrachtet negativ bemerkbar. Da die wissenschaftliche Forschung an Hochschulen in der Vergangenheit und sicherlich auch in der Zukunft Entdeckungen, Entwicklungen und Konzeptionen hervorgebracht hat, die die wirtschaftlichen, politischen und kulturellen Belange der Gesellschaft an sich zu verändern geeignet waren und sind, liegt der Förderung der fluktuationsbedingten Gewinnung akademischer Ressourcen ein unmittelbares gesamtgesellschaftliches Interesse zugrunde.

Hier gilt ebenfalls, wenn auch im kleineren Kreis, daß die Beachtung der Nichtangestellteninteressen als schützenswerte Drittinteressen im Rahmen des Sozialstaatsprinzips geboten ist um eine umfassende, alle Gruppen erfassende soziale Gerechtigkeit zu verwirklichen.

Zudem werden durch Tarifvertrag so ganze Fallgruppen, in denen aufgrund der Kraft des Faktischen, wie etwa bei der zeitlich begrenzten Drittmittelfinanzierung (1/4 aller Forschungs- und Entwicklungsmittel im Hochschulbereich stammen aus Drittmitteln[318]), eine Befristung unumgänglich erscheint, von der Befristungsmöglichkeit ausgeschlossen.

Hinzu kommt, daß durch den „flexiblen“ Verweis des „sachlichen Grundes“ im BAT auf die Bundesarbeitsgerichtsrechtsprechung mangels fixierter Regelung naturgemäß die Rechtsunsicherheit bei den einstellenden Hochschulen groß ist,

318 BT-DS 10/2283, S. 7.

und - wie die Anzahl der erfolgreich auf Entfristung klagenden wissenschaftlichen Mitarbeitern zeigt - diese Bedenken auch begründet sind[319].

Diese Tatsachen zeigen, daß eine Neuerung der Befristungsregelungen nötig war. Daß diese Neuerung von gesetzlicher Seite stammt, liegt größtenteils in der Unfähigkeit der Tarifvertragsparteien begründet, eine Einigung zu erzielen[320].

Die Interessenabwägung ergibt folglich, daß dem Bestandsschutzinteresse, das aus dem Sozialstaatsprinzip folgt, das Recht auf freie Forschung, in Form der Pflicht zur gesetzlichen Förderung der Forschung aus Art. 5 Abs. 3 GG, sowie in eingeschränkter Form auch das Sozialstaatsprinzip selbst aus anderem Blickwinkel gegenübersteht.

Hier eine eindeutige Vorrangstellung des Bestandsinteresses anzunehmen, erscheint aufgrund der aufgezeigten schwerwiegenden Interessen, die auch gerade die Allgemeinheit und nicht lediglich eine Gruppe betreffen, nicht möglich.

Somit bleibt letztlich die Frage, ob das Sozialstaatsprinzip den Abbau sozialen Schutzes (hier: des Kündigungsschutzes) bei bestehenden verfassungsrechtlich anerkannten Interessen verbietet oder ob sich auch ein solcher Abbau im Rahmen der äußeren Grenzen des Art. 20 GG hält.

Grundsätzlich muß die Möglichkeit einer solchen Veränderung bestehen, wenn nicht allein ein punktueller Sozialabbau beabsichtigt ist, sondern aufgrund der Berücksichtigung von Drittinteressen, die das Sozialstaatsprinzip ebenfalls gebietet, der Sozialschutz lediglich „umverteilt" wird[321].

Dies gilt insbesondere dann, wenn der Kündigungsschutz von einzelnen Beschäftigten zugunsten von Arbeitsuchenden teilweise eingeschränkt wird, da das Schaffen von Arbeitsplätzen sowohl in makro- als auch in mikrosozialer Hinsicht die Verwirklichung des Sozialstaatsprinzip bedeutet[322]. Nun ist die beschäftigungsfördernde Wirkung des § 57 a S.2 HRG zwar Mit-Beweggrund der Normierung gewesen, letztlich jedoch nicht von solchem Ausmaß, daß hierin die sozialstaatliche Rechtfertigung der Kündigungsschutzeinschränkung zu sehen sein könnte.

Jedoch bleibt weiterhin zu beachten, daß das Sozialstaatsprinzip, wie jedes Grundrecht auch, nicht grenzen- und schrankenlos gilt und Rechte manifestiert. Auch Verfassungsprinzipien unterliegen der Einschränkung durch gegenlaufende Grundrechte. Hier wird durch die vereinfachte Zulassung befristeter Arbeitsver-

---

319 *Milller*, Die Personalvertretung 1986, S. 11 ff (11). Die Relevanz dieses Problems wird deutlich, wenn man bedenkt, daß von 40.000 im Hochschulbereich angestellten Personen 31.200 befristete Arbeitsverträge haben.

320 *Nagel*, Fristverträge an Hochschulen, Einleitung, RNr. 7 f, S. 9.

321 So angedeutet in: BVerfGE 59, S. 231 ff (266).

322 Buchner, Befristete Arbeitsverhältnisse mit wissenschaftlichem Personal an Hochschulen und Forschungseinrichtungen, RdA 1985, S. 258 ff (279).

träge im Hochschulbereich die Funktionsfähigkeit der Forschung und die Förderung akademischer Nachwuchses bezweckt. Die Pflicht des Gesetzgebers zur Förderung von Wissenschaft und Forschung resultiert unmittelbar aus Art. 5 Abs. 3 GG[323]. Das Sozialstaatsprinzip in seiner Ausprägung des Kündigungsschutzes, der unbefristete Arbeitsverhältnisse fordert, steht somit Art. 5 Abs. 3 GG gegenüber, was eine Interessenabwägung nötig macht.

Sicherlich ist es für einen Sozialstaat bundesdeutscher Prägung nicht wünschenswert, soziale Positionen preiszugeben, da hier immer die Gefahr einer sozialen Benachteiligung und gegebenenfalls Randgruppenbildung besteht. Jedoch ist auch zu bedenken, daß die sozialrelevante Gesetzgebung immer ein Abbild der sozialen Realität darstellt, das heißt, daß Rechte und Sicherungen immer nur dann vergeben und erhöht werden können, wenn die tatsächlichen Gegebenheiten dies - auch in finanzieller Hinsicht- zulassen.

In Zeiten, in denen nach jahrzehntelanger Prosperität und Wirtschaftswachstums nun wirtschaftliche Stagnation und Belastungen unter anderem im Hinblick auf die deutsche Wiedervereinigung, tonangebend sind, ist auch im Bereich der sozialen Absicherung eine Änderung von Mehrzuteilung der Mittel hin zu einer Umverteilung der sozialen Sicherung eingetreten[324].

Da die Gewährung sozialer Rechte aufgrund der Finanzierbarkeit immer von den wirtschaftlichen Gegebenheiten eines Staates abhängt, kann folglich keine Garantie der Bewahrung des sozialen status quo bestehen. Ansonsten wären einmal entstandene Rechte irreversibel und würden unter Umständen zum Kollaps des gesamten Systems der sozialen Sicherheit führen.

Um dies zu vermeiden, muß auch die Sozial- und Arbeitsgesetzgebung flexibel gestaltet sein - immer jedoch unter der Prämisse, daß gewichtige verfassungsrechtlich geschützte Werte den Abbau von Rechten erforderlich machen und es nicht zu einem kompletten Abbau des Sozialsystems kommt.

Hier machen es Aspekte des Sozialstaatsprinzips und des Art. 5 Abs. 3 GG erforderlich, den Kündigungsschutz einzugrenzen, indem Befristungsmöglichkeiten vermehrt werden. Durch diese Maßnahme wird lediglich eine spezielle Gruppe Arbeitnehmer betroffen, so daß das Sozialsystem als solches nicht in Frage steht.

c. Ergebnis: § 57 a S. 2 HRG verstößt nicht gegen das Sozialstaatsprinzip

Insgesamt betrachtet, verstößt die Regelung des § 57 a S. 2 HRG nicht gegen das Sozialstaatsprinzip.

---

323 BVerfGE 94, S. 268 ff (294).
324 *M/D/H/S-Herzog*, Art. 20 VIII, Rnr.15.

An dieser Einschätzung ändert auch der Vorwurf Peiselers[325] nichts, gerade der öffentliche Dienst müsse als Hüter der Sozialordnung von befristeten Arbeitsverträgen im Hochschulbereich absehen.

Der öffentliche Dienst hat, da der staatliche Bezug und die Bindung an die Verfassung mit ihren Grundrechten und Prinzipien hier unmittelbar besteht, die Aufgabe, die Vorgaben der Verfassung in diesem Bereich besonders sorgfältig umzusetzen. Dies bedeutet allerdings nicht, daß hier generell nur Arbeitnehmerinteressen zu beachten sind. Denn gerade hier gilt natürlich im besonderen Maße auch die Verpflichtung zur Beachtung von schützenswerten Drittinteressen.

2. *Vorwurf der Verfassungswidrigkeit aufgrund fehlender Kennzeichnung der zweiseitig zwingenden Wirkung im Gesetz nicht begründet*

Reich lehnt eine zweiseitig zwingende Wirkung des § 57 a S. 2 HRG unter Verweis auf die mangelnde zweiseitig zwingende Normierung im Gesetz selbst ab[326]. Seiner Ansicht nach seien die im Gesetzgebungsverfahren erkennbaren Vorbehalte nicht Gegenstand des Gesetzes geworden, so daß von den Regelungen des HFVG zugunsten der Arbeitnehmer durch Tarifvertrag abgewichen werden könnte.

Dieser Überlegung ist der deutliche Wortlaut des § 57 a S. 2 HRG entgegenzuhalten, der explizit normiert: „ Die arbeitsrechtlichen Vorschriften und Grundsätze über befristete Arbeitsverhältnisse sind nur insoweit anzuwenden, als sie den Vorschriften dieses Gesetzes nicht widersprechen." Als Vorschriften im Sinne dieses Gesetzes gelten auch Tarifverträge[327]. Anders als noch beim Arbeiterkrankheitsgesetz von 1957, § 11, kann hier nun nicht mehr argumentiert werden, Vorschriften im Sinne dieses Gesetzes seien keine Tarifverträge. Da der Gesetzeswortlaut eindeutig eine zweiseitig zwingende Wirkung konstituiert, ist die von Reich vertretene Überlegung nicht haltbar.

---

325 *Peiseler*, Probleme des befristeten Arbeitsverhältnisses, NZA 1985, S. 238 ff (242).

326 *Reich*, Wissenschaftliche Mitarbeiter und andere Lehrende, HbdWissenschaftsR Band 1, S. 409 ff (419)

327 BT-DS 10/2283, S. 9.

3. Ergebnis: Argumente sind nicht geeignet, die Zulässigkeit des § 57 a S. 2 HRG sowie die generelle Zulässigkeit zweiseitig zwingender Normen festzustellen. - Notwendigkeit der Nachprüfung der Existenz einer Normsetzungsprärogative

Damit zeigt sich auch bei der Beurteilung dieses Gesetzes die Unmöglichkeit, über eine Zulässigkeit zweiseitig zwingender Normgestaltung in spezieller und genereller Hinsicht anhand der vorgestellten Argumentationstopoi zu entscheiden.

Das einzige Kriterium, das das Verhältnis von Tarifvertrag und Gesetz final zu bestimmen geeignet ist, ist die in den neueren Auseinandersetzungen stets behauptete Normsetzungsprärogative. Eine solche Normsetzungsprärogative der Tarifvertragsparteien kann allein aus Art. 9 Abs. 3 GG folgen; der Norm, aus deren Regelungsinhalt allein die Kompetenzabgrenzung zwischen Koalitionen und Gesetzgeber folgen kann.

Aus diesem Grund wird im Folgenden die Existenz einer Normsetzungsprärogative untersucht sowie eine Kompetenzabgrenzung anhand des Art. 9 Abs. 3 GG vorgenommen, um generelle Abgrenzungskriterien aufzustellen, die eine Bewertung der untersuchten Gesetze und insbesondere des Entgeltfortzahlungsgesetzes von 1996 auf eine zulässige zweiseitig zwingende Gestaltung gestatten.

B. Zweiter Teil: Ablehnung einer Normsetzungsprärogative der Tarifvertragsparteien aufgrund der Schutzbereichsbestimmungen des Art. 9 Abs. 3 GG

Der Vorwurf der Verletzung einer aus Art. 9 Abs. 3 GG resultierenden Normsetzungsprärogative zieht sich schlagwortartig durch die meisten Diskussionsbeiträge, in denen zur Reichweite der Regelungskompetenz des Gesetzgebers bei arbeitsrechtlichen Schutznormen Stellung genommen wird[328]. Die Autoren verzichten zwar zumeist auf eine Ableitung oder Analyse dieses behaupteten Prinzips, ziehen hieraus jedoch die Konsequenz des illegitimen staatlichen Handelns.

Um feststellen zu können, daß der Einwand der Literatur nicht berechtigt ist und § 57 a S. 2 HRG sowie § 1 BeschFG und § 1 ArbKrankhG als zweiseitig zwingende Normen erlassen werden konnten, muß daher zunächst einmal die Existenz und gegebenenfalls die Reichweite der behaupteten Normsetzungsprärogative untersucht werden.

Ausgangspunkt der Untersuchung muß dabei die Bestimmung des Schutzbereiches des Art. 9 Abs. 3 GG sein, da hier die Wurzeln einer Normsetzungsprärogative zu suchen sind. Da die Normsetzungsprärogative das Verhältnis zwischen legislativer und koalitionärer Regelungskompetenz im Arbeitsrecht bestimmt, müssen bei der Kompetenzabgrenzung im Rahmen des Art. 9 Abs. 3 GG die weiteren relevanten Wertungen der Verfassung, wie das Demokratieprinzip, das Sozialstaatsprinzip sowie weitere verfassungs- und arbeitsrechtliche Grundsätze zur Bewertung hinzugezogen werden. Dies ergibt sich allein schon aus der besonderen Stellung der Verbände im Verfassungsleben.

---

328 Auch die gesetzliche Normierung der in qualitativer und temporärer Hinsicht vollständigen Tarifsperre in § 57 a S. 2 HRG sieht sich vor allem dem Einwand ausgesetzt, sie verstoße gegen die in Art. 9 Abs. 3 GG fixierte sogenannte Normsetzungsprärogative der Tarifvertragsparteien. Insbesondere *Nagel,* Fristverträge an Hochschulen, sieht im Ausschluß zukünftiger Tarifverträge einen unzulässigen Eingriff in die Normsetzungsprärogative der Koalitionen. Dieser Wegfall der tariflichen Regelungsbefugnis stelle eine Abkehr von einem historisch gewachsenen Rechtszustand dar, der durch die Anwendung des Günstigkeitsprinzips zu einem geschlossenen System arbeitsrechtlicher Vorschriften im dualen System von Rechtsnorm und Tarifnorm geführt habe.

1. Kapitel: Feststellung der Gesetzgebungszuständigkeit des Staates auf dem Gebiet des Arbeits- und Wirtschaftsrechts

Bevor jedoch die Kompetenzen der Tarifvertragsparteien dargestellt werden, ist zunächst die Gesetzgebungskompetenz des Staates auf dem Gebiet der Arbeits- und Wirtschaftsbedingungen festzustellen. Denn lediglich dann, wenn das Grundgesetz dem Staat die Legislativkompetenz ebenfalls zuweist, kann es überhaupt zu einer Kollision mit der Zuständigkeit der Koalitionen kommen. Würde aus dem Grundgesetz keine Kompetenz des Staates folgen, bestünde unbestritten eine vollständige Normsetzungsprärogative der Tarifvertragsparteien.

Die dergestalt abzuleitende Kompetenz müßte zudem eine besondere Qualität aufweisen: Denn der Erlaß zweiseitig zwingender Normen im Arbeitsrecht zur Verbesserung der beschäftigungs- und wirtschaftspolitischen Lage wäre als legislative Option nur dann existent, wenn dem Gesetzgeber seinerseits eine Regelungsprärogative zustände.

Damit dem Bundesgesetzgeber diese Möglichkeit der Nutzung zweiseitig zwingender Normen eröffnet wäre, ist es zunächst - wie bei jedem Gesetz - notwendig, daß diesbezüglich eine Gesetzgebungsbefugnis aus der Kompetenzordnung der Artt. 70 - 75 GG resultiert[329].

Unterfällt die zu regelnde Sachmaterie einer Zuständigkeitsnorm, besteht grundsätzlich die unmittelbare Regelungsbefugnis des jeweiligen Gesetzgebers, ohne daß es einer weiteren Ermächtigungsgrundlage bedarf[330].

I. Gesetzgebungskompetenz des Staates gemäß Art. 74 Abs. 1 Nr. 7 GG

Eine Kompetenzzuweisung zugunsten des Bundesgesetzgebers könnte sich aus Art. 74 Abs. 1 Nr. 7 GG, der Befugnis zur Regelung der öffentlichen Fürsorge ergeben.

Dazu müßte dieser Begriff einer Interpretation zugänglich sein, die in der öffentlichen Fürsorge generell den Auftrag an den Gesetzgeber sieht, dem Einzelnen in allen Bereichen des Lebens fördernd und schützend zur Seite zu stehen. Daraus könnte sich der Auftrag zur Reglementierung des Arbeitsmarktes ergeben.

Dem Gesetzgeber würde dann die Kompetenz zur Regelung von Belangen der Arbeitsmarktlage unter Beachtung gesamtwirtschaftlicher Konsequenzen mittels zweiseitig zwingender Gesetze aus Art. 74 Abs. 1 Nr. 7 GG zufallen.

---

329 *v.Münch-v.Münch*, Art. 70, RNr. 13.

330 *Rengeling*, HbdStR IV, § 100, RNr. 6, S. 723 ff (727).

Zwar ist aufgrund des Sozialstaatsprinzips eine weite Auslegung dieses Kompetenztitels geboten[331], jedoch griffe eine solch weitreichende Interpretation aufgrund des Zusammenspiels mit den übrigen Kompetenzzuweisungen in Art. 74 Abs. 1 GG weit über die zulässigen Grenzen hinaus.

Art. 74 Abs. 1 Nr. 7 GG weist in seinem Kern vielmehr die Kompetenz zur öffentlichen Hilfe bei wirtschaftlichen Notlagen des Einzelnen [332] dem Bundesgesetzgeber zu.

Hierunter fällt unter anderem die Hilfe bei anderen als wirtschaftlichen Notlagen, vorbeugende Maßnahmen im Bereich des Sozialrechts und Zwangsmaßnahmen gegen Hilfsbedürftige sowie Dritte. Im Einzelnen unterfallen Art. 74 Abs. 1 Nr. 7 GG daher Regelungen zum Kindergeld oder Ausbildungshilfen[333].

Darunter auch generell Maßnahmen zur Förderung der arbeits- und beschäftigungspolitischen Lage verstehen zu wollen, verbietet sich mangels unmittelbaren Sachzusammmenhangs.

II. Gesetzgebungskompetenz des Staates gemäß Art. 74 Abs. 1 Nr. 11 GG

Das Recht der Wirtschaft gemäß Art. 74 Abs. 1 Nr. 11 GG könnte die geeignete generelle Kompetenznorm zugunsten des Gesetzgebers darstellen.

Von dem Begriff „ Wirtschaftsrecht " sind grundsätzlich alle Normen umfaßt, die das wirtschaftliche Leben und die wirtschaftliche Betätigung regeln[334]. Dies bedeutet im einzelnen, daß sowohl die Organisation der Wirtschaft, der Wirtschaftszweige und der wirtschaftenden Personen, als auch die Steuerung und die Lenkung des Wirtschaftslebens insgesamt der Regelung durch den Bundesgesetzgeber überantwortet ist.[335]

Arbeitsmarktpolitische Regelungen können hierbei nicht allein anhand einer begrifflichen Betrachtung aus dem Bereich des Wirtschaftsrechts ausgeschlossen werden, da arbeitsrechtlichen Entscheidungen unzweifelhaft gravierende Bedeutung bezüglich der ökonomischen Lage zukommt.

Durch arbeitsrechtliche Normen wird die Wirtschaftsordnung der Bundesrepublik mitbestimmt, reguliert und verleiht dieser Ordnung erst ihre typische Ausprägung:

Das Wirtschaftssystem der Bundesrepublik Deutschland hat sich aus den frühkapitalistischen Formen der Kaiserzeit und -bedingt- der Weimarer Republik

331 BSGE 6, S. 213 ff (219).
332 *Jarass/Pieroth- Jarass/Pieroth*, Art. 74, RNr. 17.
333 v.*Münch-v.Münch*, Art. 74, RNr. 58.
334 *Jarass/Pieroth-Jarass/Pieroth*, Art. 74, RNr. 22.
335 BVerfGE 11, S. 105 ff (110f); BVerfGE 67, S. 256 ff (275).

in ihrer Ausprägung als freie Marktwirtschaft, über die staatsgelenkte Wirtschaftsordnung des 3. Reichs hin zu einer sozialen Marktwirtschaft entwickelt.

Das Ziel der sozialen Marktwirtschaft ist es, die Härten, denen die Arbeitnehmer in der freien Marktwirtschaft ausgesetzt sind, zu mildern, bzw. zu vermeiden.

Dieses Ziel wurde in den letzten 48 Jahren primär durch die Weiterentwicklung von arbeitsrechtlichen Schutzgesetzen gefördert.

Zu nennen sind hier unter anderem das Kündigungsschutzgesetz von 1951, das Bundesurlaubsgesetz von 1963 sowie die Neufassung des Mutterschutzgesetzes, des Schwerbeschädigtengesetzes, des Heimarbeitsgesetzes und des Jugendarbeitsschutzgesetzes in individualarbeitsrechtlicher Hinsicht. Verstärkt wurde dieser Schutz durch kollektivrechtliche Regelungen, wie das Tarifvertragsgesetz von 1952 sowie die betrieblichen Mitwirkungsgesetze in Form des Montan-Mitbestimmungsgesetzes von 1951 und des Mitbestimmungsgesetzes von 1976.

Beachtlich ist hierbei, daß bezüglich der individualarbeitsrechtlichen Normen ohne Zäsur an die Zeit des 3. Reiches angeknüpft werden konnte, während man bei den kollektivrechtlichen Regelungen auf die Normen der Weimarer Republik zurückgreifen mußte, da während des Naziregimes das Kollektivrecht zugunsten eines weitgehenden Staatsintervenismus abgeschafft wurde, um die Gewerkschaften als institutionelle Kraft zu zerschlagen[336].

Neben diesen gesetzlichen Normen, die bis heute eine häufige Überarbeitung und Ergänzung erfahren haben, wird das Arbeitsrecht auch durch die Normerzeugung der Tarifvertragsparteien, der Betriebspartner und der arbeitsrechtlichen Judikative reguliert[337].

Dieses Normengeflecht ist vielfältig und erfaßt den gesamten Bereich der Beschäftigung in Form der abhängigen Arbeit.

Diese Arbeit stellt mit der durch sie erbrachten Arbeitsleistung einen relevanten Kostenfaktor für jedes Unternehmen und somit für die Gesamtwirtschaft dar. Dies wird deutlich, wenn festgestellt wird, daß circa ein Drittel der Gesamtbevölkerung Arbeitnehmer sind[338]. Die Relevanz arbeitsrechtlicher Gestaltung ist offenkundig: Tarifvertragliche Regelungen können durch Lohnerhöhungen bei entsprechenden Bedingungen durchaus dazu führen, daß die reale Kaufkraft wegen der folgenden Preisanhebung stagniert oder sich sogar mindert. In der Folge ist eine Inflationsentstehung denkbar[339].

---

336 *Zöllner /Loritz*, Arbeitsrecht, § 3, S. 32.

337 *Zöllner*, Der kritische Weg des Arbeitsrechts zwischen Privatkapitalismus und Sozialstaat,NJW 1990, S. 1 ff (2).

338 *Zöllner/Loritz*, Arbeitsrecht, § 2 S. 11.

339 *Möschel*, ZRP 1988, S. 48 ff (49).

Arbeitsmarktpolitische Gesetze weisen gravierenden ökonomischen Bezug und Konsequenzen auf. Die Gesetzgebungskompetenz könnte daher aus Art. 74 Abs. 1 Nr. 11 GG abzuleiten sein.

Dagegen könnte sprechen, daß in Art. 9 Abs. 3 GG die Arbeitsbedingungen und die Wirtschaftsbedingungen gesondert aufgeführt werden. Wäre aus dieser Trennung eine für die gesamte Verfassung abzuleitende strikte Trennung von Arbeits- und Wirtschaftsrecht zu schließen, könnten arbeitsmarktpolitische Lösungsversuche auf dem gesetzlichen Weg nicht aus Art. 74 Abs. 1 Nr. 11 GG formell legitimiert werden.

Jedoch wäre eine solche Interpretation anhand grammatikalischer Auslegungstopoi zu kurzsichtig.

Zum einen wird der Begriff Arbeits- und Wirtschaftsbedingungen heutzutage als identisches Faktum, dargestellt aus divergenter Sicht, begriffen (aus der Sicht der Arbeitnehmer als Arbeitsbedingungen verstanden, stellen dieselben Bedingungen sich für den Unternehmer als Wirtschaftsbedingungen dar[340]). Teilweise wird davon abweichend darauf verwiesen, es handle sich bei Arbeitsbedingungen um Bestimmungen bezüglich des Arbeitsverhältnisses, bei Wirtschaftsbedingungen darüber hinaus um Probleme von wirtschaftlichem und sozialpolitischem Charakter[341].

Auch wird in der Stellung in Art. 9 Abs. 3 GG als Aufgaben- und Zuständigkeitsnormierung der Koalitionsfreiheit deutlich, daß aus der grammatikalischen Darstellung in Art. 9 Abs. 3 GG keine negativen Rückschlüsse auf eine strikte Trennung des arbeits- und wirtschaftsrechtlichen Kontextes gezogen werden können. Es bleibt es bei der Feststellung, daß arbeitsrechtliche Normen in einem engen wirtschaftsrechtlichen Zusammenhang zu sehen sind.

Eine Kompetenzzuweisung aus Art. 74 Abs. 1 Nr. 11 GG bei arbeits- und wirtschaftspolitischen Rechtsmaßnahmen des Gesetzgebers erscheint somit jedenfalls immer dann möglich, wenn die arbeitsrechtliche Regelung wirtschaftliche Konsequenzen zeitigt. Da dies wie oben ausgeführt stets der Fall ist, kann Art. 74 Abs. 1 Nr. 11 GG als generelle Kompetenznorm gewertet werden, die ein Handeln des staatlichen Gesetzgebers zunächst ermöglicht.

III. Gesetzgebungskompetenz gemäß Art. 74 Abs. 1 Nr. 12 GG

Die Regelungskompetenz des Gesetzgebers könnte sich jedoch ebenfalls aus Art. 74 Abs. 1 Nr. 12 GG, dem „Arbeitsrecht" ergeben.

---

340 *Zöllner/Loritz*, Arbeitsrecht, § 1, S. 6.

341 *Sachs-Höfling*, Art. 9, RNr. 54.

Unter Arbeitsrecht in diesem Sinn versteht man das für das Arbeitsverhältnis maßgebende Recht[342] unter Einbeziehung des individuellen und kollektiven, des privaten sowie des öffentlichen Rechts[343].

Fraglich ist, ob sich aus der Anlehnung des Grundgesetzes an den Art. 157 I WeimRV („Arbeitskraft steht unter dem besonderen Schutz des Reiches") ergibt, daß dem Erlaß von Gesetzen aufgrund von Art. 74 Abs. 1 Nr. 12 GG durch diese Schutzfunktion Grund und Grenze gesetzt sein könnten.

Hiervon geht Kempen - explizit für zwingende Arbeitsrechtsnormen- aus[344].

Begründet aus dem Sozialstaatsprinzip des Art. 20 I GG könne der Gesetzgeber dann seine Ermächtigung nicht auf Art. 74 Abs. 1 Nr. 12 GG stützen, wenn nicht der Schutz des Arbeitnehmers mit dem Gesetz intendiert werde. Ausreichend soll hierbei sein, daß der Schutz des Arbeitnehmers, z.B. neben beschäftigungspolitischen Zielen, zumindest ebenfalls bezweckt werde[345].

Diese These ist - abgesehen von der Tatsache, daß das Sozialstaatsprinzip generell jedes staatliche Handeln und somit auch die Gesetzgebung im Rahmen des Art. 74 Abs. 1 Nr. 12 GG begrenzt - nicht haltbar.

Zunächst ist zur Widerlegung der These der Text des Art. 74 Abs. 1 Nr. 12 GG heranzuziehen.

Hiernach erstreckt sich die konkurrierende Gesetzgebung auf das „Arbeitsrecht", einschließlich der „ Betriebsverfassung, des Arbeitsschutzes und der Arbeitsvermittlung...".

Anhand einer grammatikalischen Untersuchung wird deutlich, daß der Arbeitsschutz als Unterfall des Arbeitsrechts benannt wird[346]. Würde „Arbeitsschutz" mit dem Begriff „Arbeitsrecht" gleichzusetzen sein, um so eine unmittelbare Zweckorientierung des Gesetzgebers fordern zu können, böte die grammatikalische Darstellung des Zuständigkeitsbereiches einen überflüssigen Pleonasmus.

Vielmehr wird jedoch der Arbeitsschutz auch bei historischer Analyse als Teil des Arbeitsrechtes begriffen.

---

342 *v.Münch-v.Münch*, Art. 74, RNr. 58;
Zöllner/Loritz, Arbeitsrecht, § 4, S. 35;
AK-Bothe, Art. 74, Anm. 47.

343 *Sachs-Degenhart*, Art. 74 Nr. 12, RNr. 47.

344 *Kempen*, Arbeitnehmerschutz, Tarifverträge und Beschäftigungsförderungsgesetz, AuR 1985, S. 374 ff (376).

345 *Kempen*, Arbeitnehmerschutz, Tarifverträge und Beschäftigungsförderungsgesetz, AuR 1985, S. 374 ff (377).

346 *Sachs-Degenhart*, Art. 74 Nr. 12, RNr. 49.

Dies ergibt sich aus der Zusammenfassung der Stenoprotokolle der Sitzungen des Parlamentarischen Rates zu Art. 74 Abs. 1 Nr. 12 GG[347]:

So traten der Abgeordnete Strauß (CDU) und der Abgeordnete Reif (FDP) für die alleinige Aufnahme des Begriffs „Arbeitsrecht" ein, unter Verweis auf die seit 1920 feststehende Definition dieses Terminus: „..., daß unter Arbeitsrecht alles, was hier einschlägig wäre, verstanden wird: das Arbeitsvertragsrecht, das Tarifrecht, das Recht der Arbeitsvermittlung und Arbeitslosenversicherung"[348]. Demgegenüber plädierte insbesondere der Abgeordnete Klein (SPD) für eine differenziertere Darstellung des Art. 74 Abs. 1 Nr. 12 GG, da nach „der Auffassung des Arbeiters" (als Adressat des Textes) insbesondere die Begriffe des Arbeitsschutzes und - vermittlung nicht a priori von dem Terminus „Arbeitsrecht" erfaßt seien[349].

Die weiteren Begrifflichkeiten in Art. 74 Abs. 1 Nr. 12 GG wurden folglich allein aus Gründen der Klarheit im Verfassungstext aufgenommen.

Anhand dieses historischen Rückblicks wird deutlich, daß der Arbeitnehmerschutz lediglich Teil des Arbeitsrechtes im Sinne von Art. 74 Abs. 1 Nr. 12 GG ist. Einen generellen Zwang zur Zweckorientierung daraus ableiten zu wollen, ist meines Erachtens aufgrund der Entstehungsgeschichte nicht möglich.

Entgegen der Annahme Kempens findet seine These, zwingende Normen müßten primär auf Arbeitsschutzerwägungen beruhen, nicht die von ihm apostrophierte Zustimmung in Literatur und Rechtsprechung.

So äußert sich Zöllner, den Kempen für die These zitiert, zwingende Gesetze dürften nur als Schutzgesetz erlassen werden[350], in konträrer Form. Laut Zöllner sind zwingende Normen möglich - in dem Moment, wo sie Schutzgesetze manifestieren, müssen sie dies auch sein, um Einbrüche durch die Tarifdispositát zu verhindern[351].

Mitnichten sieht Zöllner somit die Voraussetzung für zweiseitig zwingende Normen in deren Schutzcharakter.

Des weiteren erklärt Kempen, aus dem Sozialstaatsprinzip sei zu folgern, daß eine Zielbestimmung im Hinblick auf den Arbeitnehmerschutz zumindest mit verwirklicht werden müsse und die Grenze der Gesetzgebungskompetenz aus Art. 74 Abs. 1 Nr. 12 GG darstelle[352].

---

347 Abgedruckt in: JbÖffR N.F. Bd.1, S. 519 - 522.

348 Agb.Strauß in: JbÖffR N.F. Bd.1, S. 519,520.

349 Abg.Kuhn in: JbÖffR N.F. Bd.1, S. 520.

350 *Kempen*, Arbeitnehmerschutz, Tarifverträge und Beschäftigungsförderungsgesetz, AuR 1985, S. 374 ff (376).

351 *Zöllner/Loritz*, Arbeitsrecht, § 6, S. 62.

352 *Kempen*, Arbeitnehmerschutz, Tarifverträge und Beschäftigungsförderungsgesetz, AuR 1985, S. 374 ff (376).

Zur Begründung wird die Bundesverfassungsgerichtsentscheidung vom 17.8.1956 herangezogen. Kempens These folge aus dem Sozialstaatsprinzip des Art. 20 Abs. 1 GG, welches die „Ausnutzung der Arbeitskraft zu unwürdigen Bedingungen und zu unzureichendem Lohn[353]" unterbinden solle.

Der Verfasser leitet die Begrenzung der Kompetenzregel des Art. 74 Abs. 1 Nr. 12 GG aus einer Schutzzweckbestimmung ab. Diese Annahme wird durch das angegebene Zitat jedoch nicht gestützt. Aus der Textstelle geht lediglich hervor, daß das Sozialstaatsprinzip die Ausbeutung der Arbeitnehmer in kapitalistischer Manier zu verhindern hat. Eine Beschränkung des Art. 74 Abs. 1 Nr. 12 GG auf primäre Schutzgesetze läßt sich indes schwerlich ableiten. Diese Ansicht wird unterstützt durch die nähere Betrachtung der zitierten Entscheidung: Sie befaßt sich durchaus nicht mit dem Problem einer Begrenzung der Arbeitsgesetzgebung durch das Sozialstaatsprinzip. Vielmehr handelt es sich in der Hauptsache um eine Auseinandersetzung mit dem Kommunismus und der Erläuterung, wieso eine kapitalistische Ausbeutung auch in der sozialen Marktwirtschaft unter der Geltung des Grundgesetzes eben gerade auch durch das Sozialstaatsprinzip verhindert wird[354]. In diesem Kontext findet sich auch die von Kempen wörtlich zitierte Textpassage.

Aus diesem Zusammenhang läßt sich somit generell lediglich die treffende und anerkannte Aussage gewinnen, daß jedes staatliche Handeln vom Sozialstaatsprinzip begrenzt wird, ohne jedoch spezielle Anforderungen an arbeitsrechtliche Gesetze, die sich auf Art. 74 Abs. 1 Nr. 12 GG gründen, zu normieren.

Die These, zwingende Gesetze könnten nur dann durch Art. 74 Abs. 1 Nr. 12 GG formell legitimiert sein, wenn sie Schutzcharakter besäßen, ist daher nicht haltbar.

Folglich würde Art. 74 Abs. 1 Nr. 12 GG den Gesetzgeber nicht daran hindern, mittels zweiseitig zwingender Normen Einschnitte in Schutzgesetze vorzunehmen oder Regelungen mit ausschließlich beschäftigungspolitischem Charakter zu treffen.

IV. Konkurrenzverhältnis zwischen Art. 74 Abs. 1 Nr. 11 und Art. 74 Abs. 1 Nr. 12 GG

Da es möglich erscheint, arbeitsmarkt- und beschäftigungspolitische Gesetze sowohl anhand des Art. 74 Abs. 1 Nr. 11, als auch anhand des Art. 74 Abs. 1

353 BVerfGE vom 17.8.1956, Bd. 5, S. 85 - 393 (206).
354 BVerfGE 5, S. 85 ff (206).

Nr. 12 GG zu legitimieren, bleibt die Frage zu klären, ob eine dieser Kompetenzzuweisungen verdrängende Wirkung entfaltet.

Wie auch in der staatswissenschaftlichen Literatur zutreffend festgestellt wird[355], tritt der Kompetenztitel des Art. 74 Abs. 1 Nr. 11 GG grundsätzlich dann hinter Art. 74 Abs. 1 Nr. 12 GG zurück, soweit Lebensbereiche betroffen sind, „auf denen Arbeitsverhältnisse geschlossen werden können[356]". Aus diesem Subsidiaritätsprinzip ergibt sich, daß bei zweiseitig zwingenden Normen, die arbeits- beziehungsweise beschäftigungspolitische Zielrichtungen verfolgen, eine Kompetenz grundsätzlich aus Art. 74 Abs. 1 Nr. 12 GG folgt, wenn sie den hier relevanten arbeitsrechtlichen Bezug aufweisen.

Grundsätzlich wäre eine zweiseitig zwingende Norm in diesem Bereich somit aus Art. 74 Abs. 1 Nr. 12 GG formell legitimiert.

V. Relevanz der Kompetenzverteilung gemäß Art. 74 Abs. 1 Nr. 12 GG für das Verhältnis von Gesetzgebungskompetenz und Tarifautonomie

Bleibt zu überlegen, ob die Kompetenzen des Art. 74 Abs. 1 Nr. 12 GG bereits genügt, um die Legislativkompetenz zugunsten des Gesetzgebers auch im Verhältnis zu den Tarifvertragsparteien zu normieren.

Grundsätzlich regeln die Artt. 70 ff GG die Verteilung der Gesetzgebungskompetenz zwischen dem Bund und den Ländern[357]. Eine darüber hinausgehende Bedeutung im Hinblick auf andere normsetzende „Institutionen" kommt ihnen jedoch nicht zu - ihre Geltung beschränkt sich vielmehr auf die deutsche Staatsgewalt[358].

Auch wenn man - abweichend von der herrschenden Delegationstheorie[359] - von einer originären Rechtssetzungskompetenz der Tarifvertragsparteien in quasi autonomer Form ausgeht, kann den Tarifparteien selbstverständlich keine Staatsgewalt zugesprochen werden.

---

355 *M/D/H/S-Maunz*, Art. 74 Nr. 12, RNr. 132, 169;
BK-Rengeling, Art. 74 Nr. 11, RNr. 80.

356 Bonner Grundgesetz, Art. 74 Nr. 12, RNr. 842.

357 *M/D/H/S- Maunz*, Art. 70, RNr. 28.

358 *Rengeling*, HbdStR IV, § 100, S. 726, RNr. 3.

359 *Triepel*, Delegation und Mandat im öffentlichen Recht, S. 23 f;
Richardi, Kollektivgewalt, S. 137;
Ridder, Zur verfassungsrechtlichen Stellung der Gewerkschaften im Sozialstaat nach dem Grundgesetz für die Bundesrepublik Deutschland, S. 32.

Staatsgewalt setzt voraus, daß eine originäre, gegenständlich nicht beschränkte, durch die Verfassung rechtlich gebundene Herrschaftsmacht eines Staates vorliegt[360].

Abgesehen von der Tatsache, daß ein Staat zu seinem Bestehen die drei Staatselemente Staatsvolk, Staatsgebiet und Staatsgewalt benötigt[361] und die Tarifparteien einen mitgliedschaftlich[362] und keinen gebietskörperschaftlichen Zusammenschluß darstellen, mangelt es zudem an einer gegenständlich nicht beschränkten Herrschaftsmacht. Durch Art. 9 Abs. 3 GG zwar mit der Wahrnehmung von Aufgaben im Bereich der Arbeits - und Wirtschaftsbedingungen betraut, beschränkt diese Aufgabenzuweisung zugleich sachlich und persönlich die Regelungskompetenz der Koalitionen.

Es ist evident, daß es sich bei der Kompetenzverteilung der Artt. 70 ff GG lediglich um eine solche zwischen dem Bund und den Ländern handelt.

Die Ermächtigung aus Art. 74 Abs. 1 Nr. 12 GG zugunsten des Bundes schließt somit lediglich die Länder von der Gesetzgebung aus, soweit der Bund von dieser Ermächtigung Gebrauch macht.

Als Ergebnis bleibt festzuhalten, daß der Bundesgesetzgeber grundsätzlich ermächtigt ist, Gesetze auf dem Gebiet des Arbeitsrechtes zu erlassen, so daß in diesem Bereich eine konkurrierende Kompetenz zwischen Gesetzgeber und Tarifvertragsparteien besteht.

Diese generelle formelle Legitimation läßt jedoch keine Aussage über eine eventuelle Verletzung der Rechte der Tarifvertragsparteien zu. Diese Frage ist vielmehr von materiellrechtlicher Herkunft und kann nicht mittels der Kompetenz aus Art. 74 Abs. 1 Nr. 12 GG beantwortet werden.

Diese rein formelle Legitimation ermöglicht jedoch keine Aussage über die *Lösung* der so entstandenen Konkurrenzsituation. Ob und wenn ja welche der Parteien vorrangig zum Erlaß arbeitsrechtlicher Regelungen zuständig ist, kann sich nicht anhand der Kompetenzregeln des Art. 74 Abs. 1 GG bestimmen.

Das Verhältnis der Kompetenzen zueinander kann sich vielmehr allein aus den materiellen Verfassungsnormen ergeben.

---

360 *Degenhart*, Staatsrecht, § 1 I, RNr. 7.
361 *Isensee*, HbdStR IV, § 98, S. 528, RNr. 20.
362 *Schaub*, Arbeitsrechts-Handbuch, § 109 I 1,S. 1600.

2. Kapitel: Bestimmung des Schutzbereiches des Art. 9 Abs. 3 GG und damit des Konkurrenzverhältnisses von Gesetz und Tarifvertrag anhand einer Untersuchung des Ursprungs der Tarifautonomie

Maßgebliche Regelung der Verfassung zur Bestimmung der dargelegten Konkurrenzsituation und damit auch Ausgangspunkt der weiteren Untersuchung ist Art. 9 Abs. 3 GG, der die materielle Verbürgung der Koalitionsrechte manifestiert.

I. Schutzbereich des Art. 9 Abs. 3 GG

Der Schutzbereich des Art. 9 Abs. 3 GG erfaßt neben der expliziten Verbürgung der positiven individualrechtlichen Koalitionsfreiheit die nicht explizit geregelte negative individualrechtliche[363] sowie die gleichfalls nicht im Text fixierte kollektive Koalitionsfreiheit[364].

1. Grundsätzlicher Umfang des Schutzbereiches in individueller und kollektiver Hinsicht, Verhältnis der Verbürgungen zueinander

Die Geltung des grundrechtlichen Schutzes auch und gerade in kollektivrechtlicher Hinsicht ergibt sich bereits aus der Überlegung, daß der Einzelne nur dann in der Lage ist, dieses Freiheitsrecht zu nutzen, wenn nicht nur sein Beitritt zu einer Vereinigung geschützt wird, sondern auch die Vereinigung und ihre Betätigung selbst. Aufgrund der realen Imparität im Arbeitsleben besitzt der Einzelne nur im Rahmen einer Allianz die Option, die Arbeits- und Wirtschaftsbedingungen zu beeinflussen und so die Rechte des Art. 9 Abs. 3 GG auch zu nutzen[365].

Während die Ausdehnung des Schutzes des Art. 9 Abs. 3 GG auf die kollektivrechtliche Ebene völlig einhellig bejaht wird[366], besteht nach wie vor Streit über das Verhältnis von kollektiver und individualrechtlicher Verbürgung.

---

363 BVerfGE 50, S. 290 ff (367);
v.Münch-Löwer, Art. 9, RNr. 70.

364 *AK-Kittner*, Art. 9 III, RNr. 44.

365 *Säcker*, Grundprobleme der kollektiven Koalitionsfreiheit, S. 37.

366 Vgl. *AK-Kittner*, Art. 9 III, RNr. 44 ff;
v.Münch-Löwer, Art. 9, RNr. 55;
Weber, Koalitionsfreiheit und Tarifautonomie als Verfassungsproblem;
Anders noch die Ansicht des BMA in BVerfGE 4, S. 96 ff (100), der von Art. 9 III GG lediglich das Koalitionsrecht des Einzelnen, nicht aber die Koalition als solche

Der Wortlaut des Art. 9 Abs. 3 GG, „ Das Recht, zur Wahrung und Förderung der Arbeits- und Wirtschaftsbedingungen Vereinigungen zu bilden, ist für jedermann und für alle Berufe gewährleistet", gibt nicht eindeutig zu erkennen, ob beide Verbürgungen gleichrangig nebeneinander stehen[367] oder ob nicht vielmehr die kollektive Seite des Art. 9 Abs. 3 GG eine aus der individuellen Verbürgung resultierende, auf dieser aufbauenden lediglich abgeleiteten Grundrechtsberechtigung darstellt[368].

Diese letzte Theorie, die im Gegensatz zur herrschenden „Doppelgrundrechtslehre" die Grundrechtssubjektivität der Koalitionen nicht unmittelbar aus einer extensiven Interpretation des Art. 9 Abs. 3 GG in teleologischer Hinsicht, sondern vielmehr aus der Rechtstellungsgarantie des Art. 19 Abs. 3 GG ableitet, betont die besonders legitimierte Position des einzelnen Koalitionsmitgliedes als Voraussetzung für die Existenz einer kollektiven Grundrechtsträgerschaft[369].

Diese Ableitung der kollektiven Koalitionsfreiheit ist insbesondere relevant für Kollisionen von Rechten zwischen dem einzelnen Koalitionsmitglied und der Verbindung als solcher, wie etwa bei Aufnahme- und Ausschlußregelungen.

Bei der Betrachtung der aus Art. 9 Abs. 3 resultierenden Normsetzungsbefugnisse der Tarifvertragsparteien geht es hingegen um die Kollision von gesetzgeberischen und koalitionären Rechten. Unter diesem Aspekt betrachtet, ergibt sich aus der divergierenden Ableitung der kollektiven Rechte zunächst keine unterschiedliche Reichweite des Schutzbereiches oder unterschiedliche Einschränkungsmöglichkeiten der kollektiven Freiheitsrechte[370].

Allerdings bleibt auch unter der hier verfolgten Fragestellung unabhängig von der grundrechtlichen Ableitung stets zu berücksichtigen, daß die Befugnisse der Koalitionen nicht Selbstzweck sind, sondern eine unabweisbare Notwendigkeit für die Rechtssicherung und -durchsetzung des Einzelnen bedeuten.

---

geschützt sah; allerdings sah das Bundesverfassungsgericht (E 4,S. 96 ff (101f) aufgrund geschichtlicher Überlegungen - Art. 165 I WRV hatte bereits den kollektivrechtlichen Schutz vorgesehen und diese grundrechtliche Verbürgung sei ohne zwingenden Grund nicht einzuschränken - hier bereits die Koalitionen als solche vom Schutzbereich des Art. 9 Abs. 3 GG erfaßt.

367 *AK-Kittner*, Art. 9 Abs. 3, RNr. 44;
Biedenkopf, Grenzen der Tarifautonomie, S. 88;
Däubler/Hege, Koalitionsfreiheit, S. 47 ff, S. 76 ff, S. 91 ff.

368 *Scholz*, HbdStR V, § 151, RNr. 73 ff, S. 1156.

369 *Zöllner/Loritz*, Arbeitsrecht, § 8, S. 108.

370 *Wiedemann/Stumpf*, TVG, Einleitung, RNr. 29.

Art. 9 Abs. 3 GG schützt als Spezialfall der Vereinigungsfreiheit in kollektivrechtlicher Hinsicht[371] die Koalition als solche[372]. Mangels Definition bzw. Erwähnung im Grundgesetz hat sich in der Rechtsprechung und in der Literatur der Koalitionsbegriff durch die Summierung einer Reihe von Einzelvoraussetzungen manifestiert[373].

Demnach stellt eine Vereinigung eine Koalition im Sinn des Art. 9 Abs. 3 GG dar, wenn ihr Hauptzweck auf die Wahrung und Förderung von Arbeitsbedingungen gerichtet ist, es sich um eine freiwillige Vereinigung mit korporativem Charakter auf privatrechtlicher Basis handelt und sie gegnerfrei, überbetrieblich und unabhängig von Gegner, Staat, Kirche und Parteien agiert[374].

Der Zusammenschluß von Arbeitnehmern und Arbeitgebern zur Wahrung und Förderung ihrer Interessen bei der Gestaltung von Arbeits- und Wirtschaftsbedingungen muß somit eine Anzahl von Voraussetzungen erfüllen, um als Spezialfall den Grundrechtsschutz des Art. 9 Abs. 3 GG und nicht lediglich den des Art. 9 Abs. 1 GG in Anspruch nehmen zu können.

Ob neben diesen unstreitig notwendigen Kriterien auch das Bestehen der sogenannten Tarifwilligkeit einer Vereinigung als konstitutives Element zu werten ist, wird demgegenüber divergierend bewertet.

Während das Bundesverfassungsgericht[375] sowie das Bundesarbeitsgericht[376], denen sich die herrschende Meinung angeschlossen hat[377], die Tarifwilligkeit als Voraussetzung wertet, lehnen u.a. Zöllner/Loritz[378] die Tarifwilligkeit als konstitutives Element ab.

In Ablehnung der von der ersten Meinung für entscheidend gehaltenen Argumente zur historischen Entwicklung der Koalitionen[379] stellt die Tarifwilligkeit nach der zweiten Ansicht zwar eine zwingende Voraussetzung für die Qualifizierung einer Tarifvertragspartei im Sinne des § 2 TVG dar, ist aber für den Koaliti-

371 BVerfGE 84, S. 212 ff (224).
372 *v.Münch-Löwer*, Art. 9, RNr. 59.
373 *AK-Kittner*, Art. 9 Abs. 3, RNr. 46.
374 Kriterien bei: *Zöllner/Loritz*, Arbeitsrecht, § 8, S. 101 - 104.
375 BVerfGE AP Nr. 1 zu Art. 9 GG, AP Nr. 15 zu § 2 TVG.
376 BAGE AP Nr. 14 zu § 2 TVG vom 25.11.1986, BAGE in: NZA 1987, S. 492.
377 Statt aller: *Schaub*, Arbeitsrechts-Handbuch, § 187, S. 1587.
378 *Zöllner/Loritz*, Arbeitsrecht, § 8, S. 104 f und § 34, S. 342;
AK-Kittner, Art. 9 III, RNr. 46;
v.Münch-Löwer, Art. 9, RNr. 67.
379 *Schaub*, Arbeitsrechts-Handbuch, § 187, S. 1587.

onsbegriff des Art. 9 Abs. 3 GG als verfassungsrechtlichen Begriff unerheblich[380].

Relevant sind diese divergierenden Ansätze primär für die Frage, ob Verbände leitender Angestellter als Koalitionen gemäß Art. 9 Abs. 3 GG zu werten sind, da diese nicht den Abschluß von Tarifverträgen anstreben.

In der Tat erscheint die historische Ausrichtung der Koalitionen, ihrem Zweck nach auf den Abschluß von Tarifverträgen abzielend, für die Tarifwilligkeit als konstitutives Element auf der Verfassungsebene zu sprechen. Jedoch bleibt bei dieser Betrachtung das Tarifvertragsgesetz als gesetzliche Gestaltung der Organisationen der tarifvertraglichen Tätigkeiten der Koalitionen außer Betracht. Das Tarifvertragsgesetz stellt den Koalitionen nach Maßgabe des BVerfG 4, S. 96 ff (106) die Möglichkeit und den rechtlichen Rahmen zur tarifvertraglichen Betätigung zur Verfügung. Da dies jedoch nur einen einzelnen Bereich koalitionsspezifischer Betätigung darstellt und weder die Entstehung, Existenz, noch sonstige Betätigungen der Verbände betrifft, erscheint es unangebracht, die einfachgesetzliche Wertung auf die Verfassungsebene zu transformieren und auf diese Weise den Schutz des Art. 9 Abs. 3 GG einzuschränken. Die Tarifwilligkeit - dies gilt im übrigen ebenso für das ebenso umstrittene Kriterium der Arbeitskampfbereitschaft[381] - ist somit Abgrenzungskriterium im Rahmen der Frage nach der Tarifvertragsparteieigenschaft, nicht jedoch bei der Frage, ob eine Koalition in verfassungsrechtlicher Hinsicht vorliegt[382].

3. *Definition der Wahrung und Förderung von Arbeits- und Wirtschaftsbedingungen*

Während die Kriterien zur Qualifizierung einer Vereinigung als Koalition im Sinne des Art. 9 Abs. 3 GG größtenteils aus sich selbst heraus verständlich sind, gilt dies nicht unmittelbar für den Begriff der Wahrung und Förderung von Arbeitsbedingungen als Hauptzweck der Verbände.

a. *Personeller Schutzbereich der kollektiven Koalitionsfreiheit*

Wie schon Art. 159 WRV, geht der vorgeschriebene Koalitionszweck der Arbeits- und Wirtschaftsbedingungen weit über die frühere Verbürgung in § 152

380 *AK-Kittner*, Art. 9 Abs. 3, RNr. 46.
381 *Schaub*, Arbeitsrechts-Handbuch, § 187, S. 1587.
382 Vgl. *Zöllner/Loritz*, Arbeitsrecht, § 34, S. 342.

GewO hinaus, der lediglich die Zwecksetzung bzgl. der „Lohn- und Arbeitsbedingungen" schützte[383].

Wenn auch das Bundesverfassungsgericht bislang keine abschließende Definition des Begriffspaares „ Arbeits- und Wirtschaftsbedingungen" getroffen hat, um die sich aus dem „ sozialen Wandel"[384] des Arbeitslebens und des Verhältnisses von Kapital und abhängiger Arbeit[385] ergebenden Veränderungen aufzufangen, hat es in zahlreichen Einzelfallentscheidungen Aspekte herausgestellt, die zum Bereich der Arbeits- und Wirtschaftsbedingungen gehören und die Begriffe somit rechtlich manifestieren[386].

Eindeutig unterfallen dieser Begrifflichkeit aus historischen Gründen die Lohn- und Arbeitsbedingungen[387].

Welche Tätigkeitsbereiche darüber hinaus der Förderung der Arbeits- und Wirtschaftbedingungen dienen, richtet sich nicht allein nach der Definition beider Begriffe in isolierter Form; vielmehr erfaßt Art. 9 Abs. 3 GG lediglich die Vereinigung, die kumulativ einheitlich beide Bedingungen fördert[388].

Demnach sind unter Arbeitsbedingungen all diejenigen Aspekte zu fassen, die sich auf das Arbeitsverhältnis selbst beziehen und die Gegenstände von Tarifverträgen oder Arbeitsverträgen sein können (Lohnhöhe, Arbeitszeit, Urlaubsregelung, Arbeitsschutz etc.)[389]. Der Begriff der Wirtschaftsbedingungen geht über diesen Bereich im Sinn von Bedingungen hinaus, die für Arbeitnehmer und Arbeitgeber relevante allgemeine wirtschafts- und sozialpolitische Verhältnisse erfassen (Investitionsentscheidungen mit Folgen für den Arbeitsplatzbestand, Arbeitszeitverteilung, Investitionsstandorte, Entscheidungen des Arbeitgebers auf Konzernebene etc.[390]).

Der Zweck der so erfolgenden Ausgrenzung von Vereinigungen, die allein Wirtschaftsbedingungen fördern (Wirtschaftsverbände, Kartelle, Unternehmenszusammenschlüsse auf Arbeitgeberseite sowie Verbraucherverbände, Konsumge-

---

383 *AK-Kittner*, Art. 9 Abs. 3, RNr. 30.

384 *AK-Kittner*, Art. 9 Abs. 3, RNr. 30.

385 *v.Münch-Löwer*, Art. 9, RNr. 60.

386 BVerfGE 4, S. 96 ff (106); BVerfGE 18, S. 18 ff (26,28); BVerfGE 20, S. 312 ff (317) ;
BVerfGE 28, S. 295 ff (304); BVerfGE 34, S. 307 ff (316); BVerfGE 38, S. 281 ff (305) ;
BVerfGE 44, S. 322 ff (340); BVerfGE 58, S. 233 ff (246).

387 BVerfGE 18, S. 18 ff (26).

388 *Bauer in Dreier-GG*, Art. 9 Abs. 3, RNr. 70, S. 646.

389 *Schaub*, Arbeitsrechts-Handbuch, § 187, S. 1587.

390 Beispiele bei: *Bauer in Dreier-GG*, Art. 9 Abs. 3, RNr. 70, S. 646;
AK-Kittner, Art. 9 Abs. 3, RNr. 30.

nossenschaften auf der Arbeitnehmerseite) ergibt sich aus dem funktionalen Charakter des Art. 9 Abs. 3 GG selbst:

Die in Art. 9 Abs. 3 GG zum Ausdruck kommende Ordnungsvorstellung im Sinne einer Bildung gegengewichtiger Marktmacht auf dem Arbeitsmarkt[391] und dem Ausgleich realer Imparität zwischen Arbeitgebern und Arbeitnehmern determiniert die Existenzberechtigung und den Existenzgrund der Koalitionen. Der Schutz des Art. 9 Abs. 3 GG kann demnach lediglich funktionsgerecht agierenden Vereinigungen zuteil werden, da nur sie die Mittel zur Erzielung des grundrechtlich fixierten Zwecks sind[392].

Aus dieser Schutzbereichsbegrenzung folgt neben dem Ausschluß spezieller Wirtschaftsinstitutionen auch die Grenze der koalitionsmäßigen Betätigung: Art. 9 Abs. 3 GG entfaltet seine Schutzwirkung ebensowenig gegenüber allgemein arbeits- und wirtschaftspolitischen und arbeits- und wirtschaftsrechtlichen Koalitionszielen[393], wie gegenüber allgemein politischen Zielen und privaten Angelegenheiten von Arbeitnehmern und Arbeitgebern[394].

Nachdem der Bereich des personellen Schutzbereiches nunmehr erläutert wurde, bleibt zu klären, in welchem sachlichem Umfang Art. 9 Abs. 3 GG die kollektive Koalitionsfreiheit schützt.

b. Sachlicher Schutzbereich der kollektiven Koalitionsfreiheit

Die Grundlage jeder Vereinigung ist ihre Existenzsicherung, d.h. der Schutz des Entstehens und Bestehens der Koalitionen stellt einen zwingenden Bestandteil der grundrechtlichen Verbürgung dar[395].

Neben dieser Bestandsgarantie[396] gewährt Art. 9 Abs. 3 GG den Koalitionen als unabdingbare Konsequenz und als Voraussetzung für die Wahrnehmung spezifischer Entscheidungsprozesse in diesem sozialen Teilsystem die sogenannte Betätigungsgarantie[397].

---

391 *Säcker*, Grundprobleme der kollektiven Koalitionsfreiheit., S. 20.

392 *Däubler/Hege*, Koalitionsfreiheit, RNr. 103, S. 58.

393 *Rüthers in Brox/Rüthers*, Arbeitskampfrecht, RNr. 243.

394 Aufzählung bei: *v.Münch-Löwer*, Art. 9, RNr. 61.

395 *Bauer in Dreier-GG*, Art. 9 Abs. 3, RNr. 77;
Schaub, Arbeitsrechts- Handbuch, § 188, S. 1591;
Säcker, Grundprobleme der kollektiven Koalitionsfreiheit, S. 37;
Däubler/Hege, Koalitionsfreiheit, RNr. 179, S. 91 und RNr. 181, S. 92.

396 *Zöllner/Loritz*, § 8, S. 106.

397 *Weber*, Koalitionsfreiheit und Tarifautonomie als Verfassungsproblem, S. 15.

Da sich die Betätigungsgarantie als abgeleitetes Recht aus dem nicht explizit verbürgten kollektiven Recht des Art. 9 Abs. 3 GG ergibt, sind im Gesetzestext selbst keine Betätigungsformen oder - mittel fixiert.

Die unstreitig von der Betätigungsgarantie erfaßten Tätigkeiten der Koalitionen ergeben sich daher zum einen aus historischen Entwicklungen und zum anderen aus Analysen der Rechtsprechung[398] und Literatur[399].

Neben Tätigkeiten auf dem Sektor der Betriebsverfassung und des Personalvertretungsrechts[400], gewerkschaftlicher Präsenz im Betrieb und sonstiger notwendig als von der Betätigungsgarantie des Art. 9 Abs. 3 GG erfaßt anzusehenden Tätigkeiten[401], interessiert unter der vorliegenden Fragestellung der Konkurrenz von staatlicher und koalitionärer Normsetzung insbesondere die ein Hauptfeld der Betätigungsgarantie[402] darstellende *Tarifautonomie.*

aa. Ableitung der Tarifautonomie

Die grundsätzliche Aussage, die Tarifautonomie begründe sich als abgeleitetes Recht aus der Betätigungsgarantie des Art. 9 Abs. 3 GG, ist insbesondere erläuterungsbedürftig, wenn es nicht allein um die Frage nach der Herkunft einer grundsätzlichen Betätigungsfreiheit durch die Normierung von arbeitsrechtlichen Regelungen mittels des Tarifvertrages geht, sondern darüber hinaus um die Frage der vorrangigen Normsetzung, der sogenannten Normsetzungsprärogative.

Die Quelle der legislativen Normsetzungskompetenz liegt naturgemäß in der Verfassung, wie die Artt. 70 ff GG belegen. Für die Tarifvertragsparteien ergibt sich die Quelle ihrer Normsetzungskompetenz jedoch nicht a priori aus der Verfassung. Art. 9 Abs. 3 GG schützt zwar die einzelnen Betätigungsformen und damit auch die materielle Tarifautonomie in Form der privatrechtlichen Vertragsfreiheit, allerdings folgt aus diesem grundrechtlichen Schutz weder explizit noch unmittelbar das Recht zur Normsetzung, die der des staatlichen Gesetzgebers in Teilen vergleichbar oder dieser sogar vorrangig ist.

Die Ableitung der Tarifautonomie in der Form der normativen Rechtsetzungskompetenz bietet daher einen ersten Ansatz, um den Kompetenzkonflikt zu entscheiden.

Je nachdem, ob die Normsetzungsbefugnis als verfassungsrechtlich verbürgtes Recht zu qualifizieren ist, das die gesetzgeberische Tätigkeit auf diesem Ge-

---

398 Statt aller: BVerfGE 84, S. 212 ff (224); BVerfGE 88, S. 103 ff (114); BVerfGE 92, S. 26 ff (38); BVerfGE 92, S. 365 ff (393).

399 Vgl. *Däubler/Hege*, Koalitionsfreiheit, RNr. 205, S. 102.

400 BVerfGE 19, S. 303 ff (318f); BVerfGE 28, S. 295 ff (305).

401 BVerfGE 73, S. 261 ff (270); BVerfGE 77, S. 1 ff (62f).

402 *Weber*, Koalitionsfreiheit und Tarifautonomie als Verfassungsproblem, S. 22.

biet aufgrund der gleichgeordneten Stellung zum Gesetzgeber einschränkt oder ob sie vielmehr als einfachgesetzliche Verbürgung unter dem Gesetzgeber steht, stellt diese Quellenbestimmung ein Argument für bzw. gegen eine Normsetzungsprärogative dar.

Würde unmittelbar aus der Verfassung die Befugnis resultieren, den Tarifverträgen normative Wirkung zuwachsen zu lassen, stünden Gesetzgeber und Tarifvertragsparteien hinsichtlich der Quelle der Rechtsetzungsmacht auf der gleichen Stufe. Wäre dem entgegen das Recht zur Vereinbarung von Tarifverträgen lediglich mit rein privatrechtlicher Wirkungskraft von der Verfassung geschützt, und würde die normative Rechtsetzungskompetenz damit lediglich aus der einfach-gesetzlichen Regelung des Tarifvertragsgesetzes folgen (§ 4 TVG), wäre eine Normsetzungsprärogative der Tarifvertragsparteien infolge der höherrangigen Legitimation staatlichen Handelns zumindest nicht mittels dieser Rechtsquellenbestimmung nachzuweisen.

Grundsätzlich gehörte und gehört die Frage nach der Ableitung der Tarifautonomie zu einem der umstrittensten Probleme im Rahmen des Tarifvertragswesens[403]. Die hierbei vertretenen Ansichten gliedern sich - mit jeweiligen Differenzierungen[404] - in zwei Theorien: der Delegations - und der Intergrationstheorie.

aaa. Delegationstheorie

Die herrschende Delegationstheorie[405] ordnet die Normsetzungsbefugnis der Tarifvertragsparteien als staatlich verliehene Rechtsetzungsmacht ein, die nicht auf den Grundrechtsinhalt des Art. 9 Abs. 3 GG zurückzuführen sei[406].

---

403 *Wiedemann/Stumpf*, § 1, RNr. 25.

404 Vgl. *Säcker*, Gruppenautonomie und Übermachtkontrolle im Arbeitsrecht, S. 265 ff.

405 *Adomeit*, Zur Theorie des Tarifvertrages, RdA 1967, S. 297 ff (302 Anm.26c);
Nipperdey, Arbeitsrecht Band II, § 18, S. 347;
Nikisch, Arbeitsrecht Band II, § 60, S. 45;
Richardi, Kollektivgewalt, S. 137;
Ridder, Zur verfassungsrechtlichen Stellung der Gewerkschaften im Sozialstaat nach dem Grundgesetz für die Bundesrepublik Deutschland, S. 32;
Scholz, Koalitionsfreiheit als Verfassungsproblem, S. 57 f;
Scheuner in: Weber/Scheuner/Diez, Koalitionsfreiheit, S. 27;
Triepel, Delegation und Mandat im öffentlichen Recht, S. 23 f;
mit Einschränkungen auch *Sachs- Höfling*, Art. 9, RNr. 91f; sowie einheitlich die Rechtsprechung des BVerfG in: E 1, S. 258 ff (264); E 4, S. 240 ff (251); E 33, S. 140 ff (149).

406 *Scholz*, Koalitionsfreiheit als Verfassungsproblem, S. 57.

Vielmehr soll sich die Tarifautonomie allein aus der vom Gesetzgeber geschaffenen Befugnisübertragung des § 1 TVG ergeben[407]. Diese Norm regele als staatlicher Rechtssatz, wer Träger der Autonomie sei, den sachlichen Umfang dieser Autonomie, deren Geltungsbereich sowie ihre Formen[408].

Die Delegation, definiert als Übertragung von Hoheitsrechten durch einen staatlichen Aufgabenträger auf einen anderen Rechtsträger[409], wird als Erklärung und einfach-gesetzliche Ableitung der Tarifautonomie durch die Koalitionen wird innerhalb der Delegationstheorie auf verschiedene Art und Weise begründet:

Zunächst wird - teilweise recht undifferenziert - die Delegation aus der Zuweisung der Tarifautonomie in Art. 9 Abs. 3 GG und § 1 TVG durch den Staat gesehen[410]. Hinter dieser Aussage verbirgt sich die Ansicht, daß aus der Tatsache, daß der Gesetzgeber der Tarifautonomie bestimmte Grenzen und Vorgaben in § 1 TVG auferlegt hat, zwingend folgt, daß die Tarifautonomie an sich auf einer staatlichen Privilegierung der Tarifvertragsparteien beruhe.

Wäre diese Ansicht zutreffend, wäre die Tarifautonomie nicht Bestandteil des Art. 9 Abs. 3 GG. Damit wäre allein der staatliche Gesetzgeber unmittelbar durch die Verfassung zum Erlaß gesetzlicher Regelungen der Arbeits- und Wirtschaftsbedingungen legitimiert. Es wäre damit der einfache Gesetzgeber und nicht der Verfassungsgeber, der den Koalitionen ihre Handlungsbefugnis zuwiese.

Zwischen Koalitionen und Gesetzgeber bestünde kein gleichrangiges Verhältnis, sondern eine materiell der formellen Rangordnung im Arbeitsrecht entsprechenden Hierarchie.

Demzufolge könnte eine Normsetzungsprärogative der Tarifvertragsparteien auch nicht aus der Quellenbestimmung der Tarifautonomie folgen.

Die Koalitionen könnten aufgrund der vom Gesetzgeber derogierten Kompetenz lediglich in dem vom Gesetzgeber frei gelassenen Bereich agieren und müßten gesetzgeberisches Eingreifen in bestehende Tarifverträge und die inhaltliche Beschränkung zukünftiger Tarifverträge insoweit geschehen lassen, als kein gesetzgeberischer Eingriff in die sonstigen Verbürgungen des Art. 9 Abs. 3 GG vorläge.

---

407 *Säcker*, Grundprobleme der Koalitionsfreiheit, S. 73.

408 *Nipperdey*, Arbeitsrecht Band II, § 18, S. 347;
Nikisch, Arbeitsrecht Band II, § 60, S. 45.

409 *Triepel*, Delegation und Mandat im öffentlichen Recht, S. 23.

410 *Nipperdey*, Arbeitsrecht Band II, § 18, S. 347.

bbb. Die Integrationstheorie

Die Integrationstheorie[411] sieht die Tarifautonomie durch die verfassungsmäßige Ordnung in Art. 9 Abs. 3 GG als Anerkennung der Tarifvertragsparteien in ihrer Funktion als außerstaatliche Ordnungsfaktoren gesichert[412].

Abgeleitet und geschützt durch die Verfassung[413], befinde sich die Regelungsbefugnis der Koalitionen im gleichen Verhältnis zur Verfassung, wie die Gesetzgebungskompetenz des Staates, so daß sich beide aufgrund der gleichen Rechtsgrundlage und Geltungskraft[414] in einer die Normierungen betreffenden Konkurrenzlage befänden[415].

Begründet wird diese Theorie vornehmlich mit der historischen Entwicklung der Tarifautonomie[416]: Die Tarifautonomie sei keine Erfindung des Grundgesetzes, sondern habe als vorkonstitutionelle Rechtsmacht und vorgegebene Rechtswirklichkeit zunächst Eingang in die Weimarer Reichsverfassung, Art. 165, gefunden, so daß sie bei der Aufnahme in Art. 9 Abs. 3 GG bereits als gesicherte Rechtsposition existiert habe und deshalb selbst dann Geltungskraft beanspruchen könne, wenn das Grundgesetz keine Regelung im Sinne des Art. 9 Abs. 3 GG aufgenommen hätte[417].

Weiterhin wäre die Ableitung der Delegationstheorie dahingehend abwegig, als eine Delegation im Sinne einer Übertragung von Hoheitsrechten durch einen staatlichen Aufgabenträger auf einen anderen Rechtsträger stets voraussetze, daß der übertragende Hoheitsträger den betroffenen Bereich selbst uneingeschränkt

---

411 *Biedenkopf*, Grenzen der Tarifautonomie, S. 104;
Gamillscheg, Die Differenzierung nach der Gewerkschaftszugehörigkeit, S. 224ff;
Weber, Koalitionsfreieheit und Tarifautonomie als Verfassungsproblem, S. 24;
Küchenhoff, Das Prinzip der staatlichen Subsidiarität im Arbeitsrecht, AuR 1963, S. 321 ff (326);
Söllner, Zu Sinn und Grenzen der Vereinbarungsbefugnis der Tarifvertragsparteien, AuR 1966, S. 257 ff (260);
Zöllner, Die Rechtsnatur der Tarifnormen nach deutschem Recht, S. 16f;

412 *Biedenkopf*, Grenzen der Tarifautonomie, S. 104 f und Gutachten zum 46. DJT, Band I, S. 97 ff (111f);
Galperin, Molitor-FS, S. 143 ff (155-157;
Weber, Koalitionsfreiheit und Tarifautonomie als Verfassungsproblem, S. 24 f;
Herschel, Gutachten zum 46. DJT, Band II, S.D 1 ff (D 16).

413 *Biedenkopf*, Grenzen der Tarifautonomie, S. 104.

414 *Galperin*, Molitor-FS, S. 143 f.

415 *Biedenkopf*, Grenzen der Tarifautonomie, S. 105.

416 *Zöllner/Loritz*, Arbeitsrecht, § 33, S. 336.

417 *Herschel*, Gutachten zum 46. DJT, D 1 ff (D 16).

regeln könne[418]. Diese Berechtigung bestehe im Rahmen des Art. 9 Abs. 3 GG jedoch evident nicht in vollständigem Maße, so daß sich aus dieser Überlegung die Delegationstheorie nicht halten lasse.

Die Tarifautonomie folge als Anerkennung der Tarifvertragsparteien als außerstaatliche Ordnungsfaktoren auf dem Gebiet des Arbeits- und Wirtschaftsbedingungen daher aus der Verfassung selbst und nicht aus der lediglich näheren Ausgestaltung des Tarifvertragsgesetzes, das insoweit keine Verbürgung konstitutiver Form darstelle[419].

Wäre die Einschätzung der Integrationstheorie zutreffend, so würde sich für eine Normsetzungsprärogative folgende Konsequenz ergeben:

Mit der Ableitung der Normierungskompetenz der Koalitionen und des einfachen Gesetzgebers aus derselben Rechtsquelle, der Verfassung, ergebe sich eine Ranggleichheit der gesetzgeberischen und koalitionären Regelungskompetenz.

Mit der Feststellung einer solchen Ebenbürtigkeit wäre jedoch noch keine eindeutige Aussage über die konkrete Abgrenzung der Kompetenzen in diesem Bereich getroffen. Feststehen würde lediglich, daß sich ein Vorrang staatlicher Normsetzung ebensowenig aus dem Kriterium der Rechtsquelle ergebe, wie die Annahme einer Normsetzungsprärogative der Koalitionen.

Zur Lösung der Kompetenzfrage müßte vielmehr die Schutzbereichsbestimmung unter Bezugnahme auf wesentliche Verfassungsdeterminanten zur Klärung der Kompetenzfrage herangezogen werden.

ccc. · Entscheidung für die Delegationstheorie

Sowohl die Existenz des einfachgesetzlichen Tarifvertragsgesetzes, als auch die geschichtliche Entwicklung von tarifvertraglichen Regelungen und rechtlichen Arbeiterschutzvorschriften belegen eindeutig die Delegationstheorie.

(1). Existenz des Tarifvertragsgesetzes

Es stellt sich die Frage, ob es tatsächlich möglich ist, aus der Existenz des Tarifvertragsgesetzes auf die Qualität der Normsetzungsbefugnis der Koalitionen - derivativ oder originär - zu schließen.

Es bietet sich die Überlegung an, daß bei der Regelung einer Materie durch den Staat die Autonomie einer gesellschaftlichen Gruppe in diesem Bereich wohl

418 *Biedenkopf*, Grenzen der Tarifautonomie, S. 104; Diese Überlegung stellt auf den römischen Rechtssatz „nemo plus iuris transferre quam ipse habet“ ab, vgl *Gießen*, Die Gewerkschaften im Prozeß der Volks- uns Staatswillensbildung, S. 115.

419 *Weber*, Koalitionsfreiheit und Tarifautonomie als Verfassungsproblem, S. 24.

kaum originär bestehen kann, da ansonsten das legislative Normgebilde einen Eingriff in die verfassungsmäßige Zusicherung autonomer Rechtsetzung wäre.

Genauso gut ließe sich mit Biedenkopf argumentieren, die Existenz des § 1 TVG ergebe sich aus dem verfassungsrechtlichen Auftrag an den Gesetzgeber, ein funktionsfähiges Tarifvertragssystem zu schaffen, um die Ausübung der Autonomie zu sichern.

Zwar könnte für die Integrationstheorie sprechen, daß im Fall einer verfassungsrechtlichen Verbürgung der Tarifautonomie eine staatliche Gestaltung dieses Rechts unnötig wäre, bzw. die Tarifvertragsparteien kraft originärer Kompetenz die Gestaltung selbst normieren könnten. Diese Überlegung kann jedoch aus folgendem Grund kein überzeugendes Argument darstellen:

Durch die gesetzliche Normierung und Gestaltung des Tarifvertragsgesetzes wird dem Tarifvertrag zwingende, normative Wirkung zugewiesen. Ohne diese Fixierung eine normative Wirkung aus Art. 9 Abs. 3 GG unmittelbar abzuleiten, wäre selbst bei unterstellter Ableitung tarifautonomer Befugnisse aus Art. 9 Abs. 3 GG aufgrund der Pluralität der Gestaltungsoptionen kaum möglich. Vielmehr ist davon auszugehen, daß die in Art. 9 Abs. 3 GG verbürgten Rechte keine derart spezifizierte Tarifvertragsgestaltung unmittelbar erkennen läßt, sondern höchstens die Möglichkeit der Normsetzung als ein Mittel zur Verwirklichung der grundrechtlichen Freiheit in sich trägt.

Somit kann die Existenz des Tarifvertragsgesetzes an sich keinen zwingenden Schluß darüber zulassen, ob Art. 9 Abs. 3 GG die Tarifautonomie als verfassungsunmittelbare Rechtsetzungsmacht garantiert oder lediglich den Gesetzgeber verpflichtet, den Sozialpartnern ein funktionstüchtiges Tarifvertragssystem zur Verfügung zu stellen, das dann seinerseits als „Ermächtigungsgrundlage“ der Normsetzung fungiert.

(2). Geschichtliche Ablehnung der Tarifautonomie als unmittelbare verfassungsrechtliche Kompetenzzuweisung

Zwar befassen sich viele Autoren[420] mit der Existenz des Tarifvertragsgesetzes, um es in der jeweiligen Argumentation bekräftigend zu verwenden, letztlich basieren ihre Überlegungen jedoch auf historischen Ansätzen[421].

420 *Söllner*, Zu Sinn und Grenzen der Vereinbarungsbefugnis der Tarifvertragsparteien AuR 1966, S. 257 ff (260);
Säcker, Grundprobleme der kollektiven Koalitionsfreiheit, S.74.

421 *Nikisch*, Band „“, S. 43 ff;
Galperin, Molitor-FS, S. 143 ff (155);
Weber, Koalitionsfreiheit und Tarifautonomie als Verfassungsproblem, S. 24;
Herschel, Gutachten zum 46. DJT, Band II, S. D 1 ff (D 16);

Die Vertreter der Integrationstheorie, und hier insbesondere Herschel[422] und Söllner[423], rekurrieren bei der Ableitung der autonomen Normsetzungskompetenz auf die Stellung und Gestaltung des Tarifvertrages als vorkonstitutionelle Rechtswirklichkeit, die ihren rechtlichen Niederschlag sowohl in der Weimarer Reichsverfassung, als auch im Grundgesetz gefunden habe. Beide Autoren gehen davon aus, der Staat habe seit dem 19. Jahrhundert, mit einer kurzfristigen Unterbrechung während der NS-Zeit, die Festsetzung der Arbeitsbedingungen nicht als seine Aufgabe betrachtet, sondern sie der privatautonomen Regelung überlassen, die den Bereich der Arbeitsbedingungen auch ohne die erst später erfolgende rechtliche Anerkennung mittels des Tarifvertrages ordnete. Setze eine Delegation jedoch schon begrifflich voraus, daß der Staat einmal zur Regelung des überantworteten Bereiches zuständig gewesen sei, könne mangels historischer Wahrnehmung dieser Aufgaben keine Delegation stattfinden[424].

Die Relevanz des historischen Verhältnisses von Staat und Koalitionen bei der Regelung der Arbeitsschutznormen sehen die Vertreter der Delegationstheorie[425] dem entgegen in der Tatsache, daß der Staat die Ordnung des Arbeitslebens in zunehmendem Maß selbst in die Hand genommen habe.

Als Beleg für diese Annahme sieht Nikisch u.a. die Errichtung der staatlichen Schlichtungsstellen in der Weimarer Republik, die aufgrund des öffentlichen Interesses, in dem Tarifabschlüsse lägen, zur Zwangsschlichtung befugt waren. Abgesehen von der ausschließlichen staatlichen Regelung der Arbeitsbedingungen durch den staatlichen Treuhänder der Arbeit während der NS-Zeit, setze sich aufgrund der überaus großen Gemeinwohlrelevanz dieses Bereiches das Interesse und das Bedürfnis des Staates fort, das Arbeitsleben selbst zu ordnen und nur dann auf diese Ordnungsbefugnis zugunsten der Tarifvertragsparteien zu verzichten, wenn aus Gründen der sachnäheren Regelungsmöglichkeit dieser Verzicht opportun erscheine[426].

Zur Feststellung, inwieweit sich die hier vorgestellten Schlüsse aus der historischen Entwicklung ableiten lassen, soll an dieser Stelle die Entstehung und Wandlung des Tarifvertragswesens in Gegenüberstellung zur staatlichen Arbeitnehmerschutzgesetzgebung geschichtlich untersucht werden.

Söllner, Zu Sinn und Grenzen der Vereinbarungsbefugnis der Tarifvertragsparteien, AuR 1966, S. 257 ff (260f).

422 *Herschel*, Gutachten zum 46. DJT, Band II, D 1 ff (D 16).

423 *Söllner*, Zu Sinn und Grenzen der Vereinbarungsbefugnis der Tarifvertragsparteien, AuR 1966, S. 257 ff (260f).

424 *Söllner*, Zu Sinn und Grenzen der Vereinbarungsbefugnis der Tarifvertragsparteien, AuR 1966, S. 257 ff (261).

425 Namentlich: *Nikisch*, Arbeitsrecht Band II, S. 44 - 47.

426 *Nikisch*, Arbeitsrecht, Band II, S. 46.

Die Betrachtung der historischen Entwicklung des Tarifvertragswesens führt zu der Überlegung, daß die Integrationstheorie zwar im Bezug zu der allgemeinen Regelung des Arbeitslebens durch das Instrument des Tarifvertrages zutreffend davon ausgeht, diese Kompetenz sei aufgrund vorkonstitutioneller Existenz Bestandteil des Art. 9 Abs. 3 GG. Allerdings kann dies tatsächlich allein für das Recht gelten, sich des Tarifvertrages an sich zu bedienen. Etwas anderes ergibt sich aus historischen Gründen für die verbindliche Normsetzung der Tarifvertragsparteien. Hier spricht die geschichtliche Entwicklung vielmehr für eine Delegation staatlicher Befugnisse:

(a). Geschichtliche Entwicklung des Tarifvertragssystems

Betrachtet man den Beginn der Verwendung von Tarifverträgen zur Regelung der Arbeitsbedingungen zum Ausgleich realer Imparität, fällt zunächst die langwierige Entwicklung eines funktionsfähigen Tarifvertragssystems ins Auge.

(aa). Zeit des Deutschen Kaiserreiches bis 1918

Auf die Verbandsbildung der Gesellen seit dem 14. Jahrhundert als Idee zurückgreifend, bildeten sich im Zusammenhang mit der Märzrevolution von 1848 aufgrund wirtschaftlicher Existenznot der Fabrikarbeiter erste koalitionsartige Zusammenschlüsse[427]. Diese Zusammenschlüsse sollten, als Verbund der einzeln zu verhandlungsschwachen Arbeitnehmern, die Arbeitsbedingungen mit den Arbeitgebern festlegen und so die privatautonome Gestaltung der Arbeitsverträge auf kollektiver, höherer Ebene fortsetzen[428].

Daß die Entwicklung des Tarifvertragswesens dann bis zur Jahrhundertwende Aufschub fand (abgesehen von den Buchdruckertarifen 1873, 1896)[429], hatte zwei Gründe:

Zum einen erstarkten unter dem Eindruck der Ereignisse von 1848 die reaktionären Kräfte und setzten mit rigiden Koalitions- und Betätigungsverboten der Entwicklung eines Tarifsystems Grenzen[430].

Insbesondere sind hier zu nennen: die landesrechtlichen Koalitionsverbote von Sachsen (§§ 45, 95 Gesindeordnung vom 31.5.1898), Hannover (§§ 57, 59 Polizeigesetz vom 25.5.1847) und von Preußen (§§ 182, 184 Gewerbeordnung vom 17.1.1845).

---

427 *Kaskel*, Arbeitsrecht, § 67, S. 311.
428 *Jakobi*, Grundlehren des Arbeitsrechts, § 2, S. 13.
429 *Biedenkopf*, Grenzen der Tarifautonomie, S. 128.
430 *Kaskel*, Arbeitsrecht, S. 310.

Eine Lockerung des Koalitionsverbotes trat erst mit der Verabschiedung der §§ 152 f Gewerbeordnung Norddeutscher Bund ein (vom 29.5.1869), die infolge der Entstehung des deutschen Reiches ab 1871 für ganz Deutschland galten und die bestehenden Koalitionsverbote im gewerblichen Bereich unter explizitem Einschluß der Bergwerksarbeiter (§ 154 GewO) aufhoben[431]. Dies galt gemeinhin als Folge der Einsicht, daß sich die soziale Frage nicht mit dem Mittel des „frei ausgehandelten" Arbeitsvertrages lösen lassen würde, sondern der Ausgleich der Interessen mittels kollektiver Vereinbarungen nach dem populär gewordenen Beispiel der englischen Trade-unions zu suchen sei[432]. Die daraufhin einsetzende Konsolidierung der Vereinigungen wurde erneut durch das Sozialistengesetz von 1878 beendet, nachdem das Preußische Obertribunal Gewerkschaften zu Vereinen im Sinne des Sozialistengesetzes erklärt und aufgelöst hatte.

In Anbetracht dieser rigiden Gesetzgebung ist evident, daß sich die Tarifvertragsparteien und mit ihnen der Tarifvertrag erst dann als gesellschaftliches Regelungsinstrumentarium etablieren konnte, als die gesellschaftliche Akzeptanz und damit der Staat ein Tätigwerden zuließ.

Doch darüber hinaus war auch in den Reihen der Gewerkschaften lange Zeit der Tarifvertrag als Instrumentarium zur Forderung der Arbeitnehmerinteressen nicht anerkannt[433].

Zwar existierten ab 1861 die Hirsch-Dunckerschen Gewerkvereine als Zusammenschlüsse auf rein fachlicher Ebene[434], jedoch bildeten den Hauptanteil die in Anlehnung an die Sozialdemokratie unter stärkerer Betonung des Klassenkampfes agierenden Gewerkschaften[435].

Diese Nähe zur Sozialdemokratie und ihrem revolutionären Programm auch innerhalb der Gewerkschaften machten eine allgemeine Akzeptanz des Tarifvertrages als Regelungswerk innerhalb der bestehenden Sozial- und Staatsordnung problematisch: Bei konsequentem Hinarbeiten auf eine revolutionäre Beendigung des kapitalistischen Systems konnte das vertragliche Binden und Verhandeln mit dem Klassenfeind nur einen systematischen Bruch bedeuten[436].

Diese Einschätzung des Tarifvertrages durch die Gewerkschaften selbst änderte sich in zunehmendem Maß erst mit der stärkeren Ablösung der Gewerkschaften von der sozialdemokratischen Idee des Klassenkampfes (durch die Re-

---

431 *Sinzheimer*, Grundzüge des Arbeitsrechts, S. 77.
432 *Sinzheimer*, a.a.O.
433 *Biedenkopf*, Grenzen der Tarifautonomie, S. 128.
434 *Kaskel*, Arbeitsrecht, S. 310.
435 *Varain*, Freie Gewerkschaften, S. 15.
436 *Nikisch*, Arbeitsrecht Band II, S. 197.

solution des dritten deutschen Gewerkschaftskongresses 1899[437]), wobei jedoch bis heute die politische Prägung der Gewerkschaften offensichtlich und bei der Beurteilung der Stellung zum Gesetzgeber zu beachten bleibt[438].

Den ersten tatsächlichen Kollektivvertrag[439], der, noch ohne jede unmittelbare und unabdingbare Rechtswirkung, Ausdruck des Koalitionsrechtes war, stellte das sogenannte „Berliner Protokoll vom 15. Mai 1889" dar, das zum Ende des ersten großen Massenstreiks im Bergbau durch die kollektive Einigung zwischen Vertretern von Arbeitnehmern und Arbeitgebern des Bergbaulichen Vereines führte (sogenannter Ruhr-Konflikt vom 3. Mai 1889, bei dem 90.000 Bergarbeiter in den Ausstand traten und Truppen die öffentliche Sicherheit vor Übergriffen schützten)[440].

Eine wirkliche rechtliche Anerkennung erfolgte erst mit der Aufhebung der Sozialistengesetze 1890 und der kriegsbedingten Einbeziehung der Koalitionen (unter anderem durch das Hilfsdienstgesetz vom 5.12.1916, das die Koalitionen zur öffentlich-rechtlichen Mitwirkung bei der Besetzung der dort vorgesehenen Ausschüsse heranzog; Aufhebung des § 153 GewO durch Gesetz vom 22.5.1918) in die Gestaltung des Arbeits- und Wirtschaftslebens[441].

Die Koalitionsfreiheit im engeren Sinn entstand rechtlich mit dem Aufruf des Rates der Volksbeauftragten vom 12.11.1918, der die noch bestehenden Schranken des Reichsvereinsgesetzes bzgl. der Vereins- und Versammlungsfreiheit, die auch typische Koalitionszwecke mit einschloß, aufhob[442].

Parallel zu dieser rechtlichen Entwicklung stieg die Zahl abgeschlossener Tarifverträge von 5.000 Tarifverträgen 1907 mit 97.500 tarifgebundenen Arbeitnehmern auf 13.000 Tarifverträge im Jahr 1914 mit 2.000.000 tarifgebundenen Arbeitnehmern sprunghaft an[443].

(bb). Weimarer Reichsverfassung 1919 - 1933

Die Manifestation und Sicherung der Koalitionsfreiheit erfolgten in logischer Fortentwicklung durch Art. 159 WRV vom 11. August 1919, in dem es heißt: „ Die Vereinigungsfreiheit zur Wahrung und Förderung der Arbeits- und Wirtschaftsbedingungen ist für jedermann und alle Berufe gewährleistet. Alle Abre-

---

437 *Huber*, Deutsche Verfassungsgeschichte, § 82, S. 1254.
438 *Biedenkopf*, Grenzen der Tarifautonomie, S. 130.
439 Neben dem Buchdruckertarifvertrag von 1873.
440 *Huber*, Deutsche Verfassungsgeschichte, § 78, S. 1210 ff.
441 *Sinzheimer*, Grundzüge des Arbeitsrechts, S. 78.
442 *Jakobi*, Grundlehren des Arbeitsrechts, S. 17.
443 Zahlen bei: *Huber*, Deutsche Verfassungsgeschichte, § 82, S. 1254.

den und Maßnahmen, welche diese Freiheit einzuschränken oder zu behindern suchen, sind rechtswidrig.".

Die Sicherung der Koalitionsfreiheit wurde ergänzt durch Art. 165 I 2 WRV, der die Rechtsfigur des Kollektivvertrages anerkannte. „ Die beiderseitigen Organisationen und ihre Vereinbarungen werden anerkannt."

Diese Normierung als Grundlage des Tarifvertragswesens stellte das mit der Verordnung vom 23. Dezember 1918 legalisierte Tarifvertragsrecht auf eine rechtliche Basis. Zwar hatte es vor diesem Legalisierungsakt ein durch Rechtsprechung und Wissenschaft geschaffenes Tarifvertragssystem gegeben. Mit der Verordnung kam den Tarifnormen nach herrschender Ansicht jedoch zum ersten Mal unmittelbare und unabdingbare Wirkung zu[444]. Deutlich wird somit, daß den Tarifvertragsparteien bis zum Jahr 1918 keine Rechtsetzungskompetenz zukam; die Tarifvertragsnormen vielmehr als eine Form „ allgemeiner Geschäftsbedingungen" kraft privatautonomer Vereinbarungsbefugnis Eingang in den einzelnen Arbeitsvertrag fanden.

In der Weimarer Republik galt der Tarifvertrag als das von der Verfassung gebilligte Mittel zur Ordnung der Arbeitsverhältnisse, das durch die allgemeine Akzeptanz bei Arbeitnehmer- und Arbeitgebervertretern (Gemeinsames Abkommen vom 15. November 1918) einen starken Aufschwung erfuhr[445].

Jedoch ist zu beachten, daß die staatlichen Eingriffsmöglichkeiten in die Tariffreiheit keineswegs unerheblich waren bzw. die Tarifautonomie nicht schrankenlos gewährleistete wurde.

So bestand die, vielfach genutzte, Möglichkeit, Tarifverträge für allgemeinverbindlich zu erklären bzw. verbindlich wirkende Schiedssprüche durch die jeweiligen Stellen zwingend auszusprechen und Streitigkeiten so zwangszuschlichten[446].

Gerade zum Ende der Weimarer Republik hin kamen die wichtigen Tarifverträge immer seltener in freien Verhandlungen zustande, sondern beruhten auf verbindlichen Schiedssprüchen der staatlichen Schlichtungsbehörden[447]. Abgesehen von der nachteiligen Wirkung auf das tatsächliche Verhandlungsengagement der Tarifvertragsparteien, zeigt diese Form staatlichen Eingreifens doch sehr deutlich die Grenzen der Tarifautonomie auf.

Diese Grenzen zeigen sich auch insbesondere in der Tatsache, daß Art. 165, 159 WRV dem Notverordnungsrecht des Reichspräsidenten unterfielen, so daß eben kein verfassungsrechtlicher Bestandsschutz der Tarifautonomie existierte.

---

444 *Huber*, Deutsche Verfassungsgeschichte, § 82, S. 1255.
445 *Nikisch*, Arbeitsrecht Band II, S. 198.
446 *Kaskel*, Arbeitsrecht, S. 11.
447 *Nikisch*, Arbeitsrecht Band II, S. 200.

Das Bestehen und der Umfang der Tarifautonomie hingen vielmehr von den Kodifikationen des einfachen Gesetzgebers ab.

(cc). Zeit des Nationalsozialismus 1933 -1945

Mit Verabschiedung der Notverordnung vom 6. Juni 1931, die das staatliche Eingreifen bis zum behördlichen Diktat des Arbeitsvertrages steigerte, begann der Niedergang des Tarifvertragssystems, das mit dem Gesetz zur Ordnung der nationalen Arbeit vom 20.1.1934 endgültig aufgelöst wurde.

An seine Stelle trat der totale staatliche Dirigismus, der kollektivrechtliche Vereinbarungen durch das Führerprinzip ersetzte[448].

Mit der Beseitigung der sozialen Selbstverwaltung durch Tarifvertrag ging die Auflösung der Koalitionen und die Übertragung der Gewerkschaftsvermögen an die Deutsche Arbeitsfront (DAF) einher (§ 9 Verordnung vom 24. Oktober 1934).

Doch auch die DAF war kein Ersatz für die Koalitionen und ihre bis dato bestehenden Handlungsoptionen: Die Arbeitsbedingungen wurden nicht mehr durch Tarifverträge, sondern vielmehr durch Rechtsverordnungen, die als Tarifordnungen von den sogenannten Treuhändern der Arbeit für alle Arbeitnehmer verbindlich erlassen wurden, geregelt.

Im Gegensatz zu den vorhergehenden Tarifverträgen, die die Partikularinteressen der Arbeitnehmer und Arbeitgeber widerspiegelten und grundsätzlich dem Ausgleich dieser Interessen und dem Schutz des einzelnen Arbeitnehmers dienten, berücksichtigten die Tarifordnungen aufgrund ihrer übergreifenden Geltungswirkung und staatlichen Herkunft das Gesamtwohl des Staates wesentlich stärker als die Arbeitnehmerschutzziele. Dies wird besonders deutlich an der Festlegung von Höchstlöhnen im Jahr 1938[449], die allein zum Ziel hatte, die Produktionskosten der Industrie bei steigendem Mangel an Arbeitskräften zu stabilisieren und so die Kriegsrüstung nicht zu gefährden.

Auch dieser Punkt wird bei der abschließenden Bewertung der historischen Gestaltung von gesetzgeberischen und koalitionären Kompetenzen bei der Regelung der Arbeitsbedingungen zu berücksichtigen sein.

(b). Geschichtliche Entwicklung der arbeitsrechtlichen Schutzgesetze

Der Entwicklung des Tarifvertragssystems auf deutschem Boden soll nun die Darstellung der arbeitsrechtlichen Schutzgesetzgebung folgen, um das Verhältnis

448 *Nipperdey*, Arbeitsrecht Band II, § 7, S. 87.
449 *Nikisch*, Arbeitsrecht Band II, § 68, S. 202.

von Gesetzgebungskompetenz und Tarifautonomie in seiner historischen Gestaltung analysieren zu können.

(aa). Zeit des Deutschen Kaiserreiches bis 1918

Die Zeit des Kaiserreiches ist geprägt von der Einstellung des Reichskanzlers Otto von Bismarck (1871-1890) zur Lösung der „ sozialen Frage“. Ausgehend von der Grundansicht, daß der Arbeiter erst in dem Moment staatlichen Schutzes bedürfe, in dem er nicht mehr in der Lage sei, seine vollwertige Arbeitskraft einzubringen und damit die grundsätzlich auf diesem Gebiet zu wahrende Vertragsfreiheit ihre natürlichen Grenzen finde. Dies war nach Bismarcks Ansicht insbesondere der Fall bei Krankheit, Unfall, Invalidität, Alter und Arbeitslosigkeit[450]. Aus den sonstigen Regelungen des Arbeitsverhältnisses hatte sich der Staat nach seiner Überzeugung möglichst weit zurückzuhalten, um die Privatautonomie zu sichern und die Wirtschaft zu fördern.

Nach langwierigen Verhandlungen und Auseinandersetzungen mit den Liberalen im Reichstag kam es ab 1883 zu den drei großen Reichsversicherungsgesetzen:

Das Krankenversicherungsgesetz von 1883, das Unfallversicherungsgesetz von 1884, sowie das Alters- und Invaliditätsversicherungsgesetz von 1889.

Neben dieser fortschrittlichen Sozialgesetzgebung, die die Grundlage der modernen Sozialstaatlichkeit legte[451], sah Bismarck grundsätzlich keine Notwendigkeit, den arbeitsrechtlichen Arbeitnehmerschutz im Vorfeld dieser sozialversicherungsrechtlichen Lösung über das in Preußen bereits bestehende Maß hinaus (Verbot der Kinderarbeit unter zwölf Jahren vom 16. Mai 1853, Verbot des Trucksystems in § 115 deutscher Gewerbeordnung vom 21. Juni 1869) zu verbessern.

Die im Vergleich zur sozialrechtlichen Gesetzgebung dilatorisch behandelte arbeitsrechtliche Schutzgesetzgebung erklärt sich aus der real- pragmatischen Staats- und Wirtschaftssicht Bismarcks, der die Folge der sozialrechtlichen Änderungen auf die Wirtschaft zunächst abwarten wollte und diese nicht durch weitere Kosten ihrer internationalen Wettbewerbsfähigkeit berauben wollte.

Die arbeitsrechtliche Schutzgesetzgebung entwickelte sich dementsprechend zögerlich:

Das nach der Entlassung Bismarcks am 20. März 1890 als lex Berlepsch bekannt gewordene und am 1. Juni 1890 in Kraft getretene Arbeiterschutzgesetz enthielt Regelungen der Arbeitszeit (§§ 105 a - i GewO: Verbot der Sonntagsar-

450 *Huber*, Deutsche Verfassungsgeschichte, § 77, S. 1195.
451 *Huber*, Deutsche Verfassungsgeschichte, § 78, S. 1204.

beit), Maßnahmen zum Schutz der Arbeiter gegen Gefahren für Leben, Gesundheit und Sittlichkeit (§ 120 a - e) sowie das Verbot der Kinderarbeit (§ 135) und ging auf die Kaiserlichen Erlasse vom 4.2.1890 zurück.

Die danach eintretende Stagnation der Arbeitsschutzgesetzgebung wurde erst unter der Regierung Hohenlohe mit der Novelle zur Gewerbeordnung überwunden.

Hier besonders zu nennen ist das Angestelltenschutzgesetz[452] sowie das Kinderschutzgesetz aus den Jahren 1899/1903. Diese staatliche Arbeitnehmerschutzgesetzgebung fand ihre Fortführung unter Reichskanzler Bülow in der Berggesetz-Novelle vom 14. Juli 1905 (Einführung von Höchstarbeitszeiten und Einrichtung obligatorischer Arbeiterausschüsse) sowie als Ergänzung hierzu im schwerindustriellen Bereich die Regelung des Arbeiterschutzes in der Großeisenindustrie von 1908 (Arbeitszeitregelung, Beschränkung der Überstunden) und die Novelle zur Gewerbeordnung vom 28. Dezember 1908, der den verstärkten Schutz von beschäftigten Frauen vorsah[453].

Die letzte bedeutende Gesetzesnovelle erfolgte 1911 unter Reichskanzler Bethmann Hollweg mit der Verabschiedung des Hausarbeitsgesetzes, das die in der Heimarbeit Tätigen erstmals dem Schutz des Staates unterstellte.

Die gleichzeitig normierte Förderung von Tarifvertragsabschlüssen in diesem Bereich als institutionelle Anerkennung der Kollektivvereinbarungen zeigt die sich langsam durch den gesellschaftlichen Wandel begründete steigende staatliche Akzeptanz der sozialen Selbstverwaltung im Sinne der Privatautonomie, ohne jedoch die Legislativkompetenz jemals aus der Hand zu geben.

- *Vergleich der koalitionären und legislativen Normsetzungstätigkeit in der Kaiserzeit*

Der Vergleich der tarifvertraglichen und der gesetzlichen Arbeitnehmerschutznormierungen zeigt, daß zu Beginn der Existenz arbeitsrechtlicher Normierungen deutlich die legislativen Normen im Vordergrund standen[454]. Bedingt durch die bis dato beispiellose „Erfindung" des Tarifvertrages und der hieraus begründeten Realisierungs- und Akzeptanzproblematik wird dieser Vorrang sicherlich begründet. Mangels ausgereifter Konzeption und eines entwickelten Tarifvertragssystems konnten Tarifverträge bei fehlender unmittelbarer und zwingender Ge-

---

452 Verhandlungen des Reichstages, Band 173, Anlagen, Nr. 165.

453 Vgl. *Kaskel*, Arbeitsrecht, S. 7 f.

454 Anders sieht dies *Söllner*, Zu Sinn und Grenzen der Vereinbarungsbefugnis der Tarifvertragparteien, AuR 1966, S. 257 ff (260f). Mangels detaillierter Untersuchung bleiben seine Ergebnisse jedoch nicht nachvollziehbar.

staltung auch gar nicht die durch die generell geltenden Gesetze erzielte Wirkung zeitigen.

Neben diesem Vorrang gesetzlichen Schutzes aufgrund dieser Tatsächlichkeiten wird aber auch in der Haltung des Staates, insbesondere des Kaisers und Bismarcks deutlich, daß die Normierung der Arbeitnehmerschutzgesetze als Aufgabe des Staates verstanden wurde.

Dies ergibt sich evident aus der besonderen Bedeutung, die der gesetzgeberischen Betätigung in diesem Bereich zugemessen wurde.

Die arbeitsrechtliche Gesetzgebung stellte zum einen das Instrument der Eingliederung der Arbeiterschaft als sogenannten „vierten Stand" in den Staat und damit den Versuch dar, die Arbeiterschaft den revolutionären Gedanken der Sozialdemokratie zu entfremden (als Bestandteil der bismarckschen Zuckerbrot und Peitsche- Politik in Ergänzung zum Sozialistengesetz)[455].

Zum anderen spielt die Überlegung eine Rolle, der Industrie keine Kosten aufzuerlegen, die wettbewerbsbeeinträchtigend wirken und dazu führen könnten, daß die bestehende Sozialgesetzgebung mangels Finanzierbarkeit ebenfalls ihre Wirksamkeit einbüßt[456].

Diese realpolitischen Überlegungen der umfassenden Einbindung und Interdependenzwirkung der arbeitsrechtlichen Schutzgesetzgebung zu weiten Bereichen der Innenpolitik, verbot die Übertragung dieser Schutznormierungen auf privatautonome kollektive Vereinbarungen. Bezüglich der Tarifverträge der damaligen Zeit muß festgehalten werden, daß es sich in der Wilhelminischen Zeit niemals um vom Staat gelöste Autonomie, sondern vom Selbstverständnis der damaligen Zeit aus betrachtet um Freizonen handelte, die der Staat eröffnete. Hierbei begab sich der Staat jedoch nie seines Rechtes, die Arbeitsbedingungen verbindlich und generell durch Gesetz zu normieren.

Die Ableitung der Integrationstheorie kann historisch somit nicht aus der Kaiserzeit folgen. Vielmehr spricht die vom Staat allein wahrgenommene Legislativkompetenz für die Delegationstheorie.

(bb). Weimarer Reichsverfassung 1919 - 1933

In der Zeit der Weimarer Republik wurden bis 1933 weitere Arbeitnehmerschutzgesetze erlassen. Hier sind insbesondere die Arbeitszeit-Verordnung von 1918 (acht Stunden Tag, 48- Stunden Woche), das Schwerbeschädigtengesetz von 1923, das Hausarbeitsgesetz von 1923 sowie das Mutterschutzgesetz aus dem Jahre 1927 zu nennen.

---

455 *Umlauf*, Die deutsche Arbeiterschutzgesetzgebung 1880 - 1890, S. 69.
456 *Umlauf*, a.a.O., S. 47.

Neben diesen einzelnen Arbeitnehmerschutzgesetzen kam es infolge der neuen politischen Realitäten, des Eindringens des Rätegedankens sowie den Erfordernissen der Demobilmachung zu einer umfassenden Umgestaltung des deutschen Arbeitsrechts[457], bzw. zu einer Einbeziehung neuer Rechtsgebiete in das Arbeitsrecht (Arbeitsverfassung, Tarifrecht, Arbeitsvermittlung, Erwerbslosenfürsorge).

Infolge der Rezession ab dem Jahr 1923 erfolgte allerdings ein vorübergehender Abbau der Schutzgesetze aufgrund der Ermächtigungsgesetze vom 13. Oktober und 8. Dezember 1923 (Ausnahmen vom Acht-Stunden-Tag, Abschwächung der Kündigungsbeschränkungen etc.).

Teilweise wurden diese Eingriffe rückgängig gemacht (Arbeitszeitnotgesetz vom 14. April 1927), jedoch bleibt auffällig, daß das Ausmaß arbeitsrechtlicher Schutzgesetze eminent von der jeweiligen wirtschaftlichen Situation und dem darauf ausgerichteten staatlichen Handeln abhängig war.

Von besonderer Relevanz ist die oben bereits erwähnte Möglichkeit des Staates mittels der Rechtsfigur der Verbindlichkeitserklärung von Schiedssprüchen Einfluß auf die Tarifverträge zu nehmen[458].

Sollte das Schlichtungsverfahren vor der staatlichen Schlichtungsstelle nicht zu einer Annahme des Schiedsspruches durch beide Parteien führen, erklärte der Staat die von ihm getroffene Regelung gemäß § 6 Abs. 3 Schlichtungsverordnung für verbindlich.

- *Verhältnis von legislativer und koalitionärer Normsetzungskompetenz in der Weimarer Demokratie*

Der Tarifvertrag wurde also nicht nur von den Koalitionen, sondern erheblich vom Staat bei Bedarf inhaltlich gestaltet.

Bedenkt man, daß der Tarifvertrag als privatautonomer Akt auf kollektiver (höherer) Ebene die Einigung der Arbeitsvertragspartner ersetzt und somit auf einer freien Willensübereinstimmung beruht, erlangt die Ersetzung dieser autonomen Einigung durch staatliche Intervention besondere Bedeutung.

Zu dieser staatlichen Regulierungsoption trat die Möglichkeit, auf Antrag die Tarifverträge für allgemeinverbindlich zu erklären (Gesetz über die Erklärung der allgemeinen Verbindlichkeit von Tarifverträgen vom 23 Januar 1923) und so die unabdingbare Wirkung des Tarifvertrages auch auf Außenseiter auszudehnen[459].

---

457 *Kaskel*, Arbeitsrecht, S. 9.
458 Verordnung über das Schlichtungswesen vom 30.10.1923.
459 *Jakobi*, Grundlehren des Arbeitsrechts, S. 31.

Die Zeit der Weimarer Republik ist in arbeitsrechtlicher Hinsicht offensichtlich von der stärkeren Berücksichtigung des Rätegedankens, demokratischer Selbstverantwortung sowie des Hervortretens der Berufsorganisationen geprägt.

Die erstmalige Verankerung der Koalitionsfreiheit in der Verfassung sowie die Anerkennung und gesetzliche Normierung des Tarifvertrages als arbeitsrechtliches Regelungsinstrumentarium, zeigen den deutlichen Wandel hin zu sozialer Verantwortung der Koalitionen und ihre Einbindung in die Gestaltung der Arbeits- und Wirtschaftsbedingungen.

Verfassungsrechtlich bleibt jedoch zu beachten:

Im Gegensatz zur expliziten Gewährleistung der Koalitionsfreiheit in Art. 159 WRV werden die Vereinbarungen der Koalitionen lediglich anerkannt, Art. 165 Abs. 1 S. 2 WRV. Zwar ist mit Tatarin-Tarnheyden[460] davon auszugehen, daß Art. 165 Abs. 1 S. 2 WRV ein subjektiv-öffentliches Recht im Sinne eines Grundrechts die kollektive Koalitionsfreiheit und das Tarifvertragswesen verbürgt, und nicht, wie viele zeitgenössische Autoren annahmen, ein reines Gesetzgebungsprogramm, also Zukunftsrecht darstellte[461].

Die primäre Zielrichtung der Verbürgung des (nicht explizit genannten) Tarifvertragswesens in der Weimarer Reichsverfassung war jedoch die Inschutzstellung der Rechtseinrichtung Tarifvertrag an sich. Art. 165 Abs. 1S. 2 WRV normiert ein deutliches Verbot an den Staat, die staatliche Verwaltung sowie sonstige soziale Gewalten, Kampfmaßnahmen gegen tarifvertragliche Vereinbarungen zu unternehmen, wie dies in der Vergangenheit vorgekommen war[462]. Von dieser Seite aus betrachtet schützt die Verfassung bestehende Tarifverträge.

Mit dieser verfassungsrechtlichen Anerkennung als eine der rechtlichen Grundlagen der sozialen Wirtschaftsordnung ist jedoch keine explizite Aussage über den Ursprung und vor allem den Umfang der Tarifautonomie gemacht.

Zu beachten bleibt, daß aufgrund staatlicher Rechtsetzung nicht nur arbeitsrechtliche Schutzgesetze erlassen wurden und so der Tarifvertrag nicht allein zur Förderung des Arbeitnehmerschutzes bestimmt war, sondern auch mittels des Schlichtungswesens ganz massiv in Tarifvertragsinhalte eingegriffen werden konnte[463].

Die Anerkennung der Rechtsfigur des Tarifvertrages, der mit der Verordnung vom 23. Dezember 1918 seine erste detaillierte gesetzliche Regelung fand, stellt daher zunächst eine politische Grundentscheidung des nun herrschenden Systems

---

460 *Tatarin-Tarnheyden in Nipperdey*, Die Grundrechte III, S. 518 ff (522).
461 Statt aller : *Arndt*, Die Verfassung des deutschen Reiches, S. 408.
462 *Tatarin-Tarnheyden in Nipperdey*, Die Grundrechte III, S. 518 ff (545).
463 *Kaskel*, Arbeitsrecht, S. 11.

dar, das in Ablehnung des Konstitutionalismus die soziale Selbstverantwortung der Koalitionen neben die staatliche Sozialgesetzgebung stellte.

Die Tatsache der erstmaligen rechtlichen Fixierung der Tarifautonomie in der Weimarer Republik ist jedoch beachtenswert.

Zunächst ist den Vertretern der Integrationstheorie sicherlich zuzugeben, daß der rechtlichen Anerkennung des Tarifwesens eine längere Zeit praktizierter kollektiver Einigung ohne rechtliche Verankerung vorausging. Von dieser Seite betrachtet könnte eine vorrechtliche, bzw. „naturrechtliche "Existenz der Tarifautonomie dafür sprechen, daß die Koalitionen gleichberechtigte Normgeber neben dem Gesetzgeber sind und ihre Kompetenz nicht von diesem ableiten.

Jedoch ist zu beachten, daß die den Tarifvertrag als relevantes arbeitsrechtliches Regelungsinstrumentarium auszeichnenden Eigenschaften der unmittelbaren und zwingenden Wirkung erst mit gesetzlicher Normierung eintraten. Bis zu diesem Zeitpunkt waren Tarifverträge nichts wesentlich anderes als privatrechtliche Vereinbarungen, deren Geltung einzelarbeitsvertraglich erst übernommen werden mußte. Dies legt den Schluß nahe, daß zwar die Möglichkeit des Abschlusses von Tarifverträgen bereits im sogenannten vorrechtlichen Bereich bestand, daß aber die die Wirkung des Tarifvertrages ausmachende rechtliche Qualität erst mit der rechtlichen Normierung durch den Gesetzgeber entstand.

Betrachtet man also diese notwendige Differenzierung zwischen Existenz und Qualität der Tarifautonomie[464] wird die Streitursache der beiden Theorien offenbart:

Während die Integrationstheorie ganz auf die faktische Existenz der Tarifvertragsmacht abstellt, rekurriert die Delegationstheorie auf die Qualität dieser Macht als existente tarifliche Autonomie.

Nun sprechen drei Hauptgründe gegen ein Anknüpfen an die faktische Existenz der Tarifmacht:

1. Grundsätzlich ist das Recht immer die juristische Abbildung tatsächlicher Lebensvorgänge und Realitäten. So gab es z.B. auch etwa vor der Normierung der Ehe tatsächliche Lebensgemeinschaften, gleiches gilt für zivilrechtliche Vertragsschlüsse.

   Die rechtliche Fixierung und die damit einhergehende Gestaltung der Lebensvorgänge sind jedoch unmittelbare Voraussetzung für ein funktionstüchtiges Rechtssystem, in dem die Freiheit des einzelnen durch die Freiheit der anderen begrenzt wird. Die begrenzende Freiheit manifestiert sich auch gerade in ihrem gesellschaftlichen Zusammenschluß als Staatswesen. Diese Interdependenzen zwischen Einzelnem und Gesellschaft sozialverträglich zu regeln, ist Aufgabe der Rechtsordnung.

---

464 Vgl. *Hinz*, Tarifhoheit und Verfassungsrecht, S. 151, Fn. 19.

Entscheidend für die Reichweite und die Auswirkung von Rechten ist daher zunächst die rechtlich zugewiesene Wirkung.

Dies gilt auch für den Tarifvertrag, der seine über die rein private Vereinbarung hinausgehende Qualität erst mit der gesetzlichen Zuweisung der zwingenden Wirkung erlangte. Meines Erachtens ist es daher zutreffend, bei der rechtlichen Beurteilung der Herkunft der Tarifautonomie auch auf die erste rechtliche Manifestation der Tarifautonomie abzustellen.

Diese erfolgt mit der Verordnung vom 23. Dezember 1918, in seiner Bedeutung als gesetzgeberischer Akt konstitutiver Art für die Tarifautonomie.

2. Desweiteren spricht für die Delegationstheorie die Tatsache, daß die verfassungsrechtliche Absicherung des Tarifvertrages der einfach- gesetzlichen Gestaltung zeitlich nachfolgt. Es ist daher naheliegend anzunehmen, daß die verfassungsrechtliche Verbürgung neben den politischen Gründen primär die einfach-gesetzliche Normierung abzusichern gedacht war.

   Daß die hier grundlegend getroffene Entscheidung zugunsten der Tarifautonomie im Laufe der Jahre auch über die einfach-gesetzliche Regelung hinaus Rechte verbürgte (wie etwa das Streikrecht), kann kein Argument sein, daß Art.165 Abs. 1 S. 2 WRV bei seiner Aufnahme in die Weimarer Reichsverfassung diese Wirkung nicht beabsichtigte, sondern vielmehr die konkrete rechtliche Entscheidung in der Verordnung sowie eine politische Entscheidung zu berücksichtigen gedacht war.

3. Diese Auffassung findet ihre Bestätigung in der Einschränkbarkeit der Tarifautonomie in Form des Schlichtungswesens.

   Die Möglichkeit eines solchen Eingriffs durch den Staat legt die Vermutung nahe, daß die verfassungsrechtliche Absicherung das Tarifvertragswesen an sich betrifft und nicht die generelle Verbürgung umfassender Autonomie bedeutet.

   In diesem Zusammenhang ist auch zu beachten, daß die arbeitsrechtliche Schutzgesetzgebung im weiten Feld durch den Staat wahrgenommen wurde. Auch dies ist ein Anzeichen dafür, daß die Tarifautonomie nicht vorkonstitutionelle Rechtsetzungsmacht darstellt,sondern durch den einfachen Gesetzgeber normiert wurde.

   Die Aufnahme in Art. 165 Abs. 1 S. 2 WRV stellt nicht die Quelle der Tarifautonomie dar, da sich die tatsächlichen und rechtlichen Eingriffsmöglichkeiten ansonsten nicht erklären ließen.

Generell bleibt festzuhalten, daß die Entwicklungen und gesetzlichen Normierungen in der Weimarer Republik für eine Delegation staatlicher Befugnisse auf die Tarifvertragsparteien sprechen.

Dies gilt insbesondere auch entgegen dem Vorwurf, der Staat könne nur das delegieren, was ihm an Kompetenzen jemals zugestanden habe[465].

Auf der Grundlage der geschichtlichen Untersuchung hat sich gezeigt, daß der Staat im Kaiserreich vor allem, aber auch in der Weimarer Republik primär zuständiger Normgeber war, der trotz tariflicher Regelungen im Bereich der Arbeits- und Wirtschaftsbedingungen legislativ tätig werden konnte.

(cc). Zeit des Nationalsozialismus 1933 - 1945

Wie oben bereits erläutert, zeichnet sich die arbeitsrechtliche Normierung dieser Zeit durch umfassenden staatlichen Dirigismus aus.

Infolge der die Demokratie verneinenden und Grundrechte mißachtenden Staatsform des Totalitarismus verbietet sich die Anwendung des damals bestehenden Tarifautonomieverständnisses.

Die Gestaltung des Arbeitslebens in der damaligen Zeit läßt daher keine Rückschlüsse auf die heutige Herleitung der Tarifautonomie zu.

bb. Delegation der Tarifautonomie und Verankerung der Normsetzungsbefugnis im Tarifvertragsgesetz

Die Argumentation auf der Basis der historischen Bedeutung der Tarifvertragsparteien kann die Begründung einer unmittelbar verfassungsrechtlichen Verbürgung der Tarifautonomie nicht tragen. Die Stellung der Tarifvertragsparteien war in der Geschichte zu schwach, um eine dem Gesetzgeber entsprechende Stellung annehmen zu können, die das Grundgesetz manifestiert. Denn selbst in der Weimarer Zeit, die den Tarifvertragsparteien den umfassendsten Handlungsspielraum eröffnete, bestanden umfassende gesetzgeberische Kontroll- und Eingriffsrechte. Eine dem Gesetzgeber gleichgeordnete Position bei der Regelung der Arbeitsbedingungen konnte nicht einmal hier festgestellt werden. Während des Kaiserreiches war die Stellung der Tarifvertragsparteien noch weitaus eingeschränkter und eine dem Gesetzgeber gleichgestellte Position zu keiner Zeit und von keiner der beteiligten Seiten angenommen.

Damit ist belegt, daß eine von der Verfassung normierte Gleichstellung der Koalitionen und Gesetzgeber durch Normierung einer Rangidentität der Kompetenzzuweisung sich nicht aus den historischen Gegebenheiten heraus begründen läßt. Die geschichtliche Entwicklung zeigt vielmehr auf, daß frühere Verfassungen von einer Delegation der Tarifautonomie durch den unmittelbar durch die Verfassung legitimierten Gesetzgeber ausgingen.

---

465 *Biedenkopf*, Grenzen der Tarifautonomie, S. 104.

Dieser historisch geprägten Bestimmung der Tarifautonomie entspricht das Grundgesetz in Art. 9 Abs. 3 GG, in dem es keine originär-staatlicher Befugnisse durch die Verfassung unmittelbar auf die Tarifvertragsparteien überträgt:

Die explizite Verbürgung dieses Grundrechts normiert zuvorderst[466] das Recht des Einzelnen zum Zusammenschluß in Koalitionen.

Alle weiteren darüber hinausgehenden Verbürgungen stellen abgeleitete, quasi auxiliäre leistungsrechtliche Dimensionen dar, derer das Primärrecht zur vollständigen Realisierung bedarf[467].

Das bedeutet, daß der funktionelle Bereich der koalitionären Betätigung keine feststehende Größe ist, sondern mittels legislativer Regelungen fixiert und gestaltet werden muß[468]. Diese notwendige Konkretisierung wurde durch die Gestaltung der Reichweite und Wirkungskraft der Tarifautonomie im Tarifvertragsgesetz realisiert. Daß diese Gestaltung eine gesetzliche Regelung des einfachen Gesetzgebers darstellt, offenbart die offensichtliche Abhängigkeit der Rechtsetzungsmacht der Tarifvertragsparteien von eben diesem Gesetzgeber[469].

Hätte Art. 9 Abs. 3 GG bereits die Verbürgung der Normsetzungsbefugnis der Koalitionen beabsichtigt, wäre es nicht als "lex imperfecta“[470] ausgestaltet worden, das auf die weitere Gestaltung durch den Gesetzgeber angewiesen ist, um der Autonomie zu Rechtswirkung zu verhelfen.

Jedoch begründet die Derogation der Rechtsetzungsmacht vom staatlichen Gesetzgeber keine derartige Abhängigkeit der Koalitionen, daß der Vorwurf berechtigt wäre, die Tarifautonomie „ginge an staatlichen Krücken einher“[471].

Die Ableitung der über die privatrechtliche Vertragsschlußbefugnis hinausgehenden Rechtsmacht von der einfach-gesetzlichen Ebene begründet kein jederzeitiges Rücknahmerecht der Ermächtigungsgrundlage durch den Gesetzgeber[472].

---

466 Siehe oben die Ausführungen zur Ableitung der kollektiven Verbürgungen von den Individualverbürgungen des Art. 9 Abs. 3 GG, S.119

467 *Sachs-Höfling*, Art.9, RNr. 6

468 *E.R.Huber*, Wirtschaftsverwaltungsrecht Band II, S. 444.

469 Die Bedeutung des TVG als Ausdruck der Derogation vom einfachen Gesetzgeber bejahen insbesondere;
Peters/Ossenbühl, Die Übertragung von öffentlich-rechtlichen Befugnissen auf die Sozialpartner unter besonderer Berücksichtigung des Arbeitszeitschutzes, S. 15f;
Säcker, Gruppenautonomie und Übermachtkontrolle im Arbeitsrecht, S. 267;
Scheuner in: Weber/Scheuner/Dietz, Koalitionsfreiheit, S. 27.

470 *Peters-Ossenbühl*, Die Übertragung von öffentlich-rechtlichen Befugnissen auf die Sozialpartner, S. 14.

471 *Herschel*, Zur Rechtsnatur der Allgemeinverbindlicherklärung von Tarifverträgen, in: FS für Bogs, S. 125 ff (131).

472 *Säcker*, Gruppenautonomie und Übermachtkontrolle, S. 268.

Wenn, wie das Bundesverfassungsgericht bereits frühzeitig festgestellt hat[473], den Gesetzgeber aufgrund von Art. 9 Abs. 3 GG die Verpflichtung trifft, den Tarifvertragsparteien ein funktionsfähiges Tarifvertragssystem zur Verfügung zu stellen, dann kann auch die Begrenzung der hieraus folgenden Rechtsmacht nur anhand des Art. 9 Abs. 3 GG, das heißt anhand der verfassungsrechtlichen Vorgaben zum Umfang des Schutzes der Tarifautonomie orientiert erfolgen.

Allerdings kann die Normsetzungsbefugnis der Koalitionen nicht in dem Maß den Schutz des Art. 9 Abs. 3 GG beanspruchen, wie dies für die privatrechtliche Autonomie gilt. Denn während die Abschlußfreiheit der Koalitionen die unmittelbarste und relevanteste Betätigungsform der Koalitionen darstellt, ist die rechtliche Normqualität der Tarifverträge kein unbedingt zur Wahrung der Koalitionsfreiheit notwendiges Element. Dies bestätigt das BVerfG, wenn es ausführt, daß nicht das Tarifvertragssystem in seiner derzeit bestehenden Ausgestaltung durch Art. 9 Abs. 3 GG garantiert ist[474].

Diese rechtstheoretische Begründung der Delegationstheorie wird unterstützt durch den Hintergrund der Entstehung des Grundgesetzes und der speziellen Rolle, die die Koalitionen im heutigen Staatsgefüge einnehmen.

aaa. Situation bei Verabschiedung des Grundgesetzes

Das Grundgesetz entstand unter dem tief erschütternden Eindruck einer zwölfjährigen Gewaltherrschaft, die jede Form der privaten Initiative untersagte, wenn nicht gar bestrafte und die Verbände als Allianz der Einzelnen zur Kräftebegrenzung des Staates auflöste und ihre Mitglieder verfolgte.

Daher mußte es dem Parlamentarischen Rat darum gehen, die Koalitionen vor Geschehnissen zu schützen, die ihnen durch die Sozialistengesetze im Kaiserreich und den Totalitarismus des dritten Reiches widerfahren waren. Der Schutz erfolgte jedoch in Art. 9 Abs. 3 GG nicht durch eine Verbürgung der Institution an sich sowie ihrer Rechte, sondern wird mittelbar durch den Schutz des Einzelnen bei der Betätigung in Koalitionen bewirkt[475].

Diese Form der am Individuum ausgerichteten Grundrechtsverbürgung entspricht der privatautonomen Gesamtgestaltung des Grundgesetzes[476]. Danach soll der Einzelne gemäß Art. 2 GG in der Lage sein, sein Leben weitestgehend frei von staatlichem Zwang und unter Zuhilfenahme demokratischer Mittel zu gestalten. Dazu gehört auch die Freiheit, auf die das Leben des Einzelnen besonders

---

473 BVerfGE 4, S. 96 ff (106).

474 BVerfGE 20, S. 312 ff (317).

475 Der Schutz der individuellen Koalitionsfreiheit stand eindeutig im Vordergrund der Beratungen, vgl.JöR 1, S. 119 f, 122 ff.

476 *Maunz/Dürig/Herzog/Scholz- Herzog*, Art. 2 RNr. 2 ff.

determinierende Arbeitsbedingungen Einfluß zu nehmen. Dies ist -wie oben erläutert- effizient nur möglich, wenn die Interessen des Einzelnen durch eine stärkere und organisierte Allianz Gleichgesinnter, der Koalitionen, wahrgenommen werden.

Art. 9 Abs. 3 GG sichert dem Einzelnen diese Möglichkeiten, indem er die Betätigungen der Koalitionen ebenfalls seinem Schutzbereich unterstellt. Dies gilt insbesondere für die Vertragsfreiheit bzgl. kollektivrechtlicher Vereinbarungen als primärer Handlungsform der Koalitionen[477]. Die aus der geschichtlichen Erfahrung resultierenden Anforderungen an die Verbürgung der Koalitionsfreiheit hat der Parlamentarische Rat damit in einem bis dato nicht bekannten Umfang realisiert.

Eine Absicht, auch die Normsetzungskompetenz der Koalitionen in Art. 9 Abs. 3 GG aufzunehmen, kann dem Parlamentarischen Rat jedoch nicht unterstellt werden.

Dies zeigt der Grund der Zurückhaltung des Parlamentarischen Rates bei der Fixierung der kollektiven Rechte[478]: Im Bereich der individuellen Koalitionsfreiheit konnte der Verfassungsgeber auf eine in der Weimarer Republik gefestigte Tradition zurück blicken; dies galt indes nicht für die kollektive Koalitionsfreiheit[479]. Diese war in der Weimarer Zeit nicht derartig exakt konturiert worden, als das der Verfassungsgeber eine definitive kollektivrechtliche Verbürgung hätte normieren können. Er beließ es daher bei einer unvollständigen Definition des von Art. 9 Abs. 3 GG erfaßten Schutzes der Kollektivrechte, die der näheren Gestaltung des Gesetzgebers zu ihrer Wirksamkeit bedurften.

bbb. Rollenverständnis der Koalitionen als Teil der Gesellschaft

Dies folgt insbesondere aus der Rolle der Koalitionen in der heutigen Verfassungswirklichkeit.

Die Koalitionen sind als privatrechtliche Vereinigungen ein Teil der Gesellschaft[480]. Sie nehmen heute die wichtige Position einer „pouvoir intermédiaires" ein, das heißt sie stellen zwar aufgrund ihrer gesellschaftlichen Macht eine relevante gesellschaftliche Kraft dar, sie sind aber weder der vertikalen noch der horizontalen staatlichen Gewalt zuzuordnen. Sie sind - wie unten noch weiter auszuführen sein wird - ein wichtiges Bindeglied zwischen Gesellschaft und Staat, um den Willen der in ihnen organisierten Mitglieder zu sammeln und zu artikulieren.

---

477 *Farthmann/Coen*, HbdVfR § 19, S. 851 ff (863).

478 Vgl. Jahrbuch des öffentlichen Rechtes der Gegenwart, Neue Folge Band I, S. 118 ff.

479 *Scholz*, Koalitionsfreiheit als Verfassungsproblem, S. 37.

480 *Grimm*, HbdVfR § 15, S. 657 ff (657).

Die ihnen obliegende Rechtsetzungsmacht kann die Herauslösung aus dieser Zuordnung zur Gesellschaft[481] dagegen nicht begründen:

Die Unterschiede zur staatlichen Gewalt, wie etwa der Bindung an besondere materielle und formelle Handlungsvoraussetzungen, der demokratischen Legitimation sowie der Ableitung der Rechtsetzungsmacht aus der Staatsqualität, deren Voraussetzung die Existenz von Staatsvolk, Staatsgewalt und Staatsgebiet ist[482], sind zu gravierend.

Auch ergibt sich bei einer Zweckkontrolle, daß nicht davon auszugehen ist, daß die Väter des Grundgesetzes die Reichweite der Privatautonomie derart weit gefaßt sehen wollten, daß die Normsetzungsbefugnis im Bereich des Arbeitsrechts als elementar wichtigem Regelungskreis den Koalitionen von der Verfassung direkt verliehen und damit dem Zugriff des Gesetzgebers nahezu gänzlich entzogen werden sollte.

Die einfach-gesetzliche Absicherung der Normsetzungsbefugnis entspricht daher auch der Bedeutung und Rolle der Koalitionen in der demokratischen Staatsform.

ccc. Delegation der Tarifautonomie

Somit bleibt festzustellen, daß die Tarifautonomie in Form der zwingenden Rechtsetzungsmacht auf einer einfach-gesetzlichen Delegation beruht.

Dies ergibt sich unter der Geltung des Grundgesetzes aus seiner Ziel- und Zwecksetzung, aus dem Inhalt seiner rechtlichen Verbürgung in Art. 9 Abs. 3 GG sowie aus der Rolle der Koalitionen im Gesellschaftsaufbau der Bundesrepublik Deutschland.

In der Konsequenz bedeutet dieses Ergebnis für die Frage nach der Normsetzungsprärogative der Tarifvertragsparteien, daß Gesetzgeber und Tarifvertragsparteien bezüglich ihrer Kompetenzquellen nicht auf der gleichen Rangstufe anzusiedeln sind.

---

481 Zwar ist *Hesse*, Grundzüge des Verfassungsrechts, § 1, RNr. 11 zuzustimmen, daß ein strenger, aus dem vordemokratisch liberalen Verständnis folgender Dualismus von Staat und Gesellschaft heute nicht mehr besteht. Dies folgt schon allein aus der Durchdringung der Politik durch die einzelnen Verbände und Interessenzusammenschlüsse sowie aus der tatsächlichen Regelung der gesellschaftlichen Bereiche durch den Staat. Allerdings besteht trotz des Wegfalls dieser Antinomie ein derart gravierender funktioneller Unterschied in der Bedeutung und Aufgabenverteilung von Staat und Gesellschaft, daß es gerechtfertigt ist, die Begriffe zur Aufgaben- und Rollendifferenzierung weiterhin beizubehalten.

482 *Degenhard*, Staatsrecht I, RNr. 6; *Maunz/Zippelius*, Staatsrecht, §§ 3,4.

Allein aus diesem Grund scheint die Annahme einer Normsetzungsprärogative der Koalitionen problematisch.

Zwar läßt die Feststellung einer divergierenden Quelle der bestehenden Rechtsetzungsmacht noch keinen endgültigen Schluß zu. Ein solcher ist vielmehr erst dann möglich, wenn der Umfang des Schutzbereiches der Tarifautonomie geklärt ist, da nur so eine umfassende Berücksichtigung des besonderen Verhältnisses von Koalitionen und Gesetzgeber möglich ist.

Allerdings stellt die höherrangige Legitimierung ein relevantes Indiz bei der Grenzziehung des Schutzbereiches der Koalitionsfreiheit im Hinblick auf die Tarifautonomie dar.

4. Ergebnis: Keine Schutzbereichsbestimmung mittels des Ursprungs der Tarifautonomie; Delegation als Indiz gegen die Normsetzungsprärogative

Auch wenn feststeht, daß die Rechtsetzungsbefugnis der Koalitionen nicht auf einer Ebene mit der des staatlichen Gesetzgebers anzusiedeln ist, kann sich eine Normsetzungsprärogative dennoch aus der Reichweite des Schutzbereiches von Art. 9 Abs. 3 GG ergeben.

Der Umfang der Normsetzungskompetenz muß daher anhand einer Analyse des Inhalts und der Reichweite des Schutzbereiches in Art. 9 Abs. 3 festgestellt werden.

Die rechtliche Qualifizierung des Schutzbereichsinhaltes des Art. 9 Abs. 3 GG gehört bis heute den ungeklärten Problemen des kollektiven Arbeitsrechts[483].

Grund der fehlenden Definition ist hierbei meines Erachtens die Interdependenz rechtlichen und faktischen Wandels: Die grundsätzliche rechtliche Überzeugung, daß eine Definition des Schutzbereiches nicht nur den rechtlichen status quo sichern, sondern gleichzeitig auch für die Zukunft zementieren würde und so die den Tarifvertragsparteien zugedachte Aufgabe der Gestaltung des Arbeitslebens nicht zeitgerecht erfüllt werden könnte, produziert natürlich Handlungsoptionen für die Koalitionen, die wahrgenommen werden und sich über die ursprünglichen Betätigungen hinaus erweitern, so daß eine Schutzbereichsfestschreibung erschwert wird.

Durch die fehlende Schutzbereichsfixierung wird eine tatsächliche Entwicklung gefördert, die wiederum eine Schutzbereichsdefinition erschwert.

---

483 *Meik*, Der Kernbereich der Tarifautonomie, S. 42 ff.

3. Kapitel: Bestimmung des Konkurrenzverhältnisses von Gesetz und Tarifvertrag anhand der Rechtsprechung des Bundesverfassungsgerichts zu Art. 9 Abs. 3 GG

Die so zum Ausdruck kommende Schwierigkeit der Schutzbereichsdefinition versuchte vor allem das Bundesverfassungsgericht mittels der sogenannten Kernbereichstheorie zu begegnen[484]. Im Rahmen der hier vorliegenden Fragestellung nach dem Verhältnis der Kompetenzen könnte sich anhand dieser Kernbereichstheorie die Reichweite des in Art. 9 Abs. 3 GG verbürgten Schutzes und damit auch der Umfang der Normsetzungskompetenz der Kaolitionen ergeben.

Das Problem dieser Kernbereichstheorie liegt jedoch ebenfalls in der oben aufgezeigten Schwierigkeit: Auch das Bundesverfassungsgericht scheute vor einer Fixierung des Schutzbereiches zurück, um die sich gerade durch den sozialen und wirtschaftlichen Wandel verändernden Aufgaben und Betätigungsformen der Koalitionen nicht unmöglich zu machen[485].

So stellt sich die Kernbereichstheorie nicht als geschlossenes Theorem dar, sondern läßt aufgrund der unklaren und sich nicht deutlich trennen zu lassenden Abgrenzungen (Unerläßlichkeitsprinzip, koalitionsspezifische Tätigkeit) eine exakte Eingrenzung des Schutzbereiches vermissen.

Dies hat in der Vergangenheit häufig zu Kritik an der Kernbereichstheorie geführt[486].

I. Kernbereichstheorie

Der Begriff des von Art. 9 Abs. 3 GG geschützten Kernbereiches wurde vom Bundesverfassungsgericht erstmals in der Entscheidung vom 18. November 1954

---

484 Ab BVerfGE 4, S. 96 ff (106).

485 BVerfGE 50, S. 290 ff (268); BVerfGE 58, S. 233 ff (247).

486 *Hanau*, Die neue Rechtsprechung zur gewerkschaftlichen Betätigung im Betrieb, ARdGW Bd 17, S. 37 ff (49);
Herschel, Kernbereichslehre und Kodifikationsprinzip in der Tarifautonomie, AuR 1981, S. 265 ff (268);
Zechlin, Beeinträchtigungen der Koalitionsfreiheit durch Subventionsauflagen, NJW 1985, S. 585 ff (591);
Gröbing, Das Koalitionsrecht der Arbeitnehmer in der Krise, AuR 1986, S. 297 ff (298ff);
Lübbe-Wolff,Zur verfassungsrechtlichen Interpretation des §823,DB-Beilage 9/1988,S.2 ff (3).

in dem Sinne geprägt, daß ein Tarifvertragssystem staatlicherseits zur Verfügung zu stellen sei[487].

Auf dieser Aussage gründend, die zwar assoziative Überlegungen zum Schutzbereich des Art. 9 Abs. 3 GG zuließ[488], jedoch keinen wirklichen Definitionsansatz, geschweige denn eine tatsächliche Inhaltsbeschreibung ermöglichte, griffen die weiteren Urteilsbegründungen des Bundesverfassungsgerichtes bei einer Art. 9 Abs. 3 GG - Betroffenheit diesen Kernbereichsgedanken auf, ohne jedoch die nächsten 41 Jahre seinen Inhalt darzulegen und eine widerspruchsfreie und eindeutig aufzufassende Theorie im eigentlichen Sinn zu begründen[489].

Die Widersprüchlichkeit der Kernbereichstheorie basiert größtenteils auf der Tatsache, daß nicht näher erläuterte Begrifflichkeiten eingeführt wurden, die entweder keine, bzw. mißverständliche Erklärungen erfuhren oder nur teilweise in den Entscheidungen Erwähnung fanden.

Grundsätzlich lassen sich die Bundesverfassungsgerichtsentscheidungen zur Schutzbereichsbestimmung des Art. 9 Abs. 3 GG in zwei Kategorien aufteilen:

Die Entscheidungen, die den Schutzbereich anhand der Kernbereichsformel darstellen[490] und die Entscheidungen, die bei der Definition auf die Kernbereichstheorie verzichten[491].

Beide Erklärungsversuche gehen hierbei jedoch nicht von jeweils einheitlichen Bestimmungskriterien aus, so daß eine Vielzahl divergierender Ansätze zur Inhaltsbeschreibung des Art. 9 Abs. 3 GG auftreten.

Bevor auf diese Unterschiede eingegangen wird, um in einer synoptischen Analyse den Inhalt der Kernbereichsformel sowie den Inhalt des Art. 9 Abs. 3 Schutzbereiches zu erfahren, bleibt zu bemerken, daß bei der vom Bundesverfassungsgericht gewählten Bestimmung des Schutzbereiches zu Beginn der Rechtsprechung in den 50er Jahren[492] und dann erst wieder in der Entscheidung Band 94, S. 268 ff (283) auf die Kernbereichsformel zugunsten materieller Kriterien verzichtet wurde.

Aus diesem Grund ergibt es für die folgende Analyse wenig Sinn, eine historische Betrachtung der Bundesverfassungsrechtsprechung vorzunehmen. Viel-

---

487 BVerfGE 4, S. 96 ff (106).

488 *Herschel*, Kernbereichaslehre und Kodifikationsprinzip in der Tarifautonomie, AuR 1981, S. 265 ff (266).

489 Vgl.BVerfGE 93, S. 352 ff (358); BVerfGE 94, S. 268 ff (282 f).

490 BVerfGE 19, S. 312 ff; BVerfGE 20, S. 317 ff; BVerfGE 28, S. 304 ff; BVerfGE 38, S. 393ff;
BverfGE 50, S. 368 ff; BVerfGE 57, S. 246 ff; BVerfGE 58, S. 246 ff; BVerfGE 84,S.224 ff; BVerfGE 93, S. 358 ff.

491 BVerfGE 17, S. 333 ff; BVerfGE 18, S. 18 ff; BVerfGE 94, S. 283.

492 BVerfGE 17, S. 333 ff; BVerfGE 18, S. 18 ff.

mehr erscheint es angebracht, die jeweiligen Ansätze zusammenzufassen und die Divergenzen innerhalb der jeweiligen Gruppe sowie zwischen den Gruppen selbst darzustellen.

1. *Bundesverfassungsgerichtsentscheidungen, die den Schutzbereich des Art. 9 Abs. 3 GG mittels der Kernbereichsgarantie bestimmen*

Die so viel zitierte und bemühte sogenannte Kernbereichstheorie geht auf die Entscheidung 4, S. 96 ff (106) zurück.

a. *Bundesverfassungsgerichtsentscheidung Band 4, S. 96 ff*

In dieser Entscheidung folgert das Bundesverfassungsgericht aus dem historisch gewachsenen Verständnis der von Art. 9 Abs. 3 GG garantierten Koalitionsfreiheit in Form des Abschlusses geschützter Tarifverträge, daß "... im Grundrecht des Art. 9 Abs. 3 GG ein verfassungsrechtlich geschützter Kernbereich auch in der Richtung liegen (muß), daß ein Tarifvertragssystem im Sinne des modernen Arbeitsrechts staatlicherseits überhaupt bereitzustellen ist..."[493].

Nicht deutlich wird, aus welchem Grund das Bundesverfassungsgericht auf einen solchen Kernbereich abstellt: Greift es doch im weiteren Verlauf der Argumentation auf die geschichtliche Entwicklung des Koalitionswesens zurück[494]. Auch wird weder eine Definition des behaupteten Kernbereiches geboten, noch wird dieser allgemein für Art. 9 Abs. 3 GG abgeleitet, sondern vielmehr allein für die Bereitstellung eines modernen Tarifvertragssystems herangezogen.

Aufgrund der fehlenden Ableitung und Grenzziehung kann diese Entscheidung keine Aussage über die tatsächliche Existenz und die Reichweite des Kernbereiches zulassen

Allerdings ist an dieser Entscheidung bemerkenswert, daß es offensichtlich den Grundrechtsschutz des Art. 9 Abs. 3 GG nicht allein in dem Kernbereich für gegeben hält, sondern diesen nur als Teil des Gesamtschutzbereiches begreift[495].

b. *Bundesverfassungsgerichtsentscheidung Band 19, S. 312 ff*

Die Entscheidung im 19. Band, S. 312 ff knüpft, nachdem in den kurz zuvor ergangenen Entscheidungen 17, S. 319 ff und 18, S. 18 ff keine Schutzbereichsdar-

493 BVerfGE 4, S. 96 ff (106).
494 a.a.O., S. 106 f.
495 a.a.O., S. 110.

stellung mittels der Kernbereichstheorie vorgenommen wurde, an die Kernbereichsformel der Entscheidung in Band 4, S. 96 ff (106) an:

Demnach schützt Art. 9 Abs. 3 GG „ auch bei der Personalvertretung nur einen Kernbereich der Koalitionsbetätigung“[496].

Nicht ganz deutlich wird hier, ob es sich bei diesem Kernbereich um eine Schutzbereichsdefinition oder vielmehr um die Definition der verfassungsmäßigen Rechtfertigungsanforderungen handelt („Dieser Kernbereich wird angetastet,..., wenn... Schranken gezogen werden, die nicht von der Sache selbst gefordert werden, die also nicht geboten sind, um Sinn und Zweck freier Personalratswahlen ... zu gewährleisten.“). Diese Textstelle legt die zweite Auslegung nahe. Zudem stellt die bereits auf Seite 312 vorgenommene Schutzbereichsbestimmung allein darauf ab, daß Art. 9 Abs. 3 GG die spezifisch koaltitionsgemäße Betätigung schützt, um die in Art. 9 Abs. 3 GG normierten Zwecke zu verfolgen. Das Unterfallen der untersuchten Tätigkeit unter den Schutzbereich wird durch eine historische Untersuchung der Betätigung der Koalitionen im Bereich der Personalvertretung ermittelt[497].

Auch in dieser Entscheidung präzisiert das Bundesverfassungsgericht nicht hinreichend deutlich, daß es sich bei dem Kernbereich um die sensibelste Zone des Art. 9 Abs. 3 GG handelt, wenn es ausführt, „Das Ermessen des Gesetzgebers... findet seine Grenze darin, daß die freie Entwicklung der Koalitionen... nicht... in ihrem Kern angetastet werden darf.“.

Es fragt sich, ob das Bundesverfassungsgericht hier den Kernbereich als spezielle Anforderung an die verfassungsmäßige Rechtfertigung von staatlichen Eingriffen qualifiziert und somit nicht als Schutzbereichsteil, sondern Element der Schranken-Schranke[498].

Diese Auslegung legt die Wortwahl nahe. Stimmig könnte diese Aussage jedoch dann sein, wenn damit Bezug genommen würde auf die Anforderungen an staatliche Eingriffe, die stets im „ Lichte des betroffenen Grundrechts auszulegen sind“.

Hatte somit diese Bundesverfassungsgerichtsentscheidung mehr Fragen in den Raum gestellt, als beantwortete, weisen die folgenden Entscheidungen keine explizit deutlicheren Aussagen über Herkunft und Inhalt des sogenannten Kernbereichs auf.

---

496 BverfGE 19, S. 303 ff (321).
497 a.a.O., S. 314 - 319.
498 *Scholz*, HBdStR Band VI, § 151, RNr. 77, S. 1158.

c. *Bundesverfassungsgerichtsentscheidung Band 20, S. 312 ff*

Die Entscheidung 20, S. 312 ff (317) bestätigt die in der Entscheidung 4, S. 96 ff (106) aufgestellte Kernbereichslehre: „ Art. 9 Abs. 3 GG gewährleistet mit der Koalitionsfreiheit auch die sogenannte Tarifautonomie und damit den Kernbereich eines Tarifvertragssystems, weil sonst die Koalitionen ihre Funktion, ..., nicht sinnvoll erfüllen könnten."

Wiederum nicht deutlich wird, warum die Existenz eines Kernbereiches für die Koalitionsfreiheit von solcher Bedeutung ist, zumal aus dem Bestehen des Kernbereiches keine Voraussetzungen aufgestellt werden, die erfüllt sein müssen, sollen Tätigkeiten oder sonstiges diesem Kernbereich unterfallen. Weder Inhalt und Grenzen werden festgelegt, noch das Verhältnis zum sonstigen Schutzbereich bestimmt, noch werden Konsequenzen für das Umgehen mit Eingriffen in den Kernbereich gezogen.

Zwar könnte ein Definitionsversuch in der Erklärung liegen, daß die Koalitionsfreiheit nur dann sinnvoll ist, „...wenn die Rechtsordnung den Koalitionen... die Möglichkeit gibt, diesen Zweck durch spezielle koalitionsgemäße Betätigung, ... zu verwirklichen". Jedoch stellt sich hier die Frage, ob Art. 9 Abs. 3 GG als „Rechtsordnung" in diesem Sinne diese koalitionsspezifische Betätigungen schützt oder ob nicht vielmehr die Rechtsordnung „an sich", das heißt die Legislativakte für die Sicherung des koalitionsspezifischen Verhaltens Sorge zu tragen hat.

Dieser Schluß liegt nahe, zudem in diesem Abschnitt des Urteils weder der Begriff des Schutzbereiches oder des Kernbereiches erwähnt werden und auch der feststehende terminus technicus „Rechtsordnung" als die Gesamtheit aller Rechtssätze einer menschlichen Gemeinschaft[499] nicht gebraucht wird.

Der Kernbereich als Teil des Art. 9 Abs. 3 GG, der wiederum als Teil der Verfassung zu sehen ist, wäre mit einem so umfassenden Begriff kaum zutreffend gekennzeichnet.

Bleibt festzustellen, daß auch die Entscheidung 20, S. 312 ff keine über die Entscheidung 4, S. 96 ff hinausgehende Darlegung der Kernbereichstheorie manifestiert.

Vielmehr zeigt sich an der Formulierung, Art. 9 Abs. 3 GG gewährleiste die Tarifautonomie, daß das Bundesverfassungsgericht von der Integrationstheorie ausgeht, während es in E 4, S. 96 ff (108) explizit vom Normsetzungsrecht des Gesetzgebers spricht, dessen er sich in diesem Bereich begebe.

Das Bundesverfassungsgericht geht damit nicht exakt mit den vom ihm selbst aufgestellten Begrifflichkeiten um.

---

499 Nach: *Tilch*, Deutsches Rechts-Lexikon, Bd. 3, S. 69.

d. Bundesverfassungsgerichtsentscheidung Band 28, S. 295 ff

Ein besonderes Beispiel bietet in diesem Bereich die weitere Entscheidung zum Kernbereich, E 28, S. 295 ff (303 ff).

In der Entscheidung 28, S. 295 ff wird zum ersten Mal der Versuch gemacht, die bis dato nicht konkretisierte Kernbereichstheorie inhaltlich zu bestimmen.

„Art. 9 Abs. 3 GG schützt ... ihr (Koalitionen, AdV) Recht, durch spezielle koalitionsgemäße Betätigung die in Art. 9 Abs. 3 GG genannten Zweck zu verfolgen."[500]

„... so müssen auch diejenigen Betätigungen verfassungsrechtlich geschützt sein, die für die Erhaltung und Sicherung der Existenz der Koalitionen unerläßlich sind."[501]

„Art. 9 Abs. 3 GG schützt nur einen Kernbereich der Koalitionsbetätigung."[502]

Aus diesen Zitaten ergibt sich folgendes:

Art. 9 Abs. 3 GG schützt alle Tätigkeiten, die im Kernbereich des Grundrechts liegen. Da Art. 9 Abs. 3 GG aber sowohl koalitionsspezifische, als auch unerläßliche Betätigungen schützt, müssen diese wohl den Inhalt des Kernbereiches ausmachen.

Demnach wäre der Kernbereich des Art. 9 Abs. 3 GG definiert als Bereich, der alle Tätigkeiten schützt, die koalitionsspezifisch und unerläßlich sind.

Damit hätte das Bundesverfassungsgericht eine Abgrenzung des Kernbereiches vom Schutzbereich des Art. 9 Abs. 3 GG vorgenommen. Fraglich ist jedoch, ob das Bundesverfassungsgericht an dieser Definition festhält:

e. Bundesverfassungsgerichtsentscheidung Band 38, S. 386 ff

Die Entscheidung 38, S. 386 ff (393) geht nicht auf den Inhalt der Kernbereichstheorie ein, sondern wiederholt lediglich, daß „Art. 9 Abs. 3 GG nur einen Kernbereich koalitionsmäßiger Betätigung" schützt.

Welche Betätigungen davon erfaßt sein sollen, ergibt sich nach dieser Entscheidung aus einer Abgrenzung anhand der historischen Entwicklung dieser Betätigung. Die Entscheidung im 38. Band stellt somit in keiner Weise auf die in der Entscheidung 28, S. 295 ff aufgestellten Kernbereichsbegrifflichkeiten wie Unerläßlichkeit und koalitionsspezifische Tätigkeit ab.

---

500 BVerfGE 28, S. 295 ff (304).
501 a.a.O..
502 a.a.O..

In Zusammenhang mit der Entscheidung 28, S. 295 ff (305) gebracht, ergibt sich hieraus, daß der Schutzbereich des Art. 9 Abs. 3 GG jede koalitionsmäßige Betätigung, der Kernbereich jedoch nur jede unerläßliche und koalitionsspezifische Tätigkeit schützt.

Gemäß der Entscheidung 28, S. 295 ff (306) sind an Eingriffe in den Kernbereich ganz besondere Anforderungen im Rahmen der verfassungsmäßigen Rechtfertigung zu stellen (Schranken, „die zum Schutz anderer Rechtsgüter von der Sache her geboten sind“[503]), so daß sich auch erklärt, aus welchem Grund die Aufteilung in Schutzbereich und Kernbereich des Art. 9 Abs. 3 GG notwendig sein solle.

Mit diesem Mittel hat das Bundesverfassungsgericht ähnlich der Drei-Stufen-Theorie des Art. 12 GG den Grundrechtsschutz für besonders sensible Grundrechtsbereiche verstärkt. Ohne daß hierfür jedoch Anhaltspunkte aus der Verfassung zu entnehmen wären, geschah dies in Form der Rechtsfortbildung, die sich wie noch zu zeigen sein wird, dem Vorwurf ausgesetzt sieht, nicht vorhersehbar und auch oft nicht nachvollziehbar zu sein.

f. Bundesverfassungsgerichtsentscheidung Band 50, S. 290 ff

Die Entscheidung 50, S. 290 ff (367f) wiederum stellt im Gegensatz zu der Entscheidung 28, S. 295 ff (304) eine Definition des Schutzbereiches auf, indem aufgezählt wird, welche Gewährleistungen Art. 9 Abs. 3 GG für die Koalitionen verbürgt („Schutz der Koalitionen als solcher und ihr Recht, durch spezifisch koalitionsmäßige Betätigung die in Art. 9 Abs. 3 GG genannten Zwecke zu verfolgen. Hierzu gehört der Abschluß von Tarifverträgen, durch die die Koalitionen insbesondere Lohn- und sonstige materielle Arbeitsbedingungen ..., in eigener Verantwortung ... regeln.“).

Hieran anschließend wird die Notwendigkeit der Grundrechtseinschränkung begründet um hieraus als Konsequenz abzuleiten, Art. 9 Abs. 3 GG schütze eben nur einen Kernbereich der Koalitionsfreiheit[504].

Damit verläßt diese Entscheidung den Boden der vorherigen Entscheidung und gibt die gefundene Kernbereichsdefinition (unerläßliche und koalitionsspezifische Tätigkeiten) wieder auf.

Im Ergebnis führt diese Entscheidung erneut dazu, den Vorwurf gegen die Kernbereichstheorie aufleben zu lassen, es mangele dieser Theorie an Klarheit und Funktionalität.

---

503 BVerfGE 28, S. 295 ff (306).
504 BVerfGE 38, S. 290 ff (368).

g. *Bundesverfassungsgerichtsentscheidung Band 57, S. 220 ff*

Im Gegensatz dazu geht die Entscheidung 57, S. 220 ff (246) im Anschluß an die Entscheidung 28, S. 295 ff (304) wieder davon aus, der Kernbereich des Art. 9 Abs. 3 GG bestünde aus den unerläßlichen[505] und koalitionsspezifischen[506] Tätigkeiten. Doch bedeutet diese Anknüpfung an die Entscheidung im 28. Band keineswegs die Begründung einer „gesicherten" Rechtsprechung zur Kernbereichstheorie, da bereits in der Entscheidung 58, S. 233 ff (246 ff) eine - fast wörtliche - Wiederholung der Ansätze aus der Entscheidung 50, S. 290 ff (367f) erfolgt.

Von einer einheitlichen Rechtsprechung und Begründung einer Theorie, die in der Lage ist, die ihr gestellten Abgrenzungsaufgaben abstrakt vorzunehmen, kann angesichts dieser Widersprüchlichkeit nicht ausgegangen werden.

Das Bemühen des Bundesverfassungsgerichtes, das in jeder Entscheidung zum Ausdruck kommt, besteht darin, die jeweiligen Koalitionstätigkeiten nicht grenzenlos zu gewähren, sondern aufgrund ihrer Berührungen mit „Belangen im Bereich der Wirtschafts- und Sozialordnung"[507], als durch den Gesetzgeber einschränkbar zu qualifizieren[508].

Nach der Darstellung dieser Entscheidungen bleibt unklar, wie sich der Schutzbereich des Art. 9 Abs. 3 GG bestimmt:

Entweder man geht mit der Entscheidung im 28. Band davon aus, daß der Kernbereich alle Tätigkeiten erfaßt, die koalitionsspezifisch und unerläßlich sind.

Oder man folgt der Entscheidung im 50. Band, die offensichtlich davon ausgeht, der Schutzbereich erfasse neben den so beschriebenen Tätigkeiten auch weitere Beschäftigungen und der Kernbereich erfasse aus dieser Gesamtheit lediglich einen Teil, so daß die Aufzählung der Tätigkeiten den Schutzbereich des Art. 9 Abs. 3 GG definiert[509].

Diese Überlegungen sind anhand der Bundesverfassungsgerichtsentscheidungen zu keinem eindeutigen Ergebnis zu bringen.

Für das hier untersuchte Problem stellt sich daher nach wie vor die Frage, ob Art. 9 Abs. 3 GG eine vom Regelungszugriff der Legislative abgegrenzte Normsetzungsprärogative verbürgt und inwieweit sich gegebenenfalls die tarifvertraglichen Regelungen gesetzlich einschränken lassen.

---

505 BVerfGE 57, S. 220 ff (247).

506 a.a.O., S. 246.

507 BVerfGE 58, S. 233 ff (247).

508 BVerfGE 50, S. 290 ff (368); BVerfGE 38, S. 386 ff (393); BVerfGE 28, S. 295 ff (306); BVerfGE 57, S. 220 ff (246).

509 BVerfGE 50, S. 290 ff (367).

h. Bundesverfassungsgerichtsentscheidung Band 93, S. 352 ff

Mit der Entscheidung 93, S. 352 ff (358) machte das Bundesverfassungsgericht den erstmaligen Versuch, die Irrtümer und Mißverständnisse, die sich im Laufe der letzten 40 Jahre gebildet haben, auszuräumen.

Zwar läßt das Bundesverfassungsgericht auch hier eine wirklich eindeutige Definition vermissen, jedoch sind seine Äußerungen wohl dahingehend zu verstehen, daß der Schutzbereich des Art. 9 Abs. 3 GG jede koalitionsmäßige Betätigung schützt, bzw. jede koalitionsspezifische Verhaltensweise[510].

Damit soll der Grundrechtsschutz über den Kernbereichsschutz hinausgehen („... verfassungsrechtlich gewährleisteter Schutz der Koalitionsfreiheit..., der sachlich über den „Kernbereich" hinausgeht."), der allerdings erneut nicht vom Schutzbereich des Art. 9 Abs. 3 GG abgegrenzt wird.

Ging bereits aus den oben genannten Entscheidungen hervor, daß koalitionsmäßige und - spezifische Tätigkeiten durchaus keine pleonastische Wortwahl darstellen, sondern vielmehr zur Abgrenzung von Schutzbereich und Kernbereich benutzt werden (Entscheidungen im 28. und 38. Band), bringt diese Entscheidung des Bundesverfassungsgerichts erneut keine Klarheit über den Schutzbereichsinhalt.

Auch wendet sich das Bundesverfassungsgericht gegen das „Mißverständnis", der Kernbereich allein sei von Art. 9 Abs. 3 GG geschützt und dieser bestehe lediglich für die Betätigungen, die für die Erhaltung und Sicherung der Koalitionen unerläßlich sind.

Allerdings unterläßt es das Bundesverfassungsgericht, hier einmal deutlich die Grenze des Kernbereiches zum Schutzbereich darzustellen. Vielmehr erläutert es einmal mehr, daß die Kernbereichsformel die Grenze darstelle, die der Gesetzgeber bei durchaus zulässiger Reglementierung im Bereich des Art. 9 Abs. 3 GG nicht überschreiten dürfe.

Überschritten wird nach Ansicht des Bundesverfassungsgerichtes diese Grenze in dem Moment, indem die einschränkende Reglementierung „nicht zum Schutz anderer Rechtsgüter von der Sache her geboten sind".

i. Ergebnis zur Kernbereichstheorie

Aus der Analyse dieser Entscheidungen resultieren folgende Ergebnisse:

1.a. Das Bundesverfassungsgericht sieht von Art. 9 Abs. 3 GG alle koalitionsmäßigen (bzw. - spezifischen) Tätigkeiten geschützt = Schutzbereichsbestimmung

---

510 BVerfGE 93, S. 352 ff (358).

1.b. In diesen Schutzbereich kann der Gesetzgeber eingreifen, soweit er die allgemeinen verfassungsmäßigen Grenzen beachtet = verfassungsmäßige Rechtfertigung
2.a. Der besonders sensible Grundrechtsbereich, der als Kernbereich zu bezeichnen ist, wird auf der Schutzbereichsebene nicht definiert.
2.b. Ein verfassungsmäßig nicht zu rechtfertigender Eingriff liegt vor, wenn (neben den allgemeinen Anforderungen) die Regelung nicht zum Schutz anderer Rechtsgüter geboten ist.

Die Konsequenz dieser Aussage liegt darin, daß der Kernbereich erst auf der Ebene der verfassungsmäßigen Rechtfertigung seine vom generellen Schutzbereich abgegrenzte Kontur erhält.

Eine eigenständige Grenzbestimmung auf der ersten Stufe, der Bestimmung der vom Schutz des Art. 9 Abs. 3 GG erfaßten Tätigkeiten, ist demgegenüber nicht möglich.

Folglich besteht die Relevanz der Kernbereichsbegrenzung auch nicht auf dieser Ebene, sondern gilt vielmehr als Schranken-Schranke des Art. 9 Abs. 3 GG.

Hierbei ist zudem noch anzumerken, daß über die Anforderungen an die Qualität der verfassungsmäßigen Rechtfertigung durchaus keine Einigkeit in den Entscheidungen des Bundesverfassungsgerichtes auszumachen ist.

Aus der Analyse der Kernbereichstheorie folgt somit für das Problem der Kompetenzverteilung von Legislative und Koalitionen:

Der Gesetzgeber ist grundsätzlich zum Eingriff befugt, solange er auf der Rechtfertigungsebene nachweisen kann, daß der Eingriff zum Schutz eines anderen Rechtsgutes geboten ist. Eine Normsetzungsprärogative ist bei einem so weit reichenden Eingriffsrecht nur schwer zu vermuten - immerhin äußert sich das Bundesverfassungsgericht in keiner Weise, ob weitere Eingriffsvoraussetzungen im Bereich der Tarifautonomie existieren. Zwar steht seit der Entscheidung 4, S. 96 ff (106) fest, daß der Gesetzgeber ein funktionstüchtiges Tarifvertragssystem zur Verfügung zu stellen hat. Zu der Frage nach der Verteilung der Normierungskompetenz bezieht diese Entscheidung jedoch keine Stellung.

Zu untersuchen ist daher weiterhin, ob die Entscheidungen, die nicht von der Kernbereichstheorie ausgehen, den Schutzbereich des Art. 9 Abs. 3 G abstrakt zu formulieren in der Lage sind.

2. *Kernbereichsunabhängige Bundesverfassungsgerichtsentscheidungen zu Art. 9 Abs. 3 GG*

Die Entscheidungen, die unabhängig von der Kernbereichstheorie den Schutzbereich und die Eingriffsvoraussetzungen des Art. 9 Abs. 3 GG zu definieren suchen, stammen in erster Linie aus den 50 er Jahren (Band 17, 18), interessanterweise im unmittelbaren Anschluß an die Bundesverfassungsgerichtsentscheidung 4, S. 96 ff (106), die (s.o.) die Kernbereichstheorie begründete. Wie oben bereits erwähnt, folgte dann die Beurteilung anhand der Kernbereichstheorie, um nach der nicht gelungenen Klarstellung der Kernbereichstheorie im 93. Band jedoch mit dem hier besonders relevanten Urteil in der Entscheidung 94, S. 268 ff (283) zu einer kernbereichsunabhängigen Argumentation zurückzukehren.

Aber auch dieser Argumentationsansatz des Bundesverfassungsgerichts entbehrt einer konsequenten Linie:

Zur Begründung der Schutzbereichs- und Eingriffsüberlegungen werden neben den Kriterien der Unerläßlichkeit[511], der koalitionsspezifischen Tätigkeit[512] auch auf die Aufzählung einzelner Tätigkeiten zurückgegriffen, so daß eine einheitliche Schutzbereichsbestimmung auch hier nicht erfolgt.

Die Wahl der Abgrenzungskriterien entspricht folglich denen in den kernbereichsbezogenen Entscheidungen, hier allerdings ohne den Schutzbereich in verschieden sensible Bereiche zu trennen.

Die Entscheidungen im Einzelnen:

a. Bundesverfassungsgerichtsentscheidung Band 17, S. 319 ff

Die Entscheidung 17, S. 319 ff (333) stellt bei der Bewertung, ob die hier zu untersuchende Betätigung der Koalitionen (Einschränkung des Mitwirkungsrechtes der Koalitionen bei der Personalvertretung) dem Schutzbereich des Art. 9 Abs. 3 GG unterfällt, mit keinem Wort auf einen eventuellen Kernbereichsschutz ab. Vielmehr beurteilt das Bundesverfassungsgericht die Frage, ob Art. 9 Abs. 3 GG diese Form der Betätigung schützt, allein anhand des „Unerläßlichkeitskriteriums“[513].

„Denn jedenfalls können nur solche Befugnisse der Gewerkschaften geschützt sein, die unerläßlich sind, damit sie auch im Bereich der Personalvertretung ihren Zweck, die Arbeits- und Wirtschaftsbedingungen ihrer Mitglieder zu wahren und zu fördern, wirksam verfolgen zu können.“

Nach Ansicht des Bundesverfassungsgerichtes ist das hier in Rede stehende Mitwirkungsrecht der Koalitionen kein für die Erfüllung des Art. 9 Abs. 3 GG - Zweckes unerläßliche Tätigkeit für die Existenz und den Bestand der Koalitionen.

---

511 BVerfGE 17, S. 319 ff (333).
512 BVerfGE 18, S. 17 ff (28); BVerfGE 94, S. 268 ff (283).
513 BVerfGE 17, S. 319 ff (333f).

Demnach ist diese Tätigkeit nicht vom Schutzbereich des Art. 9 Abs. 3 GG erfaßt.

Die so anhand des „Unerläßlichkeitskriteriums" erfolgte Schutzbereichsbestimmung, steht evident im Widerspruch zu den späteren Entscheidungen zur Kernbereichstheorie.

Der in der Entscheidung selbst liegende Widerspruch ergibt sich aus folgender Aussage: „Die Regelung des Art. 6 PVG BP nimmt ihnen nichts, was unerläßlich wäre, um ihre Zwecke in diesem Bereich durch spezielle koalitionsmäßige Betätigung wirksam verfolgen zu können. Die Vorschrift wäre also selbst dann mit Art. 9 Abs. 3 GG vereinbar, wenn diese Verfassungsbestimmung die gewerkschaftliche Betätigung auch bei der Personalvertretung gewährleisten sollte".

Aufgrund der gewählten Argumentationsform wird deutlich, daß das Bundesverfassungsgericht sich auch innerhalb dieser Entscheidung nicht stringent an seine eigene Definitionen hält. Das „Unerläßlichkeitskriterium" wird hierbei nicht als Schutzbereichsabgrenzungskriterium benutzt, da ansonsten der letzte Satz mit dem Ergebnis hätte schließen müssen, *daß* die Tätigkeit dem Schutzbereich unterfällt oder nicht. Jedoch zielt bereits der vorhergehende Satz darauf, festzustellen, daß der *Eingriff* durch die gesetzliche Regelung nicht zu gravierend sei. Das heißt:

Beurteilt wird hier nicht, ob die Mitbestimmung im Personalrat der Bereitschaftspolizei zu den unerläßlichen Tätigkeiten und somit zum Schutzbereich des Art. 9 Abs. 3 GG gehört, sondern vielmehr - wie die Ausführungen zeigen -, ob der Eingriff den Koalitionen keinen hinreichenden Betätigungsspielraum mehr eröffnet. Damit erfährt das „Unerläßlichkeitskriterium" eine Umqualifikation von einer Schutzbereichsbestimmung zur Schranke der verfassungsmäßig legitimen Einschränkbarkeit des Art. 9 Abs. 3 GG.

Diese zweifache Verwendungsform innerhalb von drei Seiten[514] erhöht die Unverständlichkeit der bundesverfassungsgerichtlichen Rechtsprechung zur Schutzbereichsbestimmung.

b. Bundesverfassungsgerichtsentscheidung Band 18, S. 18 ff

Die Entscheidung im 18. Band, S. 18 ff (27) verzichtet vollständig auf eine Definition des Schutzbereiches.

Zwar erwähnt auch sie, ebenso wie die Entscheidung 20, S., 312 ff (317), daß die Koalitionsfreiheit nur dann sinnvoll sei, wenn auch die Rechtsordnung ihnen

---

514 BVerfGE 17, S. 319 ff (333) - Schutzbereichsbestimmung; BVerfGE 17, S. 319 ff (335) – Eingriff-Schranke.

das Recht gebe, den in Art. 9 Abs. 3 GG bezeichneten Zweck durch „spezifisch koalitionsgemäße Betätigung zu verwirklichen"[515]. Allerdings kann diese, auf die Gesamtheit aller gesetzlicher Normen bezogene Aussage mangels exakter Abgrenzungskriterien keine hinlängliche Schutzbereichsbestimmung darstellen.

Die in der Entscheidung 18, S. 18 ff zu entscheidende Frage, ob die Kampfwilligkeit ein konstitutives Element des Gewerkschaftsbegriffes im Sinne des § 2 I TVG darstellt, wird allein durch historische Überlegungen und Bezüge beantwortet[516].

Damit kann auch diese Entscheidung nicht zu einer verallgemeinerungsfähigen Schutzbereichsbestimmung beitragen. Interessanterweise liegen diese Entscheidungen kaum drei Wochen auseinander, so daß an sich zu vermuten gewesen wäre, daß eine gewisse stringente Haltung diese Entscheidungen prägt. Diese Divergenzen in den Bestimmungsansätzen lassen sich allein aus der Tatsache erklären, daß die Entscheidung 17, S. 319 ff (333) durch den Zweiten Senat beschlossen wurde, während die Entscheidung 18, S. 18 ff (27) vom Ersten Senat erging.

c. *Bundesverfassungsgerichtsentscheidung Band 84, S. 212 ff*

Die nächste Entscheidung, die zur Schutzbereichsbestimmung auf die Kernbereichstheorie verzichtet, ist die Entscheidung im 84. Band, S. 212 ff:

Diese Entscheidung stellt ebensowenig auf die Kriterien der Unerläßlichkeit und der koalitionsspezifischen Tätigkeit, wie auf eine historische Ableitung der Schutzbereichsweite ab.

Vielmehr schließt das Bundesverfassungsgericht auf den Schutz von Arbeitskampfmaßnahmen durch Art. 9 Abs. 3 GG aus der Zweckrichtung dieser Betätigung. Da Art. 9 Abs. 3 GG die Betätigungen der Koalitionen schütze, soweit diese die Wahrung und Förderung der Arbeits- und Wirtschaftsbedingungen bezweckten und Bestandteil dieses Zweckes der Abschluß von Tarifverträgen sei, müßten auch die Mittel, die zur Erreichung der Tarifvertragsabschlusses nach Ansicht der

Koalitionen geeignet seien, von Art. 9 Abs. 3 GG geschützt seien[517]. Eines dieser Mittel seien Arbeitkampfmaßnahmen, die einen unerlässlichen Bestandteil zur Aufrechterhaltung einer funktionierenden Tarifautonomie darstellten.

515 BVerfGE 18, S. 18 ff (26).
516 BVerfGE 18, S. 18 ff (28 ff).
517 BVerfGE 84, S. 212 ff (224).

Die so erfolgte Ableitung der speziellen Betätigung unter den Schutzbereich des Art. 9 Abs. 3 GG scheint plausibel. Abstrakt formuliert ergibt sich die Schutzbereichsbegrenzung aus der Formel:

Alle Betätigungen, die dem Zweck des Art. 9 Abs. 3 GG dienen, sowie alle Betätigungen, die wiederum zur Wahrnehmung dieser Betätigungen erforderlich sind, werden von Art. 9 Abs. 3 GG geschützt.

Allein, als Schutzbereichsdefinition eignet sich diese Formel kaum.

Aus der Zweckbindung des Art. 9 Abs. 3 GG ergibt sich zunächst, daß nur solche Vereinigungen den im Verhältnis zu Art. 9 I GG erhöhten Schutz in Anspruch nehmen können, die sich zur Förderung und Wahrung der Arbeits- und Wirtschaftsbedingungen zusammengefunden haben und betätigen.

Das heißt, daß diese Zweckausrichtung bereits im Rahmen des personellen Anwendungsbereiches des Schutzbereiches von Art. 9 Abs. 3 GG als Abgrenzungskriterium fungiert.

Würde diese Zweckausrichtung auch im Rahmen des funktionellen Schutzbereiches das einzige Abgrenzungskriterium darstellen, käme es zu einer identischen Definition von personellem und funktionalem Schutzbereich, die zur Folge hätte, daß die Selektionsfunktion des funktionalen Schutzbereiches nicht eintreten würde und der Schutzbereich so zu einer im funktionalen Bereich grenzenlosen Verbürgung führen würde. Damit würde eine kaum zu lösende Problematik im Bereich der verfassungsmäßigen Rechtfertigung von (notwendigen) Eingriffen in dieses vorbehaltlos gewährleistete Grundrecht entstehen.

Hier liegt jedoch gerade der Grund für die Kernbereichstheorie: Bei einem undifferenzierten Schutzbereich des Art. 9 Abs. 3 GG, der alle koalitionsmäßigen Betätigungen (und nichts anderes bedeutet die von der Entscheidung 84, S. 212 ff (224) herangezogene „zweckorientierte Betätigung“) schützt, wäre jeder Eingriff eine Verletzung des Art. 9 Abs. 3 GG (vorbehaltlich einer Schrankenziehung mittels verfassungsimmanenter Grundrechtsschranken).

Nicht deutlich wird, wozu abschließend der „unantastbare Kernbereich“ Erwähnung in der Entscheidung findet.

Die Schutzbereichsbestimmung sowie die verfassungsmäßige Rechtfertigung des Eingriffs ist bereits erfolgt, ohne auf die Kernbereichstheorie zurückzugreifen.

Auch erstaunt die Aussage, es handle sich um einen „ unantastbaren Kernbereich“. Dies vermittelt den Eindruck, es bestehe ein spezieller Teil des Schutzbereiches, in den nicht eingegriffen werden könnte. Wie jedoch die oben erläuterten Entscheidungen zeigen und wie es eine Qualifizierung der Kernbereichstheorie als Schutzbereichsdefinition (und nicht als Rechtfertigungsanforderung) erfordert, ist es durchaus möglich, auch Regelungen im Kernbereich des Art. 9 Abs. 3

GG zu treffen, soweit die speziellen Anforderungen der verfassungsmäßigen Rechtfertigung zu erfüllen sind.

d. *Bundesverfassungsgerichtsentscheidung Band 94, S. 268 ff*

Die letzte Entscheidung zum Schutzbereich des Art. 9 Abs. 3 liegt mit der Entscheidung im 94 Band, S. 268 ff (283) vor, die sich mit der Verfassungsmäßigkeit des § 57 a S. 2 HRG befaßt.

In dieser Entscheidung wird in Anlehnung an die Entscheidung 93, S. 352 ff (358), der Schutzbereich des Art. 9 Abs. 3 anhand der „koalitionsspezifischen Verhaltensweisen der Koalitionen“ bestimmt[518].

Auch hier leitet das Bundesverfassungsgericht das Recht der Koalitionen zur Betätigung in Form von Regelungen die Befristung von Arbeitsverträgen betreffend aus dem Zweck des Art. 9 Abs. 3 GG ab.

Da der Abschluß von Tarifverträgen zu den wesentlichen Zwecken der Koalitionen gehöre und ihre Regelungsbefugnis so weit reiche, als sie die Materien in eigener Verantwortung zu ordnen vermöchten, garantieren ihnen Art. 9 Abs. 3 GG einen autonomen Regelungsbereich vor allem bzgl. des Arbeitsentgeltes und der anderen materiellen Arbeitsbedingungen, zu denen eben auch Befristungen von Arbeitsverhältnissen im Hochschulbereich gehörten[519].

Auch hier also die alleinige Schutzbereichsbestimmung über das Kriterium der Zweckbindung des Art. 9 Abs. 3 GG, bzw. der koalitionsspezifischen Tätigkeit.

Auch im Bereich der verfassungsmäßigen Rechtfertigung des durch § 57 a S. 2 HRG vorgenommenen Eingriffs in die Tarifautonomie stellt diese Entscheidung nicht auf die Kernbereichstheorie ab. (Im Gegensatz zur Entscheidung 93, S. 352 ff (358), die die verfassungsmäßige Rechtfertigung von der Frage abhängig machte, ob der Kernbereich betroffen sei.), sondern führt vielmehr aus, daß sich die Anforderungen an die verfassungsmäßige Rechtfertigung proportional mit der Zunahme des Grundrechtsschutzes erhöhten, der wiederum in dem Maße zunehme, „ in dem eine Materie aus Sachgründen am besten von den Tarifvertragsparteien geregelt werden kann, weil sie ... die gegenseitigen Interessen angemessener zum Ausgleich bringen können als der Staat“.

Diese Entscheidung, die als erste Entscheidung seit dem 18. Band, S. 18 ff (27) vollständig auf eine Verwendung der Kernbereichstheorie zur Schutzbereichs - und Rechtfertigungsdefinition verzichtet, kann in ihren Ausführungen ebenfalls keine widerspruchsfreie Schutzbereichskontur erzeugen.

---

518 BVerfGE 94, S. 268 ff (283).
519 BVerfGE 94, S. 268 ff (285).

Wenn das Bundesverfassungsgericht bei der Schutzbereichsbestimmung ausführt, zu den, den Koalitionen zur Regelung in Tarifverträgen überlassenen Materien gehörten vor allem das Arbeitsentgelt und die anderen materiellen Arbeitsbedingungen, ist dies zunächst nichts anderes als die Beschreibung eines historisch gewachsenen, realen Zustandes.

Eine Schutzbereichsdefinition anhand bestehender Realitäten vorzunehmen kann jedoch grundsätzlich nicht möglich sein. Vielmehr muß sich die Handlungsbefugnis aus dem Grundrechtsschutz ergeben, da der Schutzbereich Rechte zu begründen, aber eben auch zu begrenzen hat und nicht lediglich Reflexion des Faktischen sein kann. Dabei muß der Schutzbereich selbstverständlich aber auch so flexibel normiert sein, daß der notwendige sozial und wirtschaftlich bedingte Wandel koalitionärer Aufgaben und - mittel nicht a priori ausgeschlossen ist.

Wenn weiterhin zur Schutzbereichsbestimmung auf § 77 Abs. 3 BetrVG abgestellt wird, der die Abgrenzung zwischen Betriebsvereinbarung und Tarifvertrag, und damit zwischen Tarifautonomie und Betriebsautonomie, danach bestimmt, ob Arbeitsentgelte und sonstige Arbeitsbedingungen durch Tarifvertrag geregelt sind oder üblicherweise geregelt werden, kann auch dies nicht für zutreffend gehalten werden:

Die Abgrenzung der Regelungsbefugnis in einfachen Gesetzen kann grundsätzlich keinen Aufschluß über den verfassungsmäßig verbürgten Schutz geben. Die in § 77 Abs. 3 BetrVG vorgenommene Abgrenzung zwischen Tarifverträgen und Betriebsvereinbarungen im Sinne einer Tarifüblichkeit, kann ja nur für diejenigen tariflichen Regelungen gelten, die entstanden sind, weil sie dem Schutzbereich des Art. 9 Abs. 3 GG unterfielen.

Das bedeutet, daß die in § 77 Abs. 3 BetrVG erfolgende Grenzziehung gedanklich der Einordnung unter Art. 9 Abs. 3 GG nachfolgt. Denn nur ein Tarifvertrag, bei dessen Abschluß feststand, daß die Regelungskompetenz bei den Koalitionen und nicht beim Gesetzgeber liegt, kann einer Abgrenzung im Sinn des § 77 Abs. 3 GG BetrVG zugänglich sein.

Aus der Abgrenzung des § 77 Abs. 3 BetrVG Rückschlüsse auf die Abgrenzung der koalitionären und legislativen Regelungskompetenzen zu ziehen, verbietet sich daher.

Weiterhin besteht innerhalb der Argumentation zur Verfassungsmäßigkeit des § 57 a S. 2 HRG ein Widerspruch, wenn das Bundesverfassungsgericht als Begründung der Verfassungsmäßigkeit ausführt:"... daß (mit § 57 a S. 2, Anm. d.V.) ..., weder das Entgelt noch andere materielle Arbeitsbedingungen betroffen sind"[520].

---

520 BVerfGE 94, S. 268 ff (294).

Dem entgegen definiert das Bundesverfassungsgericht auf S. 283 den Schutzbereich des Art. 9 Abs. 3 GG über die Tarifautonomie, zu der „ vor allem das Arbeitsentgelt und die anderen materiellen Arbeitsbedingungen“ gehören. „ Regelungen zur Befristung von Arbeitsverträgen ..., fallen jedenfalls darunter“.

Dieser Widerspruch ist nicht aufzulösen, bezieht sich aber im Gegensatz zu Widersprüchen vorangehender Entscheidungen nicht auf abstrakte Definitionsansätze, sondern auf mangelhafte Subsumtion.

3. *Bewertung*

Wie anhand dieser Darstellung der höchstrichterlichen Entscheidungen zur Schutzbereichsbestimmung des Art. 9 Abs. 3 GG zu sehen ist, ist es dem Bundesverfassungsgericht nicht gelungen, eine einheitliche Bestimmung dieses Schutzbereiches zu normieren.

Der Versuch der Kernbereichstheorie, die Koalitionen in ihren Betätigungen zu schützen, andererseits aufgrund der Einsicht in die unabweisbare, soziale und gesamtwirtschaftliche Notwendigkeit staatlicher Regelungen auch des Bereiches von Arbeits- und Wirtschaftsbedingungen, Eingriffe des Gesetzgebers in Art. 9 Abs. 3 GG zuzulassen, obwohl das Grundrecht vorbehaltlosen Schutz gewährleistet, muß als gescheitert angesehen werden.

Das Problem der Schutzbereichsbestimmung des Art. 9 Abs. 3 GG ist grundsätzlich ein Problem der Abgrenzung von gesetzgeberischer und koalitionärer Regelungskompetenz.

Auf der einen Seite steht das Interesse der Koalitionen, die als anerkannt „ sachlich nahe“ Gruppe arbeitsrechtliche Problematiken schnell und pragmatisch regeln können.

Das in einhundert Jahren gewachsene System der Tarifverträge zu schützen, entspricht dem demokratischen Prinzip der Selbstverantwortung gesellschaftlicher Kräfte und ist in Anbetracht der Erfahrungen mit dem staatlichen Dirigismus im Dritten Reich und im sozialistischen System der DDR notwendig.

Jedoch kann auch den Tarifvertragsparteien nicht die Regelung aller arbeitsrechtlicher Belange überlassen bleiben. Dies ergibt sich schon aus der bereits im letzten Jahrhundert geprägten Einsicht, daß das Arbeitsrecht in personeller wie sachlicher Hinsicht derart gravierende Interdependenzen zur Gestaltung des Staatswesens aufweist, daß es im Interesse des die gesamte Gesellschaft vertretenen Gesetzgebers sein muß, in diesem Bereich ein näher zu bestimmendes Quantum an Regelungskompetenz zu besitzen.

Damit diese widerstreitenden Interessen in Einklang zu bringen sind, bedarf es einer möglichst exakten Grenzziehung der Regelungskompetenzen. Dieser mangelt es in der Rechtsprechung des Bundesverfassungsgerichtes.

Bevor die anderen Definitionsansätze der Schutzbereichsbestimmung untersucht werden, um im Anschluß daran die meines Erachtens nicht zu umgehende Schutzbereichserklärung anhand verfassungsrechtlicher Prinzipien und Gestaltungen zu erläutern, stellt sich noch die Frage, ob die Bundesverfassungsgerichtsrechtsprechung zumindest die Frage nach der Existenz der Normsetzungsprärogative beantworten kann.

a. Kreation des Begriffes der Normsetzungsprärogative

Der Begriff der „Normsetzungsprärogative" geht auf die Entscheidung 44, S. 322 ff (341f) zurück.

Diese neue Begrifflichkeit wird jedoch nicht begründet.

Es wird lediglich darauf abgestellt, daß bereits in der Entscheidung 34, S. 307 ff (316f) dargelegt wurde, daß „ der Staat seine Zuständigkeit zur Rechtsetzung weit zurückgenommen und die Bestimmung über regelungsbedürftige *Einzelheiten* (Hervorhebung durch die Verfasserin) des Arbeitsvertrages grundsätzlich den Koalitionen überlassen hat". Allerdings sei es Sache der „ subsidiär für die Ordnung des Arbeitslebens weiterhin zuständigen Gesetzgebers", die Betätigungsgarantie der Koalitionen in den Grenzen des Kernbereiches näher zu regeln[521]. Auch sei der Gesetzgeber dann zur Regelung berufen, wenn die Koalitionen die ihnen übertragene Aufgabe nicht erfüllen könnten und ein öffentliches Interesse ein staatliches Eingreifen erforderlich mache[522].

Diese Überlegungen, wann ein Eingreifen des Gesetzgebers in die Kompetenz der Koalitionen möglich sein muß (mangelnde Fähigkeit) und in welchem Rahmen dies geschehen kann (Kernbereichsschutz) erscheinen sinnvoll.

Sie können jedoch nur dann ein überzeugendes Konzept erstellen, wenn die Prämisse der Überlegungen zutreffend ist.

Fraglich ist also, ob eine generelle Normsetzungsprärogative aus den Darstellungen des Bundesverfassungsgerichtes abgeleitet werden kann.

Dagegen spricht jedoch folgendes:

b. Fehlen einer überzeugenden Begründung der Normsetzungsprärogative

Das Bundesverfassungsgericht stellt in seiner Entscheidung 44, S. 322 ff (340) dar. Der Staat habe seine Rechtsetzungszuständigkeit zugunsten der Tarifvertragsparteien weit zurückgenommen und bezieht sich hierbei auf die Entscheidung im 34. Band, S. 307 ff (316f).

---

521 BVerfGE 44, S. 322 ff (342).
522 a.a.O, S. 322 ff (342).

Hier wird das Zurücktreten des Staates zum einen mit der größeren Sachnähe der Koalitionen und zum anderen mit der Entscheidung des Grundgesetzes zugunsten des „ freiheitlich-demokratischen Rechtsstaates", dessen Ausdruck Tarifverträge seien[523], begründet.

Die dergestalt abgeleitete „Normsetzungsprärogative" (in der Entscheidung 34, S. 307 ff nicht begrifflich genannt) gilt jedoch explizit allein für „alle regelungsbedürftigen *Einzelheiten* (Hervorhebung durch die Verfasserin) des Arbeitsvertrages"[524].

Unter diesen Begriff müßten sich alle Regelungen subsumieren lassen, die der Wahrung und Förderung der Arbeits- und Wirtschaftsbedingungen dienen, da es ansonsten nicht möglich wäre, wie in der Entscheidung 44, S. 322 ff (340), von einer umfassenden Normsetzungsprärogative der Koalitionen auszugehen.

Der Begriff der „Einzelheiten" ist als Gegensatz zum „Gesamtkonzept" geprägt durch die Begrenzung auf einen Umstand eines größeren Ganzen[525].

Die Tarifvertragsparteien könnten somit die nähere Regelung von einzelnen Umständen der gesetzgeberischen Konzepte übernehmen.

Demnach wären grundsätzlich Regelungen des Arbeitsrechtes dem Gesetzgeber überlassen, wie etwa Kündigungsschutzregelungen, Urlaubsregelungen oder das Betriebsverfassungsrecht. Daß diese Bereiche gesetzlich normiert wurden, ohne als eventuellen Verstoß gegen die Tarifautonomie gewertet zu werden, spricht für diese Überlegung. Nur entzieht sich der Nachvollziehbarkeit, wieso etwas anderes für die „Gesamtkonzepte" der Entgeltfortzahlung im Krankheitsfall, der Befristungsregelung generell sowie speziell im Hochschulbereich gelten soll.

Denn diese Regelungen, die ihrem Zweck nach jeweils im Zusammenhang mit sozialen und volkswirtschaftlichen Erwägungen konzipiert wurden, stellen sicherlich keine „Einzelheiten des Arbeitsvertrages" dar.

2. Auch wird in der Entscheidung 34, S. 307 ff (316f) nicht deutlich, woraus die Geltung und vor allem die Grenzen der Normsetzungsprärogative für „Einzelheiten des Arbeitsverhältnisses" abzuleiten sind.

Der allgemeine Verweis auf Sachnähe und demokratische Rechtstaatlichkeit kann keine ausreichende Hilfe bieten.

Vielmehr wird mit der Darstellung, der Gesetzgeber habe seine Regelungszuständigkeit zugunsten der Tarifvertragsparteien weit zurückgenommen[526], die

---

523 BVerfGE 34, S. 307 ff (317).
524 BVerfGE 44, S. 322 ff (316).
525 Duden, Bedeutungswörterbuch,
526 BVerfGE 34, S. 307 ff (316).

faktische Zurückhaltung des Gesetzgebers in eine existente rechtliche Verpflichtung transformiert. Diese Vorgehensweise kann jedoch nicht möglich sein.

Für die Fixierung der „Normsetzungsprärogative" in der Entscheidung 44, S. 322 ff (341) folgt daraus, daß eine allgemein gültige Geltung nicht nachgewiesen wurde.

Auch fragt sich, wie diese Ableitung einer „Normsetzungsprärogative" mit den sonstigen Entscheidungen des Bundesverfassungsgerichtes in Einklang zu bringen ist, die von dem Kernbereich des Art. 9 Abs. 3 GG lediglich geschützt sehen, daß der Gesetzgeber den Koalitionen ein modernes Tarifvertragssystem zur Verfügung stellt[527], und die die Betätigungsrechte der Koalitionen „im Prinzip" erhalten sehen wollen[528] sowie eine Regelungsbefugnis allein in dem Raum sehen, der von der „staatlichen Rechtsetzung frei gelassen" ist[529].

Auch sei es die Sache des Gesetzgebers, die Tragweite der Koalitionsfreiheit dadurch zu bestimmen, daß er die Befugnisse der Koalitionen im einzelnen gestaltet und näher regelt.

II. Ergebnis: Fehlende Eignung der Rechtsprechung des Bundesverfassungsgerichtes, den Schutzbereich des Art. 9 Abs. 3 GG zu bestimmen oder eine Normsetzungsprärogative zu begründen

Diese deutlichen Widersprüche sind nicht dazu angetan, die Rechtsprechung des Bundesverfassungsgerichtes zur Reichweite der Tarifautonomie nachvollziehbar und vor allem voraussehbar zu gestalten.

Dieser Mangel zeigte sich auch insbesondere bei der Behandlung des Beschäftigungsförderungsgesetzes, dessen angestrebte Wirkung der Beschäftigungsförderung durch Befristungserleichterung infolge der ungeklärten rechtlichen Qualität des § 1 BeschFG nicht erzielt werden konnte.

Allein dieses Beispiel zeigt, daß ein deutlicher Erklärungs- und Definitionsbedarf bzgl. der Kompetenzabgrenzung zwischen legislativer und koalitionärer Regelungsbefugnis besteht, um künftige arbeitsmarktpolitische Programme des Gesetzgebers auch ihrem Zweck entsprechend durchsetzen zu können, bzw. bereits im Vorfeld entscheiden zu können, ob und wie die gesetzliche Regelung in tariflich regelbaren Materien Bestand haben kann.

Diese Aufgabe erfüllt das Bundesverfassungsgericht mit seinen widersprüchlichen Entscheidungen, die keine praktikablen Abgrenzungskriterien erkennen

527 Statt aller: BVerfGE 4, S. 96 ff (106).
528 BVerfGE 50, S. 371 ff (373).
529 BVerfGE 18, S. 18 ff (28).

lassen, nicht. Durch die nicht nachgewiesene Behauptung einer Normsetzungsprärogative kann die Kompetenzabgrenzung zwischen Tarifvertragsparteien und Gesetzgeber nicht zutreffend und damit rechtlich unangreifbar festgelegt werden.

4. Kapitel: Bestimmung des Konkurrenzverhältnisses von Gesetz und Tarifvertrag anhand ausgewählter Literaturkonzepte

Aufgrund der Widersprüchlichkeiten, Irritationen und mangels einer abstraktionsfähigen Gesamtkonzeption der Kernbereichslehre des Bundesverfassungsgerichtes entstanden im Laufe der Jahre eine Vielzahl von Theorien zur Problematik der Schutzbereichsbestimmung des Art. 9 Abs. 3 GG[530], von denen hier die Konzeptionen bzw. Ansätze von vier Autoren dargestellt werden sollen, die in ihrem Bemühen um eine zutreffende Darstellung exemplarisch sind und dabei die gesamte Bandbreite der Argumentationen zur Verifizierung unterschiedlichster Schlußfolgerungen vollständig erfaßt. Es handelt sich hierbei um die Ansätze von Biedenkopf, Däubler, Preis sowie Kempen/Zachert.

I. Biedenkopfs Konzeption zur Kompetenzabgrenzung

Den bislang bekanntesten und umfassendsten Versuch der Abgrenzung gesetzlicher und koalitionärer Regelungskompetenzen und damit des Schutzbereiches des Art. 9 Abs. 3 GG hat Biedenkopf mit seiner 1964 erschienenen Habilitationsschrift „Grenzen der Tarifautonomie" unternommen.

Diese Untersuchung, die aufgrund der Geschlossenheit des Gesamtkonzeptes als „brillante Lösung des Konkurrenzverhältnisses von Tarifrecht und staatlichem Schutzrecht" qualifiziert wurde[531], diente in den folgenden Jahren häufig als Basis themengleicher Überlegungen[532].

Gleichwohl kann seine Konzeption aus heutiger Sicht nicht unwidersprochen bleiben.

---

530 Vgl.zur Darstellung der Meinungen:
Misera, Tarifmacht und Individualbereich;
Zöllner, Die Rechtsprechung des Bundesverfassungsgerichtes zu Art. 9 Abs. 3 GG AöR 98 (1973), S. 72 ff;
Krüger, Gutachten für den 46. DJT, S. 9 ff (16f)
Säcker, Grundprobleme der kollektiven Koalitionsfreiheit.

531 *Preis*, Tarifdispositives Richterrecht, ZfA 1972, S. 271 ff (290).

532 Etwa: *Meik*, Der Kernbereich der Tarifautonomie, S. 52 ff.

Nach Biedenkopf ist der Bereich arbeitsrechtlicher Regelungsmaterie aufzuteilen in Normen, die das Existenzminimum sichern und Normen, die der verteilenden Schutzgesetzgebung dienen[533].

Während im Bereich der Existenzsicherung der Gesetzgeber uneingeschränkt zur zwingenden Normsetzung zuständig sei, bei der die Tarifvertragsparteien jedoch zugunsten der Arbeitnehmer „nach oben" abweichen könnten, müsse im Bereich der verteilenden Schutzgesetzgebung weiter differenziert werden, da in diesem Bereich eine konkurrierende Gesetzgebung vorliege.

Eine ausschließliche Legislativkompetenz soll dann gegeben sein, wenn die Ordnungsfunktion, die Friedensfunktion und die sogenannte soziale Interdependenzwirkung[534] eine gesetzliche Normierung erforderlich machen[535], das heißt, der Tarifvertrag nicht wirksam und geeignet wäre, diese Schutzfunktionen zu erfüllen und die gesetzliche Normierung durch „elementare Lebensinteressen der Gesamtbevölkerung" gerechtfertigt sei und somit nicht den Kernbereich des Art. 9 Abs. 3 GG verletze[536].

Diese gesetzliche Kompetenz soll insbesondere dann gegeben sein, wenn die Norm finanzielle Leistungen vorsehe, die durch Pflichtbeiträge der Arbeitnehmer/Arbeitgeber oder öffentliche Mittel finanziert würden, da der Gesetzgeber hier für eine austeilende Gerechtigkeit sorgen wolle (Bsp.: Arbeiterkrankheitsgesetz von 1957)[537] und die Tarifvertragsparteien nicht in diesem Maße die Anforderung der Interdependenzwirkung mit der sonstigen Sozialpolitik erfüllen könnten.

Die ausschließliche Normsetzungsbefugnis gelte im übrigen auch im Bereich der Selbstverwaltung, die von den Tarifvertragsparteien getragen werde, bzw. an der sie beteiligt seien, da die Teilnahme an diesen Selbstverwaltungskörperschaften ein echtes aliud zur tarifvertraglichen Normsetzung darstelle und von den Tarifvertragsparteien historisch auch so gesehen würden[538]. Dazu gehörten neben der Sozialversicherung und der Arbeitslosenversicherung auch die Arbeitslosenvermittlung.

Dem gegenüber seien die Tarifvertragsparteien ausschließlich dann zuständig, wenn nicht (s.o.) bestimmte finanzielle Lasten und Leistungen verteilt bzw. zu-

---

533 *Biedenkopf*, Grenzen der Tarifautonomie, S. 154.
534 a.a.O., S. 158 - 169.
535 a.a.O., S. 189.
536 a.a.O., S. 185.
537 a.a.O., S. 164.
538 a.a.O., S. 166 f.

gewiesen würden, sondern es sich um die Aufteilung typischer arbeitsrechtlicher Risiken oder Mitwirkungsrechte handle[539].

In diesem Bereich fehle es an der Interdependenzwirkung der arbeitsrechtlichen Norm mit dem sonstigen Sozialsystem. Der Ordnungszweck sowie die Friedensfunktion könnten ebensogut von Tarifverträgen wahrgenommen werden[540].

Diese, an den jeweiligen Schutzzwecken der Normierungen orientierten Abgrenzung der Regelungskompetenz unterzieht Biedenkopf einer weiteren, am Kernbereich des Art. 9 Abs. 3 GG orientierten Untersuchung[541].

Demnach dürfe der Gesetzgeber keine zweiseitig zwingende Norm im Bereich des Kernbereiches treffen, sondern lediglich tarifdispositive Normen. Der Kernbereich sei negativ definiert, so daß in ihn „ohne Rechtfertigung durch elementare Lebensinteressen der Gesamtbevölkerung" nicht eingegriffen werden dürfe[542]. In diesem Kernbereich gelte grundsätzlich der Vorrang der tariflichen Bestimmungen, die gesetzliche Regelung sei lediglich subsidiär[543].

Dieses Subsidiaritätsprinzip gelte jedoch dann nicht, wenn die tarifvertragliche Regelung die gesetzliche Existenzsicherung antaste oder nicht wirksam und geeignet sei, eine dem Gesetz ebenbürtige Schutzfunktion zu erfüllen.

Unwirksam sei eine tarifvertragliche Regelung dann, wenn durch sie das Einzelarbeitsverhältnis nicht mit der gleichen Verbindlichkeit geordnet werde, wie durch Gesetz, das heißt die Norm müßte Teil der normativen Regelungen sein[544].

Ungeeignet wäre eine tarifvertragliche Norm, wenn der Zweck einer Regelung eine Lasten- bzw. Vorteilsverteilung nicht nur zwischen den Arbeitsvertragsparteien, sondern auch zwischen Gruppen und/oder der öffentlichen Hand bzw. der Allgemeinheit vorsehe[545].

Generell läßt sich die Zuständigkeitsverteilung des Biedenkopfschen Konzeptes damit folgendermaßen zusammenfassen:

Im Bereich der Existenzminimumsicherung sowie in dem Teil der verteilenden Arbeitsrechtschutzgesetzgebung, die die gesamtgesellschaftlichen sozialen Interdependenzwirkungen betreffen, ist der Gesetzgeber ausschließlich zuständig.

Im verbleibenden Bereich der verteilenden Arbeitnehmerschutzgesetzgebung ist der Tarifvertrag ein ebenso taugliches Regelungsinstrumentarium, so daß hier eine Subsidiarität zwingenden staatlichen Handelns vorliege.

---

539 a.a.O., S. 167, Bsp. Kündigungsschutzrecht, Mitbestimmungsrecht, vertragliche Gestaltungsrechte.

540 a.a.O., S. 167.

541 a.a.O., S. 178 ff.

542 a.a.O., S. 185.

543 a.a.O., S. 189.

544 a.a.O., S. 193.

545 a.a.O., S. 198; Bsp.: Kindergeldregelung.

Diese Abgrenzung ermöglicht es dem Staat, grundsätzliche Entscheidungen über die gesamtstaatlich relevante Bemessung des Existenzminimums vorzugeben (wobei den Tarifvertragsparteien hier die Zuständigkeit zum Abweichen „nach oben" verbleibt) und gesamtwirtschaftliche Entscheidungen mit umfassender sozialer Interdependenzwirkung zwingend zu treffen.

- *Kritik*

Der Vorteil, den das Biedenkopfsche Kompetenzmodell gegenüber den Entscheidungen des BVerfG bietet, liegt in dem Versuch, die den Tarifvertragsparteien obliegende alleinige Regelungsbefugnis nicht durch die Abgrenzung materieller Regelungsbereiche im Einzelfall, sondern mittels abstrakter Kriterien zu ermitteln.

Allerdings sind diese Kriterien nach Ablauf von mehr als dreißig Jahren nicht mehr geeignet, die arbeitsrechtliche Regelungswirklichkeit abzubilden.

Sicherlich ist es nach wie vor zutreffend, Regelungen allein dem Gesetzgeber zu überlassen, die die Sicherung des Existenzminimuns betreffen. Im Gegensatz zur Nachkriegszeit geht es bei den aktuellen arbeitsrechtlichen Regelungsfragen jedoch nicht mehr um die Sicherung der Existenz, sondern um den Ausbau von Besitzständen, die verstärkte Mitbestimmung der Arbeitnehmer am Arbeitsprozeß sowie um die Herabsetzung der Arbeitszeit und -anstrengung bei gleichzeitigem Anstieg der Arbeitgebergegenleistungen.

Wenn die Existenzsicherungsnormen demnach keine Rolle mehr bei der Normgebung spielen, kann dieser normative Überbegriff auch kein Abgrenzungskriterium bei der Kompetenzzuweisung darstellen. Andernfalls würde das Kompetenzgefüge einseitig zu Lasten des Gesetzgebers verschoben, der die Zuständigkeit in einem inhaltsleeren Gebiet besäße.

Aufgrund der veränderten wirtschaftlichen und sozialen Struktur der Bundesrepublik Deutschland würde eine Anwendung der Zuständigkeitsregelungen Biedenkopfs nicht mehr das Resultat erzielen, das der Autor beabsichtigte.

Ein wichtiger Aspekt, den dieses Modell berücksichtigt, ist die Ausrichtung der Abgrenzung am Gemeinwohl. Wie unten noch im Einzelnen erläutert werden wird, stellt diese Konkretisierung des Sozialstaatsprinzips den entscheidenden Faktor beim Auffinden der Zuständigkeitsgrenzen der Opponenten dar.

Dieses Modell bedarf daher einer aktualisierenden Überarbeitung unter Beachtung der angesprochenen Relevanzkriterien.

Dabei ist jedoch nicht zu übersehen, daß die verwendeten Kriterien der Existenzsicherung und der verteilenden Gesetzgebung meines Erachtens nicht hinreichend konkret sind, um eine Kompetenzzuweisung im Einzelfall vorzunehmen. Zwar ist dieses Theorem eine abstraktere Form der Abgrenzung, als die im

Einzelfall für jeden materiellen Bereich neu argumentierende BVerfG-Rechtsprechung und könnte damit grundsätzlich den Vorteil der Vorhersehbarkeit und damit der Rechtsicherheit bieten. Jedoch scheitert die Vorhersehbarkeit der Zuweisung gerade an der zu starken Abstraktion der Kriterien von den zu beurteilenden Einzelregelungen.

In diese Richtung zielt auch der Vorwurf, aufgrund der Schwierigkeiten bei der Zuordnung der einzelnen Gesetze sei diese Abgrenzung nicht praxistauglich[546].

In der Tat sind Regelungen denkbar, die sowohl arbeitsrechtliche Schutzgesetze darstellen, als auch die verteilende Gesetzgebung betreffen.

So ist etwa im Fall des Arbeiterkrankheitsgesetzes 1957 einmal die verteilende Gesetzgebung betroffen, weil die „gespaltene Lösung" eine Zahlung der Krankenkassen vorsieht, gleichzeitig wird jedoch auch ein gerechter Ausgleich zwischen Arbeitnehmer und Arbeitgeberinteressen angestrebt. Hier stellt sich die Frage, ob in einem solchen Grenzfall generell entweder dem Gesetzgeber oder den Koalitionen die Regelung zusteht oder ob eine Einzelfallentscheidung zugunsten der Partei, deren Zuständigkeit schwerpunktmäßig überwiegt, getroffen wird.

Auch bei den Regelungen des Beschäftigungsförderungsgesetzes und des Hochschulrahmengesetzes ist nicht eindeutig zu erkennen, ob die Bedeutung der Normen für die gesamtwirtschaftliche, bzw. hochschulpolitische Situation den Schwerpunkt der Beurteilung bilden, oder ob die jeweiligen Auswirkungen auf die internen arbeitsvertraglichen Verhältnisse die Zuordnung zur koalitionären Kompetenz ermöglichen.

Aufgrund dieser Anwendungsprobleme kann das System Biedenkopfs zwar als wichtige Anregung dienen, eine zutreffende Kompetenzabgrenzung im Einzelfall kann diese Theorie jedoch nicht leisten.

II. Däublers Konzeption zur Kompetenzabgrenzung

Däublers Abgrenzungsversuch staatlicher und koalitionärer Kompetenzen knüpft als Ausgangspunkt an die Rechtsprechung des Bundesverfassungsgerichtes zu Art. 9 Abs. 3 GG an[547]:

Zutreffend habe das Bundesverfassungsgericht erkannt, daß das Grundgesetz die staatlichen Kompetenzen auf dem Gebiet der Arbeits- und Wirtschaftsbedingungen weit zurückgenommen habe (die hierbei von Däubler angeführte

546 *Meik*, Der Kernbereich der Tarifautonomie, S. 55 f
547 Däubler, Tarifvertragsrecht, RNr. 295, S. 126f.

Textstelle trägt dieses Zitat jedoch nicht) und der Kernbereich der koalitionsspezifischen Betätigung geschützt sei[548].

Den Konkretisierungsmangel der Bundesverfassungsgerichts-Kernbereichslehre versucht Däubler dadurch zu beheben, daß er unter dem Gesichtspunkt der Einheit der Verfassung durch die Herstellung einer praktischen Konkordanz zwischen staatlicher und koalitionsautonomer Regelungszuständigkeit die erforderlichen Abgrenzungen vornehmen will, ohne daß hierbei eine der Parteien im Ergebnis auf eine Randposition gedrängt würde[549].

Im einzelnen grenzt Däubler die Kompetenzen nach dem Selbstbestimmungsprinzip und den Funktionen der Opponenten ab:

Beiden sei gemein, daß sie die Beteiligung der Betroffenen an den sie berührenden Entscheidungen garantieren. Während diese Beteiligung beim Gesetzgeber eine sehr vermittelte Form darstelle, gewährten die Koalitionen dem Einzelnen wesentlich unmittelbarere und differenziertere Mitwirkungsmöglichkeiten.

Daraus folge im Hinblick auf das Selbstbestimmungsprinzip, daß das Gesetzgebungsverfahren nur dort vorzuziehen sei, wo solche Interessen zu berücksichtigen seien, die von den Koalitionen nicht repräsentiert würden, das heißt, allein bei Belangen von übergreifender politischer Bedeutung.

Postuliert Däubler damit folglich eine umfassende Normsetzungsprärogative der Koalitionen, die allein dann aufgehoben ist, wenn Belange übergreifender politischer Bedeutung normiert werden müssen, konkretisiert er diese Abgrenzung im folgenden noch.

Aus Art. 9 Abs. 3 GG folge der Schutz der Koalitionsbetätigung[550] und in diesem Sinn ein besonderer Schutz für diejenigen Betätigungsformen, die sich in der historischen Entwicklung als geeignet erwiesen hätten, die Selbstbestimmung über die Arbeits- und Wirtschaftsbedingungen zu fördern[551]. Hieraus folge der besondere Schutz des Kollektivvertrages sowie das Verbleiben von wesentlichem Einfluß auf den traditionellen Gebieten von Lohn und Arbeitszeit sowie auf die in Betrieben und Unternehmen fallenden Entscheidungen über Wirtschafts- und Arbeitsbedingungen[552].

Der tarifvertragliche Vorrang vor staatlicher Normsetzung gelte also solange die Koalitionen die Interessen der abhängig Beschäftigten wirksam vertreten könnten[553].

---

548 a.a.O., RNr. 259, S. 126.
549 a.a.O., RNr. 259, S. 127.
550 a.a.O., RNr. 203, S. 102.
551 a.a.O., RNr. 205, S. 102.
552 a.a.O., RNr. 273, S. 131.
553 a.a.O., RNr. 273, S. 131.

Mit seinen Abgrenzungsüberlegungen greift Däubler im Grunde genommen auf Teile der Biedenkopfschen Konzeption zurück.

Hier wie dort wird - mit divergierender Ableitung - die Grenze koalitionärer Regelungszuständigkeit dort gesehen, wo ein besonders qualifiziertes Interesse der Gesamtheit (Däubler: Belange übergreifender politischer Bedeutung; Biedenkopf: soziale Interdependenzwirkung) hinter der Normierung steht.

- *Kritik*

Gegen Däublers Form der Ableitung einer umfassenden Normsetzungsprärogative lassen sich vor allem folgende Gründe ins Feld führen:

Erstens wird nicht deutlich, ob und wieso das Selbstbestimmungsprinzip ein Verfassungsprinzip mit dieser Reichweite darstellt. Sicherlich ist, wie oben dargestellt, die Tarifautonomie ein aus Art. 9 Abs. 3 GG folgendes Recht zur selbständigen Normgebung. Allerdings kann aus der Existenz der Tarifautonomie nicht gleichzeitig seine Reichweite abgelesen werden, ohne hierbei auf andere Kriterien wie das Demokratieprinzip, das Sozialstaatsprinzip der Verbandsstellung im Grundgesetz, des Günstigkeitsprinzips etc. einzugehen.

Allein das Abstellen auf die Funktion beider Seiten, Betroffene an den sie berührenden Entscheidungen teilhaben zu lassen (als Ausprägung des Demokratieprinzips) erscheint als nicht hinreichende Verkürzung der Problematik, denn die Funktion beider im verfassungsrechtlichen Kontext geht, wie noch zu zeigen sein wird, über diese Funktion hinaus.

Zudem erreicht Däubler sein Ziel der exakteren Konkretisierung der Kernbereichsformel kaum, indem er zur Festlegung staatlicher Kompetenz auf die Belange von „übergreifender politischer Bedeutung“ abstellt.

Eine derartig worthülsenhafte Abgrenzung ermöglicht meines Erachtens keine exakte Kompetenzabgrenzung, da jede Normierung bei geschickter Argumentation übergreifende politische Bedeutung erlangt.

Anhand dieses Kriteriums bemessen, wären sowohl das Arbeiterkrankheitsgesetz (wegen seiner arbeitsrechtlichen und sozialrechtlichen Doppellösung und der damit verbundenen Auswirkung auf Arbeitgeber, Arbeitnehmer und die Allgemeinheit), ebenso wie das Beschäftigungsförderungsgesetz (aufgrund der prognostizierten gesamtwirtschaftlichen Auswirkung) und das Hochschulrahmengesetz (infolge der umfassenden Relevanz für die universitäre Forschung und Lehre, Stichwort „Drittmittelfinanzierung“) als Gesetze mit übergreifender politischer Bedeutung Teil der ausschließlichen Legiskativkompetenz.

Eine so weit reichende Kompetenzzuweisung widerspricht ersichtlich der Absicht Däublers, den Koalitionen gerade den Großteil arbeitsrechtlicher Normierungen zuzuweisen und zeigt doch deutlich die mangelnde Eignung dieser Konzeption, eine differenzierte Abgrenzung zu ermöglichen .

Däublers Überlegungen sind somit mangels dogmatischer Herleitung und praktischer Umsetzungsmöglichkeit nicht geeignet, eine überzeugende Konzeption aufzuzeigen.

III Preis Konzeption zur Kompetenzabgrenzung

Preis wendet sich im Gegensatz zu Däubler fast vollständig gegen die Argumentationen des Bundesverfassungsgerichtes und der aus der Kernbereichstheorie geschlußfolgerten Normsetzungsprärogative[554], wobei er auch explizit Stellung zu den Überlegungen Biedenkopfs bezieht[555].

Zwar bildet die Ausgangsbasis von Preis Ansätzen die Annahme, es bestünde ein eingriffsausschließender Kernbereich, der jedoch nur insoweit Bedeutung gewinnt, als er anhand einer negativen Definition dann als verletzt qualifiziert wird, wenn ein Maßnahmegesetz sich speziell gegen eine tarifvertragliche Gestaltung der Arbeitsbedingungen richten würde[556].

Grundsätzlich bestehe im gesamten Bereich arbeitsrechtlicher Schutzgesetze kein Vorrang tarifvertraglicher Regelungen. Im Gegenteil müßte es dem Staat auch in diesem Bereich generell möglich sein, zweiseitig zwingende Normen aufzustellen[557].

Begründung findet diese zu den vorliegenden Begründungsversuchen der Normsetzungsprärogative völlig konträre Ansicht nach Preis Auffassung primär im Sozialstaatsprinzip[558].

Das Sozialstaatsprinzip, als den Staat unmittelbar verpflichtendes Recht[559], erfordere in erster Linie vom Staat die Schaffung „sozialer Gerechtigkeit“[560]. Zwar bestünde auch eine soziale Verpflichtung der Koalitionen, die umfassende Sicherung und Einhaltung der sozialen Verpflichtung müsse jedoch letztlich beim Staat verbleiben[561].

Demnach könne keine Normsetzungsprärogative der Koalitionen bestehen, vielmehr müsse der Staat zur Durchsetzung seiner sozialpolitischen Vorstellun-

554 Preis, Tarifdispositives Richterrecht, ZfA 1972, S. 271 ff (297).
555 a.a.O., S. 289 - 296.
556 a.a.O., S. 297.
557 a.a.O., S. 296.
558 a.a.O., S. 293 - 296.
559 a.a.O., S. 293.
560 a.a.O., S. 294.
561 a.a.O., S. 295.

gen jederzeit, das heißt auch im Bereich der Arbeitnehmerschutzgesetzgebung mittels zweiseitig zwingender Normen in der Lage sein[562].

Dieses Ergebnis belegt Preis mit den Argumenten, daß zum einen der weite Kernbereichsschutz (des Bundesverfassungsgerichtes, Biedenkopfs) gegen den Willen der Koalitionen verstoße, die tatsächlich bereits häufig die gesetzliche Sicherung der Arbeitnehmer qua Gesetz gefordert hätten[563]. Zum anderen könne die faktisch gegebene größere Sachnähe der Koalitionen nicht zu einer verfassungsrechtlichen Verpflichtung des Gesetzgebers führen, die Gesetze tarifdispositiv zu gestalten[564].

Des weiteren sei der Vorrang tarifvertraglicher Normen nicht durch ein „Subsidiaritätsprinzip" zu begründen, da dies mangels verfassungsrechtlicher Existenz kein relevantes Ordnungskriterium darstelle[565].

Aus diesen Überlegungen folgert Preis, daß der Gesetzgeber so lange zweiseitig zwingende Normen im Arbeitsrecht erlassen könne, wie es sich um ein allgemeines Dauergesetz im Sinn des allgemeinen Gesetzes von Art. 5 Abs. 2 GG handle[566].

Diese Schranke sei von Art. 5 Abs. 2 GG auf Art. 9 Abs. 3 GG übertragbar, handle es sich doch bei beiden um sogenannte Kommunikationsgrundrechte. Arbeitsrechtliche Schutzgesetze stellten grundsätzlich allgemeine Gesetze dar, da sie jeden am Arbeitsleben Beteiligten treffen würden. Unabhängig von der meines Erachtens zutreffenden Ablehnung einer zugunsten der Koalitionen bestehenden Normsetzungsprärogative, sind die dogmatischen Ansätze Preis nicht überzeugend.

- *Kritik*

Zwar stellt Preis korrekterweise als einziger zur Bestimmung der Konkurrenzgrenze auf das Sozialstaatsprinzip ab. Ohne hierzu vorgreifend bereits jetzt inhaltlich Aussagen zu treffen, bleibt jedoch festzuhalten, daß allein die Berücksichtigung dieses Problems nicht zu einer überzeugenden Abgrenzung führen kann. Was Preis nämlich völlig unberücksichtigt läßt, ist die definitiv bestehende besondere Rolle der Tarifvertragsparteien, deren Bestimmung ja gerade Hauptansatzpunkt einer Kompetenzverteilung sein muß.

Dieses Manko wird insbesondere deutlich bei der von Preis zu kurz und undifferenziert vorgetragenen Kernbereichsbestimmung, die sich - nicht schon als

---

562 a.a.O., S. 295 f.
563 a.a.O., S. 291 f.
564 a.a.O., S. 292.
565 a.a.O., S. 292.
566 a.a.O., S. 297.

Schutzbereichsbestimmung, sondern erst als Rechtfertigungsanforderung - in der Übertragung einer der Schranken des Art. 5 Abs. 2 GG erschöpft.

Zwar kann die Bestimmung der Grenzen der Koalitionsfreiheit ein ebenso geeignetes Instrument zur Bestimmung der Normsetzungskompetenz sein, wie die Festlegung des Schutzbereiches und ist daher kein von vornherein unzulässiger Weg, die Abgrenzung vorzunehmen. Allerdings sollte an dieser Stelle kurz darauf hingewiesen werden, daß eine Übertragung der Schranken des Art. 5 Abs. 2 GG sicherlich eine unzulässige Einschränkung des Art. 9 Abs. 3 GG darstellen würde[567]:

Wäre die Schranke übertragbar, das heißt, würde lediglich ein Maßnahmegesetz den Kernbereich des Art. 9 Abs. 3 GG verletzen, gäbe es im gesamten Bereich arbeitsrechtlicher Schutzgesetzgebung- wie Preis richtig erkennt[568] - kaum jemals einen Eingriff in den Kernbereich, so daß eine Verletzung der in Art. 9 Abs. 3 GG garantierten Tarifautonomie nahezu ausgeschlossen wäre.

Eine so allumfassende Regelungskompetenz des Gesetzgebers würde die verfassungsrechtlich verbürgte Tarifautonomie damit quasi negieren. Das würde jedoch dem Grundgedanken des Art. 9 Abs. 3 GG konträr zuwiderlaufen.

Bereits anhand dieser Überlegung wird deutlich, daß eine Übertragung der Schranken aus Art. 5 II GG nicht zulässig sein kann.

Doch auch aus einem weiteren Grund erscheint Preis Ansatz nicht tragfähig:

Mit Anwendung der Art. 5 Abs. 2 GG -Schranken auf Art. 9 Abs. 3 GG entsteht die seltsame Situation, daß die Koalitionsfreiheit, als besonders geschützte Art der Versammlungsfreiheit[569], tatsächlich viel gravierenden Eingriffen ausgesetzt wäre, als das „schwächere" Recht des Art. 9 I GG, das durch Art. 9 II GG beschränkbar ist.

Während in die von Art. 9 I GG geschützte Betätigungen nur dann eingegriffen werden kann, wenn sie gemäß Art. 9 II GG dem Strafrecht zuwiderlaufen, sich gegen die verfassungsmäßige Ordnung oder gegen den Gedanken der Völkerverständigung richten, wären tarifvertragliche Betätigungen bereits dann ausgeschlossen, wenn allgemeine Gesetze arbeitsrechtliche Materien regeln würden.

Der Unterschied zwischen rechtlichem Verbot und faktischem Ausschluß der Betätigungsmöglichkeit ist in seinen Auswirkungen bei zweiseitig zwingender Geltung kaum spürbar.

---

567 Allgemeine Ansicht, a.A.. allein *Scholz*, Koalitionsfreiheit als Verfassungsproblem, S. 335 f.

568 *Preis*, Tarifdispositives Richterrecht, ZfA 1972, S. 271 ff (297).

569 *v.Münch- Löwer*, Art. 9, RNr. 54.

Vielmehr wären die Eingriffe in Art. 9 Abs. 3 GG wesentlich einfacher, als dies nach den abschließenden Eingriffsvoraussetzungen des Art. 9 II GG der Fall ist.

Auch dies ist somit ein Grund gegen die Schrankenbestimmung Preis anhand der Übertragung des Art. 5 II GG auf Art. 9 Abs. 3 GG.

Damit kann aber auch seine Form der Kernbereichsdarstellung nicht überzeugen.

Bleibt abschließend zu bemerken, daß mangels Charakter als Maßnahmegesetz sowohl das Arbeiterkrankheitsgesetz, als auch § 1 Beschäftigungsförderungsgesetz und § 57 a S. 2 Hochschulrahmengesetz zulässige zweiseitig zwingende Normen wären.

IV. Kempen/Zacherts Konzeption zur Kompetenzabgrenzung

Als letztes sei das Lösungsmodell Kempen/Zacherts vorgestellt:

Kempen/Zachert bestimmen zunächst den Schutzbereich des Art. 9 Abs. 3 GG im besonderen Hinblick auf die Tarifautonomie dergestalt, daß sie von der realtypischen Prägung des Grundrechtes ausgehen[570].

Das bedeutet, daß von Art. 9 Abs. 3 GG der historische Besitz- und Programmstand im Jahr 1949 festgehalten würde, wobei sich allerdings die Zukunftsoffenheit des Schutzbereiches aus der Weiterentwicklung des marktwirtschaftlichen Systems ergäbe, bei der das Ausmaß der durch Art. 9 Abs. 3 GG gesicherten Mitbestimmung jedoch stets gewahrt bleiben müßte[571].

Die Tarifautonomie stelle als ursprüngliche und entwicklungsprägende zugleich auch die wichtigste Gestaltung der Arbeits- und Wirtschaftsbedingungen dar, so daß ihr im Schutzbereich eine besondere Rolle zukomme[572].

Kempen/Zachert lehnen die Kernbereichstheorie und mit ihr eine Abgrenzung anhand des „Unerläßlichkeitskriteriums" grundsätzlich ab, da ihrer Ansicht nach die durch die Kernbereichstheorie vorgenommene Einschränkung größer sei, als dies ein ausdrücklicher Gesetzesvorbehalt jemals wäre[573].

Eine Grenzziehung der Kompetenzen anhand des „Unerläßlichkeitskriteriums" ersetze die koalitionäre Selbstbestimmung durch judizielle Fremdbestimmung und verstoße folglich gegen die soziale Autonomie der Koalitionen[574].

---

570 *Kempen/Zachert*, TVG, RNr. 111, S. 106 f.
571 a.a.O., RNr. 114, S. 108.
572 a.a.O., RNr. 117, S. 109 : „essentieller, unantastbarer Zentralbereich".
573 a.a.O., RNr. 103, S. 100.
574 a.a.O., RNr. 104, S. 100.

Grundsätzlich gelte infolge der historischen Tätigkeiten und der Zukunftsoffenheit eine Normsetzungsprärogative der Koalitionen, die nur insoweit einschränkbar sei, als ansonsten durch Tarifvertrag Grundrechte anderer, bzw. verfassungsförmliche Rechte anderer in ihrem Schutz vereitelt würden[575].

Eine Vorrangwirkung gesetzlicher Normen sei jedoch nur dann möglich, wenn im Fall einer Kollision zum einen die Grundsätze der Verhältnismäßigkeit und der praktischen Konkordanz beachtet würden und zum anderen tatsächlich Grundrechte, bzw. mit Verfassungsrang ausgestattete Rechte, die jedoch grundrechts-ähnliche Gestaltung aufweisen müßten, betroffen wären (z.B.: Art. 28 Abs. 2 GG mit Vorrangwirkung; Art. 109 Abs. 2 GG ohne Vorrangwirkung)[576].

Das bedeutet, daß nach Kempen/Zachert zweiseitig zwingende Normen grundsätzlich ausgeschlossen sind[577].

Da die Kompetenzzuweisung aus Art. 74 I Nr. 12 GG den vorrangigen Grundrechtsgarantien gemäß Art. 1 Abs. 3 GG unterlägen, seien zweiseitig zwingende Normen nur zulässig, sollten Grundrechte anderer zu schützen sein. Aber auch dann müßten die legislativen Schutzpflichten explizit normiert sein. Eine solche Schutzpflicht konstituiere unstreitig Art. 1 Abs. 1, Art. 3 Abs. 2 sowie Art. 6 GG, nicht jedoch Art. 5 Abs. 3 GG[578].

Etwas anderes gelte im Rahmen der Grundstrukturen der Betriebsverfassung und der Personalvertretung, da diese als vorkonstitutionelles Besatzungsrecht die Koalitionen mit Art. 9 Abs. 3 GG in eine von verfassungswegen entsprechend vorgeprägtes Grundsystem gestellt hätten[579].

Dieser Abgrenzung zufolge hätten das Arbeiterkrankheitsgesetz, § 1 Beschäftigungsförderungsgesetz und § 57 a S. 2 Hochschulrahmengesetz nicht als zweiseitig zwingende Norm ergehen können, ohne dem Vorwurf der Verfassungswidrigkeit ausgesetzt zu sein[580].

- *Kritik*

Die Konzeption leidet, wie auch andere Lösungsansätze an dem Mangel differenzierter Betrachtung.

Weder Erwägungen des Demokratieprinzips, noch solche des Sozialstaatsprinzips finden Eingang in die Kompetenzabgrenzung, die folglich einseitig ausfällt.

---

575 a.a.O., RNr. 111 und 113, S. 106 f.
576 a.a.O., RNr. 110, S. 105.
577 a.a.O., RNr. 205, S. 170.
578 a.a.O., RNr. 205, S. 170.
579 a.a.O., RNr. 207, S. 173.
580 a.a.O., RNr. 206, S. 172.

Zwar ist gegen die Schrankenbestimmung anhand verfassungsimmanenter Beschränkungsmöglichkeiten kein ernstlicher Einwand zu erheben, da sich von selbst versteht, daß die gesamte Grundrechtsordnung unter diesem Vorbehalt gewährt ist.

Jedoch wäre eine weitere Überlegung, ob diese Kompetenzabgrenzung genügt, wünschenswert gewesen.

Auch die Schutzbereichsbestimmung erscheint unzureichend. Zwar bestimmte sich der Schutzbereich des Art. 9 Abs. 3 GG im Jahr 1949 anhand faktischer Realität. Auch muß der Schutzbereich zukunftsoffen sein, um sich den Veränderungen der Gesellschafts- und Wirtschaftsform anpassen zu können. Aber diese Punkte sind allein Ansätze zur näheren Schutzbereichsbestimmung und können keine finale Darstellung sein. Denn gerade die Zukunftsoffenheit ist es, die eine Definition erschwert. Eine generelle Zuweisung aller zukünftigen Tätigkeiten kann jedoch keine austarierte Kompetenzordnung ermöglichen.

V. Ergebnis: Keine überzeugende Kompetenzabgrenzung durch die verschiedenen Konzeptionen

Die hier ausgewählten Modelle, die jeweils aus anderem Blickwinkel die Kompetenzen von Gesetzgeber und Tarifvertragsparteien abzugrenzen suchen, können letztlich aufgrund nicht hinreichender Berücksichtigung von Verfassungsprinzipien und teilweise undifferenzierten Argumentationen nicht überzeugen.

5. Kapitel: Bestimmung des Konkurrenzverhältnisses von Gesetz und Tarifvertrag anhand von Verfassungsprinzipien

Die Überlegungen, ob und in welchem Maße Art. 9 Abs. 3 GG eine Normsetzungsprärogative der Tarifvertragsparteien verbürgt und damit die Feststellung der Reichweite des Schutzbereiches, sind nur bei Beachtung der verfassungsrechtlichen Prinzipien und Strukturen zu einem zutreffenden Ergebnis zu bringen.

I. Schutzbereichsbestimmung des Art. 9 Abs. 3 GG

Die Beachtung dieser Prinzipien hat hierbei nicht lediglich als koalitionsrechtbegrenzende Schranke zu wirken, sondern muß vielmehr bereits im Rahmen der Schutzbereichsbestimmung erfolgen.

Dies ergibt sich aus der Betrachtung der bislang zur Eingrenzung der Koalitionsfreiheit vorgetragenen Beschränkungsmöglichkeiten, die von der Übertragung der Schranken des Art. 5 Abs. 2 GG[581], bis zu einer Übertragung der Schranken aus Art. 9 Abs. 2 GG vertreten werden[582].

Hierbei wird jedoch auch die Mangelhaftigkeit der gezogenen Beschränkungen deutlich: Allen Versuchen gemein ist das Bemühen, bei formeller Unangetastetheit der Koalitionsfreiheit dem Gesetzgeber notwendige Handlungsoptionen zu eröffnen. Dies wurde auch bei der Betrachtung der Kernbereichstheorie deutlich, die nicht exakt zwischen Schutzbereichsbestimmung und verfassungsrechtlicher Einschränkbarkeit unterscheidet[583].

Die Schwierigkeiten, die Koalitionsfreiheit nach grenzenloser Schutzbereichsgewährleistung in adäquater Form doch wieder einzuschränken, bestehen insbesondere aufgrund der Tatsache, daß es auf dieser Ebene ungleich schwerer ist, die besonderen Abhängigkeiten in sozialer, wirtschaftlicher und arbeitsrechtlicher Hinsicht als Teil der Schranken zu berücksichtigen. Denn dergestalt sind die Begrenzungen des Art. 9 Abs. 3 GG als vorbehaltlos gewährleistetes Grundrecht stets abgeleitet von anderen Grundrechten und können daher nie die spezielle Problematik des Art. 9 Abs. 3 GG treffen.

Wenn man die Koalitionsfreiheit unter dem hier interessierenden Aspekt der Tarifautonomie positiv definieren würde, wäre eine Einbeziehung aller verfassungsrechtlicher Kriterien, die die besondere Stellung der Koalitionen sowie die bestehenden Interdependenzen hinreichend berücksichtigen, möglich.

Die Definition des Schutzbereiches könnte so zu einer deutlichen Abgrenzung zwischen Tarifvertragskompetenz und Legislativkompetenz führen, die in Anbetracht der bisher dargestellten und noch zu zeigenden Streitigkeiten um legislative Akte mehr als angeraten erscheint.

Auch bedeutet dieser Definitionsversuch nicht a priori die Herabsetzung des Grundrechtsschutzes für die Koalitionen. Versucht werden soll vielmehr, die bislang auf der Ebene der Schranken ausgetragene Abgrenzung der Kompetenzen aus dogmatischen und praktischen Erwägungen in die Schutzbereichsbestimmung vorzuverlegen.

Nach dem grundsätzlichem Prinzip der möglichst freien Rechtsausübung der Grundrechtsträger muß Ausgangspunkt der Beurteilung die Ansicht des Bundesverfassungsgerichts sein, Art. 9 Abs. 3 GG schütze jedes koalitionsspezifische Verhalten[584].

---

581 *Preis*, Tarifdispositives Richterrecht, ZfA 1972, S. 271 ff (297).
582 Vgl. *v.Münch-Löwer*, Art. 9, RNr. 80.
583 Vgl. hierzu: S. 178 f.
584 BVerfGE 94, S. 268 ff (283).

Ob sich aus dieser Prämisse tatsächlich die vom Bundesverfassungsgericht behauptete Normsetzungsprärogative[585] ergibt, wird die Untersuchung anhand der Verfassungsprinzipien zeigen, von denen insbesondere das Sozialstaatsprinzip und das Demokratieprinzip untersucht werden sollen, da sich die Grundrechte grundsätzlich definieren als Einheit von rechtsstaatlich gewährter und sozialstaatlich gebundener Freiheit.

1. Bedeutung des Sozialstaatsprinzips für die Schutzbereichbestimmung

Der Gedanke, das Sozialstaatsprinzip zur Konkretisierung und Begrenzung des Art. 9 Abs. 3 GG heranzuziehen, ergibt sich aufgrund der geschichtlichen Ausrichtung des Sozialstaatsprinzips, das die Pflicht des Staates begründet, „soziale Gerechtigkeit" zu verwirklichen[586].

Daß dem Sozialstaatsprinzip als den Staat bindender Rechtssatz[587] verfassungsrechtliche Bedeutung zukommt[588], fand zwar in der Literatur nicht nur Zustimmung[589], setzte sich jedoch im Laufe der Jahre auch dank der dieser Ansicht zustimmenden Bundesverfassungsgerichtsentscheidungen[590] durch[591].

Gilt diese bindende Staatsleitlinie daher mit normativer Verbindlichkeit für alle Staatsgewalten und damit auch für den Gesetzgeber, kann sich hieraus in zweifacher Hinsicht eine Begrenzung der Koalitionsfreiheit ergeben.

---

585 BVerfGE 44, S. 322 ff (342).

586 *Degenhard*, Staatsrecht I, RNr. 345, S. 138;
Ipsen, Staatsrecht, RNr. 983, S. 283;
Maunz/Dürig/Herzog/Scholz-Herzog,Art. 20 VIII,Rnr.10;
Menger, Der Beggriff des sozialen Rechtsstaates im Bonner Grundgesetz, in: Rechtsstaatlichkeit und Sozialstaatlichkeit, S. 42 ff (71).

587 *Schreiber*, Das Sozialstaatsprinzip des Grundgesetzes in der Praxis der Rechtsprechung, S. 25 ff.

588 *Stein*, Staatsrecht, § 21 IV, S. 174.

589 *Grewe*, Bundesstaatliches System des Grundgesetzes, DRZ 1949, S. 349 ff (351) : „substanzloser Blankettbegriff"; „ethisches Postulat", eine Bezeichnung Forsthoffs, der sich besonders als Verfechter der Unvereinbarkeit von Rechts- und Sozialstaat hervortat (*Forsthoff*, Begriff und Wesen des sozialen Rechtsstaates, in: VVDStRL Heft 12, S. 8ff).

590 BVerfGE 1, S. 97 ff (105); BVerfGE 14, S. 263 ff (275).

591 Vgl. *M/D/H/S-Herzog*, Art. 20 VIII, RNr. 6; zur Übersicht über die zum Soziastaatsprinzip vertretenen Ansichten:
Noack, Sozialstaatsklauseln und juristische Methode;
Gerstenmaier, Die Sozialstaatsklausel des Grundgesetzes als Prüfungsmaßstab im Normenkontrollverfahren.

a. *Sozialstaatlicher Auftrag an den Gesetzgeber*

Es stellt sich zunächst die Frage, ob der Gesetzgeber zur Herstellung der sozialen Gerechtigkeit auch im Rahmen des Arbeits- und Wirtschaftslebens durch das Sozialstaatsprinzip verpflichtet ist.

aa. *Handlungsverpflichtungen im Bereich des Arbeitslebens*

Ausgehend vom Sozialstaatsprinzip als verfassungsrechtliche Ausprägung moderner Sozialpolitik, das in der durch die Industrialisierung entstandenen „sozialen Frage" der Arbeiterschaft[592] seinen Ursprung fand, ist diese Frage eindeutig zu bejahen.

Historisch betrachtet ging es zunächst um den Abbau der durch die kapitalistisch-liberale Wirtschaftsform entstandenen Verelendung des Proletariats. Wie oben gezeigt, erfolgte dieser Abbau zuvorderst durch die Sozialgesetzgebung unter Bismarck sowie im weiteren Verlauf durch arbeitsrechtliche Regelungen (Jugendschutz, Mutterschutz, Arbeitszeitbegrenzung).

Die existenten sozialen Ungerechtigkeiten beruhen heute wie damals auf einer ungleichen Verteilung des Kapitals. Will der Staat also diese sozialen Ungerechtigkeiten beseitigen, muß er für eine adäquate Verteilung des Kapitals Sorge tragen. In den westlichen Industrienationen beruht die Kapitalverteilung primär auf dem Erhalt der Gegenleistung für abhängig verrichtete Arbeit. Die Arbeitsmodalitäten durch staatliche Eingriffe zu modifizieren ist infolge Versagens privatautonomer Regelungen also die Grundvoraussetzung für eine Steuerung der Kapitalverteilung und damit dem Erzielen sozialer Gerechtigkeit.

Während zu Beginn des vorherigen Jahrhunderts die Bevölkerung als „Selbstversorger" die Existenzsicherung selbst übernahm, ist heutzutage die Bevölkerung zum überwiegenden Teil darauf angewiesen, durch die Verwertung der Arbeitskraft als einzigem "geldwerten Faktor" ihren Lebensunterhalt zu sichern[593].

Die Arbeit als Existenzsicherung und auch als Schauplatz menschlicher Selbstverwirklichung ist damit wesentlicher Teil der menschlichen Existenz, oder, wie es Badura formuliert: „Arbeit ist eine existentielle Grundkategorie der Praxis des vergesellschaftlichen Menschen"[594].

---

592 *M/D/H/S- Herzog*, Art. 20 VIII, RNr. 6.

593 *Forsthoff*, Verfassungsprobleme des Sozialstaates, in: Rechtsstaatlichkeit und Sozialstaatlichkeit,S. 145 ff (148).

594 *Badura*, Soziale Grundrechte im Recht der Bundesrepublik Deutschland, Der Staat Band 14, S. 17 ff (20).

Demzufolge muß es im Fall der Nichtabnahme der Arbeit (Arbeitslosigkeit) zu einer Gefährdung des Lebensunterhaltes und der Geltung des Menschen in der Gesellschaft an sich kommen.

In diesem Fall muß der Staat aufgrund der aus dem Sozialstaatsprinzip resultierenden Pflicht ein System der sozialen Sicherheit schaffen[595].

Da sich dieses System sozialer Sicherung jedoch entweder direkt (Arbeitslosenversicherung) oder indirekt (Steuern) aus der Erwerbstätigkeit der arbeitenden Bevölkerung finanziert, muß die Handlungspflicht des Gesetzgebers auch darauf gerichtet sein, Arbeitsplätze zu schaffen und zu sichern, und nicht allein regressiv die Folgen der Arbeitslosigkeit zu mildern. Somit ist der Staat zu präventiven Handlungen verpflichtet, um die Arbeitslosigkeit zu vermeiden[596].

Diese Verpflichtung ergibt sich bereits aus der Tatsache, daß bei einer dauerhaften Arbeitslosenquote von über 10 % die bundesdeutschen Systeme der sozialen Sicherheit kollabieren.

Diese Aufgabe hat der Staat bereits nach dem ersten Weltkrieg erkannt und Vorsorge vor hoher Arbeitslosigkeit mittels Stützungs- und Sanierungsmaßnahmen getroffen, um durch die Schaffung eines angemessenen Reallohnes die breite Schicht in die Lage zu versetzen, Güter zu erwerben[597].

Hinter diesen staatlichen Maßnahmen steht die Überlegung, daß eine freie Marktwirtschaft nur dann funktioniert, wenn der Kreislauf zwischen Arbeitnehmern, Wirtschaft und Produktabnahme zirkuliert.

Demnach führt grundsätzlich eine geringe Arbeitslosigkeit zur allgemeinen Kaufkraft der breiten Masse, diese führt wiederum zu einem verstärkten Absatz von Gütern. Hieraus resultiert dann die Progression der Wirtschaft, in deren Folge es zu mehr Beschäftigung und höheren Löhnen kommt, so daß sich - den Kreis schließend- letztlich wieder die Kaufkraft erhöht.

Dieses Grundprinzip stellt an den Gesetzgeber den Anspruch für die notwendigen Rahmenbedingungen zu sorgen.

Daß dieses Prinzip heute nicht mehr ohne Abweichungen funktioniert wird deutlich, wenn man das Verhältnis des DAX (Deutscher Aktienindex) zur Arbeitslosenquote betrachtet.

Bei einem DAX von 5096,62 Punkten[598], (dessen Wert nunmehr nach rasantem Abfall wieder steigend ist) sollte man anhand der oben geschilderten Abhängigkeiten von einer geringen Arbeitslosenquote ausgehen. Das Gegenteil ist je-

---

595 *Stern*, Staatsrecht Band I, § 21 II 3, S. 894 f.

596 *Stern*, Staatsrecht Band I, § 21 I 3, S. 885.

597 *Forsthoff*, Verfassungsprobleme des Sozialstaates, in: Rechtsstaatlichkeit und Sozialstaatlichkeit, S. 145 ff (148)

598 Am 26.3.1998, FAZ vom 26.3.1998

doch der Fall. Die Gesamtzahl der Erwerbslosen lag zu diesem Zeitpunkt bei 4,7 Millionen[599].

Die Gründe dieser Entwicklung liegen zum einen sicherlich in den Folgen der deutschen Wiedervereinigung begründet, basieren aber auch auf der sich permanent verstärkenden Globalisierung der Märkte. Mit ein Grund ist jedoch auch die Kostenintensität deutscher Arbeitsplätze, aufgrund gesetzlicher und tarifvertraglicher Leistungen, die im europäischen Vergleich an der Spitze liegt[600].

Der Gesetzgeber ist also aufgrund des Sozialstaatsprinzips verpflichtet, neben den beiden ersten Faktoren auch diesen „Hemmnisgrund" zu beachten und gegebenenfalls Regelungen zu unterziehen um für eine möglichst geringe Arbeitslosenzahl zu sorgen[601].

Aber nicht nur aus dem Blickwinkel des Sozialauftrages im Arbeitsrecht, sondern auch aus dem Blickwinkel der Wirtschaft ergibt sich eine Handlungsverpflichtung des Gesetzgebers.

bb. Handlungsverpflichtungen im Bereich der Wirtschaft

Wie bereits häufig diskutiert, wird aus dem Grundgesetz der Verfassungsauftrag der staatlichen Wachstumsvorsorge abgeleitet[602], die sich im Sozialstaatsprinzip in Verbindung mit Art. 109 Abs. 2 - 4 GG, Art. 88 GG manifestiert[603].

Diese Verpflichtung, die Wirtschaft zu fördern und ihr ein funktions- und bedarfsorientierten Rechtssystems zur Verfügung zu stellen, ergibt sich bereits aus der Pflicht des Staates, ein System der sozialen Sicherheit zu schaffen. Dies kann allerdings immer nur in dem Maße bestehen, wie es auch finanzierbar ist. Da die Finanzierbarkeit primär vom Bruttosozialprodukt[604] und damit von der Stabilität der Wirtschaft abhängt, muß bereits aus diesem Grund der Staat nicht nur im Bereich der abhängigen Beschäftigung, sondern auch auf dem Gebiet der Wirtschaft

---

599 Statistik der Arbeitslosen seit 1991, FAZ vom 6.11.1998.

600 *Buchner*, Entgeltfortzahlung im Spannungsfeld zwischen Gesetzgebung und Tarifautonomie, NZA 1996, S. 1177 ff (1178).

601 Für eine aus dem Sozialstaatsprinzip abgeleitete Verpflichtung des Staates zur Beseitigung der Arbeitslosigkeit neben
Stern, Staatsrecht Band I, § 21 I 3, S. 885, auch:
Bleckmann, Staatsrecht Band I, RNr. 764, S. 338. Bleckmann führt aus, daß die Behebung der Arbeitslosigkeit für das ganze Volk von entscheidender Bedeutung ist und „zu der dem Staat obliegenden, ihm durch das Gebot der Sozialstaatlichkeit vom Grundgesetz auch besonders aufgegebenen Daseinsvorsorge" gehört.

602 *Ipsen*, Gesetzgebung und Verwaltung, VVDStRL Heft 24, S. 221 ff (222);
Starck, Gesetzgeber und Richter im Sozialstaat, DVBL 1978, S. 937 ff (939f).

603 *Stern*, Staatsrecht Band I, § 21 II 3, S. 903.

604 *M/D/H/S- Herzog*, Art. 20 VIII, RNr. 23.

Regelungen zur Förderung der gesamtwirtschaftlichen Lage treffen. Die Wirtschaftsförderung stellt aufgrund der unabdingbaren Verknüpfung mit der staatlichen Prosperität und der Ermöglichung gesamtstaatlicher sozialer Sicherheit die zweite Säule der staatlichen Handlungsverpflichtung dar.

Denn nur gesetzgeberische Gesamtkonzepte, die sowohl arbeitsmarktpolitische als auch wirtschaftspolitische Relevanzen beachten, sind in der Lage, die Aufgabe der Schaffung und Aufrechterhaltung eines System sozialer Sicherheit und freiheitlicher Verwirklichung im Arbeits- und Wirtschaftsleben zu erfüllen.

Dieser Erkenntnis folgend weist die Verfassung dem Gesetzgeber explizit wirtschaftspolitische Aufgaben zu:

Dem Gesetzgeber wurde mit der Verfassungsänderung des Art. 109 II - IV GG neben der Pflicht von Bund und Ländern zur Rücksichtnahme auf das gesamtwirtschaftliche Gleichgewicht (Abs. 2) auch eine Verpflichtung zur Wahrnehmung wirtschaftspolitischer Lenkungsaufgaben zugewiesen[605].

Diese Verpflichtung resultiert aus der Einsicht, daß mittels einer Selbststeuerung des Marktes die Ziele der Stabilität, der Vollbeschäftigung und der Verteilungsgerechtigkeit nicht zu erreichen sind und den Gesetzgeber eine verfassungsrechtliche Verpflichtung zur Erreichung dieser Ziele trifft[606].

Dem Gesetzgeber obliegt es damit als verfassungsrechtlicher Auftrag, die Funktionsfähigkeit der sozialen Marktwirtschaft zu sichern und so für die wirtschaftliche und soziale Stabilität in Deutschland zu sorgen[607].

Die Konkretisierung des in Art. 109 II GG geforderten Gleichgewichtes erfolgte mit dem sogenannten Stabilitätsgesetz[608], das als spezifische Ausprägung des grundgesetzlichen Sozialstaatsprinzips gilt[609] und das „magische Viereck“ manifestiert: Stabilität des Preisniveaus, außenwirtschaftliches Gleichgewicht, stetiges und angemessenes Wirtschaftswachstum sowie hoher Beschäftigungsstand.

Auch aus wirtschaftlicher Sicht begründet das Sozialstaatsprinzip damit eine Handlungspflicht des Gesetzgebers.

Diese Überlegungen werden noch gestützt durch den Gedanken[610], daß eine Wachstumskrise in der heutigen Zeit vergleichbar mit den, den Gesetzgeber bisher zum Handeln verpflichtenden, Katastrophen der Verelendung im 19. Jahrhundert und den Folgen des ersten Weltkrieges ist.

---

605 *Neumark*, Wirtschafts- und Finanzprobleme des Industriestaates, S. 113 ff.

606 *Müller-Volbehr*, Das Soziale in der Marktwirtschaft, JZ 1982, S. 132 ff (136); *Badura*, Wachstumsvorsorge und Wachstumsfreiheit, Ipsen-FS, S. 367 ff (375f).

607 *v.Münch-Fischer-Menshausen*, Art. 109, RNr. 9.

608 in der Form vom 18.3.1975 (BGBl I, S. 705,710).

609 *Müller-Volbehr*, Das Soziale in der Marktwirtschaft, JZ 1982, S. 132 ff (136).

610 *M/D/H/S-Herzog*, Art. 20 VIII, RNr. 15.

Betrachtet man die Abhängigkeit der Vollbeschäftigung (bzw. heute der Verringerung der Erwerbslosenquote) und der Finanzierbarkeit des sozialen Systems von dem Wachstum des Bruttosozialprodukts, wird deutlich, daß eine wirtschaftliche Regression fatale Konsequenzen für den gesamten Sozialstaat zeitigt.

Mit weiterem Voranschreiten der Arbeitslosenzahlen etwa steht nicht nur die Konzeption der sozialen Sicherungssysteme an sich auf dem Spiel, sondern durch den dann abzusehenden Crash des Systems durch Unmöglichwerden des Generationenvertrages und anderer Formen der sozialen Sicherung würde bei nahezu der gesamten Bevölkerung ein sozialer Absturz stattfinden, den der Staat nicht mehr auffangen könnte.

Mit dem Bekenntnis zum Sozialstaat muß der Staat diese Gefahr abwenden, will er sich nicht selbst gefährden[611] und die ihm anvertrauten Bürger nicht in einen Zustand versetzen, der dem des letzten Zusammenbruchs der Marktwirtschaft in der Weimarer Republik mit all seinen fatalen Folgen nahekäme.

cc. *Ergebnis zur Existenz des sozialstaatlichen Auftrags im Bereich des Arbeitslebens und der Wirtschaft*

Manifestiert das Sozialstaatsprinzip somit die Verpflichtung des Gesetzgebers zum legislativen Handeln, geht damit im Bereich der Arbeits- und Wirtschaftsbedingungen auch eine Gesetzgebungszuständigkeit einher, die tendenziell auch in Bereiche ragt, die der Regelung durch die Koalitionen eröffnet sind.

Deutlich wird bereits hier, daß infolge der aus dem Sozialstaatsprinzip resultierenden Handlungspflicht des Gesetzgebers keine umfassende Normsetzungsprärogative der Koalitionen bestehen kann.

Neben dieser Verpflichtung des Gesetzgebers ist das Sozialstaatsprinzip jedoch auch geeignet, die Koalitionsfreiheit in Form der Tarifautonomie selbst direkt zu begrenzen.

b. *Einschränkung der Koalitionsfreiheit durch das Sozialstaatsprinzip*

Wie sich bereits gezeigt hat, ist das Sozialstaatsprinzip Ausdruck politischer, staats- und gesellschaftsphilosophischer Wertentscheidungen, die den Gesetzgeber zur Verwirklichung verpflichten.

---

611 *Forsthoff*, Verfassungsprobleme des Sozialstaates, in: Rechtsstaatlichkeit und Sozialstaatlichkeit, S. 145 ff (152).

Anhand dieser Zielbestimmung wird auch deutlich, daß man, wie es Stern formuliert[612], „ den Gesetzgeber als den primären Adressaten“ des Sozialstaatsprinzips anzusehen hat.

aa. Bindung der Tarifvertragsparteien an das Sozialstaatsprinzip

Damit das Sozialstaatsprinzip hierüber hinaus auch die Tarifvertragsparteien verpflichtet und die Freiheit aus Art. 9 Abs. 3 GG begrenzt, müßte das Sozialstaatsprinzip auch die Koalitionen binden.

In der Literatur ist die Bindung der Koalitionen an das Sozialstaatsprinzip bzw. die hieraus folgende Begrenzung hinreichend bestätigt worden[613].

Die Geltung des Sozialstaatsprinzip wird hierbei jedoch nicht begründet, sondern als existent vorausgesetzt[614], bzw. es werden unmittelbare Konsequenzen für die Reichweite der Autonomie gezogen[615].

Die Anwendbarkeit des Sozialstaatsprinzips auf die Betätigungen der Tarifvertragsparteien ergibt sich jedoch nicht a priori:

Die Koalitionen sind als privatrechtliche Vereinigungen mangels jeglicher staatlicher Organqualität[616] zunächst nicht an die verfassungsrechtlichen Prinzipien des Art. 20 GG gemäß Art. 1 Abs. 3 GG gebunden.

Dies folgt zudem daraus, daß auch der einzelne, der das Grundrecht aus Art. 9 Abs. 3 GG in Anspruch nimmt, nicht an das Sozialstaatsprinzip gebunden ist. Dies gilt zunächst auch für die Betätigung der Koalitionen als *Zusammenschlüsse der einzelnen Privatpersonen.*

---

612 *Stern*, Staatsrecht Band I, § 21 III 3, S. 915.

613 *Schreiber*, Das Sozialstaatsprinzip des Grundgesetzes in der Praxis der Rechtsprechung, S. 187,
Scholz, Koalitionsfreiheit als Verfassungsproblem, S. 182;
Weber, Die Sozialpartner in der Verfassungsordnung, S. 529;

614 *Schreiber*, Das Sozialstaatsprinzip des Grundgesetzes in der Praxis der Rechtsprechung, S. 187:“ Die. .. Tarifautonomie,..., findet damit an dem Sozialstaatsprinzip. ..ihre vorgegebene Schranke“.

615 *Weber*, Die Sozialpartner in der Verfassungsordnung, in: Rechtsstaatlichkeit und Sozialstaatlichkeit, S. 526 ff (537) : „Die verbandsmäßige Gestaltung der Arbeits- und Lohnbedingungen durch die Sozialpartner findet nach der. .. sozialstaatlichen Ordnung. .. ihre Grenzen... “.

616 *Weber*, Die Sozialpartner in der Verfassungsordnung, in: Rechtsstaatlichkeit und Sozialstaatlichkeit, S. 526 ff (530);
Ridder, Zur verfassungsrechtlichen Stellung der Gerwerkschaften, S. 29.

aaa. Begründung der Bindung der Koalitionen an das Sozialstaatsprinzip aufgrund ihrer Verbandsqualität

Die Geltung des Sozialstaatsprinzips kann sich für die Tarifvertragsparteien somit allein aus ihrer verfassungsrechtlich und gesellschaftlich exponierten Stellung ergeben, die die Tarifvertragsparteien in ihrer *Verbandsqualität* quasi-staatlichen Anforderungen aussetzt.

Die Einordnung der Koalitionen in die Dialektik von Staat und Gesellschaft hat die verfassungsrechtliche und arbeitsrechtliche Literatur stets beschäftigt[617]. Insbesondere in den sechziger Jahren rückte das zu beobachtende Phänomen des massenhaften Zusammenschlusses in Interessenverbänden die Notwendigkeit in den Blickpunkt, die Stellung dieser Verbände im Rahmen des demokratischen Systemes festzustellen, um so auf die Handlungsoptionen und die Reichweite ihrer Regelungsbefugnis rückschließen zu können.

(1). Differenzierung Staat-Gesellschaft

Der Dualismus von Staat und Gesellschaft als konstituierendes Merkmal der deutschen Verfassung ist bis heute existent[618], wenn auch nicht mit letzter Exaktheit greifbar[619].

---

617 Hier vor allem zu nennen ist. *Eschenburg*, Herrschaft der Verbände ?, der die Gefahren des verbandlichen Staates auf zeigte und zum Stein des Anstoßes der folgenden literarischen Auseinandersetzung wurde.
Des weiteren: *Bulla*, Soziale Selbstverwaltung der Sozialpartner als Rechtsprinzip, in: Nipperdey-FS, S. 79 ff;
Denninger, Der gebändigte Leviathan;
Galperin, Die Stellung der Gewerkschaften im Staatsgefüge, DB 1970, S. 298 ff (I) u. S. 346 ff (II);
Isele, Sinn und Grenzen der Vereinbarungsbefugnis der Tarifvertragsparteien, JZ 1966, S. 585 ff;
Isensee, Der Tarifvertrag als Gewerkschafts-Staats-Vertrag,in: Das Berufsbeamtentum im demokratischen Staat, S. 23 ff;
Kaiser, Die Repräsentation organisierter Interessen;
Krüger,Staatliche Gesetzgebung und nichtstaatliche Rechtsetzung,RdA 1957,S.201 ff ;
Löwisch, Der Einfluß der Gewerkschaften auf Wirtschaft, Gesellschaft und Staat, RdA 1975, S. 53 ff;
Ossenbühl, Der öffentliche Status der Gewerkschaften, NJW 1965, S. 1561 ff;
Süsterhenn, Das Subsidiaritätsprinzip als Grundlage der vertikalen Gewaltenteilung, in: Zur heutigen Problematik der Gewaltentrennung, S. 113 ff;
Weber, Die Teilung der Gewalten als Gegenwartsproblem, in: Zur heutigen Problematik der Gewaltentrennung, S. 185 ff.

618 Vgl. *Hesse*, Grundzüge des Verfassungsrechts, S. 8 ff.

Zwar ist dieses Erscheinungsbild nicht mehr von dem Charakter der Antinomie oder Dichotomie[620], wie dies noch in der Zeit der konstitutionellen Monarchie auf deutschem Boden[621] der Fall war, bestimmt.

Mit dem Übergang von der monarchischen zur demokratischen Struktur hat sich die konträre Position von Staat und Gesellschaft grundlegend gewandelt[622]: Während im Konstitutionalismus das Gesellschaftliche sich als Freiraum von der staatlichen Gewalt (die der Monarch innehatte) in Form der Privatsphäre definierte, wurde das Gesellschaftliche in der Demokratie, die sich als Identität von Herrschern und Beherrschten versteht[623], aus dieser Diametrallage herausgelöst.

Diese Annäherung von Staat und Gesellschaft ergibt sich deutlich aus der Tatsache, daß heute jedes gesellschaftliche Handeln allein im Rahmen der vom Staat vorgegebenen Grenzen erfolgt, so daß keine exterritorialen Zonen gesellschaftsautarken Handelns bestehen.

Die Näherung, bzw. Durchdringung ergibt sich neben dem Wesen der Demokratie weiterhin auch aus den unstreitigen Interdependenzen von gesellschaftlichen und staatlichen Kräften:

Der Staat ist infolge der personellen Identität zur Durchsetzung seiner Entscheidungen auf die Akzeptanz und den Konsens der Gesellschaft, die als Realisationsfaktor der Umsetzung fungiert, angewiesen.

Das dialektische Verhältnis offenbart sich, wenn man bedenkt, daß die Gesellschaft und ihre Gruppen die Umsetzung ihrer Interessen in verbindliche staatliche Regularien durch die Beeinflussung des Staates bewirken.

Dies rechtfertigt es, von einer dialektischen Einheit[624] der im funktionalen Bereich wurzelnden Divergenz der demokratischen Konstituanten zu sprechen.

Diese unzweifelhaft bestehende enge Bindung der in Rede stehenden demokratischen Ordnungsgrundsätze[625] können allerdings nicht im Sinn einer Identität von Staat und Gesellschaft verstanden werden:

---

619 Das die Verhältnisbestimmung bis heute nicht exakt gelungen ist, liegt an der besonderen Ausprägung des Staates, der zwar als sachlich getrennt-organisierte politische Entscheidungseinheit auftritt (*Böckenförde*, Staat, Gesellschaft, Freiheit,S. 193), jedoch personelle Identität mit der Gesellschaft aufweist und in seinen Tätigkeiten stets funktional auf die Gesellschaft bezogen handelt.

620 *Isensee*, Subsidiaritätsprinzip und Verfassungsrecht, S. 149.

621 Die Trennung von Staat und Gesellschaft besteht in dieser Form allein in Deutschland. Dies begründet sich insbesondere mit der im Vergleich zu etwa Frankreich nicht erfolgten Übernahme des Staates durch die gesellschaftlichen Kräfte. In Deutschland blieb es dagegen bei der trennenden monarchistischen Staatskonzeption. Vgl. *Gablentz*, Gesellschaft, in: Staat und Politik, S. 88 ff (89).

622 *Rupp*,HbdStR I, § 28, S. 1187 ff (1193).

623 *Herzog*, Allgemeine Staatslehre, 1971, S. 145.

624 *Rupp*, in: HbdStR I, § 28, S. 1205.

Zunächst divergiert die Zielrichtung staatlichen Handelns von derjenigen gesellschaftlichen Aktionsverständnisses:

Das Funktionssystem der Gesellschaft und ihrer Gruppen, d.h. auch der Koalitionen als privatrechtliche Verbände, wurzelt im Prinzip der Freiheit und Autonomie[626]. Zweck jeden Handelns der gesellschaftlichen Gruppen ist damit die freie Entfaltung der Selbstbestimmung und der Persönlichkeit. Im Gegensatz dazu ist der Staat auf gemeinwohlbestimmende Herrschaft, Ausübung öffentlicher Gewalt und hoheitlicher Befugnisse angelegt[627].

Aber auch die Existenz der Individualgrundrechte zeigt die Notwendigkeit der Trennung von Staat und Gesellschaft auf, sie setzt sie als Bedingung sogar voraus[628]. Denn der Einzelne, der in einer Demokratie immer Teil der staatlichen Herrschaft ist, muß zur Geltendmachung seiner Freiheitsrechte einem Grundrechtsverpflichteten gegenüberstehen. Dies ist aber nur dann möglich, wenn der Adressat zu ihm personenverschieden ist. Da dies in einer Demokratie niemals eine personelle Verschiedenheit sein kann, muß ein funktionaler Unterschied bestehen. Die Grundrechte erfüllen damit nur dann ihren Schutzzweck, wenn neben der gesellschaftlichen eine staatliche Sphäre besteht.

Damit wird auch deutlich, daß das demokratische System selbst die Vereinheitlichung von Staat und Gesellschaft verbietet. Denn die Gefahr eines totalitären Staates ergibt sich immer dann, wenn die Trennung der beiden Organisationsprinzipien durch Eingliederung des einen in den anderen Teil erfolgt. Dies gilt für das Aufsaugen der Gesellschaft durch den Staat, aber ebenso für die umgekehrte Möglichkeit der vollständigen Beeinflussung der staatlichen Entscheidungen etwa durch die Verbände[629], da auch hier die Entstehung eines Staates droht, der als Leviathan zu charakterisieren wäre.

(2). Einordnung der Tarifvertragsparteien in ihrer Verbandsqualität zum gesellschaftlichen Bereich

Die Einordnung der Verbände in den bestehenden Dualismus von Staat und Gesellschaft ergibt sich aufgrund der Tätigkeiten in beiden funktionalen Wirkungsbereichen nicht eo ipso.

Die Koalitionen entstammen zwar eindeutig dem gesellschaftlichen Bereich, da sie sich als Vereinigung gleichgerichteter Interessen zum Zweck der opti-

---

625 *Isensee*, Subsidiarität und Verfassung, S. 154.

626 *Heinze*, Wege aus der Krise des Arbeitsrechts, NZA 1997, S. 1 ff (2).

627 *Rupp*, HbdStR I, § 28, RNr. 33, S. 1208.

628 *Isensee*, Subsidiaritätsprinzip und Verfassungsrecht, S. 153.

629 *Zacher*, Staat und Gewerkschaften, in: Schriftenreihe Juristische Studiengesellschaft Karlsruhe, Heft 133, S. 7

mierten Durchsetzung privatrechtlicher Belange (der Arbeitsbedingungen) konstituierten.

Außerhalb dieses gesellschaftlichen Wirkungsbereiches werden die Koalitionen aber auch in Funktionen und Bereichen tätig, die traditionell staatliche Wirkungsfelder darstellen:

(a). Wahrnehmung von Tätigkeiten im staatlichen Bereich

Hier ist vorrangig die zum unmittelbarsten staatlichen Bereich gehörende Stellung als Normgeber mit zwingender rechtlicher Bindungswirkung für die tarifgebundenen Mitglieder (§ 4 I TVG) zu nennen. Im Gegensatz zu anderen privatrechtlichen Vereinigungen treten die Koalitionen damit als gefestigte und dauerhafte Rechtssetzer auf, die trotz der privatrechtlichen Form des Zusammenschlusses den Rechtsgenossen ebenso übergeordnet gegenübertreten, wie dies der staatliche Gesetzgeber tut. Die Eigenschaften von Fremdgesetzlichkeit und Fremdautorität sind - auch unter Berücksichtigung der verselbständigten Organisationsstruktur der Verbände- damit nicht bedeutend schwächer, als beim Gesetzgeber[630].

Befindet sich somit der einzelne Arbeitnehmer im vergleichbaren Über-, Unterordnungsverhältnis, wie dies gegenüber dem Staat der Fall ist, können die Tarifvertragsparteien nicht mehr im rein gesellschaftlichen Bereich anzusiedeln sein.

Dafür sprechen auch die weiteren Tätigkeiten der Koalitionen, die zumindest einen gravierenden Einfluß auf den Staat zeitigen.

(b). Wahrnehmung von Tätigkeiten mit gravierendem Einfluß auf den Staat

Die Vertretungs-, Mitwirkungs-, Entscheidungs- und Beteiligungsrechte der Tarifvertragsparteien gehen heute um ein Vielfaches über die eigentliche Wahrung und Förderung der Arbeits- und Wirtschaftsbedingungen hinaus:

Sei es durch Beteiligung an Arbeitsvermittlung und Arbeitslosenversicherung, im Bereich der Arbeits- und Sozialgerichtsbarkeit (§§ 11, 23 ArbGG), beratenden Tätigkeiten in Ministerien (§ 23 Gemeinsame Geschäftsordnung der Bundesministerien II), Vertretung in den Beiräten der Landeszentralbanken, Beiräte

---

630 *Huber*, Staat und Verbände, in: Recht und Staat in Geschichte und Gegenwart Band 218, S. 9.

der örtlichen Berufsschulen, Vertretung in den Rundfunkräten einiger deutscher Rundfunkanstalten, etc.[631].

Des weiteren ist das politische System der Bundesrepublik Deutschland nicht mehr allein auf die Parteien als alleinige Basis der demokratischen Meinungs- und Willensbildung gemäß Art. 21 GG ausgerichtet.

Neben den Parteien wirken: „... vor allem Verbände, ... auf den Prozeß der Meinungs- und Willensbildung ein“[632].

Dieser Wandel begründet sich primär in der Erkenntnis, daß der Bürger sich nicht nur als politisches Wesen wahrnimmt, sondern maßgeblich von seinem individuellen Dasein bestimmt wird[633], das sich hauptsächlich aus seiner Erwerbstätigkeit ergibt.

Aufgrund des im Vergleich zu den Parteien überaus hoch erscheinenden Organisationsgrades von Arbeitnehmern und Arbeitgebern in den jeweiligen Koalitionen[634] und der umfassenden Organisationsstruktur beeinflussen die Tarifvertragsparteien das politische Geschehen im Staat. Durch diese Rolle als politisches Willensbildungsorgan werden die Koalitionen zu einem wichtigen Zwischenglied bei der Umsetzung gesellschaftlicher Vielfalt in staatliche Einheit[635]: Die pluralistische Verfassung setzt die Koalitionen als Bedingung voraus[636], da die Bildung des volonté général durch den Interessenausgleich und die Konsensbildung auf politischer Ebene zwingend die Artikulation dieser Interessen voraussetzt.

Während die Parteien aufgrund ihrer ideologischen Ausrichtung bei der Artikulation ihrer Mitgliederinteressen bereits einen inneren Ausgleich vorweggenommen haben, finden die Koalitionsinteressen, infolge der Ausprägung als reiner Interessenverband, den direkten Ausdruck und sind so wichtige Informationsquelle des Staates[637].

(3). Ergebnis: Rolle der Koalitionen zwischen Staat und Individuum

Anhand dieser Überlegungen zur besonderen Stellung der Koalitionen als Verbände im Staat ergibt sich eindeutig, daß sie ihren Platz nicht allein im gesell-

---

631 Vgl. *Weber*, Der Sozialpartner in der Verfassungsordnung, in: Rechtsstaatlichkeit und Sozialstaatlichkeit, S. 526 ff (541-547).

632 BVerfGE 20, S. 56 ff (114).

633 *Forsthoff*, Verfassungsprobleme des Sozialstaats, in: Rechtsstaatlichkeit und Sozialstaatlichkeit, S. 145 ff (154).

634 450 Mitgliedverbände der Bundesvereinigung der Deutschen Arbeitgeberverbände; am 31.12.1996, 8.972.672 Gewerkschaftsmitglieder, vgl.Statistisches Jahrbuch 1997, S. 742,745.

635 *Grimm*, HbdVfR, § 15, RNr. 4, S. 659.

636 *Häberle*, ZHR 145 (1981), S. 484 ff (485).

637 *Grimm*, HbdVfR, § 15, RNr. 15, S. 660.

schaftlichen Feld finden, sondern auch abweichend von der expliziten Verfassungsgestaltung als notwendiges Element zur Erhaltung der pluralistischen Demokratie als pouvouir intermédiaires verstanden werden müssen, denen wie Weber formuliert: „Einfluß auch in den Staat gewährt" ist[638].

Das Sozialstaatsprinzip muß damit auch im Bezug auf die Tarifvertragsparteien Wirkung entfalten. Die Reichweite dieser Bindungswirkung wird in der Literatur zumeist mit dem Verweis auf die „Gemeinwohlbindung der Tarifvertragsparteien" bestimmt[639].

Die behauptete Normsetzungsprärogative ließe sich jedoch nur dann begründen, wenn die Anforderungen, die das Sozialstaatsprinzip an den Staat zur Verwirklichung der Ziele soziale Sicherheit und Vollbeschäftigung, bzw. Verringerung der Arbeitslosenanzahl wie oben gesehen stellt, in adäquatem Umfang ebenfalls von den Tarifvertragsparteien erfüllt werden könnten.

Denn nur, wenn den Tarifvertragsparteien eine den staatlichen Verpflichtungen entsprechende Bindung aus dem Sozialstaatsprinzip auferlegt wäre, könnten sie eine den Staat im Bereich der Arbeitsbedingungen verdrängende Wirkung für sich reklamieren.

bbb. Reichweite der Sozialstaatsbindung der Koalitionen nicht adäquat zu der staatlichen Bindung

Eine derart weitreichende Bindung an das Sozialstaatsprinzip setzt jedoch voraus, daß die Tarifvertragsparteien im Staatsgefüge einen Platz als staatliches Ordnungsmacht einnehmen.

Eine solche Qualifizierung der Rolle der Tarifvertragsparteien verbietet sich jedoch sowohl aus staatstheoretischer Hinsicht als auch aus funktionellrechtlichen Gründen:

---

638 *Weber*, Der Sozialpartner in der Verfassungsordnung, in: Rechtsstaatlichkeit und Sozialstaatlichkeit, S. 526 ff (530f);
Becker, Gewaltenteilung im Gruppenstaat;
Kaiser, Die Repräsentation organisierter Interessen, S. 90;
Weber, Die Teilung der Gewalten als Gegenwartsproblem, in: Zur heutigen Problematik der Gewaltennteilung, S. 185 ff (200f)

639 *Bulla*, Soziale Selbstverantwortung der Sozialpartner als Rechtsprinzip, in: Nipperdey-FS, S. 79 ff (83f).

(1). Die Koalitionen als Ausdruck der pluralistischen Gestaltung der demokratischen Staatsform

Die demokratisch-liberale Staatsform der Bundesrepublik Deutschland erhält in ihrer heutigen Gestalt eine dominante Prägung durch den Pluralismus bestehender Interessengruppen. Pluralismus ist hierbei die Konsequenz aus der Mannigfaltigkeit der Realität, die bei einer unbegrenzt großen Zahl von Gruppen zu divergierenden Interessen führt, die diese dem Staat gegenüber durchzusetzen versuchen. Dergestalt ist der Pluralismus - gerade als Antipode zum Totalitarismus des dritten Reiches - eine gesellschaftliche Realität und ein grundgesetzlich geförderter Zustand[640].

Dem Idealtypus einer pluralistischen Gesellschaftsordnung entspricht eine Regelung der jeweils anfallenden sozialen und wirtschaftlichen Probleme, die durch Kollektivvereinbarungen zwischen Verbänden zustande kommt und deren Inhalt für die Verbandsmitglieder verbindlich ist.

Die Gestaltung des Grundgesetzes geht hierbei von einem pluralistischen Konzept aus, das letztlich auf dem Gedanken basiert, daß durch ein den konkreten Anforderungen adäquat angepaßtes Mitbestimmungsrecht der betroffenen Gruppen eine bedeutsame Voraussetzung dafür gesetzt wird, daß mittelbar das Gesamtwohl optimal gefördert wird und so die gesellschaftliche Vielfalt in staatliche Einheit transferiert wird. Damit wirkt der Pluralismus über die tatsächliche Existenz gesellschaftlicher Vielfalt als Grundlage der Handlungsoptionen der einzelnen Gruppen[641].

Die Tarifvertragsparteien, als Partikularinteressenvertretungen auf der Basis einer antinomen Relation, bilden das Paradigma des kollektiven Pluralismus, da sie mittels Tarifvertrag die Gesellschaft von arbeitsrechtlichen Konflikten entlasten, deren Beseitigung durch den Staat nicht realisierbar wäre[642].

Während die Existenz des Pluralismus damit an sich als notwendige Voraussetzung für die Willensbildung im Staat[643] und damit als notwendige Voraussetzung der Demokratie qualifiziert wird[644], birgt die reale Umsetzung des Pluralismus inhärente Gefahren:

---

640 *Kaiser,* Die Repräsentation organisierter Interessen, S, 313 f.

641 *Grimm,* HbdVfR § 15, Verbände, Rn 4, S. 659.

642 *Becker,* Gewaltenteilung im Gruppenstaat, S. 139;
Böckenförde, Staat, Gesellschaft, Freiheit, S. 473;
Zacher, Staat und Gesellschaft, S. 40.

643 *Maunz/Zippelius,* Deutsches Staatsrecht, § 11 III.3, S. 66; BVerfGE 5, S. 135 ff (198)

644 *Hesse,* Grundzüge des Verfassungsrechts, S. 56;
Grimm, HbdVfR § 15, Verbände, Rn 5, S. 659 f.

In extremster Form formulierte Carl Schmitt[645], daß sich Pluralismus und moderner Wirtschaftsstaat nicht miteinander vereinbaren ließen und qualifiziert damit den Pluralismus als einen entscheidenden Faktor für das Scheitern der Weimarer Republik. Diese negative Grundhaltung, die bei Rousseau einst die Qualität einer „phobie des groupements“ erreichte[646], geht in dieser Generalität zu weit, entbehrt jedoch nicht einiger zutreffender Ansatzpunkte, von denen hier insbesondere die Oligarchiegefahr hervorgehoben werden soll.

(2). Oligarchische Tendenzen und die mit ihnen verbundenen Gefahren

Unter Oligarchie versteht man die Herrschaft geschlossener Führungskreise, die sämtliche Macht- und Einflußpositionen eingenommen haben und darin konkurrieren und rivalisieren[647].

Die Tarifvertragsparteien besitzen, wie die oben genannten Beispiele zeigen, heutzutage ein Maß an Einfluß und Macht, das weit über die ursprüngliche Aufgabenbasis hinausgeht. Diese unbestreitbare Macht, die sich in dem durch den geschichtlich begründeten Machtverzicht des Staates ergebenden Machtfreiraum[648] etablierte, bezieht sich hierbei nicht allein auf den gesellschaftlichen Bereich, sondern erfaßt zum einen aufgrund der gesamtstaatlichen Relevanz der Tarifvertragsregelungen über etwa die Lohnpolitik, zum anderen aufgrund des politischen Anspruchs der Tarifvertragsparteien auch wesentliche öffentliche Bereiche.

Gerade unter diesem Aspekt mehren sich die Stimmen, die den weiten Raum, der den Tarifvertragsparteien in den vergangenen Jahren zugewiesen wurde, definieren und damit begrenzen möchten.

Die Notwendigkeit der Begrenzung wird schlagwortartig mit Begrifflichkeiten zur Beschreibung des aktuellen staatlich-gesellschaftlichen Systems begründet, die von Hypertrophie der Verbände, Infiltration der Staatsverwaltung, Demontage des Staatlichen, über parakonstitutionelles Staatssystem bis zur Qualifizierung als Anarchie parzellierter Gruppeninteressen reichen[649].

Wenn diese Begrifflichkeiten auch vermeintlich Ausdruck überzogener emotionaler Befindlichkeiten sind, so sind oligarchische Strukturen der Verbände tatsächlich jedoch nicht zu leugnen:

---

645 *Schmitt,* Der Hüter der Verfassung, Teil II, S. 94 f.

646 Auch Tocqueville war der Ansicht, daß der Pluralismus sich letzten Endes mit der Anarchie berühren würde, *Alexis de Tocqueville*, De la Démocratie en Amerique I,S.198.

647 *Weber,* Spannungen und Kräfte, S. 152.

648 *Weber,* Die Sozialpartner in der Verfassungsordnung, S. 551 f.

649 *Huber*, Staat und Verbände, in: Recht und Staat Band 218, S.5.

Die Wahrnehmung der Mitgliederinteressen, die primär auf die Verbesserung der Arbeitsbedingungen und Teilhabe am erwirtschafteten Erfolg gerichtet sind, erfolgt durch Verbandsfunktionäre. Diese Funktionäre treffen die Entscheidungen auf der Führungsebene, wobei die Entscheidungen nur in Ausnahmefällen eine unmittelbare Rückkoppelung an Mitgliederentscheide erfährt. Grundsätzlich stimmen die Mitglieder lediglich über das Programm der Verbände ab. Lediglich bei Urabstimmungen wird das Vorgehen der Gewerkschaften durch einen Mitgliederentscheid bestimmt. Aufgrund der Tatsache, daß relevanteste Entscheidungen, die die gesamte Bevölkerungen betreffen können, allein von einer Führungsgruppe einer Partikularinteressenvertretung getroffen werden, die die reale Mächtigkeit des durch sie repräsentierten Verbandes innehat, sind zumindest oligarchische Tendenzen zu erkennen[650].

Diese Oligarchietendenzen sind nur dann mit dem demokratischen Prinzip zu vereinbaren, wenn sie eine externe Begrenzung dergestalt erfahren, daß die Herrschaft einer Gruppe über die Gesamtbevölkerung verhindert und lediglich abgeschwächt als natürliche Beleiterscheinung des verfassungsrechtlich geförderten Pluralismus in die Schranken verwiesen wird[651].

(3). Egalisierung oligarchischer Machtstrukturen mittels interkoalitionärer checks and balances

Die Herrschaft der Gruppeninteressen durch eine freie Auseinandersetzung mit widerstreitenden organisierten Interessengruppen in ihren Oligarchietendenzen beschränken zu wollen, kann keinen ausreichenden Schutz der Demokratie und des Staates zeitigen[652].

Allein die Parität der Interessengruppen[653], die als solche infolge der divergierenden Stärke der konträren Gruppen nur als unterstellt gelten kann[654], kann die Nutzung der Machtkonzentration nicht unterbinden, da sich der vorgenommene Ausgleich immer nur auf die unmittelbaren Eigeninteressen der Tarifvertragsparteien beziehen wird. Die Tarifvertragsparteien gleichen im Widerstreit ihre eigenen Interessen untereinander aus mit dem Ziel, ein Maximum ihrer Forderungen durchzusetzen. Dies so erfolgende und unstreitig machtbegrenzend

---

650 *Meessen,* Erlaß eines Verbändegesetzes als rechtspolitische Aufgabe ?, S. 6 ;
Weber, Die Sozialpartner in der Verfassungsordnung, S. 553;
Brennecke, Normsetzung durch private Verbände, S. 35 ;
Ridder, Zur verfassungsrechtlichen Stellung der Gewerkschaften, S. 15.

651 *Rupp,* HbdStR I, § 28 Rn 52, S. 1220.

652 So im Ergebnis auch *Grimm,* HbdVfR, § 15 Rn. 6; S. 661.

653 *Isensee,* Subsidiaritätsprinzip und Verfassungsrecht, S. 27.

654 Vgl. *Brennecke,* Normsetzung durch private Verbände, S. 35.

wirkende Interessenclearing[655] führt damit allein zu einem Ausgleich partikularer Interessen. Diese sind allerdings weder denknotwendig noch regelmäßig identisch mit den Staats- und Bürgerinteressen: Der volonté de toutes entspricht eben nicht dem volonté géneral[656].

Folglich kann die Gefährdung des Staates durch oligarchische Tendenzen nicht allein mittels der Parität der konträren Interessengruppen gebannt werden.

(4). Begrenzung oligarchischer Machttendenzen mittels des Gewaltenteilungsprinzips

Das Gewaltenteilungsprinzip erweist sich als universelles Instrument der intrastaatlichen Machtbegrenzung auch geeignet, um die koalitionäre Macht im Verhältnis zum Staat zu begrenzen und damit die nicht staatsadäquaten Bindung an das Sozialstaatsprinzip zu begründen.

(a). Bedeutung des Gewaltenteilungsprinzips und Anwendbarkeit im Verhältnis Staat - Koalitionen

Der Grundsatz „Power corrupts and absolute power corrupts absolutely“[657] bildet den soziologischen Hintergrund für die auf Montesquieu zurückgehende Lehre von der Gewaltenteilung. Die Begrenzung der Macht durch die Abgrenzung und Umschreibung von Kompetenzen begründete Montesquieu zunächst für die drei staatlichen Gewalten Legislative, Exekutive und Judikative[658]. Aber bereits damals wurden die gesellschaftlichen Kräfte als existente Gewalten qualifiziert, die ebenfalls in das System der Gewaltenteilung einzuordnen sind. Diese sogenannten „pouvoir intermédiaires“[659] sollten nach der Vorstellung Montesquieus jedoch nicht nur in ihrer Macht im Verhältnis zu den staatlichen Kräften begrenzt werden, sondern auch an der Ausübung der Macht beteiligt werden[660]. Die gesellschaftlich erstrebenswerte Gestaltung von staatlichen und gesellschaftlichen

---

655 *Meessen,* Erlaß eines Verbändegesetzes als rechtspolitische Aufgabe?, S. 6.

656 Da die durch die Gewerkschaften geforderten Lohnerhöhungen zur Stärkung der Kaufkraft führt und damit zu einer Preiserhöhung, profitieren beide Tarifvertragsparteien von der Regelung, während die Interessen der Gesamtbevölkerung durch den Preisanstieg unbeachtet und verletzt werden.Vgl. zum Problem: *v.Arnim,* Gemeinwohl und Gruppeninteressen, S. 103.

657 *Lord Acton,* bei: v. Arnim, Macht macht erfinderisch, Vorwort.

658 *Montesquieu,* De lÉsprit des Lois, Buch XI, Kap. 6.

659 *Montesquieu,* De lÉsprit des Lois, Buch II, Kap. 4

660 *Zippelius*, Problemfelder der Machtkontrolle, in: Gewaltentrennung im Rechtsstaat, S. 27 ff (33);
Böckenförde, Staat, Gesellschaft, Freiheit, S. 474.

Gewalten liegt da mit in einem Interessenausgleich, bei dem die deutliche Abgrenzung der Einflußsphären für eine Bändigung bestehender Macht Sorge trägt und damit dem Prinzip „le pouvoir arrête le pouvoir“[661] gerecht wird. Ist folglich das Gewaltenteilungsprinzip generell auf alle existente Machtgruppierungen im Staat und damit auch auf gesellschaftliche Kräfte anzuwenden, ergibt sich in der Konsequenz auch die Begrenzung der oligarchischen Tendenzen der Koalitionen anhand dieses Prinzips[662].

(b). Machtbegrenzung durch Funktionsabgrenzung

Eine zutreffende Machtbegrenzung durch Machtverteilung muß sich bei der Abgrenzung Staat - Koalitionen auf die divergierenden Aufgaben und Zielsetzungen gründen, da nicht die starre Trennung der Gewalten, sondern ihre funktionelle Abgrenzung die erforderliche Machtbalance sichert[663].

Staat und Koalitionen sind zur Vertretung unterschiedlicher Interessenkreise verpflichtet. Während der Staat die Belange der Gesamtbevölkerung zu beachten und wahren hat, fördern die Koalitionen lediglich Partikularinteressen innerhalb dieser Summe aller Interessen[664].

Damit werden auch die unterschiedlichen Funktionen der Gewalten deutlich:

Die Koalitionen nehmen die Vertragsfreiheit, die ihnen infolge der realen Imparität des Einzelnen im Arbeitsrecht übertragen worden ist, auf kollektiver Ebene wahr Diese Rückbesinnung auf die ursprüngliche Existenzbegründung der Tarifvertragsparteien zeigt das Funktionsdefizit gegenüber dem Staat. Denn ebenso, wie der einzelne Bürger primär die Verwirklichung seiner egoistischen Ziele verfolgt und es ihm neben dem umfassenden Überblick über andere Interessen und an der Unabhängigkeit mangelt, neutrale Entscheidungen zu treffen, sind auch die Tarifvertragsparteien als Zusammenschlüsse der Einzelnen auf kollektiver Ebene auf die gruppen- egoistische Interessenverfolgung festgelegt. Diese Interessenfixierung ist dabei eine gesellschaftsimmanente Erscheinung. Noch nie konnte von den Selbstregulierungskräften der Gesellschaft die beste Lösung menschlicher Probleme erwartet werden, denn dazu bedürfte es eines uneinge-

---

661 *Montesquieu,* De lÉsprit des Lois, Buch XI, Kap. 4

662 *Weber,* Teilung der Gewalten, S. 195, 200 ;
Zacher, Staat und Gewerkschaften, S. 42;
Im Ergebnis auch: *Biedenkopf,* Grenzen der Tarifautonomie, S. 30.

663 *Zippelius,* Problemfelder der Machtkontrolle, in: Gewaltentrennung im Rechtsstaat, S. 27 ff (29).

664 Mit diesem Unterschied korrespondiert die Legitimation der Gewalten, die einmal gesamtstaatlich gemäß Art. 38 GG und einmal rein mitgliedschaftlich erfolgt, vgl. dazu *Böckenförde,* Staat, Gesellschaft, Freiheit, S. 474.

schränkt vernunftgesteuerten Menschen – eine Anforderung, die der Summe der geschichtlichen Erfahrungen widerspricht[665]".

Demgegenüber ist der Staat verpflichtet, die in ihm zusammengefaßten Bürger in materieller und ideeller Hinsicht zu schützen, um so die Aufgabe des Staates „Solidarité devant les risques de la vie" wahrzunehmen. Die Funktion des Staates ist es damit, die Vielzahl partikularer Interessen in einen gemeinwohlverträglichen Ausgleich zu bringen. Eine Funktion, die allein dem Staat aufgrund seines generell altruistischen Charakters zustehen kann, der zudem allein in der Lage ist, die verschiedenen Interessen und Bedürfnisse überhaupt wahrzunehmen.

Die Schutzpflicht des Staates wird damit durch die neutrale Rolle verwirklicht, die der Staat im freien Spiel der gesellschaftlichen Antipoden einnimmt[666].

Die so begründete Funktionstrennung von Staat und Koalitionen zeigt, daß das Trennungsprinzip die Rolle der Koalitionen in deutlicher Abgrenzung vom Staat und seinen Aufgaben versteht.

Die neutrale Rolle des Staates ist es damit auch, die die oligarchischen Machttendenzen einschränkt. Der Staat allein kann aufgrund seiner Suprematie die sich im freien Konflikt nicht gänzlich egalisierenden Machtkonzentrationen auffangen und so die Gefahren eines unausgewogenen Interessenausgleiches in gesamtstaatlicher Hinsicht verhindern.

Eine andere Beurteilung ergibt sich trotz der heute real nicht immer deutlich feststellbaren Trennung der staatlichen und koalitionären Funktionsbereiche nicht. Funktional betrachtet, bedient sich der Staat der Tarifvertragsparteien[667], um die ihm obliegenden Aufgaben im Bereich der Arbeits- und Wirtschaftsbedingungen zu erfüllen. Die vermehrte Form der Übertragung von Aufgaben an die Koalitionen als gesellschaftliche Selbstregulierungskräfte steht im Gegegensatz zum überkommenen System streng hierarchischen Handelns des Staates[668], das in sich in der heutigen Zeit der erhöhten Steuerungsanforderungen auf dem immer komplexer werdenden Feld gesellschaftlicher Entwicklungen überlebt hat

Diese funktionale Stellung rechtfertigt die Qualifizierung der Koalitionen als Zusammenschlüsse mit öffentlichen Status, der eine Zwischenposition und Mittlerrolle zwischen Staat und Gesellschaft einnimmt. Es verbietet sich jedoch, über diesen Status hinaus die Koalitionen in den staatlichen Bereich einzuordnen, da

---

665 *M/D/H/S - Herzog,* Art. 20 I, Rn 20 ff;
Kaiser, Die Repräsentation organisierter Interessen, S. 360.

666 *Isensee,* Subsidiaritätsprinz und Verfassungsrecht, S. 27.

667 Da der Staat die Normsetzungsbefugnis lediglich delegiert hat, erfüllen die Koalitionen bei Abschluß verbindlicher Tarifverträge die Aufgabe des Staates, die Arbeitsbedingungen zu regeln.

668 Vgl. *Brennecke,* Normsetzung durch private Verbände, S.24.

ihnen eine originäre staatliche Rolle nicht zufällt[669] und eine Änderung dieser Qualifizierung nur möglich wäre, wenn der Staat selbst mittels eines Legislativaktes die Umqualifizierung vornähme[670]. Einen Eintritt in den staatlichen aus dem gesellschaftlichen Bereich heraus kann sich nicht allein aus der faktischen Wahrnehmung öffentlicher Aufgaben ergeben.

Die Ansicht Krügers[671], die Koalitionen seien infolge ihrer allgemeinheitsrelevanten Betätigungen ein Stück Staat, läßt sich demnach nicht halten, da sie sowohl den rechtlichen als auch den tatsächlichen Gegebenheiten nicht gerecht wird.

(c). Ergebnis: Notwendigkeit der Funktionsbeschränkung der Koalitionen durch die staatlichen Kompetenzen und daher Fehlen staats-adäquater Sozialstaatsbindung, daraus resultierendes Fehlen der Normsetzungsprärogative

Damit steht für die Reichweite der koalitionären Rechte fest:

Da die freie Gestaltungs- und Handlungsmöglichkeiten der Koalitionen als wesentliche Ausformung des Pluralismus die Gefahren der demokratiegefährdenden Oligarchie aufweisen, muß der Staat als funktionell getrennte Macht nach dem Prinzip der Gewaltenteilung als begrenzende Gegenmacht auftreten, um gesamtstaatliche Schutzinteressen zu sichern.

Ist der Staat jedoch die begrenzende Macht nach dem Prinzip „le pouvoir arrête le pouvoir" kann es sich bei den Koalitionen nicht um ein *staatliches* Ordnungsprinzip handeln. Vielmehr liegt die Rolle der Koalitionen als unstreitig gravierende Repräsentation partikularer Interessen in der Regelung der Arbeits- und Wirtschaftsbedingungen als *gesellschaftliches* Ordnungsprinzip.

Daraus folgt, daß die Koalitionen auch nicht im staatlichen Maß an das Sozialstaatsprinzip gebunden sind. Ohne die äquivalente staatliche Bindung an das Sozialstaatsprinzip können die Koalitionen folglich keinen den Gesetzgeber ausschließenden Handlungsfreiraum bei der Regelung der Arbeits- und Wirtschaftsbedingungen durch unmittelbar bindende Normen besitzen.

Aufgrund der fehlenden Sozialstaatsbindung unter dem Aspekt des oligarchieverhindernden Trennungsprinzips scheitert demnach eine Normsetzungsprärogative.

---

669 *Becker*, Gewaltenteilung im Gruppenstaat, S. 16.

670 *Ossenbühl*, Die öffentliche Stellung der Gewerkschaften; NJW 1965, S. 1561ff (1562);
Scheuner, Wirtschaftliche und soziale Selbstverwaltung,„DÖV 1952, S. 609 ff (610).

671 *Krüger*, Die Stellung der Interessenverbände in der Verfassungswirklichkeit, NJW 1956, S.1217 ff (1220), der mit dieser Ansicht jedoch keine Anhänger fand.

(5). Fehlen der staatsadäquaten Bindung an das Sozialstaatsprinzip aufgrund realer Handlungsgrenzen und fehlender Minderheitenberücksichtigung

Neben den Bedenken, die sich bereits in staatstheoretischer Hinsicht aus der Verankerung der Koalitionen im gesellschaftlichen Bereich ergeben, ist eine solch umfassende Verwirklichung des Sozialstaatsprinzips von den Koalitionen zudem nicht zu erwarten und auch nicht zu fordern.

In den letzten Jahrzehnten wurden den Tarifvertragsparteien in der Staatswirklichkeit als relevante Ordnungsfaktoren zur Verwirklichung der sozialen Gerechtigkeit und der Regelung der Gesamtwirtschafts- und Arbeitsmarktlage gravierende Bereiche zur autonomen Regelung übertragen. Bestimmt wurde diese Selbstregulierungseuphorie durch die aus geschichtlichen Erfahrungen resultierende Überzeugung, die Regelung durch die Koalitionen garantierten eine staatlich-politisch „korrektere" Vorgehensweise gegenüber des hoheitlichen Legislativaktes.

Mit der Verabschiedung des Grundgesetzes begann die erste real existente Demokratie auf deutschem Boden, die dem alten System der konstitutionellen Monarchie nicht mehr verhaftet war[672].

Die Erfahrungen in den Jahren totalitärer Herrschaft sowie die Vorgaben der west-alliierten Besatzungstruppen erzeugten das unabweisbare Bedürfnis, die Verfassung derart zu gestalten, daß die Freiheit der Gesellschaft, d.h. die Freiheit des Einzelnen und seiner Zusammenschlüsse, einen gravierenden Raum einnahm.

Das Vertrauen in den Staat war und blieb erschüttert, so daß die Regelung von Fragen im Arbeits- und Wirtschaftsleben den gesellschaftlichen Verbänden zugewiesen wurde, die als sach- und vor allem menschennähere Zusammenschlüsse den Vorzug vor staatlichem Handeln erhielten. Diese Präferierung der gesellschaftlichen Lösung wurde im übrigen nicht allein von der Gesellschaft vorgenommen; auch die Vertreter des Staates selbst - Parlament und Verwaltung - zogen die Regelung durch Verbände häufig dem hoheitlichen Eingreifen vor.

Dies zeugt von der Furcht vor Handlungen, die den freiheitlichen Staat in die Nähe einer gesellschaftsbeschränkenden Macht brachten.

Im Bereich des Arbeitsrechts korrespondierte die so begründete Zurückhaltung des Gesetzgebers mit der starken Progression der Wirtschaft, die es in den

---

672 Für die Weimarer Republik läßt sich dies im Hinblick auf die Stellung des Reichspräsidenten und der sich in seiner Person konzentrierenden Macht (Vetorecht mit Devolutionswirkung, Art.48 WRV-Notstandsgestzgebung, Oberbefehlshaber)nicht feststellen. Hier spielt offensichtlich noch die Anknüpfung an das deutsche Kaiserreich eine entscheidende Rolle. Vgl. *Drath*, Gewaltenteilung im heutigen deutschen Staatsrecht, in: Zur heutigen Problematik der Gewaltentrennung, S. 21 ff (45).

Jahren des „Wirtschaftswunders“ ermöglichte, die Verteilung der vorhandenen Vermögenswerte mittels gesellschaftlicher Selbstregulierung vorzunehmen.

Doch diese rein im Tatsächlichen liegenden Gründe einer immer stärkeren Ausweitung verbandlicher Rechte, insbesondere der koalitionären Normsetzungsbefugnis kann nicht den rechtlichen Rahmen der Tarifautonomie definieren.

Die Darstellung der Situation in den ersten Nachkriegsjahrzehnten zeigt auf, daß man differenzieren muß zwischen den Vorgaben, die das Grundgesetz in seiner freiheitlichen Gestaltung rechtlich trifft und den soziologischen Motiven, die den Umgang mit den Koalitionen auf dem Hintergrund der Summe der geschichtlichen Erfahrung determinierten.

Ohne diese Differenzierung besteht die Gefahr, daß man existente Tatsächlichkeiten zu rechtlichen Notwendigkeiten erklärt[673]. Diese positivistische Form der Rechtsdarstellung ist infolge des konservativen Wesens des Rechtes zwar stets erklärlich, jedoch niemals ausreichend, um die rechtliche Situation zutreffend zu analysieren.

Auch hat im Verlauf der Jahre die Tendenz zur präferierten Regelung durch die gesellschaftlichen Kräfte, insbesondere der Tarifvertragsparteien, mit Abnahme der wirtschaftlichen Prosperität und Zunahme der arbeitsmarktpolitischen Schwierigkeiten einen deutlichen Rückgang erfahren.

Den Beginn dieser Tendenz markiert die Umsetzung des Stabilitätsgesetzes von 1967. Dieses Gesetz sah die Gründung der Konzertierten Aktion vor; eine Institution, in der alle an der Wirtschaft beteiligten Instanzen (Gebietskörperschaften, Gewerkschaften und Unternehmerverbände) ihre Interessen untereinander zum Ausgleich bringen sollten (§ 3 Stabilitätsgesetz: „ein gleichzeitig aufeinander abgestimmtes Verhalten“) um die Ziele des Stabilitätsgesetzes, Stabilität des Preisniveaus, hoher Beschäftigungsstand, außenwirtschaftliches Gleichgewicht und angemessenes Wirtschaftswachstum

zu realisieren. Das Ziel der Globalsteuerung der Wirtschaft auf der Basis eines gemeinsamen Interesses ist indessen nicht erreicht worden. Bereits 1977 verließ der DGB infolge unüberwindbarer Interessenkonflikte mit den Arbeitgeberverbänden die Sitzungen, die Konzertierte Aktion fand so ein frühes Ende. Der gesetzgeberische Versuch, die gesellschaftlichen Kräfte in die staatlichen Entscheidungen einzubinden, ist neben dem faktischen Scheitern auch stets rechtli-

673 *Ossenbühl*, Der öffentliche Status der Gewerkschaften, NJW 1965, S. 1561 ff (1562); gerade bzgl. der Tarifvertragsparteien warnt *Weber*, Die Sozialpartner in der Verfassungsordnung, in: Rechtstaatlickeit und Sozial-staatlichkeit, S. 526 ff (527), die Gefahr, davor, durch die bloße Faktizität der erworbe-nen Machtposition staatliche Herrschaftslegitimation begründen zu wollen.

chen Bedenken ausgesetzt gewesen. Insbesondere wurde der nicht unbegründete Vorwurf erhoben, die Grenzen von Staat und Gesellschaft seien verwischt[674].

Denn zum einen wurden gesellschaftliche Interessenverbände entgegen ihrer privatrechtlichen Zuständigkeit in politische Entscheidungen eingebunden. Des weiteren kann der Staat den ihm obliegenden Ausgleich aller gesellschaftlicher Interessen nicht wahrnehmen, wenn lediglich Teile der zu schützenden Interessen bereits im Vorfeld der staatlichen Dezision beeinflussend tätig werden.

Neben diesem Rückzug der Tarifvertragsparteien aus der verstärkten Einbindung in staatliche Entscheidungen, lenkten kritische Stimmen in der Literatur[675] den Blick auf die bis dato unberücksichtigt gebliebene Tatsache, daß die Verschiebung der staatlichen Kompetenzen auf die gesellschaftlichen Mächte nicht allein durch den positiv zu bewertenden Aspekt der maximalen Freiheit der gesellschaftlichen Selbstregulierungskräfte determiniert ist.

Die Delegation und der Rückzug staatlicher Hoheitsmacht aus weiten Bereichen des Arbeits- und Wirtschaftslebens besitzt neben den unleugbaren positiven Konsequenzen auch die seit Jahrhunderten angemahnte Kehrseite der tatsächlichen Gefährdung individueller Freiheitsrechte und Interessen.

Insbesondere in der französischen Revolution wurde die Stärkung gesellschaftlicher Interessenverbände unter anderem aus diesem Grund als Gefahr angesehen.

Nach dem Grundgedanken, daß die Vereinigungsfreiheit die Feindin der individuellen Freiheit sei, wurde die Vernichtung aller Verbindungen der Bürger untereinander zu einem Grundsatz der französischen Verfassung. Zurückgehend auf die Ablehnung der Interessenverbände durch Rousseau[676] verbot die loi Chapelier von 1791 alle Standes- und Berufsvertretungen.

Auch heute bestehen unter dem Aspekt der Freiheitsgefährdung des Einzelnen Bedenken gegen eine weit ausgedehnte Kompetenz der Verbände:

---

674 *Biedenkopf*, Rechtsfragen der konzertierten Aktion, in: BB 1968, S. 1005 ff (1009).

675 Den Höhepunkt der kritischen Auseinandersetzung markiert bei diesem Trend die Diskussion um ein „Verbändegesetz“, das die Kompetenzen der Tarifvertragsparteien erheblich einschränken sollte. Neben den teilweise vehement geführten Auseinandersetzungen in der Literatur (Vgl. *Meesen*, Erlaß eines Verbändegesetzes als rechtpolitische Aufgabe, in: Recht und Staat Bnd 459, S. 5 ff; *Alemann/Heinze*, Verbände und Staat, die eine umfassende Sammlung von Stellungnahmen zusammengetragen haben.), zeigte sich die Divergenz der *politischen* Beurteilung darin, daß dem von der FDP-Fraktion eingebrachte Gesetzesentwurf (abgedruckt in: RdA 1977, S. 235) auf dem FDP-Parteitag mit dem Hinweis die Unterstützung entzogen wurde, daß es eines derartigen Gesetzes zur Sicherung demokratischer Legitimation nicht bedürfe.

676 Contrat social II 3.

Die empirischen Untersuchungen der Verbändeforschung ergaben, daß die idealtypische Darstellung der Verbände, als Verbindungsglied zwischen Staat und Gesellschaft[677] deren Interessen zu mediatisieren, nicht unabweisbar mit dem tatsächlichen Mediatisierungserfolg übereinstimmt[678]. Problematisch sind organisierte Interessen vor allem deshalb, weil sie das gesamte Spektrum der Bedürfnisse und Präferenzen der vertretenen Gruppen nicht exakt, sondern nur verzerrt widerspiegeln[679]. Das belegt u.a. die divergierende Haltung von Gewerkschaftsfunktionären und Gewerkschaftsmitgliedern im Fall des drohenden Zusammenbruches der Arbed-Saarstahl GmbH. Während die Mitarbeiter zu Zugeständnissen in Form von Kürzungen des 13. Monatsgehaltes bereit waren, sperrte sich der Bundesvorstand der IG Metall lange Zeit gegen eine diese Kürzung erst ermöglichende Änderung des Manteltarifvertrages. Die zur Begründung der starren Haltung der Gewerkschaftsfunktionäre abgegebenen Aussagen verdeutlichen, daß in dieser Konfrontation nicht allein das erwerbswirtschaftliche Schicksal der betroffenen Arbeitnehmer (die Gesamtzahl der von der betriebsbedingten Kündigung bedrohten Arbeitnehmer lag bei 30.000), sondern auch die Betonung der politischen Relevanz gegenüber dem Staat eine maßgebliche Handlungsmotivation darstellte[680].

Damit wird eine Gefahr der Konzentration der Macht bei den Tarifvertragsparteien deutlich: Der betroffene Einzelne, der sich von seiner Mitgliedschaft die Beteiligung und Berücksichtigung an den für ihn relevanten arbeitsbezogene Daten erhofft und so der Anonymität der Massengesellschaft entkommen will, läuft Gefahr, seinen fehlenden Einfluß auf staatliche Entscheidungen durch die im Interessenclearing untergehende Artikulation auf der verbandlichen Ebene zu ergänzen. Bedenkt man, daß die Tarifvertragsparteien faktisch dem ursprünglich rein ökonomischen Bezug entwachsen sind und seitdem auch politisch auftreten, verwundert dieser Mangel an Artikulationsvermögen der sich in der Minderheit befindenden Mitglieder der Tarifvertragsparteien nicht. Dies begründet sich bereits anhand des Mächtigkeitserfordernisses der Tarifvertragsparteien, die zur wirksamen Geltendmachung ihrer Interessen nach außen als monolithisches Ganzes auftreten müssen, um ihren Forderungen den erforderlichen Nachdruck zu sichern. Dies macht es unmöglich, die Interessen der Mitgliederminderheiten zu

677 Zu der unter dem Begriff „Neokorporatismus bekanntgewordenen Diskussion: *v.Alemann/Heinze*, Verbände und Staat, Berlin 1979

678 *Meessen*, Erlaß eines Verbändegesetzes als rechtspolitische Aufgabe ?, S. 6.

679 *Voelzkow*, Staatseingriff und Verbandsfunktion, S. 11.

680 Dies belegt die Aussage des damaligen Vorstandsmitgliedes der IG Metall, Hans Jaßen, der von einem massiven Eingriff des Staates in die Tarifautonomie spricht.

berücksichtigen und ebenfalls nach außen zu artikulieren[681]. Im Gegensatz dazu ist der Staat verpflichtet, die Minderheiten aktiv zu schützen[682]. Das bedeutet, daß der Staat anders als die Interessenverbände dazu in der Lage und verpflichtet ist, die Minderheiten einzubeziehen und nicht allein anhand des Maioritätsprinzipes Entscheidungen zu treffen.

Hier offenbart sich die Gefahr, die mit der Überlassung der Regelung der Arbeits- und Wirtschaftsbedingungen mittels der Normsetzungsprärogative für das einzelne Individuum entsteht und besteht.

Wird der Staat aus seiner Suprematie[683] entsetzt durch die Normsetzungsprärogative der Tarifvertragsparteien, besteht in besonderem Maß die Gefahr, daß die Arbeits- und Wirtschaftsbedingungen allein zugunsten der Mitgliedermehrheiten gestaltet werden. Daraus folgert dann aber auch unmittelbar die Gefährdung der nichtorganisierten Interessen und der hinter diesen stehenden Individuen. Die Tarifvertragsparteien erheben zwar den Anspruch der Privilegierung der organisierten Interessen in Form der Tarifvertragsparteien[684], eine sachliche Rechtfertigung existiert hierfür jedoch nicht. Vielmehr folgt aus dem allgemeinen Gleichbehandlungsgrundsatz, daß der Staat sich um die Belange nichtorganisierter Bürger ebenso zu kümmern hat, wie um die in den Verbänden zusammengefaßten.

Damit ist der Staat verpflichtet, insbesondere die Interessen der Erwerbslosen zu berücksichtigen, eine Aufgabe, die die Tarifvertragsparteien ihrem Wesen und ihrer Struktur nach nicht erfüllen können, ohne ihren Primärauftrag, die Wahrnehmung der in ihnen zusammengefaßten Mitglieder, zu vernachlässigen oder gar aufzugeben. Bei Wahrnehmung von Außenseiterinteressen würden die Tarifvertragsparteien als Strukturelemente jedoch ihren Selbstzweck nicht erfüllen und damit ihre Existenzberechtigung verlieren, die in der Wahrnehmung der Interessen der Einzelnen liegt, die sich aufgrund der realen Imparität zur Durchsetzung ihrer Belange außerstande sehen.

Damit folgt auch aufgrund der realen Handlungsgrenzen sowie der Gefahr für die einzelnen Bürger, daß eine dem Staat entsprechende Sozialstaatsbindung für die Koalitionen nicht existiert.

---

681 Ein weiterer Grund für die Vernachlässigung von Mitgliederinteressen stellt die Gestaltung der Führungsspitze der Tarifvertragsparteien dar, denen häufig der Vorwurf nicht erspart bleibt, es handle sich bei ihnen um ambitiöse Funktionärsoligarchien (*Kaiser*, Die Repräsentation organisierter Interessen, S. 351) - ein Vorwurf, dem eine gewisse Berechtigung aufgrund des aufgezeigten Verhaltens nicht eo ipso abgesprochen werden kann.

682 *Stern*, Staatsrecht I, § 18 II 5, S. 611 f.

683 *Kaiser*, Die Repräsentation organisierter Interessen, S. 320.

684 *Leibholz*, Staat und Verbände, in: VVdStRL Band 24, S. 5 ff (21).

Eine Normsetzungsprärogative der Koalitionen kann damit nicht bestehen.

(6). Begründung der Normsetzungsprärogative durch das Subsidiaritätsprinzip dennoch möglich ?

Der einzige Gesichtspunkt, unter dem eine Normsetzungsprärogative zu begründen sein könnte, ist das Subsidiaritätsprinzip

Zurückgehend auf die Enzyklika „Quadrogesimo anno" Papst Pius XI aus dem Jahr 1931, in der erstmalig das auf katholischen Grundlehren basierende Subsidiaritätsprinzip vertreten wurde[685], hat die Weiterentwicklung dieser Theorie Eigang in die allgemeine Staatsrechtslehre gefunden[686].

Insbesondere Isensee[687] stellt das Subsidiaritätsprinzip als verfassungsimmanentes materielles Regulativ des Verhältnisses von Staat und Gesellschaft dar.

Das Subsidiaritätsprinzip als Rechtsprinzip[688] bzw. als Ordnungsprinzip[689] verbürgt danach das Recht jeder kleineren Organisationseinheit gegenüber der größeren Einheit die eigenen Angelegenheiten selbst zu regeln[690].

Angewendet auf die Koalitionen als Institutionen, die Vereinbarungen auf dem Gebiet des Arbeitsrechts treffen und im Verhältnis zum Staat die kleinere Organisationseinheit bilden, könnte den Koalitionen eine generelle Normsetzungsprärogative zugesprochen werden, soweit die Regelung die Gestaltung von Eigenbelangen erfaßt.

Doch nicht allein aufgrund der Kollision des Subsidiaritätsprinzips mit den aus staatstheoretischer, funktionaler und individualrechtlicher Hinsicht folgenden Aktionsbegrenzungen resultiert, daß das Subsidiaritätsprinzip den Tarifvertragsparteien keine generelle Normsetzungsprärogative zuweist.

Die Vertreter des Subsidiaritätsprinzips selbst gehen mit divergierender individueller Gestaltung aber im Ergebnis einheitlich von der Begrenzung des Prinzipes immer dann aus, wenn die kleineren Einheiten die erforderlichen Aufgaben nicht erfüllen können[691]. Schon Papst Pius XII schränkte das Subsidiaritätsprin-

---

685 Ausführliche Darstellung bei: *Süsterhenn,* Subsidiaritätsprinzip als Grundlage vertikaler Gewaltenteilung, in: Zur heutigen Problematik der Gewaltenteilung, S. 113 ff (116 ff).

686 *Rupp,* HbdStR I, § 28 Rn 52, S. 1219 f.

687 *Isensee,* Subsidiaritätsprinzip und Verfassungsrecht, S. 154 ff.

688 *Bulla,* Soziale Selbstverwaltung der Sozialpartner als Rechtsprinzip, in: Nipperdey – FS, S. 79 ff

689 *Kimmich,* Die Subsidiarität in der Verfassungsordnung des freiheitlich-demokratischen Rechtsstaates, S. 30 ff (30)

690 *Ermecke,* Zehn Thesen zur sozial-wissenschaftlichen Grundlegung, S. 62 ff (65).

691 *Ermecke,* a.a.O., „Wo... die. ..kleineren Gruppen versagen, muß unter Umständen die. ..größere Gruppe stellvertretende Ersatzhilfe leisten", S. 65;

zip durch das Solidaritätsprinzip ein, das jede Kraft verpflichtet, an der Verwirklichung des Gemeinwohles mitzuarbeiten. Die Grenze des Subsidiaritätsprinzips ist dieser Konzeption zufolge dort anzusiedeln, wo das Gemeinwohl von den gesellschaftlichen Kräften nicht gewahrt werden kann, so daß ein Eingreifen des Staates erforderlich wird[692].

Damit knüpft das Subsidiaritätsprinzip im Ergebnis an die Folgerungen an, die aus der Untersuchung des Sozialstaatsprinzips resultierten. Denn auch das Sozialstaatsprinzip gebietet dem Staat autarkes Handeln, wenn die zu regelnden Sachfragen das Gemeinwohl betreffen, während grundsätzlich die pluralistische Prägung des Grundgesetzes respektiert wird, so daß die Gruppen bis zu dieser Grenze ihre Belange selbständig regeln können.

Aufgrund der inhärenten Begrenzung des Subsidiaritätsprinzips kann auch dieses Prinzip keine Normsetzungsprärogative der Tarifvertragsparteien begründen.

ccc. Ergebnis: Konsequenzen der Untersuchung zum Sozialstaatsprinzip für die Schutzbereichsbestimmung und die Normsetzungsprärogative

1. Aus dem Sozialstaatsprinzip konkretisieren sich legislative Handlungspflichten des Gesetzgebers auf dem Gebiet des Arbeits- und Wirtschaftsrechts, um die soziale Sicherheit der Gesamtbevölkerung zu garantieren und zu stärken.
2. Die Tarifvertragsparteien sind im Bereich zwischen Staat und Individuum als intermediäre Kräfte des gesellschaftlichen Sektors angesiedelt. Als Verbände übernehmen sie unverzichtbare Ordnungsfunktionen im Arbeitsleben. Die gleichzeitig zu beobachtende Einflußnahme auf staatliche Entscheidungsprozesse lassen sie darüber hinaus nicht zu einem staatlichen Ordnungsfaktor werden.
3. Als Paradigma des Pluralismus sind die Tarifvertragsparteien wichtige demokratische Strukturelemente. Die ihnen als Verbände zufallende Macht durch die Bestimmung gesamtwirtschaftlicher Eckdaten beinhaltet jedoch die Gefahr der Oligarchie, die eine funktionale Trennung von koalitionären und staatlichen Aufgaben erforderlich macht. Funktionsdefizite sowie der Schutz

---

Isensee schließt gruppenautarkes Handeln zugunsten staatlicher Regelungen dann aus, wenn die Grundrechtsträger eine Aufgabe nicht in gleicher Weise und hinreichendem Umfang erfüllen können, „weil ihnen die institutionellen, witschaftlichen und intelektuellen Fähigkeiten dazu fehlen", Subsidiaritätsprinzip und Verfassungsrecht, S. 279.

692 *Süsterhenn*, Subsidiaritätsprinzip als Grundlage vertikaler Gewaltenteilung, S. 113 ff (119f).

von Individualinteressen zeigen weiterhin die staats-inadäquate Sozialstaatsbindung auf.

4. Dem Gesetzgeber obliegt die Pflicht, das Staatsvolk in seiner Gesamtheit zu befähigen, die Existenz in einem System der sozialen Sicherung zu führen. Die Befähigung, dieser unveräußerlichen Pflicht nachzukommen, kann nur dann gegeben sein, wenn der Legislative die rechtlichen Handlungsmechanismen und -optionen zur Seite gestellt sind.
5. Eine Normsetzungsprärogative bei fehlender staatsadäquater Sozialstaatsbindung anzunehmen, verbietet sich aufgrund der zu befürchtenden staats- und grundrechtsbeeinträchtigenden Konsequenzen.

Der Staat besitzt damit auch im Bereich der konkurrierenden Regelungszuständigkeit die Suprematie.

2. *Bedeutung des Demokratieprinzips für die Schutzbereichsbestimmung*

Das Demokratieprinzip, das als verfassungsrechtliches Strukturelement in den Artikeln 20 I und 20 II S. 2 GG verankert ist, ist neben dem Sozialstaatsprinzip das zweite, die Tarifautonomie naturgemäß begrenzend definierende Verfassungsprinzip.

Hier soll nicht der Ort sein, an dem die Rolle der Koalitionen als sogenannte „pressure groups“[693] und ihr teilweise sehr kritisch zu beurteilender Einfluß auf den Gesetzgeber durch Lobby-Arbeit zu untersuchen.

Sicherlich gäbe es unter dem Stichwort „mangelnde Transparenz“ und „Überrepräsentation“ einige Überlegungen zur Frage der Vereinbarkeit des Einflusses der Koalitionen auf das Zustandekommen von Gesetzen mit dem Prinzip der repräsentativen Demokratie anzustellen. Diese rein faktischen Erscheinungsformen koalitionären Machtzuwachses sind jedoch keine Folgen gesetzlicher Vorgaben und können unter dem Aspekt des Demokratieprinzips folglich nicht autonomiebegrenzend wirken.

a. *Divergenz von Legitimation und Entscheidungsrelevanz der Koalitionen*

Bei der Frage der Beschränkbarkeit der Tarifautonomie durch das Demokratieprinzip geht es vielmehr allein um die Diskrepanz zwischen Entscheidungsrelevanz (gesamtstaatlich) und Legitimationsbasis (mitgliedschaftlich):

Wie bereits oben dargestellt, sind die Entscheidungen der Koalitionen aufgrund ihrer Relevanz als wirtschafts- und arbeitsmarktpolitische Bestimmungsdaten wesentliche Faktoren für die Höhe des Bruttosozialproduktes, damit für

693 *Brennecke*, Normsetzung durch private Verbände, S. 35.

den Staatshaushalt und folglich für die Finanzierbarkeit der sozialen Sicherungssysteme.

Die hinter dieser Interessenwahrnehmung stehende Organisation besteht derzeit aus 240.000 Verbänden und Vereinen mit insgesamt 1,3 Millionen hauptamtlichen Beschäftigten (3,7 % der Erwerbstätigen). Diese Zahlen verdeutlichen, warum teilweise vom „Verbändestaat" Deutschland gesprochen wird[694].

Die den Tarifvertragsparteien gemäß § 4 Abs. 1 TVG zustehende Normsetzungskompetenz berechtigt und verpflichtet im Gegensatz zur staatlichen Gesetzgebung lediglich die vertretenen Mitglieder und nicht sämtliche Bundesbürger. Aufgrund der realen Kraft der Gestaltungen auf das gesamte Wirtschaftsleben und letztlich auf den „Volkswohlstand" sind faktisch jedoch weit über den Kreis der Mitglieder hinaus alle Bürger betroffen.

Diese allumfassende Betroffenheit korrespondiert jedoch nicht mit der demokratischen Legitimierung der Koalitionen.

Die Tarifvertragsparteien sind nicht aus allgemeinen Wahlen im Sinn des Art. 38 Abs. 1 GG hervorgegangen, noch sind sie auf solche rückführbar. Eine derartige Legitimationskette, wie sie für jedes staatliche Handeln Voraussetzung ist, besteht für die Koalitionen nicht. Sie stellen vielmehr sogenannte „parakonstitutionelle"[695] Entscheidungsträger dar, deren Entscheidungen im Gesamtstaatsbezug in wirtschaftlicher Hinsicht jedoch ebensoviel Relevanz erlangen, wie die Entscheidungen des vollständig vom Volkswillen abgeleiteten Gesetzgebers.

Während der Bürger ein - wenn auch nur mittelbares - Instrument zur Kontrolle und Änderung der Politik durch Wechsel der Mehrheiten bei Wahlen besitzt, hat er nur dann die Möglichkeit die Politik der Tarifvertragsparteien zu ändern, wenn er deren Mitglied ist. Der freie Zugang zur Mitgliedschaft bei den Tarifvertragsparteien ist jedoch nicht gegeben:

Abhängig zunächst von der Eigenschaft als Arbeitnehmer oder Arbeitgeber, hängt die Möglichkeit einer Mitgliedschaft von der Zugehörigkeit des Einzelnen zu einer Branche ab. Im Gegensatz zu der Möglichkeit sich politische Parteien nach ihren Programmen und damit völlig frei auszusuchen, hat der Arbeitnehmer entweder keine Möglichkeit Einfluß auf die Tarifvertragsparteien zu nehmen (mangels Bestehen von Koalitionen in dieser Branche, z.B. Telekommunikation, Multimedia, Telebanking) oder ist infolge der Aufteilung in Tarifgebiete und Tarifbrachen darauf verwiesen, den vorhandenen zuständigen Tarifvertragsparteien beizutreten.

694 FAZ vom 3.11.1997, S. 27.

695 *Grimm*, HbdVfR § 15, Verbände, Rn 12, S. 665.

Damit ist der überwiegende Anteil der Bevölkerung von der Mitbestimmung bei koalitionären Aktionen und Reaktionen ausgeschlossen.

Das Ausmaß dieses Ausschlusses von Entscheidungen, die die Menschen unmittelbar, teilweise existentiell tangieren, wird besonders anhand folgender Zahlen deutlich.

Im Jahr 1996 waren 35.982.000 Personen erwerbstätig, 32.573.000 davon in unselbständiger Arbeit, das entspricht 90,5 %. Da die Zahl der Gesamtbevölkerung Ende 1995 etwa 81.817.500 betrug, sind lediglich 39,8 %der Bevölkerung abhängig erwerbstätig. Damit ist nur eine deutliche Minderheit überhaupt potentiell in der Lage, an der koalitionären Willensbildung teilzunehmen und die gesamtwirtschaftlich relevanten Daten mit zu bestimmen.Von dieser Möglichkeit machen derzeit etwa 10,9 Millionen Erwerbstätige Gebrauch[696].

Damit entscheidet 1/8 der Bevölkerung über Belange, die teilweise tatsächlich, zumindest jedoch potentiell 100% der Gesamtbevölkerung betreffen - denkt man etwa an inflationäre Wirkung und Teuerungsvorgänge, die die Folge koalitionärer Lohngestaltung sein kann[697]. Die Situation wird weiter zugespitzt, wenn man bedenkt, daß die Mitglieder der Tarifvertragsparteien lediglich über die Grundsatzprogramme ihrer Organisation beschließen, eine Entscheidung der einzelnen Sachfragen aber den Funktionären allein abliegt.

Damit wird die im Verhältnis zum staatlichen Gesetzgeber defizitäre demokratische Legitimation in den Bereichen offenbar, die über die Interessen der Mitglieder hinaus vitale Interessen weiterer Bevölkerungsteile treffen. Der Staat ist und bleibt damit die einzige durch die Gesamtheit aller Bürger legitimierte Machteinheit, so daß ihm allein die Pflicht und das Recht obliegt alle bestehenden Interessen zu vertreten.

b. Das Demokratieprinzip als Schutzbereichsbegrenzung

Demzufolge resultiert die Ablehnung der Normsetzungsprärogative auch aus dem Demokratieprinzip.

Die Tarifvertragsparteien sind mangels demokratischer Legitimation nicht in der Lage, in dem Bereich zwingende Regelungen mit Ausschlußwirkung für den Gesetzgeber zu erlassen, der über die Mitgliederinteressen hinaus Interessen weiterer Bevölkerungsteile betrifft.

---

696 Daten aus: Statistische Jahresangaben für die Bundesrepublik Deutschland, S. 103 ff.

697 Daß es sich hierbei um ein konstantes Verhältnis von Entscheidungsrelevanz und Legitimation handelt, zeigen die Zahlen bei *Zacher*, Staat und Gewerkschaften, in: Schriften reihe Juristische Studiengesellschaft Karlsruhe,S. 17f.

Der Gesetzgeber hat die alleinige Regelungsbefugnis in den Bereichen, in denen er über die alleinige demokratische Legitimation verfügt.

3. *Ergebnis: Bestimmung des Schutzbereiches von Art. 9 Abs. 3 GG unter Ablehnung der Normsetzungsprärogative*

Sind die Koalitionen damit weder rechtlich noch tatsächlich zur Realisierung des Sozialstaatsprinzips und des Demokratieprinzips auf dem Sektor der Arbeits- und Wirtschaftsbedingungen verpflichtet und befähigt, verbietet sich eine Normsetzungsprärogative dieser gesellschaftlichen Kräfte.

Die Koalitionen verfügen damit über keine Normsetzungsprärogative im Bereich der konkurrierenden Zuständigkeitssituation im Verhältnis zum staatlichen Gesetzgeber.

Der Schutzbereich des Art. 9 Abs. 3 GG verbürgt folglich keine generelle Tarifautonomie. Damit ist das Verhältnis von Staat und Koalitionen in der Form bestimmt, daß dem Staat aufgrund der Sozialpflichtigkeit das primäre Regelungsrecht zugewiesen ist.

Jedoch würde es der notwendigen und verfassungsrechtlich geförderten Stellung der Koalitionen als gesellschaftliches Ordnungsprinzip nicht entsprechen, diese gänzlich von der Regelungskompetenz auszuschließen.

Weder könnten die Tarifvertragsparteien dann ihre Aufgabe, die Arbeits- und Wirtschaftsbeziehungen zu fördern, erfüllen, noch wäre im Sinn des check and balances eine dem Gewaltenteilungsprinzip entsprechende Machtkontrolle des Staates möglich.

Daher muß auch der Regelungsprärogative des Gesetzgebers Grenzen gezogen sein. Die jenseits dieser Grenzen bestehende Regelungszuständigkeit bildet dann die vom Schutzbereich des Art. 9 Abs. 3 GG erfaßte Tarifautonomie.

II. *Ergebnis: Grenzen der legislativen Zuständigkeit und gleichzeitig Umfang des Schutzbereiches von Art. 9 Abs. 3 GG*

1. Wie aus dem Sozialstaatsprinzip und dem Demokratieprinzip als entscheidende Kriterien folgt, kann eine Prärogative des Staates nur insoweit begründet werden, als die Verpflichtung aus dem Sozialstaatsprinzip reicht.

   Das bedeutet, daß die staatliche Regelungsmacht dort ihre Grenze finden muß, wo die Zielsetzung der betroffenen Norm nicht auf die Förderung der sozialen Sicherheit insbesondere der Beseitigung der Arbeitslosigkeit gerichtet ist. Dieser Schluß wird durch die Untersuchung des Demokratieprinzips unterstützt, das von einer Regelungszuständigkeit immer dann ausgeht, wenn eine demokratische Legitimierung des Entscheidungsträgers vorliegt. Dies ist bei Tarifvertragsparteien immer dann der Fall, wenn mitgliederbezogene Regelungen ohne gesamtstaatlichen Bezug getroffen werden.

Lediglich dort, wo die sozialstaatliche Determinierung nicht vorliegt, können die Interessenverbände in interaktiven Handlungsformen wie dem Tarifvertrag die Summe der allein relevanten individuellen Gruppeninteressen in einen befriedigenden Ausgleich bringen.

Unzulässig wäre auch bei Aberkennung der koalitionären Normsetzungsprärogative die gesetzliche Normierung einzelner, spezieller Vertragsregelungen im Einzelfall. Hier könnte der Gesetzgeber sich nicht auf seine aus dem Sozialstaatsprinzip resultierende Handlungspflicht berufen. Vielmehr muß stets Voraussetzung für das staatlich-normative Handeln, das in den Bereich der konkurrierenden Zuständigkeiten fällt, die Notwendigkeit der Regelung aufgrund dieser Pflicht sein. So werden die Tarifvertragsparteien vor Maßnahmegesetzen geschützt, die die Gefahr in sich bergen, lediglich die in Verhandlungen undurchsetzbaren Regelungen mittels staatlichen Zwanges durchzusetzen[698].

Die in den Bereich der tariflichen Normierungen eingreifende Norm muß damit stets auch Teil eines arbeitsmarkt- oder wirtschaftspolitischen Gesamtkonzeptes sein.

Der Staat hat damit das Recht, verbindliche Normen zu erlassen, wenn die gesetzliche Regelung Teil eines wirtschaftlichen oder arbeitsmarktpolitischen Gesamtprogramms ist und der Verwirklichung des Sozialstaatsprinzips dient.

2. Die zweite Grenze legislativen Handelns im Bereich der Arbeits- und Wirtschaftsbedingungen liegt in funktioneller Hinsicht dort, wo gesetzliche Regelungen ein derartig umfangreiches Normgeflecht konstituieren, daß von einem generellen Ausschluß der Tarifvertragsparteien von der Normsetzung auszugehen wäre.

   Diese Grenze folgert aus der oben begründeten besonderen Stellung der Koalitionen als intermediäre Kräfte, ohne deren vertragliche Vereinbarungen heutzutage ein funktionsfähiges Arbeitsleben nicht denkbar wäre. Um den Tarifvertragsparteien den Raum zu sichern, den sie für die Wahrnehmung ihrer Ordnungsfunktion bedürfen, ist es daher notwendig, dem Staat Regelungen zu untersagen, die dazu führen, daß

   a. die tarifvertragliche Normsetzungsbefugnis bei einer Gesamtschau arbeitsrechtlicher Regelungen *generell* als nicht mehr existent anzusehen ist,

698 Diese Gefahr besteht insbesondere dann, wenn der Staat, wie im Fall des § 57 a S.2 HRG als Beteiligter in den Tarifvertragsverhandlungen auftritt.

b. die in einem *speziellen* Sachbereich jede tarifvertragliche Normsetzung ausschließen.

Die so bestimmte funktionelle Grenzbestimmung der Legislativkompetenz bietet den Vorteil, daß die Kompetenzreichweite exakter bestimmt werden kann, als dies bei einer sachlichen Grenzziehung der Fall ist. Eine derartige, anhand des betroffenen Sachbereiches vorgenommene Abgrenzung führt, wie die Argumentationen zu den bisher untersuchten Normen zeigt, nicht zu unbestrittenen Ergebnissen. Die Argumentationen werden häufig anhand historischer Erwägungen geführt, deren Ergebnisse nicht zwingend sind, bzw. die als Ausfüllung unbestimmter Rechtsbegriffe einen weiten Argumentationsraum bieten.

Der Vorteil dieser *funktionellen* Abgrenzung, die eine Erweiterung der Biedenkopfschen Theorie darstellt, bietet dieser Konzeption und der Kernbereichstheorie den Vorteil größerer Rechtssicherheit.

Während die Kernbereichstheorie darauf angewiesen ist, zu erläutern, wieso eine Regelung eines bestimmten Sachgebietes koalitionsspezifisch und unerläßlich ist, und damit vor dem Problem des Ausfüllens unbestimmter Rechtsbegriffe steht, deren Inhalt niemals fixiert wurde, bietet das hier vorgestellte Konzept den Vorteil, eindeutige Kompetenzzuordnungen zu ermöglichen.

Die Feststellung, ob die legislative Norm die Tarifvertragsparteien aus einem der beiden Gründe in ihrem aus Art. 9 Abs. 3 GG resultierenden Recht eingeschränkt, ist eine auf der Beobachtung der Regelungsgestaltung und -konsequenzen beruhende Entscheidung, die zwar nie gänzlich befreit sein kann von wertenden Einflüssen. Diese Einflüsse sind im Vergleich zu den vorgestellten Konzeptionen jedoch erheblich verringert.

Der Schutzbereich des Art. 9 Abs. 3 GG verbürgt damit das Recht der Tarifvertragsparteien, in dem Bereich mittels Tarifvertrag Regelungen zu erlassen, der nicht von der staatlichen Gesetzgebung besetzt ist.

Staatliche Regelungen sind immer dann möglich, wenn die Regelung Teil eines wirtschaftlichen oder arbeitsmarktpolitischen Gesamtkonzepts ist, aus der sozialstaatlichen Verpflichtung resultiert und keinen generellen funktionalen Ausschluß der Tarifvertragsparteien von der Normsetzung bedeutet.

Die so konkretisierte Zuständigkeitsverteilung zwischen Tarifvertragsparteien und Staat schränkt die Koalitionen auch nicht unzulässig in ihren Autonomierechten ein. Die Beschränkung durch staatliche Regularien ist vielmehr ein Instrument, daß die Tätigkeiten (und damit verbunden auch das Selbstverständnis) der Koalitionen wieder deutlich in den Wirkbereich einordnet, der ihnen ursprünglich zugewiesen ist und der aufgrund der Notwendigkeit der Eingrenzung oligarchischer Machtverschiebungen insbesondere durch das Trennungsprinzip und das Sozialstaatsprinzip determiniert ist.

Resümierend bleibt festzuhalten, daß die aus dem Sozialstaatsprinzip folgende Aufgabenverteilung zwischen Gesetzgeber und Koalitionen sich im Bereich der *gesamtstaatlich relevanten Entscheidungen* folgendermaßen gestaltet:

Die Koalitionen wirken grundsätzlich im Vorfeld als Informationsquelle über bestehende Interessen und Bedürfnisse und suchen diese auf ihrer Ebene vertraglich durchzusetzen, während der Gesetzgeber diese Informationen aufnimmt und mit bestehenden weiteren Interessen in einen sozialverträglichen und -gerechten Ausgleich bringt. Dem Gesetzgeber muß ein Letztentscheidungsrecht zustehen, das sich auf die Vorgaben für die Allgemeinheit tangierenden Belange bezieht.

Im übrigen Bereich der Regelungen, die ihrem Inhalt nach vom Gesetzgeber nicht für gesamtstaatlich relevant erachteten Bereiche regeln die Tarifvertragsparteien in der üblichen Form des Tarifvertrages mit unmittelbar zwingender Wirkung.

6. Kapitel: Zulässigkeitsvoraussetzungen für die Verwendung von zweiseitig zwingenden Normen im Arbeitsrecht

Steht damit fest, daß eine Normsetzungsprärogative der Tarifvertragsparteien nicht existiert und der Schutzbereich die Tarifautonomie lediglich in einem funktionell begrenzten Rahmen garantiert, stehen damit auch die Voraussetzungen für die Verwendung zweiseitig zwingender Normen fest.

I. Wenn von Art. 9 Abs. 3 GG die Tarifautonomie nicht geschützt wird, soweit der Gesetzgeber im Rahmen eines wirtschaftlichen oder arbeitsmarktpolitischen Gesamtkonzeptes handelt und die Regelung eine aus dem Sozialstaatsprinzip konkretisierte Handlungspflicht verwirklicht, dann ist die zweiseitig zwingende Norm in diesem Bereich stets zulässig.

II. Wie aus dem Demokratieprinzip und dem Sozialstaatsprinzip folgt, muß es sich weiterhin um eine Norm handeln, die eine über die Interessen der Tarifvertragsparteien hinausgehende Bevölkerungsgruppe betrifft.

III. Die Norm muß die den Schutzbereich weiter konkretisierende Grenze der funktionellen Unangetastetheit der Tarifvertragsparteien beachten.

Eine zweiseitig zwingende Norm setzt damit voraus, daß der Staat die Koalitionen weder generell noch speziell von der Regelungsoption ausschließt.

IV. Weiterhin muß sich die zweiseitig zwingende Norm im Rahmen des Übermaßverbotes bewegen.

Mit dieser Grenze sollen nicht vorrangig die Tarifvertragsparteien geschützt werden, da bei einer Verletzung der funktionellen Unangetastetheit stets ein Verstoß gegen das Übermaßverbot vorliegen wird. Vielmehr sollen die durch die Norm betroffenen Bevölkerungsteile geschützt werden.

Dieses Schutzbedürfnis besteht insbesondere dann, wenn die zweiseitig zwingende Norm als gesetzliche Option zur Verbesserung der existenten Bedrängnissituation des deutschen Arbeitsmarktes die tarifvertraglich oder gesetzlich fixierten Besitzstände verkürzt. In einem solchen Fall muß detailliert untersucht werden, ob die erworbenen Besitzstände nicht unzulässig verringert werden, wobei die aus dem Sozialstaatsprinzip resultierenden Wertungen den erforderlichen Beurteilungsmaßstab bilden.

V. Formell ist zu beachten, daß die zweiseitig zwingende Norm ihre Qualität im Gesetzestext selbst offenbart.

Dieses Erfordernis ist zwar nicht als konstitutives Kriterium zu verstehen, dessen Nichtbeachtung zur Unwirksamkeit der betroffenen Norm führt. Allerdings ist als Konsequenz der bisher zu beobachtenden Beurteilungsschwierigkeiten eine explizite Qualifizierung notwendig, um die Norm den Relevanzdiskussionen zu entziehen und so ihre beabsichtigte Geltungskraft unmittelbar zu realisieren.

Dieses Ziel der Rechtsfunktionalität und der ebenfalls verwirklichten Rechtssicherheit ist mittels der Kenntlichmachung als zweiseitig zwingende Norm im Text zu erreichen.

C. Dritter Teil: Anwendung der erzielten Ergebnisse auf die untersuchten Gesetze und auf § 4 Abs. 1 S. 2 Entgeltfortzahlungsgesetz 1996

1. Kapitel: Prüfung der analysierten Gesetze anhand der festgelegten Zulässigkeitskriterien

Um die Eignung der aufgestellten Zulässigkeitskriterien zur Feststellung der Normqualität im Einzelfall zu belegen, werden im Folgenden die bisher analysierten Normen anhand dieser Kriterien überprüft.

I. Anwendung der Kriterien auf das Arbeiterkrankheitsgesetz von 1957

Die endgültige Entscheidung, ob es sich bei § 1 Arbeiterkrankheitsgesetz von 1957 um eine zweiseitig zwingende Norm handelt, kann nun aufgrund der fünf Zulässigkeitskriterien getroffen werden.

1. Norm als Teil eines wirtschaftlichen oder arbeitsmarktpolitischen Konzepts zur Verwirklichung eines aus dem Sozialstaatsprinzip resultierenden Handlungspflicht

Das Arbeiterkrankheitsgesetz von 1957 sicherte erstmalig allen Arbeitern einen unabdingbaren Anspruch auf Leistung im Krankheitsfall und vereinheitlichte die bis dahin lediglich rudimentären Regelungen der Tarifvertragsparteien. Damit erfolgte die Sicherung der Arbeiter vor der finanziellen Existenznot im Krankheitsfall, die die aus dem Sozialstaatsprinzip resultierende Schutzpflicht des Staates für die Existenzsicherung aller Bürger realisierte.

Das Arbeiterkrankheitsgesetz wurde als integrativer Teil der deutschen Nachkriegsgesetzgebung auf dem Gebiet des Arbeitsrechts erlassen. Dies wird besonders an der sog. „gespaltenen Lösung“ deutlich, die das Arbeiterkrankheitsgesetz in ein gesamtwirtschaftliches System einfügt.

2. Interessenbetroffenheit über die Koalitionsinteressen hinaus

Die verbindliche Regelung der Lohnfortzahlung im Krankheitsfall durch Verpflichtung von Arbeitgebern und Krankenkassen zur anteiligen Leistung geht aufgrund der Belastung der Krankenkassen als Institutionen der Solidargemeinschaft über die Interessen der Koalitionen hinaus.

3. *Beachtung der Grenze der funktionellen Unangetastetheit der Tarifvertragsparteien*

Durch das Arbeiterkrankheitsgesetz wurden die Tarifvertragsparteien bei zweiseitig zwingender Wirkung von Vereinbarungen ausgeschlossen, die sowohl die absolute Höhe der Lohnfortzahlung, als auch die Verteilung zwischen Arbeitgeber und Krankenkassen betreffen.

Daß das Arbeiterkrankheitsgesetz die Tarifvertragsparteien nicht gänzlich von der Regelung der Arbeits- und Wirtschaftsbedingungen ausschließt, ist mangels generellen Funktionsverlustes offensichtlich.

Aber auch in spezieller Hinsicht stellt § 1 Arbeiterkrankheitsgesetz keine unzulässige Funktionsbegrenzung dar. Auch bei Vorenthaltung der oben genannten Bereiche können die Tarifvertragsparteien weiterhin Regelungen zur Lohnfortzahlung vereinbaren. Dies gilt vor allem für die als Berechnungsgrundlage relevante Festlegung des Grundlohnes und der etwaigen Einrechnung von Überstunden, Gratifikationen etc..

4. *Beachtung des Übermaßverbotes*

Die Sicherung der Lohnfortzahlung im Krankheitsfall in Höhe von 90 % des Grundlohnes bedeutet für die Arbeiter eine deutliche Verbesserung des bis dahin nur unzureichend bestehenden Schutzes. Aus der Sicht der betroffenen Arbeitnehmer stellt die Norm damit keinen übermäßigen Eingriff dar.

Die Arbeitgeber werden in Höhe von 15 - 40 % an der Lohnfortzahlungspflicht beteiligt. Das Gesetz überträgt die Zahlungspflicht zu einem überwiegenden Teil damit auf die Krankenkassen, deren Leistung im Verhältnis zum Arbeitgeberanteil etwa das Vierfache beträgt[699]: Die Leistungspflicht der Arbeitgeber stellt aufgrund der hier erstmalig erfolgenden zwingenden Normierung eine Belastung der Unternehmen in Form der Minderung der Gewinne dar. Im Verhältnis zur bezweckten Sicherung der Arbeitnehmer im Krankheitsfall bedeutet diese Pflicht jedoch keine übermäßige Belastung.

Und auch die Solidargemeinschaft wird durch die Zahlungspflicht der Krankenkassen nicht übermäßig belastet. Die Zahlungen von jährlich circa 450 Millionen sind im Verhältnis zu den Mitteln, die den Krankenkassen zur Verfügung

---

699 Vgl. *Trieschmann,* Lohnfortzahlung im Krankheitsfall für Arbeiter, DB 1957, S. 532 ff (532).

stehen keine gravierende Belastung, die zu Abstrichen bei anderen notwendigen Leistungen führen würde. Und auch hier führt die „gespaltene Lösung“, die die Leistungspflicht zwischen Krankenkassen und Arbeitgebern aufteilt, zu einer angemessen Verringerung der Krankenkassenzahlungen.

Die Regelung des § 1 Arbeiterkrankheitsgesetz sieht damit unter keinem denkbaren Aspekt einen Verstoß gegen das Übermaßverbot vor.

5. Nennung der Normqualität im Gesetzestext

Die zweiseitig zwingende Wirkung wurde nicht explizit im Gesetzestext normiert. Da es sich nicht um ein konstitutives Kriterium handelt, stellt dieses Fehlen keinen Hinderungsgrund dar.

6. Ergebnis: § 1 Arbeiterkrankheitsgesetz als zweiseitig zwingende Norm

§ 1 Arbeiterkrankheitsgesetz hätte damit als zweiseitig zwingende Norm erlassen werden können.

II. Anwendung der Kriterien auf § 1 des Beschäftigungsförderungsgesetz von 1985

§ 1 BeschFG hätte aufgrund der fünf Zulässigkeitskriterien ebenfalls mit zweiseitig zwingender Wirkung erlassen werden können.

1. Norm als Teil eines wirtschaftlichen oder arbeitsmarktpolitischen Konzepts zur Verwirklichung eines aus dem Sozialstaatsprinzip resultierenden Handlungspflicht

Mit dem Erlaß des Art. 1 § 1 Beschäftigungsförderungsgesetz sollte die bedrohliche Arbeitsmarktlage mit mehr als 9 % Erwerbslosen verbessert werden. Diese Verringerung der Arbeitslosigkeit stellt die Konkretisierung einer aus dem Sozialstaatsprinzip resultierende Handlungspflicht zur Bewirkung der Vollbeschäftigung dar[700]. Wie die weiteren Artikel des Beschäftigungsförderungsgesetz zeigen, handelt es sich bei § 1 BeschFG auch nicht um ein willkürliches Maßnahmegesetz, sondern vielmehr um eine Regelung zur Zweckerreichung, die durch eine Förderung von Arbeitsbeschaffungsmaßnahmen und schärferer Bestrafung illegaler Ausländerbeschäftigung unterstützt wird. Der durch § 1 BeschFG be-

700 Vgl. hierzu die Ausführungen in Teil Drei, 5. Kapitel, I.1.a.aa..

zweckte Anreiz für die Wirtschaft, vermehrt Arbeitskräfte einzustellen, fördert durch die Kosten- und Risikoreduzierung für den Arbeitgeber die Wirtschaft selbst und wirkt sich damit auf die Arbeitsmarktlage aus.

Damit ist § 1 BeschFG Teil eines wirtschaftlichen und arbeitsmarktpolitischen Konzepts, das einer aus dem Sozialstaatsprinzip resultierenden Handlungspflicht entspringt.

2. *Interessenbetroffenheit über Koalitionsinteressen hinaus*

Die über die Koalitionen hinausgehende Betroffenheit von Interessen ergibt sich offensichtlich aus der Relevanz des Gesetzes für die erwerbslosen Arbeitnehmer und die durch die immense Anzahl der Erwerbslosen belasteten gesamtstaatlichen sozialen Sicherungssysteme, die durch alle Arbeitnehmer finanziert werden.

3. *Beachtung der Grenze der funktionellen Unangetastetheit der Tarifvertragsparteien*

Eine zwingende Regelung der erleichterten Befristung von Arbeitsverträgen würde keine derart umfassende gesetzliche Normierung darstellen, daß die Tarifvertragsparteien generell von tarifvertraglichen Normierungen ausgeschlossen wäre. Auch beschränkt sich der Anwendungsbereich des § 1 BeschFG allein auf die Befristungsmöglichkeit bei Neueinstellungen (bzw. Anschlußanstellungen an die Ausbildung). Darüber hinausgehende Befristungsmöglichkeiten können nach wie vor von der Tarifvertragsparteien in Übereinstimmung mit den Grundsätzen der Bundesarbeitsgerichtsrechtsprechung reglementiert werden.

§ 1 BeschFG würde als zweiseitig zwingende Norm damit die Grenze der funktionellen Unangetastetheit nicht verletzen.

4. *Beachtung des Übermaßverbotes*

§ 1 BeschFG verstößt in keiner Hinsicht gegen das Übermaßverbot.

5. *Nennung der Normqualität im Gesetzestext*

Auch hier stellt das Fehlen der expliziten Qualifizierung der Norm als zweiseitig zwingend kein konstitutives Hinderungskriterium dar.

6. Ergebnis: § 1 Beschäftigungsförderungsgesetz als zweiseitig zwingende Norm

Art. 1 § 1 Beschäftigungsförderungsgesetz hätte als zweiseitig zwingende Norm erlassen werden können.

III. Anwendung der Kriterien auf § 57 a Satz 2 Hochschulrahmengesetz

§ 57 a S.2 HRG konnte aufgrund der fünf Zulässigkeitskriterien ebenfalls mit zweiseitig zwingender Wirkung erlassen werden.

1. Norm als Teil eines wirtschaftlichen oder arbeitsmarktpolitischen Konzepts zur Verwirklichung eines aus dem Sozialstaatsprinzip resultierenden Handlungspflicht

Im Gegensatz zum § 1 BeschFG ergibt sich das Vorliegen dieser Voraussetzung für die Regelung des § 57 a S. 2 HRG nicht auf den ersten Blick.

Bedenkt man jedoch die Bedeutung, die eine funktionierende Fluktuation wissenschaftlicher Mitarbeiter in sich birgt, wird deutlich, daß auch diese Normierung eine Handlungspflicht aus dem Sozialstaatsprinzip konkretisiert und Teil eines wirtschaftlichen Konzeptes ist.

Die soziale Leistungsfähigkeit eines Staates hängt von der Finanzierbarkeit der existenten Systeme der sozialen Sicherheit ab. Diese Finanzierbarkeit hängt in der Bundesrepublik als modernem Industriestaat von der Wirtschaft als Arbeitgeber und Steuerobjekt ab. Die Prosperität der Wirtschaft wiederum bedingt sich aus der möglichst optimalen Gestaltung der relevanten Standortfaktoren. Ein solcher Standortfaktor, neben den bereits erwähnten Lohnnebenkosten, ist die sogenannte „Humanressource“. Die Bundesrepublik verfügt aufgrund des bestehenden Bildungssystems im internationalen Vergleich über äußerst qualifizierte Arbeitnehmer. Über diese Qualifikation hinaus sind es jedoch auch die wissenschaftlichen Innovationen, die den Standort Deutschland attraktiv machen. Die Universitäten und Forschungseinrichtungen sind Zentren der wissenschaftlichen Neuerungen und damit wichtige Zellen im Gefüge der deutschen Gesamtwirtschaft. Durch die Erleichterung der Befristung wissenschaftlichen Nachwuchses wird garantiert, daß aufgrund hoher Fluktuation die Innovationskraft der Universitäten erhalten und gesteigert wird. Dies führt wiederum zu einer Belebung des Wirtschaftsstandortes Deutschland, dessen Prosperität die Sicherung des sozialen Netzes garantiert, dessen Bestehen eine Konkretisierung des Sozialstaatsprinzips darstellt.

Zusammen mit dem Beschäftigungsförderungsgesetz betrachtet, zeigt sich, daß die Regelung des § 57 a S. 2 HRG keine unzulässige Einzelfallregelung darstellt, sondern im Rahmen eines gesamtwirtschaftlichen Programms, dessen Konsequenzen sich in den unterschiedlichen Bereichen bemerkbar machen, verabschiedet wurde.

Neben diesen wirtschaftlichen Erwägungen sind es aber auch die Entwicklungsanstöße, die in sozialer und geisteswissenschaftlicher Hinsicht aus den Universitäten in die Gesellschaft einfließen. Konzepte, die eine Verbesserung der sozialen oder gesellschaftlichen Gegebenheiten ermöglichen und damit die Weiterentwicklung der Gesellschaft und des Staates sichern, sind die Grundlagen einer jeden Gemeindschaft.

§ 57 a S. 2 HRG erfüllt damit die erste Voraussetzung.

2. *Interessenbetroffenheit über Koalitionsinteressen hinaus*

Der Grad der Fähigkeit der Universitäten und Forschungseinrichtungen, wissenschaftliche Innovationen durch die Arbeit des akademischem Nachwuchses in die wirtschaftlichen Prozesse einzubringen, hat unmittelbaren Einfluß auf die Leistungsfähigkeit der deutschen Wirtschaft auf deutschem Boden.

Durch eine Erschwerung und Verlangsamung dieser Fluktuation werden wie oben dargestellt, mittelbar die von der Wirtschaft abhängigen Arbeitnehmerzahlen und Steuereinnahmen beeinflußt. Damit geht es in § 57 a S. 2 HRG nicht lediglich um die staatliche Durchsetzung gescheiterter Tarifverhandlungen, sondern um die Verbesserung der Innovationsfähigkeit unter wirtschaftlichem Bezug.

3. *Beachtung der Grenze der funktionellen Unangetastetheit der Tarifvertragsparteien*

§ 57 a S.2 HRG schließt die Tarifvertragsparteien nicht generell von der Regelung der Arbeits- und Wirtschaftsbedingungen aus.

Zwar reglementieren die §§ 57 a ff vorrangig die Befristungsdauer (§ 57 c HRG) sowie die Befristungsgründe (§ 57 b HRG). Die Tarifvertragsparteien können demnach zwar weitere Befristungsgründe vereinbaren, der Ausschluß von Befristungsgründen und damit die Vereinbarung unbefristeter Arbeitsverträge bei Vorliegen von Befristungsgründen im Sinn des § 57 b HRG ist ihnen jedoch nicht mehr möglich. Auch verbleibt den Tarifvertragsparteien das Recht, die näheren Umstände der befristeten wie unbefristeten Arbeitsverhältnisse für wissenschaftliches Personal an Hochschulen zu reglementieren. Damit steht den Tarifvertragsparteien auch speziell im Bereich der befristeten und unbefristeten Arbeitsverhältnisse an Hochschulen eine Normsetzungskompetenz zu, die über den Bereich der funktionellen Unangetastetheit hinausgeht.

4. Beachtung des Übermaßverbotes

§ 57 a S.2 HRG verstößt in keiner Hinsicht gegen das Übermaßverbot.

5. Nennung der Normqualität im Gesetzestext

Auch hier stellt das Fehlen der expliziten Qualifizierung der Norm als zweiseitig zwingend kein konstitutives Hinderungskriterium dar.

6. Ergebnis: § 57 a Satz 2 Hochschulrahmengesetz als zweiseitig zwingende Norm zulässig

§ 57 a S.2 Hochschulrahmengesetz konnte als zweiseitig zwingende Norm erlassen werden.

2. Kapitel: § 4 Abs. 1 Satz 1 des Entgeltfortzahlungsgesetzes von 1996 als zweiseitig zwingende Norm

Wie bereits in der Einleitung dargestellt, ist das Inkrafttreten des Entgeltfortzahlungsgesetzes am 1.10.1996 der Anlaß der erfolgten Untersuchung zur Zulässigkeit zweiseitig zwingender Normen im Arbeitsrecht gewesen. Aus diesem Grund soll nun im letzten Kapitel der Arbeit das Entgeltfortzahlungsgesetz von 1996 in seiner (entstehungs-) geschichtlichen Einbindung kurz vorgestellt werden, um im Anschluß daran die aus den oben analysierten Verfassungsgrundsätzen folgende legislative Option der zweiseitig zwingenden Normqualität auch für die Regelung des § 4 Abs. 1 Satz 1 EFZG nachzuweisen[701].

701 In der folgenden Darstellung geht es allein um das Problem der Herabsenkung der Lohnfortzahlung unter dem Aspekt des Konkurrenzverhältnisses von Tarifvertrag und Gesetz. Weitere Problemkreise der gesetzlichen Änderungen bleiben dem gegenüber außer Betracht.

Anknüpfend an die durch das Arbeiterkrankheitsgesetz von 1957 geschaffene rechtliche Situation der Arbeitnehmer[702], wurde 1961 die Lohnfortzahlung durch Erhöhung des Arbeitgeberanteiles auf 100 % angehoben und der bisher erforderliche zweite Karenztag entfiel als Anspruchsvoraussetzung[703].

Die für die nächsten 25 Jahre unverändert geltende Änderung der Lohnfortzahlung im Krankheitsfall erfolgte im Jahr 1969 und bewirkte eine erneute Verbesserung der gesetzlichen Lage der Arbeiter durch die Abschaffung des Karenztages bei 100 % Zahlungsanspruch über sechs Wochen. Die weitere Neuerung bestand in der Aufgabe der sogenannten gespaltenen Lösung von sozialversicherungs- und arbeitsrechtlicher Einstandspflicht[704] zugunsten einer reinen arbeitsrechtlichen Lösung. Damit wurde die alleinige Zahlungsverpflichtung der Arbeitgeber begründet[705].

Diese Rechtslage änderte sich erst durch Gesetz vom 26.5.1994[706], das im Rahmen des sogenanntes Pflegeversicherungsgesetz am 1.6. 1994 in Kraft trat und mit den Artikeln 53 bis 67 ein neues Entgeltfortzahlungsgesetz beinhaltete.

Die Notwendigkeit der umfassenden Neuregelung der Lohnfortzahlung im Krankheitsfall ergab sich aus der Vielzahl der höchstrichterlich festgestellten Verstöße der bisherigen Regelung gegen den verfassungsrechtlichen Gleichbehandlungsgrundsatz[707]. Darüber hinaus gebot auch der Einigungsvertrag, der in Art 30 Abs. 1 die Vereinheitlichung des Arbeitsrechts zwischen alten und neuen Bundesländern vorschreibt[708], die Neufassung der Lohnfortzahlung.

702 Vgl. hierzu die Ausführungen zu den Vorschriften des Arbeiterkrankheitsgesetz im ersten Kapitel.

703 BGBl 1961, I S. 913.

704 Gesetzliche Krankenversicherungen und Arbeitgeber teilten sich die Kosten der Lohnfortzahlung im Verhältnis von 1: 4, s.o.

705 BGBl 1969, I S. 946.

706 BGBl 1994, I S. 1014 (1064).

707 Insbesondere die Ungleichbehandlung von Arbeitern und Angestellten war Anlaß die richterlichen Kritik. So für die divergierende Behandlung von Arbeitern und Angestellten bei Kuren; § 7 Abs. 1,3 LFZG: BVerfG vom 16.11.1982 - 1 BvL 16/75 und BVerfG vom 30.5.1990 - 1 BvL 2/83; auch der EuGH stellte am 13.7.1989 -RS 171/88 eine unzulässige Diskriminierung fest. (Darüber hinaus waren die Ungleichbehandlungen, die aus § 1 und § 3 LFZG resultierten Gegenstand zahlreicher Klagen vor den Arbeitsgerichten,u.a. BAG vom 5.8.1987 - 5 AZR 189/86 zu § 1 Abs. 3 Nr.2 LFZG.).

708 Im Gegensatz zur Regelung in den alten Bundesländern galt ab 1990 eine einheitliche Regelung der Lohnfortzahlung für Arbeiter und Angestellte. Die relevanten Regelungen (§§115 a-e) blieben aufgrund der verfassungsrechtlichen Bedenken gegenüber der bundesdeutschen Regelung in Kraft.

Das Gesetzgebungsverfahren zog sich infolge wiederholter Ablehnung im Bundesrat[709] und der zweimaligen Anrufung des Vermittlungsausschusses vom 24.6.1993[710] bis zum 26.5.1994 hin.

Die neuen Regelungen des Entgeltfortzahlungsgesetzes sollten zunächst die aus o.g. Gründen notwendig gewordenen Vereinheitlichungen der Lohnfortzahlung für Arbeiter und Angestellte bewirken.

Darüber hinaus wurde die Möglichkeit einer Finanzierung der Pflegeversicherung mittels eines Einschnittes in die Lohnfortzahlung erwogen[711]:

In dem ersten Entwurf der Regierungsfraktionen[712] und später der Regierung[713] war eine Kürzung der Lohnfortzahlung im Krankheitsfall durch die Einführung von zwei Karenztagen beabsichtigt. Dieser Vorschlag stieß auf allgemeine Ablehnung und wurde zunächst zugunsten einer Minderung der Feiertagslohnzahlung auf 80 % zurückgenommen, die vom Bundestag am 1.10.1993 auch verabschiedet wurde[714]. Dieser Vorschlag scheiterte jedoch an der Ablehnung des Bundesrates[715]

Die endgültige Fassung des Pflegeversicherungsgesetzes, auf die sich Bundestag und Bundesrat auf Vorschlag des Vermittlungsausschusses einigen konnten[716], sah in Abkehr von allen vorhergehenden Vorschläge die Streichung eines landesweiten Feiertages vor. Diese Regelung wurde in Art. 69 Pflegeversicherungsgesetz sowie in § 58 Abs. 2,3,4 SGB XI verankert.

Damit wurde von einen Eingriff in das Lohnfortzahlungssystem abgesehen[717].

Mit Inkrafttreten des Entgeltfortzahlungsgesetzes 1994 wurde die 100% Lohnfortzahlung für sechs Wochen als einheitliche Regelung für Arbeiter und

---

709 661. Sitzung am 15.10 1993: Anrufung des Vermittlungsausschusses (BR-Plenarprotokollvom 15.10.1993,Nr. 661); 664. Sitzung am 17.12.1993: Einspruch gegen den Gesetzesentwurf (BR-Plenarprotokoll 17.12.1993, Nr. 664).

710 Einbringung des Gesetzesentwurfes durch die Koalitionsfraktionen von CDU/CSU und der FDP, BT-Drucksache 12/5263.

711 Dies zeigt sich u.a. in der gesetzestechnischen Verknüpfung des Entgeltfortzahlungsgesetzes als förmlicher Teil des Artikelgesetzes zur Regelung der Pflegeversicherung, vgl. *Buschmann*, Gemeine Marktwirtschaft, AuR 1996, S. 285 ff (289).

712 BT-Drucksache 12/5263 am 24.6.1993.

713 BR-Drucksache 506/93 am 13.8.1993.

714 BT-Plenarprotokoll 12/180 vom 1.10.1993.

715 BR-Plenarprotokoll vom 15.10.1993, Nr. 661.

716 BT-Plenarprotokoll 12/223 vom 22.4.1994 und BR-Plenarprotokoll vom 29.4.1994, Nr. 668.

717 Dies geschah vornehmlich aufgrund des Vorwurfes, mit der Kürzung der Vergütung an Feiertagen greife der Gesetzgeber unzulässig in die von Art. 9 Abs. 3 GG geschützte Tarifautonomie ein, *Kaiser/Dunkl*, Entgeltfortzahlungsgesetz, Einleitung, S. 27.

Angestellte gleichermaßen gesichert, ohne daß weitere Voraussetzungen (etwa Karenztage) anspruchserschwerend hinzutraten

Doch die Überlegungen zur Herabsetzung der Lohnfortzahlung wurden losgelöst von der Finanzierungsproblematik der Pflegeversicherung in der folgenden Zeit unter dem Aspekt der Relevanz als elementarer Faktor der Höhe der Lohnnebenkosten von allen politischen und gesellschaftlichen Kräften in den Blickpunkt des Interesses gerückt.

II. Änderung der rechtlichen Lage mit Inkrafttreten des Entgeltfortzahlungsgesetzes vom 1.10.1996

Mit der Änderung des Entgeltfortzahlungsgesetzes, das als Art 3 des Gesetzes zur Förderung von Wachstum und Beschäftigung am 10.5.1996 im Bundestag eingebracht wurde[718] und am 1.10.1996 in Kraft trat[719], wurde in § 4 Abs. 1 Satz 1 die Lohnfortzahlung im Krankheitsfall von bisher 100% auf 80 % herabgesenkt. Ausgenommen von dieser Minderung sind Arbeitsunfälle und Berufskrankheiten im Sinn des Dritten Buches des RVO[720].

Die weiteren gravierenden Änderungen arbeitsrechtlicher Normen liegen insbesondere in der Erleichterung der Kündigungsmöglichkeiten durch Verengung des sachlichen Anwendungsbereiches des Kündigungsschutzgesetzes, § 23 Abs. 1 KSchG, auf Betriebe mit mehr als zehn Arbeitnehmern sowie der Verlängerung der Befristungsmöglichkeit gemäß § 1 BeschFG auf zwei Jahre[721].

---

718 Entwurf der Regierungsfraktionen BT-Drucksache 13/4612.

719 BGBl 1996, I S. 1476.

720 Die nunmehr geltende Fassung des Entgeltfortzahlungsgesetzes erfolgte durch Änderung des § 4 Abs. 1 S.2 EFZG in Art. 12 des Gesetzes zur sozialrechtlichen Behandlung von einmalig gezahltem Arbeitsentgelt (BGBl 1996, I,S. 1859,1861). Diese neue Regelung beinhaltet keine inhaltliche Abweichung, sondern ändert rein formell die Verweisung von der RVO auf SGB VII, in dem nunmehr (durch das Unfallversicherungs-Einordnungsgesetz vom1.1.1997) die Regelungen zum Arbeitsunfall und der Berufskrankheit geregelt sind.

721 Einen umfassenden Überblick über die rechtlichen Änderungen bietet insbesondere *Schwedes*, Das Arbeitsrechtliche Beschäftigungsförderungsgesetz, in: BB 1996, Beilage 17, S.2ff.;
Löwisch, Das Arbeitsrechtliche Beschäftigungsförderungsgesetz, in: NZA 1996, S. 1009 ff;
Preis, Das arbeitsrechtliche Beschäftigungsförderungsgesetz 1996, in: NJW 1996, S. 3369 ff,
Gaul, Gesetz zur Förderung von Wachstum und Beschäftigung, AuA 1996, S. 264 ff;
Leinemann, Fit für ein neues Arbeitsvertragsrecht ?, BB 1996, S. 1381 ff.

Formal betrachtet läßt die zügige Abwicklung des Gesetzgebungsverfahrens die Vermutung aufkommen, es handle sich um ein unumstrittenes Gesetz.

Doch zeigt die Entstehungsgeschichte die divergierenden Ansätze auf, die mit dieser Minderung der Lohnfortzahlung im Krankheitsfall insbesondere unter dem Aspekt einer Verletzung der Tarifautonomie verbunden sind.

Den Ausgangspunkt des neuen Entgeltfortzahlungsgesetzes bildete die sich seit der dramatischen Zunahme der Arbeitslosenzahlen auf über vier Millionen Erwerbslose herausbildende allgemeine Ansicht sowohl der Politiker, als auch der Arbeitgeber- sowie der Arbeitnehmervertreter, daß eine umfassende Änderung der wirtschaftlichen und arbeitsmarktpolitischen Situation der richtige Weg zur Verbesserung der Arbeitsmarktlage sei.

Infolge dieser Einsicht kam es am 23.1.1996 zu dem sogenannten „Bündnis für Arbeit“, das die Bundesregierung zusammen mit den Spitzen der Arbeitgeber- und Arbeitnehmerverbänden auf Initiative des IG Metall Vorsitzenden Zwickel[722] verband, um gemeinsam das Ziel zu erreichen, bis zum Ende dieses Jahrtausends die Arbeitslosenzahlen zu halbieren[723].

Zwar war diesem Bündnis wenig Durchhaltevermögen und noch weniger Erfolg beschieden[724]; als Sensibilisierungsinitial rückte sie jedoch die Notwendigkeit einer Veränderung der bestehenden Arbeitsmarktlage in den Mittelpunkt der innenpolitischen Aktionstopoi.

In der Konsequenz des wachsenden öffentlichen Drucks stellte die Bundesregierung im Januar 1996 ein „Aktionsprogramm für Investition und Arbeitsplätze“ vor, das 50 Programmpunkte umfaßte[725]. Aus der Konkretisierung dieses Programms - dem Programm für mehr Wachstum und Beschäftigung[726] - ging der Entwurf des neuen Entgeltfortzahlungsgesetzes hervor, der die Herabsetzung der Lohnfortzahlung auf 80 % vorsah.

Das vom Bundestag bereits Ende Juni verabschiedete Gesetz scheiterte jedoch zunächst am Bundesrat[727], der auch nach der Ablehnung des Vorschlags des Vermittlungsausschusses durch den Bundestag[728] Einspruch einlegte[729].

---

722 Vorgeschlagen auf dem 18. ordentlichen Gewerkschaftstag vom 29.10 - 4.11.1995 in Berlin, vgl. FAZ vom 3.11.1995.

723 Vgl. *Lorenz*, Das Arbeitsrechtliche Beschäftigungsförderungsgesetz, in: DB 1996, S. 1973 ff (1973).

724 Anfang 1998 belief sich die Zahl der registrierten Erwerbslosen auf nahezu 5 Millionen.

725 BT-Drucksache 13/3629.

726 Bundesministerium für Arbeit und Sozialordnung, Sozialpolitische Informationen, 20.5.1996.

727 BR-Drucksache 459/96 vom 19.7.1996.

728 Plenarprotokoll vom 13.9.1996, 13/119.

729 BR-Drucksache 622/96 vom 12.9.1996

Erst nach erneuter namentlicher Abstimmung im Bundestag[730] konnte das Arbeitsrechtliche Beschäftigungsgesetz und mit ihm das neue Entgeltfortzahlungsgesetz am 27.9.1996 verkündet werden[731].

Wie die Bundesratsdrucksachen sowie die Protokolle des federführenden Ausschusses (Ausschuß für Arbeit und Sozialordnung)[732] belegen, ging es in der oft hitzig geführten Diskussion nicht allein um die Herabsetzung der Lohnfortzahlung, sondern im Besonderen auch um die Verringerung des Kündigungsschutzes.

III. Die Konsequenzen der einseitig zwingenden Gestaltung des § 4 Abs. 1 Satz 1 EFZG für die bestehenden tarifvertraglichen Fortzahlungsregelungen

Kein Streitpunkt im Verlauf des Gesetzgebungsverfahrens stellte die Problematik eines Eingriffs in die Tarifautonomie durch § 4 Abs. 1 Satz 1 EFZG dar. Der Entwurf der Koalitionsfraktionen sah von vornherein in der Sorge, andernfalls einen Verstoß gegen Art. 9 Abs. 3 GG zu bewirken[733], die Gestaltung der Normqualität des § 4 Abs. 1 Satz 1 EFZG als einseitig zwingende Norm vor. Damit können existente Tarifverträge, die eine 100% Lohnfortzahlung vorsehen, bestehen bleiben und zukünftige Tarifverträge, die in günstiger Weise von der gesetzlichen Regelung abweichen, geschlossen werden[734].

Voraussetzung für die Geltung bestehender Tarifverträge und damit Voraussetzung für einen Anspruch auf 100 % Lohnfortzahlung im Krankheitsfall ist jedoch die unabhängig von der gesetzlichen Regelung existierende konstitutive Wirkung der tarifvertraglichen Zusicherung[735].

Denn nur dann, wenn eine Tarifregelung eine eigenständige Vorschrift im Verhältnis zu der gesetzlichen Lohnfortzahlungsnorm darstellt und von dieser losgelöst erscheint[736], entfaltet sie dem Willen der Vertragsparteien entsprechend

---

730 BT-Drucksache 13/5533 vom 13.9.1996.

731 BGBl 1996, I S. 1476.

732 BT-Drucksache 13/5107.

733 Vgl.Amtliche Begründung des Entwurfes zu Art. 3 des Arbeitsrechtlichen Beschäftigungsförderungsgesetzes, BT-Drucksache 13/4612.

734 *Kaiser/Dunkl*, § 4 EFZG, RNr. 107, S. 212.

735 *Löwisch*, Das Arbeitsrechtliche Beschäftigungsförderungsgesetz, in: NZA 1996, S. 1009 ff (1013f);
Lorenz,Das Arbeitsrechtliche Beschäftigungsförderungsgesetz,DB 1996,S.1973ff (1976)

736 *Hold*, Umsetzung des Bonner Sparpakets: Arbeitsrechtliches Beschäftigungsförderungsgesetz, AuA 1996, S. 305 ff (306);

eine eigene Regelungswirkung, die unabhängig von dem zugrunde liegenden Gesetz Geltung beansprucht und die 100 % Lohnfortzahlung garantiert. Verweist die entsprechende Tarifnorm lediglich auf die gesetzliche Regelung ohne einen eigenen Regelungswillen zum Ausdruck zu bringen, folgt der Tarifvertrag der jeweiligen rechtlichen Änderung, so daß die gesetzliche Herabsetzung der Lohnfortzahlung im Krankheitsfall auf 80 % unmittelbare Wirkung für die betroffenen Arbeitnehmer zeitigt.

Die Frage, ob die jeweilige tarifvertragliche Norm konstitutiven oder deklaratorischen Charakter besitzt, stellte im Jahr der gesetzlichen Normierung die Literatur, aber insbesondere die betroffenen Tarifvertragsparteien vor eminente Probleme.

Ausgehend von der Rechtsprechung des BAG zum Kündigungsfristengesetz von 1993[737], in der die Differenzierung zwischen konstitutiven und deklaratorischen Tarifnormen vor allem vorgenommen wurde[738], entwickelte die Literatur verschiedene Abgrenzungskriterien unter dem Aspekt des im Tarifvertrag notwendig zum Ausdruck kommenden Willens der Tarifvertragsparteien [739]

So soll nach der weitesten Ansicht eine konstitutive Regelung bereits dann vorliegen, wenn die gesetzliche Norm wörtlich übernommen wurde, da hier der Wille der Tarifvertragsparteien erkennbar sei, die tarifliche Zusicherung gegen Verschlechterung resistent zu gestalten[740]. Dem gegenüber qualifiziert ein Großteil der neueren Literatur[741] im Einklang mit der Rechtsprechung des 2. Senats des BAG[742] eine tarifliche Norm bei Wortlautidentität[743] mit der zugrunde lie-

---

737 BGBl 1993, I S. 1668.

738 BAG, NZA 1996, S. 1166; BAG,NZA 1996, S. 325.

739 Für alle: Zachert, Auslegungsgrundsätze und Auslegungsschwerpunkte bei der aktuellen Diskussion um die Entgeltfortzahlung, DB 1996, S. 2078 f (2079).

740 *Link/Wierer*, Entgeltfortzahlung per Gesetz oder Tarifvertrag ?, AuA 1996, S. 408 f (409);
Wedde, Anspruch auf 100% Lohnfortzahlung ?, AuR 1996, S. 421 ff (424f);
Löwisch in MüKo-Arbeitsrecht Band III, § 258, RNr. 37 m.w.N..

741 *Müller/Berenz*, § 4 EFZG, RNr. 5,S. 113;
Hold, Umsetzung des Bonner Sparpakets: Arbeitsrechtliches Beschäftigungsförderungsgesetz, AuA 1996, S. 365 ff (366);
Bauer/Lingemann, Probleme der Entgeltfortzahlung nach neuem Recht, BB 1996,Beilage 17,S. 8 ff (15) ;
Löwisch, Das Arbeitsrechtliche Beschäftigungsförderungsgesetz, NZA 1996, S. 1009 ff (1013);
Lorenz, Das Arbeitsrechtliche Beschäftigungsförderungsgesetz, DB 1996, S. 1973 ff (1976);
Kaiser/Dunkl, § 4 EFZG, RNr. 109, S. 213.

742 BAG,NZA 1996, S. 1166; BAG, NZA 1996, S. 325.

genden gesetzlichen Regelung mangels eigenen Regelungswillens[744] als deklaratorisch[745]. Eine für die Einschätzung als konstitutive Norm notwendige eigenständige Regelung[746], die vom Gesetz unabhängig gelten solle, läge demnach generell dann vor, wenn die tarifliche Regelung im Wortlaut und Regelungsgehalt[747] vom Gesetz abweiche.

Beide Auffassungen begründen ihre Qualifizierungen somit mit der Erkennbarkeit des Regelungswillens der Tarifvertragsparteien aus dem Wortlaut[748], ohne hierbei jedoch überzeugende Argumente für diese Erkennbarkeit zu liefern, so daß ihr Wert für die praktischen Tarifkonflikte nicht allzu hoch anzusiedeln ist .

In der Konsequenz stehen sich die Meinungen exakt diametral gegenüber: einmal führt die wörtliche Fixierung des 100 % Lohnfortzahlungsanspruches in den Tarifverträgen zur Fortführung dieses Anspruches und einmal führt sie zur unmittelbaren Senkung auf 80 % gemäß der neuen rechtlichen Gestaltung.

Diese Uneinigkeit der Literatur bei der Qualifizierung der Abgrenzungskriterien zwischen konstitutiver und deklaratorischer Wirkung führte und führt in der tarifvertraglichen Praxis zu gravierenden Schwierigkeiten bei der Beurteilung der bestehenden Tarifverträge.

Erschwert wurde diese Beurteilung durch die Tatsache, daß eine Vielzahl der bestehenden Tarifverträge die Lohnfortzahlung durch Verweis auf die gesetzliche Lage fixiert hatten.

Link/Wierer[749] stellen in ihrer 1996 durchgeführten Untersuchung von 194 bestehenden Tarifverträgen einen Überblick über die Unterschiede vor, die allein im Bereich der gesetzlichen Verweisungen bestehen.

So verwies der überwiegende Teil der Tarifverträge (Geltungsbereich: 33% aller Arbeitnehmer Bayerns) generell auf „das Gesetz", während teilweise auf das Lohnfortzahlungsgesetz von 1969 (5,5 % der erfaßten Arbeitnehmer), bzw. auf

---

Der BAG vertrat im übrigen im Jahr 1957 (BAG AP Nr.1 zu § 1 TVG) noch die Auffassung, die wörtliche Übernahme des Gesetzestextes durch den Tarifvertrag führe zur Qualifizierung als konstitutive Norm.

743 *Löwisch*, Das Arbeitsrechtliche Beschäftigungsförderungsgesetz, NZA 1996, S. 1009 ff (1013).

744 *Lorenz*, Das Arbeitsrechtliche Beschäftigungsgesetz, DB 1996, S. 1073 ff (1076).

745 *Kaiser/Dunkl*, § 4 EFZG, RNr. 109, S. 213;

746 *Müller/Berenz*, § 4 EFZG, RNr. 5, S. 113.

747 *Müller/Berenz*, § 4 RNr. 5, S. 113;
Bauer/Lingemann, Probleme der Entgeltfortzahlung nach neuem Recht, DB 1996, Beilage 17, S. 8 ff (15).

748 *Wedde*, 100% Fortzahlung ?, AuR 1996, S. 421 ff (424);
Müller/Berenz, § 4 EFZG,RNr. 5,S. 113.

749 *Link/Wierer*, Entgeltfortzahlung per Gesetz oder Tarifvertrag?,AuA 1996,S. 408 f (409).

das Entgeltfortzahlungsgesetz von 1994 (2,1 % der erfaßten Arbeitnehmer) verwiesen wurde. Zusammen mit den Verweisen auf § 616 Abs. 2 BGB (0,4 %) und auf die gesetzlichen Bestimmungen in der jeweils geltenden Fassung (3 %) bieten diese tarifvertraglichen Normierungen ein deutlichen Beleg für die uneinheitliche Normierungspraxis der Tarifvertragsparteien, die eine exakte Einordnung als deklaratorische oder konstitutive Normen erheblich erschweren.

Dieses Fehlen einer exakten Trennlinie führte zwischen den Tarifvertragsparteien bei der Klärung der geltenden Rechtslage zu Streitigkeiten[750]. Die Klärung der Rechtslage wurde sowohl durch Tarifvertragsverhandlungen als auch durch die Beschreitung des Rechtsweges[751] verfolgt. Die beteiligten Tarifvertragsparteien konnten dabei häufig die Bestimmung der Rechtsnatur der Tarifvertragsnormen nicht selbst vornehmen, so daß auf beiden Seiten die Hilfe juristischer Gutachter in Anspruch genommen werden mußte[752].

Diese Probleme bei der Qualifizierung der tarifvertraglichen Norm resultieren aus der legislativen Gestaltung des § 4 Abs. 1 Satz. 1 EFZG als einseitig zwingende Norm, da bei einer zweiseitig zwingenden Gestaltung generell alle bestehenden Tarifverträge mit sofortiger Wirkung verdrängt worden wären. Eine Qualifizierung der Normen wäre dann entbehrlich gewesen.

Das rechtliche Zugeständnis einer Vereinbarungsoption zugunsten der Tarifvertragsparteien durch den Verzicht auf eine zweiseitig zwingende Gestaltung, die eine von § 4 Abs. 1 Satz 1 EFZG günstige Abweichung zuläßt

(§12 EFZG), erreichte damit das Primärziel, durch die Minderung der Lohnfortzahlungskosten einen wichtigen Beitrag im Bemühen um die Senkung der

---

750 Die Streitigkeiten begannen bereits vor dem Inkrafttreten des neuen Entgeltfortzahlungsgesetzes mit der Mitteilung des Gesamt-Metall Präsidenten Stumpfe, aufgrund der deklaratorischen Qualität der tarifvertraglichen Normierung würde die gesetzliche Herabsetzung der Lohnfortzahlung unmittelbar mit dem Inkrafttreten des Entgeltfortzahlungsgesetzes wirksam. Eine höhere Lohnfortzahlung müsse die Gewerkschaft dann auf dem Rechtsweg durch alle Instanzen durchzusetzen versuchen, FAZ vom 29.7.1996.

751 Vgl. dazu:*Lorenz*, Das Arbeitsrechtliche Beschäftigungsförderungsgesetz, DB 1996, S. 1973 ff (1976).
BAGE vom 16.6.1998, NZA 1998, S. 1062 ff
BAGE vom 26.8.1998, 5 AZR 127/98, 15/98, 26/98, 123/98, 727/97, 740/97, 769/97
Eckert, Entgeltfortzahlung im Krankheitsfall bei Altregelungen, DStR 1998, S. 1563 f;
Sowie in 80% oder 100 % Entgeltfortzahlung im Krankheitsfall, DStR 1998, S. 1928 f

752 Vgl.*Heinze*, Gutachten für den Arbeitgeberverband Metall Nordwürttemberg/Nordbaden; *Wedde*, Gutachten für den Vorstand der IG Metall, abgedruckt in AuR 1996, S. 421 ff.

Lohnnebenkosten zu leisten, nicht. Darüber hinaus führte die lediglich einseitig zwingende Wirkung zu einer eklatanten Rechtsunsicherheit hinsichtlich bestehender Tarifverträge[753].

1. Nachteilige Auswirkungen der einseitig zwingenden Wirkung im Vergleich zur Wirkung bei zweiseitig zwingender Gestaltung des § 4 Abs. 1 Satz 1 EFZG

Die letztlich einschneidenste Konsequenz der problembehafteten Qualifizierung der tariflichen Normen besteht neben dieser Rechtsunsicherheit jedoch zum einen in den seit dem Inkrafttreten des Entgeltfortzahlungsgesetzes in nahezu jeder Tarifbranche auftretenden Tarifkonflikten, die häufig von Arbeitsniederlegungen begleitet sind[754].

Vor allem ist aber die beabsichtigte Wirkung des Gesetzes aufgrund der lediglich einseitig zwingenden Qualität des § 4 Abs. 1 Satz 1 EFZG nicht erzielt worden.

a. Aspekt der unvollständigen Erreichung der mit der gesetzlichen Neuregelung verbundenen Zielsetzung

Die Notwendigkeit der Förderung der Wirtschaft und des Arbeitsmarktes besteht seit Jahren unter der erdrückenden zwischenzeitlichen Anzahl von registrierten(!) Erwerbslosen nahe der Fünf-Millionengrenze. Eine Verbesserung der Arbeitsmarktlage ist nur dann erreichbar, wenn die Wirtschaft bereit und in der Lage ist, Arbeitnehmer einzustellen und zu bezahlen. Problematisch an der heutigen Situation ist die Globalisierung der Wirtschaftsmärkte, d.h. das neben den Produkten und Dienstleistungen auch die nationalen Arbeitsplatzkosten in einem internationalen Wettbewerb treten. Die Bundesrepublik Deutschland liegt sowohl bei der Höhe der direkten als auch bei der Höhe der indirekten Arbeitskosten im europäischen Vergleich an der Spitze[755]. Diese arbeits- und sozialrechtliche Absicherung ist jedoch nur dann zu finanzieren, wenn die Wirtschaft expandiert, die Produktivität erhöht wird und Innovationen voranschreiten. Eine expandierende

---

753 So auch *Heinze*, Krankenstand und Entgeltfortzahlung - Handlungsbedarf und Anpassungserfordernis, NZA 1996, S. 785 ff (788).

754 Beispielsweise die Tarifverhandlungen der Süßwarenindustrie im Dezember 1996, bei denen ein Großteil der Arbeitnehmer in den Ausstand traten; zuletzt die langwierigen Tarifverhandlungen im Öffentlichen Dienst im ersten Quartal 1998, die von umfangreichen Warnstreiks begleitet wurden.

755 *Buchner*, Entgeltfortzahlung im Spannungsfeld zwischen Gesetzgebung und Tarifautonomie, NZA 1996, S. 1177 ff (1178).

Wirtschaft setzt wiederum voraus, daß die Standortfaktoren der Bundesrepublik denen anderer Staaten überlegen sind, so daß inländische Unternehmen nicht nur gehalten, sondern ausländische auch zur Immigration angereizt werden können. Einer der relevantesten Standortfaktoren sind die indirekten Lohnkosten, d.h. die Lohnnebenkosten, die alle arbeitsrechtlichen Sicherungsleistungen erfassen. Attraktive Ausmaße der Lohnnebenkosten sind damit ein relevantes Kriterium für die Ansiedlung und die Expansion von Unternehmen.

Um einen positiven Entwicklungsschub in diesen beschriebenen Zirkel zu bewirken, haben die Koalitionsfraktionen beschlossen, die Lohnnebenkosten durch eine Herabsetzung der Entgeltfortzahlung im Krankheitsfall zu senken.

Die Notwendigkeit der Senkung wird deutlich, wenn man bedenkt, daß die Aufwendungen für die Lohnfortzahlung 1995 bei mindestens 55 Milliarden DM lagen[756]; andere Untersuchungen gehen sogar von 60 Milliarden DM Kosten aus[757].

Durch die Senkung sollten Einsparungen in Höhe von jährlich 12 Milliarden DM die deutsche Wirtschaft entlasten und so das Wachstum der Wirtschaft und mit diesem einen Rückgang der Erwerbslosenzahlen bewirken[758].

Gleichzeitig sollte mittels der Herabsetzung auch eine die Lohnnebenkosten senkende Mißbrauchsverhinderung erzielt werden[759].

Diese Ziele konnten mit einer einseitig zwingenden Wirkung der Herabsetzung der Lohnfortzahlung nicht erreicht werden.

Dies liegt zunächst an der Weitergeltung der Tarifregelungen, die aufgrund ihres konstitutiven Charakters den organisierten Arbeitnehmern die 100 % Lohnfortzahlung auch nach dem 1.10.1996 sichern. Die geschätzte Zahl der von der vollen Lohnfortzahlung weiterhin erfaßten Beschäftigten liegt nach Angaben des Wirtschafts- und Sozialwissenschaftlichen Institutes bei etwa 80 % [760], da lediglich diejenigen Beschäftigten der gesetzlichen Regelung unterliegen, in deren Branche üblicherweise keine Tarifverträge bestehen, sowie diejenigen, deren Tarifverträge als deklaratorische Bestimmungen qualifiziert wurden.

Damit bestätigen sich die bereits im Vorfeld des Entgeltfortzahlungsgesetzes erhobenen Bedenken hinsichtlich der mangelnden Wirksamkeit der gesetzlichen

---

756 Gesetzesentwurf der Koalitionsfraktionen, BT-Drucksache 13/4612, S. 10.

757 Bundesvereinigung der Deutschen Arbeitgeberverbände, Memorandum „Sozialstaat vor dem Umbau" 1994, S. 24.

758 Begründung des Gesetzesentwurfes der Koalitionsfraktionen, Beschlußempfehlung und Bericht des Ausschusses für Arbeit und Sozialordnung, BT-Drucksache 13/5107, S. 20f.

759 Begründung des Gesetzesentwurfes der Koalitionsfraktionen, a.a.O., S. 21.

760 Vgl. *Zachert*, Auslegungsgrundsätze und Auslegungsschwerpunkte bei der aktuellen Diskussion um die Entgeltfortzahlung, DB 1996, S. 2078f (2078).

Minderung[761], sowohl hinsichtlich der erhofften direkten Minderung der Kostenlast für die Wirtschaft, als auch der Vermeidung der mißbräuchlichen Inanspruchnahme der Lohnfortzahlung.

Der „Erfolg" der gesetzlichen Neuregelung in Form der lediglich einseitig zwingenden Normqualität besteht darin, daß in den erfolgten Tarifverhandlungen die Gewährung der vollen Lohnfortzahlung durch die Arbeitgeber von der Kürzung anderer Leistungen abhängig gemacht wurde und wird. Beispielhaft sei hier der Tarifvertrag in der Druckindustrie vom Februar 1997 zitiert, der als Ausgleich für die volle Lohnfortzahlung im Krankheitsfall die Kürzung des 13. Monatsgehaltes um 5 % Prozent vorsieht. Für die Gewährung der 100 % Lohnfortzahlung wurde im Bereich der Süßwarenindustrie Ende 1996 eine Anwartschaftszeit von sieben Monaten für Neueingestellte vereinbArt. Während dieser Zeit erhält der Arbeitnehmer die gesetzliche Lohnfortzahlung von 80 %.

Diese Beispiele zeigen, daß das Ziel des Gesetzes, eine generelle Herabsetzung der Lohnnebenkosten zu erreichen, die wachstumsfördernde und damit beschäftigungsfördernde Tendenzen besitzt, auch durch die praktizierten „Ersatzeinsparungen" nicht erreicht werden kann:

Zunächst scheitert eine Quantifizierung der tatsächlich bewirkten Einsparungen durch die Dialektik von Lohnfortzahlungsgewährung und dem Verzicht auf sonstige Leistungen an der von Tarifvertrag zu Tarifvertrag divergierenden konkreten Gestaltung der betroffenen Leistungen. Auch *wirkt* die lediglich für 20 % aller Beschäftigten geltenden Herabsetzung nicht motivierend auf die Einstellungspolitik der Unternehmer, da keine exakten Kalkulationen über die eventuell zu erwartenden Einsparungen auf anderen Gebieten als der Lohnfortzahlung möglich sind.

Die einseitig zwingende Wirkung, die eine tarifvertragliche Vereinbarung der 100 % Entgeltfortzahlung im Krankheitsfall ermöglicht, ist damit nicht geeignet, die gesetzgeberischen Ziele zu verwirklichen.

Im Gegensatz dazu wäre eine zweiseitig zwingende Gestaltung des § 4 Abs. 1 Satz 1 EFZG geeignet gewesen, diese Ziele vollständig zu erreichen:

Die zweiseitig zwingende Norm hätte alle bestehenden Tarifverträge erfaßt und damit auch die konstitutiven Tarifnormen obsolet werden lassen.

Die von der 80 % Lohnfortzahlung erfaßten Beschäftigtenzahl würde dann bei 100 % liegen.

---

761 *Heinze*, Krankenstand und Entgeltfortzahlungsgesetz - Handlungsbedarf und Anpassungserfordernisse, NZA 1996, S. 785 ff (788);
Schwedes, Das Arbeitsrechtliche Beschäftigungsförderungsgesetz, BB 1996, Beilage 17, S. 2 ff (6).

Gleichzeitig wären künftige Tarifnormen, die eine über die gesetzliche Verbürgung hinausgehende Leistung im Krankheitsfall vorsehen würden, ausgeschlossen. Damit käme es auch nicht zu der heutzutage praktizierten Vereinbarung der „Ersatzeinsparungen".

In der Konsequenz würde eine zweiseitig zwingende Wirkung des § 4 Abs. 1 Satz 1 EFZG die Erfüllung der gesetzgeberischen Zielvorgaben bewirken: Die Kosteneinsparungen würden im Bereich der Entgeltfortzahlung erfolgen und durch die Unmöglichkeit der Abweichung von der Norm die Lohnnebenkosteneinsparungen zu einem kalkulierbaren Faktor der Produktionskosten werden lassen.

Damit käme es zu einer deutlichen Entlastung der deutschen Wirtschaft sowie zu einem Investitionsanreiz, deren mittelbare Folge ein Beschäftigungszuwachs wäre.

b. Aspekt der Verursachung von Arbeitsniederlegungen

Ein weiterer Aspekt, den die einseitig zwingende Gestaltung mit sich bringt, sind die Arbeitsniederlegungen, die als Tarifverhandlungen begleitende Druckmittel das vorrangige Ziel der Gewerkschaften, die 100 % Entgeltfortzahlung, unterstützen.

Die schädlichen Auswirkungen von Arbeitsniederlegungen für die einzelnen Unternehmer, die Volkswirtschaft und die Allgemeinheit sind hinreichen untersucht und belegt[762]. Es kann damit nicht im Interesse des Gesetzgebers liegen, eine Regelung zu verabschieden, in der Tarifkonflikte von Beginn an angelegt sind. Dies gilt unabhängig von der unumstrittenen Tatsache, daß die Tarifvertragsparteien im Rahmen der richterrechtlich entwickelten Grundsätze ein Recht zu Arbeitskampfmaßnahmen besitzen und dieses im Interesse ihrer Mitglieder auch wahrnehmen müssen bzw. können[763].

Der Vorwurf richtet sich demnach auch allein gegen den Gesetzgeber, der die Entscheidung für die bestehende Normqualität im Bewußtsein des bestehenden Konfliktpotentials und seiner Konsequenzen traf.

Diese Konsequenzen wären bei der Gestaltung des § 4 Abs. 1 Satz 1 EFZG als Norm mit zweiseitig zwingendem Charakter nicht eingetreten.

Die Herabsetzung der Entgeltfortzahlung auf 80 % wäre dem Verhandlungszugriff der Tarifvertragsparteien entzogen worden, so daß auch keine verhandlungsbegleitenden Arbeitskampfmaßnahmen zulässig gewesen wären.

---

762 *Otto* in: MüKo-Arbeitsrecht Band III, § 275, RNr. 33 ff.

763 *Scholz,* HbdStR VI, § 151 Rn 105, S. 1172.

IV. Zulässigkeit der zweiseitig zwingenden Gestaltung des § 4 Abs. 1 Satz 1 EFZG

Im Gesetzgebungsverfahren wurde bewußt die einseitig zwingende Wirkung des § 4 Abs. 1 Satz 1 EFZG präferiert, da ansonsten der unzulässige Eingriff in die Tarifautonomie gemäß Art. 9 Abs. 3 GG befürchtet wurde. So äußerte sich der zuständige Minister für Arbeit und Sozialordnung Blüm, daß „ Der Gesetzgeber ... ganz bewußt nicht in die verfassungsrechtlich geschützte Tarifautonomie eingegriffen (hat).“[764]

Die Ansicht, daß eine zweiseitig zwingende Gestaltung die Tarifautonomie der Koalitionen verletzt hat, teilt insbesondere Zachert, der sich darauf beruft, daß die Lohnfortzahlung im Krankheitsfall unter dem Gesichtspunkt der Üblichkeit und der geschichtlichen Tradition der primären Regelung durch die Koalitionen zusteht[765].

Im Gegensatz dazu sehen Heinze[766] und Buchner[767] die zweiseitig zwingende Form des § 4 Abs. Satz 1 EFZG als möglich, sogar als notwendig an, um die gestellten Anforderungen auch zu erfüllen. Konträr zu Zachert gehen hierbei beide Autoren von der fehlenden Primärregelung der Lohnfortzahlung durch die Koalitionen in der Vergangenheit aus, sondern verweisen auf die stetigen gesetzlichen Regelungen der Entgeltfortzahlungen.

Wie bereits dargelegt wurde[768], war es in der Tat der Gesetzgeber, der bereits in der Gewerbeordnung und später in den Sozialgesetzen unter Bismarck die Lohnfortzahlung im Krankheitsfall regelte, bevor der erste Tarifvertrag überhaupt vereinbart wurde. Die Argumente Zacherts sind damit nicht überzeugend.

Die Zulässigkeit der zweiseitig zwingenden Gestaltung des § 4 Abs. Satz 1 EFZG kann sich dem gegenüber allein aufgrund der aus den in den letzten Kapiteln gewonnen Erkenntnissen ergeben.

764 In: Welt am Sonntag vom 22.9.1996

765 *Zachert*, Auslegungsgrundsätze und Auslegungsschwerpunkte bei der aktuellen Diskussion um die Entgeltfortzahlung, DB 1996, S. 2078f (2078).

766 *Heinze*, Krankenstand und Entgeltfortzahlung, NZA 1996, S. 785 ff (789).

767 *Buchner*, Entgeltfortzahlung im Spannungsfeld, NZA 1996, S. 1177 ff (1179).

768 Ausführungen auf S. 130 ff.

1. Die zweiseitige Norm muß Teil eines wirtschaftlichen oder arbeitsmarktpolitischen Gesamtkonzeptes sein, daß eine aus dem Sozialstaatsprinzip resultierende und konkretisierte Handlungspflicht erfüllt.

Die Novellierung des Entgeltfortzahlungsgesetzes vom 1.10.1996 erfolgte im Rahmen des Gesetzes zur Förderung von Wachstum und Beschäftigung, als dessen Artikel 3 .

Neben der Kürzung der Entgeltfortzahlung im Krankheitsfall sehen die übrigen Artikel eine Einschränkung des Kündigungsschutzes (Art. 1) sowie in Art. 2 einen Abbau der Leistungen des Bundesurlaubsgesetzes vor. Weiterhin bedeutsam ist die über die bestehende Befristung von Arbeitsverträgen hinausgehende Erweiterung der Befristungsmöglichkeiten durch Art. 4 des Gesetzes.

Der exakte Umfang der gesetzlichen Änderungen im Verhältnis zu den bestehenden rechtlichen Bestimmungen ist in der Literatur vielfach detailliert dargestellt und kommentiert worden[769]. Ohne deshalb auf die Einzelheiten der Novellierung einzugehen, wird hinreichend deutlich, daß die Kürzung der Entgeltfortzahlung Teil eines arbeitsrechtlichen Gesamtkonzeptes ist, das unter der Zielsetzung der Entlastung der Wirtschaft, der Förderung der Wachstumsdynamik, der Sicherung des Industriestandortes Deutschland entstanden ist und damit als Endziel den Abbau der Erwerbslosenzahl verwirklichen soll[770].

Dieses Arbeitsrechtliche Beschäftigungsförderungsgesetz ist wiederum Teil einer Reihe von Gesetzesentwürfen, die die Bundesregierung am 10.5.1996 in den Bundestag einbrachte und die als „Bonner Sparpaket" bekannt geworden sind[771]. Zu diesen Gesetzesentwürfen gehören das Gesetz zur Umsetzung des Programms für mehr Wachstum und Beschäftigung in den Bereichen der Rentenversicherung und Arbeitsförderung[772], das Gesetz zur Begrenzung der Bezügefortzahlung bei Krankheit[773] und das Gesetz zur Entlastung der Beiträge in der gesetzlichen Krankenversicherung[774].

Die Senkung des Entgeltfortzahlungsanspruches steht damit im Zusammenhang mit verschiedenen Regeln, die die Senkung der Lohnnebenkosten bewirken, bzw. die Beschäftigungspolitik der Unternehmen flexibilisieren sollen. Die Herabsenkung der Entgeltfortzahlung auf 80 % des herkömmlichen Entgeltes stellt

769 *Schmitt,* Entgeltfortzahlungsgesetz, Einl. Rn 20 ff.
770 Gesetzesentwurf der Koalitionsfraktionen, BT-Drucksache 13/4612, S. 8.
771 *Gaul,* Gesetz zur Förderung von Wachstum und Beschäftigung, AuA 1996, S. 264 ff (264).
772 BT-Drucksache 13/4610, 13/4611.
773 BT-Drucksache 13/4613.
774 BT-Drucksache 13/4615.

damit einen Teil eines sowohl wirtschaftlich als auch arbeitsmarktpolitisch ausgerichteten Gesamtkonzeptes dar.

Auch folgt diese gesetzliche Regelung einer aus dem Sozialstaatsprinzip resultierenden und konkretisierten Handlungspflicht des Gesetzgebers.

Der Gesetzgeber beabsichtigt mit der Senkung der Entgeltfortzahlung die Senkung der Arbeitslosenquote auf einem mittelbaren Weg zu erreichen, indem er der Wirtschaft Einstellungsanreize bietet bzw. hemmende Umstände beseitigt.

Wie oben dargelegt wurde, stellt die Senkung der Erwerbslosenzahlen möglichst gegen Null eine Verpflichtung des Gesetzgebers aus dem Sozialstaatsprinzip dar. Der Staat ist in Abkehr zu den merkantilen Kapitalismusformen der Industrialisierungszeit in hohem Maße zur sozialen Absicherung seiner Bevölkerung verpflichtet. Daher hat er staatliche Maßnahmen zu ergreifen, um die Bevölkerung vor den gravierenden negativen Folgen der Arbeitslosigkeit zu schützen.

Ein besonders Problem besteht hier in der Dialektik von Senkung der Entgeltfortzahlung und Senkung der Arbeitslosenquote:

Die Entgeltfortzahlung im Krankheitsfall stellt gerade auch eine Konkretisierung der aus dem Sozialstaatsprinzip resultierenden Schutzpflicht des Staates dar, der die Arbeitnehmer bei Krankheit zu schützen hat[775]. Hier stehen sich auf beiden Seiten somit aus dem Sozialstaatsprinzip folgende Pflichten des Staates gegenüber.

Bei einer solchen Konkurrenz ist zu beachten, daß aus dem Sozialstaatsprinzip zunächst allein die grundsätzliche Absicherung der erkrankten Arbeitnehmer folgt, die Höhe der Fortzahlung muß hierbei lediglich so bemessen sein, daß der Einzelne auch über einen längeren Krankheitszeitraum vor der finanziellen Verelendung gesichert ist. Dies ist aber auch bei einem 80 % Entgeltfortzahlungsanspruch der Fall. Zwar wurden vor der Verabschiedung des Gesetzes Stimmen laut, die bei der Herabsenkung der Entgeltfortzahlung auf 80 % ein Sinken der Bezüge unter das Existenzminimum mit der Folge des Eingreifens von Sozialhilfeleistungen befürchteten[776].

Allerdings ist unter dem Gesichtspunkt der Vereinbarkeit der Senkung mit dem Sozialstaatsprinzip zum einen auf die Möglichkeit hinzuweisen, die Kürzung der Entgeltfortzahlung mittels eines Verzichts auf Urlaubstage zu vermeiden, § 4a Abs. 1 EFZG. Weiterhin ist zu beachten, daß es bei Arbeitsunfällen und Berufskrankheiten bei der 100 % Entgeltfortzahlungspflicht verbleibt.

---

775 *Stern,* Staatsrecht I, § 21 II 3, S. 899.

776 *Engels/Schlenker*, Führt die Absenkung der Entgeltfortzahlung im Krankheitsfall und des Krankengeldes in die Sozialhilfe, AuR 1996, S. 291 ff (292); *Birk*, Bei Krankheit droht Sozialhilfe, AuR 1996, S. 294 ff (294f).

Weiterhin greifen - bei unterstelltem Absinken der Bezüge unter das Existenzminimum- die staatlichen Sozialhilfeleistungen, die die Existenz des erkrankten Arbeitnehmers sichern. Diese Sozialhilfeleistungen stellen damit eine auf den Bedürfnisfall konkretisierte Pflichterfüllung des Gesetzgebers aus dem Sozialstaatsprinzip dar. Das Sozialstaatsprinzip verpflichtet den Staat nicht, *bestimmte* staatliche Leistungen zu gewähren[777]. Der Staat muß bei dem Schutz der Existenz seiner Bevölkerung vielmehr frei sein in der Entscheidung, in welcher Form er Leistungen gewährt. Hierbei kann ihm das Recht nicht genommen werden zu entscheiden, ob er eine arbeitsrechtliche oder sozialrechtliche Lösung aus gesamtstaatlichen Erwägungen heraus präferiert, soweit der Schutz des Einzelnen tatsächlich wirksam verwirklicht wird und bestimmte Grenzen nicht unterschreitet[778]. Das Eingreifen der Sozialhilfeleistungen als sozialstaatlich ausreichende Sicherungsleistungen ist damit kein Argument gegen die Kürzung der Entgeltfortzahlung unter dem sozialstaatlichen Aspekt.

Fordert das Sozialstaatsprinzip den Gesetzgeber zu Handlungen auf, die auf die Beseitigung der Arbeitslosigkeit gerichtet ist, muß diese Legislativpflicht um so größer werden, je mehr die Erwerbslosenzahl ansteigt[779]. Auch hat die Arbeitslosenquote seit einigen Jahren die 4 Millionengrenze hinter sich gelassen und näherte sich zeitweise der 5 Millionengrenze. Bei derartigen Belastungen des Systems der Sozialen Sicherheit, das zu einem großen Teil durch Steuereinnahmen der Erwerbstätigen finanziert wird, ist es nur noch eine Frage der Zeit, wann diese Systeme kollabieren. Bei einem solchen Zusammenbruch würden dann die meisten der Sicherungsleistungen entfallen.

Aus diesem Grund erscheint es nicht nur vertretbar sondern sogar notwendig, Kürzungen bei *einzelnen* arbeitsrechtlichen Leistungen in sozialstaatliche verträglichem Rahmen hinzunehmen, um den drohenden Zusammenbruch des *kompletten* Systems zu verhindern.

Welche Leistungen der Gesetzgeber legislativ beschränkt, ist eine ihm zu überlassende Problematik, da nur das sinnvolle Zusammenspiel arbeitsrechtlicher und sozialrechtlicher Maßnahmen den gewünschten Erfolgt zeitigen kann[780].

---

777 *Bleckmann,* Staatsrecht I, Rn 746 f, S. 332 f.

778 *M/D/H/S-Herzog,* Art. 20 VIII, Rn 25.

779 Zum Problem der Verwirklichung des Sozialstaates in Zeiten fehlender Finanzierbarkeit: *Benda,* HbdVfR, § 17, Rn 174, S. 787f.

780 Dies gilt auch hinsichtlich der Beurteilung der effizientesten Wirtschaftspolitik: Ob der Gesetzgeber einem neoklassischen Arbeitsmarktansatz folgt oder der Wirtschaftstheorie J.M.Keynes muß ihm überlassen bleiben, da beide Ansätze keine Richtigkeitsgewähr für sich in Anspruch nehmen können. (Dies verkennt *Bontrup,* Veränderungen im Entgeltfortzahlungsgesetz - Erhöhung der Wettbewerbsfähigkeit oder Umverteilung?, AuA 1996, S. 405 ff (405f)).

Die Kürzung der Entgeltfortzahlung im Rahmen eines wirtschaftlichen und arbeitsrechtlichen Gesamtkonzeptes stellt damit die Erfüllung einer aus dem Sozialstaatsprinzip resultierenden und konkretisierte Handlungspflicht dar.

Die Normierung des § 4 Abs. Satz 1 EFZG wäre unter diesem Aspekt zulässig gewesen.

2. *Über die Interessen der Tarifvertragsparteien hinausgehende Relevanz der Regelung*

Die zweiseitig zwingende Norm muß Sachfragen regeln, die einer Regelung durch Interessenverbände aufgrund der gravierenden Relevanz für über diese hinausgehende Bevölkerungsgruppen nicht zugänglich ist.

Der Gesetzgeber ist aufgrund des Sozialstaatsprinzips und des Demokratieprinzips dazu verpflichtet, gesamtstaatlich relevante Entscheidungen eigenhändig zu treffen und nicht den Interessenverbänden zu überlassen.

Bei Entscheidungen, die gravierende Relevanz für die Gesamtbevölkerung bzw. Teilen der Bevölkerung besitzen, können die Koalitionen aufgrund ihres Charakters als Partikularinteressenvertretungen und ihrer Verankerung im gesellschaftlichen Bereich eine den staatlichen Anforderungen entsprechende Beurteilungs- und Entscheidungsleistung nicht erbringen.

Auch bei der Novellierung des Entgeltfortzahlungsgesetzes handelt es sich um eine Normierung, die nicht der Regelung durch die Koalitionen zugänglich ist.

Die Koalitionen können - wie oben gezeigt - trotz ihres teilweise allgemeinpolitischen Anspruches die Interessen der außenstehenden, nicht in ihnen organisierten Interessen nicht in hinreichendem Maße beachten und wahren.

Die Arbeitslosen stehen außerhalb der organisierten Interessen und können daher nicht in demselben Maß von den Koalitionen beachtet werden, wie dies hinsichtlich der eignen Mitglieder der Fall ist. Im Konfliktfall müssen sich die Koalitionen immer zugunsten ihrer Mitglieder entscheiden. Dies zeigt auch die von den Gewerkschaften nach Erlaß der Entgeltfortzahlungssenkung weiter energisch betriebene Sicherung der 100 % Fortzahlung mittels Tarifvertrag.

Die Senkung der Arbeitslosenzahlen stellt aufgrund der Gefahr, die über die für den einzelnen Arbeitslosen hinausgehend, für die gesamte Bevölkerung aufgrund des zu befürchtenden Zusammenbruchs der sozialen Sicherungssysteme besteht, eine Aufgabe mit gravierendster Relevanz für die Allgemeinheit dar.

Auch unter diesem Aspekt wäre eine zweiseitig zwingende Normqualität zulässig gewesen.

3. Die zweiseitig zwingende Norm muß die funktionelle Unangetastetheit der Tarifvertragsparteien beachten.

Wie bereits oben dargestellt, ist es grundsätzlich nicht möglich, die gesetzlichen Eingriffe von dem sachlichen Bereich der jeweiligen Materie abhängig zu machen und so etwa die Lohnbestimmung oder die Arbeitszeit aus der Legislativkompetenz auszunehmen.

Vielmehr muß das Abgrenzungskriterium im funktionelle Bereich gesehen werden. Damit kann der Gesetzgeber jedes sachliche Gebiet regeln, soweit er die Koalitionen nicht ihres generellen Rechtes auf Abschluß von Tarifverträgen beraubt, d.h. er muß den Tarifvertragsparteien auch relevante Regelungsbereiche belassen. Der Gesetzgeber würde unzulässig in die Tarif-autonomie eingreifen, wenn er den Koalitionen lediglich Randgebiete zur Regelung überließe oder ein Sachgebiet derart umfangreich gestalten würde, daß den Koalitionen allein die nebensächlichen Regelungen verblieben. Ein solches Vorgehen entspräche nicht der festgestellten Bedeutung der Koalitionen im Verfassungsgefüge und würde eine Verletzung des Art. 9 Abs. 3 GG darstellen.

Die Regelung der Höhe des Entgeltfortzahlungsanspruches läßt den Tarifvertragsparteien noch einen hinreichend weiten Handlungsraum.

Wie § 4 Abs. 4normiert, sind es die Koalitionen, die über die Berechnungsgrundlage der Entgeltfortzahlung zu entscheiden haben, so daß sie weiterhin an der Regelung der Entgeltfortzahlung im Krankheitsfall beteiligt sind.

4. Die zweiseitig zwingende Norm darf keinen übermäßigen Legislativ-akt darstellen.

Aufgrund der immensen Bedrohung durch die Höhe der Arbeitslosenzahlen für den Einzelnen sowie die Allgemeinheit, erscheint die Senkung des Entgeltfortzahlungsanspruches auf 80 % nicht als übermäßiges Gesetz.

Wie oben erwähnt, verbleibt den Tarifvertragsparteien ihre funktionelle Handlungsfähigkeit. Auch können die Koalitionen bei der Entgeltfortzahlung relevante Entscheidungen treffen, da sie über die Bemessungsgrundlage der Entgeltfortzahlung tarifvertragliche Kodifikationen treffen können.

Auch unter dem Aspekt der Betroffenheit des Sozialstaatsprinzips bei Minderung einer sozialen Leistung ergeben sich aus den o.g. Gründen keine Übermaßbeanstandungen.

5. Die zweiseitig zwingende Norm muß im Gesetzestext die Bezeichnung der Normqualität besitzen.

Diese Anforderung hätte unproblematisch erfüllt werden können, etwa als Einfügung als § 4 Abs. Satz 2 EFZG: „Diese Regelung gilt mit zweiseitig bindender Wirkung."

Die Prüfung des § 4 Abs. 1 Satz 1 EFZG anhand der entwickelten Kriterien zeigt, daß eine zweiseitig zwingende Gestaltung der Entgeltfortzahlungsminderung zulässig gewesen wäre.

In Anbetracht der Konsequenzen, die die einseitig zwingende Gestaltung gerade nicht gezeitigt hat, wäre bedenkenswert, ob die Regelung nicht hätte zwingend ergehen müssen.

6. Ergebnis: § 4 Abs. 1 S. 1 EFZG hätte als zweiseitig zwingende Norm ergehen können und sogar müssen

Wie aus diesen Überlegungen folgt, wäre eine Gestaltung als zweiseitig zwingende Norm mit den erarbeiteten Zulässigkeitskriterien vereinbar gewesen.

Auch hat die Gegenüberstellung von Zielsetzung und realer Wirkung gezeigt, daß zwischen beiden keine Kongruenz besteht. In Anbetracht der dem Gesetzgeber im Bereich des sozialen Arbeits- und Wirtschaftsrechts, das eines der wichtigsten Gestaltungselemente moderner Staatlichkeit ist, hätte diese vorhersehbare Konsequenz der gewählten Normqualität vermieden werden müssen.

Schlußwort

Diese Untersuchung hat gezeigt, daß die verfassungsrechtlich zulässigen Instrumentarien des Arbeitsrechts bislang nicht erschöpfend zur Verbesserung der arbeitsmarktpolitischen und wirtschaftlichen Lage eingesetzt wurden.

Dies liegt in der Hauptsache an den Berührungsängsten der Literatur und der Rechtsprechung mit den Tarifvertragsparteien.

Durch die Furcht, diese gesellschaftlich und wirtschaftlich enorm starken Kräfte in ihren Rechten zu beschneiden und sich damit dem Vorwurf mangelnder Freiheitsakzeptanz gesellschaftlicher Gruppen auszusetzen, unterbleiben auch sinnvolle Versuche, eine ausgewogene Kompetenzabgrenzung von koalitionärer und staatlicher Regelungmacht vorzunehmen.

Wie diese Arbeit jedoch nachweist, ist diese Furcht unbegründet, da die zwar oftmals proklamierte, allerdings nie bewiesene Normsetzungsprärogative der Tarifvertragsparteien nicht existiert. Die Besinnung auf die ursprünglichen Aufgaben der Tarifvertragsparteien und auf die *rechtliche* Basis und den Umfang ihrer Normsetzungsbefugnis befreit von Ausweitung koalitionärer Rechte, die im rein Tatsächlichen erfolgte und den Blick auf die eigentlichen Kompetenzen verstellen. Sicherlich kann diese Besinnung auf die rechtlichen Grundlagen sich dem Vorwurf ausgesetzt sehen, daß sie - die Realitäten verkennend - den Wegbereiter für eine Proklamation des „starken Staates“ darstellt.

Solche Vorwürfe erscheinen jedoch unberechtigt, wenn man beachtet, daß die Ergebnisse durch eine Analyse der Geschichte, der einzelnen Verfassungsprinzipien sowie der realen Rolle der Tarifvertragsparteien gefunden wurden. Diese Vorgehensweise hat eine differenzierte Betrachtung ermöglicht, die sich in den Zulässigkeitskriterien für die Verwendung zweiseitig zwingender Normen niedergeschlagen hat und die keinesfalls ein absolutes Eingriffsrecht des Staates normiert.

Die Zulässigkeit zweiseitig zwingender Normen sollte von diesen Vorurteilen unbeeinflußt als Chance begriffen werden, die desolate Situation des deutschen Arbeitsmarktes zu verbessern. Die Notwendigkeit der Verbesserung ist bereits mehrfach dargestellt worden und bedarf an dieser Stelle keiner weiteren Ausführung mehr.

Meines Erachtens ist es an der Zeit, sich den existenten Problemen zu stellen und sie auch durch unpopuläre - jedoch rechtlich unbedenkliche - Maßnahmen, wie es die Begrenzung der Rollen der Tarifvertragsparteien sicherlich ist, zu bewältigen. Die Rücksichtnahme auf „Besitzstände" bei Regelungskompetenzen verbietet sich, wenn die Sicherung der sozialen Systeme, der Wirtschaft und jedes einzelnen Bürgers auf dem Spiel steht.

Zu zeigen, daß das Arbeitsrecht mit dem Mittel der zweiseitig zwingenden Norm eine Option bereithält, die bei sinnvollem Einsatz einen Teil zur Verbesserung der derzeitigen Lage zu leisten vermögen, war das Ziel dieser Arbeit[781].

Die darüber hinausgehende Normierung von Zulässigkeitskriterien für die Anwendung im Einzelfall erfolgte mit dem Ziel, die bisher zu beobachtende Regelungsunsicherheit des Gesetzgebers und die Meinungsdivergenzen in der Literatur zu mindern, um auch in der Praxis eine schnelle und zuverlässige Gesetzgebung zu ermöglichen.

Da die vorgelegten Ergebnisse anhand einer Untersuchung arbeitsrechtlicher und verfassungsrechtlicher Elementarprinzipien erlangt wurden, ist es sicherlich möglich, aufgrund des Problems allgemein akzeptierter Bestimmbarkeit dieser Prinzipien, Folgerungen zu ziehen, die mit den hier vertretenen Ansichten nicht immer kongruent erscheinen.

Dies ist jedoch dieser Problemstellung inhärent, so daß ein unwidersprochen bleibendes Konzept der Abgrenzung von koalitionärer und staatlicher Normsetzungskompetenz wohl ein utopischer Gedanke bleibt.

---

781 Gleichwohl das eigentliche Ziel mit *Montesquieu* zu formulieren ist: Mais il ne fant pas toujours tellement e´puiser un sujet, qu´on ne laisse rien à faire au lecteur. Il ne s´agit pas de faire lire, mais de faire penser. (Man soll den Gegegenstand nicht immer derart erschöpfen, daß man dem Leser nichts zu tun übrigläßt. Es kommt darauf an, nicht zum Lesen, sondern zum Denken anzuregen.) *Montesquieu*, De l´esprit des lois, XI Buch,20.Kapitel.

Literaturverzeichnis

Achterberg, Norbert: Allgemeines Verwaltungsrecht, 6. Auflage, Heidelberg 1986.

Adomeit, Klaus: Zur Theorie des Tarifvertrages. in: Recht der Arbeit 1967, S. 297-305.

Ahrens, Martin: Tarifvertragliche Regelungen zur Entgeltfortzahlung im Krankheitsfall: Das Beispiel der niedersächsischen Metallindustrie. in: Neue Zeitschrift für Arbeitsrecht 1997, S. 301-304.

Alemann, Ulrich von/Heinze, Rolf G. (Hrsgb.): Verbände und Staat - Vom Pluralismus zum Korporatismus, Opladen 1979.

Andritzky, Michael: Beschäftigungsförderungsgesetz 1985: Eine Zwischenbilanz. in: Neue Zeitschrift für Arbeits- und Sozialrecht 1986, S. 385-388.

von Arnim, Hans Herbert: Gemeinwohl und Gruppeninteressen, Frankfurt a.M. 1977.

von Arnim, Hans Herbert: Macht macht erfinderisch. Zürich 1988.

Badura, Peter: Arbeitsgesetzbuch, Koalitionsfreiheit und Tarifautonomie. in: Recht der Arbeit 1974, S. 129-138.

Badura, Peter: Das Prinzip der sozialen Grundrechte und seine Verwirklichung im Recht der Bundesrepublik Deutschland. in: Der Staat, Band 14 (1975), S. 17-48, Berlin 1975.

Badura, Peter: Wachstumsvorsorge und Wachstumsfreiheit. in: Festschrift für Hans Peter Ipsen zum siebzigsten Geburtstag, S. 367-384, Hrsgb.: Rolf Stödter und Werner Thieme, Tübingen 1977.

Bauer, Jobst-Hubertus/Lingemann, Stefan: Probleme der Entgeltfortzahlung nach neuem Rechtin: Betriebs-Berater 1996, Beilage 17, S. 8-18 .

Becker, Friedrich/Etzel, Gerhard (Red.): Gemeinschaftskommentar zum Kündigungsschutzgesetz und zu sonstigen kündigungsschutzrechtlichen Vorschriften. 4. Auflage, Neuwied-Kriftel-Berlin 1996.

Becker, Jürgen: Gewaltenteilung im Gruppenstaat, Baden-Baden 1986.

Belling, Detlev: Das Günstigkeitsprinzip im Arbeitsrecht, Berlin 1984.

Benda, Ernst: Der soziale Rechtsstaat. in: Handbuch des Verfassungsrechts der Bundesrepublik Deutschland § 17, S. 719-797, Hrsgb.: Ernst Benda u.a., 2. Auflage, Berlin 1994.

Biedenkopf, Kurt: Grenzen der Tarifautonomie, Karlsruhe 1964.

Biedenkopf, Kurt: Rechtsfragen der konzertierten Aktion. in: Betriebsberater 1968, S. 1005 -1011.
Birk, Ulrich-Arthur: Bei Krankheit droht Sozialhilfe. in: Arbeit und Recht 1996, S. 294 - 296.
Bleckmann, Albert: Staatsrecht I - Staatsorganisationsrecht. Köln-Berlin-Bonn-München 1993.
Bleckmann, Albert: Staatsrecht II - Die Grundrechte. 4. Auflage, Köln-Berlin-Bonn-München 1997.
Blomeyer, Wolfgang: Das Günstigkeitsprinzip in der Betriebsverfassung. in: Neue Zeitschrift für Arbeitsrecht 1996, S. 337-346 .
Böckenförde, Ernst-Wolfgang: Staat, Gesellschaft, Freiheit, Frankfurt 1976.
Bogs, Alfred: Koalitionen und Koalitionskampfmittel, Berlin 1926.
Bontrup, Heinz-J.: Veränderungen im Entgeltforzahlungsgesetz - Erhöhung der Wettbewerbsfähigkeit oder Umverteilung ?. in: Arbeit und Arbeitsrecht 1996, S. 405-408.
Brennecke, Volker M.: Normsetzung durch private Verbände. Zur Verschränkung von staatlicher Steuerung und gesellschaftlicher Selbstregulierung im Umweltschutz, Düsseldorf 1996.
Brox, Hans/Rüthers, Bernd: Arbeitskampfrecht. 2. Auflage, Stuttgart 1982.
Buchner, Herbert: Befristete Arbeitsverhältnisse mit wissenschaftlichem Personal an Hochschulen und Forschungseinrichtungen. in: Recht der Arbeit 1985, S. 258-282.
Buchner, Herbert: Entgeltfortzahlung im Spannungsfeld zwischen Gesetzgebung und Tarifautonomie. in: Neue Zeitschrift für Arbeitsrecht 1996, S. 1177-1186.
Bulla, Gustav-Adolf: Soziale Selbstverwaltung der Sozialpartner als Rechtsprinzip. in: Nipperdey Festschrift 1965, Band II, S. 79-104, Hrsgb.: Rolf Dietz und Heinz Hübner, München und Berlin 1965.
Buschmann, Rudolf: Gemeine Marktwirtschaft. in: Arbeit und Recht 1996, S. 285-291.
Bydlinski, Franz: Juristische Methodenlehre und Rechtsbegriff. Wien - New York 1982.
Chiotellis, Aristide: Rechtsfolgenbestimmung bei Geschäftsgrundlagenstörungen in Schuldverträgen, München 1981.
Coester, Michael: Vorrangprinzip des Tarifvertrages, Heidelberg 1974.
Däubler, Wolfgang: Tarifvertragsrecht, 3. Auflage, Baden-Baden 1993.
Däubler, Wolfgang/Hege, Hans: Koalitionsfreiheit, Baden-Baden 1976.
Dallinger, Peter: Neue Möglichkeiten für Zeitverträge mit wissenschaftlichen Angestellten. in: Neue Zeitschrift für Arbeitsrecht 1985, S. 648-653.
Degenhart, Christoph: Staatsrecht I, 13. Auflage, Heidelberg 1997.

Denninger, Erhard: Der gebändigte Leviathan, Baden-Baden 1969.
Drath, Martin: Die Gewaltenteilung im heutigen deutschen Staatsrecht. in: Zur heutigen Problematik der Gewaltentrennung, S. 21-77, Hrsgb.: Heinz Rausch, Darmstadt 1969.
Dreier, Horst (Hrsgb.): Grundgesetz-Kommentar. Band 1, Art. 1-19, Berlin 1996.
Duden: Bedeutungswörterbuch, Band 10. Hrsgb.: Müller, Wolfgang, 10. Auflage, Mannheim, Wien, Zürich 1985.
Eckert, Michael: Entgeltfortzahlung im Krankheitsfall bei Altregelungen (80 % oder 100 %). in: Deutsches Steuerrecht 1998, S. 1563-1564.
Eckert, Michael: 80% oder 100% Entgeltfortzahlung im Krankheitsfall ?. in: Deutsches Steuerrecht 1998, S. 1928-1929.
Ehmann, Horst/Lambrich, Thomas: Vorrang der Betriebs- vor der Tarifautonomie kraft des Subsidiaritätsprinzips ?. in: Neue Zeitschrift für Arbeitsrecht 1996, S. 346-356.
Engels, Dietrich/Schlenker, Ralf-Dieter: Führt die Absenkung der Entgeltfortzahlung im Krankheitsfall und des Krankengeldes in die Sozialhilfe ?. in: Arbeit und Recht 1996, S. 291-293.
Ennerccerus, Ludwig/Nipperdey, Hans Carl: Allgemeiner Teil des Bürgerlichen Rechts, Erster Halbband (Teil I), 15. Auflage, Tübingen 1959.
Ermecke, Gustav: Zehn Thesen zur sozial-wissenschaftlichen Grundlegung und sozial-ethischen Bedeutung des Subsidiaritätsprinzips. in: Subsidiarität und Demokratie, S. 62-67, Hrsgb.: Otto Kimmich, Düsseldorf 1981.
Eschenburg, Theodor: Herrschaft der Verbände ?, 2. Auflage, Stuttgart 1963.
Falkenberg, Rolf-Dieter: Vorrang der BAT-Sonderregelung über befristete Arbeitsverträge (SR 2y BAT) gegenüber dem Beschäftigungsförderungsgesetz. in: Zeitschrift für Tarifrecht 1987, S. 19-22.
Farthmann, Friedhelm/Coen, Martin: Tarifautonomie, Unternehmensverfassung und Mitbestimmung. in: Handbuch des Verfassungsrechts, Hrsgb.: Ernst Benda, Werner Maihofer, Hans-Jochen Vogel, § 19, S. 851-960, 2. Auflage, Berlin-New York 1994.
Fastrich, Lorenz: Betriebsvereinbarung und Privatautonomie. in: Recht der Arbeit 1994, S. 129-140.
Fischer, Robert: Die Weiterbildung des Rechts durch die Rechts durch die Rechtsprechung. in: Schriftenreihe Juristische Studiengesellschaft Karlsruhe, Heft 100, Karlsruhe 1971.
Forsthoff, Ernst: Verfassungsprobleme des Sozialstaats. in: Rechtsstaatlichkeit und Sozialstaatlichkeit, Hrsgb.: Ernst Forsthoff, S. 145-164, Darmstadt 1968.
Frey, Erich: Konkurrenz von Gesetz und Tarifvertrag bei der Zuschußzahlung zum Krankengeld. in: Betriebsberater 1957, S. 753-755.

Friedhofen, Peter/Weber,Ulrich: Rechtsprobleme des befristeten Arbeitsvertrages nach Art. 1 § 1 des Beschäftigungsförderungsgesetzes 1985. in: Neue Zeitschrift für Arbeitsrecht 1985, S. 337-341.

Gablentz, Hans von der: Gesellschaft. in: Staat und Politik, S. 88-102, Frankfurt 1957.

Galperin, Hans: Die autonome Rechtsetzung im Arbeitsrecht. in: Festschrift für Erich Molitor zum 75. Geburtstag, Hrsgb.: H.C.Nipperdey, S. 143-160, München und Berlin 1962.

Galperin, Hans: Die Stellung der Gewerkschaften im Staatsgefüge. in: Der Betrieb 1970, S. 298-303 (I), S. 346-352 (II).

Gamillscheg, Franz: Die Differenzierung nach der Gewerkschaftszugehörigkeit, Berlin 1966.

Gast, Wolfgang: Perspektiven des Arbeitsrechts. in: Betriebsberater 1986, S. 1513-1520.

Gaul, Björn: Gesetz zur Förderung von Wachstum und Beschäftigung. in: Arbeit und Arbeitsrecht 1996, S. 264-268.

Gaul, Dieter: Vorrang tarifvertraglicher Befristungsregelungen vor dem Beschäftigungsförderungsgesetz. in: Zeitschrift für Tarifrecht 1987, S. 164-169.

Gaumann, Ralf/Schafft, Marcus: Tarifvertragliche Öffnungsklauseln – ein sinnvolles Flexibilisierungsinstrument. in: Neue Zeitschrift für Arbeitsrecht 1998, S. 176-187.

Gerstenmaier, Klaus-Albrecht: Die Sozialstaatsklausel des Grundgesetzes als Prüfungsmaßstab im Normenkontrollverfahren: Justitiabilität und Justitiabilisierung der Sozialstaatsklausel des Grundgesetzes, Berlin 1975.

Gießen, Karl Heinz: Die Gewerkschaften im Prozeß der Volks- und Staatswillensbildung, Berlin 1976.

Gotzen, Otfried/Doetsch, Werner: Das Arbeiterkrankheitsgesetz, Köln 1962.

Gramm, Hans: Das Ordnungsprinzip im kollektiven Arbeitsrecht. in: Arbeit und Recht 1961, S. 353-357.

Grewe, Wilhelm: Das bundesstaatliche System des Grundgesetzes. in: Deutsche Rechts-Zeitschrift 1949, S. 349-352.

Grimm, Dieter: Verbände. in: Handbuch des Verfassungsrechts der Bundesrepublik Deutschland: § 15 ,S.657 ff., Hrsgb.: Ernst Benda u.a., 2. Auflage, Berlin-New York 1994 .

Gröbing, Karl: Das Koalitionsrecht der Arbeitnehmer in der Krise. in: Arbeit und Recht 1986, S. 297-302.

Habner, Otto: Konkurrenz zwischen Arbeiterkrankheitsgesetz, Bürgerlichem Gesetzbuch und Tarifvertrag. in: Betriebsberater 1960, S. 944-946.

Häfele, Wolfgang: Die Zulassung befristeter Arbeitsverhältnisse durch § 1 BeschFG 1985, München 1988.

Hanau, Peter: Die neue Rechtsprechung zur gewerkschaftlichen Betätigung im Betrieb. in: Arbeitsrecht der Gegenwart, Band 17 (1980), S. 37-56.
Hanau, Peter: Befristung und Abrufarbeit nach dem Beschäftigungsförderungsgesetz 1985. in: Recht der Arbeit 1987, S. 25-29.
Hanau, Peter: Der Tarifvertrag in der Krise. in: Recht der Arbeit 1998, S. 65-71.
Hanau, Peter/Adomeit, Klaus: Arbeitsrecht, 11. Auflage, Neuwied, Kriftel, Berlin 1994.
Heinze, Meinhard: Das befristete Arbeitsverhältnis zwischen Gesetz und Tarifvertrag. in: Der Betrieb 1986, S. 2327-2334.
Heinze, Meinhard: Tarifautonomie und sogenanntes Günstigkeitsprinzip. in: Neue Zeitschrift für Arbeitsrecht 1991, S. 329-336.
Heinze, Meinhard: Krankenstand und Entgeltfortzahlung - Handlungsbedarf und Anpassungserfordernisse. in: Neue Zeitschrift für Arbeitsrecht 1996, S. 785-791.
Heinze, Meinhard: Wege aus der Krise des Arbeitsrechts – Der Beitrag der Wissenschaft. in: Neue Zeitschrift für Arbeitsrecht 1997, S. 1-9.
Hennsler, Martin: Tarifautonomie und Gesetzgebung. in: Zeitschrift für Arbeitsrecht 1998, S. 1-40.
Herschel, Wilhelm: Anmerkung zum BAG-Beschluß vom 17.12.1959. in: Arbeit und Recht 1960, S. 223-224.
Herschel, Wilhelm: Referat zum 46. Deutschen Juristentag zum Thema „Sinn und Grenzen der Vereinbarungsbefugnis der Tarifvertragsparteien“. in: Band II, S. D 1-D 34, München 1967.
Herschel, Wilhelm: Kernbereichslehre und Kodifikationsprinzip in der Tarifautonomie. in: Arbeit und Recht 1981, S. 265-271.
Herzog, Roman: Allgemeine Staatslehre, Berlin 1971.
Hesse, Konrad: Grundzüge des Verfassungsrechts der Bundesrepublik Deutschland, 19. Auflage, Heidelberg 1993.
Hessel, Phillipp: Gesetz zur Verbesserung der wirtschaftlichen Sicherung der Arbeiter im Krankheitsfalle. in: Betriebsberater 1957, S. 681 - 683.
Hiersemann, Walter: Normenkonkurrenz bei der Zuschußzahlung zum Krankengeld. in: Recht der Arbeit 1958, S. 210-211.
Hilger, Marie Luise: Änderung und Aufhebung betriebseinheitlich geltender Arbeitsbedingungen. in: Betriebsberater 1958, S. 417-419.
Hinz, Manfred O.: Tarifhoheit und Verfassungsrecht, Berlin 1971.
Hold, Dieter: Umsetzung des Bonner Sparpakets: Arbeitsrechtliches Beschäftigungsförderungsgesetz. in: Arbeit und Arbeitsrecht 1996, S. 365-369.
Huber, Hans: Staat und Verbände. in: Recht und Staat in Geschichte und Gegenwart, Band 218, Tübingen 1958.

Huber, Ernst Rudolf: Deutsche Verfassungsgeschichte seit 1789. Band 6: Die Weimarer Reichsverfassung, Stuttgart 1981.
Huber, Ernst Rudolf: Wirtschaftsverwaltungsrecht: Institutionen des öffentlichen Arbeits- und Unternehmensrechts, 2. Auflage, Tübingen 1932.
Hueck,Alfred/Nipperdey, Hans Carl: Lehrbuch des Arbeitsrechts, .
Erster Band von A.Hueck, 7. Auflage, Berlin/Frankfurt a.M. 1963. .
Zweiter Band, Erster Halbband vom H.C.Nipperdey, 7. Auflage, Berlin/Frankfurt a.M. 1966.
Ipsen, Jörn: Gesetzgebung und Verwaltung - Aussprache. in: Veröffentlichungen der Vereinigung Deutscher Staatsrechtslehrer, Heft 24, S. 221-224, Berlin 1966.
Ipsen, Jörn: Staatsrecht I –Staatsorganisationsrecht, 9. Auflage, Neuwied-Kriftel-Berlin 1997.
Isele, Hellmut Georg: Sinn und Grenzen der Vereinbarungsbefugnis der Tarifvertragsparteien. in: Juristenzeitung 1964, S. 585-587.
Isensee, Josef: Subsidiaritätsprinzip und Verfassungsrecht, Berlin 1968.
Isensee, Josef: Der Tarifvertrag als Gewerkschafts-Staats-Vertrag. Das arbeitsrechtliche Regelungsverfahren im öffentlichen Dienst. in: Das Berufsbeamtentum im demokratischen Staat, S.23-46, Hrsgb.: Walter Leisner, Berlin 1975.
Isensee, Josef: Idee und Gestaltung des Föderalismus im Grundgesetz. in: Handbuch des Staatsrechts Band IV- Finanzverfassung -, Hrsgb.: Isensee, Joseph/Kirchhof, Paul, Heidelberg 1990.
Jakobi, Erwin: Grundlehren des Arbeitsrechts, Leipzig 1927.
Jarass, Hans D./Pieroth, Bodo: Grundgesetz für die Bundesrepublik Deutschland, 4. Auflage, München 1997.
Joachim, Hans: Die Rechtsprechung des Bundesarbeitsgerichtes zum Arbeiterkrankheitsgesetz. in: Betriebsberater 1961, S. 219-222.
Joost, Detlev: Ablösende Betriebsvereinbarungen und allgemeine Arbeitsbedingungen. in: Recht der Arbeit 1989, S. 17-25.
Kaiser, Joseph H.: Die Repräsentation organisierter Interessen, 2. Auflage, Berlin 1978.
Kaiser, Joseph H.: Verbände. in: Handbuch des Staatsrechts Band II - Demokratische Willensbildung - Die Staatsorgane des Bundes, § 34, S. 149 - 170, Hrsgb.: Josef Isensee und Paul Kirchhof, Heidelberg 1987.
Kaiser, Heinrich/Dunkl, Hans/Hold, Dieter/Kleinsorge,Georg: Entgeltfortzahlungsgesetz, 4. Auflage, München 1997.
Kamanabrou, Sudabeh: Die Auslegung tarifvertraglicher Entgeltfortzahlungsklauseln – zugleich ein Beitrag zum Verhältnis der Tarifautonomie zu zwingenden Gesetzen. in: Recht der Arbeit 1997, S. 22-34.

Kamman, Karl-Udo: Das Ordnungsprinzip in der Rechtsprechung des Bundesarbeitsgerichts. in: Recht der Arbeit 1967, S. 401-406.

Kaskel, Walter: Arbeitsrecht, neubearbeitet von Hermann Dersch, 4. Auflage, Berlin 1932.

Kempen, Otto Ernst: Arbeitnehmerschutz, Tarifverträge und Beschäftigungsförderungsgesetz. in: Arbeit und Recht 1985, S, 374-386.

Kempen, Otto Ernst/Zachert, Ulrich: Tarifvertragsgesetz, Kommentar für die Praxis, 3. Auflage, Köln 1997.

Kemper, Michael: Die Bestimmung des Schutzbereiches der Koalitionsfreiheit (Art. 9 Abs. 3 GG), Heidelberg 1990.

Knebel, Jürgen: Koalitionsfreiheit und Gemeinwohl: zur verfassungsrechtlichen Zulässigkeit staatlicher Einwirkungen auf die tarifautonome Lohngestaltung, Berlin 1978.

Kothe, Wolfgang: Über den Umgang mit Tarifverträgen. in: Betriebsberater 1986, S. 397-408.

Krüger, Herbert: Die Stellung der Interessenverbände in der Verfassungswirklichkeit. in: Neue Juristische Wochenschrift 1956, S. 1217-1221.

Krüger, Herbert: Staatliche Gesetzgebung und nichtstaatliche Rechtsetzung. in: Recht der Arbeit 1957, S. 201-206.

Krüger, Herbert: Sinn und Grenzen der Vereinbarungsbefugnis der Tarifvertragsparteien, Gutachten für den 46. Deutschen Juristentag. in: Verhandlungen des 46. Deutschen Juristentages, Band I, S. 9-96, München 1966.

Küchenhoff, Günther: Das Prinzip der staatlichen Subsidiarität im Arbeitsrecht. in: Recht der Arbeit 1959, S. 201-206.

Leibholz, Gerhard: Staat und Verbände. in: Veröffentlichungen der Vereinigung der Deutschen Staatsrechtslehrer, Band 24, S. 5-33, Berlin 1966.

Leinemann, Wolfgang: Fit für ein neues Arbeitsvertragsrecht?. in: Betriebs-Berater 1996, S. 1381-1383.

Lieb, Manfred: Zur Befristung von Beschäftigungsverhältnissen im Bereich der Rundfunkfreiheit. in: Festschrift für Marie Luise Hilger und Hermann Stumpf, S. 409-436, Hrsgb.: Thomas Dieterich u.a., München 1983.

Link, Peter/Wierer, Berthold: Entgeltfortzahlung per Gesetz oder Tarifvertrag. in: Arbeit und Arbeitsrecht 1996, S. 408-409.

Lübbe-Wolf, Gertrude: Zur verfassungsrechtlichen Interpretation des § 823 BGB in Zusammenhang mit aktiv produktionsbehindernden Arbeitskampfmaßnahmen. in: Der Betrieb 1988, Beilage 9.

Löwisch, Manfred: Der Einfluß der Gewerkschaften auf Wirtschaft, Gesellschaft und Staat. in: Recht der Arbeit 1975, S. 53-58.

Löwisch, Manfred: Das Beschäftigungsförderungsgesetz 1985. in: Betriebsberater 1985, S. 1200-1208.

Löwisch, Manfred: Das Arbeitsrechtliche Beschäftigungsförderungsgesetz. in: Neue Zeitschrift für Arbeitsrecht 1996, S. 1009-1017.

Löwisch, Manfred: Arbeitsrecht, 4. Auflage, Düsseldorf 1996.

Lorenz, Martin: Das Arbeitsrechtliche Beschäftigungsförderungsgesetz. in: Der Betrieb 1996, S. 1973-1978.

Lorenz, Martin/Schwedes, Rolf: Das Beschäftigungsförderungsgesetz. in: Der Betrieb 1985, S. 1077-1082.

Mager, Ernst-Günther/Winterfeld, Rosemarie/Göbel, Johannes/Seelmann, Andreas: Beschäftigungsförderungsgesetz 1985, Köln 1985, (zitiert: M/W/G/S - Bearbeiter).

v. Mangoldt, Herman/Klein, Friedrich: Das Bonner Grundgesetz, Band I, 2. Auflage, Berlin und Frankfurt 1957.

v. Mangoldt, Hermann/Klein, Friedrich/Pestalozza, Christian: Das Bonner Grundgesetz, Band VIII, Artikel 70 bis Artikel 75 - Die Gesetzgebungskompetenzen, München 1996.

Maunz, Theodor/Zippelius, Reinhold: Deutsches Staatsrecht, 29. Auflage, München 1994.

Maunz, Theodor/Dürig, Alfred/Herzog, Roman/Scholz, Rupert: Das Grundgesetz - Kommentar, Band I, Art.1-12 a GG, 33. Lieferung, München 1997 .

Band II, Art. 12a – 37, 32.Lieferung, München 1996, (zitiert: M/D/H/S - Bearbeiter).

Mayerhofer, Horst: Karenztage und versicherungsrechtliche Lösung. in: Neue Zeitschrift für Arbeitsrecht 1993, S. 400-403.

Medicus, Dieter: Bürgerliches Recht, 17. Auflage, Köln 1996.

Meesen, Karl Matthias: Erlaß eines Verbändegesetzes als rechtspolitische Aufgabe ?. in: Recht und Staat, Heft 459, Tübingen 1976.

Meik, Frank Andreas: Der Kernbereich der Tarifautonomie, Berlin 1987.

Menger, Christian-Friedrich: Der Begriff des sozialen Rechtsstaates im Bonner Grundgesetz. in: Rechtsstaatlichkeit und Sozialstaatlichkeit, S. 42-72, Hrsgb.: Ernst Forsthoff, Darmstadt 1968.

Menssen, Tjark: Die Entgeltfortzahlung im Krankheitsfall bei vertraglicher Verweisung auf das Entgeltfortzahlungsgesetz. in: Arbeit und Recht 1998, S. 234-236.

Misera, Karlheinz: Tarifmacht und Individualbereich unter Berücksichtigung der Sperrklausel, Berlin 1969.

Miller, Manfred: Die Neuregelung der Zulässigkeit befristeter Arbeitsverträge im Hochschulbereich. in: Die Personalvertretung 1986, S. 11-23.

Montesquieu, Charles de: De l'Esprit des Lois. in: Friedrich von der Heydte, Vom Geist der Gesetze, Berlin 1950.

Müller, Eugen/Berenz, Claus: Kommentar zum Entgeltfortzahlungsgesetz, 2. Auflage, Bergisch Gladbach 1997.
Müller-Volbehr, Jörg: Das Soziale in der Marktwirtschaft. in: Juristenzeitung 1982, S. 132-140.
Münchener Kommentar: Kommentar zum Bürgerlichen Gesetzbuch, Band 3: Schuldrecht - Besonderer Teil, 1. Halbband (§§ 433 - 651 k), 2. Auflage, München 1988.
Münchener Handbuch für Arbeitsrecht: Band III - Kollektives Arbeitsrecht, Hrsbg.: Richardi, Reinhard/ Wlotzke, Otfried, München 1993.
Münchener Rechts-Lexikon: Band 1, A-F, Band 2, G-Q, Redaktor: Horst Tilch, München 1987.
v.Münch, Ingo (Hrsgb.): Grundgesetz – Kommentar, Band 1, Präambel bis Art. 20, München 1992.
Nagel, Bernhard: Fristverträge an Hochschulen und Forschungseinrichtungen, Kommentar zum Gesetz über befristete Arbeitsverträge mit wissenschaftlichem Personal an Hochschulen und Forschungseinrichtungen, München 1986.
Neumark, Fritz: Wirtschafts- und Finanzprobleme des Interventionsstaates, Tübingen 1961.
Nikisch, Arthur: Arbeitsrecht - II. Band, Koalitionsrecht, Arbeitskampfrecht und Tarifvertragsrecht, Tübingen 1959.
Nipperdey, Hans Carl: Mindestbedingungen und günstigere Arbeitsbedingungen nach dem Arbeitsordnungsgesetz (Ordnungsprinzip und Leistungsprinzip). in: Festschrift für Heinrich Lehmann zum sechzigsten Geburtstag, Hrsgb.: Kölner Rechtswissenschaftliche Fakultät, S. 257-269, Berlin 1937.
Noack, Harald: Sozialstaatsklauseln und juristische Methode: Probleme einer Interpretation der Art. 20 Abs. I und Art. 28 Abs. I des Grundgesetzes, Göttingen 1974.
Oppolzer, Alfred: Individuelle Freiheit und kollektive Sicherheit im Arbeitsrecht. in: Arbeit und Recht 1998, S. 45-56.
Ossenbühl, Fritz: Der öffentliche Status der Gewerkschaften. in: Neue Juristische Wochenschrift 1965, S. 1561-1564.
Ossenbühl, Fritz: Gesetz und Recht - Die Rechtsquellen im demokratischen Rechtsstaat. in: Handbuch des Staatsrechts Band III, Das Handeln des Staates,§ 61, S. 281-314, Hrsgb.: Josef Isensee und Paul Kirchhof, 2. Auflage, Heidelberg 1996.
Otto, Hansjörg: Erleichterte Zulassung befristeter Arbeitsverträge. in: Neue Juristische Wochenschrift 1985, S. 1807-1813.
Palandt, Otto: Bürgerliches Gesetzbuch, 59. Auflage, München 1999.

Peiseler, Manfred: Probleme des befristeten Arbeitsverhältnisses. in: Neue Zeitschrift für Arbeitsrecht 1985, S. 238-243.
Peters, Hans/ Ossenbühl, Fritz: Die Übertragung von öffentlich-rechtlichen Befugnissen auf die Sozialpartner unter besonderer Berücksichtigung des Arbeitszeitschutzes, Berlin 1967.
Plander, Harro: Gesetzliche Eingriffe öffentlicher Arbeitgeber in Tarifverträge und Tarifabschlußfreiheit als verfassungswidriger Angriff auf die Tarifautonomie. in: Recht im Amt 1985, S. 54-60.
Plander, Harro: Gesetzliche Fixierung oder Beeinflussung des Inhalts von Tarifverträgen. in: Der Betrieb 1986, S. 2180-2187.
Preis, Bernd: Tarifdispositives Richterrecht. in: Zeitschrift für Arbeitsrecht 1972, S. 271-303.
Preis, Ulrich: Das arbeitsrechtliche Beschäftigungsförderungsgesetz 1996. in: Neue Juristische Wochenschrift 1996, S. 3369-3378.
Randelzhofer, Albrecht: Staatsgewalt und Souveränität. in: Handbuch des Staatsrechts Band I - Grundlagen von Staat und Verfassung - § 15, S. 691-708, Hrsgb.: Josef Isensee und Paul Kirchhof, 2. Auflage, Heidelberg 1995.
Reich, Alfred: Wissenschaftliche Mitarbeiter und andere Lehrende. in: Handbuch des Wissenschaftsrechts Band I, S. 531-552, Hrsgb.: Christian Flämig u.a., Berlin-Heidelberg-New York 1982.
Rengeling, Hans-Werner: Gesetzgebungszuständigkeit. in: Handbuch des Staatsrechts Band IV, Finanzverfassung, § 100, S. 723-856, Hrsgb.: Josef Isensee und Paul Kirchhof, Heidelberg 1990.
Richardi, Reinhard: Eingriff in eine Arbeitsvertragsregelung durch Betriebsvereinbarung. in: Recht der Arbeit 1983, S. 201-217.
Richardi, Reinhard: Kollektivgewalt und Individualwille bei der Gestaltung des Arbeitsverhältnisses, München 1968.
Ridder, Helmut: Zur verfassungsrechtlichen Stellung der Gewerkschaften im Sozialstaat nach dem Grundgesetz für die Bundesrepublik Deutschland, Stuttgart 1960.
Rousseau, Jean-Jacques: Contrat social: on principes du droit politique; précédé de discours, lettre á d` Alembert sur les spectacles et suivi de considérations sur le gouvernement de Pologne e la réforme projectée en avril 1772, Paris 1931 (Neuauflage).
Rupp, Hans Heinrich: Die Unterscheidung von Staat und Gesellschaft. in: Handbuch des Staatsrechts Band I, Grundlagen von Staat und Verfassung, § 28, S. 1187-1224, Hrsgb.: Josef Isensee und Paul Kirchhof, 2. Auflage, Heidelberg 1995.
Sachs, Michael (Hrsgb.): Grundgesetz – Kommentar, München 1996.

Säcker, Franz-Jürgen: Grundprobleme der kollektiven Koalitionsfreiheit, Düsseldorf 1969.
Säcker, Franz-Jürgen: Kollektivgewalt und Individualwille bei der Gestaltung des Arbeitsverhältnisses. in: Recht der Arbeit 1969, S. 291-302.
Säcker, Franz-Jürgen: Gruppenautonomie und Übermachtkontrolle im Arbeitsrecht, Berlin 1972.
Säcker, Franz-Jürgen: Das neue Entgeltfortzahlungsgesetz und die individuelle und kollektive Vertragsfreiheit. in: Arbeit und Recht 1994, S. 1-12.
Schanze, Erich: Zur Frage der Verfassungsmäßigkeit der erleichterten Zulassung befristeter Arbeitsverträge im Beschäftigungsförderungsgesetz. in: Recht der Arbeit 1986, S. 30-34.
Schaub, Günter: Arbeitsrechts-Handbuch, 8. Auflage, München 1996.
Schediwy, Rudolf: Die Zuschußzahlung zum Krankengeld im Krankheitsfall von Arbeitern im Hinblick auf die Bestimmung des § 616 BGB und auf tarifliche und betriebliche Regelungen. in: Recht der Arbeit 1958, S. 51-54.
Schelp, Günther: Verbesserung der wirtschaftlichen Lage des Arbeiters im Krankheitsfalle. in: Recht der Arbeit 1957, S. 245-251.
Schelp,Günther/Trieschmann, Günther: Das Arbeitsverhältnis im Krankheitsfall, Köln-Bonn-Berlin 1958.
Scheuner, Ulrich: Wirtschaftliche und soziale Selbstverwaltung. in: Die öffentliche Verwaltung 1952, S. 609-615.
Schlessmann, Karl: Günstigkeitsvergleich beim Arbeiter-Krankheitsgesetz ?. in: Der Betrieb 1958, S. 109-110.
Schmalz, Dieter: Methodenlehre für das juristische Studium, 3. Auflage, Baden-Baden 1992.
Schmitt, Jochem: Entgeltfortzahlungsgesetz, 3. Auflage, München 1997.
Scholz, Rupert: Die Koalitionsfreiheit als Verfassungsproblem, München 1971.
Scholz, Rupert: Koalitionsfreiheit. in: Handbuch des Staatsrechts Band VI-Freiheitsrechte, § 151, S. 1115-1183, Hrsgb.: Isensee, Joseph/ Kirchhof, Paul, Heidelberg 1989.
Schreiber, Werner: Das Sozialstaatsprinzip des Grundgesetzes in der Praxis der Rechtsprechung, Berlin 1972.
Schwedes, Rolf: Das Arbeitsrechtliche Beschäftigungsförderungsgesetz. in: Betriebsberater 1996, Beilage 17, S. 2-7.
Schwerdtner, Peter: Beschäftigungsförderungsgesetz, Tarifautonomie und Betriebsverfassung. in: Neue Zeitschrift für Arbeits- und Sozialrecht 1985, S. 577-585.
Siebert, Wolfgang: Kollektivnorm und Individualrecht im Arbeitsverhältnis. in: Festschrift für H. C. Nipperdey, S. 119-145 ,Hrsgb.: Rolf Dietz u.a., Berlin-München 1955.

Sinzheimer, Hugo: Grundzüge des Arbeitsrechts, 2. Auflage, Jena 1927.
Söllner, Alfred: Zu Sinn und Grenzen der Vereinbarungsbefugnis der Tarifvertragsparteien. in: Arbeit und Recht 1966, S. 257-263.
Starck, Christian: Gesetzgeber und Richter im Sozialstaat. in: Deutsches Verwaltungsblatt 1978, S. 937-945.
Stein, Axel: Die Konkurrenz von Gesetz und Tarifvertrag. in: Arbeit und Recht 1998, S. 1-14.
Stein, Ekkehart: Staatsrecht, 15. Auflage, Tübingen 1995.
Stern, Klaus: Das Staatsrecht der Bundesrepublik Deutschland, Band I, Grundbegriffe und Grundlagen des Staatsrechts, Strukturprinzipien der Verfassung, 2. Auflage, München 1984.
Süsterhenn, Adolf: Das Subsidiaritätsprinzip als Grundlage der vertikalen Gewaltenteilung. in: Zur heutigen Problematik der Gewaltentrennung, S. 113-130, Hrsgb.: Heinz Rausch, Darmstadt 1969.
Tech, Karsten: Günstigkeitsprinzip und Günstigkeitsbeurteilung im Arbeitsrecht, Kiel 1987.
Tilch, Horst (Hrsgb.): Deutsches Rechts-Lexikon, Band 3, R-Z, 2. Auflage, München 1992.
Triepel, Heinrich: Delegation und Mandat im öffentlichen Recht, Stuttgart 1942.
Trieschmann, Günther: Lohnfortzahlung im Krankheitsfalle für Arbeiter. in: Der Betrieb 1957, S. 532-534.
Umlauf, Joachim: Die deutsche Arbeiterschutzgesetzgebung 1880-1890: ein Beitrag zur Entwicklung des sozialen Rechtsstaates, Berlin 1980.
Varain, Hans Jürgen: Freie Gewerkschaften. Sozialdemokratie und Staat - Die Politik der Generalkommission unter der Führung Carl Legiens (1890-1920)Düsseldorf 1956.
Voelzkow, Helmut: Staatseingriff und Verbandsfunktion, Köln 1993.
Wassermann, Rudolf (Hrsgb.): Kommentar zum Grundgesetz für die Bundesrepublik Deutschland. Reihe Alternativkommentar, Band 1, Art. 1-37, 2. Auflage, Neuwied 1989.
Weber, Werner: Koalitionsfreiheit und Tarifautonomie als Verfassungsproblem, Berlin 1965.
Weber, Werner: Die Sozialpartner in der Verfassungsordnung. in: Rechtstaatlichkeit und Sozialstaatlichkeit, S. 526-556, Hrsgb.: Ernst Forsthoff, Darmstadt 1968.
Weber, Werner: Die Teilung der Gewalten als Gegenwartsproblem. in: Zur heutigen Problematik der Gewaltentrennung, S. 185-209, Hrsgb.: Heinz Rausch, Darmstadt 1969.
Weber,Werner/Scheuner, Ulrich/Dietz, Rolf: Koalitionsfreiheit, Berlin 1961.

Wedde, Peter: Besteht aufgrund der TV der Metall-, Elektro- und Stahlindustrie trotz der gesetzlichen Neuregelung (§ 4 Abs. 1 EFZG n. F.) weiterhin ein Anspruch auf 100%ige Fortzahlung des Entgelts im Krankheitsfall ?. in: Arbeit und Recht 1996, S. 421-429.

Wiedemann, Herbert/Stumpf, Hermann: Tarifvertragsgesetz, 5. Auflage, München 1977.

Windscheid, Theodor: Die Lehre des römischen Rechts von der Voraussetzung, Berlin 1850.

Winterfeld, Rosemarie: Das Verhältnis von Art. 1 § 1 BeschFG zu tarifvertraglichen Regelungen über befristete Arbeitsverträge. in: Zeitschrift für Arbeitsrecht 1986, S. 157-176.

Wlotzke, Otfried: Das Günstigkeitsprinzip - im Verhältnis des Tarifvertrages zum Einzelarbeitsverhältnis und zur Betriebsvereinbarung, Heidelberg 1957.

Wlotzke, Otfried: Das gesetzliche Arbeitsrecht in einer sich wandelnden Arbeitswelt. in: Der Betrieb 1985, S. 754-762.

Wlotzke, Otfried: Zum arbeitsrechtlichen Teil des Regierungsentwurfs eines Beschäftigungsförderungsgesetzes 1985 - Ein Bericht -. in: Neue Zeitschrift für Arbeitsrecht 1984, S. 217-222.

Wolff, Hans Julius/Bachof, Otto/Stober, Rolf: Verwaltungsrecht I, 10. Auflage, München 1994.

Zacher, Hans F.: Staat und Gewerkschaften. in: Schriftenreihe Juristische Studiengesellschaft Karlsruhe, Heft 133, Karlsruhe 1977.

Zacher, Hans F.: Das soziale Staatsziel. in: Handbuch des Staatsrechts Band I-Grundlagen von Staat und Verfassung, § 25, S. 1045-1112, Hrsgb.: Josef Isensee und Paul Kirchhof, 2. Auflage, Heidelberg 1995.

Zachert, Ulrich: Gewerkschaftliche Übermacht: Chimäre oder Realität?. in: Arbeit und Recht 1977, S. 1-15.

Zachert, Ulrich: Gesetzliche Karenztage und Tarifautonomie. in: Betriebsberater 1993, S. 1353-1359.

Zachert, Ulrich: Auslegungsgrundsätze und Auslegungsschwerpunkte bei der aktuellen Diskussion um die Entgeltfortzahlung. in: Der Betrieb 1996, S. 2078.

Zechlin, Lothar: Beeinträchtigungen der Koalitionsfreiheit durch Subventionsauflagen. in: Neue Juristische Wochenschrift 1985, S. 585-592.

Zippelius, Reinhold: Problemfelder der Machtkontrolle. in: Gewaltentrennung im Rechtsstaat, zum 300. Geburtstag von Charles de Montesquieu, S. 27-36, Hrsgb.: Detlef Merten, Berlin 1989.

Zöllner, Wolfgang: Die Rechtsnatur der Tarifnormen nach deutschem Recht, Berlin 1965.

Zöllner, Wolfgang: Der Abbau einheitsvertraglicher Arbeitsbedingungen im nicht tariflich gesicherten Bereich. in: Recht der Arbeit 1969, S. 250-256.
Zöllner, Wolfgang: Die Rechtsprechung des Bundesverfassungsgerichtes zu Art. 9 Abs. 3 GG. in: Archiv des öffentlichen Rechts 98 (1973), S. 72-102.
Zöllner, Wolfgang: Der kritische Weg des Arbeitsrechts zwischen Privatkapitalismus und Sozialstaat. in: Neue Juristische Wochenschrift 1990, S. 1-8.
Zöllner, Wolfgang/Loritz, Karl-Georg: Arbeitsrecht, 4. Auflage, München 1992.
Zuleger, Thomas: Karenztage im Krankheitsfall - Fragen statt Antworten. in: Arbeit und Recht 1992, S. 231-235.

Gerhard Ring (Hrsg.)

Freiberger Symposium zum Gewerblichen Rechtsschutz

Tagungsband des 2. Freiberger Seminars zur Praxis des Gewerblichen Rechtsschutzes

Frankfurt/M., Berlin, Bern, Bruxelles, New York, Oxford, Wien, 2000.
XIII, 106 S., 4 Abb.
Schriften zur Praxis des Gewerblichen Rechtsschutzes.
Herausgegeben von Gerhard Ring. Bd. 1
ISBN 3-631-36440-7 · br. DM 45.–*

In einer Einführung erfolgt zunächst eine praxisorientierte Einführung in die Grundzüge des Gewerblichen Rechtsschutzes. Dabei werden insbesondere die Strukturen des Patent- sowie des Markenrechts aufgezeigt. Dieser theoretische Überblick wird ergänzt durch praktische Beispiele aus der aktuellen Rechtsprechung des Bundespatentgerichts und des Bundesgerichtshofs. Aus der Sicht der Industrie erfolgt eine Darstellung der strategischen Überlegungen und Kriterien, die einer Anmeldung gewerblicher Schutzrechte in der Praxis vorangehen.

Aus dem Inhalt: Erich R. Franke: Kriterien für die Anmeldung von Schutzrechten aus der Sicht der Industrie · Marianne Grabrucker: Aktuelle Entwicklungen in der Rechtsprechung zum Markenrecht · Wilfried Anders: Neue Entwicklungen in der Rechtsprechung zum Patentrecht · Horst Götting: Einführung in die Grundlagen des Patentrechts · Gerhard Ring: Einführung in das Markenrecht

FSC
www.fsc.org
MIX
Papier | Fördert
gute Waldnutzung
FSC® C083411

Kolibri 360 GmbH
Ferdinand-Jühlke-Straße 7
99095 Erfurt, Deutschland
produktsicherheit@kolibri360.de

Druck:
CPI Druckdienstleistungen GmbH
im Auftrag der
Kolibri 360 GmbH
Ferdinand-Jühlke-Str. 7
99095 Erfurt

Peter Etzbach

Die Regelung öffentlicher Übernahmeangebote

Unter besonderer Berücksichtigung der vorgeschlagenen 13. EU-Richtlinie zu Übernahmeangeboten und des Übernahmekodex

PETER LANG
Europäischer Verlag der Wissenschaften

Die Deutsche Bibliothek - CIP-Einheitsaufnahme

Etzbach, Peter:

Die Regelung öffentlicher Übernahmeangebote : unter besonderer Berücksichtigung der vorgeschlagenen 13. EU-Richtlinie zu Übernahmeangeboten und des Übernahmekodex / Peter Etzbach. - Frankfurt am Main ; Berlin ; Bern ; Bruxelles ; New York ; Oxford ; Wien : Lang, 2002
(Europäische Hochschulschriften : Reihe 2, Rechtswissenschaft ; Bd. 3487)
Zugl.: Köln, Univ., Diss., 2001
ISBN 3-631-39586-8

D 38
ISSN 0531-7312
ISBN 3-631-39586-8

www.peterlang.de

Meinen Eltern

Vorwort

Die vorliegende Schrift legt die Grundlagen für eine sachgerechte Regelung öffentlicher Übernahmeangebote auf Unternehmen dar und analysiert vor diesem Hintergrund sowohl den Regelungsversuch der Europäischen Kommission als auch den der Börsensachverständigenkommission, die beide das deutsche Wertpapiererwerbs- und Übernahmegesetz maßgeblich beeinflusst haben. Dies gestattet, die notwendigen Merkmale einer Regelung der Materie zu erfassen und entsprechende Rückschlüsse bei der Bewertung des neuen Übernahmegesetzes zu ziehen.

Die Arbeit wurde im Sommersemester 2001 von der Rechtswissenschaftlichen Fakultät der Universität zu Köln als Dissertation angenommen. Rechtsprechung und Literatur konnten weitestgehend bis Ende 2001 berücksichtigt werden.

Mein besonderer Dank gilt meinem Doktorvater, Herrn Prof. Dr. Martin Henssler, Direktor des Instituts für Arbeits- und Wirtschaftsrecht sowie des Instituts für Anwaltsrecht der Universität zu Köln, für die wissenschaftliche Betreuung und seine wertvollen Anregungen. Bedanken möchte ich mich ebenfalls bei Frau Prof. Dr. Barbara Dauner-Lieb für das Erstellen des Zweitgutachtens. Danken möchte ich auch all denjenigen, die mich bei der Realisierung meines Vorhabens unterstützt haben.

Besonderer Dank gilt meinen Eltern, die mich während meiner gesamten Ausbildung unterstützt und diese Arbeit ermöglicht haben. Ihnen ist dieses Buch gewidmet.

New York, im Frühjahr 2002 Peter Etzbach

Inhaltsübersicht

Inhaltsverzeichnis

Abkürzungsverzeichnis

a.	auch
a.A.	anderer Ansicht
a.a.O.	am angegebenen Ort
abgedr.	abgedruckt
abl.	ablehnend
ABl.EU	Amtsblatt der Europäischen Union
Abs.	Absatz
AcP	Archiv für die civilistische Praxis
AG	Aktiengesellschaft, Die Aktiengesellschaft
AGB	Allgemeine Geschäftsbedingungen
AktG	Aktiengesetz
allg.M.	allgemeine Meinung
amtl.	amtlich
Anh.	Anhang
Anm.	Anmerkung
Art.	Artikel
Aufl.	Auflage
AWD BB	Außenwirtschaftsdienst des Betriebsberaters
BAWe	Bundesaufsichtsamt für den Wertpapierhandel
BB	Betriebs-Berater
Bd.	Band
Beil.	Beilage
bes.	besonders
Beschl.	Beschluss
BGB	Bürgerliches Gesetzbuch
BGBl.	Bundesgesetzblatt
BGH	Bundesgerichtshof
BGHZ	Entscheidungen des Bundesgerichtshofs in Zivilsachen
BMF	Bundesministerium der Finanzen
BörsG	Börsengesetz
BR-Drucks.	Bundesrats-Drucksache
BSK	Börsensachverständigenkommission
BT-Drucks.	Bundestags-Drucksache
Bus. Law.	The Business Lawyer
BVerfG	Bundesverfassungsgericht
BVerfGE	Entscheidungen des Bundesverfassungsgerichts

bzw.	beziehungsweise
ca.	circa
DB	Der Betrieb
DB-Beil.	Der Betrieb, Beilage
ders.	derselbe
dies.	dieselbe, dieselben
Diss.	Dissertation
DJT	Deutscher Juristentag
Dok.	Dokument
DSW	Deutsche Schutzvereinigung für Wertpapierbesitz
DZWiR	Deutsche Zeitung für Wirtschaftsrecht
EG	Europäische Gemeinschaft; Vertrag zur Gründung der Europäischen Gemeinschaft (i.d.F. 1997)
EGV	Vertrag zur Gründung der Europäischen Gemeinschaft (i.d.F. 1995)
endg.	endgültig
etc.	et cetera
EU	Europäische Union
EuGH	Europäischer Gerichtshof
EuGHE	Entscheidungen des Europäischen Gerichtshofs
EuZW	Europäische Zeitschrift für Wirtschaftsrecht
evtl.	eventuell
EWG	Europäische Wirtschaftsgemeinschaft
EWiR	Entscheidungen zum Wirtschaftsrecht
f.	folgende, für
FAZ	Frankfurter Allgemeine Zeitung
ff.	fortfolgende
Fn.	Fußnote
FS	Festschrift
FSK	Freiwillige Selbstkontrolle des Deutschen Films
gem.	gemäß
GG	Grundgesetz für die Bundesrepublik Deutschland
ggf.	gegebenenfalls
GmbH	Gesellschaft mit beschränkter Haftung
GWB	Gesetz gegen Wettbewerbsbeschränkungen
h.M.	herrschende Meinung
Harv.L.Rev.	Harvard Law Review
HGB	Handelsgesetzbuch

Hrsg., hrsg.	Herausgeber, herausgegeben
HS	Halbsatz
i.d.F.	in der Fassung
i.d.R.	in der Regel
i.Erg.	im Ergebnis
i.V.m.	in Verbindung mit
J.Pol.Econ.	Journal of Political Economy
JJZ	Jahrbuch Junger Zivilrechtswissenschaftler
JuS	Juristische Schulung
JZ	Juristenzeitung
Kap.	Kapitel
KG	Kommanditgesellschaft
KGaA	Kommanditgesellschaft auf Aktien
KWG	Gesetz über das Kreditwesen
LBO	Leveraged Buyout
LG	Landgericht
lit.	Buchstabe
M&A	Mergers and Acquisitions
m.Anm.	mit Anmerkung
m.E.	meines Erachtens
m.w.N.	mit weiteren Nachweisen
MBO	Management Buyout
Mrd.	Milliarde
NJW	Neue Juristische Wochenschrift
Nr.	Nummer
NZG	Neue Zeitschrift für Gesellschaftsrecht
o.	oben
o.V.	ohne Verfasser
ÖBA	Österreichisches Bankarchiv
OGAW	Organismen für gemeinsame Anlagen in Wertpapieren
OLG	Oberlandesgericht
p.a.	per anno
plc.	public limited company
Rechtspr.	Rechtsprechung
RegE	Regierungsentwurf
Rev.	Revision
RGZ	Entscheidungen des Reichsgerichts in Zivilsachen

RIW	Recht der Internationalen Wirtschaft
Rn.	Randnummer
S., s.	Satz, Seite, siehe
s.o.	siehe oben
s.u.	siehe unten
SAG	Die Schweizerische Aktiengesellschaft
SJZ	Schweizerische Juristenzeitung
sog.	sogenannt
Stan. L. Rev.	Stanford Law Review
Tz.	Teilziffer
u.	Unten
u.a.	unter anderem
U.S.	United States
UmwG	Umwandlungsgesetz
Urt.	Urteil
v.	von, vom, versus
vgl.	Vergleiche
Vorb.	Vorbemerkung
WiSt	Das Wirtschaftswissenschaftliche Studium
WM	Wertpapiermitteilungen
Wpg	Die Wirtschaftsprüfung
WpHG	Wertpapierhandelsgesetz
WpÜG	Wertpapiererwerbs- und Übernahmegesetz
z.B.	zum Beispiel
z.T.	zum Teil
ZBB	Zeitschrift für Bankrecht und Wirtschaftsrecht
ZfB	Zeitschrift für Betriebswirtschaft
ZGR	Zeitschrift für Unternehmens- und Gesellschaftsrecht
ZgS	Zeitschrift für die gesamte Staatswissenschaft
ZHR	Zeitschrift für das gesamte Handels- und Wirtschaftsrecht
Ziff.	Ziffer
ZIP	Zeitschrift für Wirtschaftsrecht
zit.	zitiert
ZPO	Zivilprozessordnung
ZRP	Zeitschrift für Rechtspolitik
ZVglRWiss	Zeitschrift für Vergleichende Rechtswissenschaften

Einführung

Wenn ein Ereignis des Wirtschaftslebens die öffentliche Aufmerksamkeit auf sich zieht, dann ist es die Übernahme eines Unternehmens, insbesondere, wenn es sich um eine feindliche handelt. Solchen feindlichen Übernahmen haftet das Image eines archaischen Kampfes an; sie sind ein Sinnbild der dunklen Seite des Kapitalismus. Die deutsche Wirtschaft wähnte sich lange Zeit vor diesem Phänomen in Sicherheit und verwies solche Geschehnisse nach Großbritannien und in die Vereinigten Staaten. Schließlich waren solche „Avancen" hierzulande noch nie von Erfolg gekrönt, weil – so glaubte man – die hiesige Struktur und Verflechtung der Wirtschaft feindliche Übernahmen nicht zuließ.[1] Während freundliche Fusionen beziehungsweise Übernahmen immer häufiger vorkamen, ließen feindliche Angebote noch auf sich warten. Vor diesem Hintergrund erklärt es sich, dass Ende des Jahres 1999 ein Ereignis die deutsche Öffentlichkeit und Wirtschaft besonders nachhaltig erschütterte: Ausgerechnet auf ein deutsches Unternehmen wurde das bis dato höchste feindliche Übernahmeangebot der Weltwirtschaftsgeschichte abgegeben. Der britische Konzern *Vodafone/Airtouch plc.* bot für die *Mannesmann AG* rund 190 Mrd. Euro und erreichte schließlich nach einem zweimonatigen Übernahmekampf die Mehrheit der Stimmrechte.[2]

Diese vielbeachtete und in mancher Hinsicht kritisierte[3] Transaktion zeigt, dass auch in Deutschland möglich ist, was deutsche Unternehmen im Ausland

---

1 Sowohl im Übernahmekampf zwischen dem Pirelli Konzern und der Continental AG im Jahre 1990 als auch 1997 in dem zwischen der Krupp-Hoesch AG und der Thyssen AG wurden die feindlichen Angebote zurückgezogen. Große Beachtung in Deutschland fand ferner das erfolglose Ringen zwischen dem Olivetti-Chef De Benedetti um die belgische Société Générale im Jahre 1988. Zu Pirelli/Conti: *Ebenroth/Daum*, DB 1991, 1157 (1557 f.); *Grunewald*, WM 1991, 1361 (1361); zu Krupp-Hoesch/Thyssen: *Schilling*, BB 1997, 1909; zu Benedetti/Société Générale: *Steding*, Jura 1999, 181 (183); *Hirte*, ZIP 1989, 1233 (1233 ff.).

2 Vgl. o.V., Vodafone legt weltgrößte feindliche Übernahmeofferte vor, FAZ v. 20.11.1999, S. 20; *Brors/Riedel*, Abwehrschlacht am Rhein, Handelsblatt v. 16.11.1999, S. 12; o.V., Die Zeit v. 18.11.1999, S. 23 (23). Die erst mit Ablauf der Angebotsfrist erreichte „Einigung" ging darauf zurück, dass zu diesem Zeitpunkt der Übernahmekampf zugunsten Vodafones schon entschieden war und der Vorstandsvorsitzende von Mannesmann eine Abfindung in Höhe von 60 Mrd. DM bekommen haben soll, vgl. o.V., FAZ v. 4.2.2000, S. 1, 29 und o.V., Regeln für Giganten, Der Spiegel v. 6.3.2000, S. 104 (105); *Burgard*, WM 2000, 611 (612).

3 Seitens der Politik wurde geäußert, dass feindliche Übernahmeangebote zerstörend in die Unternehmenskultur eingriffen, vgl. o.V., FAZ v. 23.11.1999; zur Aufnahme der Kritik in Großbritannien o.V., Britischer Humor in der Telekomschlacht, Handelsblatt v. 25.11.1999, S. 2. In die Kritik geriet auch die beispiellose Werbekampagne, mit der die

schon lange praktizieren.[4] Anders als hierzulande existierten dort schon vorher verbindliche Regelungen zur Durchführung öffentlicher Übernahmeangebote, die teilweise auf eine längere Tradition zurückblicken können. So verfährt die Londoner City bereits seit 1968 nach dem „City Code on Takeovers and Mergers“[5], der bekanntesten und ältesten europäischen Regelung der Materie. Normierungen öffentlicher Übernahmeangebote existierten auch in den meisten Mitgliedsländern der EU[6], der Schweiz[7] sowie in Übersee[8]. Demgegenüber war in Deutschland über Jahre die Notwendigkeit einer Regelung dieses Sachverhalts umstritten und über deren sachgerechte Ausgestaltung herrschte keine Einigkeit, obwohl der Markt für Übernahmen im Jahre 1999 weltweit ein

---

Aktionäre beeinflusst werden sollten, dazu o.V., Mannesmann-Werben um Aktionäre ist rechtlich umstritten, Handelsblatt v. 29.11.1999, S. 27; *Burgard*, WM 2000, 611 (611 f.).

4 Z.B. übernahmen die Siemens AG und GEC im Jahre 1988 das englische Unternehmen Plessey plc., vgl. *Hopt*, FS Rittner, 1991, S. 187 (194). 1999 erwarb die Mannesmann AG die britische Mobilfunkgesellschaft Orange plc. durch ein öffentliches Angebot, o.V., Mehrheit der Orange-Aktionäre nimmt Mannesmann-Angebot an, FAZ v. 24.11.1999; o.V., AG 1999, R 513 (513 f.).

5 Der City Code on Takeovers and Mergers wird in seiner jeweils gültigen Fassung herausgegeben vom Panel on Takeovers and Mergers, P.O. Box No. 226, The Stock Exchange Building, UK-London EC2P 21X, abgedruckt in: *Schuster/Zschocke*, Übernahmerecht, S. 294 ff. Zum City Code: *Herkenroth*, Konzernierungsprozesse, S. 256 ff.; *Krause*, Übernahmeangebot, S. 43 ff.; *Ellger/Kalss* in: *Hopt/Rudolph/Baum*, Börsenreform, S. 593 (644); vergleichend zu europäischen Regelungen: *Wymeersch* in: *Hopt/Wymeersch*, European Takeovers, S. 95.

6 Z.B. in Frankreich (dazu *Hurstel/Süß*, EuZW 1998, 203; *Pense/Puttfarken* in: *Hopt/Rudolph/Baum*, Börsenreform, S. 993 (1041); *D. Schmidt*, AG 1994, 12), Österreich (*Stockenhuber*, RIW 1999, 752; *Kirchner*, BB 2000, 105 (107)), Belgien, Italien, Spanien, Portugal und Irland (Fundstellen zu den allen Gesetzestexten in: Forum Europaeum Konzernrecht, ZGR 1998, 672 (726)).

7 S. *Frei*, Öffentliche Übernahmeangebote in der Schweiz, 1995; *Gruber*, Die Pflicht zum Übernahmeangebot, 1996; *Köpfli*, SJZ 1994, 53; *Pulver*, FS Forstmoser, 1993, 239; *Kirchner*, BB 2000, 105 (107); Text abgedruckt in: *Schuster/Zschocke*, Übernahmerecht, S. 230 ff.; auch in der Tschechischen Republik, dazu *Dedič/Bučková*, RIW 1999, 193.

8 In den USA besteht die Regelung aus einer Gemengelage zwischen bundesstaatlichem Gesetzesrecht (Securities Exchange Act, eingefügt durch den Williams Act), einzelstaatlichen Regelungen und unterschiedlicher Judikatur; vgl. dazu: *Choper/Eisenberg*, Corporations, S. 202 ff.; *Herkenroth*, Konzernierungsprozesse, S. 108 ff.; *Becker* in: *Hopt/Rudolph/Baum*, Börsenreform, S. 755 (787 ff.); *Kirchner*, BB 2000, 105 (107 f.); *Krause*, WM 1996, 845 (856 ff.). In Japan wurde 1990 eine Regelung für öffentliche Übernahmeangebote eingeführt, obwohl dort dieses Phänomen – ähnlich wie in Deutschland – wenig bekannt war; vgl. *Baum* in: *Hopt/Rudolph/Baum*, Börsenreform, S. 1265 (1358 ff.); *ders.*, AG 1996, 399.

Volumen von 2.800 Mrd. Euro erreichte und Deutschland innerhalb Europas eine Schlüsselstellung in diesem Markt zugewiesen ist.[9]
Vorausschauend wurden schon in den siebziger Jahren von zwei Seiten Anläufe unternommen, der Problematik öffentlicher Übernahmeangebote, ob feindlich oder freundlich, mit einem Regelwerk beizukommen. Zum einen hat die Börsensachverständigenkommission[10] bereits 1979 Leitsätze für öffentliche freiwillige Kauf- und Umtauschangebote[11] herausgegeben, die im Jahre 1995 durch den Übernahmekodex[12], einen auf Freiwilligkeit basierenden Verhaltenskodex, ersetzt worden sind. Zum anderen sollte nach einer Vorarbeit von mehr als 25 Jahren die Verabschiedung der 13. EU-Richtlinie auf dem Gebiet des Gesellschaftsrechts über Übernahmeangebote[13] erfolgen. Dass diese in allerletzter Sekunde doch noch gescheitert ist, entbindet den deutschen Gesetzgeber nicht langfristig davon, das vorgeschlagene Regelwerk zu beachten, denn ein weiterer Anlauf zur europaweiten Regelung öffentlicher Über-

---

9 Vgl. o.V., Der Markt für Übernahmen wächst, FAZ v. 12.11.1999, S. 25; allgemein zum Anstieg feindlicher Übernahmen *Cranston* in: *Hopt/Wymeersch*, European Takeovers, S. 77.

10 Die Börsensachverständigenkommission ist ein vom Bundesminister der Finanzen berufenes Gremium mit der Aufgabe, die Bundesregierung in Kapitalmarkt- und Börsenfragen zu beraten. Sie besteht aus Vertretern der Börsen, der Kredit- und Versicherungswirtschaft, der Industrie, der Anleger, der deutschen Bundesbank, der Bundesländer, die über eine Börse verfügen und der Wissenschaft. Ihre Zusammensetzung beruht auf einer Übereinkunft zwischen dem Bundesfinanzministerium und den Börsen, s. *Diekmann*, WM 1997, 897 (897).

11 Leitsätze für öffentliche freiwillige Kauf- und Umtauschangebote v. Januar 1979 (abgedruckt in: *Baumbach/Hopt*, HGB, 29. Aufl. 1995, (18) LSÜbernahmeangeb), diesen war allerdings wenig Erfolg beschieden, dazu unten Seite 163 ff.

12 Übernahmekodex der Börsensachverständigenkommission beim Bundesfinanzministerium i.d.F. 28.11.1997, abgedruckt in: AG 1998, 133.

13 I.d.F. des Protokolls der Parlamentssitzung v. 13.12.2000, basierend auf den Empfehlungen des Ausschusses für Recht und Binnenmarkt v. 29.11.2000 für die zweite Lesung der Übernahmerichtlinie (A5-0368/2000) und dem Gemeinsamen Standpunkt des Rates, festgelegt am 19.6.2000, „im Hinblick auf den Erlass der Richtlinie 2000/.../EG des Europäischen Parlaments und des Rates vom ... auf dem Gebiet des Gesellschaftsrechts betreffend Übernahmeangebote“ (8129/1/2000 – C5-0327/2000 – 1995/0341 (COD)), ABl.EU C 23 v. 24.1.2001, S. 1, Vorabdruck in AG, 2000, 289 (296 ff.) mit Einführung *Neye* und in WM Sonderbeil. 2/2000 (32 ff.) mit Besprechung *Pötzsch/Möller*. Diese wiederum gründen auf dem geänderten Vorschlag für eine 13. Richtlinie des Europäischen Parlaments und Rates auf dem Gebiet des Gesellschaftsrechts über Übernahmeangebote, KOM (97) 565 endg. v. 10.11.1997, ABl.EU C 378 v. 13.12.1997, S. 10, abgedruckt in ZIP 97, 2172; Corrigendum der Erläuterungen zu Art. 6 (S. 6), KOM (97) 565 endg./2 v. 14.11.1997. S. zum Scheitern der Richtlinie o.V., EU-Parlament kippt die Übernahmerichtlinie, FAZ v. 5.7.2001, S. 14 f.

nahmeangebote wird wohl unternommen werden.[14] Dies hat zur Konsequenz, dass zwei Regelwerke als Vorbild für das deutsche Wertpapiererwerbs- und Übernahmegesetz[15] gedient haben, auf denen dieses Gesetz zum Teil aufbaut und an denen es sich dementsprechend messen lassen muss.
Der Vorbildcharakter der gescheiterten EU-Richtlinie und eine dennoch in Zukunft mögliche Umsetzung in nationales Recht fordert eine Diskussion um deren Konkretisierung im deutschen Übernahmegesetz heraus, weil der letzte Richtlinienvorschlag den Mitgliedstaaten einen außergewöhnlich großen Gestaltungsspielraum überließ[16] und zu erwarten ist, dass ein neuer Vorschlag nicht wesentlich von diesem Konzept abweichen wird. Aus rechtstheoretischer Sicht stellt sich die Frage, aus welchen Elementen eine Regelung öffentlicher Übernahmeangebote bestehen sollte und wie sich diese Bausteine in die Struktur des Gesellschafts- und Kapitalmarktrechts einfügen lassen. Diese Thematik wird im ersten Teil der Bearbeitung erörtert. In einem zweiten Schritt wird überprüft, ob der alte EU-Richtlinienvorschlag und der Übernahmekodex diese Elemente sinnvoll aufgegriffen hat und ob die gesammelten Erfahrungen im Übernahmegesetz Eingang gefunden haben.[17] Anhand der gewonnenen Ergebnisse werden die wesentlichen Inhalte identifiziert, die eine harmonische Implementierung einer Regelung öffentlicher Übernahmeangebote erlauben und die sich daher im neuen Übernahmegesetz wiederfinden sollten.

---

14 Vgl. o.V., Unternehmen fürchten Übernahmewelle, FAZ v. 8.1.2002 über die Besorgnisse der Industrie im Vorfeld eines neuerlichen Anlaufs für eine Übernahmerichtlinie.

15 Wertpapiererwerbs- und Übernahmegesetz v. 20.12.2001 (BGBl. I S. 3822), im Folgenden kurz WpÜG oder Übernahmegesetz; vgl. dazu BT-Drucks. 14/7034, 14/7090 mit den Empfehlungen des Finanzausschusses; o.V., Übernahmegesetz entzweit deutsche Wirtschaft, FAZ v. 10.11.2001; o.V., Übernahmegesetz gibt Vorständen mehr Abwehrrechte, FAZ v. 17.11.2001, S. 13; zum RegE s. *Pötzsch/Möller*, ZIP 2001, 1256; o.V., Eichel weitet Übernahmegesetz aus, FAZ v. 13.3.2001, S. 17, 19; dem ging der Diskussionsentwurf v. 29.6.2000 voraus, abgedruckt in NZG 2000, 844; dazu kurz: o.V., AG 2000, R 15; der Entwurf beruht auf den Empfehlungen einer Expertenkommission, abgedruckt in WM Sonderbeil. 2/2000, Anhang 2 (37 f.); vgl. dazu *Pötzsch/Möller*, ebenda, 1 (13 f.).

16 Dazu unten unter „Das Konzept der EU-Kommission", Seite 126 ff.

17 Dazu in Teil 2, ab Seite 117.

Teil 1: Grundlagen des Übernahmerechts

1. Kapitel: Ökonomische Grundlagen

Der Sachverhalt „öffentliches Übernahmeangebot" ist nicht aus den Instituten des Gesellschafts- oder Kapitalmarktrechts entwickelt worden, sondern in der Praxis entstanden. Die Analyse der tatsächlichen Vorgaben, Umsetzungen und Wirkungen eines Übernahmeangebots, die sich bei der Anwendung herausgebildet haben, steht daher im Vorfeld der Erörterung bereits existenter oder geplanter Regelungen. Aus den damit gewonnenen Beobachtungen lassen sich Voraussetzungen ermitteln, die die Grundlagen einer Regelung vorzeichnen und die einen Maßstab wiedergeben, an dem deren Ausgestaltung gemessen werden kann. Der Ablauf des Verfahrens sowie seine direkten und mittelbaren ökonomischen Auswirkungen bilden also die Bezugspunkte, die mit rechtspolitischen Vorstellungen synchronisiert und wo notwendig verstärkt oder gedämpft werden müssen.[18] Anhand dieser Basis lässt sich für die Gestaltung einer Regelung prüfen, welche Regelungsinstrumente oder Umsetzungsvarianten die Vorgaben erfüllen können.

A. Markt für Unternehmenskontrolle

Die Übernahme einer Gesellschaft stellt vom Ergebnis her betrachtet nicht nur eine Transaktion dar, mit der die Mehrzahl der Anteile an einer Gesellschaft in andere Hände wechselt, sondern entscheidend ist, dass mit ihr die Kontrolle über ein anderes Unternehmen erlangt wird.[19] Dieses Mehrheitsprinzip, das die Ausübung der Herrschaft ermöglicht, bedeutet faktisch eine Trennung von Kontrolle und Eigentum an einem Unternehmen: Während das Eigentum auf alle Aktionäre verteilt ist, folgt die Kontrolle der Stimmrechtsmehrheit.[20] Konsequenz ist, dass Aktien ihren Wert nicht nur aus dem in ihnen verkörperten Eigentumsanteil beziehen, sondern auch die mit ihnen verbundene Lei-

---

18 *Krause*, Übernahmeangebot, S. 93.

19 Plastisch dazu *Behrens*, ZGR 1975, 433 (437 f.); *Meier-Schatz*, ZHR 149 (1985), 76 (79).

20 Die Trennung von Eigentum und Kontrolle mit ihren ökonomischen Ausflüssen wird in der Theorie der Firma beschrieben, dazu: *Herkenroth*, Konzernierungsprozesse, S. 301 ff.; *Flassak*, Markt f. Unternehmenskontrolle, S. 46 ff.; *de Jong* in: *Gröner*, Markt f. Unternehmenskontrollen, S. 9 (11); *Meier-Schatz*, ZHR 149 (1985), 76 (89 ff.). Diese Trennung von Leitung und Eigentum verursacht nach dem Prinzipal-Agent-Ansatz Kosten (sog. Agency Costs), weil das Management nicht nur im Unternehmensinteresse handelt und daher eine Überwachung notwendig ist, dazu: *Macharzina*, Unternehmensführung, S. 55 ff.; *Flassak*, Markt f. Unternehmenskontrolle, S. 83 ff.

tungsmacht eine eigene Wertkomponente bildet. Folglich ist für die Aktien, die dem Erwerber schließlich die Kontrolle vermitteln – etwa ein Aktienpaket – ein erheblich über dem Börsenkurs liegender Preis zu zahlen (sog. Kontrollprämie).[21] Den theoretischen ökonomischen Unterbau für diese Art des Herrschaftswechsels bietet das Modell eines Markts für Unternehmenskontrolle,[22] das die Motive für Unternehmensübernahmen sowie die mikro- und makroökonomischen Effekte beschreibt.[23] Auf diesem Markt werden jene Stimmrechtsanteile an Gesellschaften gehandelt, mit denen die Mehrheit der Stimmrechte wechselt und die dadurch die Leitungsmacht über ein Unternehmen vermitteln.

I. Ziel der Übernahmen

Unternehmensübernahmen sind nach der Theorie des Markts für Unternehmenskontrolle darauf angelegt, eine Beteiligungshöhe zu erreichen, die dem Erwerber die Dominanz über die anderen Beteiligungsinhaber und damit über die Gesellschaft sichert.[24] Ob diese Machtübernahme durch den Erwerb von Anteilen an der Zielgesellschaft oder aber durch einen Unternehmensvertrag betrieben wird, resultiert aus den gesteckten Zielen und Erwartungen, die der Akquisiteur von der Übernahme hat sowie aus seiner allgemeinen Betätigung am Markt.[25] Ist er zum Beispiel eine Einzelperson, verbindet er eventuell mit der Übernahme eher kurzfristige profitorientierte Absichten. Im Gegensatz dazu steht ein Konkurrenzunternehmen, dessen Ziel etwa eine Fusion ist. Grob können Übernahmen jedenfalls in „feindliche" und „freundliche" aufgeteilt werden, je nachdem, ob das Management der Zielgesellschaft die Übernahme

---

21 Die Kontrollprämie liegt bei ca. 30 % des Börsenkurses, vgl. *Krause*, Übernahmeangebot, S. 95; *Becker*, WiSt 1990, 218 (218); *Behrens*, ZGR 1975, 433 (438); *Macharzina*, Unternehmensführung, S. 571; *Hopt*, ZGR 1993, 534 (544).

22 Der Begriff wurde von *Manne* geprägt, 73 J.Pol.Econ. 110, 112 (1965); s. auch *ders.*, ZgS 137 (1981), 689.

23 Dazu *Romano* in: *Hopt/Wymeersch*, European Takeovers, S. 3 ff.; ferner: *Flassak*, Markt f. Unternehmenskontrolle, S. 148 ff.; *Gröner* (Hrsg.), Markt f. Unternehmenskontrollen, S. 9 ff.; *Hahn*, feindliche Übernahme, 1992; *Herkenroth*, Konzernierungsprozesse, S. 299 ff.; *Krause*, Übernahmeangebot, S. 93 ff.; *Reul*, Gleichbehandlung, S. 128 ff.; kritisch: *Adams*, AG 1989, 333 (333 ff.).

24 Die Veränderung der Herrschaftsstruktur und die damit verbundene Asymmetrie der Interaktionsbeziehungen ist das ökonomisch kennzeichnende Merkmal der Gruppe der „Mergers & Acquisitions" im Gegensatz zu anderen Formen von Zusammenschlüssen, vgl. *Macharzina*, Unternehmensführung, S. 569.

25 *Meier-Schatz*, ZHR 149 (1985), 76 (79).

begrüßt oder ablehnt.[26] Diese Unterscheidung trifft aber noch keine Aussage darüber, ob die Übernahme auch für die Zielgesellschaft selbst beziehungsweise für ihre Anteilseigner nachteilig ist.[27]
Im Rahmen der Kontrollübernahme durch Anteilserwerb ergeben sich drei signifikante Beteiligungsgrößen: Die völlige Übernahme zu 100 % wird bei Kapitalgesellschaften regelmäßig nur innerhalb eines Konzerns angestrebt, etwa um die Einstellung der Börsennotierung einzuleiten oder um Restposten außenstehender Minderheiten zur Erweiterung des eigenen Handlungsspielraums zu erwerben.[28] Eine sichere Herrschaftsmacht bietet der Erwerb von mehr als 50 % aller bestehenden Stimmrechte. Wegen des Grundsatzes der einfachen Stimmenmehrheit in § 133 Abs. 1 AktG können damit auf der Hauptversammlung die meisten Beschlüsse durchgesetzt werden.[29] Die dritte für den Übernehmenden bedeutsame Größe lässt sich nicht exakt bestimmen, liegt aber deutlich unterhalb der 50 % Marke. Da die Hauptversammlung immer beschlussfähig[30] und vor allem bei großen Publikumsgesellschaften die Präsenzquote auf der Hauptversammlung niedrig ist, kann nämlich das Quorum auch schon mit einer vergleichsweise niedrigen Beteiligung erreicht werden (faktische Kontrolle).[31] Erlangt der Erwerber die Kontrolle also schon bei einer Beteiligungshöhe unter 50 %, verbilligt dies die Übernahme beziehungsweise optimiert den Nutzen des eingesetzten Kapitals. Bei einer Übernahme der einfachen Mehrheit unterliegt die Kontrollmacht allerdings einigen Beschränkungen: So bedarf die für den Übernehmenden interessante vorzeitige Abberufung der Mitglieder des Aufsichtsrats,[32] die es ihm ermöglicht, auf die Geschäftsführung der Aktiengesellschaft Einfluss zu nehmen, einer Mehrheit von mindestens ¾ der Stimmen. Ebenfalls erfordern Beschlüsse über die

---

[26] *Basaldua* in: *Assmann/Basaldua/Bozenhardt/Peltzer*, Übernahmeangebote, S. 157 (160); *Bästlein*, öffentliche Übernahmeangebote, S. 34; *Flassak*, Markt f. Unternehmenskontrolle, S. 10 ff.; *Klein*, NJW 1997, 2085 (2085); *Macharzina*, Unternehmensführung, S. 570; *Michalski*, AG 1997, 152 (152).

[27] *Basaldua* in: *Assmann/Basaldua/Bozenhardt/Peltzer*, Übernahmeangebote, S. 157 (166 f.); *Klein*, NJW 1997, 2085 (2085); daher werden „feindliche“ Übernahmen auch wertneutral als „unkoordiniert“ bezeichnet, vgl. *Ebenroth/Daum*, DB 1991, 1105 (1106).

[28] *Übernahmekommission*, Drei Jahre Übernahmekodex, S. 28 f.

[29] zur Zuständigkeit der Hauptversammlung s. *Henn*, Aktienrecht, Rn. 688 ff.

[30] *Hüffer*, AktG, § 133 Rn. 8; *Henn*, Aktienrecht, Rn. 737.

[31] Vgl. die Tabelle der Hauptversammlungs-Präsenzen in *Benner-Heinacher*, DB 1997, 2521 (2522), nach der bei großen deutschen Aktiengesellschaften die Mehrheit auf der Hauptversammlung mit durchschnittlich 32 % des Grundkapitals erreicht wird; s. auch *Krause*, AG 1996, 209 (212 in Fn. 59); *Pietzke*, FS Fikentscher, 1998, S. 601 (604); *Wirth/Weiler*, DB 1998, 117 (118).

[32] Gem. § 103 AktG.

Einleitung von Konzernierungs- oder Umwandlungsmaßnahmen sowie die meisten Satzungsänderungen eine Zustimmung von ¾ des vertretenen Grundkapitals.[33]

II. Gründe für Kontrollübernahmen

Über die Motive für einen solchen Kontrolltransfer lassen sich vielfältige Hypothesen aufstellen, je nachdem wie spezialisiert man die Analyse vornimmt.[34] Eine schematische Zuordnung ergibt sich anhand der Konsequenzen für die Zielgesellschaft beziehungsweise für ihre Aktionäre. Entweder führt die Übernahme zu einem Wertzuwachs ihrer Anteile oder sie geht tendenziell mit einem Wertverlust einher. Dies richtet sich danach, ob sie zu einer besseren Nutzung der Ressourcen der Zielgesellschaft führt oder auf einem Wohlstandstransfer von den Aktionären der Zielgesellschaft zum Erwerber basiert, der gesamtwirtschaftlich bestenfalls einen neutralen Effekt hat.[35] Die Auswirkungen von Übernahmen auf die beteiligten Gesellschaften ergeben einen ersten Anhaltspunkt zur rechtspolitischen Bewertung von Übernahmevorgängen.

1. Wertzuwachs durch Effizienzgewinne

Der prominenteste theoretische Erklärungsansatz und zugleich der Ausgangspunkt des Modells eines Kontrollmarkts ist der der Disziplinierung des Managements.[36] Er fußt auf der Annahme, dass die Qualität der Geschäftsführung einer Gesellschaft in ihrem Aktienkurs zum Ausdruck kommt. Gesellschaften, in denen die vorhandenen Ressourcen vom Management nicht optimal eingesetzt werden, sind weniger produktiv als vergleichbare andere Unternehmen.[37] Diese Ineffizienz schlägt sich in einem zum Branchendurchschnitt sinkenden Aktienkurs nieder.[38] Die gesunkene Kapitalisierung an der Börse erregt wiederum die Aufmerksamkeit anderer Managementteams, die sich eine leistungsfähigere Leitung zutrauen, und verbilligt beziehungsweise ermöglicht den Erwerb dieses Unternehmens, um über dessen Ressourcen verfügen zu

---

33 Vgl. z.B. §§ 179 Abs. 2, 293 Abs. 1 AktG und § 65 Abs. 1 UmwG; dazu *Henn*, Aktienrecht, Rn. 179, 330, 1355.

34 Es lassen sich nach *Krause*, Übernahmeangebot, S. 94 (m.w.N.), etwa 30 Erklärungsansätze differenzieren; vgl. auch *Herkenroth*, Konzernierungsprozesse, S. 328.

35 I.Erg. ähnlich *Michalski*, AG 1997, 152 (153).

36 *Manne*, 73 J.Pol.Econ. 110 (112 ff.) (1965). Die ursprüngliche Theorie des Marktes für Unternehmenskontrolle beschränkte sich auf diesen Ansatz.

37 *Herkenroth*, Konzernierungsprozesse, S. 299; *Krause*, Übernahmeangebot, S. 94; *Reul*, Gleichbehandlung, S. 128.

38 *Krause*, Übernahmeangebot, S. 94; *Meier-Schatz*, ZHR 149 (1985), 76 (94).

können. Der Erwerber wird das Management austauschen und hofft durch eigene, effizientere Leitung im Wege der Reallokation von Ressourcen eine Wertsteigerung des Unternehmens beziehungsweise seiner Investition herbeizuführen.[39] Indes muss der Erwerb nicht notwendigerweise von außen erfolgen, er kann sich auch in Form eines Management-Buyouts vollziehen.[40] In diesem Fall erwerben die Manager ihr Unternehmen oder Teile von diesem (Spin-offs) und versuchen, durch Bereinigung oder Restrukturierung der Geschäftsfelder die Profitabilität zu erhöhen.[41]
Für die außenstehenden Aktionäre bedeutet der Wettbewerb um die Unternehmenskontrolle entweder eine neue Geschäftsführung oder, wegen der latenten Gefahr einer Übernahme, ein disziplinierter arbeitendes Management. Übernahmen sind damit ein externer Kontrollmechanismus, der sich vorteilhaft auf den Wert der Beteiligungen auswirkt.[42] Die Existenz von feindlichen Übernahmen und nachfolgende Kursgewinne der Anteile der Zielgesellschaft scheinen diese Hypothese zu stützen.[43] Jedoch sind diese Thesen empirisch nicht eindeutig belegt[44] und auch nicht mit dem Umstand vereinbar, dass die Übertragung der Kontrolle meistens freiwilliger Natur ist, also vom Management der Zielgesellschaft gebilligt und gefördert wird.[45]
Als weiteres beachtliches Motiv werden Synergieeffekte angeführt, die der Zusammenschluss freisetzt. Danach hat das Unternehmensgebilde als Ganzes

---

39 Der Nutzen aus der Übernahme resultiert im Wesentlichen aus der Reduzierung der Agency Costs; vgl. *Manne*, ZgS 137 (1981), 689 (690); *Assmann/Bozenhardt in: Assmann/Basaldua/Bozenhardt/Peltzer*, Übernahmeangebote, S. 1 (43); *Meier-Schatz*, ZHR 149 (1985), 76 (94 f.); *Reul*, Gleichbehandlung, S. 128 f.

40 *Macharzina*, Unternehmensführung, S. 571.

41 *Flassak*, Markt f. Unternehmenskontrolle, S. 16 ff.; *Macharzina*, Unternehmensführung, S. 571; *Otto*, AG 1999, 173 (173 f.). Dies ist von sog. Proxy Fights zu unterscheiden, bei denen Kontrahenten des amtierenden Managements versuchen, eine ausreichende Anzahl an Stimmen für ihren Wahlvorschlag eines Vorstands der Gesellschaft anzuwerben, aber nicht zu kaufen, vgl. *Herkenroth*, Konzernierungsprozesse, S. 316.

42 *Herkenroth*, Konzernierungsprozesse, S. 299; *Krause*, Übernahmeangebot, S. 95; *Berger*, ZIP 1991, 1644 (1646).

43 *Herkenroth*, Konzernierungsprozesse, S. 348.

44 Dazu: *Herkenroth*, Konzernierungsprozesse, S. 318 ff.; *Krause*, Übernahmeangebot, S. 94 ff.; *ders.*, WM 1996, 845 (846 f.); *Reul*, Gleichbehandlung, S. 132 f. und 154 ff.; kritisch auch *Lenel* in: *Gröner*, Markt f. Unternehmenskontrollen, S. 9 (16); *Meier-Schatz*, ZHR 149 (1985), 76 (96 f.).

45 *Herkenroth*, Konzernierungsprozesse, S. 346; vgl. auch die Zusammenstellung großer freiwilliger Fusionen von *Hansen*, AG 1999, R 4 f.

einen höheren Wert als die Summe seiner Teile.[46] Die Synergien entstehen im operativen Bereich, etwa durch den Wegfall einer Leitungsspitze und durch mehrfache Ausnutzung von Ressourcen, sowie im finanziellen Sektor durch Diversifizierung des Tätigkeitsbereiches und verbesserte Finanzierungsmöglichkeiten.[47] Auch die Synergieeffekte verbessern die Position des Unternehmens am Markt und führen daher zu Gewinnen bei den Anteilseignern. Folglich liegt dieser Ansatz dicht bei der Disziplinierungstheorie, weil beide letztlich von einer Effizienzsteigerung ausgehen.[48]

Übernahmen werden vielfach durchgeführt, um eine monopolartige Marktmacht auf- oder auszubauen. Solche Übernahmen finden horizontal mit unmittelbaren Konkurrenten statt, so dass die Zusammenlegung und Koordinierung beider Marktanteile einen Machtzuwachs bedeutet, der wiederum zu einem Anstieg der Aktienkurse der beteiligten Gesellschaften führt.[49] Leitgedanke ist dabei die Überlegung, was eigenes organisches Wachstum mit hohen Investitionskosten bei gleichzeitigem Margenverfall aufgrund des Verdrängungswettbewerbs im Vergleich zu externem Wachstum durch eine Übernahme kostet.[50] Allerdings ist das Modell nicht darauf beschränkt, denn auch vertikal kann eine Gesellschaft zur Stärkung der Marktposition übernommen werden, um etwa durch Kapitaltransfer aus der Zielgesellschaft einen Geschäftsbereich des Übernehmenden zu stützen.[51] Davon werden aber die Aktionäre der Zielgesellschaft in der Regel nicht profitieren.

2. Übernahme auf Kosten der Zielgesellschaft

Die Eigeninteressen des Managements der übernehmenden Gesellschaft stehen bei der Empire-Building-Hypothese im Vordergrund.[52] Angetrieben von Hyb-

---

46 *Krause*, Übernahmeangebot, S. 99; s. auch *Bästlein*, öffentliche Übernahmeangebote, S. 127 f.; *Reul*, Gleichbehandlung, S. 168 ff.; *Lenel* in: *Gröner*, Markt f. Unternehmenskontrollen, S. 9 (17 f.); *Adams*, AG 1990, 243 (244); *Michalski*, AG 1997, 152 (153).

47 Z.B. stabilisiert der Zusammenschluss den cash-flow und erhöht die Risikostreuung, so dass die Aufnahme von Fremd- oder Eigenkapital verbilligt wird, vgl. *Krause*, Übernahmeangebot, S. 101 f.; *Macharzina*, Unternehmensführung, S. 572; vgl. auch *Bästlein*, öffentliche Übernahmeangebote, S. 126 f.; *Reul*, Gleichbehandlung, S. 180 ff.

48 Nach der Effizienztheorie ist der Austausch des Managements ein führungsbezogener Synergieeffekt, *Macharzina*, Unternehmensführung, S. 572.

49 *Bästlein*, öffentliche Übernahmeangebote, S. 24; *Herkenroth*, Konzernierungsprozesse, S. 346; *Macharzina*, Unternehmensführung, S. 572; *Reul*, Gleichbehandlung, S. 189.

50 *Heinrich*, Hoher Aktienkurs hält den Gegner fern, FAZ v. 20.4.1999, Beil., S. 11.

51 *Macharzina*, Unternehmensführung, S. 572.

52 *Herkenroth*, Konzernierungsprozesse, S. 330 f.; *Krause*, Übernahmeangebot, S. 103 ff.; *Lenel* in: *Gröner*, Markt f. Unternehmenskontrollen, S. 9 (19); *Macharzina*, Unterneh-

ris oder dem Streben nach dem Vorsitz in einem Großkonzern, der höheres Gehalt und Ansehen mit sich bringt,[53] bewerten Manager die Chancen und Nutzen einer Übernahme übertrieben optimistisch.[54] Unterstützt wird dies von der Neigung der Manager, freies Kapital nicht an die Aktionäre auszuschütten, sondern zum Beispiel in Akquisitionsprojekte zu reinvestieren.[55] Übernahmen aus derartigen Gründen stellen sich nach außen unwirtschaftlich dar und führen zu Verlusten der Aktionäre des erwerbenden Unternehmens.[56] Für die Wertpapierinhaber der Zielgesellschaft fällt die Beurteilung des Kursverlaufes entsprechend uneinheitlich aus.[57]
Eindeutig zu Lasten der Aktionäre der Zielgesellschaft gehen Übernahmen nach der Ausbeutungs- und Raider-Theorie. Diese sehen die Motivation für eine Übernahme darin, dass durch den Zusammenschluss nicht Gewinne originär geschaffen, sondern durch einen Wohlstandstransfer vom Zielunternehmen zum Akquisiteur generiert werden.[58] Dies kann in Form von harter Ausbeutung durch Asset-Stripping geschehen, bei dem ertragsschwache aber substanzstarke Unternehmen übernommen werden, um diese durch Aufteilung und Verkauf auszuschlachten.[59] Der Akquisiteur kann sich aber auch der weichen Ausbeutung innerhalb des Konzerns bedienen, die etwa durch den finanziell schwer zu erfassenden und auszugleichenden Zugang zu Patenten und Know-how oder mittels Konzernumlagen möglich ist.[60] Dabei kann auch einzig im Know-how-Transfer der Grund für die Übernahme liegen.[61] Solche Praktiken, die zu einem dramatischen Wertverlust der Aktien der Zielgesell-

---

mensführung, S. 574; *Meier-Schatz*, ZHR 149 (1985), 76 (101); *Reul*, Gleichbehandlung, S. 192 ff.; *Adams*, AG 1990, 243 (244).

53 Dieses „moral hazard“ genannte Phänomen wird in der Prizipal-Agent-Theorie beschrieben; dazu: *Flassak*, Markt f. Unternehmenskontrolle, S. 35 ff.; *Macharzina*, Unternehmensführung, S. 55 ff.

54 *Herkenroth*, Konzernierungsprozesse, S. 331; *Krause*, Übernahmeangebot, S. 103; *Lenel* in: *Gröner*, Markt f. Unternehmenskontrollen, S. 9 (20), *Meier-Schatz*, ZHR 149 (1985), 76 (97 f.).

55 Sog. „Free Cash Flow“-Theorie, *Macharzina*, Unternehmensführung, S. 574; *Bästlein*, öffentliche Übernahmeangebote, S. 140 ff.; *Herkenroth*, Konzernierungsprozesse, S. 328.

56 *Bästlein*, öffentliche Übernahmeangebote, S. 137.

57 Gescheiterte Unternehmensübernahmen und Kurseinbrüche belegen diese Theorie empirisch, vgl. bei *Herkenroth*, Konzernierungsprozesse, S. 331; *Krause*, Übernahmeangebot, S. 103 f.

58 *Krause*, Übernahmeangebot, S. 105; *Macharzina*, Unternehmensführung, S. 572; *Reul*, Gleichbehandlung, S. 197 f.

59 *Macharzina*, Unternehmensführung, S. 570; *Michalski*, AG 1997, 152 (153).

60 *Reul*, Gleichbehandlung, S. 198 ff.; *Munscheck*, RIW 1995, 998 (998).

61 *Heinrich*, FAZ v. 20.4.1999, Beil., S. 11.

schaft führen, finden ihre Spitze im sog. Greenmailing,[62] einer Technik, bei der der Akquisiteur, nachdem er die Aktienmehrheit erworben hat, die Zielgesellschaft unter Androhung einer destruktiven Übernahme dazu zwingt, ihm die Wertpapiere zu einem überhöhten Preis wieder abzukaufen.[63] Greenmailing ist für die Gesellschaft besonders schädlich, weil Finanzmittel aufgewandt werden, ohne dass damit ein produktiver Gewinn erzeugt wird.[64] In der Existenz von Greenmailing und Asset-Stripping sowie Kursverlusten nach dem Vollzug des Kontrollwechsels wird die empirische Bestätigung der Ausbeutungstheorie gesehen.[65]
Ferner wird eine Akquisition noch als Ergebnis eines undurchsichtigen und von unrealistischen Erwartungen gekennzeichneten Entscheidungsprozesses oder als zyklisch auftretendes Modephänomen beschrieben.[66] Weiterer Beweggrund für eine Übernahme ist auch eine Unterbewertung der Zielgesellschaft am Markt, die dem Erwerber aufgrund einer besseren Informationslage auffällt.[67] Solche Unterbewertung kann dann sowohl in Form von Asset-Stripping als auch durch bessere Allokation der Ressourcen ausgenutzt werden. Folglich lassen diese Hypothesen erst in Verbindung mit einem der oben dargelegten Ansätze eine Prognose der Kursentwicklung der Wertpapiere von Akquisiteur und Zielgesellschaft zu.

III. Formen des Erwerbs

Für die externe Übernahme der Kontrolle eines Unternehmens stehen drei Techniken zur Verfügung, die sich frei kombinieren lassen: der sukzessive Anteilserwerb über die Börse, der Pakethandel oder ein öffentliches Übernahmeangebot. Weiterhin kann der Übergang der Kontrolle auch durch Unternehmensverträge und Fusionen verwirklicht werden, die aber nicht allein auf

---

62 „Greenmailing" ist ein Wortspiel aus „Green" für die Farbe der Dollarnoten und „Blackmail" engl. für Erpressung, vgl. auch *Choper/Eisenberg*, Corporations, S. 203.

63 *Macharzina*, Unternehmensführung, S. 570.

64 Dennoch lässt sich das Management der Zielgesellschaft z.T. darauf ein, weil ihr Vorteil darin besteht, dass sie auf ihrer Position bleiben, *Krause*, Übernahmeangebot, S. 159.

65 Vgl. die empirischen Untersuchungen von *Krause*, Übernahmeangebot, S. 106 f. und *Reul*, Gleichbehandlung, S. 200 ff.

66 Prozess- bzw. Wellentheorie, *Macharzina*, Unternehmensführung, S. 574; *Meier-Schatz*, ZHR 149 (1985), 76 (99).

67 *Reul*, Gleichbehandlung, S. 184 f. Dieser Ansatz widerspricht aber der Annahme der Existenz effizienter Kapitalmärkte, *Herkenroth*, Konzernierungsprozesse, S. 333; *Bästlein*, öffentliche Übernahmeangebote, S. 145; zur Kritik an dieser Prämisse sogleich auf Seite 39.

Anteilserwerb basieren.[68] Die Transaktionsform, mit der die Übernahme durchgeführt werden soll, ergibt sich aus ihrer Motivation und der verfolgten Strategie des Käufers. Zusätzlich hängt die Form der Übernahme von den finanziellen Möglichkeiten des Akquisiteurs ab. Großunternehmen verfügen regelmäßig über viele liquide Mittel und können sich neben der Fremdfinanzierung auch neues Eigenkapital im Wege der Kapitalerhöhung beschaffen.[69] Management-Buyouts hingegen werden in Ermangelung ausreichenden Eigenkapitals mehrheitlich in der Form von Leveraged Buyouts realisiert, bei denen die Übernahme zu einem sehr hohen Grad fremdfinanziert wird.[70] Üblicherweise werden auch Übernahmen fremdfinanziert, deren feindlicher Charakter sich nicht nur auf das amtierende Management, sondern auch auf die Gesellschaft selbst bezieht.[71] Dies ist vor dem Hintergrund plausibel, dass solche Übernahmen ohnehin darauf abzielen, das erworbene Unternehmen möglichst bald gewinnbringend zu veräußern.[72]

1. Sukzessiver Aktienerwerb

Naheliegendes Mittel zum Kontrollerwerb ist der sukzessive Aufkauf von Aktien über die Börse.[73] Allerdings ist dieser Weg mit planerischen Unsicherheiten sowohl hinsichtlich des Gelingens als auch bezüglich der Finanzierung

---

68 Allerdings kann auch eine Fusion von einem öffentlichen Übernahmeangebot begleitet werden, so hat z.B. bei dem Zusammenschluss von Daimler-Benz und Chrysler die DaimlerChrysler AG ein Totalangebot auf die Daimler-Benz AG abgegeben, vgl. in *Bad Homburger Kreis/Übernahmekommission*, Übernahmeangebote, Bd. 3, S. 110 ff.

69 Z.B. erhöhte die Deutsche Bank AG ihr Kapital um 6 Mrd. DM ausschließlich, um die US-amerikanische Bankers Trust zu übernehmen, vgl. o.V., Kapitalerhöhung dient nur Bankers Trust, FAZ v. 13.4.1999, S. 21.

70 *Otto*, DB Beil. 12, 1988, S. 2 f. Diese Finanzierungsform nutzt den sog. Leverage-Effekt aus, nach dem die Rendite des eingesetzten Kapitals so lange gesteigert werden kann, wie die Gesamtrentabilität des Geschäfts über der Rentabilität des aufgenommenen Fremdkapitals liegt, vgl. *Macharzina*, Unternehmensführung, S. 571; dazu auch *Flassak*, Markt f. Unternehmenskontrolle, S. 12 ff.; *Lenel* in: *Gröner*, Markt f. Unternehmenskontrollen, S. 9 (11). Durch den Einsatz hochverzinslicher Risikoanleihen (High Yield Bonds oder auch Junk Bonds) sind sogar Übernahmen sehr großer Unternehmen finanzierbar, *Bästlein*, öffentliche Übernahmeangebote, S. 165 ff. Leveraged Buyouts, die sich durch Heranziehung des Vermögens der Zielgesellschaft finanzieren, sind aber wegen §§ 57 und 71a AktG in Deutschland weitgehend unmöglich, vgl. *Adams*, AG 1990, 243 (245); *ders.*, AG 1989, 333 (336 f.); *Werner*, Probleme feindlicher Übernahmeangebote, S. 15.

71 *Becker*, WiSt 1990, 218 (219); *Klein*, NJW 1997, 2085 (2086).

72 *Macharzina*, Unternehmensführung, S. 570 und allgemein zu Eigen- und Fremdkapitalfinanzierung S. 580 ff.

73 Auch „creeping takeover“ genannt; *Herkenroth*, Konzernierungsprozesse, S. 75; *Otto*, DB Beil. 12, 1988, S. 3 f.

belastet. Sollen die Käufe nicht zu erheblichen Kurssteigerungen führen, müssen sie über einen längeren Zeitraum stückweise platziert werden.[74] In diesem Fall sind sich auch die Wertpapierinhaber nicht über ihre Rolle als Mehrheitsbeschaffer im Klaren, so dass ihnen ein Mehrerlös durch die Kontrollprämie entgeht.[75] Die notwendige Zeitspanne sowie die Mitteilungspflichten gem. § 21 WpHG, die die Zielgesellschaft über die Absichten des Käufers unterrichten, bietet hingegen ihrem Management Gelegenheit, Abwehrmaßnahmen vorzubereiten, die den Erfolg des Angebots vereiteln können. Wählt der Käufer indes eine kurzfristige Strategie, steigt mit der plötzlichen Nachfrage auch der Preis für die Aktien und die Finanzierung der Übernahme wird durch die Unvorhersehbarkeit des Kursanstiegs gefährdet.[76]

2. Paketerwerb

Eine kurzfristige Möglichkeit, die Kontrolle über eine Aktiengesellschaft zu erlangen, ist der Erwerb eines oder mehrerer Aktienpakete, das beziehungsweise die zusammen genügend Stimmrechte bündeln, um dem Erwerber die Mehrheit auf der Hauptversammlung zu sichern.[77] Diese Handlungsform setzt jedoch voraus, dass Aktienpakete überhaupt vorhanden und ihre Inhaber zum Verkauf bereit sind, was besonders dann problematisch ist, wenn ein Paketinhaber selbst die Gesellschaft aktiv lenkt.[78] Da die durch das Aktienpaket vermittelte Kontrolle vom Akquisiteur profitbringend genutzt werden kann, bildet die Kumulation der Stimmrechte im Paket eine eigene Wertkomponente. Folglich findet der Paketwechsel nur unter Zahlung eines erheblichen Aufschlags zum Börsenkurs statt (Paketzuschlag).[79] Die Mehrzahl der Aktionäre, die lediglich eine Aktienminderheit hält und daher von der Transaktion ausgeschlossen ist, partizipiert von diesem Zuschlag nicht.[80]

---

74 *Becker*, WiSt 1990, 218 (218); *Ebenroth/Daum*, DB 1991, 1105 (1107); *Ebenroth/Schrupowski*, ZVglRWiss 90 (1991), 319 (326 f.); *Otto*, DB Beil. 12, 1988, S. 4.

75 *Basaldua* in: *Assmann/Basaldua/Bozenhardt/Peltzer*, Übernahmeangebote, S. 157 (172).

76 *Assmann/Bozenhardt* in: *Assmann/Basaldua/Bozenhardt/Peltzer*, Übernahmeangebote, S. 1 (10); *Kallmeyer*, ZHR 161 (1997), 435 (441); *Otto*, DB Beil. 12, 1988, S. 4; *ders.*, AG 1994, 167 (168); *Pietzke*, FS Fikentscher, 1998, S. 601 (602 f.).

77 *Ebenroth/Daum*, DB 1991, 1105 (1107); *Ebenroth/Schrupowski*, ZVglRWiss 90 (1991), 319 (329 f.); *Pietzke*, FS Fikentscher, 1998, S. 601 (602).

78 *Assmann/Bozenhardt* in: *Assmann/Basaldua/Bozenhardt/Peltzer*, Übernahmeangebote, S. 1 (11).

79 *Assmann/Bozenhardt* in: *Assmann/Basaldua/Bozenhardt/Peltzer*, Übernahmeangebote, S. 1 (11); *Ebenroth/Daum*, DB 1991, 1105 (1107); *Lenel* in: *Gröner*, Markt f. Unternehmenskontrollen, S. 9 (23); *Klein*, NJW 1997, 2085 (2086).

80 *Ebenroth/Schrupowski*, ZVglRWiss 90 (1991), 319 (330); *Otto*, AG 1994, 167 (168).

3. Öffentliches Übernahmeangebot

Parallel zu oder anstelle von sukzessiven Aktienkäufen oder dem Erwerb von Aktienpaketen kann der Akquisiteur ein Übernahmeangebot abgeben.[81] Mit diesem bietet der Akquisiteur (der folglich in diesem Zusammenhang Bieter heißt) den Aktionären der Zielgesellschaft an, deren Aktien zu erwerben.[82] Der formale Unterschied zu den anderen Erwerbsformen besteht darin, dass der Zukauf nicht anonym über die Börse abgewickelt oder aufgrund individueller Verhandlungen durchgeführt wird. Bei einem Übernahmeangebot gibt der Bieter sein Angebot auf den Erwerb bestimmter Aktien außerhalb der Börse ab. Dieses Angebot erfolgt öffentlich und ist damit an die Gesamtheit der Wertpapierinhaber der Zielgesellschaft gerichtet, die daraufhin mit ihm einen Vertrag über den Erwerb der Aktien schließen können.[83] Ein Übernahmeangebot verbindet dadurch den Vorteil einer Paketübernahme, nämlich den Erwerb vieler Stimmrechte auf einen Schlag, mit der Stärke des Aktienkaufs über die Börse, nicht auf einen einzigen Inhaber angewiesen zu sein.[84] Dabei vermeidet das Übernahmeangebot, dass der Aktienkurs durch sukzessiven Zukauf nach oben getrieben wird; vielmehr richtet sich der Börsenkurs nach der Höhe des Angebots.[85] Im Vergleich zu Unternehmenszusammenschlüssen durch Vertrag oder Verschmelzung setzt ein Übernahmeangebot nicht die Einschaltung der jeweiligen Hauptversammlungen voraus,[86] sondern kann den Aktionären der Zielgesellschaft direkt unterbreitet werden.[87]

Allerdings ist, wie beim Paketerwerb, der Angebotspreis im Vergleich zum Börsenkurs der Wertpapiere um eine Prämie aufzustocken, damit die Aktieninhaber zum Verkauf veranlasst werden.[88] Ferner erhöht die Abwicklung außerhalb der Börse die Transaktionskosten, weil es notwendig ist, ein Konsortium einzuschalten, das die technische Durchführung des Angebots über-

---

81 Vorherige Aktienkäufe dienen i.d.R. der Absicherung des Gelingens der Übernahme durch das Übernahmeangebot, vgl. *Assmann/Bozenhardt* in: *Assmann/Basaldua/Bozenhardt/Peltzer*, Übernahmeangebote, S. 1 (65 f.); *G. Schuster*, Internationale Anwendung des Börsenrechts, S. 202.

82 *Meier-Schatz*, ZHR 149 (1985), 76 (78).

83 *Otto*, DB Beil. 12, 1988, S. 4.

84 *Herkenroth*, Konzernierungsprozesse, S. 80.

85 *Ebenroth/Schrupowski*, ZVglRWiss 90 (1991), 319 (331 f.); *Klein*, NJW 1997, 2085 (2086); *Otto*, DB Beil. 12, 1988, S. 4.

86 Vgl. § 293 AktG, § 13 UmwG, dazu *Henn*, Aktienrecht, Rn. 330, 1355.

87 *Assmann/Bozenhardt* in: *Assmann/Basaldua/Bozenhardt/Peltzer*, Übernahmeangebote, S. 1 (11); *Klein*, NJW 1997, 2085 (2086).

88 *Becker*, WiSt 1990, 218 (218); *Herkenroth*, Konzernierungsprozesse, S. 80; *Macharzina*, Unternehmensführung, S. 571; *Meier-Schatz*, ZHR 149 (1985), 76 (78); *Pietzke*, FS Fikentscher, 1998, S. 601 (603).

nimmt.[89] Der Erfolg dieses Angebots hängt aber nicht allein von der Gestaltung der Gegenleistung, die auch in Aktien der Bietergesellschaft bestehen kann,[90] ab. Es müssen sich zudem genügend Wertpapiere im Streubesitz befinden, denn je größer die Streuung ist, umso weniger sind die einzelnen Aktionäre an der Unternehmensführung beteiligt und umso eher werden sie zur Gewinnrealisierung ihre Anteile verkaufen.[91] Mit zunehmender Breite der Streuung mindert sich auch die Wahrscheinlichkeit, dass sich Aktionäre mit nennenswerten Beteiligungen zusammenschließen und so die Kontrollübernahme verhindern.[92] Umgekehrt kann der Bieter den prozentualen Anteil an der Zielgesellschaft, den er zu übernehmen bereit ist, nach oben und unten begrenzen.[93] Solche Teilangebote verschaffen ihm die Möglichkeit, einen seiner Strategie entsprechenden Anteil zu erwerben,[94] was die Kalkulation der Finanzierung erleichtert und somit das eingesetzte Kapital optimal nutzt. Verkaufswilligen Aktionären bietet sich innerhalb der vom Bieter gestellten Frist die Gelegenheit, Informationen einzuholen, die ihnen die Abwägung erleichtern, ob sie in dem Unternehmen verbleiben oder ob sie den Kontrollwechsel als Gelegenheit nutzen, unter Realisierung der Kontrollprämie die Gesellschaft zu verlassen.[95]

B. Auswirkungen von öffentlichen Übernahmeangeboten

I. Chance für Unternehmen

Der Überblick über die bestehenden Motive für Übernahmen macht deutlich, dass der Übergang der Kontrolle auf einen anderen Träger durchaus ambivalent beurteilt werden kann.[96] Einige Akquisitionsgründe versprechen positive

---

89 Dazu ausführlich *Peltzer*, ZIP 1991, 485. Es fallen auch zusätzliche Kosten bei der Erarbeitung und Veröffentlichung eines Angebots an, *Herkenroth*, Konzernierungsprozesse, S. 80.

90 *Meier-Schatz*, ZHR 149 (1985), 76 (78 f.).

91 *Assmann/Bozenhardt* in: *Assmann/Basaldua/Bozenhardt/Peltzer*, Übernahmeangebote, S. 1 (11); *Peltzer*, ZIP 1989, 69 (72).

92 *Assmann/Bozenhardt* in: *Assmann/Basaldua/Bozenhardt/Peltzer*, Übernahmeangebote, S. 1 (12).

93 *Assmann/Bozenhardt* in: *Assmann/Basaldua/Bozenhardt/Peltzer*, Übernahmeangebote, S. 1 (88 f.); *Meier-Schatz*, ZHR 149 (1985), 76 (79).

94 Der Bieter muss abwägen, ob ihm die faktische Kontrolle genügt oder ob er eine Beteiligungshöhe anstrebt, bei der ihm die Mehrheit sicher ist, vgl. soeben Seite 27.

95 *Assmann/Bozenhardt* in: *Assmann/Basaldua/Bozenhardt/Peltzer*, Übernahmeangebote, S. 1 (86 f., 94 f.).

96 *Hopt*, ZHR 161 (1997), 368 (371); *Krause*, Übernahmeangebot, S. 118; *Lenel* in: *Gröner*, Markt f. Unternehmenskontrollen, S. 20 f.; *Reul*, Gleichbehandlung, S. 206.

Effekte für die beteiligten Unternehmen sowie für den Gesamtmarkt.[97] Der Wettbewerb um die Unternehmenskontrolle hält das amtierende Management an, die Gesellschaft effizient und diszipliniert zu führen. Die Allokation der zur Verfügung stehenden Ressourcen und Produktionsmittel wird dadurch optimiert, so dass die Chancen des Unternehmens und letztlich der gesamtwirtschaftliche Nutzen steigt.[98] Vermag die Geschäftsführung nicht das Unternehmen optimal zu lenken, leistet die Übernahme den erforderlichen Austausch der Führungsebene.[99] Insofern tragen Übernahmen dazu bei, verkrustete Unternehmensorganisationen aufzubrechen, den volkswirtschaftlichen Strukturwandel voranzutreiben und die vorhandenen Mittel einer wirksamen Nutzung zuzuführen.[100]

Hohe Dividenden und Aktienkurse indizieren, dass eine Aktiengesellschaft effizient geleitet wird. Jedoch könnte das Management unter dem Zwang, sich nach außen positiv darzustellen, zu einer kurzfristigen Unternehmenspolitik greifen[101] oder sich in seiner operativen Handlungsfähigkeit eingeschränkt sehen, weil Entscheidungen unter dem Blickwinkel einer möglichen Übernahme getroffen werden müssen.[102] Derartige Leitung könnte auf lange Sicht der Gesellschaft eher schaden als nützen.[103] Gegen die Zweckmäßigkeit von Übernahmeangeboten sprechen diese Einwände aber nicht.[104] Denn eine Unternehmensführung, hinter der sich Eigeninteressen des Managements verbergen, kann nicht das zum Bestehen im Wettbewerb nötige Innovationsmanagement[105] bieten. Dadurch fällt das Unternehmen hinter seine Konkurrenten zurück und gibt letztlich doch ein Ziel für Übernahmen ab. Unternehmensübernahmen können folglich zwar Niederschlag von eigennützigem

97 Dazu kurz: *Hopt*, ZHR 161 (1997), 368 (371); *Mertens*, AG 1990, 252 (252).

98 Vgl. oben unter „Wertzuwachs durch Effizienzgewinne", Seite 28 ff.

99 *Herkenroth*, Konzernierungsprozesse, S. 299; *Krause*, Übernahmeangebot, S. 94; *Reul*, Gleichbehandlung, S. 128.

100 *Adams*, AG 1990, 243 (244); *Hopt*, ZHR 161 (1997), 368 (371); *Mertens*, AG 1990, 252 (252).

101 *Bästlein*, öffentliche Übernahmeangebote, S. 248 f.; *Meier-Schatz*, ZHR 149 (1985), 76 (102); allg. zur interessengeleiteten Unternehmenspolitik s. *v. Werder*, ZGR 1998, 69 (74 ff.).

102 *Adams*, AG 1990, 243 (245); *Mertens*, AG 1990, 252 (252).

103 Vgl. auch *Adams*, AG 1990, 63 (73 f.); *Meier-Schatz*, ZHR 149 (1985), 76 (102); *Mertens*, AG 1990, 252 (253).

104 So auch *Adams*, AG 1990, 243 (245); *Mertens*, AG 1990, 252 (253).

105 Innovationsmanagement bezeichnet die unabdingbare Notwendigkeit, besonders auf hochentwickelten Märkten dem Wettbewerb mit fortwährender Neuerung zu begegnen, *Macharzina*, Unternehmensführung, S. 590.

Vorgehen – wie im Besonderen das Empire-Building – sein;[106] sie dienen aber auch der Eindämmung solchen Handelns.[107] Wo dieser Kontrollprozess versagt, beziehungsweise die Übernahme aus anderen Gründen als dem Austausch des Managements erfolgt,[108] können Übernahmeangebote volkswirtschaftlich unerwünscht sein.

II. Risiko für Aktionäre

Zunächst gibt das öffentliche Übernahmeangebot den Aktionären der Zielgesellschaft die Möglichkeit, ihre Aktien an den Bieter zu verkaufen und dadurch an der Kontrollprämie zu partizipieren, was ihnen bei anderen Akquisitionsmethoden zumindest in diesem Umfang nicht vergönnt ist.[109] Hinsichtlich der Auswirkungen für die verbliebenen oder noch vor der Verkaufsentscheidung stehenden Aktionäre der Zielgesellschaft und auch für die Anteilseigner der übernehmenden Gesellschaft ergeben die Betrachtung der Motive von Übernahmen, ihrer Konsequenzen und ihr technischer Vollzug ein uneinheitliches Bild. Setzt die Akquisition Synergieeffekte zum Wohle beider Gesellschaften frei, können deren Wertpapierinhaber von steigenden Börsenkursen und hohen Dividenden profitieren.[110] Erfolgt die Übernahme hingegen hauptsächlich im Interesse des akquirierenden Unternehmens, sinkt der Wert der Beteiligungen an der Zielgesellschaft, während im Falle eines Wohlstandstransfers zum Akquisiteur dessen Anteilswerte steigen.[111] Geht die Übernahme im Wesentlichen auf den Eigennutz des Managements zurück, stellt sich die

---

106 Vgl. oben unter „Übernahme auf Kosten der Zielgesellschaft“, Seite 30 f.

107 Nach dem Prinzipal-Agent-Ansatz ist eigennützig handelndes Management bei der Trennung von Leitung und Eigentum zu beobachten, dazu: *Macharzina*, Unternehmensführung, S. 55 ff. Die Verluste durch das suboptimale Management (sog. Agency Costs) werden durch Überwachungsinstrumente minimiert, zu denen auch Kontrollübernahmen zählen, vgl. *Herkenroth*, Konzernierungsprozesse, S. 314. Opportunistisches Management wird also nicht durch die Möglichkeit von Übernahmen hervorgerufen, sondern ist ein allgemeines Problem; s. auch *Adams*, AG 1990, 243 (244); *Assmann/Bozenhardt in: Assmann/Basaldua/Bozenhardt/Peltzer*, Übernahmeangebote, S. 1 (43); *Meier-Schatz*, ZHR 149 (1985), 76 (91 ff.); *Michalski*, AG 1997, 152 (152); *Krause*, WM 1996, 845 (846).

108 zur Kritik an der Kontrollfunktion vgl.: *Herkenroth*, Konzernierungsprozesse, S. 318 ff.; *Krause*, Übernahmeangebot, S. 94 ff.; *ders.*, WM 1996, 845 (846 f.); *Lenel* in: *Gröner*, Markt f. Unternehmenskontrollen, S. 9 (16); *Meier-Schatz*, ZHR 149 (1985), 76 (95 ff.); *Reul*, Gleichbehandlung, S. 132 f. und 154 ff., jeweils m.w.N.

109 *Otto*, AG 1994, 167 (167). Vgl. soeben unter „Formen des Erwerbs“, Seite 32 ff.

110 S.o. Seite 28 ff.; *Herkenroth*, Konzernierungsprozesse, S. 299; *Krause*, Übernahmeangebot, S. 95.

111 *Krause*, Übernahmeangebot, S. 106 f.; *Macharzina*, Unternehmensführung, S. 570; *Reul*, Gleichbehandlung, S. 200 ff.

Akquisition für Anteilseigner beider Seiten als unrentabel dar.[112] Dementsprechend gehen mit öffentlichen Übernahmeangeboten zwar häufig Kursgewinne für die Zielgesellschaft einher, aber eben nicht immer.[113]

1. Informationsdefizit

Bergen manche Übernahmen Chancen für die Aktionäre, bringen andere Akquisitionen Risiken mit sich. Die Einschätzung der Situation ist für die Anteilsinhaber überaus bedeutsam. Jedoch ist schon die gewöhnliche Beurteilung des Entwicklungspotentials eines Unternehmens und die damit einhergehende Prognose der Kursentwicklung heikel. Im Rahmen einer Übernahme stehen den Aktionären für die Bewertung der zukünftigen Kursentwicklung ihres Unternehmens im Wesentlichen die Informationen zur Verfügung, die sie von der Leitung der Zielgesellschaft und vom Bieter erhalten. Dabei aber verfolgen unter Umständen beide Seiten diametrale Interessen, wodurch die Gefahr besteht, dass die Angaben einseitig oder nicht neutral sind.[114]

Einen hohen Informationswert hat der bisherige Börsenkurs des betroffenen Wertpapiers, weil er sich aus der Verarbeitung aller am Markt zur Verfügung stehenden Informationen ergibt.[115] Eine optimale Kursbewertung vorausgesetzt, böte sich den Wertpapierinhabern der Zielgesellschaft ein Vergleichsmaßstab zum Angebotspreis. Derweil muss das Idealbild des vollkommen effizienten Kapitalmarkts angezweifelt werden, denn die Informationsbeschaffung sowie Verarbeitung ist zeit- und kostenintensiv. Es sind nicht alle Informationen gleichzeitig und für die Allgemeinheit verfügbar und ferner werden in die Bewertungen oft spekulative Erwartungen hinein projiziert.[116] Der Börsenkurs allein ist daher zur Bewertung des Angebots nur bedingt geeig-

---

112 Vgl. *Herkenroth*, Konzernierungsprozesse, S. 331; *Krause*, Übernahmeangebot, S. 103 f.

113 *Munscheck*, RIW 1995, 998 (998); zur Empirie s. *Herkenroth*, Konzernierungsprozesse, S. 339 in Fn. 186; *Bästlein*, öffentliche Übernahmeangebote, S. 63 ff. Nach Untersuchungen von Unternehmensberatungen scheitern über 50 % aller Übernahmen bei der Erzeugung von Synergien, Financial Times Deutschland v. 6.11.2000, Beil. Mastering, Teil 7, S. 10 ff.

114 *Behrens*, ZGR 1975, 433 (455); *Berger*, ZIP 1991, 1644 (1647); *Hauschka/Roth*, AG 1988, 181 (186).

115 So zumindest nach der Theorie des effizienten Kapitalmarkts, dazu *Herkenroth*, Konzernierungsprozesse, S. 323 ff.; *Reul*, Gleichbehandlung, S. 138 ff., *Steinhauer*, AG 1999, 299 (304 f.).

116 Vgl. zur Kritik: *Assmann/Bozenhardt* in: *Assmann/Basaldua/Bozenhardt/Peltzer*, Übernahmeangebote, S. 1 (46); *Bästlein*, öffentliche Übernahmeangebote, S. 55 ff.; *Berger*, ZIP 1991, 1644 (1647); *Herkenroth*, Konzernierungsprozesse, S. 325 f.; *Meier-Schatz*, ZHR 149 (1985), 76 (99 f.); *Reul*, Gleichbehandlung, S. 140; *Steinhauer*, AG 1999, 299 (305).

net,[117] auch wenn er nach der Rechtsprechung des BVerfG zumindest die Untergrenze des Anteilswerts repräsentiert.[118] Entsprechend schwierig gestaltet sich für die Wertpapierinhaber die Auswertung der Informationen, so dass es kaum möglich sein wird, die tatsächlichen Motive des Bieters und deren Umsetzbarkeit zu überprüfen. Abgesehen von dem Fall, dass das Management der Zielgesellschaft in seiner Stellungnahme die Übernahme selbst befürwortet,[119] werden sich die Aktionäre weder über den einseitig vom Bieter vorgegebenen Preis und die Bedingungen des Angebots, noch über die Zukunftsaussichten ein eindeutiges Bild machen können.[120]

2. Entscheidungsdilemma

Der Nutzen, den die Wertpapierinhaber der Zielgesellschaft aus der Übernahme ziehen können, richtet sich maßgeblich nach der gewählten Transaktionsform. Wird der Kontrollerwerb durch Aktienkäufe über die Börse oder durch Paketwechsel realisiert, bleibt für die verbliebenen Aktionäre nur die Hoffnung auf den Wertzuwachs ihrer Beteiligungen, weil sie am Paketzuschlag nicht teilnehmen.[121] Gibt der Bieter indes ein Übernahmeangebot ab, haben die Aktionäre die Chance, ihre Beteiligung inklusive der Kontrollprämie rentabel zu veräußern oder auf zukünftige Kursgewinne zu spekulieren.[122] Kehrseite ist allerdings, dass die Aktionäre in eine für sie kritische Entscheidungssituation manövriert werden: Sie müssen nicht nur darüber befinden, ob das Halten der Aktien eine Gewinnmöglichkeit oder ein Risiko für ihre Anlage darstellt, sondern auch, ob das Übernahmeangebot erfolgreich sein wird.[123]
Das Problem der defizitären Informationslage wird in dieser Situation besonders brisant. Jeder Aktionär muss zunächst für sich entscheiden, wie sich der Wert seines Anteils entwickeln wird, wenn der Bieter die Kontrollmehrheit

---

117 *Berger*, ZIP 1991, 1644 (1647).

118 BVerfG, Beschl. v. 27.4.1999 (DAT/Atlanta) = WM 1999, 1666; auf diese Rechtsprechung wird unten ab Seite 86 ausführlich eingegangen.

119 Etwa weil durch Synergien eine Steigerung der Effizienz erwartet wird, die die Gesellschaft nur im Verbund erreichen kann, vgl. *Macharzina*, Unternehmensführung, S. 405 f. Eine solche Stellungnahme garantiert allerdings keineswegs die Objektivität, vgl. *Herkenroth*, Konzernierungsprozesse, S. 90 in Fn. 208.

120 *Behrens*, ZGR 1975, 433 (457); *Berger*, ZIP 1991, 1644 (1646 f.); *Beß*, AG 1976, 169 (169); *Herkenroth*, Konzernierungsprozesse, S. 89; *Immenga*, SAG 1975, 89 (91 ff.); *Otto*, DB Beil. 12, 1988, S. 4.

121 Vgl. oben Seite 34.

122 Vgl. oben Seite 35.

123 Detailliert zu diesem Entscheidungsproblem unter den spieltheoretischen Gesichtspunkten der ökonomischen Entscheidungslehre: *Krause*, Übernahmeangebot, S. 108 ff.; vgl. auch *Herkenroth*, Konzernierungsprozesse, S. 336.

erreicht beziehungsweise wenn die Gesellschaft unabhängig bleibt.[124] Die Entscheidung über die Unabhängigkeit hängt aber nicht von ihm, sondern vom Verhalten der Mehrheit der Anteilsinhaber ab. Da jedoch die Aktionäre ihr Verhalten nicht koordinieren und sich nicht auf eine kollektive Zustimmung oder Ablehnung verständigen können, muss der einzelne Aktionär versuchen, das Verhalten der Mehrheit zu antizipieren.[125] Es beherrschen also zwei Unsicherheitsfaktoren das Entscheidungsszenario.
Solange die Erwartungen dahin gehen, dass der Aktienkurs unter den Angebotspreis sinkt, wenn der Bieter durch das Angebot die Mehrheit nicht erreicht und die Gesellschaft unabhängig bleibt, ist der Verkauf an den Bieter die rationale Entscheidung.[126] Zwar legt der Umkehrschluss nahe, dass bei einem Erfolg des Angebots der Kurs steigt und damit das Halten der Anteile für den Einzelnen die optimale Strategie wäre. Handelten aber alle Wertpapierinhaber gemäß dieses Rückschlusses, nähmen nicht genügend Aktionäre das Angebot an, womit die Übernahme nicht zustande käme. Dann träfe die Aktionäre das schlechteste aller möglichen Ergebnisse.[127] Infolgedessen stellen sich die Aktionäre am besten, wenn sie das Angebot des Bieters annehmen.[128]
Liegen die Kurserwartungen für die Zielgesellschaft im Fall des Verbleibs in der Unabhängigkeit jedoch über dem Preis des Angebots, wäre es für alle Aktionäre geboten, die Aktien zu halten.[129] Dann würde das Übernahmeangebot scheitern und den Aktionären kämen die Kursgewinne zugute. Da den Aktionären aber die Möglichkeit fehlt, ihre Entscheidungen zu koordinieren, beinhaltet ihr Entschluss „Halten" auch das Risiko, sich später in der Position des Minderheitsaktionärs wiederzufinden und damit Kursverluste hinnehmen zu müssen.[130] Dass sich ein einzelner Aktionär lediglich im Vertrauen auf die Vernunft der anderen in ein persönliches Risiko begibt, kann nicht erwartet werden.[131] Alle risikoscheuen Aktionäre wählen daher auch in diesen Fall die

124 Vgl. dazu auch *Krause*, Übernahmeangebot, S. 108.
125 Mit einer Koordination wären hohe Transaktionskosten verbunden, *Assmann/Bozenhardt* in: *Assmann/Basaldua/Bozenhardt/Peltzer*, Übernahmeangebote, S. 1 (11); *Krause*, Übernahmeangebot, S. 108.
126 *Krause*, Übernahmeangebot, S. 109.
127 Vgl. *Herkenroth*, Konzernierungsprozesse, S. 337.
128 Dies ist nach der Entscheidungslehre ein Fall absoluter Dominanz, *Krause*, Übernahmeangebot, S. 109.
129 Vgl. *Herkenroth*, Konzernierungsprozesse, S. 339.
130 *Assmann/Bozenhardt* in: *Assmann/Basaldua/Bozenhardt/Peltzer*, Übernahmeangebote, S. 1 (11); *Herkenroth*, Konzernierungsprozesse, S. 340.
131 A.A. *Hahn*, ZBB 1990, 10 (15 f.), der davon ausgeht, dass sich im Zuge eines Übernahmeangebots der Aktienbesitz vom Kleinanleger zu institutionellen Anlegern verschiebt,

Option „Verkaufen".[132] Bei einem Fehlschlag des Angebots bleiben ihre Positionen unverändert und andernfalls vermeiden sie mögliche Beeinträchtigungen.[133] Jedoch erreichen die Aktionäre nicht das optimale Ergebnis.[134]

3. Entscheidungsdruck durch Angebotsbeschränkungen

Das Entscheidungsdilemma, zu dem die unzureichenden Möglichkeiten der Information und die fehlende Abstimmung unter den Aktionären führt, kann vom Bieter im Sinne einer „billigeren" Übernahme ausgenutzt werden.[135] Dazu verstärkt er den Druck auf die Aktionäre, das Angebot anzunehmen. Zum ersten befristet der Bieter das Angebot. Dies ist unter technischen Gesichtspunkten nicht zu missbilligen, denn die Aktionäre brauchen ohnehin Zeit, um vom Angebot Kenntnis zu erhalten sowie ihre Entscheidung zu treffen[136] und auch dem Bieter ist zuzugestehen, dass er ein legitimes Interesse am Abschluss des Verfahrens hat. Je kürzer diese Frist jedoch bemessen ist, desto stärker wächst der Entscheidungsdruck und umso schwieriger wird die Beschaffung und Auswertung der Entscheidungskriterien. Dies gilt insbesondere dann, wenn der Bieter das Angebot jederzeit für geschlossen erklären kann und danach keine weiteren Annahmeerklärungen zu akzeptieren braucht.[137]
Zum Zweiten lässt sich der Entschluss durch weitere Beschränkungen des Angebots forcieren. Hierbei kommt vor allem die Limitierung des Angebots auf einen Teil der im Streubesitz befindlichen Aktien in Frage; der Bieter verpflichtet sich also nicht zur Übernahme aller ihm angedienten Wertpapiere.[138] Zu unterscheiden ist in diesem Zusammenhang noch zwischen dem Verfahren, das vorgesehen ist, wenn dieses Teilangebot überzeichnet wird. Der Bieter kann die verkaufswilligen Aktionäre im Verhältnis zu der von

---

die professioneller agieren; dagegen *Herkenroth*, Konzernierungsprozesse, S. 339 f.; *Krause*, Übernahmeangebot, S. 113 ff.

132 *Assmann/Bozenhardt* in: *Assmann/Basaldua/Bozenhardt/Peltzer*, Übernahmeangebote, S. 1 (11 f.); *Herkenroth*, Konzernierungsprozesse, S. 341. *Krause*, Übernahmeangebot, S. 111.

133 *Herkenroth*, Konzernierungsprozesse, S. 341.

134 In der Entscheidungslehre firmiert diese Konstellation als „Gefangenendilemma", das die Neigung der Beteiligten erklärt, aus einer ungünstigen Situation für sich den bestmöglichen Gewinn zu realisieren, aber dadurch den für sie optimalen Ausgang zu verfehlen (sog. Strategie des „maximise the minimum return"); dazu *Krause*, Übernahmeangebot, S. 110 und mit anderer Akzentuierung *Hahn*, ZBB 1990, 10 (14 ff.).

135 *Krause*, Übernahmeangebot, S. 107 f.

136 *Assmann/Bozenhardt* in: *Assmann/Basaldua/Bozenhardt/Peltzer*, Übernahmeangebote, S. 1 (86).

137 *Krause*, Übernahmeangebot, S. 108.

138 *Pietzke*, FS Fikentscher, 1998, 601 (603).

ihnen angebotenen Wertpapiermenge zu gleichen Anteilen abfinden (Erfüllung pro rata) oder er kann den zeitlichen Eingang der Annahmeerklärung zum relevanten Faktor bestimmen, also nach dem Prioritätsprinzip vorgehen.[139] Die prorataische Erfüllung bietet allen Wertpapierinhabern die Chance, zumindest einen relativ gleichen Teil ihrer Aktien zu veräußern[140] und verhindert dadurch Konkurrenz zwischen den Aktionären. Das Prioritätsprinzip hingegen ist geeignet, die Aktionäre zu animieren, von sachfremden Erwägungen getragene Panikverkäufe zu tätigen.[141]

Die gleiche Zielsetzung verfolgen gestaffelte Angebote. Als solche „Front-end Loaded Offers" beziehungsweise „Two Tier Offers" bezeichnet man Übernahmeangebote, die in der Form aufgeteilt werden, dass zunächst ein Angebot auf die Übernahme der einfachen Mehrheit abgegeben und gleichzeitig angekündigt wird, dass ein weiteres Angebot zu einem erheblich niedrigeren Preis auf die restlichen Aktien erfolgen wird.[142] Alle Verfahrensarten haben gemeinsam, dass sie den Entscheidungsdruck, der auf den Aktionären der Zielgesellschaft lastet, deutlich erhöhen und diese zur schnellen Annahme des Angebots verleiten,[143] zumal das bestehende Entscheidungsdilemma ohnehin schon die Annahme des Angebots präjudiziert.[144] Der Bieter kann diese Situation dazu ausnutzen, den Kontrollwechsel zu einem Preis durchzuführen, der unterhalb der Summe aus Eigentums- und Kontrollanteil liegt. Seinen Gewinn durch die Übernahme zieht er also aus den Aktionären, die die Gesellschaft verlassen, weil diese zu einem zu niedrigen Preis verkaufen.[145]

---

139 *Krause*, Übernahmeangebot, S. 108; *Pietzke*, FS Fikentscher, 1998, 601 (603).

140 *Mertens*, AG 1990, 252 (257).

141 *Assmann/Bozenhardt* in: *Assmann/Basaldua/Bozenhardt/Peltzer*, Übernahmeangebote, S. 1 (89), beschreibt dies als ein „ ‚Windhundrennen' nach dem Muster limitierter Sonderangebote".

142 Beispiel: Eine Gesellschaft hat 10 Aktien, die jeweils 40 DM wert sind. Der Bieter gibt ein Übernahmeangebot auf 5 Aktien zum Preis von 50 DM ab und kündigt gleichzeitig an, er werde für die restlichen 5 Aktien nach der Kontrollübernahme nur 20 DM bezahlen. Er versucht also, eine Gesellschaft die 400 DM wert ist für 350 DM zu erwerben. Unter Berücksichtigung der besonderen Entscheidungssituation ist von dem Gelingen des Angebots auszugehen, vgl. *Herkenroth*, Konzernierungsprozesse, S. 339 in Fn. 186. S. auch *Assmann/Bozenhardt* in: *Assmann/ Basaldua/Bozenhardt/Peltzer*, Übernahmeangebote, S. 1 (91); *Hahn*, ZBB 1990, 10 (17 f.); *Pietzke*, FS Fikentscher, 1998, S. 601 (603).

143 S. *Krause*, WM 1996, 845 (846 f.) zu den Konsequenzen im US-amerikanischen und englischen Recht.

144 Vgl. zur Verkaufstendenz oben unter „Entscheidungsdilemma", Seite 40.

145 In dem Wohlstandstransfer zu Lasten der ausscheidenden Aktionäre kann daher ein eigenes Motiv für Übernahmeangebote gesehen werden, vgl. *Krause*, Übernahmeangebot, S. 107 ff.; *Herkenroth*, Konzernierungsprozesse, S. 339 f.

C. Resümee der ökonomischen Hintergründe

Die vorangegangene Bestandsaufnahme lässt erkennen, dass eine Stellungnahme per Saldo der facettenreichen Thematik der öffentlichen Übernahmeangebote nicht gerecht wird und daher die Regelungsbedürftigkeit dieses Sachverhalts differenziert zu betrachten ist.[146] Vielmehr hat die – vom bestehenden rechtlichen Rahmen weitgehend unabhängige – Darstellung der ökonomischen Beurteilung des Phänomens der öffentlichen Übernahmeangebote dessen Dualität deutlich gemacht. Schaden und Nutzen liegen nicht nur beieinander, sondern wandeln sich auch mit der Veränderung des Blickwinkels. Strebt beispielsweise ein Bieter die Zerschlagung der Zielgesellschaft an, bedeutet das gegebenenfalls das Ende für dieses Unternehmen, aber einen Gewinn für ihn, für seine Aktionäre sowie für die ehemaligen Aktionäre der Zielgesellschaft, wenn sie von dem Übernahmeangebot profitieren konnten. Abhängig vom Blickwinkel und Interessenschwerpunkt variieren die Forderungen, die an eine Regelung gestellt werden. Erachtete man den Markt für Unternehmenskontrolle als ein geschlossenes Konzept im Sinne der Disziplinierungshypothese,[147] müsste ein regulatorischer Minimalismus vorherrschen, damit der Markt mit maximaler Effizienz arbeiten kann.[148] Es zeigt sich jedoch, dass Übernahmeangebote durchaus sowohl individuelle als auch volkswirtschaftliche Belange beeinträchtigen können und daher prohibitive Einschränkungen geboten sind.[149] Derartige Regulationen bewegen sich naturgemäß in einem Spannungsfeld der Interessen:

Öffentliche Übernahmeangebote tangieren zum Ersten die individuellen Interessen von Bieter, Wertpapierinhabern der Zielgesellschaft und deren Mana-

---

146 So im Ergebnis auch: *Assmann/Bozenhardt* in: *Assmann/Basaldua/Bozenhardt/ Peltzer*, Übernahmeangebote, S. 1 (42 ff.); *Heermann*, WM 1997, 1689 (1690); *Hopt*, ZHR 161 (1997), 368 (371); *Krause*, Übernahmeangebot, S. 118; *Lenel* in: *Gröner*, Markt f. Unternehmenskontrollen, S. 20 f.; *Meier-Schatz*, ZHR 149 (1985), 76 (103); *Mertens*, AG 1990, 252 (253); *Reul*, Gleichbehandlung, S. 206.

147 Zur Disziplinierungshypothese s. Seite 28.

148 Die ursprüngliche These des Marktes für Unternehmenskontrolle propagiert daher die unbehinderte Tätigkeit des Bieters, was für die Zielgesellschaft ein Verbot der Übernahmeabwehr nach sich zieht, *Manne*, 73 J.Pol.Econ. 110 (112 ff.) (1965) und *Easterbrook/Fishel*, 94 Harv. L. Rev. 1161, (1194 ff.) (1981); vgl. *Assmann/Bozenhardt* in: *Assmann/Basaldua/Bozenhardt/Peltzer*, Übernahmeangebote, S. 1 (43 f.); *Reul*, Gleichbehandlung, S. 130 f.

149 *Assmann/Bozenhardt* in: *Assmann/Basaldua/Bozenhardt/ Peltzer*, Übernahmeangebote, S. 1 (47 ff.); *Krause*, Übernahmeangebot, S. 119 ff.; *Meier-Schatz*, ZHR 149 (1985), 76 (105 ff.); *Reul*, Gleichbehandlung, S. 237 ff.; vermittelnd: *Mertens*, AG 1990, 252 (253 ff.).

gement.[150] Während der Bieter nach einer schnellen Übernahme der Kontrolle trachtet, wird die Leitung der Zielgesellschaft bestrebt sein, genau dies zu verhindern. Die Aktionäre befürchten, dass dieser Konflikt auf ihrem Rücken ausgetragen wird und sehen ihre Vermögensinteressen gefährdet.[151] Zentrale Bedeutung gewinnen dabei die Fragen, welche Interessen legitim gefördert werden können, wem die Vorteile der Übernahme gebühren und ob sich für diese Vorteile ein Verteilungsmaßstab ergibt.[152] Für die Beantwortung ist neben der Motivation und Vorgehensweise des Bieters auch die Position der Minderheitsaktionäre im Verhältnis zum Mehrheitsaktionär zu beachten.
Zweitens kommt öffentlichen Übernahmeangeboten ein rein funktionaler Charakter als Akquisitionstechnik am Kapitalmarkt zu. Dem müsste eine Regelung in der Weise Rechnung tragen, dass sie eine faire, wettbewerbsgerechte Betätigung sicherstellt und Marktmanipulationen – beispielsweise durch irreführende Informationen – vermeidet.[153] Fügt sich das Verfahren in schon bestehende Systeme und Usancen ein, in dem es etwa auf gegebene Handels- oder Publizitätsvorschriften zurückgreift, verringern sich auch die Transaktionskosten. Ein kostengünstiges und wettbewerbstaugliches Verfahren erhöht nicht zuletzt die Attraktivität des Finanzmarkts.
Schließlich weisen öffentliche Übernahmeangebote auch unternehmensbezogene und volkswirtschaftliche Komponenten auf. Vorrangig geht es dabei um die Vermeidung von Übernahmen mit gesamtwirtschaftlich negativem oder auch nur neutralem[154] Ausgang. Hingegen sind Übernahmen zu fördern, die einen Effizienz- oder Produktivitätsgewinn abwerfen.[155] Ferner berühren Übernahmen das öffentliche Interesse an der Kontrolle über die eigene Wirtschaftsstruktur, über sensible Güter wie Know-how oder volkswirtschaftlich bedeutsame Funktionsträger wie etwa die Banken.[156] Auch die Interessen nicht direkt beteiligter Gruppen, wie Arbeitnehmer, Kunden, Lieferanten, Wettbe-

---

150 *Schuster/Zschocke*, Übernahmerecht, S. 27.

151 *Assmann/Bozenhardt* in: *Assmann/Basaldua/Bozenhardt/Peltzer*, Übernahmeangebote, S. 1 (14 ff.); *Schuster/Zschocke*, Übernahmerecht, S. 27 f.

152 Vgl. *Herkenroth*, Konzernierungsprozesse, S. 298, der diese Frage aus ökonomischer Sicht zu lösen versucht.

153 *Meier-Schatz*, ZHR 149 (1985), 76 (82).

154 Gesamtwirtschaftlich neutrale Akquisitionen stellen nur eine Umverteilung existierenden Wohlstands dar, bei dem zumindest Transaktionskosten anfallen, die eine ineffiziente Nutzung von Ressourcen darstellen. Zu den volkswirtschaftlichen Auswirkungen vgl. *Bästlein*, öffentliche Übernahmeangebote, S. 241 ff.

155 *Assmann/Bozenhardt* in: *Assmann/Basaldua/Bozenhardt/Peltzer*, Übernahmeangebote, S. 1 (48); *Krause*, Übernahmeangebot, S. 119.

156 *G. Schuster*, Internationale Anwendung des Börsenrechts, S. 197.

werber, Kommunen etc. sind betroffen.[157] Eine Beachtung ihrer Interessen im Rahmen einer Regelung für öffentliche Übernahmeangebote bemisst sich, soweit sie nicht schon anderweitig getroffen worden ist, an den Grenzen der Zweckmäßigkeit.
Die unterschiedlichen Belange, die im Fahrwasser von öffentlichen Übernahmeangeboten Beachtung verlangen, verhalten sich jedoch nicht immer antagonistisch.[158] Beispielsweise steigert die Funktionalität des Finanzmarkts nicht nur dessen Attraktivität, sondern sie ist auch für die Unternehmensfinanzierung (und damit für die Volkswirtschaft) sowie für den Anlegerschutz bedeutsam. Umgekehrt verhindert der Schutz individueller Interessen Fehlallokationen von Anlagekapital und dient damit dem Funktionieren des Marktes.[159] Teilweise stellen die verschiedenen Belange also nur unterschiedliche Ausprägungen an sich kongruenter Grundzüge dar.

---

157 *Assmann/Bozenhardt* in: *Assmann/Basaldua/Bozenhardt/Peltzer*, Übernahmeangebote, S. 1 (16 f.); *Meier-Schatz*, ZHR 149 (1985), 76 (82); *G. Schuster*, Internationale Anwendung des Börsenrechts, S. 197.

158 Vgl. *Meier-Schatz*, ZHR 149 (1985), 76 (81).

159 *Assmann/Bozenhardt* in: *Assmann/Basaldua/Bozenhardt/Peltzer*, Übernahmeangebote, S. 1 (14).

2. Kapitel: Grundlagen wesentlicher Regelungselemente

Die Ambivalenz der ökonomischen Auswirkungen von öffentlichen Übernahmeangeboten, die bei der Betrachtung ihrer Hintergründe zutage tritt, zeigt, dass öffentliche Übernahmeangebote nicht schlichtweg unerwünscht sein müssen. Vielmehr kann der Kontrollwechsel in der Folge einer Übernahme effizienzsteigernde Wirkung auf die Zielgesellschaft ausüben. Die Förderung solcher Übernahmen verlangt aber eine Regelung, die die Effekte eines öffentlichen Übernahmeangebots steuert und gleichzeitig mit den Interessen synchronisiert, die das Angebot berührt. Im Zentrum dieser Regelung stehen die beteiligten Parteien, deren Belange zu beachten sind. Insbesondere stellt sich die Frage nach dem Schutz der Wertpapierinhaber der Zielgesellschaft, den Pflichten des Bieters und der Zielgesellschaft beziehungsweise ihres Managements. Dabei gilt es, bestehende Ansätze innerhalb des deutschen Gesellschafts- und Kapitalmarktrechts aufzugreifen und für eine Regelung nutzbar zu machen. Im Folgenden sollen daher grundlegende Elemente für eine in sich geschlossene Regelung dargelegt werden. Diesen vorangestellt wird jeweils überprüft, welche bestehenden Grundzüge der deutschen Rechtsordnung mit den wesentlichen Bausteinen eines Rechts für öffentliche Übernahmeangebote korrespondieren und welche Rechtssätze auf den Sachverhalt Anwendung finden könnten.

A. Gebot der Gleichbehandlung

I. Geltende Rechtslage

Abgesehen von den Regeln des Übernahmegesetzes unterliegt das Angebot an die Wertpapierinhaber der Zielgesellschaft zunächst den allgemeinen Vorschriften des BGB über Rechtsgeschäfte.[160] Allerdings ist zu bezweifeln, dass der Schutz, den die Aktionäre durch diese Vorschriften genießen, den Besonderheiten eines Übernahmeangebots gerecht wird. Kennzeichnend für eine Übernahmeofferte ist nämlich, dass das Angebot öffentlich an alle Aktionäre gerichtet wird.[161] Der Bieter will gerade nicht mit einem speziellen Indivi-

---

[160] Solche Offerten sind als bindendes Angebot gem. § 145 BGB oder als invitatio ad offerendum zu qualifizieren, je nach der vom objektiven Empfängerhorizont zu beurteilenden Ausgestaltung des Angebotstextes; vgl. *Assmann/Bozenhardt* in: *Assmann/Basaldua/Bozenhardt/Peltzer*, Übernahmeangebote, S. 1 (83); Palandt-*Heinrichs*, BGB, § 145 Rn. 2.

[161] Die öffentliche Unterbreitung des Angebots an alle Aktionäre ist der Grundgedanke dieser Akquisitionsform im Gegensatz zum sukzessiven Anteilserwerb und zur Paketübernahme, vgl. oben unter „Formen des Erwerbs", Seite 32 ff.

duum verhandeln, sondern er möchte eine unter Umständen sehr große Gruppe von Personen ansprechen. Anders als bei Individualverträgen setzt der Bieter dabei die Vertragsbedingungen einseitig, wodurch die Gefahr besteht, dass die Interessen der Gegenseite nicht ausreichend Berücksichtigung finden.[162] Zwar eröffnet die einseitige Stellung der Angebotsbedingungen einen Anwendungsspielraum für das Recht der allgemeinen Geschäftsbedingungen,[163] im Rahmen dessen bleibt jedoch ein weiteres Spezifikum öffentlicher Übernahmeangebote, nämlich der Umstand, dass sich das Angebot gleichzeitig an alle Aktionäre richtet, mangels entsprechender Regelungen unberücksichtigt. Durch die Gleichzeitigkeit des Angebots wird die Homogenität des Adressatenkreises und ihre besondere Form der Verbundenheit betont. Sie alle gehören in ihrer Eigenschaft als Wertpapierinhaber der Zielgesellschaft zur einheitlichen Gruppe der Aktionäre dieses Unternehmens. Diese Gleichzeitigkeit des Angebots an eine homogene Gruppe unterscheidet das öffentliche Angebot grundlegend von der konventionellen Vertragssituation. Das deutsche Vertragsrecht bietet zwar durch die Regelung der AGB einen Schutz der Gegenseite bei einer Vielzahl gleichartiger Verträge, es gewährleistet jedoch nicht, dass die jeweiligen Vertragspartner im Verhältnis zu den anderen Kontrahenten auch homogen behandelt werden. Dies folgt bereits aus dem Grundsatz der Vertragsautonomie; einzelne Vertragskonditionen wirken nur inter partes. Ein Gebot zur gleichmäßigen Behandlung lässt sich aber – wie im Folgenden gezeigt wird – aus der Treuepflicht zwischen den Aktionären entwickeln.

II. Treuepflicht zwischen den Aktionären

Führt man sich die ökonomischen Auswirkungen ungleicher Offerten an die Aktionäre vor Augen,[164] stellt sich die Frage, ob diesen nicht eine einheitliche Behandlung zuteil werden sollte, die einen fairen Ablauf des Verfahrens ohne Willkür sicherstellt. Unter diese Problematik fällt nicht nur die gleich(schlecht)e Behandlung der Aktionäre, etwa durch gestaffelte Angebote und einen niedrigen Preis, sondern auch das Ausspielen der Aktionäre untereinander, indem Paketinhabern ein besserer Preis außerhalb des Angebots unterbreitet wird.

Eine allgemeine Pflicht zur Gleichbehandlung der Aktionäre und zum Schutz ihrer Mitgliedschaft vor willkürlich unterschiedlicher Behandlung steht im

---

[162] Z.B. kann der Bieter das Angebot durch Kontingentierung, Bedingung oder Staffelung einseitig zu seinen Gunsten beeinflussen, vgl. oben „Entscheidungsdruck durch Angebotsbeschränkungen", Seite 42 ff.

[163] Dazu *Assmann/Bozenhardt* in: *Assmann/Basaldua/Bozenhardt/Peltzer*, Übernahmeangebote, S. 1 (83 f.).

[164] S.o. Seite 40 ff.

Gesellschaftsrecht außer Frage und wird – weitgehend nur aus Gründen der Klarstellung[165] – in § 53a AktG normiert.[166] Diese Norm hat jedoch einen anderen Inhalt, als er für die Regelung eines öffentlichen Übernahmeangebots notwendig wäre.[167] § 53a AktG betrifft das Verhältnis der Gesellschaft zu ihren Aktionären[168] und schützt vor willkürlich ungleichen Eingriffen durch die Gesellschaftsorgane.[169] Nicht erfasst wird das Verhältnis der Aktionäre untereinander.[170] Ein Gleichbehandlungsgebot im Rahmen von Übernahmeangeboten richtet sich aber nicht an die Zielgesellschaft, sondern an den Bieter. Dies gilt unabhängig davon, in welchem Erwerbsstadium er sich befindet.[171] Das Gleichbehandlungsgebot bei Übernahmeangeboten betrifft also im Unterschied zu § 53a AktG die Beziehung der Aktionäre untereinander. Darüber hinaus muss für einen umfassenden Anwendungsbereich die Pflicht zur Gleichbehandlung im Rahmen des Übernahmeangebots noch einen Schritt weiter gehen und auch jene Bieter außerhalb der Gesellschaft einschließen, die noch keine Beteiligung erworben haben.[172] Daher lässt sich allein aus § 53a AktG kein Gebot der Gleichbehandlung bei Übernahmeangeboten folgern.[173] Wegen der Begrenztheit des Anwendungsbereichs von § 53a AktG wird als Flankenschutz für eine umfassende Gleichbehandlung die mitgliedschaftliche Treuepflicht herangezogen.[174] Gilt diese Treuepflicht[175] auch zwischen den

---

165 Auch vor der Einführung des § 53a AktG wurde von dem Bestehen des Gleichbehandlungsgebots ausgegangen, das ein wesentliches Prinzip des Grundsatzes der austeilenden Gerechtigkeit ist, Kölner Komm-*Lutter/Zöllner*, § 53a, Rn. 4.

166 *Hüffer*, AktG, § 53a, Rn. 4; Kölner Komm-*Lutter/Zöllner*, § 53a, Rn. 6, 8 ff.; *Henn*, Aktienrecht, Rn. 42.

167 *Grunewald*, WM 1989, 1233 (1234); *Hopt*, FS Rittner, 1991, S. 187 (198 f.).

168 *Hüffer*, AktG, § 53a, Rn. 1 f.; Kölner Komm-*Lutter/Zöllner*, § 53a, Rn. 17 und 25; *Henn*, Aktienrecht, Rn. 21; *K. Schmidt*, Gesellschaftsrecht, S. 806.

169 *Hüffer*, AktG, § 53a, Rn. 4; Kölner Komm-*Lutter/Zöllner*, § 53a, Rn. 12 f.; *Henn*, Aktienrecht, Rn. 42.

170 *Hüffer*, AktG, § 53a, Rn. 13; Kölner Komm-*Lutter/Zöllner*, § 53a, Rn. 18, 79.

171 *Hopt*, FS Rittner, 1991, S. 187 (199); *Peltzer* in: *Assmann/Basaldua/Bozenhardt/ Peltzer*, Übernahmeangebote, S. 179 (187).

172 *Assmann/Bozenhardt* in: *Assmann/Basaldua/Bozenhardt/Peltzer*, Übernahmeangebote, S. 1 (73); *Grunewald*, WM 1989, 1233 (1235); *Hopt*, FS Rittner, 1991, S. 187 (199); *Peltzer* in: *Assmann/Basaldua/Bozenhardt/Peltzer*, Übernahmeangebote, S. 179 (189); *Schwark*, FS Stimpel, 1985, S. 1087 (1109).

173 *Hopt*, FS Rittner, 1991, S. 187 (198 f.); *Reul*, Gleichbehandlung, S. 270 ff., hält immerhin eine extensive Auslegung der Gleichbehandlungspflicht aus § 53a AktG, die den Kontrollaktionär einschließt, für möglich.

174 Kölner Komm-*Lutter/Zöllner*, § 53a, Rn. 80. *Hüffer*, AktG, § 53a, Rn. 14, weist darauf hin, dass die Gleichbehandlung eigentlich keine Ergänzung der Treuepflicht, sondern einer ihrer Bestandteile ist.

Aktionären, unterliegen deren Interaktionen ebenfalls der Gleichbehandlungspflicht, zumindest solange die Ebene einer mitgliedschaftlichen Treubindung betroffen ist.[176]
Obwohl das RG bereits 1931 eine Pflicht der Mehrheit zur Rücksichtnahme auf die Aktionärsminderheit aufgezeigt hatte,[177] griff der BGH diesen Gedanken in der *Audi/NSU*-Entscheidung[178] nicht auf. Die *VW AG* bot den Aktionären der *Audi/NSU AG* eine Abfindung, die 40 % des damaligen Börsenkurses betrug, übernahm aber kurz darauf ein Aktienpaket zu einem Vielfachen dieses Preises. Der BGH erklärte die erfolgte Ungleichbehandlung der Aktionäre durch den Großaktionär *VW AG* für rechtmäßig, weil eine Treuepflicht schlicht „zwischen Aktionären im allgemeinen nicht besteht".[179] Kritisiert wurde, dass diese Entscheidung im Widerspruch zum zuvor ergangenen *ITT*-Urteil[180] stand: Hier hatte der BGH im Rahmen einer GmbH eine Treuepflicht zwischen den Gesellschaftern bejaht. Allein eine andere Rechtsform rechtfertige eine Differenzierung aber nicht.[181] Der Großaktionär könne außerdem Maßnahmen veranlassen, die den Kurs der Aktien und damit die Vermögensposition der Aktionäre beeinträchtigen. Eingriffsbefugnisse aber würden von der Rechtsordnung ansonsten nur unter schonender Beachtung der Interessen des Betroffenen gewährt.[182] Aufgrund dieser Einwände revidierte der BGH im *Linotype*-Urteil diese Rechtsprechung.[183] Er stellte fest, dass der Großaktionär

---

175 Das prinzipielle Bestehen einer umfassenden mitgliedschaftlichen Treuepflicht ist auch für die Aktiengesellschaft mittlerweile allgemein anerkannt, vgl. *Hüffer*, AktG, § 53a, Rn. 14; *Dreher*, ZHR 157 (1993), 150 (150 ff.); *Eisenhardt*, Gesellschaftsrecht, Rn. 647 f.; *Henn*, Aktienrecht, Rn. 23; *Hennrichs*, AcP 195 (1995), 221 (225 f.); *Kübler*, Gesellschaftsrecht, S. 179; *K. Schmidt*, Gesellschaftsrecht, S. 588 ff.

176 Kölner Komm-*Lutter/Zöllner*, Vorb. § 53a, Rn. 7.

177 RGZ 132, 149 (163) (Victoria). Hierbei ging es um den Mehrheitsbeschluss über die Ausgabe neuer Aktien unter Bezugsrechtsausschluss (sog. Schutzaktien). Das Gericht rügte, dass nicht das schonendste Mittel (die Schaffung damals zulässiger Mehrstimmrechtsaktien, die nicht das Kapital, sondern nur das Stimmrecht verwässern) gewählt wurde.

178 BGH, Urt. v. 16.2.1976 in WM 1976, 449 = AG 1976, 218 = JZ 1976, 561 mit ablehnender Anm. von *Lutter*; dazu auch *Westermann*, AG 1976, 309.

179 BGH, JZ 1976, 561 (562).

180 BGH, Urt. v. 5.6.1975 in BGHZ 65, 15 (18 ff.).

181 *Lutter*, JZ 1976, 562 (563); *K. Schmidt*, Gesellschaftsrecht, S. 593; *Schwark*, FS Stimpel, 1985, S. 1087 (1094); *Wiedemann*, FS Barz, 1974, S. 561 (569 f.).

182 *Lutter*, JZ 1976, 562 (563); vgl. insofern auch BVerfG, Urt. v. 7.8.1962 in BVerfGE 14, 263 (Feldmühle).

183 BGH, Urt. v. 1.2.1988 in BGHZ 103, 184 = WM 1988, 325. Der Mehrheitsaktionär (Linotype) hatte sich im Vorfeld des Hauptversammlungsbeschlusses zur Auflösung der

auf die Interessen der Aktionärsminderheit Rücksicht zu nehmen habe, wenn er von der bestehenden Möglichkeit Gebrauch mache, die Geschäftsführung zu beeinflussen und postulierte, dass eine gesellschaftsrechtliche Treuepflicht auch zwischen den Aktionären bestehe.[184] In konsequenter Fortsetzung dieser Rechtsprechung hat der BGH im *Girmes*-Urteil[185] diese Treuepflicht nicht auf den Mehrheitsaktionär beschränkt, sondern auch Minderheitsaktionäre dazu angehalten, ihre Mitgliedsrechte „unter angemessener Berücksichtigung der gesellschaftsbezogenen Interessen der anderen Aktionäre auszuüben".[186]
Vor dem Hintergrund der Anonymität insbesondere bei großen Publikumsaktiengesellschaften erscheint eine Treuepflicht inter partes nicht selbstverständlich, weil eine enge persönliche Beziehung zwischen den Mitgliedern bei Kapitalgesellschaften regelmäßig fehlt.[187] Dennoch oder auch gerade deswegen benötigt der einzelne Aktionär ein gewisses Maß an Vertrauen auf die übrigen Mitglieder, weil er wegen seiner lediglich kapitalistischen Beteiligung, die es nicht ermöglicht, über eine persönliche Bezugsebene Einfluss zu nehmen, dem Entscheid der Mehrheit quasi ausgeliefert ist.[188] Die Ausübung mitgliedschaftlicher Rechte durch andere berührt die Interessen des einzelnen Aktionärs, wie umgekehrt die Wahrnehmung der eigenen Befugnisse auf die Interessen der Übrigen einwirkt, so dass die Korrelation zwischen Rechts-

---

Gesellschaft mit dem Vorstand hinsichtlich der Übernahme wichtiger Betriebsteile abgesprochen, ohne davon die übrigen Aktionäre zu unterrichten.

184 BGH, WM 1988, 325 (329). Diese Entscheidung wurde von der Literatur ganz überwiegend begrüßt, vgl. *Dreher*, ZHR 157 (1993), 150 (152 m.w.N.).

185 BGH, Urt. v. 20.3.1995 in BGHZ 129, 136 = AG 1995, 368 = NJW 1995, 1739 mit Anm. *Altmeppen*; dazu auch *Henssler*, ZHR 157 (1993), 91; *ders.*, DZWir 1995, 430; kritisch: *Flume*, ZIP 1995, 161. In diesem Fall scheiterte der zur Sanierung der Girmes AG notwendige Hauptversammlungsbeschluss über eine nominelle Kapitalherabsetzung an einem Minderheitsaktionär, der durch Stimmrechtsvollmachten eine Sperrminorität hinter sich gebracht hatte. Die Sanierung misslang und alle Aktionäre verloren den Rest ihres Beteiligungswertes.

186 BGH, NJW 1995, 1739 (1741 f.) vgl. auch *Henssler*, DZWir 1995, 430 (431); *Hüffer*, AktG, § 53a, Rn. 16 f.; *Dreher*, ZHR 157 (1993), 150 (153 und 156 ff.); *Kübler*, Gesellschaftsrecht, S. 179; *Marsch-Barner*, ZHR 157 (1993), 172 (174). S. zu den Verhaltenspflichten bei Stimmrechtsausübung auch *Henssler*, ZHR 157 (1993), 91 (101 ff.).

187 *Dreher*, ZHR 157 (1993), 150 (151 f.); *Henn*, Aktienrecht, Rn. 23; *Marsch-Barner*, ZHR 157 (1993), 172 (173); *Westermann*, AG 1976, 309 (311).

188 Nach *Reul*, Gleichbehandlung, S. 257, besteht daher zwar kein persönliches Vertrauen auf die anderen Mitglieder, aber ein durch die faktische Interdependenz geschaffenes abstraktes Vertrauen; vgl. auch *Henssler*, ZHR 157 (1993), 91 (114); *Lutter*, ZHR 153 (1989).

macht und Verantwortung gewährleistet sein muss.[189] Gleichwohl verbindet alle Aktionäre das Ziel des Erfolgs der Gesellschaft,[190] das aber nur durch gemeinsame Anstrengung erreichbar ist. Daher sind die einzelnen Aktionäre auch in dieser Hinsicht aneinander gebunden.[191] Eine zwischen den Aktionären bestehende Treuepflicht rechtfertigt sich folglich zum einen als Hilfsmittel zur gemeinsamen Ausrichtung der Aktionärsinteressen und zum anderen als Korrektiv der Einwirkungen, denen sich der einzelne Aktionär unterwirft.[192] Die zwischen den Aktionären bestehende Interdependenz im Allgemeinen beziehungsweise die rechtlichen Grenzen ihrer Einwirkungsmöglichkeiten im Speziellen werden also von der Treuepflicht im Sinne einer Abwägung zwischen mitgliedschaftlichen Interessen und Befugnissen ausgeformt.[193] Dabei gilt allerdings, dass das Maß der Verantwortung sich am Maß des Einflusses zu orientieren hat.[194] Dem Aktionär bietet die Treuepflicht generell einen gewissen Schutz vor willkürlichen und nicht im Interesse der Gesellschaft liegenden Entscheidungen anderer Mitglieder, denn ein Beschluss, der die Treuepflicht verletzt, unterliegt der Anfechtbarkeit nach § 243 AktG.[195] Risiken, die eine Aktionärsstellung mit sich bringt, werden durch die Gewährung

---

189 *K. Schmidt*, Gesellschaftsrecht, S. 589; dazu auch *Hennrichs*, AcP 195 (1995), 221 (235 ff. und 242 ff.).

190 Die Förderpflicht besteht im Verhältnis zur Gesellschaft auch bei Kapitalgesellschaften. Dort allerdings hängt ihre Intensität von der persönlichen Beteiligung des jeweiligen Aktionärs an den Geschicken der Gesellschaft ab, vgl. dazu *Lutter*, ZHR 153 (1989), 446 (452 f.); *Hüffer*, AktG, § 53a, Rn. 16; *Marsch-Barner*, ZHR 157 (1993), 172 (172 f.).

191 *Lutter*, ZHR 153 (1989), 446 (454 f.); *Reul*, Gleichbehandlung, S. 255 f.

192 Ähnlich: *Henze*, BB 1996, 489 (491 f.); *K. Schmidt*, Gesellschaftsrecht, S. 588 f. Zur Mehrspurigkeit der Rechtsgrundlage s. auch *Hennrichs*, AcP 195 (1995), 221 (228 ff.); *C. Schäfer*, ZHR 157 (1993), 192 (192 f.); Grundlegend: *Zöllner*, Stimmrechtsmacht, S. 341 ff.

193 *Hüffer*, AktG, § 53a, Rn. 13; *Dreher*, ZHR 157 (1993), 150 (154 f.); *Henze*, BB 1996, 489 (491 f.; 493 f.); *Lutter*, ZHR 153 (1989), 446 (455); *Marsch-Barner*, ZHR 157 (1993), 172 (174); *K. Schmidt*, Gesellschaftsrecht, S. 594; *Reul*, Gleichbehandlung, S. 255 f. I.Erg. kann es dahinstehen, ob die Grundlage der Treuepflicht in einem – wegen der Anonymität – abstrakten Vertrauensverhältnis zwischen den Aktionären (vgl. *Reul*, a.a.O.), in der mitgliedschaftlichen Sonderverbindung (vgl. *Dreher*, a.a.O.), in Gesetz und Satzung sowie der notwendigen Kontrolle der Einwirkungsmöglichkeiten der Mitaktionäre (*Lutter*, a.a.O.) oder in einer richterlichen Generalklausel, die sich auf praktische Notwendigkeit und gesetzliche Ableitungsbasis stützt (vgl. *Hüffer*, a.a.O. Rn. 14 (m.w.N.)) gesehen werden kann. Alle Ansätze führen m.E. zu einer ganz ähnlichen Argumentation. S. dazu *Hennrichs*, AcP 195 (1995), 221 (231 ff.).

194 *Timm*, WM 1991, 481 (483); s. auch *Lutter*, ZHR 153 (1989), 446 (452 f.); *K. Schmidt*, Gesellschaftsrecht, S. 593, 808. Zur einzelfallbezogenen Auslegung s. *Hennrichs*, AcP 195 (1995), 221 (236).

195 Vgl. *Hüffer*, AktG, § 243 Rn. 24 ff. m.w.N.

dieses Schutzes also überschaubarer, so dass die Treuepflicht nicht zuletzt auch die Bereitschaft fördert, sich als Aktionär an einem Unternehmen zu beteiligen.[196] Die Grenzen der Treuepflicht müssen indessen am jeweiligen Einzelfall festgemacht werden. Im Folgenden soll dies für den Fall eines Übernahmeangebots geschehen.

III. Treuepflicht bei Übernahmeangeboten

Die Existenz einer mitgliedschaftlichen Treuepflicht zwischen den Aktionären bedeutet zwar, dass zwischen den Aktionären ebenfalls das Gebot der gleichmäßigen Behandlung gilt. Diese Treuepflicht müsste aber auch bei öffentlichen Übernahmeangeboten anwendbar sein, um sie in diesem Zusammenhang nutzbar zu machen. Sie müsste diesen Sachverhalt also überhaupt umfassen,[197] mithin ein Fundament für die Gleichbehandlungspflicht bei Übernahmeangeboten bieten.[198] Im Unterschied zu den erörterten Konstellationen weisen öffentliche Übernahmeangebote zwei wesentliche Abweichungen auf: Erstens zielt das Übernahmeangebot auf den Erwerb von Aktien ab. Die Parteien treten sich also nicht als Mitglieder einer Gesellschaft, sondern als Käufer und Verkäufer gegenüber. Es handelt sich um einen Vorgang, der außerhalb der Gesellschaft stattfindet.[199] Zum Zweiten kann die Fallgestaltung so geartet sein, dass der Bieter zum Zeitpunkt der Abgabe des Angebots noch gar nicht Aktionär der Zielgesellschaft ist.[200] So gesehen spielen sich öffentliche Übernahmeangebote fern von mitgliedschaftlichen Bindungen ab. Interpretiert man die Treuepflicht streng als Derivat mitgliedschaftlicher Pflichten, liegt der Schluss nahe, dass sie für all jene nicht besteht, die sich nicht innerhalb des

---

196 Aus ökonomischer Sicht bedeutet das, dass die Versorgung der Gesellschaften mit Gesellschaftern (also auch mit Kapital) sichergestellt wird, dazu *Reul*, Gleichbehandlung, S. 257 f.; andeutungsweise auch *Schwark*, FS Stimpel, 1985, S. 1087 (1095).

197 Ablehnend: *Assmann/Bozenhardt* in: *Assmann/Basaldua/Bozenhardt/Peltzer*, Übernahmeangebote, S. 1 (73); *Grunewald*, WM 1989, 1233 (1235); *Westermann*, AG 1976, 309 (311); zweifelnd: *Joussen*, BB 1992, 1075 (1079); *Otto*, DB Beil. 12, 1988, S. 5; befürwortend: *Reul*, Gleichbehandlung, S. 260 ff.; *K. Schmidt*, Gesellschaftsrecht, S. 589; *Schwark*, FS Stimpel, 1985, S. 1087 (1110).

198 *Schwark*, FS Stimpel, 1985, S. 1087 (1110).

199 Vgl. *Schwark*, FS Stimpel, 1985, S. 1087 (1110); s. auch Kölner Komm-*Lutter/Zöllner*, Vorb. § 53a, Rn. 7.

200 *Assmann/Bozenhardt* in: *Assmann/Basaldua/Bozenhardt/Peltzer*, Übernahmeangebote, S. 1 (73); *Hopt*, FS Rittner, 1991, S. 187 (199); *Peltzer* in: *Assmann/Basaldua/Bozenhardt/Peltzer*, Übernahmeangebote, S. 179 (189).

Mitgliedsverbands betätigen oder kein Mitglied des jeweiligen Verbandes sind.[201]

1. Außergesellschaftlicher Vorgang

Gibt der Bieter, der bereits eine Beteiligung erworben hat, ein Übernahmeangebot ab, beschränkt sich die Problematik auf die Frage, ob dieser außergesellschaftliche Vorgang ausnahmsweise der Treuepflicht unterliegt. Der bloße Anteilserwerb steht grundsätzlich jedermann offen,[202] so dass durch ihn keine mitgliedschaftlichen Befugnisse in Anspruch genommen werden.[203] Strebt der Bieter jedoch durch das Angebot die Übernahme der Kontrolle des Unternehmens an, wird der Vorgang um eine Komponente erweitert, die nicht nur den veräußernden Aktionär in seiner Eigenschaft als Verkäufer, sondern alle Aktionäre berührt.[204] Der Wechsel der Kontrolle wirkt sich – dies wurde bei der Betrachtung der ökonomischen Hintergründe deutlich – sowohl unmittelbar auf den Kurs der Wertpapiere als auch langfristig auf die verfolgte Unternehmenspolitik, seine Position am Markt, Erfolgsaussichten etc. aus.[205] Dies zeigt, dass eine eigentlich außerhalb der mitgliedschaftlichen Beziehungen ablaufende Maßnahme sehr wohl mitgliedschaftliche Interessen betreffen kann.[206] Im Zusammenhang mit Übernahmeangeboten wird aber eingewandt, dass der Bieter auf der einen und die Aktionäre auf der anderen Seite hinsichtlich der zukünftigen Unternehmensführung und regelmäßig hinsichtlich der Preisgestaltung gegenläufige Interessen haben, weshalb Verhaltenspflichten nicht aus der Treuepflicht abgeleitet werden könnten, weil in diesem Verhältnis die Parteien keinen gemeinsamen Zweck verfolgen.[207] Dieses Argument überzeugt jedoch nicht, weil es gerade Aufgabe der Treuepflicht ist, die widerstreitenden Interessen innerhalb der Gesellschaft auf eine gemeinsame Zweckerreichung hin auszurichten.[208] Durch die Treuepflicht sollen diejenigen Tatbestände aufgefangen werden, die innerhalb der Mitgliedschaft erheblich sind,

---

201 *Assmann/Bozenhardt* in: *Assmann/Basaldua/Bozenhardt/Peltzer*, Übernahmeangebote, S. 1 (73); *Joussen*, BB 1992, 1075 (1079); *Lutter*, ZHR 153 (1989), 446 (460). So auch noch im Audi/NSU-Urteil, BGH, JZ 1976, 561 (562).

202 Dazu Kölner Komm-*Lutter*, § 68 Rn. 23 m.w.N.

203 *Schwark*, FS Stimpel, 1985, S. 1087 (1110).

204 So auch *Assmann/Bozenhardt* in: *Assmann/Basaldua/Bozenhardt/Peltzer*, Übernahmeangebote, S. 1 (74).

205 Dazu auch *Peltzer* in: *Assmann/Basaldua/Bozenhardt/Peltzer*, Übernahmeangebote, S. 179 (188 f.); *Wiedemann*, Gesellschaftsrecht I, S. 450 f.

206 *Lutter*, ZHR 153 (1989), 446 (454); *Wiedemann*, Gesellschaftsrecht I, S. 451; s. auch Kölner Komm-*Lutter/Zöllner*, Vorb. § 53a, Rn. 7.

207 *Peltzer* in: *Assmann/Basaldua/Bozenhardt/Peltzer*, Übernahmeangebote, S. 179 (189).

208 *Lutter*, ZHR 153 (1989), 446 (454 f.); *Reul*, Gleichbehandlung, S. 255 f.

aber nicht vom Verbandsrecht erfasst werden. Regelmäßig wird ein Konflikt darauf basieren, dass die Beteiligten unterschiedliche Vorstellungen von der Unternehmensführung haben, um die es beiden Parteien letztlich geht. Entfiele der gemeinsame Zweck, der die Treuepflicht rechtfertigt, immer dann, wenn die Auffassungen über den „richtigen Weg" auseinander fallen, wäre die Treuepflicht ad absurdum geführt. Das Bestehen von Interessenkonflikten spricht also eher für die Notwendigkeit einer Korrektur durch die Treuepflicht als gegen sie.

Die Parallelität von öffentlichen Übernahmeangeboten mit gesellschaftsinternen Maßnahmen, die die Stellung der Aktionäre untereinander beeinflussen und dadurch die Treuepflicht tangieren, kann man anhand des *Linotype*-Urteils illustrieren: Nach den Ausführungen des BGH verletzte der Aktionär, der per Asset-Kauf ein Herzstück des Unternehmens übernommen hatte, die seinen Mitaktionären gegenüber bestehende mitgliedschaftliche Treuepflicht.[209] Die Beurteilung eines Aktionärs, der den Großteil der Gesellschaft über den Kauf von Anteilen erwerben will, kann prinzipiell nicht anders ausfallen.[210] Denn sowohl beim Übernahmeangebot als auch beim schlichten Kaufvertrag bedient sich der Käufer einer Technik, die sich eigentlich außerhalb des internen Gesellschaftsbereichs abspielt; in beiden Fällen geht es dem Erwerber aber letztlich um die Kontrolle über den Betrieb.[211] Im *Linotype*-Fall wurden die Aktionäre, im Gegensatz zu einem Übernahmeangebot, bei dem sie direkt angesprochen werden, zwar nicht am Kontrollwechsel beteiligt. Die Wertung bleibt jedoch die gleiche: Hat der Aktionär die Interessen der anderen zu beachten, wenn er mit dem Management über den Kauf verhandelt (*Linotype*), dann wäre es inkonsequent, das Bestehen der Treuepflicht zu verneinen, wenn er sich bei den Aktionären direkt um den Erwerb bemüht (Übernahmeangebot). Löst nach dem BGH bereits ein Verhalten, das die Aktionäre nur mittelbar betrifft, die Treuepflicht aus, muss dies erst recht gelten, wenn das selbe Ergebnis mit der unmittelbaren Beteiligung der Anteilseigner herbeigeführt wird.

---

209 Vgl. BGH, WM 1988, 325 (329). Die Problematik lag nicht – obwohl naheliegend, vgl. *Lutter*, ZHR 153 (1989), 446 (451) – in dem Missbrauch des Stimmrechts beim Liquidationsbeschluss, sondern in den Verhandlungen über Betriebsteile, über die die übrigen Aktionäre nicht in Kenntnis gesetzt wurden. Dadurch wurde ihnen die Möglichkeit genommen, selbst das Unternehmen fortzuführen und somit die Treuepflicht verletzt, vgl. BGH, WM 1988, 325 (328 f.) und *Marsch-Barner*, ZHR 157 (1993), 172 (178 f.).

210 Ähnlich *Reul*, Gleichbehandlung, S. 264.

211 Während der Bieter eines Übernahmeangebots die Kontrolle über ein bestehendes Unternehmen zu erreichen sucht, wurde im Linotype-Fall der Umweg über eine Liquidierung der Aktiengesellschaft gewählt, um die übrigen Aktionäre von der Kontrolle über die wesentlichen Betriebsteile auszuschließen, vgl. BGH, WM 1988, 325 (325 ff.); dazu *Lutter*, ZHR 153 (1989), 446 (450 f.).

In beiden Fällen besteht folglich eine mitgliedschaftliche Treuepflicht, obgleich ihre Konkretisierung individuell unterschiedlich ausfällt.[212] Da das öffentliche Übernahmeangebot als Vorbereitung zur Erlangung einer Position gesehen werden kann, die es gestattet, zukünftig maßgeblichen unternehmerischen Einfluss auf die Gesellschaft auszuüben, sind auch hier die Interessen der übrigen Aktionäre zu berücksichtigen.[213]

2. Vorwirkung

Die Treuepflicht resultiert aus der mitgliedschaftlichen Verbundenheit, sie besteht folglich im Wesentlichen zwischen den Aktionären untereinander und in deren Verhältnis zur Gesellschaft. Personen außerhalb des Unternehmens bleiben vom Pflichtbereich unberührt.[214] Soll aber die Treuepflicht umfassend bei öffentlichen Übernahmeangeboten wirken, müsste sie auch für einen Bieter gelten, der noch nicht Aktionär der Zielgesellschaft ist. Zwar wird regelmäßig der Bieter im Vorfeld bereits Beteiligungen erworben haben, um den Erfolg seines Angebots abzusichern,[215] dennoch hat die Betrachtung dieser Fallgestaltung nicht nur theoretischen Wert. Es ist denkbar und wegen des drohenden Kursanstiegs bei sukzessiven Aktienkäufen[216] auch realistisch, dass der Bieter den vorausgehenden Erwerb durch Mittelsmänner oder Kaufoptionen vollzieht.[217] Obwohl eine solche Vorgehensweise durchaus legal ist und zum Beispiel aus finanzierungstechnischen Gesichtspunkten auch geboten sein kann, käme es doch einer Umgehung der Treuepflicht im Falle von Übernahmeangeboten gleich, wenn man sich auf das Bestehen einer Mitgliedschaft als Voraussetzung für die Treuepflicht zurückzöge.[218] Dann könnte der Bieter

---

212 Im Linotype-Fall war der Bieter durch die Treuepflicht dazu verpflichtet, über seine Erwerbsabsichten per se aufzuklären; bei einem Übernahmeangebot tut er genau dies durch sein Angebot; zum Inhalt der Treuepflicht bei Übernahmeangeboten sogleich Seite 58 ff.

213 I.Erg. auch *Peltzer* in: *Assmann/Basaldua /Bozenhardt/Peltzer*, Übernahmeangebote, S. 179 (189); *Schwark*, FS Stimpel, 1985, S. 1087 (1110). Eine Abgrenzung kann daher zwischen mitgliedschaftlichem und privatem Bereich, nicht aber zwischen Innen- und Außenbereich erfolgen, vgl. *Reul*, Gleichbehandlung, S. 262 (m.w.N.).

214 So *Assmann/Bozenhardt* in: *Assmann/Basaldua/Bozenhardt/Peltzer*, Übernahmeangebote, S. 1 (73); *Joussen*, BB 1992, 1075 (1079); *Lutter*, ZHR 153 (1989), 446 (454); *Peltzer* in: *Assmann/Basaldua/Bozenhardt/Peltzer*, Übernahmeangebote, S. 179 (189); *Westermann*, AG 1976, 309 (311).

215 *Assmann/Bozenhardt* in: *Assmann/Basaldua/Bozenhardt/Peltzer*, Übernahmeangebote, S. 1 (65); *G. Schuster*, Internationale Anwendung des Börsenrechts, S. 202; vgl. auch oben Seite 35.

216 Vgl. oben Seite 33.

217 *Joussen*, BB 1992, 1075 (1079).

218 Das sieht auch – trotz i.Erg. anderer Ansicht – *Joussen*, BB 1992, 1075 (1079), so.

durch die für Übernahmeangebote charakteristische Gleichzeitigkeit den Pflichten ausweichen, denen er bei einer Übernahme durch sukzessiven Aktienerwerb unterlegen hätte. Die Treuepflicht müsste also der sich abzeichnenden Mitgliedschaft vorausgehen.

Die Begründung von Pflichten im Vorfeld sich anbahnender Rechtsverhältnisse sind im Rahmen der culpa in contrahendo seit langem anerkannt.[219] Im Aktien- und Kapitalmarktrecht existieren ebenfalls Pflichten, die dem Mitgliedsverhältnis vorausgehen. So bestehen nach § 20 Abs. 2 AktG und § 22 Abs. 1 WpHG Mitteilungspflichten auch für Personen, die selbst noch nicht Aktionär der betreffenden Gesellschaft sind.[220] Diese Vorschriften regeln den Fall des Aufbaus einer bedeutenden Beteiligung und sehen dafür Mitteilungspflichten vor, wobei eine Umgehung durch entsprechende Zurechnungsnormen verhindert wird.[221] Die Situation bei einem Übernahmeangebot ist vergleichbar: Den Bieter trennt von seiner Stellung als Aktionär nur ein sehr kurzer Zeitraum. Auch hier gilt das zu außergesellschaftlichen Vorgängen Gesagte, wonach der Bieter in eine für die Aktionäre bedeutende Rolle strebt, in der er der gesellschaftsrechtlichen Treuepflicht unterliegt. Es wäre aber paradox ihm diese Treuepflicht erst dann aufzuerlegen, wenn er die Zielposition erreicht hat, seinen Weg dorthin jedoch nicht an ihr zu messen. Wenn der Bieter mit seinem Angebot auf einen Schlag die Stellung des Mehrheitsaktionärs erlangt, dabei aber die Interessen der Wertpapierinhaber der Zielgesellschaft missachtet, hat er unter Umständen auf deren Kosten schon erlangt, was er wollte.[222] Setzte erst jetzt die Treuepflicht ein, bräuchte ihn das nicht mehr besonders zu interessieren. Bei öffentlichen Übernahmeangeboten ist daher eine Vorwirkung der Treuepflicht anzunehmen, um die Gefahr der Umgehung

---

219 Vgl. zur cic im Zusammenhang mit Übernahmeangeboten *Assmann/Bozenhardt* in: *Assmann/Basaldua/Bozenhardt/Peltzer*, Übernahmeangebote, S. 1 (75 f.); *Beckmann*, Übernahmeangebote in Europa, S. 81 ff.; *ders.*, DB 1995, 2407 (2408). Der von *Assmann* und *Bozenhardt* (a.a.O.) bemühte „Einsatz des Rechtsinstituts der cic zur Herausbildung von Verhaltenspflichten des Bieters" darf allerdings nicht in der Weise verstanden werden, dass die cic eigene Verhaltenspflichten begründet. Sie betrifft schließlich nur die Sanktionierung von Verletzungen schon bestehender Pflichten (vgl. Palandt-*Heinrichs*, BGB, Einf v § 145, Rn. 18) und damit ggf. die Rechtsfolgenseite von öffentlichen Übernahmeangeboten.

220 S. dazu *Joussen*, BB 1992, 1075 (1079), der auf den Charakter als Ausnahmevorschrift hinweist.

221 S. dazu *Hüffer*, AktG, § 20 Rn. 3.

222 Vgl. zu den Möglichkeiten des Bieters, die Aktionäre unter Zugzwang zu setzen und dadurch das Unternehmen unter Wert zu übernehmen oben unter „Entscheidungsdruck durch Angebotsbeschränkungen", Seite 42.

zu vermeiden und dem sich anbahnenden Mitgliedsverhältnis gerecht zu werden.[223]

IV. Inhalt der Treuepflicht bei Übernahmeangeboten

Die mitgliedschaftliche Treuepflicht zwischen dem Bieter und den Aktionären führt dazu, dass der Bieter bei öffentlichen Übernahmeangeboten die Interessen der Aktionäre zu berücksichtigen hat. Da die Gleichbehandlung ein wesentliches Merkmal der Treuepflicht darstellt und der Adressatenkreis, wie eingangs skizziert, homogen ist,[224] hat die Berücksichtigung innerhalb des Angebots gleichmäßig zu erfolgen. Alle Aktionäre der Zielgesellschaft, die sich in gleichen Verhältnissen befinden, sind daher gleich zu behandeln. Das Prinzip der Gleichbehandlung der Aktionäre ist das zentrale Gebot der Regelung für Übernahmeangebote.[225]

1. Grenzen

Allerdings bleibt zu klären, welche Konsequenzen sich aus der Treue- und Gleichbehandlungspflicht für Bieter eines öffentlichen Übernahmeangebots gegenüber den Aktionären ergeben. Ausgangspunkt der Überlegungen ist, dass Übernahmeangebote eine erlaubte Handlungsform darstellen. Die Treuepflicht kann also nicht als ein Verbot eines speziellen Übernahmeangebots ausgelegt werden, nur weil der Erfolg dieses Angebots Nachteile für die abwandernden oder verbleibenden Aktionäre mit sich bringen könnte.[226] Auch für die Beschlüsse, die mit der gewonnenen Kontrolle gefasst werden, ist das Übernahmeangebot nicht verantwortlich. Es ermöglicht zwar das Erlangen der Kontrolle, aber es präjudiziert nicht die Art und Weise in der sie ausgeübt wird. Insofern sind die langfristig verfolgten Ziele der Übernahme für die Anwendung der Treuepflicht zwar innerhalb der jeweiligen Beschlussfassungen oder

---

223 So auch *K. Schmidt*, Gesellschaftsrecht, S. 589; *Reul*, Gleichbehandlung, S. 266 f.; s. auch *Assmann/Bozenhardt* in: *Assmann/Basaldua/Bozenhardt/Peltzer*, Übernahmeangebote, S. 1 (74), die solche der Zielgesellschaft geschuldeten Handlungspflichten „nicht als ‚mitgliedschaftliche Treuepflichten', sondern als auf die Begründung der Mitgliedschaft bezogene Verhaltensanforderungen" verstehen; ähnlich: *Grunewald*, WM 1989, 1233 (1235 f.); *Peltzer*, ebenda, S. 179 (189); zweifelnd: *Hopt*, FS Rittner, 1991, S. 187 (199); *Joussen*, BB 1992, 1075 (1079). *Lutter*, ZHR 153 (1989), 446 (460), hält eine spezialgesetzliche Regelung für notwendig.

224 S.o. Seite 48.

225 *Peltzer* nennt es daher die „Magna Charta" für Übernahmeregeln, *Assmann/ Basaldua/Bozenhardt/Peltzer*, Übernahmeangebote, S. 179 (187).

226 So forderte *Burgard*, AG 1992, 41 (50), eine aus der Treuepflicht abzuleitende Mitteilungspflicht, die „feindliche" Übernahmen verhindern sollte. Dabei ging er allerdings von einer grundsätzlich negativen Wirkung von Übernahmen aus.

sonstigen Einwirkungen auf die Geschicke der Gesellschaft,[227] nicht aber im Rahmen des Übernahmeangebots relevant. Eine Übernahme, die eine Zerschlagung des Unternehmens bezweckt, ist hinsichtlich der Treuepflicht innerhalb des konkreten Übernahmeangebots nicht anders zu beurteilen, als eine, die auf das Entstehen von Synergien setzt. Die Wirkung der Treue- und Gleichbehandlungspflicht beschränkt sich daher auf die Fragen, die mit der Behandlung der Aktionäre der Zielgesellschaft durch den Bieter innerhalb des öffentlichen Übernahmeangebots zusammenhängen.
Aber auch innerhalb von Übernahmeangeboten existieren Grenzen der Treuepflicht. Zwar zielen öffentliche Übernahmeangebote meistens auf den Erwerb der Kontrolle ab, notwendig ist dies jedoch nicht. Sie können auch abgegeben werden, um eine schon bestehende Mehrheitsposition auszubauen,[228] restliche außenstehende Aktien zu erwerben[229] oder lediglich, um eine relevante Minderheitsbeteiligung zu erreichen. Sofern also kein Kontrollwechsel erfolgen soll, vermindert sich auch die Bedeutung, die das Angebot aus mitgliedschaftlicher Perspektive für die Aktionäre hat. Simultan zur abnehmenden Interessenberührung verringert sich folglich die Wirkung der Treuepflicht. Derweil bemisst sich auch hier der tatsächliche Inhalt der Treuepflicht nach dem konkreten Sachverhalt.[230]

2. Gleichmäßige Beschränkungen

Möglichkeiten zur Ungleichbehandlung bestehen bei Beschränkungen des Angebots. Begrenzt der Bieter sein Angebot nur auf einen Teil der Aktien und berücksichtigt er im Fall der Überzeichnung des Angebots die Annahmeerklärungen nach ihrem zeitlichen Eingang, bleiben alle Aktionäre, die sich zu einem späteren Zeitpunkt innerhalb der Übernahmefrist zum Verkauf entschließen, unberücksichtigt.[231] Die hieraus resultierende ungleiche Behandlung der Aktionäre verstößt gegen das Gleichbehandlungsprinzip und müsste daher entweder durch überragende Interessen des Bieters gerechtfertigt oder

---

[227] S. zu Anwendungsfällen der Treuepflicht *Lutter*, ZHR 153 (1989), 446 (458); ferner ist an die vorrangige Bedeutung des Konzernrechts zu denken, *Marsch-Barner*, ZHR 157 (1993), 172 (177).

[228] Z.B. zur völligen Restrukturierung der Gesellschaft, wozu i.d.R. große Mehrheiten notwendig sind, *Übernahmekommission*, Drei Jahre Übernahmekodex, S. 28.

[229] Z.B. zur Einleitung der Einstellung der Börsennotierung oder zur Erweiterung des Handlungsspielraumes, *Übernahmekommission*, Drei Jahre Übernahmekodex, S. 29.

[230] Vgl. zur Konkretisierung der Treuepflicht am Einzelfall *Hennrichs*, AcP 195 (1995), 221 (236).

[231] Zum Prioritätsprinzip *Krause*, Übernahmeangebot, S. 108; *Pietzke*, FS Fikentscher, 1998, 601 (603); vgl. auch oben Seite 43.

aber nicht vermeidbar sein.[232] Der Bieter hat jedoch die Möglichkeit, die verkaufswilligen Aktionäre pro rata abzufinden, wodurch alle Wertpapierinhaber die Chance haben, zumindest einen relativ gleichen Teil ihrer Aktien zu veräußern.[233] Die Ungleichbehandlung durch das Prioritätsprinzip ist also vermeidbar. Lediglich das Interesse des Bieters, aus den wenig reflektierten Verkäufen der Aktionäre, die das Prioritätsprinzip hervorruft, zu profitieren,[234] vermag augenscheinlich diese Praktik der Ungleichbehandlung nicht zu rechtfertigen.[235] Die Treuepflicht gebietet folglich eine Abfindung pro rata.[236]
Die zeitliche Staffelung von Angeboten nach dem Muster des Front-end loading ruft bei den betroffenen Aktionären nicht nur einen erheblichen, an Erpressung erinnernden Entscheidungsdruck hervor,[237] mit dem der Bieter die gleiche Intention wie mit der Berücksichtigung nach dem Prioritätsprinzip verfolgt,[238] sondern die Aktionäre, die das erste Angebot annehmen, werden auch noch vom Bieter mit einem höheren Preis abgefunden, als die übrigen.[239] Chancengleichheit für die Aktionäre besteht aber nur dann, wenn allen Aktionären gleichförmige Bedingungen zuteil werden.[240] Staffelungen mit verschiedenen Angebotspreisen oder Abfindungen, die nicht die Verhältnisse berücksichtigen, verstoßen folglich gegen das Gleichbehandlungsgebot.[241]

3. Nachbesserung

Es wäre unzureichend, dem Prinzip der Gleichbehandlung nur innerhalb der Ausgestaltung des öffentlichen Angebots zur Geltung zu verhelfen. Ungleich-

---

232 zur Methodik der Abwägung bei Treuepflichtverletzungen s. *Hennrichs*, AcP 195 (1995), 221 (248 ff.).

233 *Mertens*, AG 1990, 252 (257); vgl. oben Seite 42.

234 Vgl. oben Seite 43; *Krause*, Übernahmeangebot, S. 107 ff.; *Herkenroth*, Konzernierungsprozesse, S. 339 f.

235 Nach *Assmann/Bozenhardt* in: *Assmann/Basaldua/Bozenhardt/Peltzer*, Übernahmeangebote, S. 1 (89), ist dies daher ein Verstoß gegen § 242 BGB (aus dem allerdings die Treue- und Gleichbehandlungspflicht ebenfalls abgeleitet wird, *Hennrichs*, AcP 195 (1995), 221 (228 ff.)).

236 *Mertens*, AG 1990, 252 (257); *Otto*, AG 1994, 167 (169).

237 S. zur Staffelung von Angeboten oben Seite 43.

238 S. *Krause*, Übernahmeangebot, S. 108; *ders.*, WM 1996, 845 (846 f.).

239 Vgl. *Herkenroth*, Konzernierungsprozesse, S. 339 in Fn. 186. S. auch *Assmann/Bozenhardt* in: *Assmann/ Basaldua/Bozenhardt/Peltzer*, Übernahmeangebote, S. 1 (91); *Hahn*, ZBB 1990, 10 (17 f.); *Pietzke*, FS Fikentscher, 1998, S. 601 (603).

240 Den Aspekt der Chancengleichheit betonte der BGH auch in der Linotype-Entscheidung, WM 1988, 325 (328).

241 Dieses Ergebnis hält auch *Assmann* für sinnvoll, ohne aber eine Gleichbehandlungspflicht anzuerkennen, AG 1995, 563 (566); vgl. *Assmann/Bozenhardt* in: *Assmann/Basaldua/Bozenhardt/Peltzer*, Übernahmeangebote, S. 1 (53).

behandlungen können auch dadurch erfolgen, dass der Bieter bestimmten Aktionären Konditionen einräumt, die nicht im öffentlichen Angebot vorgesehen sind und daher den anderen Aktionären, die auf das öffentliche Angebot eingehen, vorenthalten werden.[242] Dies ist etwa dann vorstellbar, wenn Inhaber größerer Aktienpakete vorhanden sind, deren Übernahme für den Bieter die Absicherung des Angebotserfolgs bedeutet. In diesem Fall ist der Bieter dazu geneigt, dem Paketinhaber ein individuelles Angebot zu unterbreiten, dessen Preis um den Paketzuschlag erhöht ist. Kann der Bieter sich auf diesem Wege schon einen beachtlichen Anteil sichern, wird er das öffentliche Angebot unattraktiv gestalten. Der Bieter braucht nur noch verhältnismäßig wenige Aktien, so dass seine Preisgestaltung entsprechend niedrig ausfallen kann.[243] Zwar sind wirtschaftlich betrachtet in einem Paket gebündelte Stimmrechte wertvoller als einzelne Aktien, eine solche Vorgehensweise stellt aber eindeutig ein uneinheitliches Verfahren dar, das solange mit der Treuepflicht zur Gleichbehandlung kollidiert, wie die Kontrolle über die Zielgesellschaft angestrebt wird.

Während der Paketinhaber von der Übernahme profitiert, besteht für die übrigen Aktionäre die Gefahr, dass sie ihre Anteile unter dem Wert verkaufen, den ihre Aktien ohne die Paketübernahme gehabt hätten. Die Situation ist vergleichbar mit dem diskriminierenden Stimmenkauf bei der Willensbildung im Innenverhältnis, der als Ordnungswidrigkeit untersagt ist.[244] Übernahmeangebote aber kehren gleichsam den unternehmerischen Entscheidungsprozess über den Weg in die Abhängigkeit nach außen, denn wie bei Abstimmungen auf der Hauptversammlung werden auch hier alle Aktionäre gleichzeitig zu einer Entscheidung aufgerufen. Folglich lässt sich auch die an den Stimmenkauf anknüpfende Wertung übertragen,[245] so dass im Falle eines Übernahmeangebots keine Sondervorteile an einige Aktionäre vergeben werden dürfen.

Eine Gleichbehandlung kann hier nur auf zwei Arten erfolgen, nämlich einerseits durch den Käufer oder andererseits durch den Verkäufer: Die zwischen den Aktionären, also auch zwischen Paketinhabern und Kleinaktionären, bestehende Treuepflicht kann dahingehend verstanden werden, dass der Paketinhaber dazu verpflichtet ist, die anderen Aktionäre von den Verhandlungen zu unterrichten und auf ihr Verlangen hin nur gemeinsam an den Bieter zu

---

242 *Assmann/Bozenhardt* in: *Assmann/Basaldua/Bozenhardt/Peltzer*, Übernahmeangebote, S. 1 (52 ff., 65 ff.).

243 *G. Schuster*, Internationale Anwendung des Börsenrechts, S. 202.

244 Vgl. § 405 Abs. 3 Nr. 6 und 7 AktG.

245 Vgl. *Assmann/Bozenhardt* in: *Assmann/Basaldua/Bozenhardt/Peltzer*, Übernahmeangebote, S. 1 (52), der aber i.Erg. auf nachträglichen Minderheitenschutz durch das Konzernrecht setzt, dazu unter „Pflichtangebot und Konzernrecht", Seite 78 ff.

veräußern.[246] Durch eine solche Pflicht zur erweiterten Paketbildung wäre der Paketinhaber dem Risiko ausgesetzt, dass die Übernahme scheitert. Denn wenn zu viele Aktionäre in das Paket drängen, vermag der Käufer dies eventuell nicht mehr zu finanzieren und der Paketinhaber bleibt zusammen mit allen anderen auf seinen Aktien sitzen. Er wäre in der Gesellschaft praktisch „eingemauert".[247] Ferner würde durch ein solches Verständnis der Treuepflicht die freie Übertragbarkeit von Aktien stark beschnitten.[248]

Die Alternative besteht in einer Pflicht des Bieters, den übrigen Aktionären die gleichen Konditionen zu offerieren, die er dem Paketinhaber überlassen hat. Entscheidender Unterschied ist, dass der Paketinhaber so auf jeden Fall die Möglichkeit hat, seinen Anteil im Rahmen des öffentlichen Angebots zu verkaufen, weshalb die Gefahr, „eingemauert" zu werden, nicht besteht. Der Bieter hat also die Wahl, ob er Parallelkäufe tätigt, mit der Folge, bei den anderen Aktionären entsprechend nachbessern zu müssen, oder ob er die Aktien ausschließlich mit einem attraktiven Angebot erwirbt.[249] Für den Bieter führt dies zwar eventuell zu Mehrbelastungen, aber er hat die Möglichkeit, von der Übernahme abzusehen. Für einen Paketinhaber hingegen würde die Pflicht zur erweiterten Paketbildung eine erhebliche Einschränkung der Verfügungsmöglichkeit über sein Eigentum bedeuteten, so dass die Nachbesserungspflicht des Bieters das mildere Mittel darstellt.[250]

Käufe außerhalb des Angebots werden aber nicht nur während dessen Laufzeit getätigt. Auch vor oder nach dem Übernahmeangebot kann der Bieter Aktien zukaufen. Dienen die vorausgehenden Erwerbe der Absicherung des Übernahmeangebots,[251] was sich in besonderer zeitlicher Nähe zum Übernahmeangebot zeigt, oder soll bei einem gescheiterten Angebot dennoch die Kontrollschwelle mit nachfolgenden Käufen, vielleicht sogar einem zweiten öffentlichen Angebot, erreicht werden, verlangt die Gleichbehandlung ebenfalls eine Anpassung des Angebotspreises,[252] sofern der Preis des ursprünglichen Angebots unterhalb des anderweitigen Erwerbspreises liegt.[253] Denn abgesehen von

---

246 Vgl. *Lutter*, ZHR 153 (1989), 446 (460).

247 „Einmauern" beschreibt den unfreiwilligen Verbleib in der Gesellschaft, weil die Aktien praktisch nicht zu veräußern sind, dazu *Lutter*, ZHR 153 (1989), 446 (459).

248 *Lutter*, ZHR 153 (1989), 446 (460); zur freien Übertragbarkeit von Aktien, Kölner Komm-*Lutter*, § 68 Rn. 23 m.w.N.

249 In diese Richtung Kölner Komm-*Lutter*, § 53a Rn. 47.

250 Ähnlich *Lutter*, ZHR 153 (1989), 446 (462).

251 Dazu *Assmann/Bozenhardt* in: *Assmann/Basaldua/Bozenhardt/Peltzer*, Übernahmeangebote, S. 1 (65); *G. Schuster*, Internationale Anwendung des Börsenrechts, S. 202.

252 *Otto*, AG 1994, 167 (169).

253 Hätte das nachfolgende öffentliche Angebot einen niedrigeren Preis, wäre nicht zulässiges Front-end Loading gegeben, vgl. oben Seite 43.

der zeitlichen Aufspaltung besteht für die Aktionäre die gleiche Situation wie beim Parallelkauf.[254]
Anders liegen die Dinge, wenn das Übernahmeangebot erfolgreich war. In diesem Fall hat sich der Kontrollwechsel vollzogen, womit zum einen die Begründung der Treuepflicht beim Übernahmeangebot entfällt,[255] zum anderen die gleichmäßige Beteiligung am Erwerbspreis den Aktionären schon angeboten wurde, so dass eine Nachbesserungspflicht nicht besteht. Ebenfalls entfällt die Gleichbehandlungspflicht im umgekehrten Fall, in dem ein Aktionär seine Aktien vor der Veröffentlichung des Angebots zu einem unter diesem liegenden Preis verkauft hat.[256] Der Aktionär ist hier nicht mit der konkreten Übernahmesituation konfrontiert. Deshalb befindet er sich nicht in den gleichen Verhältnissen wie die Adressaten des Angebots. Sein früher Verkauf erfolgte aus freien Stücken und unterliegt somit „nur" den gewöhnlichen Marktrisiken. Daher können die Adressaten des Angebots eine Nachbesserung fordern, nicht aber der Aktionär, der seine Anteile vor dem Übernahmeangebot verkauft hat.

B. Funktionales Verfahren

Liegt die gesellschaftsrechtliche Dimension eines öffentlichen Übernahmeangebots im Wechsel der Kontrolle über ein Unternehmen, zeigt sich in seinem Vollzug die kapitalmarktrechtliche Komponente. Denn der Kontrollwechsel wird durch den Erwerb von Aktien ausgeführt und stellt daher ebenfalls eine Transaktion auf dem Kapitalmarkt dar.[257] Neben den gesellschaftsrechtlichen Anforderungen muss ein öffentliches Übernahmeangebot beziehungsweise seine Regelung daher auch dem kapitalmarktrechtlichen System genügen.[258] Vorrangig handelt es sich dabei um die Gewährleistung des Funktionierens des Markts und um den Schutz der auf ihm tätigen Anleger, wobei beide Ziele oftmals deckungsgleich verwirklicht werden.[259]

---

254 *Beß*, AG 1976, 206 (206). *Immenga*, SAG 1975, 89 (99).

255 S. soeben unter „Grenzen", Seite 58 f.; die Behandlung der Minderheit durch den Kontrollaktionär unterliegt natürlich auch der Treuepflicht, sie ist aber kein spezifisches Problem des öffentlichen Übernahmeangebots.

256 A.A. *Beß*, AG 1976, 206 (206 f.).

257 Zur Eigenständigkeit des Kriteriums des Handelns am Kapitalmarkt, *Assmann/Bozenhardt* in: *Assmann/Basaldua/Bozenhardt/Peltzer*, Übernahmeangebote, S. 1 (74 ff.); *Hopt*, FS Rittner, 1991, 187 (199); *Reul*, Gleichbehandlung, S. 272 ff.; *Westermann*, AG 1976, 309 (311); *Zimmer*, Internationales Gesellschaftsrecht, S. 97.

258 *Meier-Schatz*, ZHR 149 (1985), 76 (81).

259 *Meier-Schatz*, ZHR 149 (1985), 76 (81); *Rudolph/Röhrl*, in: *Hopt/Rudolph/Baum*, Börsenreform, S. 145 (189); *Zimmer*, Internationales Gesellschaftsrecht, S. 97. Zum Anleger-

I. Geltende Rechtslage

Im überwiegend technisch geprägten Kapitalmarktrecht hatte die Möglichkeit eines Anteilskaufs durch ein öffentliches Übernahmeangebot – anders als der Verkauf von Anteilen im Verkaufsprospektgesetz[260] – bis zum Erlass des Übernahmegesetzes keinen Niederschlag gefunden. Blendet man die neue Regelung aus, greifen bei öffentlichen Übernahmen im Wesentlichen Informationspflichten ein. So versuchen das Insiderrecht in §§ 12 ff. WpHG und die ad hoc-Publizitätspflicht in § 15 WpHG Marktverzerrungen auch im Fall von Übernahmeangeboten zu verhindern. Weil aber der Bieter nicht notwendigerweise ein Wertpapieremittent ist, greifen diese Pflichten in ihrer jetzigen Ausgestaltung nicht ein.[261] Einen gewissen Schutz bietet das Verbot manipulativer Einwirkungen auf die Börsenpreise in § 88 BörsG. Zusätzliche Informationen über den Aufbau von Beteiligungen erhalten die Aktionäre durch die Mitteilungspflicht bestimmter Beteiligungsquoten in §§ 20 f. AktG und §§ 21 ff. WpHG.

Die Anforderungen, die ein Kapitalmarkt an ein öffentliches Übernahmeangebot stellt, um in seiner Funktion nicht beeinträchtigt zu werden, sind indes weitergehend und werden im Folgenden analysiert.

II. Kapitalmarktbezogene Verhaltenspflichten

Die Inanspruchnahme des Finanzmarkts durch Bieter und Aktionäre bewirkt, dass neben die gesellschaftsrechtlichen Pflichten noch weitere Faktoren treten, die das Handeln der Parteien – insbesondere des Bieters als agierende Person – bestimmen.[262] Solche kapitalmarktbezogenen Verhaltenspflichten folgen aus der Funktion des Finanzmarkts, die sich in allokativer, institutioneller und operativer Hinsicht beschreiben lässt:[263] Der Markt soll die Allokation der verfügbaren Anlagemittel in der Weise steuern, dass sie den jeweils ertragreichsten Investitionsvorhaben zugeführt und weniger ertragreichen vorent-

---

schutz als ein Hauptziel des Kapitalmarktrechts: *Assmann*, 40 Jahre Bundesrepublik, 1990, 253 (276 ff.).

260 Wertpapier-Verkaufsprospektgesetz v. 17.7.1996, BGBl. I S. 1047.

261 Die Details der Publizitätsregeln werden ab Seite 179 ff. im Rahmen des Übernahmekodex behandelt.

262 Ähnlich: *Assmann/Bozenhardt* in: *Assmann/Basaldua/Bozenhardt/Peltzer*, Übernahmeangebote, S. 1 (74).

263 Vgl. zu den ökonomischen Effizienzmerkmalen eines Finanzplatzes: *Assmann*, 40 Jahre Bundesrepublik, 1990, 253 (263 f.); *Rudolph/Röhrl*, in: *Hopt/Rudolph/Baum*, Börsenreform, S. 145 (169 ff.); *Walz* in: *Wagner* (Hrsg.), Ökonomische Analyse des Bilanzrechts, S. 85 (100 ff.).

halten oder entzogen werden.[264] Die institutionelle Effizienz bemisst sich an den vorgesehenen Investitionsmöglichkeiten und Sicherungen, ohne die die Investoren nicht im ausreichenden Maß bereit wären, ihr Kapital zur Verfügung zu stellen.[265] Operativ effizient arbeitet der Markt, wenn die Kosten der Anlagevermittlung und Kapitalbeschaffung durch Wettbewerb und hohe Liquidität möglichst gering gehalten werden.[266] Die Höhe dieser Transaktionskosten, der installierte Anlegerschutz und die Renditeerwartungen bestimmen über die Menge des verfügbaren Anlagekapitals.[267] Zusammenfassend betrachtet besteht eine Interdependenz zwischen dem öffentlichen volkswirtschaftlichen Interesse an der Bereitstellung und optimalen Allokation des Anlagekapitals und dem individuellen Interesse an dessen Sicherung und Rendite.[268]

Die notwendige Konkretisierung der allokativen, institutionellen und operativen Vorgaben eines effizienten Kapitalmarkts in individuelle Verhaltensanforderungen liegt wegen der volkswirtschaftlichen Bedeutung im öffentlichen Interesse und spricht insofern alle Marktteilnehmer an. Für die Begründung von Verhaltenspflichten bei öffentlichen Übernahmeangeboten im Speziellen bedeutet dies den Wechsel der Argumentationsebene: Die gesellschaftsrechtliche Treuepflicht kann als Derivat eines (Gesellschafts-) Vertragsverhältnisses trotz begrenzter Vorwirkung nicht für die Herleitung kapitalmarktrechtlicher Pflichten herangezogen werden.[269] Ihre immanenten Grenzen, die aus dem Bezug auf die Stellung als Aktionär innerhalb einer Gesellschaft folgen, widersprechen der Orientierung am Gemeinwohl. Die Gemeinwohlbezogenheit ist aber Prämisse des Kapitalmarktrechts.[270] Die Ausbildung kapitalmarktbezogener Verhaltenspflichten muss folglich unter dem Gesichtspunkt der Funktionalität erfolgen.[271] Wie alle anderen Transaktionen am Kapitalmarkt, darf

---

264 *Assmann*, 40 Jahre Bundesrepublik, 1990, 253 (263); *Schwark*, FS Stimpel, 1985, S. 1087 (1091).

265 Sog. Integritätskriterien, dazu *Rudolph/Röhrl*, in: *Hopt/Rudolph/Baum*, Börsenreform, S. 145 (185 ff.).

266 *Rudolph/Röhrl*, in: *Hopt/Rudolph/Baum*, Börsenreform, S. 145 (170 ff.).

267 *Rudolph/Röhrl*, in: *Hopt/Rudolph/Baum*, Börsenreform, S. 145 (169); *Walz* in: *Wagner* (Hrsg.), Ökonomische Analyse des Bilanzrechts, S. 85 (100).

268 *Assmann*, 40 Jahre Bundesrepublik, 1990, 253 (278); *Schwark*, FS Stimpel, 1985, S. 1087 (1092).

269 *Reul*, Gleichbehandlung, S. 272.

270 Vgl. zum Verhältnis zwischen Gesellschaftsrecht und Kapitalmarktrecht *Schwark*, FS Stimpel, 1985, S. 1087 (bes. 1091 ff.).

271 In diesem Sinne: *Assmann*, ZBB 1989, 49 (58, 61); *Assmann/Bozenhardt* in: *Assmann/Basaldua/Bozenhardt/Peltzer*, Übernahmeangebote, S. 1 (74 f.); *Hopt*, FS Rittner, 1991, S. 187 (199). Die Herleitung dieser Pflichten ist allerdings zu unterscheiden von

auch das öffentliche Übernahmeangebot das Funktionieren des Markts nicht beeinträchtigen und deren Durchführung nicht zu einer Fehlallokation dergestalt führen, dass sie eine Unternehmensübernahme ohne gesamtwirtschaftlichen Nutzen hervorbringt. Die Gefahr einer Fehlallokation kann durch eine Verfahrensregelung aber nur in technischer Hinsicht minimiert werden, indem sie die Transaktion nicht behindert. Nicht auszuschließen ist, dass die Übernahme scheitert oder wirtschaftlich keinen Sinn macht. Dieses Risiko liegt in der Sphäre des Unternehmers, der die Entscheidung zur Übernahme trifft.

III. Individualschutz durch transparente Information

Funktionaler Anlegerschutz bedeutet, durch den Individualschutz des Anlegers die institutionelle Effizienz des Kapitalmarkts in der Weise sicherzustellen, dass die Bereitschaft zur Investition gefördert wird.[272] Dazu bedarf es der Schaffung und Pflege eines Vertrauens in den Kapitalmarkt bei den Anlegern und der Möglichkeit rationale Anlageentscheidungen zu treffen.[273] Zu diesem Ziel tragen zum einen vertrauensbildende Maßnahmen bei, wie der Schutz vor anlegerschädigenden Manipulationen – beispielsweise Insiderhandel –, ad hoc-Publizitätspflichten, die Vergleichbarkeit der Anlageangebote und die Transparenz des Markts.[274] Zum anderen erhalten verschiedene weitere Funktionsvoraussetzungen das Vertrauen. Dazu zählen der freiere Zugang zum Markt, die Sicherung der Liquidität[275] und Stabilität des Markts sowie die von der Rechtsordnung bereitgestellten typisierten Anlageformen.[276] Umgekehrt formuliert gilt es, die Möglichkeiten zu beseitigen, die auch bei rationalem Verhalten zu Funktionsstörungen des Markts führen.[277]

Innerhalb eines öffentlichen Übernahmeangebots ist für den verfahrensbezogenen Individualschutz neben dem Zugang zum Angebot wegen des bestehen-

---

der hier nicht näher behandelten Frage, ob sich ganz allgemein kapitalmarktrechtliche Pflichten in eine Erweiterung des deliktsrechtlichen Vermögensschutzes einordnen lassen, dazu: *Assmann*, Prospekthaftung, S. 262 ff.; *ders.*, ZBB 1989, 49 (63); *Mertens*, AcP 178 (1978), 227; *ders.* in: Münchener Komm, § 823, Rn. 472.

272 *Assmann*, 40 Jahre Bundesrepublik, 1990, 253 (264); *Walz* in: *Wagner* (Hrsg.), Ökonomische Analyse des Bilanzrechts, S. 85 (100).

273 *Assmann*, 40 Jahre Bundesrepublik, 1990, 253 (278).

274 *Walz* in: *Wagner* (Hrsg.), Ökonomische Analyse des Bilanzrechts, S. 85 (100).

275 Unter Liquidität des Kapitalmarkts versteht sich u.a. die Breite (Vielfalt des Angebots) und Tiefe (Zahl der Investoren und Volumen des angelegten und anlagesuchenden Kapitals) des Markts, dazu: *Rudolph/Röhrl*, in: *Hopt/Rudolph/Baum*, Börsenreform, S. 145 (177 ff.); *Assmann*, 40 Jahre Bundesrepublik, 1990, 253 (264).

276 *Assmann*, 40 Jahre Bundesrepublik, 1990, 253 (264); *Walz* in: *Wagner* (Hrsg.), Ökonomische Analyse des Bilanzrechts, S. 85 (100).

277 *Assmann*, ZBB 1989, 49 (58 f.).

den Informationsdefizits vor allem der Aspekt der transparenten Informationsversorgung relevant.[278] Der funktional effiziente Zugang zum Angebot wird dadurch gewährleistet, dass der Bieter allen Wertpapierinhabern der Zielgesellschaft eine angemessene Frist einräumt, die es ihnen ermöglicht, unter gleichen Chancen vom Angebot Kenntnis zu erhalten, dessen Konditionen zu prüfen und eine Entscheidung zu treffen. Die Chancengleichheit als eine wesentliche Prämisse der Investitionsbereitschaft der Anleger entspricht somit dem Gleichbehandlungsgrundsatz im Gesellschaftsrecht.[279] Um diese Entscheidung aber rational treffen zu können sind beim Übernahmeangebot genauso wie bei anderen Anlageentscheidungen detaillierte Angaben notwendig, die die Informationsasymmetrie zwischen Bieter und Aktionären abbauen und für Transparenz sorgen.[280] Eine umfassende Unterrichtung der Aktionäre der Zielgesellschaft beugt ebenfalls übereilten Verkaufsentscheidungen vor, denn der Börsenkurs als alleiniges Informationskriterium ist nicht ausreichend.[281] Die Angebotsunterlagen des Bieters sollten daher unter anderem darüber Aufschluss geben, welche Absichten der Bieter mit der Übernahme verfolgt[282] und wie sich der zugrunde gelegte Preis berechnet. Zwar handelt es sich beim Übernahmeangebot um den für das gängige Verständnis von Aufklärungspflichten ungewöhnlichen Fall, dass diese Pflichten nicht den Verkäufer, sondern den Käufer treffen, jedoch kann in diesem Vorgang auch das Gegenteil der Erwerbsphase gesehen werden, mit der Folge, dass die Aufklärungspflichten den Käufer treffen.[283] In der Erwerbsphase hat der gleiche Gedanke des Anlegerschutzes durch die Verminderung der Informationsasymmetrie und deren Ausnutzung im Verkaufsprospektgesetz[284] mit entsprechender Haftung seinen Niederschlag gefunden.

---

278 S. zur Gefahr der Fehlallokation durch den erhöhten Entscheidungsdruck bei Übernahmeangeboten oben Seite 42.

279 Der kapitalmarktrechtliche Gleichheitssatz findet im § 44 BörsG, der inhaltsgleich mit § 53a AktG ist, seinen Niederschlag, vgl. *Schwark*, BörsG, § 44 Rn. 3; vgl. zum Aspekt der Chancengleichheit im Kapitalmarktrecht ferner: *Hopt*, ZHR 161 (1997), 368 (411); *ders.*, FS Rittner, 1991, S. 187 (200); *F. Schäfer*, ZIP 1987, 953 (956).

280 Eine Informationsasymmetrie zwischen Anbieter- und Anlegerseite führt zu Misstrauen, Marktabwanderung in sicherere Anlageformen und damit zu Marktversagen, weil der Anleger die Investition nicht genau einschätzen kann und daher an falscher Stelle oder gar nicht investiert, vgl. *Assmann*, 40 Jahre Bundesrepublik, 1990, 253 (278).

281 S. zur Kritik an der These des vollkommen effizienten Kapitalmarkts oben Seite 39.

282 *Hopt*, ZHR 161 (1997), 368 (377).

283 *Berger*, ZIP 1991, 1644 (1647).

284 Wertpapier-Verkaufsprospektgesetz v. 17.7.1996, BGBl. I S. 1047.

IV. Funktionsschutz durch Manipulationsverbot und Wettbewerb

Öffentliche Übernahmeangebote betreffen nicht nur die Anleger, die das Angebot anspricht. Auch für die übrigen Marktteilnehmer ist die optimale Arbeitsweise des Markts bedeutsam, damit das eingebrachte Kapital dort angelegt wird, wo es die effizienteste Nutzung verspricht.[285] Zur Gewährleistung dieser Allokation darf der Markt nicht durch unrichtige Angaben oder ähnliches manipuliert und die Kurse verzerrt werden, denn dadurch würden ungerechtfertigte Anreize zur (Des-)Investition geschaffen. Durch solche unrichtigen oder unvollständigen Angaben könnte der Bieter den Kurs der Zielgesellschaft im Vorfeld des Übernahmeangebots unter Druck setzen und somit die Übernahme verbilligen. Auf der anderen Seite bedeutete dies, dass die Aktionäre ihre Anteile unter Wert verkauften. Folglich sind derartige Einwirkungen zu unterlassen. Diese Pflicht trifft natürlich auch das Management der Zielgesellschaft, die ein Interesse daran haben könnte, den Kurs der Aktien ihres Unternehmens zu stützen. Eine Unterlassungspflicht in diesem Sinne folgt aus dem bereits genannten § 88 BörsG, nach dem Einwirkungen auf Börsen- oder Marktpreise durch unrichtige Angaben strafbar sind.[286]

Die funktionale Effektivität steigt auch dadurch, dass konkurrierende Übernahmeangebote gefördert werden.[287] Findet ein Wettbewerb um die Kontrolle über Unternehmen statt, schlägt dies sowohl volkswirtschaftlich als auch individuell positiv zu Buche. Ein solcher Wettbewerb bedeutet nach der Theorie des Markts für Unternehmenskontrolle, dass derjenige die Kontrolle erhält, der die Ressourcen des Unternehmens am effizientesten nutzen kann, denn für diesen hat die Gesellschaft einen höheren Wert als für die anderen Bieter und er wird folglich den höchsten Preis offerieren.[288] Für die Aktionäre der Zielgesellschaft auf der anderen Seite bringt die Konkurrenz der Angebote eine Verbesserung der Gegenleistung mit sich; ihr Risiko der Unterbezahlung wird also durch einen kompetitiven Markt vermindert.[289] Die Förderung dieses für die Aktionäre günstigen Wettstreits zwischen den Bietern, etwa durch eine Erlaubnis, bei Konkurrenzangeboten den eigenen Angebotspreis innerhalb der

---

285 *Assmann*, 40 Jahre Bundesrepublik, 1990, 253 (263); *Schwark*, FS Stimpel, 1985, S. 1087 (1091).

286 Zum Schutzgut des § 88 BörsG gehört die Zuverlässigkeit und „Wahrheit" der Preisbildung an Börsen und Märkten und im Reflex der Schutz der Kapitalanleger, *Schwark*, BörsG, § 88 Rn. 1.

287 *Meier-Schatz*, ZHR 149 (1885), 76 (81).

288 *Herkenroth*, Konzernierungsprozesse, S. 343.

289 *Berger*, ZIP 1991, 1644 (1658); Kartellgesetze und die Größe der Zielgesellschaft können aber den Wettbewerb bei Übernahmeangeboten behindern, vgl. *Herkenroth*, Konzernierungsprozesse, S. 344 und *Hahn*, ZBB 1990, 10 (16 f.).

Laufzeit des Angebots zu erhöhen, muss aber auch der Gleichbehandlung der Aktionäre Rechnung tragen, die das Angebot schon angenommen haben.[290]

C. *Pflichtangebot*

Bei dem Wechsel der Unternehmenskontrolle stellt sich die Frage, ob auch die Aktionäre, deren Anteile der Akquisiteur für den Vollzug der Kontrolle nicht benötigt, an diesem beteiligt werden sollten. Denn erwirbt der Akquisiteur nur den Teil der Anteile, der ihm die Kontrollübernahme sichert, finden sich die restlichen Aktionäre unverhofft in einer Minderheitsposition wieder, womit sie dem neuen Mehrheitsaktionär praktisch ausgeliefert sind. Eng mit diesem Problem verwoben ist die Frage nach der Verteilung der Kontrollprämie, die der Erwerber für die Übernahme der Kontrolle auf den Kurswert der Anteile aufschlägt. Beide Aspekte spielen wiederum für die Finanzierung und damit für die Attraktivität der ins Auge gefassten Übernahme eine bedeutende Rolle und wirken somit auf das tatsächliche Zustandekommen der Akquisition ein.
Einen Ausweg aus diesem Problemkreis bietet eine Pflicht für den Akquisiteur, bei der Übernahme der Unternehmenskontrolle allen Aktionären ein Angebot auf den Erwerb der restlichen noch außenstehenden Anteile zu machen. Systematisch betrachtet kommt mit dem Pflichtangebot eine weitere Zielsetzung innerhalb des Regelungskonzepts für öffentliche Übernahmeangebote hinzu: Neben der Regelung des Verfahrens für Übernahmeangebote tritt eine Pflicht, sich dieses Verfahrens zu bedienen.[291] Da diese Pflicht losgelöst von der Transaktionstechnik besteht und nur von einem erfolgten oder angehenden Erwerb der Kontrolle initiiert wird, münden auch Übernahmeversuche durch sukzessiven Anteilserwerb oder durch Paketkauf letztlich in ein öffentliches Übernahmeangebot. Da die verschieden Transaktionsformen von ihrem Ziel her wechselseitig substituierbar sind, drängt sich eine einheitliche rechtliche Behandlung auf.[292]

I. Geltendes Recht

Das Pflichtangebot ist das umstrittenste Element einer Regelung von öffentlichen Übernahmeangeboten, denn hier wird der Bieter gezwungen, etwas zu

---

290 *Peltzer* in: *Assmann/Basaldua/Bozenhardt/Peltzer*, Übernahmeangebote, S. 179 (207).

291 *Mertens*, AG 1990, 252 (256); kritisch zur Verbindung dieser Aspekte innerhalb einer Regelung: *Roos*, WM 1996, 2177 (2184).

292 Zu der Überformung der Transaktionsformorientiertheit des traditionellen gesellschaftsrechtlichen Umgangs mit Unternehmensübernahmen vgl. *Herkenroth*, Konzernierungsprozesse, S. 361.

kaufen, was er regelmäßig nicht braucht und daher auch nicht will.[293] Die Verpflichtung, jemandem einen Vertragsschluss anzubieten, ist dem deutschen Recht grundsätzlich fremd. Ähnliche Erwerbspflichten ergeben sich nur in Gestalt von Ausgleichs- und Abfindungspflichten bei Konzernierungsmaßnahmen.[294] Insbesondere aufgrund der Existenz dieser Vorschriften wird die Zweckmäßigkeit eines Pflichtangebots seit jeher heftig bestritten. Das Konzernrecht, als der in Deutschland gewählte Ansatz zum Schutz der Minderheitsaktionäre, wird als bereits hinreichende Regelung betrachtet.[295] Daher bedarf dieses wichtige Argument gegen eine Angebotspflicht einer umfassenden vergleichenden Beurteilung.[296]

II. Individualschutz

Die Regelung öffentlicher Übernahmeangebote berührt zum einen im Rahmen der gesellschaftsrechtlichen Treuepflicht das Verhältnis zwischen Aktionär und Bieter und zum anderen auf der Verfahrensseite die Beziehungen zwischen den Akteuren auf dem Kapitalmarkt. Dieses Tandem aus gesellschaftsrechtlichen und kapitalmarktrechtlichen Berührungspunkten spiegelt sich im Pflichtangebot wieder, weil sich der Kontrollwechsel sowohl auf die mitgliedschaftliche Position als auch auf den Wert der Anlage auswirkt.[297] Im Zusammenhang mit dem obligatorischen Übernahmeangebot ist also auch zu prüfen, ob sich eine Grundlage im jeweiligen Rechtsgebiet ermitteln lässt.

1. Schutz der Mitgliedschaft

Die Pflicht, allen Aktionären den vollständigen Erwerb ihrer jeweiligen Beteiligung anzubieten, gibt den Wertpapierinhabern der Zielgesellschaft die Gelegenheit, sich von ihrer Beteiligung und damit von ihrer Stellung als Mitglied zu trennen. Voraussetzung für das Entstehen dieser Pflicht kann allerdings nicht der Erwerb jedweder größeren Beteiligung sein, sondern sie greift nur in dem Fall ein, dass der Bieter die Kontrolle über die Gesellschaft erwirbt,

---

293 Zumindest ist der Teil, der über die Kontrollmehrheit hinausgeht, für den Bieter regelmäßig nicht interessant; vgl. zu den verschiedenen bei Übernahmen nötigen Beteiligungshöhen oben „Ziel der Übernahmen“, Seite 26 f.

294 Bei Abschluss eines Beherrschungs- und Gewinnabführungsvertrags nach §§ 304, 305 AktG, Eingliederung gem. § 320b AktG oder Umwandlung, §§ 15, 29, 207 UmwG.

295 Vgl. exemplarisch *Grunewald*, WM 1991, 1361 (1362); *Hommelhoff/Kleindiek*, AG 1990, 106 (110); *Mertens*, AG 1990, 252 (258).

296 S. zum Vergleich mit dem Konzernrecht ausführlich unten ab Seite 78.

297 Vgl. zu den verschiedenen möglichen Auswirkungen der Kontrollübernahme auf den Kurswert der Aktien, *Herkenroth*, Konzernierungsprozesse, S. 339 in Fn. 186; *Bästlein*, öffentliche Übernahmeangebote, S. 63 ff.

wobei die maßgebliche Kontrollschwelle noch Gegenstand gesonderter Diskussion sein wird.[298] Dann nämlich sehen sich die Aktionäre einem neuen Mehrheitsaktionär gegenüber, der die amtierende Unternehmensspitze, der die Aktionäre vertraut haben, ablösen und die Unternehmensstrategie drastisch ändern könnte.[299] Das öffentliche Übernahmeangebot verschafft dem Bieter die potentielle Möglichkeit, maßgeblichen unternehmerischen Einfluss auf die Gesellschaft auszuüben und unterliegt daher der gesellschaftsrechtlichen Treuepflicht.[300]

Aus der Anwendbarkeit der Treuepflicht könnte auch eine Angebotspflicht hergeleitet werden. Zur Begründung des Pflichtübernahmeangebots wird das Gebot der Gleichbehandlung, das ein Ausfluss der Treuepflicht ist und aus dem insbesondere die Nachbesserungspflicht und die Erfüllung pro rata resultieren, herangezogen.[301] Denn erst dadurch, dass der Bieter allen Aktionären ermögliche, zu gleichen Konditionen am Angebot teilzunehmen, sei die Gleichbehandlung aller Wertpapierinhaber der Zielgesellschaft sichergestellt. Dem ist insofern zuzustimmen, als dass das Pflichtangebot die umfassendste Form der Gleichbehandlung ist. Eine Angebotspflicht führt jedoch zu dem Ergebnis, dass die Aktionäre, die das Angebot annehmen, die Gesellschaft verlassen. Es steht dadurch jedem Aktionär offen, seine Mitgliedschaft gegen das Angebot einzutauschen. Begründete man die Angebotspflicht mit der Treuepflicht zwischen den Parteien, bedeutete dies, dass letztlich die Treuepflicht die Auflösung der mitgliedschaftlichen Beziehung zwischen Aktionären und dem Bieter herbeiführte. Auch wenn die Vorstellung, die Gesellschaft zu verlassen, für die Minderheitsaktionäre reizvoll wäre, entspricht sie nicht dem Leitbild der Treuepflicht, die in der Abstimmung der Interessen aller Aktionäre im Hinblick auf ein gemeinsames Zusammenwirken ihre Berechtigung findet.[302] Es wäre paradox, ein Pflichtengefüge, das die mitgliedschaftliche Beziehung schützen will, dazu heranzuziehen, gerade diese Bindung aufzulösen. Ferner wird der Bieter der aus der Treuepflicht abgeleiteten Gleichbehandlungspflicht schon durch die Gewährung einer Nachbesserung

---

298 Dazu insbesondere unten unter „Ausgestaltung des Pflichtangebots", Seite 230 ff.

299 Adams, AG 1990, 243 (249); *Wymeersch* in: *Hopt/Wymeersch*, European Takeovers, S. 351 (356); diese Gefahr sieht auch *Wiedemann*, Gesellschaftsrecht I, S. 450.

300 Ähnlich *Schwark*, FS Stimpel, 1985, S. 1087 (1110); *Reul*, Gleichbehandlung, S. 262; vgl. oben unter „Treuepflicht bei Übernahmeangeboten", Seite 53 ff.

301 Vgl. *Hommelhoff*, FS Semler, 1993, S. 455 (457); *Otto*, AG 1994, 167 (169); *Reul*, Gleichbehandlung, S. 266 f.; ablehnend *Grunewald*, WM 1989, 1233 (1235); *Lutter*, ZHR 153 (1989), 446 (461 f.); *Pietzke*, FS Fikentscher, 1998, 601 (611).

302 So auch *Reul*, Gleichbehandlung, S. 267, anhand eines Modellvergleichs mit einem Investmentkontrakt. Er hält diesen Weg allerdings für vereinbar mit der Treuepflicht.

und der Erfüllung pro rata gerecht.[303] Denn dadurch wird zwar nicht die vollständige, aber immerhin die gleichmäßige und faire Beteiligung aller Aktionäre am öffentlichen Übernahmeangebot sichergestellt.[304]
Das Pflichtangebot bietet folglich den Minderheitsaktionären Schutz vor Ausnutzung ihrer Situation, weil sie vorher die Gesellschaft verlassen können. Durch den mit dem Angebot verbundenen Informationsfluss wird ihre Entscheidung über die angemessene Reaktion auf den Machtwechsel erleichtert und durch die Verkaufsoption eine gangbare Alternative geschaffen. Aber allein mit dem Gedanken der gesellschaftsrechtlichen Treuepflicht lässt sich ein so weitgehender Schutz der Minderheitsposition nicht begründen.[305]

2. Schutz der Vermögensanlage

Das zweite mit dem Pflichtangebot verfolgte Ziel ist der Schutz der Vermögensanlage, die jede Aktie birgt.[306] Dieser Schutz funktioniert im Wesentlichen in der Weise, dass die Aktionäre ihre gesamten Anteile auf einmal an den Bieter veräußern können. Dadurch sichern sie sich, wenn sie möchten, gegen die Gefahr zukünftigen Wertverlustes ab.[307]
Es stellt sich aber die grundlegende Frage, wieso der Bieter die Aktionäre durch ein Pflichtangebot schützen sollte beziehungsweise aus welchem Grund die Aktionäre ihr Anlagerisiko auf den Bieter sollten abwälzen können. Zur Beantwortung dieser Frage muss innerhalb der Gegenleistung, die der Bieter erbringen soll, unterschieden werden: Die Gegenleistung des Pflichtangebots setzt sich erstens aus dem Wert, den der Anteil am Unternehmen verkörpert, und zweitens aus dem Anteil der Kontrollprämie zusammen. Die Sicherung des Werts der Anteile, bestimmt zugleich über das „Warum“ eines Pflichtangebots, während sich durch die Verteilung der Kontrollprämie das „Wie“ ergibt.

a) Werterhalt der Anteile

Der Schutz, der dem einzelnen Wertpapierinhaber durch das obligatorische Übernahmeangebot gewährt wird, rechtfertigt sich mit der Annahme, dass der

303 Zur Konkretisierung der Treuepflicht bei öffentlichen Übernahmeangeboten vgl. oben unter „Inhalt der Treuepflicht bei Übernahmeangeboten“, Seite 58 ff.

304 Ähnlich *Otto*, AG 1994, 167 (169 f.).

305 So i.Erg. auch *Grunewald*, WM 1989, 1233 (1235); *Lutter*, ZHR 153 (1989), 446 (461 f.); *Hopt*, ZHR 161 (1997), 368, (411); *Pietzke*, FS Fikentscher, 1998, 601 (611).

306 *Wymeersch* in: *Hopt/Wymeersch*, European Takeovers, S. 351 (357).

307 Das Pflichtangebot ist daher eine Art „Austrittsrecht“ der Minderheitsaktionäre, *Adams*, AG 1990, 243 (249); *Herkenroth*, Konzernierungsprozesse, S. 363, Fn. 265; *Hopt*, FS Rittner, 1991, S. 187 (201).

neue Mehrheitsaktionär seine Machtposition nutzen wird.[308] Diese Nutzung kann in der für die Aktionäre misslichen Weise erfolgen, dass er die Gesellschaft ausbeutet oder zerschlägt, die Übernahme aus fehlgehenden Motiven durchgeführt hat oder langfristig zum Nachteil der Aktionäre handelt.[309] In diesen Fällen wird die Übernahme von den Finanzmärkten negativ aufgenommen werden und die Aktionäre, die ihre Anteile nach der Übernahme behalten haben, laufen Gefahr, Werteinbußen hinnehmen zu müssen.[310] Verkauften sie aber unmittelbar nach der Übernahme ihre Wertpapiere an der Börse, führte das plötzliche große Angebot zu einer Schwemme und damit zum Kurseinbruch.[311] Aus Sicht der Anleger stellt daher das Pflichtangebot die Gelegenheit dar, sich dieses Risikos zu einem angemessenen Preis zu entledigen.[312]

Eine Alternative zu rechtlichen Regelungen zum Schutz vor negativen Auswirkungen einer Übernahme wird darin gesehen, dass die Anleger ihr Portfolio so diversifizieren, dass sie bei Übernahmen sowohl auf der Seite des Bieters als auch auf der Seite der Zielgesellschaft teilnehmen, so dass sich für sie die Übernahme per Saldo neutral auswirkt.[313] Dass Investoren ihr Portfolio tatsächlich überwiegend genügend diversifizieren, ist aber zu bezweifeln. In der Ökonomie wird schon die Möglichkeit einer derartigen Diversifikation bestritten, weil diese untrennbar mit zusätzlichen Kosten verbunden ist, die eine optimale Verteilung der Anlage nicht zulassen.[314]

Man könnte sich auf den Standpunkt stellen, dass ungünstige Kursentwicklungen in Folge eines Kontrollwechsels in der Risikosphäre des Anlegers liegen und daher auch von ihm getragen werden müssen. Dem steht jedoch die Wertung entgegen, die der Gesetzgeber im Konzernrecht getroffen hat: Zwar ist ein Handeln zu Lasten der Konzerntochter zulässig,[315] gleichzeitig muss aber das herrschende Unternehmen die außenstehenden Aktionäre der Tochterge-

---

308 *Wymeersch* in: *Hopt/Wymeersch*, European Takeovers, S. 351 (357); kritisch *Pietzke*, FS Fikentscher, 1998, 601 (613).

309 Vgl. zu den Risiken, die Übernahmen für Aktionäre mit sich bringen oben Seite 38 ff.

310 *Hommelhoff*, FS Semler, 1993, S. 455 (457); *Kallmeyer*, ZHR 161 (1997), 435 (436).

311 Dies gesteht auch *Kallmeyer*, ZHR 161 (1997), 435 (440 f.), ein, der allerdings die Möglichkeit zum Verkauf in der Phase vor der Kontrollübernahme, die regelmäßig von Kursanstiegen gekennzeichnet sei, für eine Gleichbehandlung der Aktionäre genügen lässt.

312 „Minority shareholders, always preferring cash to risk, are strongly in favor of the rule“, *Wymeersch* in: *Hopt/Wymeersch*, European Takeovers, S. 351 (351); ähnlich *Kallmeyer*, ZHR 161 (1997), 435 (441).

313 *Hahn*, ZBB 1990, 10 (17); ansatzweise auch *Munscheck*, Übernahmeregelung, S. 203.

314 *Herkenroth*, Konzernierungsprozesse, S. 345.

315 Vgl. §§ 291, 308 AktG.

sellschaft absichern. Dazu ist ihm eine Ausgleichs- und Abfindungspflicht auferlegt.[316] Diese besteht, ohne dass sich die Konzernierung notwendigerweise nachteilig für die Konzerntochter und ihre Aktionäre auswirken muss. Allein der Vorgang der Konzernierung ist ausreichend zur Begründung dieser Pflicht, weil die durch die Abhängigkeit begründete Herrschaftsmöglichkeit jederzeit zum Nachteil der Gesellschaft ausgeübt werden kann und damit die Aktionäre in ihrer Vermögensposition getroffen werden.[317] Lässt die Rechtsordnung eine solche vertragliche Einflussnahme zu, muss sie mit Rücksicht auf Art. 14 Abs. 1 GG auch für die volle Entschädigung der außenstehenden Aktionäre sorgen.[318] Der Nutzen, den das herrschende Unternehmen aus dem Zusammenschluss zieht, darf also nicht zu Lasten der Aktionäre des abhängigen Unternehmens gehen. Wird das Risiko des Wertverlusts nicht vom Unternehmen selbst oder von der allgemeinen Marktsituation gesetzt, sondern liegt es in einem neuen herrschenden Kontrollinhaber begründet, muss dieser infolgedessen den Wertverlust auffangen.[319]
Überträgt man diese Wertung auf die Situation eines öffentlichen Übernahmeangebots, zeigt sich eine weitgehende Parallele: Zwar wechselt im Falle eines öffentlichen Übernahmeangebots die Kontrolle nicht durch vertragliche Vereinbarung, sondern der Kontrollwechsel wird faktisch durch Übernahme der Aktienmehrheit vollzogen, aber vom Ergebnis her betrachtet hat in beiden Fällen die Kontrolle in andere Hände gewechselt. Folglich ist auch hier der Schutz der gesamten außenstehenden Aktionärsminderheit zu gewährleisten. Dazu stehen Ausgleichs- und Abfindungsregeln des Konzernrechts einerseits und die Pflicht zur Abgabe eines Totalangebots andererseits zur Verfügung.[320]

---

316 Bei Abschluss eines Beherrschungs- und Gewinnabführungsvertrags nach §§ 304, 305 AktG, Eingliederung gem. § 320b AktG oder Umwandlung, §§ 15, 29, 207 UmwG.

317 Das BVerfG betont in seinem Beschl. v. 27.4.1999 (= WM 1999, 1666) auf S. 3, dass das herrschende Unternehmen Kraft seiner Weisungsbefugnis die abhängige Gesellschaft ihrer Vermögenswerte weitgehend entkleiden und vollständig dem Konzerninteresse unterwerfen kann; vgl. ferner BGHZ 80, 69 (74 f.); *Emmerich/Sonnenschein*, Konzernrecht, S. 269. Dies geht auch aus dem Wortlaut des § 17 Abs. 1 AktG hervor, der für die Annahme einer Abhängigkeit die bloße Möglichkeit der Einflussnahme ausreichen lässt; dazu *Hüffer*, AktG, § 17 Rn. 4; *Emmerich/Sonnenschein*, Konzernrecht, S. 39 ff.; *Timm*, JuS 1999, 656 (657).

318 BVerfG, Urt. v. 7.8.1962 in BVerfGE 14, 263 (276 ff.) (Feldmühle); BGHZ 135, 374 (378 ff.); 119, 1 (10) = NJW 1992, 2760 (Asea/BBC); BGH, WM 1997, 1288 (Guano).

319 Neben dem reinen Vermögensschutz wird durch die Abfindung in Aktien des herrschenden Unternehmens bzw. durch Barabfindung mit der Möglichkeit zur Reinvestition auch eine Anlagepolitik verfolgt, die das Aktiensparen begünstigt, vgl. *G. Schuster*, Internationale Anwendung des Börsenrechts, S. 207.

320 *Lutter*, ZHR 153 (1989), 446 (461 f.) weist zu Recht darauf hin, dass die Ausgleichs- und Abfindungsmöglichkeiten des Konzernrechts spezielle und abschließende Regeln und

Unabhängig von der Frage, welcher Schutzmechanismus vorzuziehen ist,[321] folgt aus dem Konzernrecht, dass der Schutz der Vermögensposition der Aktionärsminderheit im Falle eines Kontrollwechsels einer gesetzlichen Wertung entspricht. Ebenso wie innerhalb eines Konzerns alle außenstehenden Aktionäre in der vollen Höhe ihres Anteils zu berücksichtigen sind, muss sich auch jedes öffentliche Übernahmeangebot, das auf einen Kontrollwechsel abzielt, auf alle Aktien der Wertpapierinhaber der Zielgesellschaft erstrecken. Das obligatorische Übernahmeangebot korrespondiert daher mit der gesetzlichen Wertung betreffend den Schutz außenstehender Aktionäre.

Für die Wirksamkeit dieses Schutzes ist es unabdingbar, dass mit der Pflicht zum Angebot auch eine verbindliche Regel zur Preisgestaltung einhergeht. Andernfalls könnte der Bieter das Pflichtangebot durch eine unattraktive Gestaltung der Gegenleistung umgehen. An den zusätzlichen Anteilen aus dem Pflichtangebot ist dem Bieter in der Regel nicht so sehr gelegen und viele Aktionäre werden aufgrund der Aussicht, in einer Minderheitsposition zu verbleiben, an einem raschen Verkauf ihrer Anteile interessiert sein, so dass seine Preisgestaltung entsprechend niedrig ausfallen könnte.[322] Soll das Pflichtangebot dem Investitionsschutz dienen, ist es notwendig, die Mindesthöhe der Gegenleistung am Börsenkurs zu messen, den die Aktien im Zeitraum vor der Übernahme, bereinigt um zufällige spekulative Spitzen, aufweisen.[323] Der Börsenkurs stellt zwar nicht das perfekte Abbild des Anteilswerts dar,[324] aber er beschreibt zumindest den Betrag, der für die Investitionsentscheidungen der Anleger maßgeblich ist. Auch die Möglichkeit, dass durch Konkurrenzangebote der Preis nach oben getrieben werden könnte, entbindet von einer Preisregel nicht. Zum einen herrscht nicht immer Angebotskonkurrenz[325] und zum anderen werden Wettbewerber nicht mitbieten, wenn ein Bieter bereits durch andere Transaktionen die Kontrolle übernommen hat, weil sie eben diese Kontrolle nicht mehr erreichen können.[326]

Die Frage, ob das Risiko eines Wertverlustes dem einzelnen Anleger anzulasten ist,[327] hat demnach der Gesetzgeber zumindest für den Fall des Kontroll-

---

daher nur unter besonderen Umständen analogiefähig sind. Dies ändert allerdings nichts an der zugrunde gelegten Wertungsentscheidung des Gesetzgebers.

321 Dazu sogleich unter „Pflichtangebot und Konzernrecht", Seite 78 ff.

322 *Sandberger*, DZWir 1993, 319 (325); *Wymeersch* in: *Hopt/Wymeersch*, European Takeovers, S. 351 (355).

323 Zum Börsenkurs als Mindesthöhe des Anteilswerts auch unter Seite 86.

324 S. zu den Defiziten des Börsenkurses als Wertmesser einer Gesellschaft oben Seite 39.

325 *Herkenroth*, Konzernierungsprozesse, S. 343.

326 *Assmann*, AG 1995, 563 (571); *Sandberger*, DZWir 1993, 319 (324); *Wymeersch* in: *Hopt/Wymeersch*, European Takeovers, S. 351 (360).

327 Dafür eindringlich *Kallmeyer*, ZHR 161 (1997), 435 (440 f.).

wechsels verneint. Das Konzernrecht und dieser Wertung entsprechend auch das Pflichtangebot muss also dem Minderheitsaktionär einen Teil seines Anlagerisikos nehmen und es dem herrschenden Unternehmen beziehungsweise dem Bieter überstellen.

b) Beteiligung an der Kontrollprämie

Des Weiteren stellt sich die Aufgabe, die Modalitäten und insbesondere den Preis eines alle Aktien umfassenden Pflichtangebots zu klären. Hauptsächlich ist der Angebotspreis wegen der Gefahr des Unterlaufens durch eine Preisregel zu bestimmen.[328] Zusätzlich entfällt auf die Aktien noch ein Teil der Kontrollprämie. Die Kontrollprämie, also das Aufgeld, das für die Anteile bezahlt wird, die dem Erwerber letztlich die Kontrolle vermitteln, bildet eine eigene Wertkomponente neben dem in der Aktie verkörperten Eigentumsanteil.[329] Diese Prämie repräsentiert den aktuellen Wert der geldwerten Synergieeffekte und sonstigen Vorteile, die der Akquisiteur zukünftig aus der Position des Kontrollinhabers zu beziehen erhofft, zum Beispiel aus einer Funktion im Vorstand oder Aufsichtsrat.[330] Trifft den Erwerber die Pflicht, mit dem Erlangen der Kontrolle auch alle weiteren Anteile zu übernehmen, so wird er die dadurch entstehenden Mehrkosten in seine Kalkulation einbeziehen. Der Erwerber ist, weil er – je nach Resonanz auf sein Angebot – einen Teil des Streubesitzes übernehmen kann, nicht mehr ausschließlich auf die Inhaber größerer Aktienpakete angewiesen. Muss er ohnehin einen Großteil der Stimmrechte übernehmen, übt die Bündelung der Stimmen im Paket weniger Attraktivität aus, so dass die Kontrollprämie für das Aktienpaket niedriger ausfällt und diese Ersparnis zur Finanzierung des Angebots genutzt wird.[331] Die Pflicht, ein sämtliche Aktien umfassendes Angebot abzugeben, führt also dazu, dass die Kontrollprämie auf die Aktionäre, die das Angebot annehmen, aufgeteilt wird. Ohne Pflichtangebot würden die außenstehenden Aktionäre am Kontrollwechsel überhaupt nicht partizipieren.[332]

---

328 Vgl. soeben auf Seite 75.

329 *Behrens*, ZGR 1975, 433 (438); *Krause*, Übernahmeangebot, S. 95; *Macharzina*, Unternehmensführung, S. 571; *Hopt*, ZGR 1993, 534 (544).

330 *Lutter*, ZHR 153 (1989), 446 (462); *Wymeersch* in: *Hopt/Wymeersch*, European Takeovers, S. 351 (358). Hierunter fällt auch die Realisierung der stillen Reserven, *Otto*, AG 1994, 167 (172).

331 *Wymeersch* in: *Hopt/Wymeersch*, European Takeovers, S. 351 (360), sieht darin die Gefahr, dass der Preis niedriger ausfällt. Dies wird aber nur im Vergleich zum Paketinhaber der Fall sein, weil „seine" Kontrollprämie auf alle Anteile aufgeteilt wird.

332 *Mertens*, AG 1990, 252 (257); *Otto*, AG 1994, 167 (172).

Diese Verteilung der Kontrollprämie funktioniert jedoch nur so lange, wie keine oder nur kleine Aktienpakete existieren. Sind große Pakete vorhanden, ohne die die Übernahme der Mehrheit unrealistisch oder gar unmöglich ist, wird sich deren Inhaber seine Schlüsselposition nach wie vor entsprechend vergüten lassen. Die Aktionäre bekommen dann zwar die Möglichkeit, ihre Anteile zu verkaufen, aber an der Kontrollprämie werden sie nicht beteiligt. Eine Verteilung müsste also auf anderem Wege gesichert werden.

Dies wirft indes die Frage auf, ob eine Verteilung der Kontrollprämie überhaupt stattfinden soll.[333] Das Aktienpaket des Kontrollaktionärs beinhaltet diesen Mehrwert aufgrund rechtlich und ökonomisch nicht zu beanstandender Akkumulation der Stimmrechte. Durch den Kontrollzuschlag realisiert der Paketinhaber nichts anderes als den korrekt gebildeten Marktpreis für seine Beteiligung.[334] An dem Umstand, dass der Paketinhaber diesen höheren Erlös vereinnahmt, ist demnach nichts auszusetzen.[335] Auch unter dem Gedanken der Treuepflicht ergibt sich für den Inhaber eines Aktienpakets nichts anderes, insbesondere keine Pflicht zur erweiterten Paketbildung.[336]

Aber die Treuepflicht besteht auch zwischen Bieter und den Wertpapierinhabern der Zielgesellschaft. In diesem Verhältnis führt die Treuepflicht zu einer Verteilung der Kontrollprämie, denn aus ihrem Inhalt ergibt sich eine umfangreiche Gleichbehandlungs- beziehungsweise Nachbesserungspflicht, die dem Bieter obliegt.[337] Diese spezielle Verpflichtung zieht im Reflex eine Verteilung der Kontrollprämie nach sich.[338] Die Aufgliederung der Nachbesserungspflicht hat gezeigt, dass der Bieter verpflichtet ist, den Adressaten des Angebots die gleichen Konditionen zu gewähren, die er den Verkäufern eingeräumt

---

333 *Herkenroth*, Konzernierungsprozesse, S. 297; *Hopt*, FS Rittner, 1991, S. 187 (200); Kritisch: *Kallmeyer*, ZHR 161 (1997), 435 (440 f.); *Pietzke*, FS Fikentscher, 1998, 601 (611); *Wymeersch* in: *Hopt/Wymeersch*, European Takeovers, S. 351 (358).

334 *Lutter*, ZHR 153 (1989), 446 (462).

335 *Lutter*, ZHR 153 (1989), 446 (462); a.A.: *Wiedemann*, Gesellschaftsrecht I, S. 452, der die Kontrollprämie im Rahmen eines Paketwechsels mit „Schmiergeld" vergleicht.

336 Vgl. oben Seite 61; a.A.: *Reul*, Gleichbehandlung, S. 262 ff., der den veräußernden Kontrollaktionär für verpflichtet hält, nicht an Interessenten zu verkaufen, die eine Ausbeutung verfolgen und den verkaufswilligen Aktionären einen Ausstieg zu den gleichen Konditionen ermöglichen; s. ferner *Baums*, AG 1990, 221 (234 f.); einschränkend auch: *Wiedemann*, Gesellschaftsrecht I, S. 451. Auch in der US-amerikanischen Rechtsprechung findet sich die Treubindung des verkaufenden Kontrollaktionärs, s. Perlman v. Feldmann, 219 F. 2d 173 (175) (2nd Cir. 1955), wo festgestellt wurde, dass alle Aktionäre an der Kontrollprämie partizipieren sollen; vgl. auch *Sandberger*, DZWir 1993, 319 (324).

337 Vgl. dazu oben unter „Nachbesserung", Seite 60 ff.

338 Andeutungsweise Kölner Komm-*Lutter*, § 53a Rn. 47.

hat, deren Anteile er zwar außerhalb des Angebots, aber im Hinblick auf die Übernahme erworben hat.[339] Daraus folgt zwangsläufig, dass die Kontrollprämie als Bestandteil des Kaufpreises, soweit sie an andere Mitaktionäre gezahlt wurde, auch den übrigen Adressaten des Angebots zu gewähren ist. Pro Anteil ist also der gleiche Preis zu zahlen, egal aus welcher Hand der Anteil stammt. Im Falle eines Pflichtangebots partizipieren dann alle Aktionäre an der Kontrollprämie, weil ein niedrigeres Angebot gegen die Gleichbehandlungspflicht verstieße. Der Verteilungsmaßstab für die Kontrollprämie ergibt sich also aus der besonderen Ausprägung der Treuepflicht bei öffentlichen Übernahmeangeboten.[340]

Dieses Ergebnis, das aus dem Zusammenwirken des Gleichbehandlungsgebots und dem Pflichtangebot resultiert, ist zudem der Sache nach gerechtfertigt: Weil jede Kontrollübernahme zwangsläufig dazu führt, gleichzeitig auch allen übrigen Aktionären den Erwerb ihrer Aktien anzubieten, findet die Kontrollübernahme nicht nur mit den zuvor erworbenen Aktien, sondern auch mittels der (ehemaligen) Anteile aller übrigen Aktionäre statt. Verhelfen also notwendigerweise alle verkaufsbereiten Aktionäre dem Bieter zur Kontrolle, sind sie auch alle gleichmäßig an der Kontrollprämie zu beteiligen.

Die Notwendigkeit des Schutzes der Investition der Aktionäre bei einem Kontrollwechsel lässt sich also mit einer Wertung begründen, die der Gesetzgeber im Konzernrecht niedergelegt hat. Benutzt man das öffentliche Übernahmeangebot in Form eines Pflichtangebots, um den Schutz der außenstehenden Aktionäre zu gewährleisten, muss das Übernahmeangebot auch auf alle Aktien erstreckt werden. Aus der besonderen Situation, in der sich die Aktionäre befinden, wenn durch ein öffentliches Übernahmeangebot die Kontrolle wechselt, folgt dann des Weiteren, dass das Gleichbehandlungsgebot gilt, das den Bieter dazu verpflichtet, für alle zur Kontrolle notwendigen Aktien den gleichen Preis zu zahlen.

III. Pflichtangebot und Konzernrecht

Wie soeben dargestellt, ist es möglich, die Aktionäre vor den Risiken, die ein neuer Kontrollaktionär mit sich bringen könnte, durch ein Pflichtangebot wirksam zu schützen. Der Zeitpunkt, in dem das Pflichtangebot seine Schutzwirkung entfaltet, ist allerdings – dies liegt in der Natur der Sache begründet – der Moment des Wechsels der Kontrolle. Wenn der Bieter ein Unternehmen im Sinne der §§ 15 ff. AktG ist, liegt im Kontrollwechsel der Augenblick der

---

339 A.A. ohne nähere Begründung: *Pietzke*, FS Fikentscher, 1998, 601 (611).

340 Vgl. dazu die Ausführungen aus ökonomischer Perspektive in *Herkenroth*, Konzernierungsprozesse, S. 297 ff., die schließlich zum gleichen Ergebnis kommen (S. 362 f.).

Begründung der Abhängigkeit und somit regelmäßig der Zeitpunkt der Konzernierung.[341] Da zu diesem Zeitpunkt allen Aktionären das Verlassen der Gesellschaft angeboten wird, sind die Wertpapierinhaber vor jedweder Konzernierung abgeschirmt. Es handelt sich beim Pflichtangebot also um Konzerneingangsschutz durch ein Austrittsrecht.[342]
Folglich wird mit dem Pflichtangebot neben das bestehende Konzernrecht eine kapitalmarktrechtliche Variante des Minderheitenschutzes etabliert. Dies führt zu der Problematik, ob hier ein Konkurrenzverhältnis entsteht und wie ein solches zu behandeln ist. Konkreter gefasst stellt sich die Frage, ob das obligatorische Übernahmeangebot einen eigenen Anwendungsbereich neben dem Konzernrecht hat und ob bei Kollisionen eine Modifikation des Regelungssystems von Pflichtangeboten vorzunehmen ist.[343]

1. Faktischer Konzern

Ein unmittelbares Konkurrenzverhältnis zwischen dem obligatorischen Übernahmeangebot und dem Konzernrecht besteht auf dem Gebiet des faktischen Konzerns. Während der Vertragskonzern in einer zwischen den beteiligten Unternehmen geschlossenen Vereinbarung[344] und die Eingliederung in einem Hauptversammlungsbeschluss[345] ihr ordnendes Fundament hat, werden alle übrigen Abhängigkeitsverhältnisse dem faktischen Konzern zugerechnet.[346] Unter letztere fallen jene Sachverhalte, in denen die Abhängigkeit gemäß §§ 17 Abs. 2, 16 AktG wegen einer Mehrheitsbeteiligung vermutet wird oder in denen ein anderes Unternehmen nach § 17 Abs. 1 AktG unmittelbar oder mittelbar einen beherrschenden Einfluss ausüben kann. Dabei ist ein beherr-

---

341 Genauer betrachtet ist dies der Zeitpunkt, in dem ein Abhängigkeitsverhältnis begründet wird, weil dann das Vorliegen eines „Konzerns" nach § 18 Abs. 1 Satz 3 AktG vermutet wird. Der Konzernbegriff an sich ist aber nur im Rahmen der Konzernrechnungslegung relevant. Von entscheidender Bedeutung vor allem für die Rechtsfolgen aus den §§ 311 ff. AktG ist daher der Begriff der „Abhängigkeit" und nicht eine einheitliche Leitung nach § 18 Abs. 1 Satz 1 AktG, vgl. *Emmerich* in: *Emmerich/Habersack*, Aktienkonzernrecht, § 18 Rn. 1; *Hüffer*, AktG, § 18 Rn. 1, 24, § 311 Rn. 10; *Emmerich/Sonnenschein*, Konzernrecht, S. 79; *Timm*, JuS 1999, 656 (658).

342 *Adams*, AG 1990, 243 (249); *Assmann*, AG 1995, 563 (566); *Baums*, ZIP 1989, 1376 (1380); *Emmerich/Sonnenschein*, Konzernrecht, S. 84; *Herkenroth*, Konzernierungsprozesse, S. 363, Fn. 265; *Hommelhoff*, FS Semler, 1993, S. 455 (458); *ders./Kleindiek*, AG 1990, 106 (108); *Hopt*, FS Rittner, 1991, S. 187 (201); *Peltzer*, AG 1997, 145 (145); kritisch zu dieser Funktion: *Kallmeyer*, ZHR 161 (1997), 435 (439 f.).

343 Nach *Kallmeyer*, ZHR 161 (1997), 435 (437), ist diese Frage alternativ zu beantworten.

344 Vgl. §§ 291 ff. AktG.

345 Vgl. §§ 319 ff. AktG.

346 *Emmerich/Sonnenschein*, Konzernrecht, S. 330.

schender Einfluss auch schon dann gegeben, wenn ein Gesellschafter in der Lage ist, die Personalpolitik des Unternehmens maßgeblich zu beeinflussen.[347] Ein solcher kann nach der Rechtsprechung des BGH bereits dann angenommen werden, wenn die Beteiligung deutlich unter 50 % der Stimmrechte liegt, aber die Hauptversammlung erfahrungsgemäß so besucht ist, dass diese Beteiligung ausreicht, um über einen längeren Zeitraum Beschlüsse mit einfacher Mehrheit zu fassen.[348]

In beiden genannten Konstellationen liegt demnach ein faktischer Konzern vor, weil ein anderes Unternehmen die Kontrolle über die tatsächliche oder die faktische Stimmenmehrheit innehat. Eben dies sind aber auch die Situationen, in denen eine Übernahmeangebotspflicht ausgelöst wird, so dass beide Schutzsysteme Anwendung finden. Entgegen der Eingliederung und dem Vertragskonzern haben die Aktionäre im faktischen Konzern indes weder einen direkten Anspruch auf Abfindung[349] noch auf Ausgleichszahlungen[350]. Der Schutz ihrer Vermögensposition erfolgt nur auf Umwegen: Zunächst beugt der Nachteilsausgleich zwischen herrschendem und abhängigem Unternehmen in § 311 AktG Schädigungen der abhängigen Gesellschaft vor. Diese soll so gestellt werden, als ob sie im Ergebnis wirtschaftlich selbständig bliebe.[351] Insofern wird der Wert stabilisiert, der hinter den Anteilen steckt. Erfolgt aber dennoch ein nachteiliges Rechtsgeschäft, ohne dass es ausgeglichen worden ist, stehen den Aktionären gemäß §§ 317, 318 AktG Schadensersatzansprüche zu. Bis die Aktionäre jedoch die notwendigen Informationen zur Verfügung haben, um solche Ansprüche zu substantiieren und durchzusetzen, sind einige Zwischenschritte notwendig. Zuerst hat der Vorstand einen Abhängigkeitsbericht[352] zu erstellen, der nicht veröffentlicht,[353] sondern durch die Abschluss-

---

347 Zu den umstrittenen Voraussetzungen im Einzelnen: *Emmerich/Sonnenschein*, Konzernrecht, S. 39 ff.

348 Der BGH, Beschl. v. 17.3.1997 = ZIP 1997, 887 (889 f.), nahm bei einer Beteiligung des Landes Niedersachsen in Höhe von 20 % der Stimmrechte an der VW AG einen beherrschenden Einfluss an; dazu *Mülbert*, ZHR 163 (1999), 1 (13 ff.). Vgl. zu den Präsenzen auf Hauptversammlungen oben Fn. 31, insbesondere *Benner-Heinacher*, DB 1997, 2521 (2522).

349 §§ 305, 320b AktG.

350 § 304 AktG.

351 *Habersack* in: *Emmerich/Habersack*, Aktienkonzernrecht, Vor § 311 Rn. 1 ff.; *Hüffer*, AktG, § 311 Rn. 37; *Emmerich/Sonnenschein*, Konzernrecht, S. 75

352 § 312 AktG; zu den praktischen Erfahrungen vgl. *Hommelhoff*, ZHR 156 (1992), 295 (295 ff. m.w.N.).

353 *Habersack* in: *Emmerich/Habersack*, Aktienkonzernrecht, § 312 Rn. 4; *Hüffer*, AktG, § 312 Rn. 38; *Emmerich/Sonnenschein*, Konzernrecht, S. 366 f.; *Henn*, Aktienrecht, Rn. 286.

prüfer und anschließend durch den Aufsichtsrat[354] geprüft wird. Erst der Bericht des Aufsichtsrats auf der Hauptversammlung über das Ergebnis der Prüfung[355] informiert die Aktionäre über eventuelle Unregelmäßigkeiten.[356] Die Aktionäre können anschließend eine Sonderprüfung durch einen gerichtlich bestellten Prüfer veranlassen.[357] Dessen Bericht dürfen sie dann auch einsehen, um ihrer Beweispflicht für etwaige Schadensersatzansprüche aus §§ 317, 318 AktG überhaupt nachkommen zu können.[358] Den Antrag auf eine Sonderprüfung darf gemäß § 315 Satz 2 AktG nunmehr auch ein Quorum stellen, wenn sonstige Tatsachen vorliegen, die den Verdacht einer pflichtwidrigen Nachteilszufügung rechtfertigen.[359]

Die Notwendigkeit, vergangene Vorgänge nachzeichnen und angemessen bewerten zu müssen und solche Vorgänge, die die abhängige Gesellschaft schädigen, zu identifizieren und zu quantifizieren, um sie letztlich sanktionieren zu können, stellt aber in der Praxis nicht zuletzt wegen der Geheimhaltung des Abhängigkeitsberichts ein erhebliches Problem dar.[360] Infolgedessen wird die Schadensersatzregelung des faktischen Konzerns skeptisch beurteilt,[361] wenn auch im neueren Schrifttum unter anderem auf die präventive Wirkung hingewiesen wird[362]. Inwiefern die neue Regelung des § 315 Satz 2 AktG der

---

354 §§ 313 f. AktG.

355 Notwendig gem. §§ 314 Abs. 2, 171 Abs. 2 AktG.

356 *Emmerich/Sonnenschein*, Konzernrecht, S. 366 f.; *Henn*, Aktienrecht, Rn. 286.

357 § 315 AktG; die praktische Anwendung ist allerdings gering, vgl. *Noack*, Wpg 1994, 225 (225).

358 Dies betont der BGH in ZIP 1997, 887 (888) (VW); *Habersack* in: *Emmerich/Habersack*, Aktienkonzernrecht, § 315 Rn. 2; *Hüffer*, AktG, § 315 Rn. 1; *Emmerich/Sonnenschein*, Konzernrecht, S. 374.

359 Einfügung durch KonTraG v. 27.4.1998, BGBl. I S. 786.

360 *Hüffer*, AktG, § 311 Rn. 9, 29; *Monopolkommission*, VII. Hauptgutachten 1986/87, BT-Drucks. 11/2677, Tz. 842; *Emmerich/Sonnenschein*, Konzernrecht, S. 75; *Henn*, Aktienrecht, Rn. 286; *Herkenroth*, Konzernierungsprozesse, 65 ff.; *Otto*, AG 1994, 167 (167); *Reul*, Gleichbehandlung, S. 279 ff.

361 *Habersack* in: *Emmerich/Habersack*, Aktienkonzernrecht, § 311 Rn. 49, § 317 Rn. 2; *Hüffer*, AktG, § 311 Rn. 9; *Kropff* in: *Geßler/Hefermehl/Eckard/Kropff*, § 317 Rn. 3; *Monopolkommission*, VII. Hauptgutachten 1986/87, BT-Drucks. 11/2677, Tz. 840 ff.; *Emmerich/Sonnenschein*, Konzernrecht, S. 368 m.w.N. in Fn. 10; *Herkenroth*, Konzernierungsprozesse, 62 ff.; *Hoffmann-Becking*, Referat zum 59. DJT (1992), S. R 8 (18 ff.); *Reul*, Gleichbehandlung, S. 278 ff.

362 *Altmeppen*, ZIP 1996, 693 (693 ff.); *Hommelhoff*, ZHR 156 (1992), 295 (312); *ders.*, Gutachten zum 59. DJT (1992), S. G 5 (16 ff.); *ders./Kleindiek*, AG 1990, 106 (110 f.); *Kropff*, FS Kastner, 1992, S. 279 (283 f.); *Lutter*, ZHR 151 (1987), 444 (459 ff.); *K. Schmidt*, JZ 1992, 856 (859); *Rittner*, ZGR 1990, 201 (214, 218); s. auch *Hüffer*, AktG, § 312 Rn. 1, § 315 Rn. 1. Bezüglich *Hommelhoffs* Gutachten zum 59. DJT (1992), S. G 5 (16 ff.), wird allerdings die Aussagekraft der ihm zugrundeliegenden rechtstatsächlichen

Sonderprüfung zu einer größeren praktischen Relevanz verhelfen wird,[363] bleibt noch abzuwarten. Dies wird insbesondere davon abhängen, welche Anforderungen an die Glaubhaftmachung des Verdachtsmoments gestellt werden.

Auch bei kurzer Betrachtung des Für und Wider der Normierung des Rechts des faktischen Konzerns, lässt sich feststellen, dass es für die Aktionäre nicht leicht ist, ihre Vermögensinteressen zu verfolgen. Zunächst ist zu befürchten, dass überhaupt nur jene Geschäfte aufgedeckt werden, die schwere Nachteile für die Gesellschaft mit sich bringen. Insbesondere ein Transfer schwer zu ermittelnder Positionen wie stille Reserven oder Goodwill oder die Einflussnahme des herrschenden Unternehmens auf die strategische Ausrichtung der abhängigen Gesellschaft ist kaum aufzudecken und zu bewerten.[364] Ist dies dennoch gelungen, muss der Aktionär im Regelfall erst einmal bis zur Hauptversammlung des neuen Geschäftsjahres warten, um von derartigen Vorgängen Kenntnis nehmen zu können.[365] Erst dann kann er gegebenenfalls eine Sonderprüfung veranlassen, die es ihm erlaubt, Ansprüche anzumelden und zur Not klageweise durchzusetzen. Ein Aktionär muss folglich über einen langen Zeitraum erhebliche mit Kosten und Risiken verbundene Anstrengungen auf sich nehmen, wenn er seinen Schaden geltend machen will. Liegt der Schaden bei der Gesellschaft, kommt dem Aktionär wegen §§ 317 Abs. 4, 309 Abs. 4 Satz 2 AktG der Erfolg eines etwaigen Rechtsstreits noch nicht einmal zu gute.[366] Dementsprechend gering ist die praktische Bedeutung der §§ 317 und 318 AktG.[367]

Umfrage in *ders.*, ZHR 156 (1992), 295 (295 ff., 312), von *Munscheck*, Übernahmeregelung, S. 67 ff., nachvollziehbar bezweifelt.

363 Vgl. Begründung des RegE zum KonTraG v. 6.11.1997 in ZIP 1997, 2059 (2068); s. auch *Hüffer*, AktG, § 315 Rn. 3a.

364 Vgl. *Emmerich/Sonnenschein*, Konzernrecht, S. 75; *Herkenroth*, Konzernierungsprozesse, 65 f.; *Krause*, Übernahmeangebot, S. 182; *Reul*, Gleichbehandlung, S. 279 ff.; *Munscheck*, RIW 1995, 998 (998); *Otto*, AG 1994, 167 (167); *Wiedemann*, Unternehmensgruppe, S. 45 ff.; dazu unter ökonomischen Gesichtspunkten *Munscheck*, Übernahmeregelung, S. 67 ff.

365 Die Abfassung des Abhängigkeitsberichts obliegt dem Vorstand innerhalb des ersten Quartals des neuen Geschäftsjahrs, § 312 Abs. 1 Satz 1 AktG. Der Aufsichtsrat legt in der nächsten Hauptversammlung, regelmäßig im zweiten Quartal, seinen Bericht vor.

366 *Emmerich/Sonnenschein*, Konzernrecht, S. 376; zur zeitlichen Streckung des Nachteilsausgleiches *Henze*, BB 1996, 489 (498 f.); *Kallmeyer*, ZHR 161 (1997), 435 (437).

367 Vgl. *Habersack* in: *Emmerich/Habersack*, Aktienkonzernrecht, § 317 Rn. 2; *Hüffer*, AktG, § 317 Rn. 1; *Emmerich/Sonnenschein*, Konzernrecht, S. 376 mit Beispielen; *Hommelhoff*, Gutachten zum 59. DJT (1992), S. 67. Es sind ferner keine Fälle bekannt, in denen eine konzernrechtliche Sonderprüfung gem. § 315 AktG eingeleitet worden ist; vgl. *Lutter*, ZHR 151 (1987), 444 (459 f.); *Munscheck*, Übernahmeregelung, S. 77; *No-*

Stellt man die Sicherung der Vermögensposition der Minderheitsaktionäre im faktischen Konzern dem Pflichtangebot gegenüber, klafft eine große Lücke.[368] Die Austrittsmöglichkeit durch Annahme des Angebots sichert das angelegte Kapital und ermöglicht dem Investor unmittelbar weitere Anlageentscheidungen. Gemäß der §§ 311 ff. AktG ergibt sich bei nachteiligen Geschäften ein ganz anderes Bild: Entweder das herrschende Unternehmen schädigt die Anleger schleichend[369] oder diese erfahren erst zusammen mit der gesamten Öffentlichkeit von der Schädigung durch das herrschende Unternehmen, so dass sie zunächst einen Vermögensverlust, etwa durch einen Kursrückgang, hinnehmen müssen und sich erst dann auf den langen Weg machen können, diesen zu liquidieren. Darüber hinaus sind bei einer Beherrschung durch ein ausländisches Unternehmen der Verwirklichung der gesetzlichen Bestimmungen tatsächliche Grenzen gesetzt,[370] wohingegen die Angebotspflicht auch für Bieter mit Sitz im Ausland uneingeschränkt gilt.
Daraus ergibt sich, dass vor allem für jene Aktionäre, die ihre Beteiligung hauptsächlich unter dem Gesichtspunkt der Kapitalanlage sehen,[371] ein Pflichtangebot die Anlagerisiken verringert und daher deutlich attraktiver ist, als die bestehende Regelung des faktischen Konzerns. Wird dem entgegengehalten, dass, sofern der konzernrechtliche Schutz nicht ausreiche, eine Verbesserung dieser Vorschriften in Erwägung zu ziehen sei,[372] so muss auch gesehen werden, dass eine solche im obligatorischen Übernahmeangebot liegt.

---

ack, Wpg 1994, 225 (225). In BGH, ZIP 1997, 887 (888) (VW) wird jedoch die Möglichkeit einer Sonderprüfung gem. § 315 AktG als Recht der Aktionäre bestärkt, vgl. dazu *Westermann*, EWiR § 312 AktG 1997, 681 (681); das LG Köln, AG 1999, 282 (282 f.), versagte die Möglichkeit der Sonderprüfung wegen mündlicher Vereinbarungen beim Nachteilsausgleich.

368 So auch: *Benner-Heinacher*, DB 1997, 2521 (2521); *Hopt*, ZHR 161 (1997), 368 (384 ff., 388); *Krause*, Übernahmeangebot, S. 120 f.; abgeschwächt: *Hommelhoff*, FS Semler, 1993, S. 455 (462); *Kallmeyer*, ZHR 161 (1997), 435 (437).

369 *Emmerich/Sonnenschein*, Konzernrecht, S. 75; *Henze*, BB 1996, 489 (499); *Reul*, Gleichbehandlung, S. 198 ff., 279 ff.; *Munscheck*, RIW 1995, 998 (998); *Otto*, AG 1994, 167 (167).

370 *Henn*, Aktienrecht, Rn. 283.

371 Dazu sogleich unter „Investmentcharakter der Aktie", Seite 90 ff.

372 *Depser*, RIW 1992, 351 (361); *Mertens*, AG 1990, 252 (258); *Pietzke*, FS Fikentscher, 1998, 601 (611); *Peltzer*, AG 1997, 145 (151). Die Verbesserungsvorschläge sind zusammengefasst bei *Hommelhoff*, Gutachten zum 59. DJT (1992), S. G 5 (48 ff.); dazu: *K. Schmidt*, JZ 1992, 856 (858 ff.); sehr kritisch aus praktischer und ökonomischer Sicht zu den einzelnen Vorschlägen: *Munscheck*, Übernahmeregelung, S. 90 ff.

2. Abfindung im Vertragskonzern

Schließt das herrschende Unternehmen mit der abhängigen Gesellschaft einen Unternehmensvertrag nach §§ 291 ff. AktG, nähern sich die gesetzlichen Regeln dem Pflichtangebot an. Besteht ein vertraglicher Unternehmensverbund, lässt zwar das Konzernrecht ein Handeln zu Lasten der Konzerntochter zu,[373] wodurch die außenstehenden Aktionäre der Konzerntochter in ihrer Vermögensposition getroffen werden,[374] aber gleichzeitig legt es dem herrschenden Unternehmen eine Ausgleichs- oder Abfindungspflicht auf.[375] Hier ist die Wahrung des Anteilswerts also noch vergleichsweise einfach gestaltet, denn den Aktionären der Konzerntochter wird immerhin ein Anspruch auf Ausgleich und Abfindung durch Vertrag garantiert.

Das Problem für die Aktionärsminderheit ist aber, dass der Abschluss eines Beherrschungs- oder Gewinnabführungsvertrags gänzlich im Belieben des Kontrollaktionärs liegt.[376] Ihm steht es frei, zuvor den Unternehmensverbund als faktischen Konzern zu führen und von den dortigen Regelungslücken zu profitieren, bevor ein Vertrag in die Wege geleitet wird.[377] Die Wahl des Zeitpunkts für den Vertragsschluss ist auch insofern von Bedeutung, als die Vermögens- und Ertragslage der abhängigen Gesellschaft am Tag der Zustimmung der Hauptversammlung zum Vertrag sowohl den Ausgleichs- wie auch den Abfindungsanspruch inhaltlich definiert.[378] Das beherrschende Unternehmen kann also die Höhe des Anspruchs der außenstehenden Aktionäre beeinflussen, indem es den Abschluss des Unternehmensvertrags in einem schwachen Geschäftsjahr, etwa wegen eines eingeleiteten Strukturwandels oder in einer allgemeinen konjunkturellen Flaute, vornimmt.[379]

---

373 Vgl. §§ 291, 308 AktG.

374 BVerfG, Urt. v. 7.8.1962 in BVerfGE 14, 263 (276 ff.) (Feldmühle); *Emmerich/Sonnenschein*, Konzernrecht, S. 269.

375 Bei Abschluss eines Beherrschungs- und Gewinnabführungsvertrags nach §§ 304, 305 AktG, Eingliederung gem. § 320b AktG oder Umwandlung, §§ 15, 29, 207 UmwG.

376 *Monopolkommission*, VII. Hauptgutachten 1986/87, BT-Drucks. 11/2677, Tz. 842; *Reul*, Gleichbehandlung, S. 282; *Wiedemann*, Unternehmensgruppe, S. 58; vgl. auch *Hommelhoff*, FS Semler, 1993, S. 455 (461).

377 *Monopolkommission*, VII. Hauptgutachten 1986/87, BT-Drucks. 11/2677, Tz. 150, 843; *Reul*, Gleichbehandlung, S. 282; vgl. oben Fn. 364.

378 §§ 304 Abs. 2, 305 Abs. 3 Satz 2 AktG; s. zum Stichtagsprinzip *Emmerich* in: *Emmerich/Habersack*, Aktienkonzernrecht, § 305 Rn. 41 ff.; *Hüffer*, AktG, § 304 Rn. 10, § 305 Rn. 26; *Emmerich/Sonnenschein*, Konzernrecht, S. 276, 295 f.

379 *Reul*, Gleichbehandlung, S. 282.

Dies leitet in die nächste Schwierigkeit, nämlich einen angemessenen Ausgleich beziehungsweise eine sachgerechte Abfindung zu eruieren, über.[380] Die genaue Berechnung des Ausgleichs nach § 304 Abs. 2 AktG und der Abfindung nach § 305 Abs. 3 AktG ist umstritten und kommt vielfach zu sehr unterschiedlichen Ergebnissen,[381] was angesichts der Notwendigkeit, zukünftige Ertragsaussichten ermitteln zu müssen, nicht verwundert.[382] Bislang ist es üblich, bei der Bewertung weder die eventuell gezahlte Kontrollprämie noch den Börsenkurs als Bezugsgröße einzubeziehen.[383] Zwar will man damit die Zufälligkeiten ausschließen, die den Börsenkurs beeinflussen und dadurch den „wirklichen Wert" der Anteile verzerren, doch in der Realität bedeutet dies, dass die Höhe des Ausgleichs vielfach weit unter dem Börsenkurs liegt.[384] Zutreffend ist, dass der Börsenkurs nicht unbedingt den „tatsächlichen" Wert der Anteile widerspiegelt,[385] dennoch stellt er den Preis dar, den die Aktionäre jederzeit für ihre Anteile realisieren können und müsste folglich die Mindesthöhe der Abfindung sein, wenn ernstlicher Anlegerschutz betrieben werden soll.[386]

---

380 *Emmerich/Sonnenschein*, Konzernrecht, S. 308 f.; *Otto*, AG 1994, 167 (167 f.); *Reul*, Gleichbehandlung, S. 282 f.; *Steinhauer*, AG 1999, 299 (299); vgl. die betriebswirtschaftliche Betrachtung in *Munscheck*, Übernahmeregelung, S. 101 ff.

381 Die Wertgutachten divergieren z.T. um über 100 %, vgl. *Reul*, Gleichbehandlung, S. 282 m.w.N.; *Geßler* in: *Geßler/Hefermehl/Eckard/Kropff*, § 305 Rn.30 ff.; *Großfeld*, Unternehmens- und Anteilsbewertung, S. 8; *Steinhauer*, AG 1999, 299 (300).

382 Allg. anerkannt ist die Ertragswertmethode, Einzelheiten sind aber umstritten, vgl. dazu *Emmerich* in: *Emmerich/Habersack*, Aktienkonzernrecht, § 305 Rn. 38 ff.; *Hüffer*, AktG, § 305 Rn. 19 m.w.N. aus der Rechtsprechung; ferner: *Aha*, AG 1997, 26 (29 f.); *Emmerich/Sonnenschein*, Konzernrecht, S. 290 ff.; *Großfeld*, Unternehmens- und Anteilsbewertung, S. 28 ff.; *Steinhauer*, AG 1999, 299 (300 f.).; für die Barabfindung gem. § 305 Abs. 3 Satz 2 erfolgt die gleiche Berechnung auf Grundlage der Verschmelzungswertrelation; a.A. *Henn*, Aktienrecht, Rn. 360.

383 Z.B. BGH, AG 1967, 254; OLG Düsseldorf, AG 1990, 490 (491 f.) (DAB/Hansa) und AG 1995, 84 (84); *Geßler* in *Geßler/Hefermehl/Eckart/Kropff*, § 305 Rn. 34; *Hüffer*, AktG, 3. Aufl., § 305 Rn. 20; *Henn*, AktG, Rn. 359 m.w.N.; *Kallmeyer*, ZHR 161 (1997), 435 (437); zur Kontrollprämie OLG Düsseldorf, AG 1995, 84 (86 f.); *Hüffer*, AktG, § 305 Rn. 21.

384 *Emmerich* in: *Emmerich/Habersack*, Aktienkonzernrecht, § 305 Rn. 35; *Aha*, AG 1997, 26 (27 f.); *Emmerich/Sonnenschein*, Konzernrecht, S. 291; *Hecker/Wenger*, ZBB 1995, 321 (326 f.).

385 Vgl. oben Seite 39 und Fn. 116.

386 So auch: *Emmerich* in: *Emmerich/Habersack*, Aktienkonzernrecht, § 305 Rn. 35; *Aha*, AG 1997, 26 (27 f.); *Emmerich/Sonnenschein*, Konzernrecht, S. 291 f.; *Luttermann*, EWiR § 305 AktG 1998, 965 (966); *Steinhauer*, AG 1999, 299 (302 ff.); andeutungsweise: BayObLG, Beschl. v. 29.9.1998 = AG 1999, 43 (44 f.). Eine vergleichende Untersuchung

Dagegen wird eingewendet, dass die Aktionäre durch eine Abfindung in Höhe des Börsenkurses mehr bekämen, als sie am Markt realisieren könnten, denn sobald viele Aktionäre wegen der Konzernierung ihre Aktien verkauften, breche der Börsenkurs ein, so dass die Aktionäre ohnehin nur einen gemessen am vorherigen Kursniveau niedrigen Gegenwert bekämen.[387] Auch wenn diese theoretische Überlegung richtig ist, verkehrt sie aber den Abfindungsanspruch in sein Gegenteil: Es ist gerade Aufgabe des Konzernrechts, die Vermögensposition der außenstehenden Aktionäre in der Weise zu schützen, dass sie von den Folgen der Konzernierung weitestgehend unberührt bleibt.[388] Genügte dazu die Abfindung unter Niveau des Börsenkurses, stellte sich die Frage, wieso es überhaupt einen gesetzlichen Abfindungsanspruch gibt, wo doch die Aktionäre mit dem freihändigen Verkauf das gleiche, wenn nicht sogar ein höheres Entgelt realisieren und damit auf diese Vorgehensweise verwiesen werden könnten.[389]

Im Hinblick auf die Kontrollprämie reicht es allerdings nicht aus, diese mit dem Hinweis in die Bewertung der Abfindung einfließen zu lassen, durch die Zahlung habe das herrschende Unternehmen gezeigt, wie viel ihm die Aktien wert sind.[390] Vielmehr ist davon auszugehen, dass die Aktien, die das herrschende Unternehmen besonders als Paket im Vorfeld des Unternehmensvertrages erwirbt, nur für dieses einen über dem allgemeinen Marktpreis liegenden Wert haben, weil sie ihm die Kontrolle vermitteln. Dieser wertbildende Faktor ist aber in den Aktien der Minderheit spätestens nach der Kontrollübernahme nicht mehr enthalten. Der Minderheitsaktionär erleidet daher auch keine Vermögenseinbuße, denn er kann den Kontrollzuschlag ohnehin nicht an der Börse realisieren.

Das BVerfG hat im Beschluss vom 27.4.1999[391] nunmehr die Bedeutung des Börsenkurses als Bewertungskriterium für die Angemessenheit der Abfindung

---

von Abfindungsangeboten und Börsenkurs findet sich bei *Dörfler/Gabler/Unterstraßer/Wirichs*, BB 1994, 156 (159 ff.).

387 *Kallmeyer*, ZHR 161 (1997), 435 (437 f.).

388 BVerfG, Urt. v. 7.8.1962 in BVerfGE 14, 263 (276 ff.) (Feldmühle); *Emmerich/Sonnenschein*, Konzernrecht, S. 269; *G. Schuster*, Internationale Anwendung des Börsenrechts, S. 207.

389 *Kallmeyer*, ZHR 161 (1997), 435 (438), stellt die gleiche Frage, ohne aber darauf einzugehen, dass die Aktionäre, wenn sie an der Börse verkaufen, das alte Kursniveau nicht erreichen.

390 So aber *Emmerich/Sonnenschein*, Konzernrecht, S. 292.

391 BVerfG, Beschl. v. 27.4.1999 (DAT/Atlanta) = BVerfGE 100, 289 = WM 1999, 1666, bestätigt durch BVerfG, Beschl. v. 23.8.2000 (Moto Meter) = BB 2000, 2011; zum Beschl. v. 27.4.1999: *Neye*, EWiR Art. 14, 1999, 751; s. auch die differenzierende Stellungnahme bei *Hüffer*, AktG, § 305 Rn. 20a f.; *Busse v. Colbe*, FS Lutter, 2000, 1053.

aufgezeigt. Es führt aus, dass die von Art. 14 Abs. 1 GG geforderte „volle" Entschädigung bedeute, der Minderheitsaktionär müsse erhalten, was ihm an Eigentum im Sinne von Art. 14 Abs. 1 GG verloren gehe respektive was seine gesellschaftliche Beteiligung an dem Unternehmen wert sei.[392] Dieser Wert wiederum bemesse sich nach dem Verkehrswert, dass heißt bei börsennotierten Gesellschaften nach dem Börsenkurs, denn dieser sei in Anbetracht der hohen Verkehrsfähigkeit von Aktien vor allem für Kleinaktionäre der entscheidende Bemessungsfaktor.[393] Daher könne die Entschädigung jedenfalls nicht unterhalb des Börsenkurses liegen.[394] Eine Abfindung unter dem Niveau des um seine Spitzen bereinigten Börsenkurses komme nur ausnahmsweise in Betracht.[395] Andererseits sollen nach dem BVerfG Paketzuschlag und Kontrollprämie für die Ermittlung einer angemessenen Abfindung keine Rolle spielen. In ihnen komme nur der Grenznutzen zum Ausdruck, den der Mehrheitsaktionär aus den erworbenen Aktien ziehen könne. Der akzeptierte Paketzuschlag spiegele daher nicht den Verkehrswert wieder, sondern sei nur für die Erwägungen des Mehrheitsaktionärs, nicht aber für Dritte bedeutsam.[396] Folglich ist der Beschluss des BVerfG ein Schritt in die Richtung einer anlegerorientierten Ausgestaltung des Konzernrechts.

Im Vergleich zum Pflichtangebot drängt sich speziell die Abfindung als gleichwertige Schutzvorkehrung auf, denn auch sie ermöglicht es den Aktionären eine Desinvestitionsentscheidung zu Beginn der vertraglichen Konzernierung zu treffen. Deren Tauglichkeit in der Praxis wird aber in dem Maße vermindert, in dem die außenstehenden Aktionäre auf das Spruchstellenverfahren[397] angewiesen sind, um eine angemessene Höhe der Abfindung durchzusetzen. Denn dafür müssen sie die mitunter extreme Dauer des Verfahrens

---

392 BVerfG, Beschl. v. 27.4.1999, S. 21, 24. Generell soll nach § 305 Abs. 1 AktG der Minderheitsaktionär die Möglichkeit haben, ohne Vermögensverlust auszuscheiden, vgl. BVerfG, a.a.O., S. 4 f.; *Hüffer*, AktG, § 305 Rn. 1.

393 BVerfG, Beschl. v. 27.4.1999, S. 27 f. Ob dazu auf einen Stichtag (OLG Düsseldorf, NZG 2000, 1075) oder auf einen längeren Zeitraum (OLG Stuttgart, NZG 2000, 744; OLG München I, ZIP 2000, 1055) abgestellt werden soll, ist streitig, vgl. *Wilm*, NZG 2000, 1070 (1071 f.) m.w.N.

394 BVerfG, Beschl. v. 27.4.1999, S. 23 f.; differenzierend dazu *Hüffer*, AktG, § 305 Rn. 20b.

395 BVerfG, Beschl. v. 27.4.1999, S. 29 f.

396 BVerfG, Beschl. v. 27.4.1999, S. 25 f.; dazu kritisch *Busse v. Colbe*, FS Lutter, 2000, 1053 (1061).

397 S. § 306 AktG.

in Kauf nehmen,[398] über die sie nur ein Zinsanspruch[399] hinweg tröstet. In der Zwischenzeit tragen die Minderheitsaktionäre neben dem Prozessrisiko auch noch das Liquiditätsrisiko.[400] Diese Belastungen treten neben die dargelegten Bewertungsschwierigkeiten. Obwohl die Entscheidung des BVerfG die Höhe der Abfindung in die Nähe des Preises eines Pflichtangebots gerückt hat, bleibt sie immer noch hinsichtlich der fehlenden Beteiligung an der Kontrollprämie hinter einem Pflichtangebot zurück. Wegen der besonderen Konstellation, die mit einem öffentlichen Übernahmeangebot einhergeht, verpflichtet das Gleichbehandlungsgebot den Bieter im Rahmen eines Pflichtangebots, die Wertpapierinhaber der Zielgesellschaft gleichmäßig an der Kontrollprämie zu beteiligen.[401]

Dieser Unterschied zur Abfindung lässt sich auch sachlich rechtfertigen: Im Falle einer zu zahlenden Abfindung hat das herrschende Unternehmen schon bevor der Vertrag und mit ihm die Pflicht zur Abfindung zustande kommt, die Kontrolle übernommen und kann gegebenenfalls über den Vertragsschluss mit den eigenen Stimmen beschließen[402]. Der Schutz der Vermögensposition der außenstehenden Aktionäre bezieht sich also auf die weitreichenden Strukturänderungen infolge des Unternehmensvertrages, nicht hingegen auf den Vorgang des Kontrollwechsels. Die Angebotspflicht demgegenüber entsteht schon in dem Moment, in dem der Bieter die Kontrolle übernehmen möchte. Daher erfolgt die endgültige Kontrollübernahme auch mit den im Rahmen des Pflichtangebots erworbenen Stimmrechten und zwar unabhängig davon, ob die Anteile von einem Groß- oder Kleinaktionär stammen. Hier knüpft der Schutz also an den Vorgang des Erlangens der Kontrolle an. Wegen der Angebotspflicht wird die Kontrolle also gezwungenermaßen von allen Aktionären erkauft, weshalb an alle verkaufenden Aktionäre ein Teil der Kontrollprämie zu zahlen ist.[403]

3. Zeitpunkt des Minderheitenschutzes

In den vorausgegangenen Ausführungen klang bereits an, dass sich die beiden Schutzsysteme in einem Punkt konzeptionell wesentlich unterscheiden: Bei dem Minderheitenschutz durch ein Pflichtangebot handelt es sich um Kon-

---

398 Der Beschluss des BVerfG v. 27.4.1999, der den Rechtsstreit nicht beendete, ist dafür exemplarisch. Die maßgeblichen Bewertungsstichtage lagen bereits in den Jahren 1988 und 1990; vgl. auch *Steinhauer*, AG 1999, 299 (301).

399 § 305 Abs. 3 Satz 3, 1. HS AktG; dazu *Hüffer*, AktG, § 305 Rn. 26a.

400 Vgl. *Reul*, Gleichbehandlung, S. 283 mit Beispielen.

401 Vgl. dazu oben unter „Beteiligung an der Kontrollprämie", Seite 76 ff.

402 *Hüffer*, AktG, § 293 Rn. 9.

403 Vgl. dazu oben Seite 78.

zerneingangsschutz, beim Konzernrecht um einen Schutz während der Durchführung des Unternehmensverbunds. Der Konzerneingangsschutz, den das obligatorische Übernahmeangebot bietet, verhindert eine Vermögenseinbuße noch bevor der neue Kontrollaktionär Gelegenheit hat, Einfluss auf die Gesellschaft auszuüben. Folglich kommt das obligatorische Übernahmeangebot am viel zitierten „archimedischen Zeitpunkt"[404] zum Zuge, an dem die wirtschaftliche Selbständigkeit von der rechtlichen Einheit des Unternehmens abgespalten wird und im neuen Konzern aufgeht.[405]

Der anfängliche Schutz durch das Pflichtangebot greift unabhängig vom konkreten Akquisiteur ein[406] und wird im Wesentlichen mit der durch die Kontrollübernahme veränderten Situation begründet, in der die Möglichkeit einer negativen Einflussnahme auf die Geschicke des Unternehmens besteht. Daran wird kritisiert, dass eine solche Pauschalierung der Absichten des Übernehmers der Wirklichkeit nicht gerecht werde. Denn zum einen gibt es Übernahmen, die sich auf den Beteiligungswert positiv auswirken,[407] zum anderen können auch unbeliebte Maßnahmen, wie die Abspaltung und der Verkauf eines Unternehmensteils, nötig sein, um die Produktivität und Effizienz der Gesellschaft zu erhöhen. Es sei daher geboten, dem Unternehmer die Entscheidung über die Akquisition zu überlassen und sie nicht durch die Hürde der Übernahme aller Aktien zu verbauen.[408] Falls sich herausstellen sollte, dass der Kontrollinhaber nach der Übernahme seine Machtposition missbraucht, so sei dies im nachhinein zu sanktionieren.[409]

Der Weg des nachträglichen, während des Bestehens der Fremdherrschaft eingreifenden Schutzes, den das Konzernrecht beschritten hat, lässt die Intention, mit der die Kontrolle übernommen worden ist, zunächst unberücksich-

---

404 *Wiedemann*, ZGR 1978, 477 (487).

405 *Lutter*, ZGR 1987, 324 (333) hat daher den Konzern als den „Sprengkörper des klassischen Gesellschaftsrechts" bezeichnet.

406 Diesen über das Konzernrecht hinausgehenden Anwendungsbereich kritisiert *Kallmeyer*, ZHR 161 (1997), 435 (439).

407 *Bästlein*, öffentliche Übernahmeangebote, S. 63 ff., 66 f.; *Pietzke*, FS Fikentscher, 1998, 601 (612 f.) zweifelt an generellen Kursverlusten; vgl. ferner oben „Wertzuwachs durch Effizienzgewinne", Seite 28 ff.

408 „The new controlling shareholder should be left great leeway as to how the company may be most profitably run. This is essentially a matter of business judgment that belongs outside the realm of judicial or administrative intervention.", *Wymeersch* in: *Hopt/Wymeersch*, European Takeovers, S. 351 (357).

409 *Wymeersch* in: *Hopt/Wymeersch*, European Takeovers, S. 351 (357); in diesem Sinne auch *Peltzer*, AG 1997, 145 (151).

tigt.[410] Nachdem sich der Verbund auf vertraglicher oder faktischer Grundlage formieren konnte, wird versucht, für die außenstehenden Aktionäre den status quo ante Abhängigkeit in rechtlicher wie finanzieller Hinsicht zu simulieren. Rechtlich geschieht dies durch die Fiktion der rechtlichen Selbständigkeit in § 15 AktG und wirtschaftlich durch die Ausgleichs- und Abfindungsregeln der §§ 304 f. AktG im Vertragskonzern beziehungsweise im faktischen Konzern durch eine Pflicht zum Nachteilsausgleich in § 311 AktG sowie durch Schadensersatzansprüche gemäß §§ 317, 318 AktG. Dass aber die Simulation der wirtschaftlichen Kontinuität durch ein Regelungskonzept, das auf Reparation basiert, in der Praxis nur unzureichend funktioniert, haben die Erörterungen zum Vertragskonzern und insbesondere zum faktischen Konzern deutlich gemacht.[411] Neben der Crux unzureichender und auf langem Wege zu erkämpfender Abfindungen spielt im Vergleich mit dem Pflichtangebot auch die Möglichkeit der nur schwerlich nachzuweisenden sanften Ausbeutung des abhängigen Unternehmens eine große Rolle.[412] Vergegenwärtigt man sich, dass diese Praktiken im Moment der Kontrollübernahme beginnen und mehr oder minder sanktionslos durchgehalten werden können, wird offenbar, dass ein effektiver Schutz der außenstehenden Aktionäre vor derartigen Missständen zum Zeitpunkt der Konzernbildung einsetzen muss, denn „nachher herrscht Friedhofsruhe."[413]

4. Investmentcharakter der Aktie

Der Vergleich zwischen Konzernrecht und Pflichtangebot hat gezeigt, dass letztere Verfahrensart nicht nur einfacher ist, sondern der Rückfluss des investierten Kapitals regelmäßig höher liegt, sich schneller vollzieht und mit erheblich weniger Unsicherheiten belastet ist. Das Konzernrecht hingegen hält im Wesentlichen an dem Fortbestand der Mitgliedschaft fest und geht damit an der vorherrschenden Interessenlage der Minderheitsaktionäre vorbei. Aktio-

---

410 Ausschlaggebend für die Anwendbarkeit des Konzernrechts ist der Tatbestand der Abhängigkeit, vgl. oben Fn. 341; dazu näher *Emmerich/Sonnenschein*, Konzernrecht, S. 39 ff.

411 Vgl. dazu soeben Seite 79 ff. und Seite 84 ff.; ferner: *Emmerich/Sonnenschein*, Konzernrecht, S. 74 f.; *Reul*, Gleichbehandlung, S. 283.

412 Vgl. *Krause*, Übernahmeangebot, S. 120 f., 185; vgl. auch die Nachweise oben in Fn. 364.

413 So *Wiedemann*, ZGR 1978, 477 (487). Vgl. auch: *Assmann*, 40 Jahre Bundesrepublik, 1990, 253 (277); *Behrens*, ZGR 1975, 433 (440 f.); *Emmerich/Sonnenschein*, Konzernrecht, S. 74 f., 84; *Krause*, Übernahmeangebot, S. 293; *ders.* WM 1996, 845 (897); *Lutter/Timm*, NJW 1982, 409 (411); *Reul*, Gleichbehandlung, S. 283 ff.; *Krause*, Übernahmeangebot, S. 185; *Wiedemann*, Unternehmensgruppe, S. 45; dazu unter ökonomischen Gesichtspunkten *Munscheck*, Übernahmeregelung, S. 69 ff.

näre mit kleinen Beteiligungen sind nämlich schon aufgrund ihres geringen Einflusses weniger an der Ausübung von Mitbestimmungsrechten, als vielmehr an der Rendite ihres eingesetzten Kapitals interessiert.[414] Man kann sich nur schwer vorstellen, dass sich ein Kleinaktionär freiwillig dafür entscheiden würde, einen angemessenen Ausgleich beziehungsweise eine Abfindung jahrelang zu erstreiten, um dann einen Anspruch zu erhalten, der auch noch unter dem Niveau eines Pflichtangebots liegt. Ließe man ihm die Wahl, würde er wohl das Pflichtangebot annehmen. Die Angebotssituation erlaubt es ihm, die zu erwartende Rendite bei einem weiteren Verbleib in der Gesellschaft mit der Möglichkeit abzuwägen, sein investiertes Kapital abzuziehen, um andere Anlageentscheidungen treffen zu können.[415]

Die gleiche Interessenlage herrscht aber auch bei den Investmentfonds und anderen Anlageintermediären vor. Ihre Anteile an Unternehmen betragen immerhin jeweils einige Prozent, die Gesamtsumme der von Investmentfonds, Pensionsfonds oder Hedge Fonds gehaltenen Stimmen kann daher durchaus beachtlich sein.[416] Dennoch bestimmt sich ihr Engagement nach dem Erfolg der Gesellschaft, so wie sie an ihrer eigenen Performance gemessen werden. Zwar determinieren unternehmerische Entscheidungen die Qualität eines Unternehmens, aber nur wenige Aktionäre sind bereit, diese Entscheidungen mitzubestimmen. Die große Bedeutung des Depotstimmrechts, niedrige Präsenzquoten auf den Hauptversammlungen sowie der ungebrochene Trend zur Anlage in Wertpapierfonds machen diesen Zustand nur allzu deutlich.[417] Das

---

414 So auch BVerfG, Beschl. v. 27.4.1999, S. 24; BGHZ 120, 141 (151); vgl. ferner *Assmann*, 40 Jahre Bundesrepublik, 1990, 253 (276 ff.); *Henssler*, DZWir 1995, 430 (431); *Herkenroth*, Konzernierungsprozesse, S. 306 f.; *Krause*, WM 1996, 893 (897); *Schneider*, AG 1990, 317 (321); *Wiedemann*, Gesellschaftsrecht I, S. 478. Dieser Gedanke lag auch der Änderung des § 128 AktG durch das KonTraG v. 27.4.1998, BGBl. I S. 786, zugrunde, vgl. RegE v. 6.11.1997 in ZIP 1997, 2059 (2063).

415 Diese Entscheidung entspricht dem angloamerikanischen Leitsatz für Desinvestitionsentscheidungen: „Vote with the management or sell your shares" (sog. „Wall-Street-Rule"), zit. nach *Herkenroth*, Konzernierungsprozesse, S. 307; vgl. auch *Wiedemann*, BB 1975, 1591 (1594). Die Überlegenheit des Pflichtangebots für kapitalmarktorientierte Anleger betont auch *Hopt*, ZHR 161 (1997), 368 (388).

416 Nach *Rudolph/Röhrl*, in: *Hopt/Rudolph/Baum*, Börsenreform, S. 145 (148 f.) waren in den USA 1992 bereits über 50 % des Aktienbesitzes bei Anlageintermediären konzentriert; in Europa wuchsen die intermediasierten Anlagen in den Jahren 1992 bis 1997 um durchschnittlich 22,1 % p.a.; in Deutschland betrug 1995 der Anteil der Investmentfonds am Aktienbesitz 7,6 %. Dazu auch *Schneider*, AG 1990, 317.

417 Die Rückläufigkeit der Aktien im Besitz privater Haushalte (1995: 14,6 %, 1990: 16,3 %) geht auf die vermehrte Anlage in Investmentfonds zurück. Vgl. zur Struktur des Aktienbesitzes auch *Hansen*, AG 1997, R 415 ff.; *Wymeersch*, AG 1995, 299 (301 ff.); s. auch *Krause*, WM 1996, 893 (897).

legitime Desinteresse[418] der Aktionäre findet immer weitere Verbreitung, je selbstverständlicher die Aktie als Anlageform wird. Diese mit der Verbreitung der Aktie einhergehende Abkehr vom Bild des unternehmerischen Aktionärs ist nicht zuletzt das konsequente Resultat der Übertragung der Kontrolle auf das Management.[419] Der anfängliche Schutz durch ein Pflichtangebot entspricht folglich viel eher den Anforderungen, die von den Parteien der modernen Wirtschaft an die Aktie gestellt werden: Die Aktie dient nicht nur unternehmerischer Einflussnahme, sondern auch wesentlich als Mittler zwischen den kapitalsuchenden Unternehmen und den kapitalgebenden Anlegern. Die Bereitstellung dieses Anlagekapitals wird dadurch gewährleistet, dass die Rendite und Absicherung der Anleger sichergestellt wird.[420] Beides vermag das Pflichtangebot zu leisten.

Ein zeitlich aufeinanderfolgender Schutz der Aktionärsminderheit zunächst durch das Pflichtangebot und dann durch das Konzernrecht erweckt den Anschein, dass man damit über das Ziel hinaus schieße. Wenn man einem Aktionär anbietet, seine Aktien zu einem akzeptablen Preis zu übernehmen, dieser jedoch die Offerte ausschlägt, so ist es fraglich, wieso seine Vermögensposition durch die konzernrechtlichen Regeln auch weiterhin geschützt werden sollte.[421] Dazu ist anzumerken, dass das Konzernrecht auch den Schutz der Unternehmensgläubiger im Auge hat,[422] an denen aber ein Übernahmeangebot spurlos vorüber geht. Daher hat das Konzernrecht diesbezüglich eine unangefochtene Daseinsberechtigung. Aber auch mit Blick auf die Aktionäre ist der Fortbestand des Anlegerschutzes durchaus sinnvoll. Die – wenn auch defizitären – Sicherungsmaßnahmen, die der Ausbeutung durch das herrschende Unternehmen vorbeugen oder diese zumindest ausgleichen sollen, erhöhen die Attraktivität der Alternative, als Aktionär im abhängigen Unternehmen zu verbleiben. Zumindest im Vergleich zu einem Zustand völliger Schutzlosigkeit erscheint dann die Investition in ein abhängiges Unternehmen annehmbar. Dies wirkt sich für die abhängige Gesellschaft insofern positiv aus, als sie sich

---

418 *Wiedemann*, BB 1975, 1591 (1595); zustimmend: *Henssler*, DZWir 1995, 430 (431); Lutter, ZHR 153 (1989), 446 (452).

419 *Herkenroth*, Konzernierungsprozesse, S. 307.

420 Vgl. dazu *Assmann*, 40 Jahre Bundesrepublik, 1990, 253 (272 ff., 276 ff.); *Meier-Schatz*, ZHR 149 (1985), 76 (81); *Rudolph/Röhrl*, in: *Hopt/Rudolph/Baum*, Börsenreform, S. 145 (189); *Schwark*, FS Stimpel, 1985, 1087 (1092).

421 *Hommelhoff/Kleindiek*, AG 1990, 106 (109); *Munscheck*, Übernahmeregelung, S. 238; *Peltzer* in: *Assmann/Basaldua/Bozenhardt/Peltzer*, Übernahmeangebote, S. 179 (231).

422 Vgl. §§ 303, 321 f. AktG.

auch in Zukunft wenigstens in kleinem Umfang weiteres Kapital von den Anlegern beschaffen kann.[423]

IV. Schutz der Funktionsfähigkeit des Markts

Sowohl für private als auch für institutionelle Investoren bietet das Pflichtangebot ein hohes Maß an Schutz des individuellen Vermögens. Allerdings gehen mit dem Anlegerschutz rechtspolitische und ökonomische Effekte einher, über deren Beurteilung die Meinungen vielfach divergieren.

1. Vermeidung ineffizienter Übernahmen

Durch das Pflichtangebot wird der Bieter genötigt, deutlich mehr Aktien zu kaufen, als für seine Zwecke eigentlich ausreichten. Auch wenn er nur die Kontrolle über eine komfortable relative Mehrheit (z.B. 30 % bis 40 %) zu erreichen sucht, muss er wegen des Pflichtangebots theoretisch bis zu 100 % der Aktien kaufen. Folglich ist die Übernahme „zum halben Preis" nicht möglich, womit auf der Hand liegt, dass Angebotszwang und Preisbindung die Übernahme verteuern. An dieser Verteuerung wird kritisiert, dass sie eine höhere Kapitalaufnahme erforderlich mache, wodurch sich der Erwerber ohne betriebswirtschaftliche Notwendigkeit verschulde und dazu verleitet werde, die Verschuldung auf Kosten der Zielgesellschaft zurückzuführen und damit diese letztlich auszubeuten. Da ferner das zusätzliche Kapital für den Vorgang der Kontrollübernahme nicht erforderlich sei, führe das Pflichtangebot zu einer unnötigen Bindung von Kapital, das sich an anderer Stelle effizienter nutzen lassen könne.[424] Schließlich erschwerten die zusätzlichen Kosten die Durchführung des Kontrollerwerbs, so dass Übernahmen verhindert würden[425] beziehungsweise nur noch solche finanzstarken Unternehmen zum Zuge kämen, denen die Mehrbelastung nichts ausmache.[426]

---

[423] Vgl. *Hommelhoff*, FS Semler, 1993, S. 455 (469); *Reul*, Gleichbehandlung, S. 302; kritisch zur ökonomischen Effizienz eines solchen doppelten Schutzes *Munscheck*, Übernahmeregelung, S. 238.

[424] *Hahn*, ZBB 1990, 10 (18); *Wirth/Weiler*, DB 1998, 117 (118); *Baums*, ZIP 1989, 1376 (1381, Fn. 30), weist auf die Kosten der Zwischenfinanzierung hin. Nach *Kallmeyer*, ZHR 161 (1997), 435 (436), engt die finanzielle Belastung die unternehmerische Handlungsfreiheit ein und widerspricht dem Gesetz von Angebot und Nachfrage, a.a.O. (440).

[425] *Assmann*, AG 1995, 563 (570); *Assmann/Bozenhardt* in: *Assmann/Basaldua/Bozenhardt/Peltzer*, Übernahmeangebote, S. 1, (49); *Grunewald*, WM 1989, 1223 (1238); *dies.*, WM 1991, 1361 (1362); *Hahn*, ZBB 1990, 10 (18); *Hommelhoff/Kleindiek*, AG 1990, 106 (108); *Mertens*, AG 1990, 252 (258); *Sandberger*, DZWir 1993, 319 (325); *Weisgerber*, ZHR 161 (1997), 421 (426 f.).

[426] *Kallmeyer*, ZHR 161 (1997), 435 (439); *Mertens*, AG 1990, 252 (258).

Wie schon eingangs aufgezeigt, zerfällt die Gesamtmenge der Übernahmen in solche, die sich vor allem durch Effizienzsteigerungen gesamtwirtschaftlich positiv darstellen und solche die keinen oder nur für einen der beteiligten (i.d.R. dem Erwerber) einen Wohlstandsgewinn mit sich bringen.[427] In ökonomischen Analysen ist jedoch nachgewiesen worden, dass die Erhöhung der Akquisitionskosten durch ein Gleichbehandlungsgebot nur jene Übernahmen abblockt, die gesamtwirtschaftlich keinen positiven Nutzen erzeugen.[428] Ließe man eine Ungleichbehandlung zu und kann der Erwerber die Effizienz der Zielgesellschaft nicht steigern, wäre er darauf angewiesen, noch größere Sondervorteile zu realisieren als der bisherige Kontrollaktionär, denn er hat mit dem Kontrollzuschlag für diese Möglichkeit bezahlt und kann daher die Transaktion nur durch noch umfangreichere Ausbeutung als sein Vorgänger refinanzieren.[429] Vermag der Erwerber jedoch die Effizienz des Unternehmens zu steigern, kann er dadurch die Kosten der Übernahme erwirtschaften, so dass das obligatorische Übernahmeangebot nur diejenigen Akquisitionen verhindert, die ihre positiven Konzerneffekte aus der ungleichen Gewinnverteilung beziehen.[430] Besteht zwischen den Sondervorteilen und der Unternehmenseffizienz deshalb eine inverse Beziehung, rechnen sich bei einem Ausschluss von Sondervorteilen nur noch die Transaktionen, die trotz Pflichtangebot lukrativ sind. Dies sind folglich nur die effizienzsteigernden Übernahmen.[431]
Exemplarisch ausgedrückt heißt das, wenn ein Bieter mit der Übernahme die Externalisierung seiner Kosten durch Ausbeutung der Zielgesellschaft verfolgt, entwertet er letztlich die Anteile der Aktionäre, die in der Gesellschaft verblieben sind. Muss er aber aufgrund des Pflichtangebots damit rechen, die Zielgesellschaft nahezu vollständig zu übernehmen, kann er nicht darauf hoffen, dass Aktionäre zurückbleiben, mit denen er die Verluste der Zielgesell-

427 Vgl. zu den Motiven von Übernahmen oben Seite 28 ff.

428 Bes. *Reul*, Gleichbehandlung, S. 214 ff.; auch *Herkenroth*, Konzernierungsprozesse, S. 362 ff.; *Krause*, Übernahmeangebot, S. 119 ff., 148, mit ökonomischer Analyse der Optimierung durch ein Pflichtangebot; s. auch *Hopt*, ZHR 161 (1997), 268 (385); a.A. *Sandberger*, DZWir 1993, 319 (324 f.) allerdings im Zusammenhang mit Teil-Pflichtangeboten.

429 *Reul*, Gleichbehandlung, S. 216.

430 Vgl. *Reul*, Gleichbehandlung, S. 217; vgl. zur Allokation der Konzerneffekte *Herkenroth*, Konzernierungsprozesse, S. 353 ff.

431 Vgl. *Reul*, Gleichbehandlung, S. 218 f.; so auch *Krause*, Übernahmeangebot, S. 123. Durch das Pflichtangebot wird der Markt für Unternehmenskontrolle transformiert in einen Markt für Unternehmen, s. *Krause*, Übernahmeangebot, S. 122; *Reul*, Gleichbehandlung, S. 238 f. Vgl. zur ökonomischen Effizienz auch *Munscheck*, Übernahmeregelung, S. 244 ff. mit Rechenbeispiel.

schaft teilen könnte.[432] Während das Pflichtangebot die Kosten des Bieters in die Höhe treibt, wird auf der anderen Seite die Menge der Aktionäre, die expropriiert werden können, immer geringer und die Externalisierung von Kosten schädigt zunehmend ihn selbst. Versucht der Bieter hingegen, die Übernahme auf Kosten der ausscheidenden Aktionäre zu bewerkstelligen, indem er die Wertpapierinhaber der Zielgesellschaft unter Verkaufsdruck setzt[433] und somit die Gesellschaft unter Wert kauft, stehen einer solchen Vorgehensweise Preisregel, Gleichbehandlungs- und Nachbesserungspflichten entgegen. Von den Auswirkungen dieser Pflichten profitieren durch die Pflichtangebotsregel alle Aktionäre, die ausscheiden wollen.[434] Auch in diesem Fall nimmt der Nutzen des Bieters an der Übernahme mit jedem verkaufenden Aktionär ab.

Die nicht zu vermeidende erhöhte Kapitalbindung durch das Übernahmeangebot wird durch zwei Faktoren abgemildert: Erstens steht es dem Bieter natürlich frei, die überzähligen Aktien nach durchgeführtem Pflichtangebot wieder zu verkaufen. Erzielt er dabei im Vergleich zum Angebotspreis einen Mindererlös, spiegelt dieser lediglich den Abschlag für die Kontrolle wieder, die ja auch bei ihm verblieben ist.[435] Wenn seine Absichten am Markt ein positives Echo hervorrufen, steigt der Kurs der Anteile, wodurch das in den Aktien gebundene Kapital sogar eine Rendite abwirft, die der Bieter durch sukzessiven Verkauf realisieren kann.[436] Hierin liegt auch ein Anreiz für diejenigen Erwerber, die eine Effizienzsteigerung der Zielgesellschaft anvisieren.

Zweitens bietet das Konzernrecht einen gewissen Schutz der Minderheitsposition, so dass die Risikoabwägung der Verkaufsentscheidung zugunsten des Verbleibs in der Gesellschaft beeinflusst wird.[437] So stoßen in Deutschland Pflichtangebote auf überraschend wenig Resonanz, denn durchschnittlich erwirbt der Bieter durch ein Pflichtangebot nur ca. 6,6 % des Grundkapitals, was etwa 33,5 % der außenstehenden Aktionäre und einer durchschnittlichen Beteiligungsquote von rund 78 % nach Durchführung des Pflichtangebots

---

432 *Krause*, Übernahmeangebot, S. 122.

433 Z.B. durch Teilangebote und Front-end Loading, dazu oben unter „Entscheidungsdruck durch Angebotsbeschränkungen", Seite 42 ff.

434 Zur Wirkung der Gleichbehandlung durch Abfindung pro rata und Nachbesserung s.o. Seite 58 ff., zur Notwendigkeit der Preisregel s.o. Seite 75; ausführlich zur ökonomischen Theorie dieser Fallgestaltung *Krause*, Übernahmeangebot, S. 125 ff.

435 *Otto*, AG 1994, 167 (173).

436 Nach *Krause*, WM 1996, 893 (898), besichern auch die Finanzinstitute effizienzsteigernde Übernahmen zu günstigeren Konditionen, so dass auch davon ein Selektionsdruck ausgeht.

437 vgl. oben Seite 92.

entspricht.[438] Auch wenn bezüglich der Motive des Verbleibs in der Zielgesellschaft eine empirische Untersuchung noch aussteht, indiziert dieser Umstand, dass viele Anleger auch nach der Kontrollübernahme bestärkt durch die Regeln des Konzernrechts darauf vertrauen, nicht benachteiligt zur werden. Da also regelmäßig zwei Drittel der außenstehenden Aktionäre in der Gesellschaft verbleiben, kommen auch erheblich weniger Kosten auf den Bieter zu. Die wesentlich umfassenderen Erfahrungen, die in Großbritannien mit dem London City Code, der ein Pflichtangebot enthält,[439] gemacht worden sind, zeigen ebenfalls, dass durch die Übernahmepflicht der Markt für Unternehmenskontrolle nicht beeinträchtigt wird.[440]

2. Förderung unerwünschter Konzentration?

Der Wechsel der Kontrolle zu einem anderen Unternehmen führt zu einer Konzentration von Leitungsmacht. Am obligatorischen Übernahmeangebot wird diesbezüglich kritisiert, dass dieses die Konzentrierung ausbaue und dadurch manifestiere.[441] Dem ist zunächst einmal die gewonnene Erkenntnis entgegenzuhalten, dass gesamtwirtschaftlich unerwünschte Übernahmen verhindert werden und insoweit das Pflichtangebot nicht konzentrationsfördernd, sondern -hindernd wirkt.[442] Findet jedoch eine (gesamtwirtschaftlich effiziente) Übernahme statt, die trotzdem eine unerwünschte Konzentration darstellt, ist die Regelung öffentlicher Übernahmeangebote nicht der richtige Ort zur Lösung dieser konzentrations- und wettbewerbsrechtlichen Fragen. Solche Problematik hat ihre systematische Heimat im Wettbewerbsrecht und ist folglich dort zu behandeln.[443]

---

438 *Übernahmekommission*, Drei Jahre Übernahmekodex, S. 26.

439 Rule 9 City Code, a.a.O. (Fn. 5), dazu sehr ausführlich *Krause*, Übernahmeangebot, S. 49 ff.

440 Vgl. bes. *Krause*, Übernahmeangebot, S. 91; s. auch *Herkenroth*, Konzernierungsprozesse, S. 364; *Hopt*, ZHR 161 (1997), 268 (386); *ders.*, FS Rittner, 1991, S. 187 (200); *Otto*, AG 1994, 167 (173); s. auch o.V., Gespräch mit Alistair Defiriez, Director General des Takeover Panel, Börsen-Zeitung v. 10.02.1998.

441 *Grunewald*, WM 1989, 1223 (1238); *Weisgerber*, ZHR 161 (1997), 421 (426); *Werner*, Probleme feindlicher Übernahmeangebote, S. 15; kritisch auch *Lenel* in: *Gröner*, Markt f. Unternehmenskontrollen, S. 9 (11); *Lübbert*, ebenda, S. 119 (123 ff.).

442 Die konzentrationshemmende Wirkung betonen auch *Hommelhoff/Kleindiek*, AG 1990, 106 (108), die allerdings nicht auf die soeben dargestellte Selektionswirkung eingehen.

443 *Adams*, AG 1990, 243 (248); *Assmann/Bozenhardt* in: *Assmann/Basaldua/Bozenhardt/Peltzer*, Übernahmeangebote, S. 1 (48); *Baums*, ZIP 1989, 1376 (1381); *Herkenroth*, Konzernierungsprozesse, S. 26, 364; *Mertens*, AG 1990, 252 (253); *G. Schuster*, Internationale Anwendung des Börsenrechts, S. 198 m.w.N. zur Behandlung von Jurisdiktionskonflikten.

Die gleiche Argumentation gilt für die Befürchtung, öffentliche Übernahmeangebote erleichterten das externe Wachstum der Unternehmen, so dass ausländischen Gesellschaften die Kontrolle zufallen und „die Verdrängung der abendländischen Unternehmensspätkultur durch fremdartige wirtschaftliche Strukturen und Mentalitäten"[444] drohe. Wirkt schon allein die Besorgnis der Überfremdung angesichts der auf breite Beteiligung angelegten Aktiengesellschaft und der fortschreitenden Globalisierung recht befremdlich,[445] so ist auch diese Frage an anderer Stelle der Gesetzessystematik zu erörtern.[446]

D. *Pflichten des Managements der Zielgesellschaft*

Die bisher dargelegten Kernpunkte einer Regelung von öffentlichen Übernahmeangeboten betreffen im Wesentlichen den Bieter. Neben der Treuepflicht obliegt ihm die Zusammenstellung der Angebotsunterlagen, deren Weiterleitung zur Information an die Wertpapierinhaber der Zielgesellschaft und natürlich die Abgabe des Pflichtangebots. Jedoch entfallen im Rahmen eines öffentlichen Übernahmeangebots auch auf die Zielgesellschaft besondere Pflichten.

Das Szenario eines öffentlichen Übernahmeangebots erinnert - vor allem wenn ihm das Prädikat „feindlich" anhaftet -[447] an einen böswilligen Angriff.[448] Gegen eine Aggression aber erscheint es legitim, ja sogar notwendig, sich zu verteidigen, so wie das im Übernahmekampf zwischen der *Mannesmann AG* und *Vodafone plc.* unter anderem durch eine bis dahin beispiellose Werbekampagne geschehen ist.[449] Prinzipiell kommen für eine solche Verteidigung nur zwei Personengruppen in Frage: zum einen die Anteilseigner der Zielgesellschaft und zum anderen deren Leitungsorgane. Während jedoch ein einträchtiges Vorgehen der individuell geprägten und mitunter großen Gruppe der Aktionäre praktisch unmöglich ist, wird das Management hingegen in der

---

444 So ironisch *Mertens*, AG 1990, 252 (252), zu der Befürchtung von *Schneider*, AG 1990, 56 (58).

445 *Herkenroth*, Konzernierungsprozesse, S. 92, zeigt als den Ausgangspunkt für solche Überlegungen die spektakulären Aktienpaketkäufe einiger Ölstaaten in den 70er Jahren auf.

446 *Mertens*, AG 1990, 252 (253); im Einzelnen dazu *Baums*, AG 1990, 221 (239 f.).

447 Eine Übernahme wird feindlich, wenn sie nicht mit dem Management der Zielgesellschaft abgesprochen wurde, vgl. oben Seite 26.

448 So auch *Ebenroth/Daum*, DB 1991, 1157 (1160).

449 Vgl. o.V., Aktionäre werden heiß umworben, Handelsblatt v. 30.11.1999, S. 27; o.V., Mannesmann beginnt Informationsoffensive, FAZ v. 23.11.1999, S. 21; diese Kampagne hat rund 1 Mrd. Euro gekostet, s. *Burgard*, WM 2000, 611 (612) und *Hopt*, FS Lutter, 2000, S. 1361 (1382).

Lage sein, den Kampf aufzunehmen und sich mit rechtlichen und ökonomischen Mitteln der Übernahme entgegenzustemmen.
Doch kommen schon aus der ökonomischen Perspektive, insbesondere aus der Warte der Disziplinierungshypothese,[450] Zweifel an der Richtigkeit dieses Vorgehens auf. Denn wenn Übernahmeangebote, ob feindlich oder freundlich, nicht per se gesamtwirtschaftlich oder für die Wertpapierinhaber der Zielgesellschaft schädlich sind,[451] ist deren erfolgreiche Durchführung zumindest in den positiv zu bewertenden Fällen volkswirtschaftlich erwünscht. Die Abwehr einer Übernahme lässt sich also nicht durchgängig befürworten.[452] Darüber hinaus kann die Durchführung von Verteidigungsmaßnahmen sehr kostspielig sein, so dass die Abwehr – insbesondere bei Erfolglosigkeit – die Zielgesellschaft finanziell erheblich belastet. Da für diese Maßnahmen Ressourcen der Gesellschaft aufgewendet werden, die danach nicht mehr der Produktion zur Verfügung stehen, sind diese Ausgaben ökonomisch ineffizient.[453]

I. Geltende Rechtslage

Abwehrmaßnahmen, die der Vorstand oder der Aufsichtsrat der Zielgesellschaft initiieren, sind nicht nur ökonomisch zweifelhaft, sondern auch aus dem rechtlichen Blickwinkel problematisch. Die Verwaltung der Zielgesellschaft muss fürchten, dass sie nach erfolgter Übernahme ausgetauscht wird.[454] Unter dem Eindruck dieser Zukunftsaussichten lassen sich jedoch Verteidigungsmaßnahmen auch zum Erhalt des eigenen Amts instrumentalisieren, so dass die Übernahme nicht aus wirtschaftlichen, sondern aus eigennützigen Motiven

---

450 Diese Hypothese spricht sich besonders strikt gegen jedwedes Eingreifen des Managements der Zielgesellschaft aus, *Manne*, 73 J.Pol.Econ. 110 (112 ff.) (1965); grundlegend dazu auch *Easterbrook/Fishel*, 94 Harv. L. Rev. 1161 (1194 ff.) (1981); *Herkenroth*, Konzernierungsprozesse, S. 300 f.; vgl. ferner *Assmann/Bozenhardt* in: *Assmann/Basaldua/Bozenhardt/Peltzer*, Übernahmeangebote, S. 1 (44); *Reul*, Gleichbehandlung, S. 130 f.

451 Vgl. oben „Auswirkungen von öffentlichen Übernahmeangeboten", Seite 36 ff.; s. auch Kölner Komm-*Mertens*, § 76 Rn. 26; *Lammers*, Verhaltenspflichten von Verwaltungsorganen, S. 130.

452 *Herkenroth*, Konzernierungsprozesse, S. 300 f.; *Hopt*, ZGR 1993, 534 (544 f.); vgl. ferner *Assmann/Bozenhardt* in: *Assmann/Basaldua/Bozenhardt/Peltzer*, Übernahmeangebote, S. 1 (43 f.).

453 *Basaldua* in: *Assmann/Basaldua/Bozenhardt/Peltzer*, Übernahmeangebote, S. 157 (175 f.); *Krause*, Übernahmeangebot, S. 133.

454 Nach der Disziplinierungshypothese ist dies sogar das vorrangige Ziel von Übernahmen, vgl. oben Seite 28 f. In jedem Fall geht mit der Übernahme ein Machtverlust für das bestehende Management einher.

verhindert werden könnte.[455] Dabei ist zu beachten, dass die Leitungsorgane fremdes Vermögen verwalten, so dass sich hieraus ein Interessenkonflikt ergibt: Mit der Aufnahme von Verteidigungsmaßnahmen entscheiden nicht die Eigentümer, sondern die Leitungsorgane selbst über den Erhalt ihrer Stellung[456] und setzen somit ihre Interessen vor die der Anteilseigner.[457]
Die Verhaltensweisen der Leitungsorgane für den Fall eines öffentlichen Übernahmeangebots und der sich daraus ergebenden Interessenkollision sind nicht ausdrücklich kodifiziert. Dennoch soll im Folgenden dargestellt werden, dass sich aus den bestehenden aktienrechtlichen Obliegenheiten der Unternehmensleitung eine praktikable Regelung ergibt. Vor allem die Grundsätze der Geschäftsführung nach § 76 AktG und der Gleichbehandlungsgrundsatz gemäß § 53a AktG schränken den Vorstand im Übernahmekampf stark ein.

II. Neutralitätsgebot

Die Ausrichtung des Handelns der Aktiengesellschaft orientiert sich am Unternehmensinteresse, in dem die Interessen der Aktionäre, der Arbeitnehmer und des Gemeinwohls vereint sind,[458] wobei die Prioritäten oder Abgrenzungen dieser Interessen je nach Verständnis der Natur einer Aktiengesellschaft anders ausfallen.[459] Insbesondere der Vorstand einer Aktiengesellschaft ist dieser Interessenpluralität unterworfen und hat sie bei der Ausübung seiner ihm in § 76 Abs. 1 AktG übertragenen Leitungsmacht zu berücksichtigen.[460] Generell ist dabei „der Vorstand kein eigener Interessent im Konzert der Inte-

---

455 Dies könnte gesamtwirtschaftlich effiziente Übernahmen verhindern, vgl. *Krause*, Übernahmeangebot, S. 133; vgl. auch *Assmann/Bozenhardt* in: *Assmann/Basaldua/Bozenhardt/Peltzer*, Übernahmeangebote, S. 1 (112); *Berger*, ZIP 1991, 1644 (1657); *Joussen*, BB 1992, 1075 (1076); *Kirchner*, AG 1999, 481 (484); *Lammers*, Verhaltenspflichten von Verwaltungsorganen, S. 130.

456 Durch solche Handlungen macht sich der Vorstand gem. § 93 Abs. 2 AktG ersatzpflichtig, vgl. Kölner Komm-*Mertens*, § 93 Rn. 61; s. auch *Adams*, AG 1990, 243, (245); *Berger*, ZIP 1991, 1644 (1657); *Ebenroth/Daum*, DB 1991, 1157 (1158); *Kirchner*, AG 1999, 481 (484); *Lammers*, Verhaltenspflichten von Verwaltungsorganen, S. 130; *Mestmäcker*, Verwaltung, Konzerngewalt und Rechte der Aktionäre, S. 146.

457 *Berger*, ZIP 1991, 1644 (1657); *Joussen*, BB 1992, 1075 (1076); *Lammers*, Verhaltenspflichten von Verwaltungsorganen, S. 130.

458 Kölner Komm-*Mertens*, § 76 Rn. 16; *Hopt*, ZGR 1993, 534 (536); *K. Schmidt*, Gesellschaftsrecht, S. 813 f.

459 Dazu näher Kölner Komm-*Mertens*, § 76 Rn. 6 ff.; *Hopt*, ZGR 1993, 534 (535 ff.); *v. Werder*, ZGR 1998, 69 (74 ff.).

460 Die Abwägung erfolgt weitgehend im Wege praktischer Konkordanz, vgl. Kölner Komm-*Mertens*, § 76 Rn. 18; *Hopt*, ZGR 1993, 534 (536 f.); speziell zum Spannungsfeld zwischen Vorstand und Aktionären: *v. Werder*, ZGR 1998, 69 (74).

ressen in der Aktiengesellschaft"[461]. Er hat demnach vorrangig die Interessen der anderen zu wahren; eigene Angelegenheiten des Vorstands sind nur in soweit beachtlich, als sie auch für das Unternehmen bedeutsam sind.[462]
Im Rahmen eines öffentlichen Übernahmeangebots bedeutet eine Einflussnahme des Vorstands durch Verteidigungsmaßnahmen allerdings mehr als die Wahrnehmung eigener Interessen. Durch die Abwehr, aber auch durch eine Befürwortung[463] einer anstehenden Übernahme wirkt der Vorstand auf die Zusammensetzung des künftigen Aktionärskreises ein. In solchen Einwirkungen auf die individuelle Struktur des Aktionärskreises, sei es durch Verteidigungsmaßnahmen, sei es durch die Abgabe von wertenden Stellungnahmen, wird ein Verstoß gegen die Pflicht des Vorstands gesehen, nicht ohne sachliche unternehmerische Gesichtspunkte Auseinandersetzungen zwischen Aktionären in parteiischer Weise zu beeinflussen.[464] Der Vorstand unterliege diesbezüglich einem Neutralitätsgebot.[465]

---

461 *Hopt*, ZGR 1993, 534 (538).

462 So z.B. ist das Aushandeln der Vergütung für die Vorstandsarbeit zwar ein Eigeninteresse des Managements, jedoch wirkt sich eine gute Leitung, die nur zu einem bestimmten Preis zu haben ist, auch auf die Lage des gesamten Unternehmens aus, vgl. *Hopt*, ZGR 1993, 534 (535 ff.); *ders.*, FS Lutter, 2000, S. 1361 (1377); Kölner Komm-*Mertens*, § 93 Rn. 70.

463 Auch befürwortende Stellungnahmen des Vorstands zur Übernahme bedeuten nicht unbedingt, dass der Vorstand nicht im eigenen Interesse handelt, denn es ist möglich, dass er sich für seine Unterstützung entsprechende Gegenleistungen ausgehandelt hat.

464 Großkommentar AktG-*Hopt*, § 93 Rn 122; Kölner Komm-*Mertens*, § 76 Rn. 18, 26, auch § 93 Rn. 61; *ders.*, AG 1990, 252 (258).

465 Großkommentar AktG-*Hopt*, § 93 Rn 122; Kölner Komm-*Mertens*, § 76 Rn. 18, 26; *Adams*, AG 1990, 243, (245); *Assmann/Bozenhardt* in: *Assmann/Basaldua/Bozenhardt/Peltzer*, Übernahmeangebote, S. 1 (101 f., 113); *Ebenroth/Daum*, DB 1991, 1157 (1158); *Emmerich/Sonnenschein*, Konzernrecht, S. 11; *Grunewald*, WM 1989, 1233 (1237); *Hopt*, FS Lutter, 2000, S. 1361 (1375 f.); *ders.*, ZHR 161 (1997), 368 (391); *ders.*, ZGR 1993, 534 (546 f.); *Kallmeyer*, ZHR 161 (1997), 435 (448); *Krause*, AG 2000, 217 (218 f.); *Michalski*, AG 1997, 152 (159); *K. Schmidt*, Gesellschaftsrecht, S. 814; *Thoma*, ZIP 1996, 1725 (1731); s. auch *Merkt*, ZHR 165 (2001), 224; *Maier-Reimer*, ZHR 165 (2001), 258; *Becker*, ZHR 165 (2001), 280; vgl. zum Begriff auch *Grunewald*, AG 2001, 288; grundlegend dazu *Mestmäcker*, Verwaltung, Konzerngewalt und Rechte der Aktionäre, S. 14 ff., 139 ff. Im US-amerikanischen Recht gilt die Business Judgment Rule in unterschiedlichen Ausprägungen, die allerdings diesbezüglich dem Vorstand einen Handlungsspielraum überlässt, vgl. dazu *Bungert*, AG 1994, 297 (300 ff.) und *Kirchner*, AG 1999, 481 (484 f., 489 f.), der die Business Judgment Rule für den gangbarsten Weg hält, weil auch die Interessen der Gläubiger und Arbeitnehmer zu berücksichtigen seien; abschwächend auch: *Körner*, DB 2001, 367 (369); *Kort*, FS Lutter, 2000, S. 1421 (1426). S. zum US-Recht: grundlegend *Easterbrook/Fishel*, 94 Harv. L. Rev. 1161 (1981); *Gilson*, 35 Stan. L. Rev. 51 (1982); *Lipton*, 35 Bus. Law. 101

Eine solche Neutralitätspflicht wird aus dem Gleichbehandlungsgrundsatz in § 53a AktG gefolgert,[466] der eine sachlich ungerechtfertigte unterschiedliche Behandlung der Aktionäre durch den Vorstand untersagt.[467] Unterdessen kann es sein, dass der Bieter noch nicht Aktionär der Zielgesellschaft ist, so dass eine Gleichbehandlungspflicht nicht ohne weiteres angenommen werden kann.[468] Jedoch lässt sich im Falle von öffentlichen Übernahmeangeboten eine Vorwirkung der Treue- und mithin der Gleichbehandlungspflicht für den Bieter begründen.[469] Die diesbezüglichen Überlegungen lassen sich auf die Beziehungen zwischen dem Vorstand, dem Bieter und den Aktionären übertragen: Der Bieter unterliegt der Treuepflicht im Wesentlichen deshalb, weil ihn von der bedeutenden Stellung als Hauptaktionär, die eventuell folgenschwere Auswirkungen für die verbliebene Minderheit mit sich bringt, nur ein sehr kurzer Zeitraum trennt. Durch die Gleichzeitigkeit des Angebots darf er nicht die Pflichten umgehen, denen er bei einer Übernahme „nach und nach" unterlegen hätte. Ebenso wäre es inkonsequent, wenn der Vorstand Maßnahmen zur Abwehr des Angebots ergreifen könnte und dadurch den Bieter im Verhältnis zu den anderen Aktionären ungleich behandelt, aber plötzlich das Gleichbehandlungsgebot wahren müsste, wenn der Bieter nur eine einzige Aktie erwirbt.

Die Neutralität des Vorstands hinsichtlich der Zusammensetzung der Gruppe der Aktionäre soll aber in den Fällen nachrangig sein, in denen ein „konkreter und berechtigter Anlass für die Befürchtung besteht, ein Beteiligungserwerber werde das Unternehmen durch Maßnahmen schädigen, die nicht in den Bereich der den Aktionären zustehenden (Um)Strukturierungs- und Desinvestitionsentscheidungen fallen."[470] Dies sei gegeben, wenn der Bieter seiner Person nach die Marktstellung und -chancen des Unternehmens gefährden könne, zum Beispiel bei „mafiösen" Organisationen oder Staaten mit zweifelhaften Regime.[471] Dabei ist aber fraglich, ob gesellschaftsrechtliche Regeln für das Vorstandshandeln dazu berufen seien können, öffentlich-rechtliche Kontroll-

(1979); *Block/Barton/Radin*, Business Judgment Rule, S. 635 ff., *Fox/Fox*, Corporate Acquisitions and Mergers, § 5E.

466 BGH, WM 1992, 2098 (2101 f.); Kölner Komm-*Mertens*, § 76 Rn. 18; *Thoma*, ZIP 1996, 1725 (1730); vgl. auch *Hopt*, ZGR 1993, 534 (545 f.).

467 Kölner Komm-*Lutter*, § 53a Rn. 25, 34 ff.; vgl. dazu auch oben Seite 49.

468 *Hopt*, ZGR 1993, 534 (546).

469 Vgl. oben unter „Vorwirkung", Seite 56 ff.

470 Kölner Komm-*Mertens*, § 76 Rn. 26; *ders.* AG 1990, 252 (258); andeutungsweise: *Berger*, ZIP 1991, 1644 (1657); *Werner*, Probleme feindlicher Übernahmeangebote, S. 16; *Körner*, DB 2001, 367 (369).

471 Vgl. Kölner Komm-*Mertens*, § 76 Rn. 26; *ders.* AG 1990, 252 (258 f.); *Grunewald*, WM 1989, 1233 (1237).

funktionen wahrzunehmen.[472] Auch wenn in der Verhinderung derartigen geschäftsschädigenden Handelns ein legitimes Unternehmensinteresse gesehen wird, ist zu bezweifeln, dass ein Vorstand zur Ermittlung und Beurteilung der belastenden Umstände fähig ist.[473] Räumt man ihm dennoch ein solches Ermessen ein, wird es schwierig, dessen Ausübung einzugrenzen.[474] Eine Bedrohung ist jedenfalls nicht schon darin zu sehen, dass der Bieter die Zielgesellschaft auflösen will. Die Existenz des Unternehmens an sich ist nämlich kein durch den Vorstand zu schützendes Unternehmensinteresse,[475] weil sowohl der Fortbestand als auch die Auflösung der Gesellschaft allein zur Disposition der Aktionäre stehen.[476] Folglich sind die Hürden für ein Einschreiten des Vorstands sehr hoch anzusetzen und die Mittel, die ihm dazu an die Hand gegeben werden, stark zu limitieren.[477]

---

472 Vgl. *Adams*, AG 1990, 243, (246).

473 Nach *Adams*, AG 1990, 243, (246), fehlen hierfür „dem Management [...] die erforderlichen rechtsstaatlichen Ermittlungsinstrumente. Eine Veränderung der Legitimationsstruktur der Aktiengesellschaft lediglich aufgrund eines einfachen Verdachts einer Übernahme durch eine kriminelle Organisation kann keine sinnvolle Antwort auf das Versagen der strafrechtlichen Ermittlungsbehörden und dortige Gesetzeslücken sein und würde dem Missbrauch dieser Möglichkeit seitens des Vorstands Tür und Tor öffnen“; *Ebenroth/Daum*, DB 1991, 1157 (1160); vgl. auch *van Aubel*, Vorstandspflichten, S. 43 f.; einschränkend: Großkommentar AktG-*Hopt*, § 93 Rn 125; *Kort*, FS Lutter, 2000, S. 1421 (1436 f.).

474 *Adams*, AG 1990, 243, (246); *Ebenroth/Daum*, DB 1991, 1157 (1160).

475 Großkommentar AktG-*Hopt*, § 93 Rn 123; Kölner Komm-*Mertens*, § 76 Rn. 24; *Adams*, AG 1990, 243, (245); *Assmann/Bozenhardt* in: *Assmann/Basaldua/Bozenhardt/Peltzer*, Übernahmeangebote, S. 1 (102); *Ebenroth/Daum*, DB 1991, 1157 (1160). *Kübler*, Gesellschaftsrecht, S. 165 f.; *Hopt*, FS Lutter, 2000, S. 1361 (1392); ders., ZGR 1993, 534 (549 f.); *Lammers*, Verhaltenspflichten von Verwaltungsorganen, S. 132; *van Aubel*, Vorstandspflichten, S. 44 f.; a.A. *Berger*, ZIP 1991, 1644 (1657), *Werner*, Probleme feindlicher Übernahmeangebote, S. 16 f.; wohl auch *K. Schmidt*, Gesellschaftsrecht, S. 814, allerdings ohne nähere Begründung.

476 Vgl. §§ 119 Abs. 1 Nr. 8, 262 Abs. 1 Nr. 2 AktG. Auch der BGH hat betont, dass der Auflösungsbeschluss nicht gerichtlich überprüfbar sei, da er seine Rechtfertigung in sich selbst trage, WM 1988, 325 (327) (Linotype); BGHZ 76, 352 (353). Dies ist nach *Baums*, AG 1990, 221 (237), zu unterscheiden von den Fällen des Asset Stripping, in denen der Mehrheitsaktionär ohne Hauptversammlungsbeschluss versucht, den Vorstand zu einer Veräußerung von Beteiligungen oder sonstigem Gesellschaftsvermögen mit hohen stillen Reserven zu veranlassen und den Erlös an die Aktionäre oder gar an den Übernehmer allein auszuschütten. Dies wird sich aber erst nach der Übernahme herausstellen, so dass eine Ermächtigung bereits zur Abwehr nicht gesehen werden kann.

477 *Assmann/Bozenhardt* in: *Assmann/Basaldua/Bozenhardt/Peltzer*, Übernahmeangebote, S. 1 (102); *Ebenroth/Daum*, DB 1991, 1157 (1160), sehen auch dann eine Ermächtigung zu eigenen Maßnahmen des Vorstands, wenn mangelnde „Waffengleichheit“ vorliegt, also die Zielgesellschaft wegen rechtlicher Hindernisse kein Gegenangebot auf die Kontrolle

Der Vorstand darf daher nur solche Handlungen vornehmen, die es den Aktionären ermöglichen, vom Übernahmeangebot zu profitieren. Hierher gehört insbesondere die Suche nach konkurrierenden Bietern, die den Angebotspreis in die Höhe treiben könnten.[478] Im Übrigen muss er eine begründete Stellungnahme abgeben, aus der die Motivation, das Angebot zu begrüßen oder abzulehnen, nachvollziehbar hervorgeht. Zur ordnungsgemäßen Erfüllung dieser Verpflichtung, die aus § 76 AktG folgt, hat der Vorstand die Angebotsunterlagen eingehend zu überprüfen und, falls die Informationen nicht vollständig sein sollten, beim Bieter weitere Nachforschungen anzustellen.[479] Nur so kann der Gefahr begegnet werden, dass der Bieter die Aktionäre der Zielgesellschaft einseitig informiert. Schließlich verfügt nur der Vorstand der Zielgesellschaft über alle für die Entscheidung der Aktionäre substantiellen Informationen.[480] Grundsätzlich ausgeschlossen sind aber alle Geschäftsführungsmaßnahmen, die den Ausgang des Übernahmeangebots beeinflussen können.

III. Abwehrmaßnahmen nur nach Beschluss der Hauptversammlung

Der Vorstand ist wegen des Interessenkonflikts, in dem er sich befindet, und wegen des Neutralitätsgebots bezüglich der Auswahl der Aktionäre nicht das Organ, das Abwehrmaßnahmen einleiten und damit über das Gelingen der Übernahme entscheiden darf. Gleiches gilt für den Aufsichtsrat der Zielgesellschaft im Rahmen seiner Mitwirkungsmöglichkeiten, denn auch er ist von der Ablösung bedroht und unterliegt daher der gleichen Interessenkollision.[481] Folglich ist einzig die Hauptversammlung das berufene Organ, um über die Zusammensetzung des Aktionärskreises zu entscheiden.[482] Dabei bleibt es ihr

---

des Bieters abgeben kann. Sie begründen aber nicht, wieso dies zu einer Kompetenzerweiterung führen sollte. S. zur Haftung des Vorstands bei Verteidigungsmaßnahmen *Thümmel*, DB 2000, 461.

478 Vgl. Großkommentar AktG-*Hopt*, § 93 Rn 126; *Hopt*, FS Lutter, 2000, S. 1361 (1383 f.).

479 Großkommentar AktG-*Hopt*, § 93 Rn 130; Kölner Komm-*Mertens*, § 76 Rn. 26; *Assmann/Bozenhardt* in: *Assmann/Basaldua/Bozenhardt/Peltzer*, Übernahmeangebote, S. 1 (103 ff.); *Hopt*, FS Lutter, 2000, S. 1361 (1380 ff.); ders., ZHR 161 (1997), 368 (391, 411); *Kort*, FS Lutter, 2000, S. 1421 (1425); *Krause*, AG 2000, 217 (220); *Thoma*, ZIP 1996, 1725 (1729); *Witte*, BB 2000, 2161 (2163). Der Vorstand könnte sich gem. § 93 Abs. 2 AktG sogar schadensersatzpflichtig machen, wenn er keine Stellungnahme abgibt.

480 Hier sind Geheimhaltungs- und Verschwiegenheitspflichten gem. § 93 Abs. 1 Satz 2 AktG zu beachten, *Thoma*, ZIP 1996, 1725 (1730).

481 Zu den Motiven und Möglichkeiten des Aufsichtsrats, eine Übernahme zu erschweren s. *Peltzer*, AG 1997, 145 (149).

482 Kölner Komm-*Mertens*, § 76 Rn. 18, 26; *Adams*, AG 1990, 243, (245 f.); *Assmann/Bozenhardt* in: *Assmann/Basaldua/Bozenhardt/Peltzer*, Übernahmeangebote, S. 1 (114); *Ebenroth/Daum*, DB 1991, 1157 (1158); *Peltzer*, AG 1997, 145 (148).

überlassen, den Einsatz von Abwehrmaßnahmen im konkreten Fall zu billigen oder ihn per Vorratsbeschluss zu legitimieren, auch wenn keine Übernahme bevorsteht. Damit der Vorstand durch einen solchen präventiven Beschluss aber nicht das Neutralitätsgebot umgehen kann, muss er die Hauptversammlung umfassend darüber aufklären, welche Konsequenzen sich aus dieser Entscheidung für die Aktionäre ergeben.

Die Entscheidung des LG Düsseldorf,[483] im Fall der Werbeschlacht zwischen *Mannesmann AG* und *Vodafone plc.* einen Anspruch auf Unterlassung und Einberufung einer Hauptversammlung zurückzuweisen, ändert am dargestellten Grundsatz nichts. Das Gericht hat vielmehr anerkannt, dass Maßnahmen, die den Interessen der Wertpapierinhaber zuwiderlaufen, als schwerwiegende Eingriffe im Sinne der *Holzmüller*-Rechtsprechung[484] qualifiziert werden können.[485] Lediglich der Werbung um Aktionäre hat das Landgericht keine vergleichbare Bedeutung beigemessen, weil es diese als Information der Anleger qualifizierte.[486] Im Umkehrschluss bedeutet dies, dass bei Abwehrversuchen durch Kapitalerhöhung, erhebliche Änderungen des Aktiv- oder Passivbestands oder durch vergleichbare Maßnahmen nicht nur die Zuständigkeit der Hauptversammlung gegeben ist, sondern der Vorstand auch die Rechtspflicht zu deren Einberufung hat.

Es ließe sich indes überlegen, ob Hauptversammlungsentscheidungen, die eine Übernahme verhindern und damit dem Bieter, der regelmäßig bereits Aktionär der Zielgesellschaft ist, den Ausbau seiner Beteiligung verwehren, gegen die Gleichbehandlungspflicht zwischen den Aktionären verstoßen.[487] Allerdings besteht diese Treuepflicht nur als Korrektiv der gesetzlichen Kompetenzen der Hauptversammlung. Insoweit ihr die Kompetenz zur Durchführung eines Strukturwandels gegeben ist, hat sie auch die Befugnis, den Strukturwandel, den eine Übernahme mit sich bringen könnte, abzuwehren.[488] Der Schutz der

---

483 LG Düsseldorf, Beschl. v. 14.12.1999, AG 2000, 233 = WM 2000, 528; dazu *Krause*, AG 2000, 217.

484 Vgl. BGHZ 83, 122 = NJW 1982, 1703.

485 LG Düsseldorf, AG 2000, 233 (235). Eine Ausrichtung an den Kriterien der Holzmüller-Rechtsprechung fordert auch *Kort*, FS Lutter, 2000, S. 1421 (1446). Ein Eingriff in diesem Sinne ist jedoch nicht die anstehende Übernahme selbst, vgl. LG Düsseldorf, AG 2000, 233 (234); *Krause*, AG 2000, 217 (220 f.).

486 LG Düsseldorf, AG 2000, 233 (234 f.); nähere Rechtfertigung bei *Krause*, AG 2000, 217 (220).

487 Andeutungsweise: *Ebenroth/Daum*, DB 1991, 1157 (1158).

488 Kölner Komm-*Mertens*, § 76 Rn. 24; *Adams*, AG 1990, 243, (245); *Assmann/Bozenhardt* in: *Assmann/Basaldua/Bozenhardt/Peltzer*, Übernahmeangebote, S. 1 (101); *Kübler*, Gesellschaftsrecht, S. 165 f.; *Lammers*, Verhaltenspflichten von Verwaltungsorganen, S. 132; *Ebenroth/Daum*, DB 1991, 1157 (1158).

Eigentümerstrukturen durch die Eigentümer selbst ist also solange nicht zu beanstanden, wie sich die Hauptversammlung innerhalb ihrer durch Gesetz und Satzung zugebilligten Rechte bewegt.[489] Der Bieter unterliegt diesbezüglich, auch wenn er bereits Mitaktionär ist, dem Diktat der Mehrheit.
Den Aktionären steht es in ihrer Eigenschaft als Entscheidungsträger hinsichtlich des Erfolges des Übernahmeangebots nicht nur frei, das Angebot anzunehmen, sondern auch durch einen Hauptversammlungsbeschluss Verteidigungsmaßnahmen einzuleiten beziehungsweise dem Vorstand deren Einsatz zu erlauben. Die effektivste „Verteidigungsmaßnahme" wäre selbstverständlich die Ablehnung des Angebots durch Beschluss der Hauptversammlung. Gleichwohl kann eine dahingehende Entscheidung der Hauptversammlung nicht für die Aktionäre verbindlich sein. Ein Beschluss der Hauptversammlung, das Angebot abzulehnen, würde für die überstimmten Aktionäre bedeuten, dass sie gegen ihren Willen Mitglieder der Gesellschaft bleiben müssten. Dies ist aber schwerlich mit den Grundsätzen der Privatautonomie und mit der Fungibilität von Aktien vereinbar, vergegenwärtigt man sich, dass selbst der Verkauf eines Mehrheitsaktienpakets unter dem Gesichtspunkt der Treuepflicht nicht zu beanstanden ist.[490] Es existiert lediglich für die Eingliederung nach § 320 AktG eine in diese Richtung gehende gesellschaftsrechtliche Regelung, nach der aufgrund Mehrheitsbeschlusses eine Minderheit aus der Gesellschaft ausgeschlossen werden kann. Wegen der erheblichen Konsequenzen dieses Beschlusses sieht das Gesetz dafür jedoch eine Mehrheit von 95 % des Grundkapitals und eine Abfindung der ausgeschlossenen Gesellschafter vor.[491] Die Interessenlage ist aber nicht vergleichbar, weil für die Eingliederung der Ausschluss der übrigen Gesellschafter sachlich notwendig ist,[492] ein Übernahmeangebot hingegen von jedem Aktionär selbst abgelehnt werden kann und kein Grund dafür ersichtlich ist, wieso einzelne Aktionäre nicht entgegen der Mehrheit an den Bieter verkaufen können sollten. Ferner stünde den überstimmten Aktionären keine Abfindung, sondern nur der Schutz des Konzernrechts beiseite.
Daher kann ein Beschluss der Hauptversammlung nicht die Privatautonomie des einzelnen Aktionärs hinsichtlich seiner Verkaufsentscheidung überlagern. In diesem Sinne hat auch das OLG Dresden entschieden, dass eine Verpflichtung, sich im Interesse der Sanierung der Gesellschaft durch Wahrnehmung eines Übernahmeangebots von den eigenen Anteilsrechten zu trennen, nicht bestehe. Eine derartige Pflicht zur „Selbstaufgabe" lasse sich auch nicht aus

---

489 *Ebenroth/Daum*, DB 1991, 1157 (1158).
490 S.o. Seite 61 und Seite 77.
491 Vgl. §§ 320, 320b AktG.
492 Dazu *Emmerich/Sonnenschein*, Konzernrecht, S. 115 ff. m.w.N.

der den Minderheitsaktionären gegenüber der Gesellschaft obliegenden Treuepflicht ableiten.[493]
Der Hauptversammlung stehen noch eine Fülle anderer Instrumente zur Verfügung, mit denen ein Übernahmeangebot vereitelt werden kann. Im Rahmen dieser Abhandlung ist jedoch eine vollständige Auflistung aller möglichen und zulässigen Abwehrmaßnahmen nicht realisierbar, so dass nur einige Verteidigungsmittel exemplarisch genannt werden.[494] Prinzipiell lässt sich die Verteidigung in präventive Vorkehrungen und ad hoc-Abwehrmaßnahmen unterteilen.[495] Unter präventive Maßnahmen, also jene, die die Hauptversammlung beschließt, bevor eine Übernahme ansteht, fällt die satzungsmäßige Beschränkung des Stimmrechts auf einen Höchstbetrag.[496] Diese Beschränkungen sind seit 1998 gemäß § 134 Abs. 1 Satz 2 AktG für börsennotierte Gesellschaften nicht mehr zulässig.[497] Höchststimmrechte dienen aber nicht nur der Abwehr, sondern ermöglichen den Aktionären der Zielgesellschaft einen Entscheid über den Erfolg der Übernahme, denn der Erwerber wird dazu genötigt, sein Angebot unter die aufschiebende Bedingung eines Hauptversammlungsbeschlusses über die Abschaffung der Stimmrechtsbeschränkung zu stellen, wenn er seine zugekauften Anteile nutzen möchte.[498] Ebenfalls sind Mehrstimmrechte, inso-

---

493 OLG Dresden, AG 1996, 565 = ZIP 1996, 1780.

494 Im übrigen muss auf das umfangreiche Schrifttum verwiesen werden, s. exemplarisch: *Adams*, AG 1990, 63; *Assmann/Bozenhardt* in: *Assmann/Basaldua/Bozenhardt/Peltzer*, Übernahmeangebote, S. 1 (115 ff.); *Baums*, AG 1990, 221; *Hauschka/Roth*, AG 1988, 181; *Herkenroth*, Konzernierungsprozesse, S. 92 ff.; *Herrmann*, Zivilrechtliche Abwehrmaßnahmen, 1993; *Hopt*, Präventivmaßnahmen zur Abwehr von Übernahme- und Beteiligungsversuchen, in: Festgabe für Heinsius, WM Sonderheft 25.9.1991, S. 22 ff.; *Klein*, NJW 1997, 2085; *Michalski*, AG 1997, 152; *Otto*, DB Beil. 12, 1988; *Schander*, M&A Rev., 1998, 314; *Schanz*, NZG 2000, 337; *Sieben/Stein* (Hrsg.), Unternehmensakquisitionen – Strategien und Abwehrstrategien, 1992; *Sünner*, FS Quack, 1991, 457; *Vater*, M&A 2002, 9; *Wolf*, AG 1998, 212; *van Aubel*, Vorstandspflichten, S. 155 ff.; *Weimar/Breuer*, BB 1991, 2309. Aus dem US-Recht z.B. *Fleischer/Sussman*, Takeover Defense, Vol.1; *Fox/Fox*, Corporate Acquisitions and Mergers, § 5E.07 [2].

495 Vgl. *Hauschka/Roth*, AG 1988, 181 (187 ff.); *Steding*, Jura 1999, 181 (183).

496 Dazu *Adams*, AG 1990, 63 (70 ff.); *Baums*, AG 1990, 221 (232 ff.); *Hauschka/Roth*, AG 1988, 181 (190); *Herkenroth*, Konzernierungsprozesse, S. 96 ff.; *Michalski*, AG 1997, 152 (158); *Otto*, AG 1994, 167 (173 ff.); *Sünner*, FS Quack, 1991, 457 (461 f.).

497 Änderung des § 134 Abs. 1 Satz 2 AktG durch KonTraG v. 27.4.1998, BGBl. I S. 786. Der diesbezügliche Schutz der Minderheit wurde für nicht mehr notwendig erachtet, weil in den Publizitätspflichten sowie im Übernahmekodex der Börsensachverständigenkommission alternative Schutzmöglichkeiten gesehen wurden, vgl. RegE v. 6.11.1997 in ZIP 1997, 2059 (2064); zur Übergangsregelung s. § 5 EGAktG.

498 *Otto*, AG 1994, 167 (174).

fern man in ihnen überhaupt ein taugliches Verteidigungsmittel sehen konnte,[499] nach § 12 Abs. 2 AktG nicht mehr zulässig.[500]

Als weiteres Verteidigungsmittel bietet sich die Emission vinkulierter Namensaktien gemäß § 68 Abs. 2 AktG an, weil dadurch der Vorstand den Aktionärskreis lenken kann.[501] Die Rechtfertigung für eine Verweigerung der Übertragung an den Bieter durch den Vorstand muss allerdings in dem Ermächtigungsbeschluss der Hauptversammlung angelegt sein, in dem nach § 68 Abs. 2 Satz 4 die Verweigerung der Zustimmung an bestimmte Gründe gekoppelt werden kann.[502] Durch das Aufbauen von Überkreuzbeteiligungen mit anderen Unternehmen, die Übernahmen fürchten,[503] wie auch durch den Erwerb eigener Aktien[504] lässt sich die Menge der Aktien, die der Bieter erwerben kann, reduzieren und somit die Übernahme erschweren. Der Erwerb eigener Aktien in Höhe von 10 % des Grundkapitals ist wegen der Neuregelung des § 71 Abs. 1 Satz 1 Nr. 8 AktG[505] aufgrund Beschlusses der Hauptversammlung auch für Abwehrzwecke zulässig, wobei hier ebenfalls der Beschluss die Verwendung zur Verteidigung explizit vorsehen muss, um Interessenkollisionen möglichst auszuschließen.[506] Ein solcher ausdrücklicher Ermächtigungsbeschluss ist ebenso für die spontane Abwehr im Wege der genehmigten Kapitalerhöhung mit Bezugsrechtsausschluss zu fordern,[507] wenn auch der BGH die allgemeinen Anforderungen an die Zweckbestimmung

499 Dazu *Herkenroth*, Konzernierungsprozesse, S. 95 f.; *Michalski*, AG 1997, 152 (158).

500 Änderung des § 12 Abs. 2 AktG durch KonTraG v. 27.4.1998, BGBl. I S. 786; zur Übergangsregelung s. § 5 EGAktG.

501 Dazu *Assmann/Bozenhardt* in: *Assmann/Basaldua/Bozenhardt/Peltzer*, Übernahmeangebote, S. 1 (117 f.); *Herkenroth*, Konzernierungsprozesse, S. 93 ff.; *Klein*, NJW 1997, 2085 (2086 f.); *Otto*, DB Beil. 12, 1988, S. 6 f.

502 *Assmann/Bozenhardt* in: *Assmann/Basaldua/Bozenhardt/Peltzer*, Übernahmeangebote, S. 1 (118); *Herkenroth*, Konzernierungsprozesse, S. 95; *Otto*, DB Beil. 12, 1988, S. 7.

503 *Klein*, NJW 1997, 2085 (2089); *Otto*, DB Beil. 12, 1988, S. 10 f.

504 In diesem Zusammenhang lag der Schwerpunkt der Diskussion darauf, ob in der Übernahme ein schwerer unmittelbar bevorstehender Schaden gem. § 71 Abs. 1 Satz 1 Nr. 1 AktG gesehen werden kann. Dies wurde überwiegend abgelehnt; vgl. *Assmann/Bozenhardt* in: *Assmann/Basaldua/Bozenhardt/Peltzer*, Übernahmeangebote, S. 1 (132 ff.); *Hauschka/Roth*, AG 1988, 181 (187); *Michalski*, AG 1997, 152 (154 f.); *Schander*, M&A Rev., 1998, 314 (314 f.); *Wolf*, AG 1998, 212 (218 f.).

505 Änderung des § 71 Abs. 1 Satz 1 Nr. 8 AktG durch KonTraG v. 27.4.1998, BGBl. I S. 786.

506 *Schander*, M&A Rev., 1998, 314 (315).

507 *Klein*, NJW 1997, 2085 (2087 ff.); *Otto*, DB Beil. 12, 1988, S. 8 ff.; *Wolf*, AG 1998, 212 (212 ff.).

bezüglich des Bezugsrechtsausschlusses bei genehmigtem Kapital gelockert hat.[508]

Hemmnisse für Übernahmen ergeben sich neben der Beteiligung von Mitarbeitern und Management[509] auch aus dem deutschen System von Aufsichtsrat und Vorstand inklusive paritätischer Besetzung, das einen vom Bieter angestrebten Austausch der gesamten Leitung auf einen Schlag praktisch unmöglich macht.[510] Dies kann zusätzlich durch zeitlich versetzte Dienstverträge und hohe Abfindungen („golden parachutes") erschwert werden.[511] Letztere Maßnahmen zielen auf die Wirtschaftlichkeit der Übernahme und eignen sich damit ebenso zur ad hoc-Verteidigung wie der angedrohte Verkauf besonders wichtiger Unternehmensteile („sell of the crown jewels"),[512] die Abgabe eines Gegenangebots auf die Bietergesellschaft, die Schaffung kartellrechtlicher Probleme[513] und die Suche nach einem „white knight", der zunächst Aktien der Zielgesellschaft, zum Beispiel aus einer Kapitalerhöhung, übernimmt und anschließend wieder abgibt und dadurch einer feindlichen Übernahme zuvorkommt.[514] Die rechtliche Grenze und Zulässigkeit einzelner Abwehrmaßnahmen wäre – einen entsprechenden Hauptversammlungsbeschluss vorausgesetzt – anhand des Einzelfalls zu prüfen.[515]

IV. Beschränkung der Geschäftsführung

Wie angedeutet, können viele der Maßnahmen, die der Verteidigung dienen, von der Verwaltung auf Veranlassung der Hauptversammlung vorgenommen

---

508 BGH, Urt. v. 23.6.1997 = NJW 1997, 2815 (2815) (Siemens/Nold); dazu: *Wolf*, AG 1998, 212 (214, 216 f.).

509 *Assmann/Bozenhardt* in: *Assmann/Basaldua/Bozenhardt/Peltzer*, Übernahmeangebote, S. 1 (131 f.); *Heinrich*, FAZ v. 20.4.1999, Beil., S. 11.

510 *Hauschka/Roth*, AG 1988, 181 (187); *Michalski*, AG 1997, 152 (155).

511 *Assmann/Bozenhardt* in: *Assmann/Basaldua/Bozenhardt/Peltzer*, Übernahmeangebote, S. 1 (137 f.); *Michalski*, AG 1997, 152 (160).

512 Im Falle des Verkaufs besonders wichtiger Unternehmensteile ist nach dem BGH ohnehin eine Entscheidung der Hauptversammlung notwendig, BGHZ 83, 122 = NJW 1982, 1703 (Holzmüller).

513 Z.B. hat Mannesmann Gutachten über kartell- und unternehmensrechtliche Schwierigkeiten wegen ihrer Beteiligung an der Orange plc. vorgelegt, um die Übernahme durch Vodafone zu verhindern, vgl. o.V., Im Fall Mannesmann streiten auch die Juristen, FAZ v. 19.1.2000, S. 15.

514 *Assmann/Bozenhardt* in: *Assmann/Basaldua/Bozenhardt/Peltzer*, Übernahmeangebote, S. 1 (140 ff.); *Michalski*, AG 1997, 152 (159 ff.). Zu besonderen Arten von „white knights" s. *Sünner*, FS Quack, 1991, 457 (467 ff.), der Gesellschaften beschreibt, die eigens für die freundliche (Zwischen-)Übernahme von Aktien gegründet werden.

515 Auch diesbezüglich wird auf das umfangreiche Schrifttum verwiesen, vgl. o. Fn. 494; ferner *Hopt*, FS Lutter, 2000, S. 1361 (1388 ff.); *Schanz*, NZG 2000, 337.

werden. Dies ist insofern problematisch, als es Geschäftsführungsmaßnahmen gibt, die im Rahmen des Geschäftsverlaufs notwendig sind, sich aber als Nebeneffekt negativ auf das Gelingen des Übernahmeangebots auswirken. Ist jedoch kein diesbezüglicher Beschluss der Hauptversammlung ergangen, entfällt wegen der Neutralitätspflicht ein ganzes Spektrum von Handlungsmöglichkeiten des Vorstands während der Dauer eines öffentlichen Übernahmeangebots, falls dadurch dessen Erfolg beeinträchtigen werden könnte.[516] So kann beispielsweise die ohnehin anstehende Verlängerung eines Vorstandsmandats durch den Aufsichtsrat oder die Durchführung einer langfristig geplanten und genehmigten Kapitalerhöhung durch den Vorstand als Abwehrmaßnahme ausgelegt werden, mit der Folge, dass die Leitungsorgane nicht in dieser Richtung tätig werden können. Dies wiederum lähmt die Zielgesellschaft. Durch ein Übernahmeangebot könnte also der Bieter die Zielgesellschaft in ihrer Handlungsfreiheit empfindlich beschränken.[517]
Zwar gewährleistet ein neutrales Management einen reibungslosen und zügigen Ablauf des Übernahmeverfahrens, da langwierige Abwehrkämpfe zur Vereitelung der Übernahme entfallen, jedoch ist ein Stillstand der Entscheidungsprozesse auch nicht im Sinne der Anteilseigner. Hielte man an der Zustimmungsbedürftigkeit der Hauptversammlung zu allen Maßnahmen, die das Übernahmeangebot tangieren, fest, liefe dies darauf hinaus, dass sich die Verwaltung ihre Geschäftsführungshandlungen vorher von der Hauptversammlung absegnen lassen müsste. Der Vorstand leitet jedoch gemäß §§ 76 Abs. 1, 77 Abs. 1 AktG die Geschäfte der Gesellschaft unter eigener Verantwortung, so dass er grundsätzlich im Rahmen der Geschäftsführung ohne Hauptversammlungsbeschluss tätig werden kann.[518] Folglich kollidiert während eines Übernahmeangebots die Geschäftsführungsbefugnis mit dem Neutralitätsgebot.[519]
Der Vorstand übt bei der Geschäftsführung sein Leitungsermessen aus, das in diesem Fall auf der einen Seite die Pflicht enthält, Geschäftschancen wahrzunehmen,[520] auf der anderen Seite aber durch das Neutralitätsgebot eingeschränkt ist. Infolgedessen wird befürwortet, dass solche Maßnahmen zulässig sind, „die aus sachlichen Gründen im Interesse der Gesellschaft gerechtfertigt

---

516 *Weisgerber*, ZHR 161 (1997), 421 (428 f.) mit Fallbeispielen.

517 *Peltzer*, AG 1997, 145 (149); *Thoma*, ZIP 1996, 1725 (1730); *Weisgerber*, ZHR 161 (1997), 421 (429).

518 Kölner Komm-*Mertens*, § 76 Rn. 4; *Hüffer*, AktG, § 76 Rn. 4 ff.; dies ergibt sich im Umkehrschluss auch aus § 119 Abs. 2 AktG, vgl. *Hüffer*, AktG, § 119 Rn. 11.

519 Ähnlich: *Thoma*, ZIP 1996, 1725 (1731).

520 Kölner Komm-*Mertens*, § 76 Rn. 17; *Kallmeyer*, ZHR 161 (1997), 435 (448).

sind"[521] beziehungsweise nach „einer besonders sorgfältigen Abwägung des Aktionärsinteresses mit dem entgegenstehenden Unternehmensinteresse"[522] durchgeführt werden dürfen, auch wenn sie im Reflex das Übernahmeangebot vereiteln könnten. Richtig ist daran, dass dem Vorstand das Ermessen eingeräumt wird, abzuschätzen, ob eine Maßnahme ernstlich das Übernahmeangebot beeinträchtigen könnte. Unschärfen im Rahmen der notwendigen Abgrenzung sind dabei in Kauf zu nehmen, weil ansonsten der Vorstand zu jeder einzelnen Geschäftsführungsmaßnahme die Hauptversammlung befragen müsste und im Prinzip handlungsunfähig wäre. Indes beinhaltet das angeführte „Interesse der Gesellschaft"[523] eben auch die Interessen der Aktionäre,[524] so dass, anders formuliert, ein sachlicher Grund vorliegen müsste, der es dem Vorstand erlaubt, die Übernahme abzuwehren, auch wenn dies nur als Nebeneffekt geschähe. Folglich führt dieser Begründungsansatz wieder zu der zu verneinenden Frage, ob der Vorstand an den Aktionären vorbei über Sinn und Erfolg der Übernahme entscheiden kann.[525] Das gleiche gilt, wenn man eine Abwägungspflicht des Vorstands zwischen die Aktionärsinteressen und die sonstigen Unternehmensinteressen schaltet,[526] denn auch dann bestimmt der Vorstand letztlich über den Erfolg der Übernahme. Abgesehen davon lässt sich die Ermessensentscheidung nur schwer nachprüfen, wodurch Raum für die Verfolgung von Eigeninteressen bleibt.

Aus diesem Grund hat die Unternehmensleitung alle Geschäftsführungsmaßnahmen, die während der Laufzeit des Übernahmeangebots aufgenommen werden sollen, zu unterlassen, wenn sie sich auch nur nebensächlich auf den Erfolg des Übernahmeangebots auswirken können. Dies gilt unabhängig davon, ob diese Maßnahmen schon vor dem Bekanntwerden des Übernahmeangebots beschlossen worden sind. Darunter fallen auch Aktionen, die ursprünglich von der Hauptversammlung verabschiedet worden waren, sofern in dem Beschluss die Durchführung dieser Maßnahmen nicht ausdrücklich auch für den Fall eines Übernahmeangebots zugelassen worden ist. Das Übernahmeangebot stellt eine wesentliche Veränderung der Entscheidungsgrundlage für die Aktionäre dar und diesen muss Gelegenheit gegeben werden, auf die neuen Umstände zu reagieren. Wegen der Gefahr, dass die Leitungsorgane die Akti-

---

521 *Kallmeyer*, ZHR 161 (1997), 435 (448).

522 *Thoma*, ZIP 1996, 1725 (1731).

523 *Kallmeyer*, ZHR 161 (1997), 435 (448).

524 Die Aktionärsinteressen sind ein Teil der Gesellschaftsinteressen, so dass der Vorstand über diese mitentscheiden müsste, s. auch oben Seite 99.

525 Vgl. oben unter „Neutralitätsgebot", Seite 99 ff.

526 So *Thoma*, ZIP 1996, 1725 (1731).

onäre als Entscheidungsträger[527] umgehen und eigene Interessen verfolgen, sind also alle Geschäftsführungshandlungen, die das Gelingen des Übernahmeangebots ernstlich in Frage stellen, von der Zustimmung der Hauptversammlung abhängig. Ausgenommen sind lediglich solche Maßnahmen, deren Realisierung schon vor dem Übernahmeangebot begonnen hat und lediglich noch abgewickelt werden. Damit eine eigenverantwortliche Geschäftsführung erhalten bleibt,[528] ist dem Vorstand im Übrigen nur der enge Ermessenspielraum überlassen, ob die Geschäftsführungsmaßnahme das Übernahmeangebot beeinträchtigt oder nicht. Wenn ja, muss er sich dieser Maßnahme enthalten.

E. Zusammenfassendes Fazit

I. Die vier Regelungselemente

Die Regelung von Übernahmen, die sich im Wege eines öffentlichen Angebots vollziehen, beruht auf drei Grundpfeilern: Der erste ist die Bestimmung des Verfahrensablaufs mit dem öffentliche Übernahmeangebote durchgeführt werden. Es hat sich herausgestellt, dass der Bieter, auch wenn er noch nicht Aktionär der Zielgesellschaft sein sollte, der Treuepflicht zwischen den Aktionären unterliegt. Aus der Treuepflicht folgt für den Bieter das weitreichende Gebot, alle mit dem Übernahmeangebot angesprochenen Aktionäre gleich zu behandeln.[529] Ferner bestimmen sich die Verhaltenspflichten des Bieters aus seiner Rolle als Teilnehmer am Kapitalmarkt, dessen Anforderungen an Funktionalität und Transparenz der Bieter gerecht werden muss.[530] Im Gegensatz zur gesellschaftsrechtlichen Treuepflicht bleiben die kapitalmarktrechtlichen Funktionalitätsüberlegungen auch dann relevant, wenn das öffentliche Übernahmeangebot nicht zur Erlangung der Kontrolle eingesetzt wird.[531]
Der zweite Eckpunkt ist das Pflichtangebot. Das im Falle eines Kontrollwechsels auf alle Anteile zu erstreckende obligatorische Übernahmeangebot geht

527 Die besondere Position der Aktionäre im Entscheidungsprozess betonen auch: Kölner Komm-*Mertens*, § 76 Rn. 18, 26; *Adams*, AG 1990, 243, (245 f.); *Assmann/Bozenhardt* in: *Assmann/Basaldua/Bozenhardt/Peltzer*, Übernahmeangebote, S. 1 (114); *Ebenroth/Daum*, DB 1991, 1157 (1158); *Peltzer*, AG 1997, 145 (148).

528 Der Vorstand muss die Geschäfte unter eigener Verantwortung gem. § 76 Abs. 1 AktG leiten können, vgl. auch *Thoma*, ZIP 1996, 1725 (1731).

529 Dazu und zur Ableitung der Gleichbehandlungspflicht oben unter „Gebot der Gleichbehandlung", Seite 47 ff.

530 Vgl. oben unter „Funktionales Verfahren", Seite 63 ff.; zur Verbindung von Individual- und Funktionsschutz vgl. auch *Meier-Schatz*, ZHR 149 (1985), 76 (80 f., Fn 18).

531 Die gesellschaftsrechtliche Treuepflicht basiert auf dem Umstand des Kontrollwechsels, der die Aktionäre in eine neue nicht vorhersehbare Situation bringt, vgl. oben „Treuepflicht bei Übernahmeangeboten", Seite 53 ff.

zum einen über das Gleichbehandlungsgebot hinaus, weil es wegen der auflösenden Wirkung auf die Mitgliedschaft nicht auf die Treuepflicht gestützt werden kann.[532] Zum anderen verlässt es auch den Regelungsrahmen reiner öffentlicher Übernahmeangebote, denn es statuiert die Angebotspflicht als Rechtsfolge für alle Kontrollübernahmen im Wege des Anteilserwerbs und baut damit einen Konzerneingangsschutz auf. Seine Rechtfertigung liegt im Schutz der Vermögensposition der Minderheitsaktionäre, die vom Konzernrecht nur in vergleichsweise unzureichender Form gesichert wird,[533] und in der Unterdrückung gesamtwirtschaftlich ineffizienter Unternehmensübernahmen.[534] Das Pflichtangebot ermöglicht den Aktionären in Verbindung mit einer Preisregel einen wirtschaftlich akzeptablen Ausstieg aus der Gesellschaft unter Beteiligung an der Kontrollprämie.

Als drittes Standbein der Regelung fungiert das Neutralitätsgebot an Vorstand und Aufsichtsrat der Zielgesellschaft. Dieses ist notwendig, um die Herrschaft der Aktionäre über den Ausgang des Übernahmeangebots zu gewährleisten und sicherzustellen, dass keine von den Aktionären unerwünschten Maßnahmen den Erfolg der Übernahme beeinflussen. Das Gelingen oder Scheitern der Übernahme sollte möglichst unverfälscht durch Eigeninteressen des Managements von den Wertpapierinhabern der Zielgesellschaft entschieden werden. Zu diesem Zweck ist während der Laufzeit eines Übernahmeangebots die Geschäftsführung eingeschränkt und die Durchführung beeinträchtigender Maßnahmen hängt von der Zustimmung der Hauptversammlung ab.[535]

Die vierte Säule einer Regelung von öffentlichen Übernahmeangeboten ist die Errichtung einer Aufsichtsbehörde. Eine solche Aufsichtsbehörde ist unerlässlich, weil die aus der Regelung resultierenden Pflichten überwacht und notfalls mit Sanktionen durchgesetzt werden müssen. Zudem handelt es sich um einen Vorgang am Kapitalmarkt, so dass bei Unklarheiten, beispielsweise hinsichtlich der Preisgestaltung, eine schnelle Entscheidung elementar, der langwierige Rechtsweg hingegen wenig praktikabel ist.[536] Auf die Notwendigkeit einer Aufsichtsbehörde wird insbesondere im Rahmen der Abhandlung des Übernahmekodex eingegangen.[537] Durch die Verbindung dieser vier Elemente werden öffentliche Übernahmeangebote so abgewickelt, dass sie umfassende,

---

532 Das Pflichtangebot lässt sich nicht auf die Treuepflicht gründen, vgl. oben Seite 70 f.

533 Zum Wirkungsmechanismus s.o. unter „Schutz der Vermögensanlage“, Seite 72 ff. und zum Vergleich mit dem Konzernrecht s.o. unter „Pflichtangebot und Konzernrecht“, Seite 78 ff.

534 Vgl. oben unter „Vermeidung ineffizienter Übernahmen“, Seite 93 ff.

535 S. zum Neutralitätsgebot und seinen Konsequenzen oben Seite 99 ff.

536 *Krause*, WM 1996, 893 (896).

537 S.u. unter „Übernahmekommission“, Seite 206 ff.

gleiche Information, die Sicherung der Entscheidungsfreiheit und die Beteiligung der Aktionäre an der Kontrollprämie ermöglichen.[538]

II. Systematische Verortung

Das öffentliche Übernahmeangebot tangiert in seinen Anforderungen und Auswirkungen sowohl das Gesellschafts- als auch das Kapitalmarktrecht.[539] Die Transaktionsseite des Übernahmeangebots, die sich im Wesentlichen nach kapitalmarktrechtlichen, also primär funktionalen Gesichtspunkten richtet, wird auch von dem Gleichbehandlungsgebot mit gesellschaftsrechtlichen Ursprung beeinflusst,[540] während andererseits auch das Kapitalmarktrecht durch das funktionale Gebot der Chancengleichheit ein Pendant zum Gleichbehandlungsgebot bietet.[541] Der im Besonderen mit dem Pflichtangebot verwirklichte Anlegerschutz spricht ebenfalls beide Rechtsgebiete an, denn der Schutz des Aktionärs ist nicht nur ein gesellschafts- beziehungsweise konzernrechtliches Thema, sondern wirkt sich auch auf die Attraktivität des Kapitalmarkts aus, in dem er mittels Vertrauensbildung für Investitionen wirbt.[542] Der Transaktionsseite kommt wegen ihrer Aufgabe, die Funktionsfähigkeit des Kapitalmarkts zu fördern, zusätzlich auch ein ordnungsrechtlicher Charakter zu.[543] Demnach liegen die Schwerpunkte der Normierung öffentlicher Übernahmeangebote auf der Realisierung der Transaktion und dem Schutz der betroffenen Anleger, so dass diese primär dem Kapitalmarktrecht zuzuordnen ist.[544]

---

538 Diese Forderung erhob schon *Beß*, AG 1976, 206 (209).

539 *Basaldua* in: *Assmann/Basaldua/Bozenhardt/Peltzer*, Übernahmeangebote, S. 157 (169); *Zimmer*, Internationales Gesellschaftsrecht, S. 97.

540 Bes. durch die Abfindung pro rata und die Nachbesserungspflicht.

541 Zum Aspekt der Chancengleichheit im Kapitalmarktrecht vgl. *Hopt*, ZHR 161 (1997), 368 (411); *ders.*, FS Rittner, 1991, S. 187 (200); *F. Schäfer*, ZIP 1987, 953 (956); vgl. oben unter „Individualschutz durch transparente Information", Seite 66.

542 Vgl. zur Notwendigkeit des Anlegerschutzes im Kapitalmarkt: *Assmann*, 40 Jahre Bundesrepublik, 1990, 253 (264); *Rudolph/Röhrl*, in: *Hopt/Rudolph/Baum*, Börsenreform, S. 145 (185 ff.); *Walz* in: *Wagner* (Hrsg.), Ökonomische Analyse des Bilanzrechts, S. 85 (100).

543 *Zimmer*, Internationales Gesellschaftsrecht, S. 96 f.

544 Forum Europaeum Konzernrecht, ZGR 1998, 673 (727); *Assmann/Bozenhardt* in: *Assmann/Basaldua/Bozenhardt/Peltzer*, Übernahmeangebote, S. 1 (41); *Hopt*, FS Rittner, 1991, S. 187 (195); *G. Schuster*, Internationale Anwendung des Börsenrechts, S. 202 ff.; *Zimmer*, Internationales Gesellschaftsrecht, S. 97 f. Bedeutung gewinnt die Frage nach der Einordnung bei der kollisionsrechtlichen Überlegung, an welche Kriterien eine rechtliche Regelung öffentlicher Übernahmeangebote anknüpfen sollte. Zu erwägen wäre eine Anbindung an das Statut des Vertrages zwischen Bieter und Wertpapierinhaber der Zielgesellschaft, an das Gesellschaftsstatut der Zielgesellschaft oder an die Rechtslage am

III. Rahmenbedingungen für Übernahmeangebote in Deutschland

Noch vor zehn Jahren traten die rechtlichen und ökonomischen Bedingungen in Deutschland jedweder Verbreitung öffentlicher Übernahmeangebote als Akquisitionsform entgegen.[545] Gesellschaftsrechtliche Eigenarten, wie die Aufgliederung der Verwaltung in Aufsichtsrat und Vorstand, die paritätische Besetzung[546] oder die Grundsätze der Kapitalerhaltung erschwerten die mit dem öffentlichen Angebot erstrebte Kontrollübernahme und die wenigen börsennotierten Unternehmen, das Universalbanksystem und die Struktur des Aktienbesitzes ohne große Streuung behinderten ihre erfolgreiche Durchführung.[547] Nicht zuletzt deshalb konnte die Notwendigkeit einer diesbezüglichen Regelung kritisch betrachtet werden,[548] obwohl der Blick über den Kanal auf die rege Übernahmetätigkeit in London und noch weiter in den USA erahnen lassen konnten, dass sich eines Tages auch hierzulande die Frage nach dem Regelungsbedarf stellen wird.

In den letzten Jahren haben sich jedoch sowohl die institutionellen als auch die rechtlichen Rahmenbedingungen zugunsten öffentlicher Übernahmeangebote gewandelt. Mit dem Gesetz zur Kontrolle und Transparenz im Unternehmens-

---

Handelsplatz der betroffenen Aktien. Der Funktionskomponente lässt sich am besten Rechnung tragen, wenn das Rechtsstatut des Ortes Anwendung findet, in dem die mit dem Übernahmeangebot begehrten Wertpapiere der Zielgesellschaft gehandelt werden. Andererseits ist das Statut des Handelsplatzes problematisch, wenn die Anteile der Zielgesellschaft an mehreren Börsenplätzen gehandelt werden. Besteht keine einheitliche Rechtslage, droht dann eine Ungleichbehandlung der Aktionäre. Ausführlich dazu *Zimmer*, Internationales Gesellschaftsrecht, S. 93 ff.; s. dazu auch *Düring*, RIW 1999, 746; *Krause*, AG 1996, 209 (210) m.w.N.; *Roos*, WM 1996, 2177 (2181, 2183); *G. Schuster*, EuZW 1997, 237 (238 f.).

545 Ausführlich dazu *Herkenroth*, Konzernierungsprozesse, S. 81 ff.; vgl. auch: *de Jong* in: *Gröner*, Markt f. Unternehmenskontrollen, S. 9 (11); *Hauschka/Roth*, AG 1988, 181 (186 f.); *Hopt*, FS Rittner, 1991, S. 187 (289 ff.); *Mertens*, AG 1990, 252 (254 f.); *Otto*, DB Beil. 12, 1988, S. 3; *Peltzer*, ZIP 1989, 69 (72); *Schuster*, Die Bank 1995, 609 (612); *Werner*, Probleme feindlicher Übernahmeangebote, S. 17 ff., dazu *Adams*, AG 1990, 243 (250).

546 *Hauschka/Roth*, AG 1988, 181 (187); *Michalski*, AG 1997, 152 (155); *Schuster*, Die Bank 1995, 609 (612).

547 Vgl. *Hauschka/Roth*, AG 1988, 181 (186); *Herkenroth*, Konzernierungsprozesse, S. 81 f.; *Hopt*, FS Rittner, 1991, S. 187 (289 f.); *Mertens*, AG 1990, 252 (254 f.); s. auch: *Baums*, AG 1996, 11 (12 ff.); *Dietrich*, AWD BB 1973, 304 (304); *Immenga*, SAG 1975, 89 (90). Zur Wirkung des Depotstimmrechts *Adams*, ZIP 1996, 1590; *Mülbert*, NJW-Beil. 1996, 24.

548 Vgl. *Beckmann*, Übernahmeangebote in Europa, S. 28 und DB 1995, 2407 (2407); *Otto*, DB Beil. 12, 1988, S. 3; zum Widerstand gegen eine entsprechende Normierung s.u. Seite 123.

bereich[549] wurde die Möglichkeit von Höchst- und Mehrstimmrechten abgeschafft[550] sowie der Einflusskumulation der Banken entgegengewirkt.[551] Eine starke Wandlung hat auch die ökonomische Infrastruktur öffentlicher Übernahmeangebote vollzogen, denn die Aktie als Anlageform gewinnt zunehmend an Popularität und mit dieser ist auch die Anzahl börsennotierter Unternehmen sprunghaft gestiegen.[552] Nunmehr grassiert auch in Deutschland das Übernahmefiber,[553] begleitet von einer wachsenden Anzahl an Banken und Kanzleien, die sich im Mergers and Acquisitions Sektor spezialisieren. Trotz der hauptsächlich gesellschaftsrechtlichen Hindernisse, die einer Kontrollübernahme im Weg stehen, gewinnt das öffentliche Übernahmeangebot, auch als Pflichtangebot, stetig an Bedeutung,[554] so dass das Thema einer möglichst sinnvollen Regelung auch nach Erlass des Übernahmegesetzes noch aktuell ist.

---

549 KonTraG v. 27.4.1998, BGBl. I S. 786.

550 Änderung des § 134 Abs. 1 Satz 2 AktG und des § 12 Abs. 2 AktG durch KonTraG v. 27.4.1998, BGBl. I S. 786, vgl. dazu oben Seite 106.

551 So durch die Änderung des § 128 AktG, vgl. RegE v. 6.11.1997 in ZIP 1997, 2059 (2063).

552 Von 678 in Jahre 1995 auf 938 im Januar 2000, vgl. *Gruppe Deutsche Börse* (Hrsg.), Monthly Statistics – Cash Market, S. 7.

553 Vgl. o.V., Der Markt für Übernahmen wächst, FAZ v. 12.11.1999, S. 25; o.V., Der Markt für Unternehmensbeteiligungen wächst rasant, FAZ v. 4.5.1999, S. 26; *Hansen*, Die großen Fusionen der jüngsten Zeit, AG 1999, R 4.

554 S. zur praktischen Bedeutung des Übernahmekodex unten Seite 216 f.

Teil 2: Umsetzung in Rechtsnormen

3. Kapitel: Die 13. EU-Richtlinie zum Gesellschaftsrecht

Übernahmeangebote sind ein Phänomen, das europaweit zu beobachten ist und in den jeweiligen Staaten verschiedenen Regelungsversuchen unterzogen wurde. Durch die Bildung des europäischen Binnenmarkts 1992 und die Einführung des Euro am 1.1.1999 ist jedoch die Wirtschaft der Europäischen Union nun in einem Maße zusammengewachsen, dass der Wettbewerb die regionale und nationale Ebene verlassen hat. Vielmehr müssen sich die einzelnen Unternehmen der gesamteuropäischen Konkurrenz stellen und die Europäische Union als Einheit gegenüber den anderen großen Wirtschaftsräumen auftreten. Daher ist die Expansion und Neuordnung von europäischen Unternehmen unabdingbar für deren Überleben im internationalen Wettbewerb.[555] Jedoch ist die Rechtslage innerhalb der Union nach wie vor sehr unterschiedlich. Von einem „level playing field" für Übernahmen kann nicht ausgegangen werden.[556]

Ein funktionsfähiger europäischer Kapitalmarkt ist ein wichtiges Ziel[557] auf dem Weg in eine „harmonische und ausgewogene Entwicklung des Wirtschaftslebens innerhalb der Gemeinschaft"[558]. Zur Sicherung der Wirksamkeit und Funktion des europäischen Finanzmarkts bedarf es neben politischer und ökonomischer Weichenstellung auch der Rechtsangleichung auf den Gebieten des Gesellschafts- und Kapitalmarktrechts.[559] Eine Reihe von Angleichungsprojekten wurde vor diesem Hintergrund schon durchgeführt, etwa zur Offenlegung,[560] Verschmelzung,[561] Spaltung[562] und zum Insiderrecht,[563] die Harmonisierung des Übernahmerechts steht jedoch noch aus. Diese „schmerzliche

555 Vgl. KOM (95) 655 endg. Begründung, I. Nr. 6.

556 KOM (95) 655 endg. Begründung, I. Nr. 5; *Assmann/Bozenhardt* in: *Assmann/Basaldua/Bozenhardt/Peltzer*, Übernahmeangebote, S. 1 (22 ff.); *Basaldua*, ebenda, S. 157 (160 f.); *Grunewald*, WM 1991, 1361 (1361).

557 Art. 3 lit. h) EG in der konsolidierten Fassung mit Änderungen durch den Vertrag von Amsterdam vom 2.10.1997 (in Kraft getreten am 1.5.1999).

558 So Art. 2 EG in der konsolidierten Fassung mit Änderungen durch den Vertrag von Amsterdam vom 2.10.1997 (in Kraft getreten am 1.5.1999).

559 Vgl. *Krause*, Übernahmeangebot, S. 26.

560 Richtlinie 68/151/EWG, ABl.EU L 65 v. 14.3.1968.

561 Richtlinie 78/855/EWG, ABl.EU L 295 v. 20.10.1978, S. 36.

562 Richtlinie 82/891/EWG, ABl.EU L 378 v. 31.12.1982, S. 47.

563 Richtlinie 89/592/EWG, ABl.EU L 334 v. 18.11.1989, S. 30.

Lücke"[564] in der Rechtsangleichung des europäischen Binnenmarkts sollte mit der 13. Richtlinie des Europäischen Parlaments und des Rates auf dem Gebiet des Gesellschaftsrechts über Übernahmeangebote[565] gefüllt werden. Von dieser Richtlinie wurde nicht nur eine höhere Transparenz und eine Vereinheitlichung des Schutzes für Aktionäre erwartet, sie versuchte auch Rechtssicherheit ohne große Einbußen an Flexibilität zu gewährleisten.[566] Zusätzlich nivelliert eine Harmonisierung bestehende Marktschranken, wie die in vielen Mitgliedstaaten zulässigen, unterschiedlich weitreichenden Verteidigungsmaßnahmen.[567] Diese Maßnahme im Rahmen der Koordinierung des Gesellschaftsrechts[568] gestützt auf Art. 44 EG[569] ergänzt andere Richtlinienvorschläge, die sich mit dem Abbau von Übernahmehindernissen befassen: Die fünfte Richtlinie zum Gesellschaftsrecht veranlasste die Abschaffung der Höchststimmrechte für börsennotierte Gesellschaften,[570] die Änderung der zweiten gesellschaftsrechtlichen Richtlinie[571] erschwerte den Erwerb eigener Aktien.

A. Die Entstehung

Der im Vermittlungsausschuss der EU debattierten Version für eine 13. Gesellschaftsrechtsrichtlinie betreffend Übernahmeangebote auf Basis des Ge-

564 Lenz-*Pfisterer*, EG Binnenmarkt, S. 332.

565 I.d.F. des Protokolls der Parlamentssitzung v. 13.12.2000, basierend auf den Empfehlungen des Ausschusses für Recht und Binnenmarkt v. 29.11.2000 für die zweite Lesung der Übernahmerichtlinie (A5-0368/2000) und dem Gemeinsamen Standpunkt des Rates, festgelegt am 19.6.2000, „im Hinblick auf den Erlass der Richtlinie 2000/.../EG des Europäischen Parlaments und des Rates vom ... auf dem Gebiet des Gesellschaftsrechts betreffend Übernahmeangebote" (8129/1/2000 – C5-0327/2000 – 1995/0341 (COD)), ABl.EU C 23 v. 24.1.2001, S. 1, Vorabdruck in AG, 2000, 289 (296 ff.) mit Einführung *Neye* und in WM Sonderbeil. 2/2000 (32 ff.) mit Besprechung *Pötzsch/Möller*.

566 KOM (95) 655 endg. Begründung, I. Nr. 6.

567 *Hopt*, ZHR (1997), 368 (383 f.).

568 KOM (88) 823 – SYN 186, Darlegung der Gründe I. Nr. 2.

569 In der konsolidierten Fassung mit Änderungen durch den Vertrag von Amsterdam vom 2.10.1997 (in Kraft getreten am 1.5.1999), zuvor Art. 54 EGV; KOM (95) 655 endg. Begründung, I. Nr. 6.

570 Umgesetzt durch das KonTraG v. 27.4.1998, BGBl. I S. 786.

571 2. Richtlinie 77/91/EWG des Rates vom 13.12.1976 zur Koordinierung der Schutzbestimmungen, die in den Mitgliedstaaten den Gesellschaften im Interesse der Gesellschafter sowie Dritter für die Gründung der Aktiengesellschaft sowie für die Erhaltung und Änderung ihres Kapitals vorgeschrieben sind, um diese Bestimmungen gleichwertig zu gestalten, ABl.EU L 26 v. 30.01.1977, S. 1; geändert durch die Richtlinie 92/101/EWG v. 23.11.1992, ABl.EU L 347 v. 28.11.1992.

meinsamen Standpunkts des Rats vom 19.6.2000[572], die im Parlament zwar gescheitert, aber deren Vorhaben noch nicht ad acta gelegt worden ist, geht eine ein Vierteljahrhundert zurückreichende Geschichte voraus. Immer wieder stieß die Europäische Kommission mit ihren verschiedenen Vorschlägen für eine Harmonisierungsrichtlinie auf Gegenwehr, weil in einigen Mitgliedstaaten die bestehenden und zum Teil schon länger erprobten Regeln für ausreichend gehalten wurden,[573] während in anderen die Notwendigkeit für Übernahmeregeln generell bezweifelt wurde.[574]

I. Der Pennington-Report von 1974

Initiiert durch die stetig wachsende Anzahl feindlicher Übernahmen vor allem in England[575] erkannte die EU-Kommission bereits 1974, dass auf diesem Gebiet Regelungen notwendig werden könnten[576] und beauftragte den englischen Professor *Pennington*[577] mit der Untersuchung von Übernahmeangeboten.[578] Im selben Jahr legte dieser den "Report on Takeover and Other Bids" mit einem Vorschlagsentwurf für eine entsprechende Richtlinie (Pennington-Report) vor.[579] Der Report lieferte eine Zusammenschau der in den einzelnen Mitgliedstaaten bestehenden Regelungen[580] und einen Vorschlagsentwurf, der die pragmatischsten und geeignetsten dieser Regeln kombinierte, aber insgesamt dem City Code ähnelte.[581]
Der gemeinsame Nenner war der Gedanke der Gleichbehandlung der Aktionäre und dass diese über den Erfolg eines Übernahmeangebots selbst bestimmen sollten.[582] Um dieses Ziel zu erreichen, schlug *Pennington* in Art. 7 seines

---

572 Aktuelle Fassung im Protokoll der Parlamentssitzung v. 13.12.2000 a.a.O. (Fn. 13 und 565).

573 So besonders in England, vgl. *Hopt*, ZHR 161 (1997), 369 (373).

574 Vgl. *Beckmann*, Übernahmeangebote in Europa, S. 28 und DB 1995, 2407 (2407); *Otto*, DB Beil. 12, 1988, S. 3; *Immenga*, SAG 1975, 89 (103).

575 *Hopt*, ZHR 161 (1997), 369 (369).

576 *Beß*, AG 1976, 169 (170); *Peltzer* in *Assmann/Basaldua/Bozenhardt/Peltzer*, Übernahmeangebote, S. 179 (179).

577 *Robert R. Pennington*, Professor für Wirtschaftsrecht an der Universität Birmingham.

578 Damals durch die Commission of the European Community's Directorate General Internal Market, Directorate Approximation of Laws, Companies, Public Contracts, Intellectual Property, Fair Competition, General Questions XI/C/1.

579 Pennington-Report, Kom.dok. XI/56/74-E. Vgl. hierzu *Beß*, AG 1976, 169 ff. und 206 ff.

580 Großbritannien, Frankreich, Belgien und Luxemburg, Italien, Niederlande, s. Pennington-Report, Kom.dok. XI/56/74-E, Nr. 13 ff.

581 Pennington-Report, Kom.dok. XI/56/74-E, Nr. 73; *Bozenhardt*, Freiwillige Übernahmeangebote, S. 41; *Peltzer* in *Assmann/Basaldua/Bozenhardt/Peltzer*, Übernahmeangebote, S. 179 (180).

582 Pennington-Report, Kom.dok. XI/56/74-E, Nr. 73.

Entwurfs die Verpflichtung zur Abgabe eines öffentlichen Übernahmeangebots unter Überwachung durch eine Aufsichtsbehörde (Art. 3) vor.[583] Dadurch sollte eine umfassende und richtige Information der Aktionäre der Zielgesellschaft (Art. 8 und 9) als Grundlage für eine Verkaufsentscheidung sichergestellt[584] und ihnen die Möglichkeit gegeben werden, über Abwehrmaßnahmen selbst zu entscheiden (Art. 22).[585]

Als Kompromiss zwischen den verschiedenen Regelungen der Mitgliedsländer[586] sah Art. 7 Abs. 1 eine Angebotspflicht vor, die durch drei Tatbestände ausgelöst werden sollte. Ein Übernahmeangebot musste abgeben, wer (lit. a) mindestens 40 % aller stimmberechtigten Aktien hielt, weil in diesem Fall bestehende Kontrollmacht vermutet wird,[587] wer (lit. b) innerhalb der letzten zwölf Monate 20 % der Stimmen oder mehr erwarb und dadurch seinen Willen zum Ausdruck brachte, die Kontrolle über das Unternehmen zu erlangen, oder wer (lit. c) durch Erwerb eines Aktienpakets die 50 % Schwelle übertrat.[588]

Die Resonanz auf den Pennington-Report war allerdings gering und von wenig Gegenliebe gekennzeichnet. Neben generellen Zweifeln an der Relevanz einer Regelung für Übernahmeangebote[589] wurde besonders die Pflicht zur Abgabe eines öffentlichen Angebots kritisiert. Diesbezügliche gesetzliche Vorschriften seien zu starr und die wirtschaftlichen Folgen nicht genau zu überblicken.[590] Eine Anknüpfung an verschiedene Schwellenwerte abhängig von der Akquisitionstechnik wäre nicht begründbar.[591] Ferner ließen sich Übernahmeangebote mehrheitlich im anglo-amerikanischen Rechtskreis nicht aber in Kontinentaleuropa beobachten.[592] Daraufhin sah die EU-Kommission von weiteren Schritten auf diesem Gebiet zunächst ab.

---

583 *Beß*, AG 1976, 269 (171 und 175).

584 *Beß*, AG 1976, 169 (172 f.).

585 *Beß*, AG 1976, 206 (207 f.).

586 Vgl. Pennington-Report, Kom.dok. XI/56/74-E, Nr. 86.

587 Dies entsprach der damaligen Rule 35 des City Codes 1972. Vgl. auch die Tabelle mit Hauptversammlungs-Präsenzen in *Benner-Heinacher*, DB 1997, 2521 (2522) nach der bei großen deutschen Aktiengesellschaften die Mehrheit bei der Hauptversammlung mit durchschnittlich ca. 32 % des Grundkapitals erreicht wird; s. auch *Krause*, AG 1996, 209 (212 in Fn. 59) und *Wirth/Weiler*, DB 1998, 117 (118).

588 Vgl. Pennington-Report, Kom.dok. XI/56/74-E, Nr. 87.

589 Vgl. *Beckmann*, DB 1995, 2407 (2407); *Immenga*, SAG 1975, 89 (103).

590 *Beß*, AG 1976, 196 (176) und 206 (209); *Heinsius* in *Schmitthoff/Goré/Heinsius*, Übernahmeangebote, S. 35 (58 f. und 72).

591 *Behrenz*, ZGR 1975, 433 (443 ff.); *Reul*, Gleichbehandlung, S. 10.

592 Vgl. *Krause*, Übernahmeangebot, S. 31.

II. Die Entwürfe von 1987 - 1990

Dennoch kündigte die EU-Kommission vor dem Hintergrund sich mehrender Übernahmeangebote auch außerhalb Großbritanniens im Weißbuch von 1985[593] eine Richtlinie an. 1987 folgte die Veröffentlichung eines Vorentwurfs[594] der EU-Kommission. Ziel war es, den Minderheitenschutz der Aktionäre der Zielgesellschaft durch ausführliche Informationen und durch Gleichbehandlung der Betroffenen sicherzustellen.[595] Mit seinen 23 Artikeln regelte der Vorentwurf von 1987 umfassend und detailliert die Abwicklung eines öffentlichen Übernahmeangebots und entwickelte sich damit von der voraussetzungsorientierten Konzeption des Pennington-Reports hin zu einem primär verfahrensbezogenen Konzept.[596] Jedoch verpflichtete der Entwurf in Art. 18 nur dann zur Abgabe eines Übernahmeangebots auf alle Aktien, wenn mit einem vorausgegangenem Angebot die Mehrheit (es wurde auch eine Zwei-Drittel-Schwelle diskutiert)[597] erlangt worden war. Für dieses Folgeangebot konnte darüber hinaus ein niedrigerer Preis als für das erste Angebot gezahlt werden.[598] Dadurch suchte die Kommission einen Kompromiss zwischen einem möglichst geringen Kapitalaufwand des Bieters und einer akzeptablen Ausstiegsmöglichkeit der verbliebenen Aktionäre zu finden, der aber diese klar benachteiligte.[599] Wie bereits der Pennington-Report sah auch der Vorentwurf bei einem überzeichneten Teilangebot eine Erfüllung pro rata vor,[600] um die Aktionäre in gleicher Weise von der Kontrollprämie partizipieren zu lassen.

Anfang 1989 unterbreitete die EU-Kommission den ersten „Vorschlag für eine 13. Richtlinie des Rates auf dem Gebiet des Gesellschaftsrechts über Übernahmeangebote"[601]. Als Beweggrund hob die Kommission neben der Notwendigkeit einer Vereinheitlichung des Gesellschaftsrechts die steigende Zahl an Übernahmeangeboten und damit die hohe Aktualität hervor.[602] Nach der

---

593 Weißbuch der Kommission an den Europäischen Rat: Vollendung des Binnenmarkts, KOM (85) 310 endg. Anhang S. 33.

594 Kom.dok. XV/63/87-DE (Rev.1).

595 Kom.dok. XV/63/87-DE (Rev.1), S. 6.

596 *Assmann/Bozenhardt* in: *Assmann/Basaldua/Bozenhardt/Peltzer*, Übernahmeangebote, S. 1 (33).

597 Vgl. Art. 18.

598 *Peltzer* in: *Assmann/Basaldua/Bozenhardt/Peltzer*, Übernahmeangebote, S. 179 (181).

599 Kom.dok. XV/63/87-DE (Rev.1), S. 21.

600 Pennington-Report, a.a.O. (Fn. 579), Art. 20; Vorentwurf 1987, a.a.O. (Fn. 594), Art. 16.

601 KOM (88) 823 – SYN 186 v. 16.2.89, ABl.EU C 64 v. 14.3.1989, S. 8, auch abgedruckt in *Assmann/Basaldua/Bozenhardt/Peltzer*, Übernahmeangebote, S. 235.

602 KOM (88) 823 – SYN 186, Darlegung der Gründe, I. Allgemeines.

Stellungnahme des Wirtschafts- und Sozialausschusses[603] sowie des Europäischen Parlaments[604] und weiteren Beratungen der Arbeitsgruppe des Rates legte die Kommission 1990 einen geänderten Richtlinienvorschlag[605] vor. Die neue Fassung beinhaltete neben technischen Verbesserungen keine Änderungen am Geist und an der Zielsetzung.[606]

Der Vorschlag von 1990 reduzierte den Anwendungsbereich des Richtlinienvorschlags von Zielgesellschaften in den Rechtsformen der AG und der KGaA[607] auf Gesellschaften, die dem Recht eines Mitgliedstaats unterliegen und innerhalb der EU börsennotiert sind.[608] Ferner wurde in Art. 2 eine Definition des Übernahmeangebots aufgenommen, um die Reichweite des Entwurfs zu präzisieren[609] und damit zur Rechtsklarheit beizutragen. Befürchtungen, dass Sonderformen wie etwa Management Buyouts oder Leveraged Buyouts nicht erfasst werden könnten,[610] wurde mit einer großzügigen Bestimmung möglicher Bieter (Art. 2, dritter Spiegelstrich) begegnet.[611] Zur Rechtssicherheit trug auch die Objektivierung des Kriteriums bei, das ein Pflichtangebot auslöst:[612] Es sollte nicht mehr von dem – im Schrifttum kritisierten[613] – subjektiven Erwerbswillen des Bieters, sondern allein vom Überschreiten der Ein-Drittel-Schwelle abhängen (Art. 4 Abs. 1). Unklar blieb indessen, ob Teilangebote zulässig waren und wie sich deren Abwicklung gestalten sollte. Enthielt der Vorentwurf von 1987 noch explizit eine prorataische Abfindung bei überzeichneten Teilangeboten,[614] so wurde der Bieter nach Art. 4 Abs. 1 des Entwurfes von 1990 zu einem Angebot auf die Gesamtheit der Wertpapiere verpflichtet, sofern er den Schwellenwert überschritt. Damit wurden zumindest solche öffentlichen Teilangebote ausgeschlossen, die den Anteil des

---

603 ABl.EU C 298 v. 27.11.1989, S. 58.

604 ABl.EU C 38 v. 19.2.1990, S. 41.

605 Geänderter Vorschlag für eine 13. Richtlinie des Europäischen Parlaments und Rates auf dem Gebiet des Gesellschaftsrechts über Übernahmeangebote, KOM (90) 416 endg. – SYN 186 v. 10.9.1990, ABl.EU C 240 v. 26.9.1990, S. 7.

606 KOM (90) 416 endg. – SYN 186, Begründung, I. Allgemeines.

607 Art. 1, 1. Spiegelstrich Richtlinienvorschlag 1989.

608 Art 1 Abs. 1 Richtlinienvorschlag 1990.

609 KOM (90) 416 endg. – SYN 186, Begründung, II. zu Art. 2.

610 *Hopt*, FS Rittner, 1991, S. 187 (196). Zu diesen s.o. Seite 32.

611 KOM (88) 823 – SYN 186, Darlegung der Gründe, II. zu Art. 2; vgl. auch *Peltzer* in: *Assmann/Basaldua/Bozenhardt/Peltzer*, Übernahmeangebote, S. 179 (186).

612 KOM (90) 416 endg. – SYN 186, Begründung, II. zu Art. 4; *Baums*, ZIP 1989, 1376 (1380).

613 Vgl. *Basaldua* in: *Assmann/Basaldua/Bozenhardt/Peltzer*, Übernahmeangebote, S. 157 (170 f.); *Baums*, ZIP 1989, 1376 (1380).

614 Vorentwurf 1987, a.a.O. (Fn. 594), Art. 16.

Bieters über den Schwellenwert gehoben hätten.[615] Für alle übrigen Teilangebote ergab sich eine Abfindung pro rata aus dem Gebot der Gleichbehandlung[616] aller Aktionäre.[617] Über Form und Ablauf des Übernahmeangebots sollte eine Aufsichtsbehörde wachen, die von den Mitgliedsländern mit allen notwendigen Kompetenzen auszustatten war.[618]
Diesen Vorstößen der EU-Kommission wurde schon deshalb große Aufmerksamkeit zuteil, weil sich als Folge vermehrter Übernahmen die Frage einer Regelung auch hierzulande stellte.[619] Jedoch wurden, wie zuvor, die Vorschläge sowohl in Politik und Wirtschaft[620] als auch im Schrifttum[621] überwiegend kritisiert. Im Mittelpunkt der kontroversen Diskussion stand das Übernahmeangebot nach Art. 4 und die Beschränkung der Verteidigungsmöglichkeiten durch den Vorstand der Zielgesellschaft gemäß Art. 8.[622] Da eine Beherrschung einer Aktiengesellschaft mit einem Drittel aller Stimmrechte in der Regel nicht möglich sei, aber andererseits die von der EU-Kommission intendierte angebotsauslösende Schwelle einer Beteiligung in Höhe einer Sperrmi-

---

615 Vgl. KOM (88) 823 – SYN 186, Darlegung der Gründe, II. zu Art. 4. *Baums*, ZIP 1989, 1376 (1377); *Hommelhoff/Kleindiek*, AG 1990, 106 (107); *Peltzer* in: *Assmann/Basaldua/Bozenhardt/Peltzer*, Übernahmeangebote, S. 179 (193).

616 Art. 6 a lit. a) Richtlinienvorschlag 1990.

617 *Assmann/Bozenhardt* in: *Assmann/Basaldua/Bozenhardt/Peltzer*, Übernahmeangebote, S. 1 (35); kritisch: *Peltzer*, ebenda, S. 179 (184); Stellungnahme des Wirtschafts- und Sozialausschusses, ABl.EU C 102 v. 18.4.1991, S. 49 (50).

618 KOM (88) 823 – SYN 186, Darlegung der Gründe, II. zu Art. 6.

619 Z.B. versuchte Pirelli, die Continental AG zu erwerben, dazu *Ebenroth/Daum*, DB 1991, 1157 (1557 f.); *Grunewald*, WM 1991, 1361 (1361).

620 Politik: im Anschluss an Bundesrat und Bundesregierung hat auch der Bundestag den Richtlinienvorschlag widersprochen und empfahl weiteres Abwarten, vgl. AG 1990, R 134; Rechtsausschuss des Deutschen Bundestages, BT-Drucks. 11/6612 und 12/1465; Wirtschaft: Gemeinsame Stellungnahme der *Wirtschaftsverbände* v. 21.6.1989, RV 89/89, in der sich besonders gegen den Regelungsbedarf, das Pflichtangebot und das Neutralitätsgebot ausgesprochen wurde.

621 *Assmann/Bozenhardt* in: *Assmann/Basaldua/Bozenhardt/Peltzer*, Übernahmeangebote, S. 1, (37 f., 48 ff.); *Baums*, ZIP 1989, 1376; *Grunewald*, WM 1989, 1233 und WM 1991, 1361; *Hahn*, ZBB 1990, 10; *Hoffmann-Becking*, Referat zum 59. DJT (1992), S. R 14; *Hommelhoff/Kleindiek*, AG 1990, 106; *Mertens*, AG 1990, 252; *Werner*, Probleme feindlicher Übernahmeangebote, S. 13; *Zöllner*, Referat zum 59. DJT (1992), S. R 54; eher positiv: *Basaldua* in: *Assmann/Basaldua/Bozenhardt/Peltzer*, Übernahmeangebote, S. 157 (177); *Beckmann*, DB 1995, 2407; *Otto*, AG 1994, 167 (172); *Reul*, JJZ 1990, 11; *Timm*, NJW 1992, 2185; differenzierend: *Berger*, ZIP 1991, 1644 (1659 f.); *Bozenhardt*, Freiwillige Übernahmeangebote, S. 46 ff.; *Peltzer* in: *Assmann/Basaldua/Bozenhardt/Peltzer*, Übernahmeangebote, S. 179 (191 ff.); *Hopt*, FS Rittner, 1991, S. 187 (193 ff.).

622 *Hopt*, ZHR 161 (1997), 368 (373); *Otto*, AG 1994, 167 (172); Gemeinsame Stellungnahme der *Wirtschaftsverbände* v. 21.6.1989, RV 89/89, S. 2 f. und 5 ff.

norität[623] in Deutschland bei 25 % liegt, sei die Schwelle bei einem Drittel falsch angesiedelt.[624] Daneben passe die Konstruktion eines Pflichtangebots als Minderheitenschutz nicht in den Kontext des deutschen Konzernrechts[625] und führe zu unerwünschter Verteuerung des Erwerbs von Unternehmensbeteiligungen.[626] Ein weitgehendes Verbot der Vereitelung des Übernahmeangebots durch den Vorstand sei zwar einsichtig – schließlich sollen die Aktionäre selbst über Erfolg oder Misserfolg der Angebots entscheiden können – aber die durch den Entwurf beabsichtigte Beschneidung des Vorstands in seiner Handlungsfreiheit behindere diesen unangemessen in der Geschäftsführung.[627] Ein Dispens durch Beschluss der Hauptversammlung lasse sich praktisch nicht verwirklichen.[628] Selbst Großbritannien, dessen Regelungen die Grundlage für den Pennington-Report und damit für den Richtlinienvorschlag bildeten, lehnte den Entwurf ab, weil man die self-regulation durch Code und Panel möglichst unverfälscht belassen wollte, um keine Einbußen an Flexibilität und Vertrauen hinnehmen zu müssen und um taktischen Rechtsstreit zu vermeiden.[629]

III. Die Richtlinienvorschläge von 1996 und 1997

Wegen des erheblichen Widerstandes einiger Mitgliedstaaten wurden die Beratungen in der Arbeitsgruppe des Rates im Juni 1991 ausgesetzt. Auf dem Gipfel von Edinburgh Ende 1992 zog die Kommission ihren Vorschlag zurück[630] und erklärte, einen neuen vereinfachten Entwurf auszuarbeiten und im Hinblick auf das Subsidiaritätsprinzip des Maastricht-Vertrags zu überprüfen.

---

623 Vgl. KOM (88) 823 – SYN 186, Darlegung der Gründe, II. zu Art. 4.

624 *Beckmann*, DB 1995, 2407 (2410); *Grunewald*, WM 1991, 1361 (1362 f.); *Hommelhoff/Kleindiek*, AG 1990, 106 (107); *Mertens*, AG 1990, 252 (257); *Peltzer* in: *Assmann/Basaldua/Bozenhardt/Peltzer*, Übernahmeangebote, S. 179 (194).

625 *Grunewald*, WM 1991, 1361 (1362); *Hommelhoff/Kleindiek*, AG 1990, 106 (110); *Mertens*, AG 1990, 252 (258); a.A.: *Beckmann*, DB 1995, 2407 (2409 f.).

626 *Assmann/Bozenhardt* in: *Assmann/Basaldua/Bozenhardt/Peltzer*, Übernahmeangebote, S. 1, (49); *Baums*, ZIP 1989, 1376 (1381); *Grunewald*, WM 1991, 1361 (1362); *Mertens*, AG 1990, 252 (257 f.); Gemeinsame Stellungnahme der *Wirtschaftsverbände* v. 21.6.1989, RV 89/89, S. 6 f.

627 *Grunewald*, WM 1991, 1361 (1365); *Mertens*, AG 1990, 252 (258 f.); Gemeinsame Stellungnahme der *Wirtschaftsverbände* v. 21.6.1989, RV 89/89, S. 10 f.

628 *Grunewald*, WM 1991, 1361 (1365).

629 *Bittner*, RIW 1992, 182 (187 f.); *Hopt*, ZHR 161 (1997), 368 (373); *Krause*, Übernahmeangebot, S. 41 f.; *Neye*, DB 1996, 1121 (1121); s. zur Entwicklung auch *Hirte*, NJW 1996, 2827 (2831).

630 *Hopt*, ZHR 161 (1997), 368 (373).

Um bei einem erneuten Vorstoß auf einen breiteren Konsens zu stoßen, wurde eine umfassende Konsultation der Mitgliedsländer[631] eingeleitet.[632]
Ergebnis dieser Befragung war der neue stark abgemagerte „Rahmen"-Richtlinienvorschlag[633] vom Februar 1996[634]. Ausdrücklich sah dieser Richtlinienvorschlag von dem Bestreben nach einer detaillierten Harmonisierung ab und gab lediglich einen Rahmen für eine unionsweite Rechtsangleichung vor.[635]
Wiederum nahm der Wirtschafts- und Sozialausschuss[636] sowie das Europäische Parlament[637] Stellung, so dass die Kommission im November 1997 einen geänderten Richtlinienvorschlag[638] vorlegen konnte. Alle beschlossenen Modifikationen dienten allerdings nur der Präzisierung und änderten nichts an Sinn und Zweck des Richtlinienvorschlags.[639] Hauptsächlich hat die Kommission auf die kontroversen Diskussionen des Europäischen Parlaments,[640] dort insbesondere innerhalb des Ausschusses für Recht und Bürgerrechte, reagiert, weil bis zuletzt strittig war, ob einer Rahmenrichtlinie nicht eine bloße Empfehlung gemäß Art. 249 Abs. 5 EG[641] vorzuziehen sei. Eine Empfehlung wurde aber letztlich mangels Verbindlichkeit verworfen.[642]
Nachdem der Rat im Juni 2000 einen gemeinsamen Standpunkt verabschiedet hatte,[643] der in seiner Stringenz über den Vorschlag der Kommission hinaus

---

631 Mittels eines Fragebogens, Kom.dok. XV/6019/93.

632 Vgl. KOM (95) 655 endg.

633 KOM (95) 655 endg. Begründung, I. Nr. 4.

634 Vorschlag für eine 13. Richtlinie des Europäischen Parlaments und des Rates auf dem Gebiet des Gesellschaftsrechts über Übernahmeangebote, KOM (95) 655 endg. v. 7.2.1996, ABl.EU C 162 v. 6.6.1996, S. 5, abgedruckt in AG 1996, 217.

635 KOM (95) 655 endg. Begründung, I. Nr. 4.

636 ABl.EU C 295 v. 7.10.1996, S. 1.

637 ABl.EU C 222 v. 21.7.1997, S. 20.

638 Geänderter Vorschlag für eine 13. Richtlinie des Europäischen Parlaments und Rates auf dem Gebiet des Gesellschaftsrechts über Übernahmeangebote, KOM (97) 565 endg. v. 10.11.1997, ABl.EU C 378 v. 13.12.1997, S. 10, abgedruckt in ZIP 97, 2172; Corrigendum der Erläuterungen zu Art. 6 (S. 6), KOM (97) 565 endg./2 v. 14.11.1997.

639 KOM (97) 565 endg. Begründung, I., S. 2.

640 KOM (97) 565 endg. Begründung, I., S. 1.

641 In der konsolidierten Fassung mit Änderungen durch den Vertrag von Amsterdam vom 2.10.1997 (in Kraft getreten am 1.5.1999), zuvor Art. 189 Abs. 5 EGV.

642 *Neye*, ZIP 1997, 2172 (2172).

643 „Gemeinsamer Standpunkt, vom Rat festgelegt am 19.6.2000, im Hinblick auf den Erlass der Richtlinie 2000/.../EG des Europäischen Parlaments und des Rates vom ... auf dem Gebiet des Gesellschaftsrechts betreffend Übernahmeangebote" (8129/1/2000 – C5-0327/2000 – 1995/0341 (COD)), ABl.EU C 23 v. 24.1.2001, S. 1, Vorabdruck in AG, 2000, 289 (296 ff.) mit Einführung *Neye* und in WM Sonderbeil. 2/2000 (32 ff.) mit Besprechung *Pötzsch/Möller*. Der Rat hatte sich bereits im Juni 1999 auf einen Gemeinsamen Standpunkt geeinigt. Die Verzögerung beruhte auf einem Streit zwischen Spanien

ging, beschloss das europäische Parlament im Dezember 2000 auf Vorschlag des Ausschusses für Recht und Binnenmarkt[644] einige Änderungen, die unter anderem die Neutralitätspflicht aufweichen.[645] Der Vorschlag wurde im Anschluss daran dem Vermittlungsausschuss zugeleitet. Der dort gefundene Kompromiss wurde jedoch vom Parlament im Sommer 2001 nicht gebilligt.

B. Der EU-Richtlinienvorschlag 2000

I. Das Konzept der EU-Kommission

Der Richtlinienvorschlag vom 13.12.2000[646] will alle diejenigen Widerstände überwinden, die aus den unterschiedlichen Regelungs- und Lösungsansätzen für Übernahmeangebote in den Mitgliedsländern resultieren.[647] Die EU-Kommission hat sich, um dieses Vorhaben endlich zum Abschluss zu bringen, eines Kunstgriffs bedient: der Richtlinienvorschlag wurde zu einem „Rahmen" -Richtlinienvorschlag[648] umgestaltet, was mit einer Reduzierung um nahezu die Hälfte seines Umfangs von ehemals 23 Artikeln[649] auf nun 13 Artikel einherging.[650] Infolgedessen hat die Kommission auf Wunsch der Mitgliedstaaten „allgemeine Grundsätze für Übernahmeangebote fixiert, aber im Gegensatz zum ursprünglichen Vorschlag keine bis ins einzelne gehende Harmonisierung angestrebt"[651]. Damit kam sie ebenfalls alten Forderungen aus dem

---

und Frankreich über die zuständige Aufsichtsbehörde bei der Beteiligung von auf Gibraltar ansässigen Gesellschaften, vgl. *Neye*, AG 2000, 289 (290).

644 Empfehlungen des Ausschusses für Recht und Binnenmarkt v. 29.11.2000 für die zweite Lesung der Übernahmerichtlinie (A5-0368/2000).

645 Protokoll der Parlamentssitzung v. 13.12.2000, a.a.O. (Fn. 13 und 565); vgl. dazu die Stellungnahme der Kommission v. 12.2.2001, KOM (2001) 77 endg.

646 Aktuelle Fassung im Protokoll der Parlamentssitzung v. 13.12.2000, a.a.O. (Fn. 13 und 565). Diese gründet auf dem geänderten Vorschlag für eine 13. Richtlinie des Europäischen Parlaments und Rates auf dem Gebiet des Gesellschaftsrechts über Übernahmeangebote, KOM (97) 565 endg. v. 10.11.1997, ABl.EU C 378 v. 13.12.1997, S. 10, abgedruckt in ZIP 97, 2172; Corrigendum der Erläuterungen zu Art. 6 (S. 6), KOM (97) 565 endg./2 v. 14.11.1997.

647 KOM (95) 655 endg. Begründung, I. Nr. 7. Die Konzeption des Richtlinienvorschlag in der Fassung des Gemeinsamen Standpunkts entspricht der des Richtlinienvorschlags von 1997, *Pötzsch/Möller*, WM Sonderbeil. 2/2000, 1 (5).

648 KOM (95) 655 endg. Begründung, I. Nr. 4.

649 Richtlinienvorschlag 1990, KOM (90) 416 endg. – SYN 186.

650 Zuzüglich fünf organisatorischer Artikel (Art. 13 – Art. 17).

651 KOM (95) 655 endg. Begründung, I. Nr. 4. Dabei gab schon der Richtlinienvorschlag von 1990 vor, einen „Minimalcharakter" zu haben, KOM (90) 416 endg. – SYN 186, Begründung, II. zu Art. 1.

Schrifttum entgegen, die den Erlass einer „Prinzipienrichtlinie"[652] empfahlen, um nicht etablierte Wohlverhaltensregeln und die Möglichkeit der schnellen Anpassung für ein alle Eventualitäten normierendes Harmonisierungsvorhaben zu opfern.[653]
Vor dem Hintergrund der Feststellung, dass in den Mitgliedstaaten nach wie vor die Voraussetzungen für Übernahmeangebote zum einen auf Seiten der rechtlichen Regelung zum anderen auch hinsichtlich ihrer Durchführbarkeit und Häufigkeit von einander abweichen, erwehrt sich die Kommission[654] gegen den Eindruck, sie fördere Übernahmen um ihrer selbst willen.[655] Vielmehr solle die Rechtssicherheit als Beitrag zum Bestehen der Unternehmen und wohl auch der Finanzplätze im internationalen Wettbewerb gestärkt werden, wobei die EU-Kommission Übernahmevorgängen grundsätzlich positiv gegenübersteht.[656] Somit ist dem Richtlinienvorschlag im Sinne der aufgezeigten Grundlagen eine doppelte Zielsetzung[657] zueigen, nämlich einerseits die Regelung des Verfahrens für Übernahmeangebote und andererseits der Schutz der Minderheitsaktionäre, losgelöst von der Methode des Kontrollerwerbs.[658] Als weiteres Bestreben des Richtlinienvorschlags ist noch auf die Einbindung der Arbeitnehmer hinzuweisen. Sie werden von dem Übernahmeangebot sowie den Absichten des Bieters informiert und ihre Interessen sind von der Leitung der Zielgesellschaft zu berücksichtigen.[659]

II. Subsidiarität und Umsetzung

Der Richtlinienvorschlag bildet einen Rechtsrahmen, der zwischen einigen Maximen und einer begrenzten Zahl allgemeiner Anforderungen einen großen

---

652 *Beß*, AG 1976, 206 (210).

653 Schon *Beß*, AG 1976, 206 (209 f.); aufgegriffen von *Assmann/Bozenhardt* in: *Assmann/Basaldua/Bozenhardt/Peltzer*, Übernahmeangebote, S. 1 (38); *Bozenhardt*, Freiw. Übernahmeangebote, S. 48. Auch der Wirtschafts- und Sozialausschuss sah schon in seiner Stellungnahme zum Richtlinienvorschlag von 1990 eine Alternative in einer Richtlinie, die sich in allgemeinen Grundsätzen erschöpft, ABl.EU C. 102 v. 18.4.1991, S. 49 (49); gegen eine Prinzipienrichtlinie: *Krause*, Übernahmeangebot, S. 91.

654 Vgl. KOM (95) 655 endg. Begründung, I. Nr. 5 und 6.

655 *Mertens* spricht in AG 1990, 252 (259) von einer „bürokratischen Gängelung", in der „ein politisch wie rechtlich unerheblicher Gewinn an Einheitlichkeit um den Preis einer Freiheitlichkeit betrieben wird".

656 KOM (95) 655 endg. Begründung, I. Nr. 6.

657 *Habersack/Mayer*, ZIP 1997, 2141 (2142).

658 *Habersack/Mayer*, ZIP 1997, 2141 (2142); kritisch zur Verbindung dieser Ziele *Roos*, WM 1996, 2177 (2184).

659 Vgl. Präambel, Erwägungsgrund 15 Richtlinienvorschlag 2000; s. auch KOM (97) 565 endg. Begründung, I., S. 1 und II. zu Art. 5 f.

Spielraum bereithält, den die Mitgliedstaaten bei Bedarf mit Detailregelungen ausfüllen sollen.[660] Dadurch soll den Mitgliedsländern der Erlass von Bestimmungen ermöglicht werden, die den jeweiligen Rechtsordnungen angepasst sind und sich in den kulturellen Kontext einfügen.[661] Durch diese Mindestharmonisierung beabsichtigt die Kommission der in Art. 5 EG[662] statuierten Subsidiarität Rechnung zu tragen. Um den Aktionären, die sich in verschiedenen Mitgliedsländern befinden können, einen gleichwertigen Schutz zu bieten, sei eine Rechtsangleichung in Form einer Richtlinie notwendig,[663] eine einfache Empfehlung vermöge dies nicht zu leisten.[664] Weshalb hierfür der Begriff einer „Rahmenrichtlinie" eingeführt wurde, bleibt unklar, denn schon eine „normale" Richtlinie sollte nach der Definition in Art. 249 Abs. 3 EG[665] den Mitgliedstaaten Raum für Konkretisierungen überlassen. Liegen diese Voraussetzungen nicht vor, handelt es sich um eine Verordnung.[666]
Der Richtlinienvorschlag von 2000 sieht die Umsetzung nicht nur durch Rechts- und Verwaltungsvorschriften der Mitgliedstaaten,[667] sondern auch durch „Verhaltenskodizes und sonstige Regelungen"[668] vor. Die Einführung dieses Passus erfolgte im Wesentlichen auf Drängen Großbritanniens, das an seinem dortigen Selbstverwaltungssystem festhalten will,[669] und legt den Schluss nahe, die Umsetzung der Richtlinie könne ausschließlich durch privates Regelwerk erfolgen. Da allerdings die Umsetzung von EU-Richtlinien durch innerstaatliche Stellen zu erfolgen hat,[670] bedarf es der Umsetzung durch einen Träger hoheitlicher Gewalt.[671] Dieser kann sich der Form des Privat-

---

660 KOM (95) 655 endg. Begründung, I. Nr. 7; *Than*, FS Claussen, 1997, S. 405 (406).

661 Präambel, Erwägungsgrund 4 Richtlinienvorschlag 2000.

662 In der konsolidierten Fassung mit Änderungen durch den Vertrag von Amsterdam vom 2.10.1997 (in Kraft getreten am 1.5.1999), zuvor Art. 3b EGV.

663 KOM (95) 655 endg. Begründung, II.; zustimmend und grundsätzlich dazu: *Hopt*, ZHR (1997), 368 (379 f.) und *Schön*, ZHR 160 (1996), 221 (228 ff.); ablehnend die britische Haltung, *Neye*, DB 1996, 1121 (1123).

664 *Hopt*, ZHR (1997), 368 (380); *Schön*, ZHR 160 (1996), 221 (238).

665 In der konsolidierten Fassung mit Änderungen durch den Vertrag von Amsterdam vom 2.10.1997 (in Kraft getreten am 1.5.1999), zuvor Art. 189 Abs. 3 EGV.

666 Vgl. *Grabitz* in: *Grabitz/Hilf*, Kommentar zur EU, Art. 189, Rn. 51; *Hopt*, ZHR (1997), 368 (381) spricht von einer Tautologie.

667 So Art. 1 Abs. 1 Richtlinienvorschlag 1997.

668 Art. 1 Abs. 1 Richtlinienvorschlag 2000; ähnlich bereits Art. 1 und Art. 11 Abs. 1 Richtlinienvorschlag 1996: „sonstige Verfahren oder Regelungen".

669 *Hopt* in: *Schuster/Zschocke*, Übernahmerecht, S. 180; *Neye*, AG 2000, 289 (290); *ders.*, DB 1996, 1121 (1121, 1124); *G. Schuster*, EuZW 1997, 237 (241).

670 Art. 249 Satz 3 EG in der konsolidierten Fassung mit Änderungen durch den Vertrag von Amsterdam vom 2.10.1997 (in Kraft getreten am 1.5.1999), zuvor Art. 189 Satz 3 EGV.

671 *Grabitz* in: *Grabitz/Hilf*, Kommentar zur EU, Art. 189, Rn. 59.

rechts bedienen, solange die Vorschriften allgemeinverbindlich und für jedermann erkennbar ausgestaltet sind. Ließe die Richtlinie eine Umsetzung durch Private genügen, verstieße sie gegen EU-Recht.[672] Insbesondere stellt ein Verhaltenskodex ohne staatlichen Rahmen keine geeignete Umsetzungsform dar.[673] Infolgedessen sollte der Richtlinienvorschlag dahingehend präzisiert werden, dass eine Umsetzung zumindest der staatlichen Legitimierung bedarf.[674]

III. Die Regelungen im Einzelnen

Wie in den vorhergegangenen Vorschlägen erläutern Art. 1 und Art. 2 den Anwendungsbereich und die in der Richtlinie verwendete Nomenklatur. Allgemeine Grundsätze in Art. 3 schreiben den Mitgliedstaaten vor, welche Regelungsgedanken bei der Umsetzung zu beachten sind. Die Einrichtung einer Aufsichtsbehörde zur Überwachung des Übernahmevorgangs behandelt Art. 4. Art. 5 beinhaltet die Verpflichtung zum Schutz der Minderheitsaktionäre und das obligatorische Angebot. Aus Art. 5a ergibt sich die Möglichkeit eines „squeeze out". Die nachfolgenden Art. 6 bis 8 thematisieren die Informations- und Publizitätspflichten des Bieters sowie die genaue Ausgestaltung des Angebots, während Art. 9 die Pflichten der Zielgesellschaft aufführt. Art. 10 regelt sonstige Verfahrensfragen für das Angebot. In Art. 11 wird ein Kontaktausschuss mit der Betreuung bei der Anwendung der Richtlinie beauftragt und Art. 12 sieht die Errichtung von Sanktionen vor. Die formellen Vorschriften der Art. 13 bis 17 betreffend die Überprüfung und Umsetzung beenden den Richtlinienvorschlag.

1. Anwendungsbereich

Der Anwendungsbereich des Richtlinienvorschlags erstreckt sich gemäß Art. 1 Abs. 1 auf alle Übernahmeangebote auf Wertpapiere. Übernahmeangebote sind gemäß Art. 2 lit. a) alle Angebote, die den Erwerb der Kontrolle zum Ziel haben. Dieser Anwendungsbereich ist bezüglich des Kontrollerwerbs zu eng und hinsichtlich der erfassten Übernahmeangebote zu weit. Unabhängig vom

---

672 Vgl. *Schön*, ZHR 160 (1996), 221 (231 f.); *Roos*, WM 1996, 2177 (2179 f.); dazu auch *Neye*, DB 1996, 1121 (1124); abschwächend: *Krause*, AG 1996, 209 (209); *G. Schuster*, EuZW 1997, 237 (241); a.A.: *Hopt*, ZHR (1997), 368 (407 f.).

673 Dazu näher im Zusammenhang mit dem Übernahmekodex ab Seite 213.

674 *Neye*, AG 2000, 289 (290); in diesem Sinne zum Richtlinienvorschlag 1997: KOM (97), 565 endg. Begründung, II. zu Art. 2; vgl. auch die Stellungnahme des Wirtschafts- und Sozialausschusses, ABl.EU C 295 v. 7.10.1996, S. 1 (2, Ziff. 3.1.) und des Europäischen Parlaments, ABl.EU C 222 v. 21.7.1997, S. 20 (21); *Witt*, EWS 1998, 318 (321); a.A. ohne Begründung wohl *Kirchner/Ehricke*, AG 1998, 105 (106).

Kontrollerwerb sollte auch das Verfahren von freiwilligen öffentlichen Angeboten geregelt werden, die nur den Ausbau von Mehrheits- oder Minderheitsbeteiligungen anstreben,[675] weil auch solche Angebote Auswirkungen auf den Kapitalmarkt haben. Andererseits gibt es keinen Grund dafür, auch private Angebote an einzelne Wertpapierinhaber der Richtlinie zu unterstellen, solange im Falle eines Kontrollerwerbs ein öffentliches Angebot abzugeben ist.[676]

Wertpapiere im Sinne des Art. 1 sind gemäß Art. 2 lit. e) solche, die mit Stimmrechten verbunden sind und damit direkt und aktuell Kontrolle über eine Gesellschaft vermitteln.[677] Nach den Vorstellungen des Europäischen Parlaments sollen ferner auch solche Wertpapiere erfasst werden, die in Folge ihrer Ausübung oder Umwandlung Stimmrechte verleihen können, also Wandelschuldverschreibungen, Optionsanleihen, Erwerbspositionen oder ähnliche Wertpapiere, die zum Bezug von Aktien mit Stimmrecht berechtigen.[678] Dies ist im Sinne eines großzügigen Anwendungsbereichs, der Lücken und Rechtsunsicherheit vermeidet, zu begrüßen.[679] Die Kritik des Wirtschafts- und Sozialausschusses, die zu einer Begrenzung des Wertpapierbegriffs im Richtlinienvorschlag 1997 führte,[680] verkennt, dass zwischen den Wertpapieren, die die Kontrolle vermitteln und denjenigen, auf die das Angebot abgegeben wird, unterschieden werden muss.[681] Zweckmäßigerweise sollte sich der Anwen-

---

675 Die Bedeutung dieser Unterscheidung betont auch *Neye*, AG 2000, 289 (290).

676 Dieser Anwendungsbereich basiert auf der Abänderung 2 durch das Parlament und wird von der Kommission abgelehnt, vgl. KOM (2001) 77 endg. Ziff. 3.2.1. zu Änderungsantrag 2.

677 KOM (97), 565 endg. Begründung, II. zu Art. 2; *Witt*, EWS 1998, 318 (320); die Mitgliedstaaten können jedoch die Anwendbarkeit auch auf Stimmrechtslose Aktien ausweiten, Präambel, Erwägungsgrund 8 Richtlinienvorschlag 2000.

678 Abänderung 3, Protokoll der Parlamentssitzung v. 13.12.2000. Damit wurde sich dem Entwurf vom 7.2.1996 wieder angenähert, s. dort (KOM (95) 655 endg.) Art. 2 vierter Spiegelstrich; dazu *Peltzer*, AG 1997, 145 (146); *Roos*, WM 1996, 2177 (2181).

679 *Hopt*, ZHR 161 (1997), 368 (376).

680 Der Richtlinienvorschlag 1997 sah vor, dass solche Wertpapiere erst dann relevant werden, wenn sie umgewandelt beziehungsweise ausgeübt werden, vgl. Stellungnahme des Wirtschafts- und Sozialausschusses, ABl.EU C 295 v. 7.10.1996, S. 1 (3, Ziff. 3.2.3.).

681 Der Richtlinienvorschlag 1997 begab sich in den Widerspruch, dass Wertpapiere im Sinne der Richtlinie nur solche mit tatsächlichen Stimmrechten sein sollten, bezog aber bei der Ermittlung der Kontrollschwelle auch Wertpapiere mit ein, die erst nach Umwandlung bzw. Ausübung Stimmrechte verleihen. Besonders deutlich wurde dies bei der Lektüre der Stellungnahme des Wirtschafts- und Sozialausschusses, ABl.EU C 295 v. 7.10.1996, S. 1, der in Punkt 3.2.3. (S. 3) Wandelschuldverschreibungen und Optionen ausnimmt und bei Punkt 3.3.4. (ebenfalls S. 3) die Ausdehnung auf Terminkontrakte fordert.

dungsbereich nur nach den Wertpapieren richten, die Gegenstand der Offerte sind. Dies ermöglicht den umfassendsten Schutz. Auch wenn Inhaber stimmrechtsloser Vorzugsaktien des Schutzes durch ein Pflichtangebot nicht bedürfen, weil sie ohnehin keine Kontrolle ausüben und sich daher über einen neuen Kontrollaktionär nicht beklagen können, sind Inhaber von Wandelschuldverschreibungen oder Optionsanleihen hingegen den gleichen Risiken ausgesetzt, wie „normale" Aktionäre,[682] wenn sich ihre Option auf Papiere mit Stimmrecht bezieht. Eine derartige Unterscheidung beseitigte auch die Bedenken der Kommission, wonach die Einbeziehung von Optionen oder Ähnlichem die derzeitigen Kontrollmöglichkeiten der Märkte übersteige,[683] weil diese Schwierigkeit nur besteht, wenn die Kontrollschwelle ermittelt werden soll.
Die Wertpapiere, auf die sich das Angebot bezieht, müssen ganz oder zumindest teilweise börsennotiert sein. Es ist jedoch den Mitgliedstaaten überlassen, die Regelung um den Freiverkehr zu erweitern, oder ganz auf eine Börsennotierung zu verzichten,[684] damit sich der Aktionär einer nicht börsennotierten Gesellschaft auf dem gleichen Schutzniveau wie der einer börsennotierten befindet.[685] Ferner muss für die Gesellschaft, auf deren Wertpapiere das Angebot abgegeben worden ist, das Recht eines Mitgliedslandes gelten.[686] Wertpapiere nicht-europäischer Gesellschaften unterliegen demnach der Angebotspflicht nicht. Nach Art. 1 Abs. 2 des Richtlinienvorschlags werden zusätzlich die Wertpapiere von Gesellschaften ausgenommen, die vom Publikum eingezahlte Gelder anlegen. Anteilsinhaber eines solchen OGAW werden bereits durch dessen Risikostreuung und die Möglichkeit der vollwertigen Rücknahme der Anteile geschützt.[687]

---

682 Vgl. dazu oben unter „Risiko für Aktionäre", Seite 38 ff.

683 Stellungnahme der Kommission v. 12.2.2001, KOM (2001) 77 endg. Ziff. 3.2.1. zu Änderungsantrag 3.

684 KOM (95) 655 endg. Begründung, III. zu Art. 1; *Hopt*, ZHR 161 (1997), 368 (375); *Peltzer*, AG 1997, 145 (146).

685 *Basaldua* in: *Assmann/Basaldua/Bozenhardt/Peltzer*, Übernahmeangebote, S. 157 (169); *Hopt*, ZHR 161 (1997), 368 (375); *Peltzer*, AG 1997, 145 (146); *Roos*, WM 1996, 2177 (2181 f.); *Wymeersch* in: *Hopt/Wymeersch*, European Takeovers, S. 351 (365).

686 Diese Gesellschaften müssen also nach dem Recht eines Mitgliedstaats gegründet worden sein (Gründungstheorie) oder in einem solchen ihren tatsächlichen Sitz haben (Sitztheorie), vgl. *Pötzsch/Möller*, WM Sonderbeil. 2/2000, 1 (6); *Neye*, AG 2000, 289 (290). Die Kommission stellt für die Bestimmung des anwendbaren Rechts nicht wie der Übernahmekodex auf das Sitzstatut, sondern auf das Gründungsstatut ab, KOM (95) 655 endg. Begründung, III. zu Art. 1; kritisch dazu: *Roos*, WM 1996, 2177 (2181).

687 Begründung des Rats zu Art. 1, ABl.EU C 23 v. 24.1.2001, S. 1 (10); *Pötzsch/Möller*, WM Sonderbeil. 2/2000, 1 (6); *Neye*, AG 2000, 289 (290).

2. Allgemeine Grundsätze

Art. 3 Abs. 1 des Richtlinienvorschlags statuiert sechs allgemeine Grundsätze, die von den Mitgliedstaaten bei der Umsetzung der Richtlinie beachtet werden müssen. Systematisch werden diese Grundsätze, die in den meisten Übernahmerechten enthalten sind, jedoch in einen neuen Kontext gebracht. Gab der Entwurf von 1990 diese Grundsätze dem Aufsichtsorgan als Ermessensrichtlinien mit auf den Weg,[688] muss sich nunmehr die ganze Übernahmeregelung an ihnen messen lassen.[689] Alle Grundsätze werden in den nachfolgenden Artikeln konkretisiert oder sind andernfalls von den Mitgliedstaaten auszufüllen, die auch strengere Bestimmungen festlegen können.[690]

a) Gleichbehandlung der Aktionäre und Transparenz

Die Gleichbehandlung aller Aktionäre ist auch in diesem Richtlinienvorschlag sowohl Ziel als auch unentbehrliches Mittel der Ausgestaltung des Minderheitenschutzes. Da ein Minderheitenschutz sich selbst konterkarieren würde, wenn er zwar einen Ausgleich zwischen Mehrheit und Minderheit suchte, aber innerhalb der Schutzgruppe differenzierte, erhebt Art. 3 Abs. 1 lit. a) die Gleichbehandlung der Wertpapierinhaber zum Leitprinzip der Richtlinie und schriebt den Schutz der Minderheit im Falle der Kontrollübernahme ausdrücklich vor. Die Gleichbehandlung der Aktionäre bezieht sich natürlich nur auf jene Aktionäre, die sich in gleichen Verhältnissen befinden.[691] Eigentümer stimmrechtsloser Aktien bleiben daher bei der Verteilung der Kontrollprämie unberücksichtigt.[692]

Das Übernahmeangebot muss hinreichend transparent sein. Dazu soll den betroffenen Aktionären und Arbeitnehmern genügend Zeit und Information gewährt werden, um ihnen eine besonnene Entscheidung zu ermöglichen.[693] Die vom Parlament erwünschte sinnvolle Information der Arbeitnehmer wirkt gleichwohl an dieser Stelle deplaziert, weil diese nicht über das Angebot zu

---

688 Vgl. Art. 6 a Richtlinienvorschlag 1990, a.a.O. (Fn. 605).

689 *Roos*, WM 1996, 2177 (2182).

690 Art. 3 Abs. 2 lit. b) Richtlinienvorschlag 2000; Begründung des Rats zu Art. 3, ABl.EU C 23 v. 24.1.2001, S. 1 (11).

691 Art. 3 Abs. 1 lit. a) Richtlinienvorschlag 2000.

692 Der Wirtschafts- und Sozialausschuss übersieht in seiner Stellungnahme, ABl.EU C 295 v. 7.10.1996, S. 1 (4, Ziff. 3.5.1. f.), dass diese von ihm gewünschte Präzisierung schon aus der Definition der Wertpapiere in Art. 2 hervorgeht.

693 Art. 3 Abs. 1 lit. b) und Präambel, Erwägungsgrund 14 Richtlinienvorschlag 2000.

entscheiden haben und ihre Unterrichtung bereits in der Präambel sichergestellt wird.[694]

b) Neutralität und Behinderung des Managements der Zielgesellschaft

Das Management der Zielgesellschaft hat im Interesse der Gesellschaft zu handeln.[695] Hierunter ist das Interesse der gesamten Gesellschaft, inklusive der Aktionäre, Gläubiger und Arbeitnehmer sowie die Sicherung der Arbeitsplätze zu verstehen, ohne dass es einer exemplarischen Aufzählung bedarf.[696] Ansonsten hat sich die Verwaltung zur anstehenden Übernahme im Wesentlichen neutral zu verhalten, wobei die daraus resultierende Behinderung der Zielgesellschaft im Gang der Geschäfte[697] nicht über einen angemessenen Zeitraum hinaus erfolgen darf.[698] Diese Zeitspanne wird nicht nur durch die Dauer des Angebots, das ohnehin befristet sein muss,[699]begrenzt. Sie reicht vielmehr noch darüber hinaus: Die Zielgesellschaft kann unmittelbar nach einem fehlgeschlagenen Übernahmeangebot mit einem neuen sich direkt anschließenden Angebot konfrontiert werden.[700] Aus diesem Grund sollte das Unternehmen auch noch nach Ablauf der Frist für einen gewissen Zeitraum geschützt werden.

c) Marktverzerrungen und taktische Angebote

Beim Handel mit Wertpapieren der Zielgesellschaft, des Bieters oder anderer betroffener Gesellschaften sind Marktverzerrungen zu vermeiden.[701] Der Terminus der „Marktverzerrungen" wird dahingehend präzisiert, dass keine künstliche Hausse oder Baisse der betroffenen Wertpapiere durch beispielsweise falsche, ungenaue oder tendenziöse Angaben ausgelöst werden darf und somit die Funktionsfähigkeit der Märkte gestört werden könnte.[702] Extreme Kursbewegungen an sich werden sich aber vor allem bei engen Märkten kaum

---

694 Präambel, Erwägungsgrund 15 Richtlinienvorschlag 2000; vgl. auch KOM (2001) 77 endg. Ziff. 3.2.4. zu Änderungsantrag 4 und 15.

695 Art. 3 Abs. 1 lit. c) Richtlinienvorschlag 2000.

696 Die Aufzählung wurde vom Parlament eingefügt, vgl. Abänderung 5, Protokoll der Parlamentssitzung v. 13.12.2000; dagegen KOM (2001) 77 endg. Ziff. 3.2.4. zu Änderungsantrag 5 und 13; so schon KOM (97), 565 endg. Begründung, II. zu Art. 5; vgl. auch *Pötzsch/Möller*, WM Sonderbeil. 2/2000, 1 (7).

697 *Peltzer*, AG 1997, 145 (149). S.o. unter „Beschränkung der Geschäftsführung", Seite 108 ff.

698 Art. 3 Abs. 1 lit. f) Richtlinienvorschlag 2000.

699 Zwischen zwei Wochen und drei Monaten gem. Art. 7 Abs. 1 Richtlinienvorschlag 2000.

700 Vgl. *Krause*, AG 1996, 209 (211).

701 Art. 3 Abs. 1 lit. d) Richtlinienvorschlag 2000.

702 KOM (97), 565 endg. Begründung, II. zu Art. 5.

vermeiden lassen, weil das Angebot des Bieters regelmäßig über dem Börsenkurs liegen wird.[703] Auch die Verpflichtung des Bieters, vor seinem Angebot die Finanzierung sicherzustellen, dient dem Schutz der Marktteilnehmer. Dies verhindert Angebote, die nur aus taktischen Gründen abgegeben werden.[704]

3. Schutz der Minderheitsaktionäre

Die Präambel hebt deutlich an mehreren Stellen hervor, dass der Schutz der Aktionäre der Zielgesellschaft das Leitmotiv des Richtlinienvorschlags ist. Da dessen ungeachtet das geeignete Mittel zu dessen Realisierung bis zuletzt umstritten war, verzichtete der Vorschlag von 1997 im Streben nach einem möglichst breiten Konsens darauf, den Mitgliedstaaten ein Pflichtangebot vorzuschreiben. Er ließ es zu, „auch andere geeignete und mindestens gleichwertige Vorkehrungen zum Schutz der Minderheitsaktionäre"[705] im Fall eines Kontrollwechsels zu treffen.[706] Ein solches Wahlrecht[707] fand sich bereits in den von der Kommission empfohlenen europäischen Wohlverhaltensregeln für Wertpapiertransaktionen von 1977.[708] Für Deutschland kam damit die Frage auf, ob der Schutzzweck allein durch konzernrechtlichen Minderheitenschutz zu erreichen war,[709] was des gesonderten Nachweises durch das Mitgliedsland bedurfte.[710] Dabei war die Rechtsqualität der jeweils gewählten Art des Minderheitenschutzes nicht ausschlaggebend, sondern es musste einzig die Effektivität des Schutzes gleichwertig sein.[711] Der strukturelle Unterschied des in Deutschland bereits bestehenden Minderheitenschutzes im Konzernrecht gegenüber dem Konzerneingangsschutz des obligatorischen Übernahmeangebots stand demnach ihrer möglichen Gleichwertigkeit nicht entgegen. Wie der oben vorgenommene Vergleich der beiden Schutzkonstruktionen zeigt,[712] ist

---

703 *Peltzer*, AG 1997, 145 (147).

704 Begründung des Rats zu Art. 3, ABl.EU C 23 v. 24.1.2001, S. 1 (11).

705 Art. 3 Richtlinienvorschlag 1997.

706 KOM (95) 655 endg. Begründung, I. Nr. 9. Die Einfügung von alternativen gleichwertigen Vorkehrungen war auf den Druck der Opposition Deutschlands und der Niederlande zurückzuführen, *Peltzer*, AG 1997, 145 (146). Kritisch zur Wahlmöglichkeit innerhalb von Richtlinien: *Schön*, ZHR 160 (1996), 221 (241).

707 Dieses verlangte schon *Hommelhoff/Kleindiek*, AG 1990, 106 (111).

708 Europäische Wohlverhaltensregeln für Wertpapiertransaktionen v. 25.7.1977, ABl.EU L 212 v. 20.8.1977, S. 37.

709 *Krause*, AG 1996, 209 (211); *Neye*, DB 1996, 1121 (1122). Eine Optionslösung schlug auch *Assmann*, AG 1995, 563 (571), vor. Die Wahlmöglichkeit wurde vom Bundesrat begrüßt, BR-Drucks. 162/96.

710 KOM (95) 655 endg. Begründung, III. zu Art. 3.

711 *G. Schuster*, EuZW 1997, 237 (238).

712 S.o. unter „Pflichtangebot und Konzernrecht", Seite 78 ff.

der konzernrechtliche Schutz im Ergebnis nicht genauso leistungsfähig wie das Pflichtangebot. Letzteres generiert einen deutlich anlegerfreundlicheren Schutz als das Konzernrecht, so dass das obligatorische Übernahmeangebot in Umfang und Resultat dem Schutz der Minderheitsaktionäre durch das Konzernrecht überlegen und somit die Gleichwertigkeit zu verneinen ist.[713]
Das Parlament und der Rat der EU haben nunmehr in ihren Beratungen von der Alternativlösung Abstand genommen und das obligatorische Übernahmeangebot in Art. 5 verbindlich vorgeschrieben. Ländern, in denen bereits ein gleichwertiges Schutzsystem besteht, wurde eine einjährige Übergangsfrist gewährt.[714] Das Pflichtangebot wird durch die Bindung an die Gleichbehandlung der Aktionäre in Art. 3 Abs. 1 lit. a) sowie durch die Verpflichtung zur sorgfältigen Information[715] und durch Preisbildungsregeln[716] flankiert, um den Minderheitenschutz möglichst umfassend auszugestalten. Mittelbar dienen auch die meisten anderen Vorschriften dem Schutz der Minderheitsaktionäre.[717] Weil die Mitgliedstaaten noch weitere Schutzvorkehrungen treffen dürfen, ist es möglich, das Konzernrecht in Deutschland beizubehalten.[718]

a) Anknüpfung an den Kontrollerwerb

Die Richtlinie schützt Aktionäre nur für den Fall, dass die Kontrolle über die Gesellschaft in andere Hände wechselt. Bezugspunkt für das Eingreifen des Minderheitenschutzes ist damit der Erwerb der Kontrolle und zwar unabhängig davon, wie die Kontrolle erlangt wurde (z.B. Stückkauf an der Börse, Paketkauf oder Übernahmeangebot).[719]

---

713 So auch: *Benner-Heinacher*, DB 1997, 2521 (2521); *Emmerich/Sonnenschein*, Konzernrecht, S. 12; *Habersack/Mayer*, ZIP 1997, 2141 (2143 f.); *Hopt*, ZHR 161 (1997), 368 (387 f., 419); *ders.* in: *Schuster/Zschocke*, Übernahmerecht, S. 182; *Krause*, AG 1996, 209 (211 f.); *Otto*, AG 1994, 167 (172 f.); *Raschke*, Diskussionsbericht, ZHR 161 (1997), 455 (455); *G. Schuster*, EuZW 1997, 237 (239). A.A.: *Peltzer*, AG 1997, 145 (151) nach dem aber das Konzernrecht nachzubessern ist. Die Gleichwertigkeit bejahen: *Assmann*, AG 1995, 563 (571); *Neye*, DB 1996, 1121 (1125); *Pietzke*, FS Fikentscher 1998, S. 601 (620); *Mertens*, AG 1990, 252 (257 f.) zum Richtlinienvorschlag 1990; zu ihrer Argumentation vgl. oben unter „Pflichtangebot und Konzernrecht“, Seite 78 ff.

714 Art. 5 Abs. 3 Richtlinienvorschlag 2000. Die Übergangsregelung geht nicht auf deutsches, sondern auf finnisches Betreiben zurück, *Pötzsch/Möller*, WM Sonderbeil. 2/2000, 1 (8).

715 Art. 3 Abs. 1 lit. b) und Art. 6 Richtlinienvorschlag 2000.

716 Art. 5 Abs. 1 Sätze 2 ff. Richtlinienvorschlag 2000.

717 *Peltzer*, AG 1997, 145 (146).

718 Vgl. Art. 5 Abs. 4 Richtlinienvorschlag 2000; *Pötzsch/Möller*, WM Sonderbeil. 2/2000, 1 (8); *Neye*, AG 2000, 289 (293).

719 *Roos*, WM 1996, 2177 (2183).

Den Kontrollbegriff definiert der Richtlinienvorschlag nicht. Ebenso wenig wird die Höhe des prozentualen Anteils an den Stimmrechten einer Gesellschaft festgelegt, die ein Erwerber erreichen muss, um die Kontrolle zu erlangen. Die Ausgestaltung des Kontrollbegriffs wurde wegen der besonders in diesem Punkt erheblichen Kritik an den Entwürfen von 1989 und 1990[720] bewusst den Mitgliedsländern überlassen, in denen die Zielgesellschaft ihren Sitz hat.[721] Dies erlaubt, das Eingreifen des Minderheitenschutzes nicht nur an einen einzigen prozentual festgesetzten Schwellenwert anzuknüpfen, sondern auch angebotsauslösende Tatbestände zu formulieren, die auf eine starre Anbindung an Prozentwerte verzichten: Es ließen sich zum Beispiel Entsendungsrechte in der Satzung nach § 101 Abs. 2 AktG[722] oder Besonderheiten der Aktionärspräsenz in der Hauptversammlung[723] berücksichtigen. Dieser weite Gestaltungsspielraum der Mitgliedsländer ist allerdings nicht unproblematisch: Es steht zu befürchten, dass diese minimalen Vorgaben zu erheblichen Unterschieden zwischen den Mitgliedstaaten führen und einem eventuellen Protektionismus Vorschub leisten.[724] Hier ist der in Art. 11 beauftragte Kontaktausschuss gefordert, die jeweiligen Umsetzungen zu vergleichen und im Falle starker Abweichungen der Kommission Änderungen der Richtlinie vorzuschlagen.[725]
Eine Angebotspflicht besteht nicht, wenn die Kontrolle durch ein freiwilliges Angebot an alle Aktionäre im Einklang mit der Richtlinie erreicht worden ist.[726] In diesem Fall wurden die Interessen der Wertpapierinhaber der Zielgesellschaft durch das erste Angebot hinreichend geschützt.[727]

---

720 S. zur Kritik Fn. 624.

721 Art. 5 Abs. 5 Richtlinienvorschlag 2000; so auch bereits in Art. 3 Abs. 2 Satz 1 Richtlinienvorschlag 1997; dazu KOM (95) 655 endg. Begründung, III. zu Art. 3; vgl. die Stellungnahme des Wirtschafts- und Sozialausschusses, ABl.EU C 295 v. 7.10.1996, S. 1 (3, Ziff. 3.3.).

722 Zu Entsendungsrechten s. *Hüffer*, AktG, § 101 Rn. 8 ff.

723 Vgl. Art. 16 Abs. 1 4. Spiegelstrich des Übernahmekodex i.d.F. v. 28.11.1997: „Wer [...] einen Stimmrechtsanteil erlangt, der bei der ersten Beschlussfassung in allen drei vorhergehenden ordentlichen Hauptversammlungen der Zielgesellschaft zu einem Stimmrechtsanteil von jeweils mindestens drei Vierteln des präsenten, stimmberechtigten Grundkapitals geführt hätte."

724 Stellungnahme des Wirtschafts- und Sozialausschusses, ABl.EU C 295 v. 7.10.1996, S. 1 (3, Ziff. 3.3.2. f.); *Roos*, WM 1996, 2177 (2183).

725 Der Ausschuss für Recht und Binnenmarkt empfiehlt einen Schwellenwert von 30 %, Empfehlung v. 29.11.2000, S. 21 (A5-0368/2000).

726 Art. 5 Abs. 2 Richtlinienvorschlag 2000.

727 So auch *Pötzsch/Möller*, WM Sonderbeil. 2/2000, 1 (8).

b) Pflichtangebot

Der neue Richtlinienvorschlag sucht den Minderheitenschutz primär mit dem Instrument des obligatorischen Übernahmeangebots zu erreichen.[728] Gemäß Art. 5 Abs. 1 des Richtlinienvorschlags wird jede juristische oder natürliche Person zur Abgabe eines Übernahmeangebots verpflichtet, wenn sie allein oder unter Hinzurechnung von Anteilen, die eine gemeinsam mit ihr handelnde Person hält,[729] durch Anteilserwerb die Kontrolle über die Gesellschaft erlangt hat. Dieser Anteil muss ihr die Kontrolle „unmittelbar oder mittelbar"[730] verschaffen. Folglich wird auch die mittelbare Kontrollerlangung durch Mehrheitsbeteiligung an einer Holding der Zielgesellschaft erfasst, mithin eine Umgehungsmöglichkeit ausgeschlossen.[731] Die Fälle eines Erwerbs, durch den die Kontrolle nicht sofort, sondern erst in Zukunft erlangt wird, werden im Richtlinienvorschlag von 2000 nicht mehr erwähnt.[732] Wie bereits oben beschrieben schließt die Definition der Wertpapiere in Art. 2 lit. e) in der Fassung des Parlamentsbeschlusses vom 13.12.2000 auch solche ein, die erst nach ihrer Ausübung oder Umwandlung Stimmrechte verleihen.[733] Gemäß den obigen Ausführungen sollte zwischen Wertpapieren, die die Kontrolle vermitteln, und solchen, auf die das Angebot abzugeben ist, unterschieden werden. Nach der jetzigen Definition wären nämlich auch Wandelschuldverschreibungen oder Optionen bei der Kontrollschwelle mitzurechnen, ohne dass diese tatsächlich Stimmrechte geben. Dies lässt sich aber nicht rechtfertigen; der Bieter wäre gezwungen ein Angebot abzugeben, ohne dass er die Kontrolle ausüben könnte.

Das Übernahmeangebot muss gemäß Art. 5 Abs. 1 Satz 2 „allen Wertpapierinhabern für alle ihre Wertpapiere" unterbreitet werden. Demnach sieht der Richtlinienvorschlag dem Wortlaut nach ein obligatorisches Totalangebot vor.[734] Im Gegensatz dazu geht der Rat in seiner Begründung zu Art. 5 davon aus, die Frage der Zulässigkeit von Teilangeboten den Mitgliedstaaten über-

---

728 *Habersack/Mayer*, ZIP 1997, 2141 (2142).

729 Diese Person wird in Art. 2 lit. d) Richtlinienvorschlag 2000 definiert.

730 Art. 5 Abs. 1 Satz 1 Richtlinienvorschlag 2000.

731 Auf die Umgehungsgefahr weisen auch *Pötzsch/Möller*, WM Sonderbeil. 2/2000, 1 (8), hin. Anders noch Art. 3 Abs. 1 Richtlinienvorschlag 1997, vgl. KOM (97), 565 endg. Begründung, II. zu Art. 3.

732 Anders noch Art. 3 Abs. 1 Richtlinienvorschlag 1997: „sofortigen oder künftigen Erwerbs..." Dabei sollte für die Bestimmung des prozentualen Anteils der Stimmrechte, die der Bieter auf sich vereinigt, auf den jeweiligen zukünftigen Zeitpunkt abgestellt werden, ab dem die Kontrolle ausgeübt werden kann, z.B. die Fälligkeit bei Terminkontrakten, vgl. KOM (97), 565 endg. Begründung, II. zu Art. 3; *Witt*, EWS 1998, 318 (322).

733 Abänderung 3, Protokoll der Parlamentssitzung v. 13.12.2000.

734 So auch in der Präambel, Erwägungsgrund 5 Richtlinienvorschlag 2000.

lassen zu haben.[735] Aus diesem Grund sei die im Richtlinienvorschlag 1997 getroffene Regelung von Teilangeboten nicht mehr vorgesehen.[736] Mit dieser Regelung wollte die Kommission zum einen den Schutz der Minderheitsaktionäre gewährleisten und rein spekulative Übernahmen verhindern; zum anderen wurde der Kritik durch die Mitgliedsländer insofern Rechnung getragen, als die in Folge von Gesamtübernahmen befürchteten Störungen der Marktmechanismen weitgehend abgemildert werden sollten.[737]
Vor diesem Hintergrund kann die Formulierung „für alle ihre Wertpapiere" nur so verstanden werden, dass sie lediglich alle Wertpapiergattungen einbezieht. Der Zulässigkeit von Teilangeboten muss indessen entschieden entgegengetreten werden. Zum Ersten wird durch ein Teilangebot die Effektivität des Pflichtangebots reduziert, weil die Aktionäre nur in den Genuss eines kleinen Teils der Kontrollprämie kommen und im Übrigen ungewollt als Minderheitsaktionäre in der Gesellschaft zurückbleiben.[738] Zum Zweiten kann der Selektionsmechanismus, der effizienzsteigernde Übernahmen bevorzugt, nicht optimal funktionieren.[739] Zum Dritten wird auf die Entscheidungssituation der Aktionäre Druck ausgeübt und dadurch ein suboptimales Verhalten gefördert.[740] Schließlich begünstigt die Übertragung dieser Regelungsfrage an den nationalen Gesetzgeber einschneidende Wettbewerbsverzerrungen der Finanzplätze. In diesem Punkt darf der Rahmencharakter der Richtlinie, auf den sich der Rat beruft, nicht überstrapaziert werden. Die Möglichkeit von Teilangeboten unterläuft den in der Präambel hervorgehobenen Schutz der Minderheitsaktionäre und die Errichtung eines einheitlichen Schutzniveaus.[741] Folglich sollten Teilangebote ausdrücklich untersagt werden.

---

735 Nach der vertraulichen Erklärung des Rates und der Kommission, die der Übermittlung des Gemeinsamen Standpunkts an das Parlament beigefügt war, halten diese ein Teilangebot in der Höhe von 60 % für angemessen, wenn die Mehrheit aller Aktionäre das Angebot billigt.

736 Begründung des Rats zu Art. 5, ABl.EU C 23 v. 24.1.2001, S. 1 (12). Vgl. Art. 10 Abs. 1 Satz 1 Richtlinienvorschlag 1997: Übernahmeangebote mussten sich „auf alle oder einen wesentlichen Teil" der Wertpapiere der Zielgesellschaft erstrecken. Anders noch der 1990er Entwurf. Die Wesentlichkeit wurde erst bei einer geplanten Übernahme von mindestens 70 % aller Wertpapiere unterstellt; die Mitgliedstaaten konnten die Teilangebote untersagen, KOM (95) 655 endg. Begründung, III. zu Art. 10.

737 KOM (95) 655 endg. Begründung, III. zu Art. 10 und KOM (97), 565 endg. Begründung, II. zu Art. 10.

738 Kritisch zu Teilangeboten: *Hopt*, ZHR 161 (1997), 368 (388 f.); *Krause*, AG 1996, 209 (213); *G. Schuster*, EuZW 1997, 237 (241).

739 Vgl. dazu oben unter „Vermeidung ineffizienter Übernahmen", Seite 93 ff.

740 Dazu oben unter „Entscheidungsdruck durch Angebotsbeschränkungen", Seite 42 ff.

741 Präambel, Erwägungsgründe 1 bis 3 Richtlinienvorschlag 2000.

c) Preisbildung

Das obligatorische Angebot muss in jedem Fall den Aktionären zu einem angemessenen Preis unterbreitet werden. Die Art und Weise, wie ein fairer Preis eruiert werden kann, ist ebenfalls den Mitgliedstaaten überlassen, die diesbezüglich die Gleichbehandlung aller Aktionäre gewährleisten sollten.[742] Gleich zu behandeln sind hier nicht nur die Aktionäre, an die sich das Angebot richtet, sondern diese dürfen auch nicht im Verhältnis zu den Aktionären schlechter stehen, die dem Bieter durch Verkauf ihrer Wertpapiere zur Kontrollmacht verholfen haben. Dieser hat im Angebot den gleichen Preis zu bieten, den er anderen Aktionären zuvor eingeräumt hat.[743] Ansonsten könnte der Bieter durch ein unattraktives Angebot die Wesentlichkeitsgrenze umgehen; denn gibt er ein sehr niedriges Angebot ab, werden sich weniger Aktionäre zum Verkauf entschließen.[744]

Der Gestaltungsraum der nationalen Gesetzgeber wurde vom Parlament in zweierlei Hinsicht durch einen Rückgriff auf die Regeln des City Codes begrenzt:[745] Der angemessene Preis muss mindestens dem Höchstpreis der Wertpapiere in den vorausgegangenen zwölf Monaten entsprechen, der auf einem geregelten Markt bezahlt worden ist.[746] Dieser lange Referenzzeitraum garantiert einerseits einen vergleichsweise hohen Preis, da Haussen berücksichtigt, aber kürzere Baissen überwunden werden.[747] Andererseits bleibt die regelmäßig außerbörslich gezahlte Kontrollprämie unberücksichtigt, obwohl im englischen Vorbild die Aktionäre an ihr partizipieren.[748] Damit kann die Preisregel des Richtlinienvorschlags 2000 nicht den maximalen Schutz der Aktionäre entfalten. Zwar folgt die Beteiligung an der Kontrollprämie nach deutschem Recht aus der Gleichbehandlungspflicht,[749] es wäre aber wünschenswert, wenn

---

742 Dies ergibt sich aus Art. 3 Abs. 1 lit. a) Richtlinienvorschlag 2000 und war in Art. 10 Abs. 2 Richtlinienvorschlag 1997 ausdrücklich normiert.

743 Vgl. zu der Preisbildung oben Seite 60 ff.

744 *Roos*, WM 1996, 2177 (2184).

745 Damit wird der Preis redaktionell ungeschickt in Art. 5 Abs. 1 Satz 2 bis 6 Richtlinienvorschlag 2000 geregelt; zur Begründung vgl. Empfehlungen des Ausschusses für Recht und Binnenmarkt v. 29.11.2000, S. 22 (A5-0368/2000); die Kommission bezweifelt, dass diese Regelung konsensfähig ist, KOM (2001) 77 endg. Ziff. 3.2.2. zu Änderungsantrag 8.

746 Art. 5 Abs. 1 Satz 3 Richtlinienvorschlag 2000. Dies entspricht Rule 9.5 (a) City Code, a.a.O. (Fn. 5).

747 Der Übernahmekodex sieht eine dreimonatige Referenzperiode vor, Art. 17 Abs. 1 Übernahmekodex 1997.

748 Rule 9.5 (a) City Code, a.a.O. (Fn. 5): „...not less than the highest price paid by the offeror..."; dazu *Krause*, Übernahmeangebot, S. 75, 82.

749 S. dazu oben unter „Beteiligung an der Kontrollprämie", Seite 76 ff.

dies europaweit zuträfe, um Wettbewerbsverzerrungen zu vermeiden und ein gleichbleibenden Anlegerschutz sicherzustellen. Dies ließe sich durch die Streichung der Bezugnahme auf den geregelten Markt gewährleisten.
Zum Zweiten ist eine Barzahlungspflicht nicht nur dann vorgesehen, wenn die Gegenleistung nicht in liquiden Wertpapieren besteht,[750] sondern auch, wenn der Bieter „in den sechs Monaten vor der Abgabe seines Angebots insgesamt mehr als 5 % der Aktien oder der Stimmrechte an der Zielgesellschaft erworben hat oder dies nach der Veröffentlichung des Angebots und vor Ablauf der Annahmefrist tut."[751] Die erstgenannte Barzahlungspflicht sichert den Aktionären einen Gegenwert, den sie in jedem Fall realisieren können. Die zweite Variante entspringt zwar ebenfalls dem City Code, steht dort aber im Zusammenhang mit freiwilligen Angeboten.[752] Ihr Ziel ist es, die Aktionäre des Übernahmeangebots in gleicher Weise wie diejenigen zu behandeln, die zeitnah zum öffentlichen Angebot bereits Aktien an den Bieter verkauft haben. Eine solche Barofferte ist aber nur gerechtfertigt, wenn für die außerhalb des Angebots erworbenen Aktien eine Geldleistung gezahlt worden ist. Dies sollte in der Richtlinie präzisiert werden.[753] Das Übernahmegesetz sieht als Kompromiss in § 31 Abs. 3 eine Barzahlungspflicht vor, die erst bei einem Erwerb von fünf beziehungsweise einem Prozent der Aktien ausgelöst wird, um unbillige Härten zu vermeiden.[754]

d) „squeeze-out"

In jüngerer Zeit wird zunehmend diskutiert, ob eine Regelung von Übernahmeangeboten die Möglichkeit zum Ausschluss der nach dem Angebot verbliebenen Aktionäre aus der Gesellschaft vorsehen sollte,[755] wie dies in anderen Ländern der Fall ist[756]. Dementsprechend hat das Parlament Art. 5a eingefügt,

---

750 Art. 5 Abs. 1 Satz 5 Richtlinienvorschlag 2000.

751 Art. 5 Abs. 1 Satz 6 Richtlinienvorschlag 2000.

752 Rule 11.1 (a) City Code, a.a.O. (Fn. 5) in Section G.: „The Voluntary Offer and its Terms"; dazu *Krause*, Übernahmeangebot, S. 91.

753 Kritisch zu dieser Änderung die EU-Kommission: „Für die Einführung einer Barzahlungsverpflichtung besteht keinerlei Grund.", KOM (2001) 77 endg. Ziff. 3.2.2. zu Änderungsantrag 8.

754 § 31 Abs. 3 Nr. 1 und 2 WpÜG; vgl. Beschlussempfehlungen des Finanzausschusses, BT-Drucks. 14/7477, S. 73 f..

755 Z.B.: Forum Europaeum Konzernrecht, ZGR 1998, 673 (732 ff.); *Hopt*, ZHR 161 (1997), 368 (390); *Kallmeyer*, AG 2000, 59 *Munscheck*, Übernahmeregelung, S. 246 f.; *Schiessl*, AG 1999, 442 (451 f.); *Übernahmekommission*, Standpunkte, S. 26 f.; bes. *Than*, FS Claussen, 1997, S. 405.

756 So ist in Großbritannien der Ausschluss der Minderheitsaktionäre gem. Section 429 Companies Act 1985 i.d.F. v. 30.4.1987 möglich, wenn durch ein öffentliches Übernah-

der einen solchen „squeeze-out“ vorsieht.[757] Ein solches Mittel wird als Pendant zum Pflichtangebot betrachtet: Wenn der Bieter schon ein Angebot auf alle Aktien abgeben müsse, solle ihm auch die Chance auf eine 100 %ige Beteiligung gegeben werden.[758] In Anlehnung an die Eingliederung nach § 319 ff. AktG sei eine Konsolidierung der Position des Bieters ab einer Beteiligung von etwa 90 % oder – gemäß dem Richtlinienvorschlag – von 95 % unter ökonomischen Gesichtspunkten sinnvoll,[759] denn oft ließen sich Strategien oder notwendige Umstrukturierungen gegen Kleinaktionäre nicht durchsetzen. Die Praxis zeige zudem, dass Kleinstbeteiligungen missbraucht werden können und auch missbraucht werden, um finanzielle Vorteile zu erzielen, so dass ein diesbezüglicher Regelungsbedarf bestehe.[760] Ob die Ausschlussmöglichkeit tatsächlich die „Kehrseite des Pflichtangebots“[761] ist, darf bezweifelt werden,[762] denn auch Mehrheitsaktionäre, die ihre Anteile nicht durch Pflichtangebot erworben haben, sind mit den gleichen Problemen konfrontiert. Eine solche Regelung ist für die Durchführung einer Unternehmensübernahme mittels öffentlichen Übernahmeangebots nicht notwendig und die Frage ihrer Einführung betrifft vielmehr die Funktionsweise von Kapitalgesellschaften überhaupt.[763] Auch wenn ein „squeeze-out“ sinnvoll wäre, ist die Übernahmerichtlinie der falsche Ort, um einen solchen zu etablieren. In diesem Sinne hat der deutsche Gesetzgeber allgemeine Konsolidierungsmöglichkeit im Aktienrecht unabhängig vom Erwerbstatbestand eingeführt.[764]

---

meangebot 90 % der Wertpapiere der Zielgesellschaft erworben wurden, dazu *Than*, FS Claussen, 1997, S. 405 (409 ff.); in der Schweiz ist dies bei 98 % der Fall, Art. 33 BEHG v. 24.3.1995, dazu *Köpfli*, SJZ 94 (1998), 53.

757 Vgl. Abänderung 12, Protokoll der Parlamentssitzung v. 13.12.2000.

758 So explizit *Baumann*, Pressegespräch v. 2.2.1999.

759 S. dazu *Munscheck*, Übernahmeregelung, S. 246 f.; o.V., Börsen-Zeitung v. 4.2.1999, S. 1; *Kallmeyer*, AG 2000, 59 (59).

760 *Baumann*, Pressegespräch v. 2.2.1999; *Übernahmekommission*, Standpunkte, S. 26 f.; dies auch, weil die Rechtsfolgen einer Eingliederung vielfach nicht erwünscht seien, vgl. *Schiessl*, AG 1999, 442 (451); *Than*, FS Claussen, 1997, S. 405 (421).

761 *Baumann*, Pressegespräch v. 2.2.1999; *Übernahmekommission*, Standpunkte, S. 26.

762 So auch *Hopt*, ZHR 161 (1997), 368 (390).

763 So auch die Kommission in ihrer Stellungnahme, KOM (2001) 77 endg. Ziff. 3.2.3. zu Änderungsantrag 12; vgl. auch *Baumann*, Pressegespräch v. 2.2.1999, und *Schiessl*, AG 1999, 442 (451).

764 Vgl. §§ 327a ff. AktG; vgl. auch die Begründung, A. Allgemeiner Teil, II., Nr. 9; dazu *Zinser*, M&A 2002, 17.

4. Informationspflichten des Bieters

Der Richtlinienvorschlag sieht die Verpflichtung des Bieters vor, im Falle des Kontrollerwerbs ein Übernahmeangebot abzugeben, Marktverzerrungen vorzubeugen sowie die Behinderung der Zielgesellschaft auf ein angemessenes Maß zu reduzieren. Zur praktischen Verwirklichung und zur Herstellung hinreichender Transparenz beinhaltet der Richtlinienvorschlag wie auch seine Vorgänger umfangreiche Informations- und Offenlegungspflichten.[765] Diese Pflichten gelten unabhängig davon, ob es sich um ein freiwilliges oder ein Pflichtangebot handelt.

a) Mitteilungs- und Offenlegungspflichten

Die erste Pflicht, die den Bieter im Zusammenhang mit einem öffentlichen Übernahmeangebot trifft, ist die Pflicht, bereits seine Entscheidung zur Abgabe eines Angebots zunächst dem Aufsichtsorgan sowie dem Aufsichtsrat und Vorstand der Zielgesellschaft mitzuteilen und dann öffentlich bekannt zumachen.[766] Der Zeitrahmen sowie die genauen Modalitäten der Mitteilung und Bekanntmachung sind durch die Mitgliedstaaten zu bestimmen. Der Zeitpunkt, wann von einer Entscheidung des Bieters zur Abgabe eines Angebots gesprochen werden kann, hängt indes von seiner Rechtsform ab. Bei einer AG zum Beispiel wird dies regelmäßig die Beschlussfassung innerhalb des Vorstandes und nötigenfalls die Zustimmung des Aufsichtsrats sein.[767] Jedoch ist – man denke nur an eine Privatperson als Bieter – der tatsächliche Zeitpunkt der Entschlussfassung von Außenstehenden kaum zu ermitteln,[768] so dass hier eine Umgehung beziehungsweise Verzögerung sehr einfach scheint, was wiederum die Gefahr von Insiderhandel in sich birgt.[769] Gerade dieser soll durch die Veröffentlichung des Entschlusses in genannter Reihenfolge vermieden werden.[770] Allerdings entsteht diese Problematik bereits zum Zeitpunkt der ersten internen Beratungen, also vor der endgültigen, nach außen erkennbaren Entscheidung.[771] Dieser Moment lässt sich naturgemäß von keiner Normierung genau erfassen, weshalb die Eindämmung des Insiderhandels diesbezüglich durch die allgemeinen Vorschriften im WpHG geleistet werden muss.

---

765 Dazu auch *Roos*, WM 1996, 2177 (2185).

766 Art. 6 Abs. 1 Richtlinienvorschlag 2000.

767 *Peltzer* in: *Assmann/Basaldua/Bozenhardt/Peltzer*, Übernahmeangebote, S. 179 (203); *Roos*, WM 1996, 2177 (2186).

768 *Peltzer* in: *Assmann/Basaldua/Bozenhardt/Peltzer*, Übernahmeangebote, S. 179 (203).

769 *Roos*, WM 1996, 2177 (2186).

770 Präambel, Erwägungsgrund 14 Richtlinienvorschlag 2000; *Peltzer*, AG 1997, 145 (149).

771 *Peltzer* in: *Assmann/Basaldua/Bozenhardt/Peltzer*, Übernahmeangebote, S. 179 (203).

Zur Information der von dem Angebot betroffenen Aktionäre muss der Bieter ferner umfangreiche Angebotsunterlagen erstellen und, nachdem diese an das Aufsichtsorgan übermittelt worden sind, rechtzeitig offen legen.[772] Müssen die Angebotsunterlagen vom Aufsichtsorgan gebilligt werden, ist keine erneute Anerkennung durch die Aufsicht in anderen Mitgliedstaaten notwendig, wenn die Wertpapiere der Zielgesellschaft auch dort gehandelt werden.[773] Zusätzliche Pflichten des Bieters können sich auch aus der den Mitgliedstaaten gänzlich überlassenen Regelung von Hinfälligkeit, Änderung, Unwiderruflichkeit und Bedingungen des Angebots sowie den Vorschriften über konkurrierende Angebote ergeben,[774] je nachdem, wie der Richtlinienvorschlag umgesetzt wird. In diesem Zusammenhang ist insbesondere an Nachbesserungspflichten zu denken.[775]

b) Inhalt der Angebotsunterlagen

Der Mindestinhalt der Unterlagen, die für die Aktionäre die wichtigste Informationsquelle darstellen und somit entscheidend zum Abbau der Informationsasymmetrie beitragen,[776] ergibt sich aus Art. 6 Abs. 3 des Richtlinienvorschlags: Danach müssen die Angebotsunterlagen zunächst die selbstverständlichen Angaben über den Inhalt und Gegenstand des Angebots sowie Einzelheiten über den Bieter, die zu erwerbenden Wertpapiere und die Gegenleistung, inklusive ihrer Bewertungsmethode und Erbringung, enthalten.[777] Im Fall eines Teilangebots sind Mindest- und Höchstsatz der Wertpapiere anzugeben.[778]Ferner muss der Bieter die Aktionäre über die von ihm bereits gehaltenen Anteile der Zielgesellschaft und die Bedingungen des Angebots aufklären.[779]

Ausführliche Auskünfte soll der Bieter weiterhin über seine Absichten im Hinblick auf die zukünftige Unternehmens- und Personalpolitik der Zielgesellschaft geben. Dies betrifft nicht nur die Zukunft der Geschäftsleitung und ihrer Aufsichtsorgane, sondern auch die „strategische Planung des Bieters für die Zielgesellschaft, deren Auswirkungen auf Arbeitsplätze und Standorte, Folge-

---

772 Art. 6 Abs. 2 Richtlinienvorschlag 2000.

773 Art. 6 Abs. 2 Unterabsatz 2 Richtlinienvorschlag 2000; ggf. sollen nur förmliche Besonderheiten bezüglich der Annahme des Angebotes und dem Erhalt der Gegenleistung aufgenommen werden.

774 Vgl. Art. 10 Richtlinienvorschlag 2000; dazu *Peltzer*, AG 1997, 145 (146).

775 Zu den Nachbesserungspflichten vgl. oben Seite 60 ff.

776 *Roos*, WM 1996, 2177 (2186); vgl. zum Informationsdefizit der Aktionäre und seinen Folgen oben unter Seite 39 ff.

777 Art. 6 Abs. 3 lit. a) bis d) Richtlinienvorschlag 2000.

778 Art. 6 Abs. 3 lit. e) Richtlinienvorschlag 2000.

779 Art. 6 Abs. 3 lit. f) und g) Richtlinienvorschlag 2000.

wirkungen auf arbeits- und sozialrechtliche Standards sowie auf Tarifbindungen und die Konsequenzen für die Interessenvertretungsstrukturen der Arbeitnehmer"[780] Diese umfassende Auflistung geht angesichts des Rahmencharakters der Richtlinie zu sehr ins Detail und spricht Aspekte an, die nicht dem Kapitalmarktrecht, sondern eher dem Sozialrecht zuzuordnen sind.[781] Auch wenn der Inhalt der Aussagen über die Absichten des Bieters für die Entscheidung der Aktionäre bedeutsam ist,[782] so bleibt die Zuverlässigkeit und der Grad der Selbstbindung beschränkt.[783] Nagelte man den Bieter an seinen Worten fest, wäre die Einschränkung der unternehmerischen Freiheit enorm und der Bieter könnte kaum noch einer Veränderung der Sachlage Rechnung tragen, die sich erst nach der Übernahme zeigt. Zudem besteht die Gefahr, dass sich die Zielgesellschaft die Pläne des Bieters unentgeltlich zu eigen macht.[784] Gibt der Bieter etwa die Absicht bekannt, einen bestimmten Unternehmensteil zu veräußern, könnte der Vorstand diese Maßnahme selbst durchführen, damit die Übernahme durchkreuzen und den Gewinn an die alten Aktionäre ausschütten.[785] Hinsichtlich der Bekanntgabe der geplanten Personalpolitik wurde eine Pflicht vorgeschlagen, die Entwicklung der Beschäftigungszahlen innerhalb der folgenden Jahre zu veröffentlichen.[786] Die Ablehnung dieser Pflicht durch die EU-Kommission[787] hat eine weniger rigorose Handhabung nahegelegt, denn mehr als allgemeine, subjektive Absichtserklärungen können nicht verlangt werden.[788] Zumindest aber sind die angekündigten Absichten eine Meßlatte für das künftige Verhalten des Bieters.[789]

Angaben zur Annahmefrist, zum anwendbaren Recht, zu den Wertpapieren bei Umtauschangeboten, zur Finanzierung der Transaktion und den Personen, die gemeinsam mit dem Bieter handeln, beenden den Pflichtinhalt der Angebots-

---

780 Art. 6 Abs. 3 lit. h) Richtlinienvorschlag 2000.

781 So auch die Kommission, KOM (2001) 77 endg. Ziff. 3.2.4. zu Änderungsantrag 5 und 13.

782 *Peltzer*, AG 1997, 145 (147).

783 *Peltzer*, AG 1997, 145 (149); s. zur Kritik an der Verbindung von Übernahmeregelungen und Arbeitnehmerschutz hinten unterer „Berührungspunkte mit anderen Rechtsgebieten", Seite 225 ff.

784 *Herkenroth*, Konzernierungsprozesse, S. 365.

785 Vgl. *Peltzer* in: *Assmann/Basaldua/Bozenhardt/Peltzer*, Übernahmeangebote, S. 179 (223 f.).

786 Änderungsvorschlag des Europäischen Parlaments, ABl.EU C 222 v. 21.7.1997, S. 20 (23, Änderung 13).

787 Die EU-Kommission hat eine solche Pflicht aus formalen und Praktikabilitätsgründen abgelehnt, KOM (97), 565 endg. Begründung, I., S. 1.

788 *Hopt*, ZHR 161 (1997), 368 (377).

789 *Peltzer*, AG 1997, 145 (149).

unterlagen.[790] Anhand der Angaben über die Finanzierung erlangen die Aktionäre Aufschluss über die finanziellen Garantien und über mögliche Auswirkungen des Angebots auf die Gesellschaft.[791] Die Länge der Annahmefrist kann gemäß Art. 7 Abs. 1 zwischen zwei Wochen und drei Monaten liegen. Eine Fristverlängerung soll nach Ansicht des Parlaments nur im Fall konkurrierender Angebote zulässig sein, um eine beliebige Ausdehnung und damit eine ungebührliche Behinderung der Zielgesellschaft auszuschließen.[792]

5. Pflichten der Zielgesellschaft

a) Verbot von Verteidigungsmöglichkeiten

Ganz im Sinne der Präambel und des Grundsatzes der Wahrung der Interessen der Gesellschaft[793] ist es dem Leitungs- oder Verwaltungsorgan verboten, das Angebot, nachdem es ihm bekannt geworden ist, durch eigene Handlungen zu „vereiteln".[794] Der Richtlinienvorschlag verpflichtet also das Management der Zielgesellschaft in Art. 9 Abs. 1 lit. a) zur Neutralität.[795] Eine Definition der verbotenen Handlungen existiert nicht. Im Richtlinienvorschlag 1997 hat die EU-Kommission zumindest alle Geschäftsführungsmaßnahmen hierunter subsumiert, die im normalen Geschäftsverlauf nicht vorkommen würden oder nicht mit den „üblichen Marktgepflogenheiten" übereinstimmen.[796] Dies schließt auch rein dilatorische Maßnahmen aus, die das Übernahmeangebot nicht unbedingt verhindern.[797] Die genaue Auslegung kann jedoch nur in allen Mitgliedstaaten gesondert stattfinden, damit die Eigenarten des jeweiligen Rechts berücksichtigt werden können.[798] Für Deutschland jedenfalls ergibt sich das Neutralitätsgebot bereits aus geltendem Recht, so dass die Einschränkung der Handlungsfreiheit an den Vorstand und an den Aufsichtsrat der Zielgesellschaft gerichtet sein müsste, schließlich haben beide ein paralleles Interesse am Erhalt ihres Mandats.[799]

---

790 Art. 6 Abs. 3 lit. i) bis l) Richtlinienvorschlag 2000.

791 KOM (97), 565 endg./2, Corrigendum: Begründung, II. zu Art. 6.

792 Vgl. Empfehlungen des Ausschusses für Recht und Binnenmarkt v. 29.11.2000, S. 16 (A5-0368/2000); zur Behinderung der Zielgesellschaft: *Kallmeyer*, AG 1996, 169 (170); *Weisgerber*, ZHR 161 (1997), 421 (429).

793 Präambel, Erwägungsgrund 18, Art. 3 Abs. 1 lit. c) Richtlinienvorschlag 2000.

794 Art. 9 Abs. 1 lit. a) Richtlinienvorschlag 2000.

795 Vgl. dazu oben unter „Neutralitätsgebot", Seite 99 ff.; auch *Peltzer*, AG 1997, 145 (148); *Roos*, WM 1996, 2177 (2185).

796 KOM (95) 655 endg. Begründung, III. zu Art. 8.

797 *G. Schuster*, EuZW 1997, 237 (240).

798 *G. Schuster*, EuZW 1997, 237 (240).

799 Vgl. oben unter „Neutralitätsgebot", Seite 99 ff.

Abwehrmaßnahmen können nach Art. 9 Abs. 1 lit. a) des Richtlinienvorschlags 2000 dann ergriffen werden, wenn ihnen die Hauptversammlung zustimmt und die Zustimmung innerhalb der Frist für das Übernahmeangebot erteilt worden ist. Durch die Begrenzung der Zustimmungsmöglichkeit auf den Zeitraum, in dem über das Übernahmeangebot zu befinden ist, wird der Gefahr begegnet, dass sich der Vorstand alte Beschlüsse der Hauptversammlung zueigen macht, die bei der Beschlussfassung überhaupt nicht zur Abwehr einer Übernahme gedacht waren. Dies ist für den Fall der Ausgabe von Geschäftsanteilen ausdrücklich erwähnt.[800] In diesem Zusammenhang darf ebenfalls ein Rückkauf eigener Aktien nach § 71 AktG nur mit Hauptversammlungsbeschluss vollzogen werden. Die Richtlinie soll also in der Weise ausgestaltet werden, dass ein Übernahmeangebot nicht als schwerer, unmittelbar bevorstehender Schaden der Gesellschaft im Sinne von § 71 Abs. 1 Nr. 1 AktG gewertet werden darf und dadurch ein für den Erwerb eigener Aktien nötiger Beschluss der Hauptversammlung[801] vom Vorstand umgangen werden könnte.[802] Obwohl die Hauptversammlung den Vorstand und Aufsichtsrat zu bestimmten Maßnahmen ermächtigt hat und damit diese Schritte in den Verantwortungsbereich der Hauptversammlung fallen, darf sich die Verwaltung dieser Mittel also nicht bedienen. Hierdurch will man den Aktionären eine überlegte, auf die konkrete Übernahme bezogene Entscheidung ermöglichen.[803] Daher ist die vom Parlament beschlossene Änderung, die für Abwehrmaßnahmen zusätzlich die Zustimmung des Aufsichtrats fordert, abzulehnen, weil auch der Aufsichtsrat dem Neutralitätsgebot unterliegt.[804]

Zu vorher getroffenen präventiven Abwehrmaßnahmen, wie etwa der Ermächtigung zur genehmigten Kapitalerhöhung, schweigt der Richtlinienvorschlag.[805] Folgt man der Begründung zum Richtlinienvorschlag,[806] scheidet

800 Art. 9 Abs. 1 lit. a) 2. HS Richtlinienvorschlag 2000; zur Möglichkeit einer Kapitalerhöhung im Richtlinienvorschlag 1997: *Wolf*, AG 1998, 212 (219); im Richtlinienvorschlag 1996: *Krause*, AG 1996, 209 (214 f.). Dies stimmt mit den oben (Seite 103 ff.) angestellten Überlegungen überein, dass die Hauptversammlung den jeweiligen Maßnahmen im Hinblick auf ein, wenn auch nicht konkretes, Übernahmeangebot zustimmen muss.

801 Gem. § 71 Abs. 1 Nr. 8 AktG.

802 KOM (97), 565 endg. Begründung, II. zu Art. 8.

803 KOM (97), 565 endg. Begründung, II. zu Art. 8; *Wolf*, AG 1998, 212 (219).

804 S.o. Seite 103; vgl. auch die Stellungnahme der Kommission, KOM (2001) 77 endg. Ziff. 3.2.5. zu Änderungsantrag 20, zweiter Teil.

805 *Roos*, WM 1996, 2177 (2185), hält in diesem Fall die allgemeinen Verhaltenspflichten des Vorstands für einschlägig; zum Vorentwurf von 1989 kritisch: *Hahn*, ZBB 1990, 10 (20).

806 Begründung zum Richtlinienvorschlag 1997, KOM (97), 565 endg. Begründung, II. zu Art. 8.

die Möglichkeit präventiver Abwehrmaßnahmen aus, weil dann die von der Richtlinie angestrebte, auf eine konkrete Übernahme bezogene Entscheidung gerade nicht möglich ist. Dem ist aber zu entgegen, dass sich die Aktionäre bei der Beschlussfassung über präventive Abwehrmittel, wie auch bei der vorherigen Einwilligung zu Verteidigungsmaßnahmen, ein Bild von der Tragweite ihres Entschlusses machen können. Wenn sie umfassend über die Konsequenzen der Entscheidung, insbesondere für ihre Vermögensposition, aufgeklärt worden sind und dennoch einen solchen Entschluss fassen, erscheint ein weiterer Schutz nicht notwendig. Entscheidend sollte allein sein, dass die Verteidigung auf den Willen der Hauptversammlung zurückgeht.[807]

b) Ausnahmen

Ausdrücklich erlaubt und damit eine Ausnahme vom Neutralitätsgebot ist die Suche nach einem konkurrierenden Angebot. Solche Konkurrenzofferten treiben den Angebotspreis in die Höhe[808] und sind damit im Interesse der Aktionäre zu begrüßen. Ebenfalls unproblematisch ist die Option für die Mitgliedstaaten, aufgrund eines Vorratsbeschlusses die Durchführung einer Kapitalerhöhung innerhalb der Angebotsfrist zuzulassen, weil das Bezugsrecht der Aktionäre bestehen bleiben muss. Infolgedessen kann die Kapitalerhöhung praktisch nicht mehr als Abwehrmittel eingesetzt werden.[809]

Der Neutralitätsgrundsatz wurde vom Parlament auf Vorschlag des Ausschusses für Recht und Binnenmarkt jedoch eklatant durchbrochen: Den Aufsichtsorganen wird erlaubt, im Rahmen des jeweils geltenden Rechts Leitlinien für Abwehrmaßnahmen zu erstellen. Ferner kann der nationale Gesetzgeber vorsehen, dass entweder das Management der Zielgesellschaft mit Genehmigung des Aufsichtsorgans noch weitergehende Verteidigungsmittel ergreifen kann oder dass das Aufsichtsorgan derartige Maßnahmen auf Antrag von 1 % der Wertpapierinhaber verbieten muss.[810] Diese Änderung eröffnet dem Management den Weg, unabhängig von jedem Hauptversammlungsbeschluss Abwehrmaßnahmen einzuleiten. Zur Begründung führt der Rechts- und Binnenmarktausschuss an, dass auch amerikanische Unternehmen als potentielle

---

807 Vgl. dazu oben unter „Abwehrmaßnahmen nur nach Beschluss der Hauptversammlung", Seite 103 ff. Dies wird nochmals in Art. 9 Abs. 2a lit. d) Richtlinienvorschlag 2000 klargestellt.

808 Art. 9 Abs. 1 lit. a) 1. HS Richtlinienvorschlag 2000; dazu auch die Begründung des Rats zu Art. 9, ABl.EU C 23 v. 24.1.2001, S. 1 (14), die von einem „white knight" spricht. Konkurrierende Angebote können aber auch von Gesellschaften abgegeben werden, die nicht wie ein white knight im Interesse der Zielgesellschaft handeln.

809 *Neye*, AG 2000, 289 (294).

810 Abänderung 17, Protokoll der Parlamentssitzung v. 13.12.2000.

Bieter in den Genuss der Neutralitätspflicht kämen, ihrerseits aber im Rahmen der Business Judgment Rule Abwehrmaßnahmen treffen dürften.[811]
Es ist offensichtlich, dass die unterschiedlichen Auffassungen in Europa und den Vereinigten Staaten zu einem Schutzgefälle zu Ungunsten des europäischen Wirtschaftsraums führen. Doch unterstellt, die Übernahme durch amerikanische Gesellschaften wäre ein Umstand, den es zu verhindern gilt, so steht es den Hauptversammlungen der europäischen Unternehmen offen, darauf zu reagieren. Dass dieser Schutz etwas träge ist, spricht allein dafür, auch Vorratsbeschlüsse zuzulassen, nicht aber gegen die Neutralitätspflicht als solche.[812] Die Regelung dieses elementaren Punkts in die Hände der Mitgliedsländer und ihrer Aufsichtorgane zu legen, untergräbt den Schutz der Wertpapierinhaber der Zielgesellschaft und macht eine europaweite Harmonisierung nahezu unmöglich.[813] Im Übrigen nimmt das Aufsichtsorgan eine neutrale Stellung ein und sollte daher nicht im Rahmen der Abwehrmöglichkeiten Partei beziehen müssen.[814]
Die ebenfalls neu eingefügte Möglichkeit der Aktionäre, die Ausübung und Grenzen des Entscheidungsermessens des Managements gerichtlich überprüfen zu lassen und gegebenenfalls Schadensersatzansprüche geltend zu machen,[815] entkräftet die geäußerten Bedenken kaum. Die Aufgabe der Gerichte soll sich nämlich darauf beschränken, festzustellen, ob das Ermessen vorsätzlich überschritten worden ist. Dies läuft auf eine Vorsatzhaftung hinaus, der man schon jetzt prognostizieren kann, dass sie im konturlosen Bereich der Ermessensfindung und den ohnehin bestrittenen Grenzen der Neutralitätspflicht nie eingreifen wird. Neben den Schwierigkeiten, die bei der Schadensbezifferung eintreten werden, sind zudem nur Schadensersatzansprüche gegenüber der Gesellschaft und nicht gegenüber deren Aktionären vorgesehen, so dass die Geltendmachung für den einzelnen Aktionär kaum attraktiv sein

---

811 Empfehlungen des Ausschusses für Recht und Binnenmarkt v. 29.11.2000, S. 23 (A5-0368/2000); zur Business Judgment Rule s.o. Fn. 465.

812 A.A. wohl *Körner*, DB 2001, 367 (371), die unter Hinweis auf die Funktionsfähigkeit des US-amerikanischen Markts eine Einschränkung der Neutralität billigt.

813 Die Änderung wurde von der britischen Delegation vor dem Hintergrund des City Code (der eine Neutralitätspflicht vorsieht) abgelehnt und von den deutschen Abgeordneten begrüßt, vgl. o.V., Gezerre um die Übernahmerichtlinie, FAZ v. 8.12.2000; o.V., Übernahmerichtlinie gebilligt, FAZ v. 14.12.2000, S. 19; Pressemitteilung der Fraktion der europäischen Volkspartei v. 13.12.2000; Pressemitteilung der EU-Kommission v. 13.12.2000. Gerade in diesem Bereich wäre eine Vereinheitlichung aber wichtig, vgl. *Hopt*, FS Lutter, 2000, S. 1361 (1366).

814 vgl. Stellungnahme der Kommission, KOM (2001) 77 endg. Ziff. 3.2.5. zu Änderungsantrag 17 zweiter Teil.

815 Art. 9 Abs. 2a lit. c) Richtlinienvorschlag 2000.

wird.[816] Nicht zuletzt führt die Einbeziehung der Gerichte zu einer erheblichen Verzögerung des Verfahrens.[817]
Dass die Durchbrechung des Neutralitätsgebots durch das Europäische Parlament im Vermittlungsausschuss wiederum abgelehnt und durch einen Kompromiss in Form einer vierjährigen Überg ansfrist ersetzt worden war, ist zwar zu begrüßen, hat aber letztlich dazu geführt, dass der gesamte Richtlinienvorschlag in der dritten Lesung im Europäischen Parlament auf Betreiben Deutschlands gekippt worden ist.[818]

c) Information der Aktionäre und Arbeitnehmer

Das Leitungs- oder Verwaltungsorgan der Zielgesellschaft muss eine Stellungnahme zum Übernahmeangebot abgeben.[819] Diese Stellungnahme ist unter Abwägung des Für und Wider zu veröffentlichen, damit sich die Aktionäre ein ausführliches Bild von der Situation machen können[820] und ihnen die ausstehende Entscheidung erleichtert wird.[821] Diese Informationspflicht entspricht im deutschen Recht der Vorstandspflicht zur ordentlichen und gewissenhaften Geschäftsführung aus § 93 Abs. 1 Satz 1 AktG, alle Aktionäre vor ihrer Entscheidung umfassend zu informieren.[822]
Eine Erweiterung im Richtlinienvorschlag von 2000 haben die Pflichten zur Unterrichtung der Arbeitnehmer oder ihrer Vertreter erfahren, die auf das Drängen der beteiligten Ausschüsse und des Europäischen Parlaments zurückgeht.[823] Ziel ist es, die Arbeitnehmer mit den Aktionären zumindest informationell gleichzustellen,[824] weil sie ebenfalls von einer Übernahme stark betrof-

---

816 Vgl. dazu die Problematik von Schadensersatzansprüchen im Konzernrecht o. ab Seite 78.
817 S. Stellungnahme der Kommission, KOM (2001) 77 endg. Ziff. 3.2.5. zu Änderungsantrag 17 zweiter Teil.
818 Vgl. den Bericht des Parlaments v. 25.6.2001, C5-0221-2001 – 1995-0341 (COD), S. 7; o.V., EU-Parlament kippt die Übernahmerichtlinie, FAZ v. 5.7.2001, S. 13.
819 Art. 9 Abs. 1 lit. b) Richtlinienvorschlag 2000.
820 KOM (95) 655 endg. Begründung, III. zu Art. 8.
821 *Peltzer*, AG 1997, 145 (149).
822 *Krause*, AG 1996, 209 (214); Kölner Komm-*Mertens*, § 93 Rn. 27 f., 41.
823 Vgl. Abänderung 4, 5, 13, 15 und 20 im Protokoll der Parlamentssitzung v. 13.12.2000; Empfehlungen des Ausschusses für Recht und Binnenmarkt v. 29.11.2000, S. 24 zu Änderungsantrag 5 (A5-0368/2000); zu den alten Entwürfen: Stellungnahme des Wirtschafts- und Sozialausschusses, ABl.EU C 295 v. 7.10.1996, S. 1 (1, Ziff. 1.4.); Stellungnahme des Europäischen Parlaments, ABl.EU C 222 v. 21.7.1997, S. 20 (20 ff.). Im Richtlinienvorschlag 1990, a.a.O. (Fn. 605), war eine solche Unterrichtung in Art. 19 vorgesehen.
824 *Neye*, ZIP 1997, 2172 (2172 f.).

fen sind.[825] Natürlich ermöglicht die Richtlinie keinen finanziellen Ausgleich wie er durch das Pflichtangebot den Aktionären zukommt, aber die Arbeitnehmer werden durch verschiedene Informationspflichten wenigstens von den Geschehnissen in Kenntnis gesetzt und können anhand der Absichtserklärung des Bieters[826] ihre Zukunftsaussichten besser einschätzen. Dadurch sind sie in der Lage, gezielt Maßnahmen zu treffen, um ihre Interessen zu verfolgen. Hier ist beispielsweise an die Unterrichtung der Öffentlichkeit über den eventuell geplanten Arbeitsplatzabbau zu denken, wodurch auch von politischer Seite Druck ausgeübt werden könnte, wie dies bei der versuchten feindlichen Übernahme der *Thyssen AG* durch die *Krupp-Hoesch AG* geschehen ist.[827] Hiermit können sich die Arbeitnehmer mittelbar schützen. Der Richtlinienvorschlag von 2000 beinhaltet daher den Grundsatz, dass die Leitung der Zielgesellschaft bei ihrem Vorgehen die Interessen der Arbeitnehmer und die Sicherung der Arbeitsplätze zu berücksichtigen hat.[828] Diese Berücksichtigung der Interessen der Arbeitnehmer durch den Vorstand ergibt sich im deutschen Recht bereits aus § 76 Abs. 1 AktG.[829] Ferner muss die Verwaltung die Arbeitnehmer beziehungsweise ihre Vertreter von der Bekanntmachung des Angebots in Kenntnis setzen[830] und ihnen die Angebotsunterlagen zuleiten[831].

Allerdings kann die Pflicht zur Neutralität einerseits und die gebotene Wahrung der Interessen der Arbeitnehmer andererseits miteinander kollidieren: Oftmals entschließt sich der Bieter zum Angebot, weil er durch die Übernahme auf Synergieeffekte hofft.[832] Diese werden vielfach aber durch Arbeitsplatzabbau erzielt, der in diesem Zusammenhang dem Erhalt des Unternehmens dient. Wäre in diesem Fall die Leitung der Zielgesellschaft dazu verpflichtet, die Arbeitsplätze zu schützen, müsste sie aktiv verhindernd in das Geschehen eingreifen und verstieße damit gegen das Neutralitätsgebot. Zudem kann das Management in der Stellungnahme nicht per se den Aktionären vom Angebot abraten, weil dieses Arbeitsplätze gefährde, denn Arbeitsplatzabbau

---

825 Vgl. KOM (88) 823, Darlegung der Gründe, II. zu Art. 19.

826 Art. 6 Abs. 3 lit. h) Richtlinienvorschlag 2000.

827 Vgl. o.V., Land über Krupps Thyssen-Coup empört, Kölner Stadt-Anzeiger v. 20.3.1997.

828 Art. 3 Abs. 1 lit. c) Richtlinienvorschlag 2000; dazu im Richtlinienvorschlag 1997: KOM (97), 565 endg. Begründung, II. zu Art. 5; kritisch zur Aufnahme diese Ziels in den Richtlinienvorschlag: *Hopt*, ZHR 161 (1997), 368 (375); vgl. zum Arbeitnehmerschutz durch ein Übernahmegesetz unten unter „Berührungspunkte mit anderen Rechtsgebieten", Seite 225 ff.

829 *Hüffer*, AktG, § 76 Rn. 12.

830 Art. 6 Abs. 1 S. 3 Richtlinienvorschlag 2000.

831 Art. 6 Abs. 2 S. 3 Richtlinienvorschlag 2000.

832 Vgl. zu den Motiven für Übernahmen oben unter „Wertzuwachs durch Effizienzgewinne", Seite 28 ff.

unter Rationalisierungsgesichtspunkten stabilisiert ein Unternehmen. Hier ist zu beachten, dass die Interessen, die für die Entscheidungen des Vorstands maßgeblich sind, keiner festen Rangfolge unterliegen; die Interessen der Aktionäre stehen nicht notwendigerweise über denen der Arbeitnehmer.[833] Der Vorstand hat die divergierenden Interessen sachgerecht gegeneinander abzuwägen.[834] Folgt man dem Grundsatz, dass die Aktionäre das alleinige Recht zur Entscheidung über den Erfolg des Angebots haben, darf daher das Management die Interessen der Beschäftigten nur solange verfolgen, wie das Entscheidungsrecht der Aktionäre nicht berührt wird. Wirken sich die von der Leitung getroffenen Maßnahmen wie ein Übernahmehindernis aus, wie etwa Arbeitsplatzschutzabkommen für den Fall der Übernahme, müssen also die Aktionäre befragt werden.[835]

6. Aufsichtsorgan

a) Örtliche Zuständigkeit und anwendbares Recht

Der Richtlinienvorschlag sieht in Art. 4 die Einrichtung eines Aufsichtsorgans vor. Zur Bestimmung der Zuständigkeit des Aufsichtsorgans sind drei Zuweisungsregeln hintereinander geschaltet. Zunächst ist das Aufsichtsorgan des Mitgliedslandes zuständig, in dem die Zielgesellschaft ihren Sitz hat, sofern deren Wertpapiere dort zum Handel zugelassen sind.[836] Sind das Mitgliedsland des Gesellschaftssitzes und das Mitgliedsland, in dem ihre Wertpapiere gehandelt werden, nicht identisch, richtet sich die Zuständigkeit nach dem Ort, an dem die Wertpapiere zum ersten Mal zum Handel zugelassen worden sind und immer noch gehandelt werden.[837] Wenn auch diese Regel nicht eingreift, wird das zuständige Aufsichtsorgan durch die Zielgesellschaft bestimmt.[838] Letztgenannte Regel findet für den Fall Anwendung, dass die Wertpapiere der Zielgesellschaft erstmals gleichzeitig auf mehreren Märkten außerhalb des Mitgliedslandes des Gesellschaftssitzes gehandelt werden.[839] Dieser letzte

---

[833] *Hüffer*, AktG, § 76 Rn. 12; *Kort*, FS Lutter, 2000, S. 1421 (1426).

[834] *Hüffer*, AktG, § 76 Rn. 12; Kölner Komm-*Mertens*, § 76 Rn. 18, 27, 31 f.

[835] So i.Erg. auch *Hopt*, FS Lutter, 2000, S. 1361 (1392).

[836] Art. 4 Abs. 2 lit. a) Richtlinienvorschlag 2000.

[837] Art. 4 Abs. 2 lit. b) Richtlinienvorschlag 2000.

[838] Art. 4 Abs. 2 lit. c) Richtlinienvorschlag 2000; die Unterscheidung nach dem Ort, an dem die Wertpapiere der Zielgesellschaft zum Zeitpunkt der Erlangung der Kontrolle überwiegend gehandelt werden, wurde aufgegeben, vgl. Art. 4 Abs. 2 Satz 3 Richtlinienvorschlag 1997.

[839] Art. 4 Abs. 2 lit. c) Richtlinienvorschlag 2000; dort wird auch geregelt, welches Aufsichtsorgan zuständig ist, wenn die Aktien bereits zum Zeitpunkt des Inkrafttretens der

Gesichtspunkt verdeutlicht, was der Wortlaut des Artikels zunächst verschleiert: Das ausschlaggebende Kriterium für die Zuständigkeit ist nicht der Sitz der Zielgesellschaft, wie es der erste Satz suggeriert,[840] sondern der Handelsplatz ihrer Wertpapiere.[841] Das Sitzprinzip spielt nur dann als primäre Zuständigkeitszuweisung eine Rolle, wenn Handelsplatz und Sitz im selben Land liegen.[842]

Besondere Bedeutung kam der Zuständigkeitsverteilung in den Vorentwürfen deshalb zu, weil sich aus ihr das auf das Übernahmeangebot anzuwendende Recht ergab. Der in Art. 1 bezeichnete Anwendungsbereich regelte die Frage des anwendbaren Rechts folglich nur insoweit, als die Zielgesellschaft ihren Sitz innerhalb eines Mitgliedstaats haben muss, damit die Richtlinie beziehungsweise ihre Umsetzung überhaupt Anwendung findet. Ansonsten galt das Recht desjenigen Mitgliedstaats, dessen Aufsichtsorgan zuständig war.[843]

Die Anknüpfung des anwendbaren Rechts an das zuständige Aufsichtsorgan warf jedoch Probleme auf.[844] Waren die Wertpapiere einer Gesellschaft mit Sitz im Inland ausschließlich in einem anderen Mitgliedstaat notiert, richtete sich das Übernahmeangebot, beispielsweise bei der Bestimmung der Kontrollmehrheit, nach den dort geltenden Vorschriften. Da die Richtlinie nur eine Mindestharmonisierung anstrebt, kann es vorkommen, dass die Rechtsvorstellungen von einer Kontrollmehrheit in beiden Ländern stark voneinander abweichen. Dies hätte für inländische Aktieninhaber zur Folge gehabt, dass aufgrund der ausländischen Börsennotierung die Schutzmechanismen des

Richtlinie in mehreren Mitgliedstaaten gehandelt werden; zum Richtlinienvorschlag 1997: KOM (97), 565 endg. Begründung, II. zu Art. 4.

840 Art. 4 Abs. 2 lit. a) Richtlinienvorschlag 2000: „Für die Beaufsichtigung des Angebotsvorgangs ist das Aufsichtsorgan des Mitgliedstaats zuständig, in dem die Zielgesellschaft ihren Sitz hat, ...“

841 So auch die Stellungnahme des Wirtschafts- und Sozialausschusses, ABl.EU C 295 v. 7.10.1996, S. 1 (4, Ziff. 3.4.2.).

842 Nach Art. 13 wird die Regelung der Zuständigkeit drei Jahre nach in Kraft treten nochmals auf seine Zweckmäßigkeit geprüft.

843 Art. 4 Abs. 2 Satz 2 a.E. und Satz 3 a.E. Richtlinienvorschlag 1997; dies kam auch an anderer Stelle des Richtlinienvorschlags zum Ausdruck: Der Bieter musste sein Angebot nach den Vorschriften des Mitgliedslandes gestalten, in dem das zuständige Aufsichtsorgan seinen Sitz hat (Art. 4 Spiegelstrich 3 Richtlinienvorschlag 1997). Dieses Mitgliedsland definierte auch die einschlägige Kontrollmehrheit (Art. 3 Abs. 2 Satz 1 Richtlinienvorschlag 1997). Eine solche Anknüpfung forderte auch *Krause*, AG 1996, 209 (210) zum Richtlinienvorschlag 1996, der die Erweiterung nicht enthielt.

844 *Zimmer*, Internationales Gesellschaftsrecht, S. 93 ff.; *Hopt*, ZHR 161 (1997), 368 (392 f.); *Krause*, AG 1996, 209 (210); Gemeinsame Stellungnahme der *Wirtschaftsverbände* v. 29.3.1996, RV 47/96, S. 3; *Neye*, DB 1996, 1121 (1123); *Roos*, WM 1996, 2177 (2181, 2183); *G. Schuster*, EuZW 1997, 237 (238 f.).

inländischen Gesellschaftsrechts nicht eingreifen. Wäre das Wertpapier nur anfänglich im Ausland, später aber im Inland notiert worden, hätte sich der Übernahmevorgang nach inländischem Recht gerichtet. Aus dieser Zufälligkeit wurde geschlossen, dass der Ort der Börsennotierung für die Frage, woran der Minderheitenschutz anknüpft, nicht maßgeblich sein könne.[845] Minderheitenschutz sei ein Gegenstand des Gesellschaftsrechts und dieses richte sich üblicherweise nach dem Sitz- oder Gründungsstaat.[846] Nur wenn man die Richtlinie dogmatisch ausschließlich im Kapitalmarktrecht ansiedelte,[847] war die Anknüpfung an das zuständige Aufsichtsorgan konsequent.[848] Für die Praxis war außerdem zu begrüßen, dass das Aufsichtsorgan für die Beurteilung der aufkommenden Fragen immer sein nationales Recht anwenden[849] und somit praxisnah und schnell entscheiden konnte. Darüber hinaus ist eine Rechtsvereinheitlichung dort, wo häufig mehrere nationale Märkte betroffen sind, unerlässlich, um das reibungslose Funktionieren der Märkte zu gewährleisten.[850]

Um den Streit über das Rechtsstatut zu lösen, ist nach Art. 4 Abs. 2 lit. e) der Neufassung der Richtlinie nunmehr in bestimmten Fragen immer das Aufsichtsorgan des Mitgliedstaats zuständig, in dem die Zielgesellschaft ihren Sitz hat. Dies ist nicht nur in Angelegenheiten der Fall, die die Unterrichtung der Arbeitnehmer betreffen, sondern auch in gesellschaftsrechtlichen Fragen, insbesondere betreffend den Anteil an Stimmrechten, der die Kontrolle begründet. Ferner fallen darunter die abweichenden Regelungen für die Verpflichtung zur Abgabe eines Angebots, sowie die nähere Ausgestaltung des Neutralitätsgebots.[851] Damit werden die wesentlichen Fragen des Minderheitenschutzes wieder dem Mitgliedstaat des Gesellschaftssitzes zugewiesen, wodurch eine koordinierte Zusammenarbeit zwischen den Aufsichtsorganen

---

845 *G. Schuster*, EuZW 1997, 237 (239).

846 *Roos*, WM 1996, 2177 (2183); *G. Schuster*, EuZW 1997, 237 (239); *Zimmer*, Internationales Gesellschaftsrecht, S. 99 f.

847 Vgl. oben unter „Systematische Verortung", Seite 113 f.; *Hopt*, FS Rittner, 1991, S. 187 (195). Dieser Einordnung stimmt auch *Zimmer*, Internationales Gesellschaftsrecht, S. 97, zu, allerdings lehnt er dennoch den Hauptbörsenplatz als Kriterium zugunsten des Gesellschaftsstatuts ab.

848 Dies gibt auch *Roos*, WM 1996, 2177 (2183) zu. Der Aktionär hat es schließlich mit seiner Anlageentscheidung in der Hand, sich des heimischen Minderheitenschutzes zu begeben und seine Investition im Ausland zu tätigen, vgl. *Krause*, AG 1996, 209 (210).

849 *Roos*, WM 1996, 2177 (2183).

850 *Hopt*, ZHR 161 (1997), 368 (392). Dies gilt umso mehr, weil Unternehmen beginnen, ihre Aktien über den gesamten europäischen Markt zu verteilen, vgl. o.V., Telekom will erste echte europäische Aktien ausgeben, FAZ v. 6.5.1999, S. 17.

851 Art. 4 Abs. 2 lit. e) Satz 2 Richtlinienvorschlag 2000.

notwendig wird.[852] Das zuständige Aufsichtorgan des Handelsplatzes hingegen prüft den Ablauf des Verfahrens, die Angebotsunterlagen und die versprochene Gegenleistung.[853]

b) Befugnisse und Struktur

Der Ablauf des gesamten Angebotsvorgangs wird vom Aufsichtsorgan unparteiisch und unabhängig überwacht.[854] Erwägungsgrund 9 der Präambel grenzt die funktionelle Zuständigkeit insofern ein, als nur die in der Richtlinie angesprochenen Aspekte sichergestellt werden sollen. In den Aufgabenbereich der Aufsichtsbehörde fällt also nur die Überwachung der Geschehnisse um den Angebotsvorgang, ohne dass Kompetenzen anderer Behörden auf diese übertragen werden. Bestimmte Aspekte des Angebots, zum Beispiel Wettbewerbsfragen, verbleiben damit bei den auch sonst zuständigen Stellen.[855] Entgegen den Entwürfen von 1989 und 1990 ist keine Zwangsvertretung des Bieters durch Wertpapierdienstleistungsunternehmen mehr vorgesehen.[856] Diese Regelung sollte dazu beitragen, dass die Einhaltung der Richtlinie seitens des Bieters gewährleistet ist, weil die Bank- und Finanzinstitute den Wohlverhaltensregeln verpflichtet sind.[857] Dies wird nun von den Aufsichtsorganen allein zu besorgen sein, weshalb sie mit allen dazu notwendigen Befugnissen auszustatten sind.[858]

Welche Befugnisse und Eingriffsmöglichkeiten für das Aufsichtsorgan zur Erfüllung seiner Aufgaben notwendig sind, stellt die Richtlinie in das Ermessen der Mitgliedstaaten. Die überlassenen Kompetenzen müssen es dem Aufsichtsorgan ermöglichen, nötigenfalls die Parteien zu veranlassen, die Richtlinie einzuhalten.[859] Jedenfalls haben die Mitgliedsländer Sanktionen vorzusehen, die „einen hinreichenden Anreiz zur Einhaltung dieser Vorschriften“[860] bieten. Die Parteien trifft die Pflicht, auf Anfrage alle Informationen an das

---

852 Die Zusammenarbeit ist in Art. 4 Abs. 4 Richtlinienvorschlag 2000 ausführlich geregelt.

853 Art. 4 Abs. 2 lit. e) Satz 1 Richtlinienvorschlag 2000.

854 Art. 4 Abs. 1 und Erwägungsgrund 9 Richtlinienvorschlag 2000; dazu Begründung des Rats zu Art. 4 Abs. 1, ABl.EU C 23 v. 24.1.2001, S. 1 (12).

855 Begründung des Rats zu Art. 4 Abs. 1, ABl.EU C 23 v. 24.1.2001, S. 1 (11); so auch der Vorentwurf, s. KOM (97), 565 endg. Begründung, II. zu Art. 4.

856 Art. 9 Richtlinienvorschlag 1989 und 1990, a.a.O. (Fn. 601 und 605).

857 KOM (88) 823 – SYN 186, Darlegung der Gründe, II. zu Art. 9; *Peltzer* in: *Assmann/Basaldua/Bozenhardt/Peltzer*, Übernahmeangebote, S. 179 (216).

858 Art. 4 Abs. 5 Unterabsatz 1 Satz 1, 1. HS. Richtlinienvorschlag 2000.

859 Art. 4 Abs. 5 Unterabsatz 1 Satz 1, 2. HS. Richtlinienvorschlag 2000.

860 Art. 12 Richtlinienvorschlag 2000.

Aufsichtsorgan zu übermitteln, die zur Erfüllung seiner Aufgaben notwendig sind, was wiederum die Mitgliedstaaten rechtlich sicherzustellen haben.[861]
Da es für unannehmbar gehalten wurde, Ausnahmen von Rechtsvorschriften gänzlich in das Ermessen einer Aufsichtsbehörde zu stellen,[862] regelte man die möglichen Ausnahmen im Richtlinienvorschlag 1997 positiv und reduzierte sie auf drei Aspekte.[863] Dennoch ermächtigt der Entwurf von 2000 die Aufsichtsbehörde, in unbestimmten Einzelfällen Ausnahmen zu bewilligen, solange dies durch eine begründete Entscheidung erfolgt.[864] Demnach darf das Aufsichtsorgan etwa von der Pflicht zur Abgabe eines Übernahmeangebots befreien, falls der Erwerb nur kurzfristig ist, beispielsweise bei geplanter Weiterplazierung der Aktien oder beim Mehrheitserwerb ohne Anspruch auf Ausübung der Kontrolle.[865] Abweichungen von der Angebotsfrist sind jedoch nur zulässig, wenn konkurrierende Angebote abgegeben wurden.[866] Dieser großzügige Spielraum des Aufsichtsorgans sorgt einerseits für eine erfreuliche Flexibilität des Richtlinienvorschlags, die jedoch andererseits der Rechtssicherheit und Harmonisierung abträglich ist.[867]
Bei den Vorgängerentwürfen wurde die Organisation der Aufsicht vor allem in England kritisiert, weil man befürchtete, das bewährte Take-over Panel nicht in der gleichen Form aufrecht erhalten zu können und dass dem City Code durch eine gesetzliche Grundlage die Anpassungsfähigkeit genommen werde.[868] Daher wurde bereits im Vorschlag von 1997 die Organisation der Aufsicht in die Hände der Mitgliedstaaten gegeben,[869] die nun frei sind, die Kontrolle durch staatliche Behörden oder auch durch Vereinigungen oder private Einrichtungen ausüben zu lassen.[870] Des Weiteren kann die Aufsicht auf meh-

---

861 Art. 6 Abs. 4 Richtlinienvorschlag 2000.

862 Vgl. dazu Art. 4 Abs. 4 Satz 2 Richtlinienvorschlag 1996.

863 KOM (97), 565 endg. Begründung, II. zu Art. 4; Stellungnahme des Wirtschafts- und Sozialausschusses, ABl.EU C 295 v. 7.10.1996, S. 1 (4, Ziff. 3.4.3. f.).

864 Art. 4 Abs. 5 Unterabsatz 2 Richtlinienvorschlag 2000.

865 So die Ausnahmen in Art. 3 Abs. 2 Satz 2 Richtlinienvorschlag 1997, dazu KOM (97), 565 endg. Begründung, II. zu Art. 3.

866 Art. 7 Abs. 2 Richtlinienvorschlag 2000.

867 Damit wandte sich der Wirtschafts- und Sozialausschusses gegen den Richtlinienvorschlag 1996, ABl.EU C 295 v. 7.10.1996, S. 1 (4, Ziff. 3.4.3. f.); *Roos*, WM 1996, 2177 (2187).

868 Vgl. zu den Entwürfen von 1989 und 1990 *Bittner*, RIW 1992, 182 (187 f.); *Hopt*, ZHR 161 (1997), 368 (373); *Neye*, AG 2000, 289 (290); *ders.*, DB 1996, 1121 (1121); Nachweise aus dem englischen Schrifttum bei *Roos*, WM 1996, 2177 (2177 in Fn. 10).

869 *Habersack/Mayer*, ZIP 1997, 2141 (2143); *Krause*, AG 1996, 209 (209); *Peltzer*, AG 1997, 145 (149).

870 Art. 4 Abs. 1 („private Einrichtungen") Richtlinienvorschlag 2000; vgl. auch Art. 4 Abs. 1 Richtlinienvorschlag 1997.

rere Stellen verteilt werden, was aber nicht besonders zweckmäßig sein dürfte.[871]

Die Aufsichtsorgane sind untereinander zur Zusammenarbeit verpflichtet, soweit dies zur Wahrnehmung ihrer Aufgaben notwendig sein sollte. Zu diesem Zweck sollen sie alle notwendigen Informationen untereinander austauschen.[872] Daher unterliegen alle Mitglieder der Aufsichtsorgane einer Geheimhaltungspflicht.[873] Mit diesem Ansatz trägt der Richtlinienvorschlag zur allgemeinen Harmonisierung der Zusammenarbeit der Aufsicht im Bank-, Börsen und Insiderrecht bei.[874]

c) Rechtsschutz

Die Mitgliedsländer sind aufgerufen, die „Gerichte oder Behörden" zu bestimmen, die sich den Rechtsstreitigkeiten annehmen sollen und die Empfehlungen und Stellungnahmen zu Unregelmäßigkeiten innerhalb des Ablaufs des Übernahmeangebots abgeben.[875] Die Präambel geht noch etwas weiter und regt Stellen der freiwilligen Selbstkontrolle an, um Verwaltungs- oder Gerichtsverfahren zu vermeiden.[876] Hierin liegt gleichzeitig ein Zugeständnis an das englische System,[877] das nur sehr begrenzt justitiabel ist.[878] Die Vermeidung von Gerichtsverfahren ist angesichts der amerikanischen Praxis und der aktienrechtlichen Anfechtungsprozesse in Deutschland sicher erstrebenswert.[879] Diese weitgehende Gestaltungsfreiheit überlässt es auch dem Ermessen der Mitgliedstaaten zu bestimmen, inwiefern behördliche Entscheidungen oder gerichtliche Urteile in Rechtskraft erwachsen und ob vor ihnen angestrengte Verfahren einen Suspensiveffekt für das Angebotsverfahren entfalten.[880] Insbesondere will die Richtlinie nicht in die Haftung der Parteien oder

---

871 *Peltzer*, AG 1997, 145 (149).

872 Art. 4 Abs. 4 Richtlinienvorschlag 2000.

873 Art. 4 Abs. 3 und 4 Richtlinienvorschlag 2000.

874 *Hopt*, ZHR 161 (1997), 368 (392).

875 Art. 4 Abs. 6 Richtlinienvorschlag 2000.

876 Präambel, Erwägungsgrund 11 Richtlinienvorschlag 2000.

877 *Hopt*, ZHR 161 (1997), 368 (392); *Neye*, DB 1996, 1121 (1122); *Peltzer*, AG 1997, 145 (150).

878 Der englische Court of Appeal beschränkt die Nachprüfbarkeit von Entscheidungen des Takeover Panel auf Fälle grober Willkür und weist Verfahrensfragen einen nicht nachprüfbaren Ermessensspielraum zu, *Krause*, Übernahmeangebot, S. 48.

879 Vgl. dazu *Hopt*, ZHR 161 (1997), 368 (392).

880 Art. 4 Abs. 6 Satz 1 f.; vgl. zum Richtlinienvorschlag 1997: KOM (97), 565 endg. Begründung, II. zu Art. 4.

der Aufsichtsorgane eingreifen.[881] Vom deutschen Gesetzgeber wird jedenfalls eine Amtshaftung der Aufsichtsämter abgelehnt.[882]

7. Publizität und sonstige Verfahrensregeln

Die Vorschriften zur Offenlegung in Art. 8 und Art. 10 lit. d) des Richtlinienvorschlags 2000 richten sich vornehmlich an die Mitgliedstaaten. Sie haben dafür Sorge zu tragen, dass die Veröffentlichung des Angebots in einer Weise geschieht, die Marktverzerrungen und Insidergeschäften entgegenwirkt.[883] Ebenso sollen die Unterlagen den Empfängern des Angebots sowie den Arbeitnehmern beziehungsweise deren Vertretern möglichst umgehend zur Verfügung gestellt werden und zwar in allen Mitgliedsländern, in denen Wertpapiere der Zielgesellschaft gehandelt werden.[884] Schließlich ist noch für die Offenlegung des Ergebnisses zu sorgen.[885]

Einige Aspekte des Angebotsverfahrens, wie Hinfälligkeit, Änderung und Unwiderruflichkeit des Angebots sowie konkurrierende Angebote, sind gänzlich den Mitgliedsländern zur Konkretisierung überlassenen worden. Die inhaltliche Ausgestaltung hat sich lediglich an den allgemeinen Grundsätzen des Art. 3 Abs. 1 zu orientieren.[886] Dies betrifft zuerst die Voraussetzungen, nach denen ein veröffentlichtes Angebot zurückgezogen werden kann. Dabei ist allenfalls an Ausnahmetatbestände zu denken, weil Angebote natürlich grundsätzlich bindend sind, solange es sich nicht um eine invitatio ad offerendum handelt.[887] Regelungen der Nichtigkeit ergeben sich für die Bundesrepublik direkt aus dem allgemeinen Zivilrecht.[888] Bei Änderungen des Angebots ist das Prinzip der Gleichbehandlung zu beachten, denn den Aktionären, die das Angebot zu einem früheren Zeitpunkt als andere annehmen, darf daraus

---

881 Art. 4 Abs. 6 Satz 3 Richtlinienvorschlag 2000. Art. 4 Abs. 5 Richtlinienvorschlag 1997 sah noch vor, dass einer geschädigten Partei die Möglichkeit, über einen „geeigneten und ausreichenden Rechtsbehelf" Interessenvertretung und Schadensersatz zu erlangen, nicht verbaut werden dürfe.

882 Vgl. § 6 Abs. 3 KWG, § 1 Abs. 4 BörsG, § 4 Abs. 2 WpHG; *Hopt*, ZHR 161 (1997), 368 (393).

883 Art. 8 Abs. 1 Richtlinienvorschlag 2000; vgl. auch KOM (95) 655 endg. Begründung, III. zu Art. 7.

884 Art. 8 Abs. 2 Richtlinienvorschlag 2000.

885 Art. 10 lit. d) Richtlinienvorschlag 2000.

886 Vgl. Art. 10 Richtlinienvorschlag 2000; KOM (95) 655 endg. Begründung, III. zu Art. 9; *Krause*, AG 1996, 209 (215); *Roos*, WM 1996, 2177 (2187).

887 *Peltzer*, AG 1997, 145 (147).

888 Vgl. *G. Schuster*, EuZW 1997, 237 (240).

weder Vor- noch Nachteil entstehen.[889] Insofern man überhaupt die nachträgliche Änderung zulässt, ist hier eine automatische Vertragsanpassung durch Nachbesserungsklauseln gefragt. Änderungsmöglichkeiten spielen des Weiteren bei konkurrierenden Angeboten eine wesentliche Rolle, denn diese Konkurrenz kann einen für die Aktionäre günstigen Wettstreit zwischen den Bietern fördern.[890] Der Schutzzweck der Richtlinie sollte daher solchen Rechtsinstituten wie Vertragstreue und Vertragsfreiheit vorgehen, damit den Aktionären die Möglichkeit gegeben wird, sich das günstigste Angebot auszusuchen, auch wenn sie schon ein früheres angenommen haben.[891]

IV. Kritik und Ausblick

Der Richtlinienvorschlag von 2000 sieht für die Europäischen Union einen Minderheitenschutz für Aktionäre auf dem Gebiet der Unternehmensakquisition vor, dem in junger Vergangenheit eine große Bedeutung zugekommen ist und in Zukunft zukommen wird.[892] Bedenkt man zum einen, dass die 10. Gesellschaftsrechtsrichtlinie über grenzüberschreitende Verschmelzung nach wie vor blockiert ist,[893] aber strukturbedingte Hindernisse für Übernahmen mehr und mehr abgebaut werden[894] und zum anderen, dass auch außereuropäische Unternehmen versuchen werden, ein Standbein in den Binnenmarkt zu bekommen, um vom Diskriminierungsverbot zu profitieren,[895] wird die Zahl der Übernahmen in Zukunft weiter ansteigen.[896] Die Globalisierung des Wettbewerbs drängt aber nicht nur Unternehmen zur Ausweitung ihres Aktionsradiuses[897] durch Akquisition ausländischer Gesellschaften,[898] sondern sie ermutigt auch die Anleger, dort zu investieren, wo diese ihre besten Chancen sehen. Die Liberalisierung der Kapitalmärkte und die Einführung des Euro in den

---

889 Vgl. dazu oben unter „Nachbesserung", Seite 60 ff.; *Peltzer* in: *Assmann/Basaldua/Bozenhardt/Peltzer*, Übernahmeangebote, S. 179 (205 f.).

890 Dies wurde im Richtlinienvorschlag v. 1989 besonders hervorgehoben. Dazu kritisch: *Peltzer* in: *Assmann/Basaldua/Bozenhardt/Peltzer*, Übernahmeangebote, S. 179 (207).

891 *Peltzer*, AG 1997, 145 (148). So auch Art. 14 des Übernahmekodex 1997.

892 *Macharzina*, Unternehmensführung, S. 567.

893 Vgl. KOM (95) 655 endg. Begründung, I. Nr. 5. Vorschlag einer 10. Richtlinie des Rats nach Art. 54 Abs. 3 Lit. g) des Vertrags über die grenzüberschreitende Verschmelzung von Aktiengesellschaften, KOM (84) 727 endg.

894 Z.B. der Wegfall des Höchststimmrechts (KonTraG); *Beckmann*, Übernahmeangebote in Europa, S. 12 f.

895 *Berger*, ZIP 1991, 1644 (1645); *Grunewald*, WM 1989, 1233 (1233).

896 So auch *Loehr* in: *Übernahmekommission*, Drei Jahre Übernahmekodex, S. 8.

897 Vgl. *Macharzina*, Unternehmensführung, S. 717 und 720 ff.

898 Die Akquisition ausländischer Unternehmen ist eine Strategie zur Internationalisierung der Unternehmenstätigkeit, *Macharzina*, Unternehmensführung, S. 727, 739.

weltweiten Börsenhandel zu Beginn des Jahres 1999 hat bereits dazu beigetragen, grenzüberschreitende Investition zu vereinfachen und attraktiver zu gestalten.[899] Aus dieser Sachlage lässt sich schließen, dass die Unterschiedlichkeit der nationalen Regelungen von Übernahmeangeboten[900] nicht nur zu einem Schutzgefälle innerhalb der EU führt, sondern auch zu einer Investitionsbündelung an dem Standort, der dem Anleger die höchste Rendite sichert.[901] Nicht nur die Investoren werden den Schutz ihrer Vermögensposition durch das Pflichtangebot zu schätzen wissen, sondern auch die Unternehmen, die sich eher als potentielle Zielgesellschaften begreifen, werden eine Übernahmeregelung favorisieren. Kapitalmärkte, die eine Regelung für Übernahmen bereit halten, haben folglich einen Wettbewerbsvorteil und verzerren dadurch die Kapitalströme,[902] so dass eine effiziente Allokation des Kapitals nicht gewährleistet ist. Daher ist die geplante Harmonisierung sowohl unter dem Aspekt der Vereinheitlichung des Wettbewerbs („level playing field“) als auch hinsichtlich der Anpassung des Aktionärsschutzes sinnvoll und notwendig.[903]
Ob der gewählte Weg einer „Rahmen“-Richtlinie allerdings für eine umfassende Harmonisierung geeignet ist, darf bezweifelt werden.[904] Dass die Mitgliedstaaten durch einen großzügig bemessenen Spielraum die Möglichkeit haben, das Übernahmerecht in ihre gewachsenen Strukturen des Gesellschafts- und Kapitalmarktrechts einzuflechten, ist natürlich für die Umsetzung hilfreich.[905] Aber der Bieter wird das Land zum Schauplatz des Übernahmeangebots erwählen, in dem die niedrigsten Kosten auf ihn zukommen. Vor diesem Hintergrund hat sich wohl der Rat dazu entschlossen, entgegen dem Vorschlag der Kommission das Pflichtangebot für alle Mitgliedsländer verbindlich einzuführen. Denn wenn schon die Billigung von Teilangeboten und die Höhe der angebotsauslösenden Kontrollmehrheit den Mitgliedstaaten überlassen worden ist, hätte die Dispositionsbefugnis hinsichtlich des Pflichtangebots das angestrebte level playing field unmöglich gemacht. In diesem Fall wäre die ge-

---

899 *Macharzina*, Unternehmensführung, S. 728.

900 Vgl. KOM (95) 655 endg. Begründung, I. Nr. 5. Vgl. zu den einzelnen Regelungen die Fundstellen in den Fn. 5 ff.

901 *Hopt*, FS Rittner, 1991, S. 187 (194); *Weisgerber*, ZHR 161 (1997), 421 (423).

902 *Hopt*, FS Rittner, 1991, S. 187 (194).

903 *Berger*, ZIP 1991, 1644 (1645); *Hopt*, FS Rittner, 1991, S. 187 (194 f.); *Timm*, NJW 1992, 2185 (2193).

904 *Hopt*, FS Lutter, 2000, S. 1361 (1366); *Roos*, WM 1996, 2177 (2187.); *Weisgerber*, ZHR 161 (1997), 421 (433 f.).

905 Dies entspricht einer Forderung von *Hommelhoff*, FS Semler, 1993, S. 455 (468).

plante Mindestharmonisierung vollends nur zur Minimalharmonisierung geraten, in der die streitigen Punkte dem Subsidiaritätsprinzip gewichen sind.[906] Trotz der Umgestaltung zur politischen Kompromissformel[907] bleibt die Zukunft des Richtlinienvorschlags ungewiss. Vor allem in Großbritannien stieß er ungeachtet der Zugeständnisse auf Ablehnung.[908] Dort wurde und wird noch befürchtet, dass der City Code seinen außerrechtlichen Charakter als freiwillige Selbstregulierung einbüßt und damit taktische Gerichtsverfahren sowie Einmischungen des Europäischen Gerichtshofs ermöglicht werden.[909] In Deutschland wurde der Entwurf dagegen zunächst überwiegend positiv aufgenommen.[910] Dies rührte nicht zuletzt daher, dass Alternativen zum obligatorischen Übernahmeangebot zugelassen waren. Denn es bot sich einerseits die Möglichkeit, das deutsche Konzernrecht systematisch unangetastet zu lassen und andererseits die gemeinschaftsweite Harmonisierung des Konzernrechts voranzutreiben,[911] die, so fürchtete man, durch die bisherigen Richtlinienvorschläge gefährdet war.[912] Umso mehr überrascht es, dass auch Deutschland im Rat der Verabschiedung der Richtlinie zugestimmt hat, obwohl die Alternativen zum Pflichtangebot gestrichen worden waren. Die Zustimmung erfolgte anfänglich wohl auch in der Hoffung, der Übernahmekodex der Börsensachverständigenkommission werde eine Umsetzung entbehrlich machen.[913] Die Verabschiedung der Richtlinie stand nach der Übereinkunft im Rat unmittelbar bevor, bis das Parlament im Dezember 2000 die dargestellten Änderungen beschloss und infolgedessen der Richtlinienvorschlag dem Vermittlungsausschuss übergeben wurde. Die Einigung über den Umfang des Neutralitätsge-

---

906 *Hopt*, ZHR 161 (1997), 368 (407), spricht von einer „Scheinrechtsangleichung". s. auch: *ders.*, ZHR 161 (1997), 368 (379 ff.); *Habersack/Mayer*, ZIP 1997, 2141 (2143); *Roos*, WM 1996, 2177 (2178 und 21 84 f.); *Weisgerber*, ZHR 161 (1997), 421 (433).

907 So *Roos*, WM 1996, 2177 (2187).

908 Englische Nachweise bei *Hopt*, ZHR 161 (1997), 368 (405 in Fn. 143), *Peltzer*, AG 1997, 145 (146 in Fn. 39) und *Roos*, WM 1996, 2177 (2178 in Fn. 25b).

909 *Hopt*, ZHR 161 (1997), 368 (405).

910 *Hopt*, ZHR 161 (1997), 368 (406); *Neye*, DB 1996, 1121 (1123); *ders.*, ZIP 1997, 2172 (2173); BR-Drucks. 162/96; vgl. auch o.V., Enttäuschung in Finanzkreisen, FAZ v. 5.7.2001, S. 25 über das Bedauern der Ablehnung des Richtlinienvorschlags.

911 *Hopt*, ZHR 161 (1997), 368 (406).

912 *Hommelhoff*, FS Semler, 1993, S. 455 (468, 470).

913 Gemeinsame Stellungnahme der *Wirtschaftsverbände* v. 29.3.1996, RV 47/96, S. 3; *Baumann*, WM 1996, 901 (902); *Kirchner/Ehricke*, AG 1998, 105 (106); *Krause*, AG 1996, 209 (209, 215 ff.); *G. Schuster*, EuZW, 1997, 237 (241); *Than*, FS Claussen, 1997, S. 405 (407). S. dazu unten unter „Umsetzung der EU-Richtlinie durch den Kodex?", Seite 212 ff.

bots stellte dabei eine schwierige Hürde dar.[914] Dieser ist es dann auch zuzuschreiben, dass die Richtlinie nicht, wie geplant, im Sommer 2001 verabschiedet wurde. Für den deutschen Gesetzgeber bot sich damit die Gelegenheit, im Alleingang seine restriktiven Vorstellungen vom Neutralitätsgebot umzusetzen, ohne eine Abmahnung aus Brüssel fürchten zu müssen.[915] Dennoch hat die Kommission ihr Vorhaben nicht aufgegeben und arbeitet bereits an einer neuen Übernahmerichtlinie.[916]

---

[914] Vgl. o.V., Gezerre um die Übernahmerichtlinie, FAZ v. 8.12.2000; Pressemitteilung der EU-Kommission v. 13.12.2000; vgl. auch den Bericht des Parlaments v. 25.6.2001, C5-0221-2001 – 1995-0341 (COD).

[915] Vgl. auch o.V., EU-Parlament kippt die Übernahmerichtlinie, FAZ v. 5.7.2001, S. 14 f.

[916] Vgl. o.V., Unternehmen fürchten Übernahmewelle, FAZ v. 8.1.2002 über die Besorgnisse der Industrie im Vorfeld eines neuerlichen Anlaufs für eine Übernahmerichtlinie.

4. Kapitel: Der Übernahmekodex

A. Entstehung und Regelungsansatz

Unternehmensübernahmen mittels öffentlicher Übernahmeangebote kamen, anders als in Großbritannien und den Vereinigten Staaten, in Deutschland bis in die 70er Jahre nicht vor. Einen Markt für Unternehmenskontrolle in dieser Form mit entsprechendem Instrumentarium gab es nicht. Erst Mitte der 70er Jahre machten Übernahmeangebote der *August Thyssen Hütte AG* an die *Rheinstahl AG*[917] und kurz darauf der *Veba AG* an die *Gelsenberg AG*[918] sowie der Fall *Volkswagen AG* gegen *Audi/NSU*[919] deutlich, dass Unternehmensübernahmen durch öffentliche Angebote keineswegs nur im Ausland stattfinden können. Es zeigte sich, dass das deutsche Aktien- und Kapitalmarktrecht für derartige Sachverhalte keine hinreichende Normierung bereithielt.[920] Die erwähnten Übernahmen waren jedoch nicht „feindlich", weshalb eine Regelung ihres Ablaufs nicht vermisst und die Einbeziehung der Aktionäre der Zielgesellschaft für überflüssig gehalten wurde. Ein entsprechender Normierungsbedarf wurde daher verneint.[921]

I. Von den Leitsätzen für Übernahmeangebote zum Übernahmekodex

Die Börsensachverständigenkommission erfasste dennoch bereits Ende der 70er Jahre weitsichtig die Relevanz einer Regelung für Übernahmen im deutschen Rechtsraum und erließ im Januar 1979 Leitsätze für Übernahmeangebote.[922] Diese sollten einen Interessenausgleich zwischen dem Bieter und den Aktionären der Zielgesellschaft herstellen[923] und statuierten dazu eine Pflicht

917 *Dietrich*, AWD BB 1973, 304; *Heinsius* in *Schmitthoff/Goré/Heinsius*, Übernahmeangebote, S. 35 (55 ff.); *Möschel*, ZRP 1973, 162 (162 ff.).

918 *Heinsius* in *Schmitthoff/Goré/Heinsius*, Übernahmeangebote, S. 35 (57).

919 BGH, Urt. v. 16.2.1976 in WM 1976, 449 = AG 1976, 218 = JZ 1976, 561 mit ablehnender Anm. von *Lutter*; dazu auch *Westermann*, AG 1976, 309; *Wiedemann*, FS Barz, 1974, S. 561 (568 f.).

920 *Assmann/Bozenhardt* in: *Assmann/Basaldua/Bozenhardt/Peltzer*, Übernahmeangebote, S. 1 (1).

921 Vgl. *Assmann/Bozenhardt* in: *Assmann/Basaldua/Bozenhardt/Peltzer*, Übernahmeangebote, S. 1 (2).

922 Leitsätze für öffentliche freiwillige Kauf- und Umtauschangebote bzw. Aufforderungen zur Abgabe derartiger Angebote in amtlich notierten oder im geregelten Freiverkehr gehandelten Aktien bzw. Erwerbsrechten v. Januar 1979, abgedruckt in: *Baumbach/Hopt*, HGB, 29. Aufl. 1995, (18) LSÜbernahmeangeb; Beispiel eines dementsprechenden Angebots mit Anmerkungen bei *Happ*, Aktienrecht: Mustertexte, Punkt 5.02.

923 *Baumbach/Hopt*, HGB, 29. Aufl. 1995, (18) LSÜbernahmeangeb, Rn. 1.

zur Gleichbehandlung der Aktionäre.[924] Umgesetzt wurde der Gedanke der Gleichbehandlung durch eine Annahmefrist und eine über diese Frist hinausreichende Meistbegünstigungsklausel[925] einschließlich Rücktrittsrecht für den Fall eines günstigeren Angebots seitens eines Dritten.[926] Ein zwanzig Punkte umfassender Katalog von Angaben für das Angebot sollte hinreichende Transparenz gewährleisten.[927] Allerdings war der Schutz für die Aktionäre unvollkommen: Das Angebot konnte auf einen beliebigen Anteil begrenzt sein, wobei jedoch gegebenenfalls eine Berücksichtigung pro rata stattfand.[928] Weiterhin war weder ein Neutralitätsgebot der Verwaltung der Zielgesellschaft noch ein obligatorisches Angebot bei Überschreiten der Kontrollmehrheit vorgesehen.[929] Letzteres fehlte wegen kartellrechtlicher Bedenken und weil eine Beachtung dieser Regel bezweifelt wurde.[930] Umfangreiche Pflichten der Beteiligten zur Geheimhaltung und zur Offenlegung bei Durchsickern von Informationen versuchten dem Insiderhandel und Marktverzerrungen vorzubeugen.[931]

Die Leitsätze waren keine Rechtsnormen, sondern Empfehlungen an den Bieter, die Zielgesellschaft und beteiligte Wertpapierunternehmen, deren Durchsetzung einzig auf informelle Sanktionsmechanismen, wie den Druck der Öffentlichkeit, Presse und Geschäftswelt aufbaute.[932] Ein Vollzug dieser unverbindlichen Regeln durch privatrechtliche Anerkennungsverträge war genauso wenig vorgesehen,[933] wie die Einrichtung von Aufsichtsämtern.[934] Nicht zuletzt mangels dieser für Übernahmerechte typischen Aspekte gewannen die Leitsätze keinen großen Einfluss.[935]

---

924 A. 1. Satz 1 LSÜbernahmeangebote.

925 D. 1. und A. 1. Satz 2 LSÜbernahmeangebote.

926 D. 1. und A. 1. Satz 2 LSÜbernahmeangebote.

927 C. 14. LSÜbernahmeangebote.

928 C. 12. und D. 7. LSÜbernahmeangebote.

929 *Baumbach/Hopt*, HGB, 29. Aufl. 1995, (18) LSÜbernahmeangeb, Rn. 2.

930 *Assmann/Bozenhardt* in: *Assmann/Basaldua/Bozenhardt/Peltzer*, Übernahmeangebote, S. 1 (40).

931 B. 1. - 3. LSÜbernahmeangebote.

932 *Assmann/Bozenhardt* in: *Assmann/Basaldua/Bozenhardt/Peltzer*, Übernahmeangebote, S. 1 (40).

933 *Baumbach/Hopt*, HGB, 29. Aufl. 1995, (18) LSÜbernahmeangeb, Rn. 1 und 3. Die Insiderhandelsrichtlinie wurde durch privatrechtliche Anerkennungsverträge akzeptiert, *Assmann/Bozenhardt* in: *Assmann/Basaldua/Bozenhardt/Peltzer*, Übernahmeangebote, S. 1 (40).

934 *Hopt*, ZHR 161 (1997), 368 (379); *Weisgerber*, ZHR 161 (1997), 421 (422).

935 *Übernahmekommission*, Drei Jahre Übernahmekodex, S. 9; *Assmann*, AG 1995, 563 (563); *Hopt*, ZHR 161 (1997), 368 (379, 393); *Kirchner/Ehricke*, AG 1998, 105 (105); *Schander*, NZG 1998, 799 (799 Fn. 4); *Weisgerber*, ZHR 161 (1997), 421 (422).

Die Übernahmeaktivitäten verstärkten sich jedoch stetig und mit ihnen auch die praktische Bedeutung einer Regelung.[936] Ferner schritt die Liberalisierung des Kapitalmarkts voran,[937] was die EU-Kommission mit weiteren Überlegungen für eine 13. Richtlinie betreffend Übernahmeangebote begleitete. Um nicht hinter den von den internationalen Finanzmärkten gesetzten Standards zurückzubleiben,[938] nahm eine Arbeitsgruppe der Börsensachverständigenkommission mit Praktikern aus Großunternehmen, der Kreditwirtschaft und der Frankfurter Wertpapierbörse sowie Vertretern der Schutzvereinigung für Wertpapierbesitz sowie der Bundesministerien der Finanzen und der Justiz ab Mitte 1994 die Beratungen über eine Regelung von Übernahmeangeboten auf.[939] Die Börsensachverständigenkommission ersetzte nach deren Abschluss die Leitsätze durch den am 14.7.1995 veröffentlichten Übernahmekodex,[940] der einmal durch Bekanntmachung vom 28.11.1997 mit Wirkung zum 1.1.1998 geändert wurde.[941] Nach Erlass des Übernahmegesetzes beansprucht der Übernahmekodex zwar keine Geltung mehr, er hat diesem jedoch eine mehrjährige praktische Anwendung voraus. Daher ergibt eine Analyse des Kodex Hinweise auf mögliche Stärken oder Schwächen des neuen Gesetzes.

II. Regelungsziel

Der deutsche Übernahmekodex war eine von der Börsensachverständigenkommission formulierte Empfehlung von Verhaltensnormen für die an freiwilligen öffentlichen Übernahmeangeboten beteiligten Parteien.[942] Mit seiner Veröffentlichung sollten jene Regelungslücken geschlossen werden, die den Leitsätzen ihren Erfolg verwehrten.[943] Weiterhin sollte der Übernahmekodex dem Richtlinienvorschlag von 1990[944] gerecht werden,[945] der eine im Verhältnis zum Richtlinienvorschlag von 2000 deutlich ausgeprägtere Regelungstiefe

---

936 *Assmann*, AG 1995, 563 (563); *Pietzke*, FS Fikentscher 1998, S. 601 (607).

937 *Macharzina*, Unternehmensführung, S. 728.

938 *Übernahmekommission*, Anmerkungen zum Übernahmekodex, zur Einleitung, S. 6; *Assmann*, AG 1995, 563 (563); *Mayer/Zschocke*, ÖBA 1996, 711 (711 f.); *Neye*, ZIP 1995, 1464 (1465); *Schuster*, Die Bank 1995, 609 (609).

939 *Neye*, ZIP 1995, 1464 (1465).

940 Übernahmekodex der Börsensachverständigenkommission beim Bundesfinanzministerium i.d.F. 14.7.1995, abgedruckt in: AG 1995, 572 und ZIP 1995, 1464 (1467 ff.) mit Anm. *Neye*. Die *Übernahmekommission* gab Anmerkungen dazu im Juli 1996 heraus.

941 Übernahmekodex der Börsensachverständigenkommission beim Bundesfinanzministerium i.d.F. 28.11.1997, abgedruckt in: AG 1998, 133.

942 Einleitung Übernahmekodex 1997.

943 *Assmann*, AG 1995, 563 (563 f.).

944 Vgl. Richtlinienvorschlag v. 1990, a.a.O. (Fn. 605).

945 *Übernahmekommission*, Anmerkungen zum Übernahmekodex, zur Einleitung, S. 6.

besaß,[946] die sich im Kodex wiederfand.[947] Über diesen Umweg wurden auch viele der Empfehlungen vom City Code on Takeovers and Mergers[948] und dem Takeover Panel inspiriert.[949] Der Kodex sollte zudem im Großen und Ganzen die Anforderungen des insoweit weniger detaillierten neuen Richtlinienvorschlags erfüllen.[950] Dieser Regelungshistorie folgend beinhaltete der Übernahmekodex, anders als die Leitsätze, alle vier tragenden Elemente eines Übernahmerechts, nämlich zusätzlich zum Gleichbehandlungsgrundsatz die Einrichtung eines Aufsichtsorgans, eine Neutralitätspflicht des Managements und ein Pflichtangebot.

Mit dem Übernahmekodex wollte die Börsensachverständigenkommission eine Regelung für den Markt für Unternehmenskontrolle verwirklichen, die diesem Segment des Kapitalmarkts eine klare und verlässliche Kontur gibt. Die getroffene Regelung trete an die Stelle der angelsächsischen Metapher des „German Hinterzimmer", in dem Übernahmen angeblich ausgehandelt werden, und lasse eine transparente, den internationalen Standards entsprechende Betätigung auf diesem Markt zu.[951] Die Hochrangigkeit dieser Standards für die Motivation zur Schaffung des Kodex zeigte sich darin, dass die Börsensachverständigenkommission ein Instrument zur Regelung von öffentlichen Übernahmen geschaffen hatte, aber dennoch keine Aussagen über die Zweckmäßigkeit von öffentlichen Übernahmen treffen wollte.[952] Sie wollte lediglich Übernahmeangebote nicht verhindern oder erschweren.[953] Dennoch seien Regelungen für die Durchführung von Übernahmeangeboten auf einem entwickelten Markt unabdingbar, weil die Investoren von vornherein Aufschluss über ihre Position im Fall eines Übernahmeangebots verlangten und ein Interesse an den Modalitäten und Konsequenzen eines Kontrollwechsels hätten.[954] Demnach war eines der Hauptanliegen des Kodex, die Reputation des Finanz-

---

946 Vgl. Richtlinienvorschlag v. 1997, a.a.O. (Fn. 13).

947 Dennoch kann dem Kodex ein regulatorischer Minimalismus attestiert werden, *Assmann*, AG 1995, 563 (567).

948 S.o. Fn. 5, der seinerseits dem alten Richtlinienvorschlag Pate stand, s.o. unter „Die Entwürfe von 1987 - 1990", Seite 121 ff.

949 *Assmann*, AG 1995, 563 (564); *Diekmann*, WM 1997, 897 (897); *Schuster/Zschocke*, Übernahmerecht, S. 22.

950 *Übernahmekommission*, Anmerkungen zum Übernahmekodex, zur Einleitung, S. 6; s. dazu unter „Umsetzung der EU-Richtlinie durch den Kodex?", Seite 212 ff.

951 *Übernahmekommission*, Drei Jahre Übernahmekodex, S. 9; *Diekmann*, WM 1997, 897 (904).

952 Einleitung Übernahmekodex 1997; die EU-Kommission bewertet dagegen Übernahmeangebote eindeutig positiv, KOM (95) 655 endg. Begründung, III. Nr. 6.

953 *Übernahmekommission*, Anmerkungen zum Übernahmekodex, zur Einleitung, S. 7.

954 *Übernahmekommission*, Anmerkungen zum Übernahmekodex, zur Einleitung, S. 6.

platzes Deutschland und sein Bestehen im internationalen Wettbewerb sicherzustellen.[955] Dass der Übernahmekodex darüber hinaus, im Gleichklang mit dem kurz zuvor erlassenen zweiten Finanzmarktförderungsgesetz,[956] Marktmanipulationen vorbeugen und eine umfassende und korrekte Versorgung aller Beteiligten mit Informationen sicherstellen wollte,[957] diente ebenfalls dem Erhalt der Funktionsfähigkeit des Kapitalmarkts und der Stärkung des Vertrauens in den Finanzplatz.
Der Schutz der Aktionärsminderheit durch eine Ausstiegsmöglichkeit mit angemessenem Entgelt war das zentrale Argument für die Konstituierung eines Pflichtangebots. Umso mehr überraschte es, dass es nicht für die Begründung des Übernahmekodex genutzt worden war. Das Ziel des Schutzes der Minderheitsaktionäre ließ sich der Einleitung des Kodex, anders als der Präambel der EU-Richtlinie,[958] nur mittelbar entnehmen. Die Einleitung besagte lediglich, dass durch umfassende Information eine „sorgfältige und sachgerechte Entscheidung der Wertpapierinhaber"[959] sichergestellt werden sollte. In Zusammenschau mit dem obligatorischen Angebot ergab sich aber dennoch ein umfassender Minderheitenschutz. Dass diese Wirkung des Kodex nicht expressis verbis an exponierter Stelle dargelegt wurde, machte die ihm eigene Akzentverschiebung deutlich. Zwar war die (formale) Zurückstufung des Minderheitenschutzes auch vor dem Hintergrund zu sehen, dass der Übernahmekodex vorrangig an die einzelnen Unternehmen gerichtet war, bei denen er um Anerkennung werben musste. Deren Interesse war nicht unbedingt die Maximierung der Anlagerendite, weil dies, sofern sie Bieter sind, die Übernahme verteuert beziehungsweise, sofern es sich um die Zielgesellschaft handelt, deren Verteidigungsmöglichkeiten einschränkt. Entscheidend war aber eine andere Aussage, die damit getroffen wurde: Der Kodex setzte sich nicht das Ziel, im Interesse des Anlegers auktionsgleich den höchstmöglichen Ertrag beim Verkauf ihrer Anteile zu erzielen. Vielmehr sollte er die Beteiligten eines öffentlichen Übernahmeangebots an Treu und Glauben binden, ansonsten aber

---

955 *Übernahmekommission*, Anmerkungen zum Übernahmekodex, zur Einleitung, S. 6; *Hopt*, ZHR 161 (1997), 368 (394); *Kirchner/Ehricke*, AG 1998, 105 (106); *Mayer/Zschocke*, ÖBA 1996, 711 (711 f.); *Schuster*, Die Bank 1995, 609 (609); *Thoma*, ZIP 1996, 1725 (1725).

956 Zweites Finanzmarktförderungsgesetz v. 26.7.1994, BGBl. I S. 1749, mit dem durch Unternehmenstransparenz und Normierung des Insiderrechts im WpHG das Vertrauen in den Kapitalmarkt gestärkt werden sollte; für *Assmann*, AG 1994, 237 (252), sind öffentliche Übernahmeangebote der „locus classicus" des Insiderhandels.

957 Einleitung Übernahmekodex 1997.

958 Dort in Präambel, Erwägungsgrund 1, 2, 3 und 5 Richtlinienvorschlag 2000, a.a.O. (Fn. 13).

959 Einleitung Übernahmekodex 1997.

neutral bleiben.[960] Er bildete folglich auf der Basis eines fairen Verfahrens und der Gleichbehandlung der Aktionäre[961] eine Arbeitsplattform für die Durchführung von Übernahmeangeboten.[962]

III. Freiwillige Selbstregulierung

Den wechselnden Anforderungen des Markts begegnete der Kodex mit dem System der freiwilligen Selbstregulierung.[963] Die Empfehlungen sind keine Rechtsnormen, sondern freiwillige Verhaltensregeln, die von den betroffenen Unternehmen als verbindlich anerkannt werden sollten.[964] Dieses System des „soft law" ermögliche, im Gegensatz zu einem statischen Gesetz, die schnelle Anpassung an die Kapitalmarktentwicklung und die Einbindung der Erfahrungen, die mit der Anwendung des Kodex in der Praxis gewonnen werden.[965] Zusätzliche Flexibilität lieferte die Möglichkeit der Übernahmekommission, durch Dispense besonderen Umständen eines Einzelfalles Rechnung tragen zu können.[966] Anpassungs- und Funktionsfähigkeit verfolgte auch das in der Einleitung enthaltene Auslegungsgebot.

1. Anerkennung

Der Wirkungsgrad einer jeden Selbstregulierung hängt entscheidend von deren Akzeptanz durch die beteiligten Parteien ab.[967] Daher war die Aufforderung an den Bieter, die Zielgesellschaft und die Wertpapierdienstleistungsunternehmen gerichtet, die Regelungen des Kodex anzuerkennen[968] und sich zu deren Einhaltung zu verpflichten. Dies erfolgte mittels einer Anerkennungserklärung, die bei der Geschäftsstelle der Übernahmekommission administriert wurde. Problematisch war hier die Frage, ob durch die Anerkennungserklärung ein Rechtsverhältnis zwischen den Unterzeichnern und der Übernahmekommis-

---

960 Einleitung Übernahmekodex 1997.

961 *Übernahmekommission*, Anmerkungen zum Übernahmekodex, zur Einleitung, S. 7.

962 I.Erg. ähnlich: *Assmann*, AG 1995, 563 (565); *Kirchner/Ehricke*, AG 1998, 105 (107); *Schuster/Zschocke*, Übernahmerecht, S. 24.

963 *Übernahmekommission*, Anmerkungen zum Übernahmekodex, zur Einleitung, S. 7. Zur Kritik s.u. Seite 215 ff.

964 *Übernahmekommission*, Anmerkungen zum Übernahmekodex, zur Einleitung, S. 7.

965 Einleitung Übernahmekodex 1997; vgl. *Schuster*, Die Bank 1995, 609 (613).

966 Art. 23 Übernahmekodex 1997; *Übernahmekommission*, Anmerkungen zum Übernahmekodex, zur Einleitung, S. 7.

967 *Hopt*, ZHR 161 (1997), 368 (398); *Kirchner/Ehricke*, AG 1998, 105 (105); s. im Einzelnen unten unter „Der Kodex in der Praxis", Seite 214 ff.

968 Art. 21 Abs. 1 Satz 1 Übernahmekodex 1997.

sion zustande kommen könnte.[969] Öffentlich-rechtliche Gestaltungen schieden hier aus, weil weder die Börsensachverständigenkommission noch die Übernahmekommission Träger hoheitlicher Gewalt sind.[970] Denkbar wäre, dass durch die Anerkennungserklärung eine privatrechtliche Bindung entstand, aus der die Unterzeichner Rechte und Pflichten ableiten konnten.[971] Gegen eine vertragliche Gestaltung lässt sich einwenden, dass es sich bei der Erklärung um eine Unterwerfung handelte, denn aus Art. 21 Abs. 1 Satz 1 konnte nicht entnommen werden, dass die Annahme „gegenüber" der Übernahmekommission erfolgte, quasi ein Angebot ihrerseits angenommen wurde.[972] Außerdem waren weder die Übernahmekommission und ihre Geschäftsstelle noch die Börsensachverständigenkommission juristische Personen und folglich nicht rechts- und geschäftsfähig, so dass es bereits an einem Vertragspartner fehlte.[973] Auch als einseitiges Rechtsgeschäft, insbesondere als Auslobung nach § 657 BGB, ließ sich die Anerkennungserklärung nicht interpretieren.[974] Die Unterwerfung unter den Kodex begründete keine rechtlich verbindliche Verpflichtung und war daher auch nicht gerichtlich durchsetzbar. Es erfolgte demnach nur eine unverbindliche Selbstverpflichtung.[975]

Rechtsverbindlichkeit auch ohne Anerkennung hätte der Übernahmekodex allenfalls dann entfalten können, wenn er als Handelsbrauch oder Gewohnheitsrecht aufzufassen gewesen wäre. Die zum Teil grundlegend geführte Dis-

---

969 Zu den möglichen Rechtsfolgen der Anerkennung zwischen dem Bieter und den Wertpapierinhabern der Zielgesellschaft s.u. Seite 186 f.

970 *Groß*, DB 1996, 1909 (1909); *Kallmeyer*, ZHR 161 (1997), 435 (450); *Krause*, AG 1996, 209 (216); *Thoma* ZIP 1996, 1725 (1732).

971 So *Assmann*, AG 1995, 563 (564), auch die Anerkennungserklärungen der Insiderhandelsrichtlinien und Händler- und Beraterregeln werden als privatrechtliche Verträge qualifiziert (vgl. *Baumbach/Hopt*, HGB, 29. Aufl. 1995, (16) Rn. 4 und (17) Rn. 1); wohl auch *Thoma* ZIP 1996, 1725 (1729).

972 *Hopt*, ZHR 161 (1997), 368 (401); *Mayer/Zschocke*, ÖBA 1996, 711 (712); *Schander*, NZG 1998, 799 (801).

973 *Diekmann*, WM 1997, 897 (903 f.); *Groß*, DB 1996, 1909 (1910); *Hopt*, ZHR 161 (1997), 368 (400 f.); *Kirchner/Ehricke*, AG 1998, 105 (107); *Mayer/Zschocke*, ÖBA 1996, 711 (712); *Schander*, NZG 1998, 799 (801); auch *Schuster/Zschocke*, Übernahmerecht, S. 33, die aber i.Erg. dennoch von einer Verpflichtung ausgehen.

974 Vgl. *Groß*, DB 1996, 1909 (1910).

975 So auch das LG Düsseldorf, Beschl. v. 14.12.1999, AG 2000, 233 (234) = WM 2000, 528; *Groß*, DB 1996, 1909 (1910); *Hopt*, ZHR 161 (1997), 368 (401); *Kirchner/Ehricke*, AG 1998, 105 (107); *Raschke*, Diskussionsbericht, ZHR 161 (1997), 455 (455); *Schander*, NZG 1998, 799 (801). Wegen der fehlenden rechtlichen Verbindlichkeit konnte bei der Anerkennung auch nicht von einer grundlegenden geschäftspolitischen Entscheidung gesprochen werden, die nur mit Billigung des Gesamtvorstandes hätte vollzogen werden dürfen; a.A.: *Thoma* ZIP 1996, 1725 (1731).

kussion um die Regelung von Übernahmeangeboten und die schleppende Anerkennung in der Praxis[976] ließen jedoch keinen Schluss auf eine allgemeine Akzeptanz oder gar eine dauernde Übung der betroffenen Verkehrskreise zu.[977]

2. Durchsetzung

Die Effizienz einer Regelung richtet sich zum einen wesentlich nach der Durchsetzbarkeit ihres Inhalts und zum anderen, wenn es sich um ein fakultatives Regelwerk handelt, nach dem Druck auf die Adressaten, diese Regeln anzuerkennen. Beides gilt auch für den Übernahmekodex. Die Übernahmekommission sieht sich indessen der Situation gegenüber, dass ihr weder eine öffentlich-rechtliche noch eine privatrechtliche Handhabe zur Verfügung steht, Abweichungen vom Kodex zu sanktionieren. Daher versucht man auf die Unternehmen und potentiellen Bieter einen faktischen Druck auszuüben, der diese dazu bewegt, den Kodex anzuerkennen und anschließend zu befolgen. Nach Art. 21 soll dieser faktische respektive „moralische" Druck über die Information der Öffentlichkeit und der einschlägigen Verkehrskreise erfolgen. Dazu veröffentlicht die Geschäftsstelle regelmäßig eine Liste derjenigen Unternehmen und Personen, die den Kodex anerkannt haben.[978] Sie kann bei Zuwiderhandlungen ihre Bemerkungen, Empfehlungen und Entscheidungen zu dem Fall bekannt geben.[979] Vor dem Hintergrund der fehlenden rechtlichen Verbindlichkeit war es konsequent, dass die Bekanntmachungen unabhängig davon erfolgten, ob eine der Parteien den Kodex akzeptiert hatte. Sie stellten einen „Hinweis im Interesse des Anlegerschutzes" dar.[980] Verstöße und verweigerte Anerkennung blieben infolge ihrer öffentlichen Anprangerung dem geneigten Investor nicht verborgen und schadeten so dem Renommee des Unternehmens. Aus diesem Grund entfalteten die Veröffentlichungen der Geschäftsstelle eine sanktionsähnliche Wirkung und drängten zur Akzeptanz des Kodex.[981]

---

976 Dazu ausführlich auf Seite 215 f.

977 *Kirchner/Ehricke*, AG 1998, 105 (108); nach *Schuster*, Die Bank 1995, 609 (613 f.), „sollte" der Kodex angemessenes und verantwortungsbewusstes kaufmännisches Verhalten wiedergeben. Einführend z.B. *K. Schmidt*, Handelsrecht, S. 20 ff. und 23 ff.

978 Art. 21 Abs. 1 Satz 2 Übernahmekodex 1997. Diese Liste war kostenlos bei der Geschäftsstelle erhältlich.

979 Art. 21 Abs. 2 Satz 1 Übernahmekodex 1997.

980 *Übernahmekommission*, Anmerkungen zum Übernahmekodex, zu Art. 21, S. 31; *Hopt*, ZHR 161 (1997), 368 (401).

981 *Assmann*, AG 1995, 563 (564); *Groß*, DB 1996, 1909 (1910); *Hopt*, ZHR 161 (1997), 368 (402); *Kallmeyer*, ZHR 161 (1997), 435 (451); *Kirchner/Ehricke*, AG 1998, 105 (108

Die Durchsetzung des Kodex wurde aber auch über die praktische Seite betrieben. Die Anerkennungserklärung der Wertpapierdienstleistungsunternehmen sah, im Gegensatz zu der der Unternehmen und Personen, einen Passus vor, dem zufolge die Dienstleistungsunternehmen nur dann eine Partei eines öffentlichen Übernahmeangebots begleiten sollten, wenn diese sich den Regeln des Kodex unterwarf.[982] Zwar war die Einschaltung eines Wertpapierdienstleistungsunternehmens nicht obligatorisch,[983] jedoch realiter kaum zu vermeiden.[984] Da Inhaberaktien in Deutschland der Regelfall sind,[985] bleiben die Aktionäre anonym. Der Kontakt zu ihnen wird also durch die Mittlung von einer Depotbank zumindest einfacher.[986] Eine psychologische Komponente mag noch hinzukommen, wenn sich die Kommunikation vor allem mit einem ausländischen Bieter über ein bekanntes inländisches Wertpapierdienstleistungsunternehmen vollzieht.[987] Auch zur technischen Vorbereitung und Abwicklung des Übernahmeangebots wird regelmäßig ein Wertpapierdienstleistungsunternehmen hinzugezogen werden müssen.[988] Für Unternehmen, die den Kodex nicht anerkannten, war es deswegen schwierig, eine Bank zu finden, die bei einem Übernahmeangebot mitwirkt. Folglich wurden dadurch die Unternehmen dazu gedrängt, den Übernahmekodex zu akzeptieren.[989]

---

f.); *Krause*, AG 1996, 209 (215); *Loehr*, WM 1997, 1374 (1374); *Schuster*, Die Bank 1995, 609 (614); *Thoma*, ZIP 1996, 1725 (1726, 1732).

982 Die Anerkennungserklärungen sind abgedruckt in *Schuster/Zschocke*, Übernahmerecht, S. 164 ff. Zu den möglichen Auswirkungen dieser besonderen Anerkennungserklärung für die Wertpapierdienstleistungsunternehmen siehe sogleich unter „Einschaltung von Wertpapierdienstleistungsunternehmen“, Seite 180 ff.

983 Vgl. Art. 6 Übernahmekodex 1997.

984 *Assmann*, AG 1995, 563 (565, 568); *Groß*, DB 1996, 1909 (1912); *Kallmeyer*, ZHR 161 (1997), 435 (451); *Kirchner/Ehricke*, AG 1998, 105 (109); *Mayer/Zschocke*, ÖBA 1996, 711, (714); *Pietzke*, FS Fikentscher 1998, S. 601 (617 f.); zur Praxis *Peltzer*, ZIP 1991, 485.

985 Vinkulierte Namensaktien bedürfen einer besonderen Zulassung gem. § 5 Abs. 2 Nr. 2 BörsZulV.

986 Die Banken sind allerdings gem. Nr. 16 der Sonderbedingungen für Wertpapiergeschäfte ohnehin dazu verpflichtet, ihnen bekannte Übernahmeangebote den Depotkunden mitzuteilen.

987 *Groß*, DB 1996, 1909 (1912).

988 *Groß*, DB 1996, 1909 (1912); *Heermann*, WM 1997, 1689 (1690); *Kirchner/Ehricke*, AG 1998, 105 (109).

989 *Assmann*, AG 1995, 563 (565); *Hopt*, ZHR 161 (1997), 368 (402). *Kirchner/Ehricke*, AG 1998, 105 (109); *Krause*, AG 1996, 209 (215); *Loehr*, WM 1997, 1374 (1374); *Mayer/Zschocke*, ÖBA 1996, 711, (712); *Pietzke*, FS Fikentscher 1998, S. 601 (617 f.); *Schuster/Zschocke*, Übernahmerecht, S. 33; *Weisgerber*, ZHR 161 (1997), 421 (424).

Flankierend wurden im Kursteil der Börsen-Zeitung die Unternehmen permanent gekennzeichnet, die den Kodex anerkannt hatten.[990] Überdies war die Anerkennung des Übernahmekodex auch Voraussetzung für die Zulassung zum Neuen Markt[991] und für die Aufnahme in den DAX[992]. Auch diese Maßnahmen zielten auf die Mobilisierung der Öffentlichkeit, somit auf die Reputation der Unternehmen und bewirkten dadurch eine Erhöhung des Drucks zur Anerkennung.[993] An diesen Aufnahmebestimmungen war zu kritisieren, dass sich dieser Druck faktisch nur auf börsennotierte Gesellschaften auswirkt. Natürliche Personen oder Unternehmen ohne Notierung waren hingegen nicht betroffen. Daher führten entsprechende Kennzeichnungen zu einer Ungleichbehandlung der möglichen Bieter.[994] Aktienindizes haben die Aufgabe, einzelne Marktsegmente möglichst real abzubilden. Sie dienen damit den Markteilnehmern zur Information. Sie sollten nicht als Druckmittel instrumentalisiert werden,[995] weil sich dann das Marktbild von der tatsächlichen Marktlage unterscheidet.

B. Die Regelungen im Einzelnen

Der Übernahmekodex begann mit einer Einleitung, die den ersten von insgesamt sieben Abschnitten bildete. Es folgten Begriffsbestimmungen, die das öffentliche Angebot, Bieter, Zielgesellschaft, Wertpapiere, Übernahmekommission und deren Geschäftsstelle definierten. Abschnitt drei zog in den Art. 1 bis 6 die Grundsätze vor die Klammer, nach denen sich Bieter und Zielgesellschaft richten mussten. Den Inhalt des Angebots enumerierten die Art. 7 bis

---

990 Dies erfolgte aufgrund einer Vereinbarung der Übernahmekommission mit der Börsen-Zeitung, *Übernahmekommission*, Anmerkungen zum Übernahmekodex, zu Art. 21, S. 31. Vgl. auch die Aufstellung aller DAX 30 und MDAX-Gesellschaften in AG 1998, R 79 ff.

991 *Gruppe Deutsche Börse* (Hrsg.), Regelwerk Neuer Markt, Abschnitt 2, Zulassungsbedingungen, Punkt 7.2.10: „Dem Emittenten obliegt die Einhaltung der im Übernahmekodex der Börsensachverständigenkommission beim Bundesministerium der Finanzen enthaltenen Regeln."

992 Seit 1.1.1998 für DAX, MDAX, SDAX und DAX 100, *Gruppe Deutsche Börse* (Hrsg.), Leitfaden zu den Aktienindizes, Punkt 5.1.1; s. auch o.V., AG 1997, R 420.

993 *Loehr*, WM 1997, 1374 (1374); *Wirth/Weiler*, DB 1998, 117 (118).

994 *Benner-Heinacher*, DB 1997, 2521 (2523); Nach *Kallmeyer*, AG 1996, 169 (169), führte die Kennzeichnung außerdem zu einem Kursabschlag, weil sich die Gesellschaft in ihrer unternehmerischen Freiheit einschränkte. Andererseits wurden die Aktionäre durch den Übernahmekodex geschützt, so dass m.E. nicht pauschal von einem Kursabschlag ausgegangen werden konnte.

995 *Benner-Heinacher*, DB 1997, 2521 (2524); *Wirth/Weiler*, DB 1998, 117 (118); der Arbeitskreis Aktienindizes hatte daher auch dem Börsenvorstand von dieser Regelung abgeraten, o.V., AG 1997, R 420.

11. Die Pflichten des Bieters und besonders das Pflichtangebot (Art. 16) legten Art. 12 bis 17 dar. Zwei weitere Artikel befassten sich mit den Pflichten der Zielgesellschaft. Im letzten Abschnitt (Art. 20 bis 24) wurde die Übernahmekommission beschrieben und der 1.10.1995 als Datum des Inkrafttretens des Übernahmekodex genannt.

I. Anwendungsbereich

1. Parteien und Angebotsform

Der Übernahmekodex richtete sich an die „an freiwilligen öffentlichen Übernahmeangeboten beteiligten Parteien“[996]. Der Anwendungsbereich ergab sich demnach aus der Definition dieser Begriffe. Bieter konnten alle natürlichen oder juristischen Personen sein, die allein oder gemeinsam mit anderen ein öffentliches Angebot abgaben. Durch die Änderung des Kodex wurden richtigerweise auch Bieter mit Sitz im Ausland einbezogen.[997] Auf Seiten des Bieters unterlag der Adressatenkreis des Übernahmekodex also keinen Beschränkungen.[998] Ziel eines Übernahmeangebots konnte jedoch nur eine AG oder KGaA mit Sitz im Inland sein, die an einer inländischen Börse notiert oder mit ihrer Zustimmung zum Freiverkehr zugelassen waren.[999] Dies resultierte aus dem Konzept, vorrangig eine Arbeitsplattform zur Regelung des Kapitalmarkts zu schaffen, weshalb Aktionären nicht öffentlich gehandelter Gesellschaften der Schutz durch den Kodex nicht zugute kam[1000]. Für ausländische Zielgesellschaften sollte ihr Heimatrecht gelten,[1001] auch wenn ihre Wertpapiere an einer inländischen Börse gehandelt wurden.[1002]
Als freiwillige Angebote wurden Kauf- oder Umtauschofferten gewertet, die ohne eine bestehende Rechtspflicht abgegeben wurden. Nicht erfasst wurden also Übernahmeangebote und Abfindungen aus gesetzlichen Gründen, wie zum Beispiel dem Abschluss eines Beherrschungs- und Gewinnabführungsvertrags nach § 305 AktG, der Eingliederung gemäß § 320b AktG oder der Umwandlung nach §§ 29, 207 UmwG.[1003] Der Kodex regelte nur Angebote,

---

[996] Einleitung Übernahmekodex 1997.

[997] Begriffsbestimmungen: Bieter, Übernahmekodex 1997; die Änderung erfolgte nur der Klarstellung halber, vgl. *Übernahmekommission*, Anmerkungen zu den Änderungen des Übernahmekodex, zum Bieter, S. 1.

[998] *Kirchner/Ehricke*, AG 1998, 105 (107).

[999] *Übernahmekommission*, Anmerkungen zum Übernahmekodex, zur Einleitung, S. 9.

[1000] *Hopt*, ZHR 161 (1997), 368 (375); *Schander*, NZG 1998, 799 (802 f.).

[1001] *Übernahmekommission*, Anmerkungen zum Übernahmekodex, zur Einleitung, S. 9.

[1002] *Assmann*, AG 1995, 563 (567).

[1003] *Übernahmekommission*, Anmerkungen zum Übernahmekodex, öffentliche Angebote, S. 8; *Diekmann*, WM 1997, 897 (897); dies hat auch das OLG München, AG 2001, 537 die öffentlich abgegeben wurden, denn nur diese berühren den Kapitalmarkt. Unter Öffentlichkeit war eine Vielzahl von Personen zu verstehen, an die das Angebot adressiert war, nicht also bilaterale Verhandlungen mit dem Inhaber eines Aktienpakets.[1004] Abgestellt wurde daher, unabhängig von der Publikationsform, auf die Intention des Bieters, möglichst viele Aktionäre anzusprechen.[1005]

2. Maßgebliche Wertpapiere

Das Angebot musste sich auf solche Wertpapiere der Zielgesellschaft beziehen, die direkt oder indirekt Stimmrechte in der Hauptversammlung vermittelten. Damit dehnte der Kodex den Anwendungsbereich über Stammaktien, Aktien mit Mehrfachstimmrechten und Vorzugsaktien, die zum Zeitpunkt des Übernahmeangebots Stimmrechte beinhalteten, hinaus aus und umfasste auch deren Surrogate[1006] sowie Rechte aus Wertpapieren, deren Ausübung Stimmrechte neu entstehen lassen, wie Wandelobligationen und Optionsanleihen.[1007] Eurex-Optionen auf bestehende Aktien blieben für das Übernahmeangebot unberücksichtigt.[1008] Ebenfalls wurden stimmrechtslose Vorzugsaktien nicht in das Übernahmeangebot einbezogen, weil sich ihre Inhaber nicht in den gleichen Verhältnissen wie stimmberechtigte Aktionäre befinden; sie haben schließlich bewusst auf das Stimmrecht und damit auf die Leitungsmacht verzichtet. Dennoch galt der Kodex analog, wenn sich das Angebot auf diese Aktien bezog,[1009] der Bieter beispielsweise das Unternehmen eingliedern wollte. Ein Schutz der Minderheitsaktionäre war allerdings in diesem Fall nicht nötig, so dass kein Pflichtangebot abgegeben werden musste.[1010] Der Kodex galt ferner auch für Übernahmeangebote auf Emissionen, die nicht an

---

(538 f.) klargestellt. Zum Verhältnis von UmwG und WpÜG s. *Weber-Rey/Schütz*, AG 2001, 325.

1004 *Schuster*, Die Bank 1995, 609 (610).

1005 Z.B. durch Presseveröffentlichung oder Kontaktierung über die Depotbank, *Übernahmekommission*, Anmerkungen zum Übernahmekodex, öffentliche Angebote, S. 8.

1006 Z.B. American Depositary Receipts, Begriffsbestimmungen: Wertpapiere Abs. 1, Übernahmekodex 1997.

1007 *Übernahmekommission*, Anmerkungen zum Übernahmekodex, Wertpapiere, S. 9.

1008 Eurex-Optionen (ehemals DTB-Optionen) müssen bis zum fünften Börsentag vor Laufzeitende des Übernahmeangebots ausgeübt werden, damit der Wertpapierinhaber in den Besitz der Aktien kommt, falls er diese an den Bieter veräußern will. Anderenfalls bleibt dem Stillhalter noch genügend Zeit, über die freigewordenen Aktien zu verfügen, *Übernahmekommission*, Anmerkungen zum Übernahmekodex, Wertpapiere, S. 9.

1009 Begriffsbestimmungen: Wertpapiere Abs. 2, Übernahmekodex 1997.

1010 *Übernahmekommission*, Anmerkungen zum Übernahmekodex, Wertpapiere, S. 10.

der Börse stattfanden, wenn andere Teile derselben Emission börsenmäßig gehandelt wurden.[1011]

Der Übernahmekodex umfasste also durch eine großzügige Definition der relevanten Wertpapiere und durch die Einbeziehung des Freiverkehrs einen weiten Anwendungsbereich. Während die Einbeziehung des Freiverkehrs in der Begründung des EU-Richtlinienvorschlags ausdrücklich vorgesehen war,[1012] beschrieb der Wertpapierbegriff im Richtlinienvorschlag auch die Arten der Wertpapiere, die als Berechnungsgrundlage für die Angebotsschwelle herangezogen werden können.[1013] Diese Vermengung der Ansatzpunkte vermied der Übernahmekodex, indem die Definition der Wertpapiere nur für diejenigen galt, die durch das öffentliche Übernahmeangebot erworben werden sollten.[1014] Die Zweckrichtung der Wertpapierdefinitionen im Übernahmekodex und im Richtlinienvorschlag waren daher nicht vollkommen deckungsgleich. Im Übrigen stimmt die Definition des EU-Richtlinienvorschlags 2000 mit der des Kodex überein.[1015] Die umfassende Ausgestaltung des Anwendungsbereiches minimierte Lücken und Unklarheiten und trug damit zur Rechtssicherheit bei.[1016]

II. Grundsätze

Die in den Art. 1 bis 6 aufgezählten Grundsätze erläuterten die Verfahrensprinzipien, mit denen die Ziele des Übernahmekodex verfolgt werden sollten. Ihr Tenor fand sich folglich in den nachfolgenden detaillierten Vorschriften des Kodex wieder, insgesamt bildeten sie eine Richtschnur für dessen Auslegung.

1. Gleichbehandlung und Transparenz

Die Wahrung des Gleichbehandlungsgrundsatzes war nicht nur systematisch allem voran gestellt worden (Art. 1). Dieser war, zumal er jeder Übernahmeregelung innewohnt und damit zu den internationalen Standards gehört,[1017] ein wesentlicher Leitgedanke des Übernahmekodex.[1018] Alle Inhaber von Wert-

---

[1011] Begriffsbestimmungen: Wertpapiere Abs. 1, Übernahmekodex 1997.

[1012] KOM (95) 655 endg. Begründung, III. zu Art. 1.

[1013] Vgl. dazu oben Seite 137 ff.

[1014] „Wertpapiere [...] sind alle Rechte, deren Erwerb der Bieter anstrebt...“, Begriffsbestimmungen: Wertpapiere Abs. 1, Übernahmekodex 1997.

[1015] S.o. unter „Anwendungsbereich“, Seite 129 f.; zum Anwendungsbereich des WpÜG s. *Fleischer*, ZIP 2001, 1653; *Mülbert*, ZIP 2001, 1221 (1227 ff.).

[1016] *Hopt*, ZHR 161 (1997), 368 (376).

[1017] *Assmann*, AG 1995, 563 (566); *Hopt*, ZHR 161 (1997), 368 (376).

[1018] *Übernahmekommission*, Anmerkungen zum Übernahmekodex, zu Art. 1, S. 12.

papieren der selben Gattung waren im Rahmen des Übernahmeangebots gleich zu behandeln. Daraus folgte unter anderem die Zuteilung pro rata bei Teilangeboten[1019] sowie die Meistbegünstigungs-[1020] und Nachbesserungsklausel[1021]. Art. 2 hob die Transparenz, einen weiteren zentralen Punkt für ein Übernahmegeschehen,[1022] hervor. Aus der Kombination mit dem Gleichbehandlungsgrundsatz folgte die Pflicht von Bieter und Zielgesellschaft, alle Wertpapierinhaber mit gleichen Informationen zu versorgen, also allen Adressaten des Angebots die gleichen Angaben zuzuführen. Diese Informationen mussten so ausführlich sein, dass die Auswirkungen der zukünftigen Minderheitsposition den Aktionären der Zielgesellschaft im Voraus bewusst wurden. Sie mussten diesen eine sachgerechte und rechtzeitige Abwägung der Vor- und Nachteile ermöglichen.[1023] Daher waren alle Informationen korrekt und verständlich sowie unter Beachtung des Grundsatzes der Wesentlichkeit darzulegen. Dies galt auch für die Informationen, die über die Mindestanforderungen an Bieter und Zielgesellschaft hinaus gingen, zum Beispiel Wertgutachten über die Aktien der Zielgesellschaft. Waren solche Auskünfte einem einzelnen Aktionär erteilt worden, waren sie ebenfalls allen anderen bekannt zu machen.[1024]
Für Aktiengesellschaften ergibt sich eine entsprechende Pflicht bereits aus § 131 Abs. 4 AktG, vor deren Missbrauch durch Wettbewerber sich die Zielgesellschaft nur durch den Abschluss von Vertraulichkeitsvereinbarungen schützen kann.[1025] Der Übernahmekodex bot daher den Aktionären nicht nur eine Möglichkeit zum Ausstieg aus der Zielgesellschaft, sondern er sorgte auch für notwendige Informationen im Falle des Verbleibs in ihr.[1026]
Ein allgemeiner Informationsaustausch zwischen Bieter und Zielgesellschaft wurde vor der Veröffentlichung des Angebots in Art. 4 angeregt. Er sollte zu möglichst „freundlichen" Übernahmen führen, die aber nicht zu Lasten der Aktionäre gehen durften.[1027] Der Vorstand der Zielgesellschaft musste in diesem Fall entscheiden, welche Informationen er einem potentiellen Bieter

1019 Art. 10 Übernahmekodex 1997.
1020 Art. 13 Übernahmekodex 1997.
1021 Art. 14 und 15 Übernahmekodex 1997.
1022 *Hopt*, ZHR 161 (1997), 368 (376).
1023 *Übernahmekommission*, Anmerkungen zum Übernahmekodex, zu Art. 2, S. 12; die dazu notwendigen Mindestinformationen stellte Art. 7 zusammen, *Schuster/Zschocke*, Übernahmerecht, S. 38, dazu unter „Inhalt des Angebots", Seite 182 ff.
1024 Art. 2 Abs. 1 Übernahmekodex 1997; *Diekmann*, WM 1997, 897 (898).
1025 *Übernahmekommission*, Anmerkungen zum Übernahmekodex, zu Art. 2, S. 12.
1026 *Diekmann*, WM 1997, 897 (898); *Schuster/Zschocke*, Übernahmerecht, S. 24.
1027 *Übernahmekommission*, Anmerkungen zum Übernahmekodex, zu Art. 4, S. 14; *Assmann*, AG 1995, 563 (568).

geben durfte, ohne gegen Geheimhaltungspflichten zu verstoßen.[1028] Solche Gespräche werfen Probleme auf, wenn der Bieter bereits Aktionär der Zielgesellschaft ist. Gemäß § 131 Abs. 4 Satz 1 AktG können dann auch alle anderen Aktionäre diese Auskunft verlangen, ohne dass sich der Vorstand auf die Auskunftsverweigerungsrechte in § 131 Abs. 3 Satz 1 Nr. 1 bis 4 AktG berufen könnte.[1029] Zudem erhöht die Hinzuziehung weiterer Beteiligter vor Veröffentlichung des Angebots die Gefahr von Insiderhandel, so dass diesbezüglich auf eine Geheimhaltung durch die Zielgesellschaft hingewiesen werden sollte. Verkompliziert wurde diese Problematik dadurch, dass die Zielgesellschaft auch noch jeder anderen Person die Daten zur Verfügung stellen musste,[1030] die sie dem Bieter etwa bei vorhergegangenen Gesprächen überlassen hatte. Voraussetzung war, dass diese Personen ein ernsthaftes Interesse an der Übernahme der Zielgesellschaft glaubhaft machten, in dem sie der Übernahmekommission ihre unternehmerischen Vorstellungen und Ziele sowie eine tragfähige Finanzierung und Konzeption darlegten. Wurde die Ernsthaftigkeit der Übernahmeabsicht von der Zielgesellschaft angezweifelt und wollte diese deshalb die erforderlichen Informationen zurückhalten, konnte die Übernahmekommission auf Grundlage dieser Angaben über deren Herausgabe entscheiden.[1031] Die Weitergabe derartiger Informationen erfolgte zur Sicherstellung der Chancengleichheit zwischen Übernahmewettbewerbern[1032] und lag daher im Interesse der Aktionäre, die in der Regel von einem Konkurrenzangebot profitieren.

2. Vermeidung von Marktverzerrungen

Art. 3 des Übernahmekodex statuierte die Pflicht des Bieters und der Zielgesellschaft, Marktmanipulationen zu unterlassen und reflektierte eine Regelung, die sich auch im City Code[1033] und im EU-Richtlinienvorschlag[1034] findet. Gemeint waren damit Maßnahmen, die den Markt unmittelbar durch irreführende Erklärungen oder mittelbar durch Einwirkungen auf den Kursverlauf verzerren, beispielsweise wenn der Bieter den Aktienkurs der Zielgesellschaft durch umfangreiche Verkäufe drückt.[1035] Ferner durfte der Bieter weder den

---

1028 Vgl. §§ 93 Abs. 1 Satz 2, 404 Abs. 1 Nr. 1 AktG.

1029 § 131 Abs. 4 Satz 2 AktG; *Thoma*, ZIP 1996, 1725 (1730).

1030 Art. 2 Abs. 2 Übernahmekodex 1997.

1031 *Übernahmekommission*, Anmerkungen zum Übernahmekodex, zu Art. 2, S. 13.

1032 *Assmann*, AG 1995, 563 (569).

1033 General Principle 6 City Code, a.a.O. (Fn. 5).

1034 Art. 3 Abs. 1 lit. d) Richtlinienvorschlag 2000, a.a.O. (Fn. 13).

1035 *Übernahmekommission*, Anmerkungen zum Übernahmekodex, zu Art. 3, S. 13; *Diekmann*, WM 1997, 897 (898).

Vermögenswert seiner Gesellschaft noch den Kurs von anderen Wertpapieren aus seinem Beteiligungsbestand beeinflussen, wenn das Angebot einen Tausch der Aktien des Bieters beziehungsweise Aktien aus seinem Beteiligungsbestand gegen die der Zielgesellschaft vorsah.[1036] Für das Management der Zielgesellschaft war das Verbot von Marktverzerrungen auch im Zusammenhang mit deren Neutralitätspflicht[1037] zu sehen.[1038] Um außergewöhnliche Kursschwankungen der Wertpapiere der Zielgesellschaft oder des Bieters beziehungsweise der Wertpapiere, die im Tausch angeboten werden sollen, zu verhindern, ergab sich aus dem Manipulationsverbot auch eine Verpflichtung zur Verschwiegenheit aller Beteiligten. Damit wurde dem Risiko des vorzeitigen und zufälligen Bekanntwerdens und dem damit verbundenen spekulativen Handel vorgebeugt.[1039] Dagegen fehlte es an einer ausdrücklichen Geheimhaltungsregelung, wie sie noch in den Leitsätzen vorgesehen war[1040]. Diese ergab sich zwar mittelbar aus dem Insiderrecht (§ 14 WpHG),[1041] aber eine eigenständige Normierung wäre im Sinne der Rechtsklarheit zu begrüßen. Entgegen dem ursprünglichen Vorhaben ist sie auch im Übernahmegesetz nicht erfolgt.[1042]

a) Publizität gemäß Kodex

Aus dem Verbot von Marktverzerrungen gingen weitere Einschränkungen für den Bieter hervor. Die Leitsätze sahen noch ein umfassendes Verbot für diesen vor, während der Angebotsfrist Geschäfte mit den Aktien der Zielgesellschaft zu machen.[1043] Nunmehr durfte der Bieter Geschäfte in Wertpapieren der Zielgesellschaft durchführen, er unterlag aber Offenlegungs- und Nachbesserungspflichten,[1044] die die Gleichbehandlung absichern sollten.

Auch die Mitteilungs- und Offenlegungspflichten aus Art. 5 hatten die Vermeidung von Marktverzerrungen zum Ziel. Danach hatte der Bieter nicht erst

---

1036 *Übernahmekommission*, Anmerkungen zum Übernahmekodex, zu Art. 3, S. 14.

1037 Art. 19 Übernahmekodex 1997, dazu später unter „Keine Verteidigungsmaßnahmen des Managements“, Seite 204 ff.

1038 *Übernahmekommission*, Anmerkungen zum Übernahmekodex, zu Art. 3, S. 13.

1039 *Übernahmekommission*, Anmerkungen zum Übernahmekodex, zu Art. 3, S. 13; *Schuster*, Die Bank 1995, 609 (610).

1040 B. 1. LSÜbernahmeangebote.

1041 Nach *Schander*, NZG 1998, 799 (802), folgte die Geheimhaltungspflicht aus dem Verbot von Marktverzerrungen im Übernahmekodex; zum Verhältnis von Insiderrecht und öffentlichen Übernahmeangeboten *Assmann*, AG 1994, 237 (252 f.).

1042 In § 10 des Diskussionsentwurfs, a.a.O. (Fn. 15), war eine solche Geheimhaltungspflicht für Bieter und Zielgesellschaft vorgesehen, nicht aber mehr im WpÜG.

1043 D. 5. LSÜbernahmeangebote.

1044 Art. 12 und 13 Übernahmekodex 1997, dazu später Seite 189 f.

gleichzeitig, sondern schon vor Veröffentlichung des Angebots die Zielgesellschaft,[1045] die inländischen Börsen, an denen die betroffenen Wertpapiere gehandelt werden, das Bundesaufsichtsamt für den Wertpapierhandel und die Geschäftsstelle der Übernahmekommission über dessen Inhalt zu unterrichten. Anschließend war das Angebot in einem überregionalen Pflichtblatt[1046] zu veröffentlichen, wobei auch elektronische Medien zur Unterstützung herangezogen werden konnten.[1047] „Anschließend"[1048] hieß in diesem Zusammenhang, dass die Veröffentlichung unverzüglich nach der Unterrichtung erfolgen musste, um den Zeitraum für eventuelle Insiderverstöße möglichst klein zu halten.[1049]

b) Verhältnis zur Publizität nach dem WpHG

Die skizzierten Offenlegungspflichten beugten Marktmanipulationen und Insidergeschäften vor. Sie schaffen Transparenz und Vertrauen in den Kapitalmarkt und standen damit im Einklang mit der Vorschrift zur ad hoc-Publizität in § 15 WpHG,[1050] der eine sofortige Veröffentlichung und Mitteilung kursbeeinflussender Tatsachen vorsieht. Ad hoc-Publizitätspflichten im Rahmen von Übernahmeangeboten können auf Seiten des Bieters sowie auf Seiten der Zielgesellschaft anfallen. Jedoch betrifft eine Veröffentlichungspflicht nur Emittenten von Wertpapieren, in deren unternehmerischer Sphäre neue Tatsachen eintreten, die sich auf ihre Vermögens-, Finanz- oder die allgemeine Geschäftslage auswirken und infolgedessen den Börsenpreis ihrer Wertpapiere erheblich beeinflussen können.[1051] Die Zielgesellschaft treffen folglich Publizitätspflichten nach § 15 WpHG, wenn sie von dem Bieter über die geplante Übernahme in Kenntnis gesetzt wurde, bevor dieser das Angebot veröffentlicht hat.[1052] Es steht nämlich zu erwarten, dass sich entweder der Angebots-

---

1045 *Übernahmekommission*, Anmerkungen zum Übernahmekodex, zu Art. 5, S. 15.

1046 Die Veröffentlichung muss nicht notwendigerweise im Bundesanzeiger erfolgen. Dies ist nur für Pflichtbekanntmachungen iSv. § 25 AktG Voraussetzung (*Hüffer*, AktG, § 25 Rn. 1). Die Veröffentlichungspflichten des Kodex basieren jedoch nur auf der Durchführung einer Empfehlung, *Diekmann*, WM 1997, 897 (899).

1047 *Übernahmekommission*, Anmerkungen zum Übernahmekodex, zu Art. 5, S. 15.

1048 Art. 5 Übernahmekodex 1997.

1049 *Assmann*, AG 1995, 563 (568).

1050 Zu den Zielen der ad hoc-Publizität: *Assmann*, WpHG, § 15 Rn. 1 ff., 15 ff.; *Fürhoff/Wölk*, WM 1997, 449 (449).

1051 § 15 Abs. 1 Satz 1 WpHG; *Assmann*, WpHG, § 15 Rn. 33 f.; *Fürhoff/Wölk*, WM 1997, 449 (451).

1052 *Übernahmekommission*, Anmerkungen zum Übernahmekodex, zu Art. 5, S. 15; *Diekmann*, WM 1997, 897 (899); *Fürhoff/Wölk*, WM 1997, 449 (451).

preis oder die Pläne darüber, wie der Bieter mit der Zielgesellschaft zu verfahren gedenkt, auf den Börsenpreis der Wertpapiere auswirken.[1053]
Bei dem Bieter lagen die Dinge anders. Er unterlag der Publikationspflicht ohnehin nur, wenn er selbst eine notierte Gesellschaft im Sinne von § 15 WpHG war. Ferner existierten für Tatsachen, die auf den Kurswert dritter Gesellschaften einwirken, keine Publizitätspflichten.[1054] War jedoch die Bekanntgabe der Übernahmeabsicht geeignet, auch den Kurswert der Wertpapiere des Bieters zu beeinflussen, musste er diese Tatsache gemäß § 15 WpHG publizieren.[1055] Als Ergebnis ließ sich feststellen, dass die Pflicht zur ad hoc-Publizität nicht in jedem Fall gegeben war, so dass eine separate Bestimmung innerhalb einer Übernahmeregelung durchaus notwendig war, um Marktverzerrungen vorzubeugen. Das Übernahmegesetz sieht eine solche Veröffentlichungspflicht in § 10 vor, in dessen Abs. 6 die Anwendbarkeit von § 15 WpHG für diesen Fall ausgeschlossen wird.

3. Einschaltung von Wertpapierdienstleistungsunternehmen

Art. 6 regte unverbindlich an, für die Vorbereitung und Abwicklung des Angebots ein Unternehmen hinzuzuziehen, das zur Erbringung von Wertpapierdienstleistungen im Sinne der EG-Wertpapierdienstleistungsrichtlinie zugelassen war. Der Kodex sah, anders als die Richtlinienvorschläge von 1989 und 1990,[1056] keine Zwangsvertretung des Bieters durch Wertpapierdienstleistungsunternehmen vor, so dass sich deren Rolle in einer Hilfsperson des Bieters erschöpfte.[1057] Sie konnten ihre Kenntnisse des europäischen Kapitalmarkts einbringen und bei der Einhaltung und Auslegung des Kodex behilflich sein.[1058] Aus praktischen Gründen wird eine Bank ohnehin regelmäßig zur technischen Abwicklung hinzugezogen.[1059]

[1053] *Diekmann*, WM 1997, 897 (899).

[1054] *Fürhoff/Wölk*, WM 1997, 449 (452).

[1055] *Übernahmekommission*, Anmerkungen zum Übernahmekodex, zu Art. 5, S. 15; *Fürhoff/Wölk*, WM 1997, 449 (452).

[1056] Art. 9 Richtlinienvorschlag 1989 und 1990 a.a.O. (Fn. 601 und 605). Dadurch sollte die Einhaltung der Richtlinie seitens des Bieters gewährleistet werden, weil die Bank- und Finanzinstitute den Wohlverhaltensregeln verpflichtet sind, KOM (88) 823 – SYN 186, Darlegung der Gründe, II. zu Art. 9; *Peltzer* in: *Assmann/Basaldua/Bozenhardt/Peltzer*, Übernahmeangebote, S. 179 (216).

[1057] *Groß*, DB 1996, 1909 (1913); *Kirchner/Ehricke*, AG 1998, 105 (109).

[1058] *Übernahmekommission*, Anmerkungen zum Übernahmekodex, zu Art. 6, S. 15.

[1059] *Assmann*, AG 1995, 563 (565, 568); *Groß*, DB 1996, 1909 (1912); *Kallmeyer*, ZHR 161 (1997), 435 (451); *Kirchner/Ehricke*, AG 1998, 105 (109); *Mayer/Zschocke*, ÖBA 1996, 711, (714); vgl. oben Seite 171.

Die Anerkennungserklärung der Wertpapierdienstleistungsunternehmen beinhaltete einen besonderen Zusatz, nach dem diese sich verpflichteten, nur Bieter zu begleiten, die den Übernahmekodex anerkannt hatten.[1060] Zunächst ist festzustellen, dass ebenso wie die allgemeine auch die besondere Anerkennungserklärung keine rechtlich einklagbaren Bindungen mit der Übernahmekommission bewirkten, sondern lediglich eine fakultative Selbstverpflichtung darstellten.[1061] Die Wertpapierdienstleistungsunternehmen versprachen allgemein, ihre eigene Obliegenheit aus dem Kodex zu erfüllen. Dies war nach Art. 22 Satz 2 die Mitteilung aller für die Überwachung der Einhaltung des Kodex nötigen Informationen an die Geschäftsstelle der Übernahmekommission. Der besondere Zusatz war damit ein Druckmittel auf die Unternehmen, den Kodex zu akzeptieren.[1062]

Darüber hinaus warf der Zusatz die Frage auf, ob sich durch ihn die Reichweite der Selbstverpflichtung der Wertpapierdienstleistungsunternehmen änderte, insbesondere, ob eine Verpflichtung ihrerseits bestand, die Einhaltung des Kodex zu überprüfen. Formal betrachtet war diesem besonderen Passus der Erklärung Genüge getan, wenn der von ihnen begleitete Bieter den Kodex anerkannt hatte.[1063] Damit das Versprechen, nur den anerkennenden Unternehmen zur Seite zu stehen, größtmöglichen Druck auf die potentiellen Bieter entfaltete, griff eine solche formalistische Interpretation jedoch zu kurz. In dieser Klausel musste also auch eine Verpflichtung des Dienstleistungsunternehmens gesehen werden, aktiv im Rahmen seiner Möglichkeiten auf die Einhaltung des Übernahmekodex hinzuwirken.[1064] Nur darin konnte der Sinn dieser Klausel liegen.[1065] Durch die qualifizierte Anerkennungserklärung verpflichteten sich die Wertpapierdienstleistungsunternehmen folglich, das Übernahmeangebot dahingehend zu kontrollieren, ob es alle nach dem Kodex erforderlichen Angaben enthielt. Dies galt allerdings nicht für den Inhalt der Angaben, soweit er sich aus den Interna des Bieters ergab, denn diese waren

---

1060 Abgedruckt in *Schuster/Zschocke*, Übernahmerecht, S. 166.

1061 So explizit auch *Groß*, DB 1996, 1909 (1911). Es fehlte auch hier am rechtsfähigen Vertragspartner, vgl. zur Rechtswirkung der Anerkennungserklärung oben unter „Anerkennung", Seite 168 f.

1062 Vgl. oben Seite 171; *Assmann*, AG 1995, 563 (565); *Hopt*, ZHR 161 (1997), 368 (402). *Kirchner/Ehricke*, AG 1998, 105 (109); *Krause*, AG 1996, 209 (215); *Mayer/Zschocke*, ÖBA 1996, 711, (712); *Schuster/Zschocke*, Übernahmerecht, S. 33; *Weisgerber*, ZHR 161 (1997), 421 (424).

1063 Vgl. *Groß*, DB 1996, 1909 (1911).

1064 Diese Hoffnung verband auch die Übernahmekommission mit Art. 6 Übernahmekodex 1997, vgl. *Übernahmekommission*, Anmerkungen zum Übernahmekodex, zu Art. 6, S. 15.

1065 So auch *Groß*, DB 1996, 1909 (1911).

nicht der Überprüfung durch Dritte zugänglich. Zur Prüfung der materiellen Richtigkeit aller Informationen verpflichteten sich die Wertpapierdienstleistungsunternehmen daher nicht.[1066]
Das Rechtsverhältnis zwischen Wertpapierdienstleistungsunternehmen und Bieter richtet sich primär nach Art und Ausgestaltung der zwischen ihnen geschlossenen vertraglichen Vereinbarungen. Dies wird in der Regel ein Geschäftsbesorgungsvertrag gem. § 675 BGB sein.[1067] Die qualifizierte Anerkennungserklärung konkretisierte dieses Vertragsverhältnis in Form einer Bedingung. Hat ein Wertpapierdienstleistungsunternehmen eine Anerkennungserklärung abgegeben, wird es den Vertrag nur unter der Bedingung geschlossen haben wollen, dass der Bieter bereit war, die Regeln des Übernahmekodex zu befolgen. Im Verhältnis zu den Wertpapierinhabern der Zielgesellschaft wirkte sich die Anerkennung nicht aus. Erfüllungs- und Haftungsansprüche ergaben sich aus dem Vertrag, der mit dem Bieter geschlossen wurde, zu dem Ausführungen an späterer Stelle folgen.[1068] Damit entfaltete die Anerkennungserklärung keine Schutzwirkung zugunsten Dritter. Es fehlte zum einen am notwendigen Vertrag zwischen Wertpapierdienstleistungsunternehmen und Übernahmekommission und zum anderen am Schutzbedürfnis der Wertpapierinhaber, weil diese sich an den Bieter halten konnten. Zudem resultierte aus der Einschaltung des Wertpapierdienstleistungsunternehmens als Abwicklungsstelle durch den Bieter weder eine Einbeziehung in dieses Vertragsverhältnis noch ein besonderer Vertrauenstatbestand, der eine Eigenhaftung begründen konnte.[1069] Eine solche Haftung konnte nur in Einzelfällen eintreten, etwa wenn das Wertpapierdienstleistungsunternehmen bei der Erstellung der Angebotsunterlagen nach außen erkennbar mitgewirkt hatte oder für dessen Seriosität warb.

III. Inhalt des Angebots

Ein Katalog von 18 Punkten in Art. 7 gab den Mindestinhalt des Angebots an die Aktionäre der Zielgesellschaft wieder. Auch diese Veröffentlichung war mit größter Sorgfalt und Genauigkeit vorzubereiten,[1070] wobei kein neuer Verschuldensmaßstab gesetzt werfen sollte. Für die umfassende, korrekte und

1066 *Groß*, DB 1996, 1909 (1912) sähe darin eine unmögliche Leistung.
1067 *Groß*, DB 1996, 1909 (1913).
1068 Zum Rechtsverhältnis zwischen Bieter und Wertpapierinhabern s.u. unter „Individuelle Selbstverpflichtung“, Seite 186 f.
1069 *Beckmann*, Übernahmeangebote in Europa, S. 82 f.; *Groß*, DB 1996, 1909 (1914).
1070 Art. 8 Übernahmekodex 1997.

allgemeinverständliche inhaltliche Ausgestaltung der Veröffentlichung genügte die Sorgfalt eines ordentlichen Kaufmanns.[1071]

1. Essentialia negotii

Das Angebot musste selbstverständlich Firma beziehungsweise Namen des Bieters und des begleitenden Wertpapierdienstleistungsunternehmens, die Firma der Zielgesellschaft sowie die Wertpapiere, die Gegenstand des Angebots waren, bezeichnen.[1072] Ferner musste die Höchst- und/oder Mindestzahl der Wertpapiere, die der Bieter zu übernehmen beabsichtigt, angegeben werden.[1073] Der Bieter durfte also prinzipiell Teilangebote abgeben, jedoch nur unter der Voraussetzung, dass sein Beteiligungsbesitz unterhalb der Schwelle zum Pflichtangebot blieb oder er ein solches schon abgegeben hatte.[1074] Im Falle einer Überzeichnung mussten die Wertpapierinhaber gemäß Art. 10 pro rata abgefunden und das Zuteilungsverfahren im Angebot erläutert werden. Zur Sicherstellung der Gleichbehandlung erfolgte die prozentuale Zuteilung anhand der tatsächlich angedienten Wertpapiere und nicht nach dem Anteil des Aktionärs am Grundkapital der Zielgesellschaft.[1075] Die Gegenleistung, also der Kaufpreis oder das Tauschverhältnis, falls Wertpapiere im Tausch gegen Wertpapiere der Zielgesellschaft angeboten wurden, war anzugeben und um Ausführungen über die wesentlichen Faktoren für ihre Bestimmung, die banktechnische Abwicklung und Angaben dazu, wer die dabei entstehen Kosten trägt, zu ergänzen.[1076] Der Bieter konnte, solange es sich nicht um ein Pflichtangebot handelt, die Höhe der Gegenleistung nach seinem Ermessen bestimmen. Dies ist vor dem Hintergrund gerechtfertigt, dass die Wertpapierinhaber der Zielgesellschaft in diesem Fall keinem Entscheidungsdruck unterliegen, weil kein Kontrollwechsel ins Haus steht. Verständlicherweise wird der Bieter schon aus eigenem Interesse die Gegenleistung so attraktiv gestalten, dass genügend Wertpapierinhaber das freiwillige Angebot annehmen. Daher ist

---

1071 Klarstellung durch die *Übernahmekommission*, Anmerkungen zum Übernahmekodex, zu Art. 8, S. 18. Dies wurde vorher anders gesehen, vgl. *Kallmeyer*, AG 1996, 169 (169); *Schuster/Zschocke*, Übernahmerecht, S. 40.

1072 Art. 7 Nr. 1 bis 3 Übernahmekodex 1997.

1073 Art. 7 Nr. 4 Übernahmekodex 1997.

1074 S. *Übernahmekommission*, Anmerkungen zum Übernahmekodex, zu Art. 10, S. 19.

1075 *Übernahmekommission*, Anmerkungen zum Übernahmekodex, zu Art. 10, S. 20. Eine Berücksichtigung von Kleinstmengen in vollem Umfang hätte aber nicht gegen die Gleichbehandlung verstoßen, *Diekmann*, WM 1997, 897 (899).

1076 Art. 7 Nr. 5 und 6 Übernahmekodex 1997.

eine Preisregel wie beim Pflichtangebot nicht notwendig und im Übernahmegesetz auch nicht vorgesehen.[1077]

2. Annahme und Beschränkungen des Angebots

Zum Schutz der Aktionäre musste der Bieter angeben, ob das Angebot schon durch eine Annahmeerklärung der Aktionäre der Zielgesellschaft angenommen werden konnte oder ob es sich lediglich um eine invitatio ad offerendum handelte,[1078] also wie der Kaufvertrag zustande kam. Im Fall einer invitatio ad offerendum wurde die Annahme durch Veröffentlichung des Angebotsergebnisses erklärt.[1079] Diese Gestaltung bedeutete für die verkaufsbereiten Aktionäre eine Ungewissheit über den Vertragsschluss, so dass sie unter Umständen einige Wochen in ihrer Dispositionsfreiheit eingeschränkt waren. Überdies behindert ein öffentliches Übernahmeangebot die Zielgesellschaft in ihrer Tätigkeit. Solche Störungen sollten erst Recht vermieden werden, wenn der Bieter an das Angebot nicht gebunden ist oder sich ohne weiteres lösen kann. Daher verbietet § 17 WpÜG eine invitatio ad offerendum.[1080]

Daneben musste der Bieter erläutern, ob das Angebot möglichen Bedingungen oder etwaigen Rücktrittsvorbehalten unterlag.[1081] Gemäß Art. 9 durfte der Eintritt einer solchen Bedingung aber nicht vom Bieter herbeigeführt werden können, denn ein fairer Ablauf der Übernahme setzt voraus, dass die Wertpapierinhaber der Zielgesellschaft nicht der Willkür des Bieters unterliegen.[1082] Eine zulässige Bedingung war zum Beispiel das Erreichen einer bestimmten Beteiligungsquote. Ein solches Angebot gestaltete ein Bieter zweckmäßigerweise als invitatio ad offerendum, weil er sonst das Rückabwicklungsrisiko trugt.[1083] Dies spricht indes ebenfalls gegen die Zulässigkeit unverbindlicher Offerten, denn die Risikoverteilung erfolgte hier zu Lasten der Aktionäre.

Zudem musste der Bieter auf den Rücktritt vom Angebot, der nach Art. 14 für die Wertpapierinhaber der Zielgesellschaft möglich war, hinweisen.[1084] Aktionäre, die bereits das Angebot des Bieters angenommen hatten, hatten danach das Recht, vom diesem zurückzutreten, wenn Dritte ihnen ein besseres mach-

---

[1077] Vgl. auch *Übernahmekommission*, Anmerkungen zum Übernahmekodex, zu Art. 7, S. 17; a.A. *Schander*, NZG 1998, 799 (803). Die Preisregel in § 31 WpÜG bezieht sich nur auf Angebote, die auf einen Kontrollerwerb abzielen.

[1078] Art. 7 Nr. 7 Übernahmekodex 1997.

[1079] S. *Diekmann*, WM 1997, 897 (899).

[1080] Vgl. auch die Begründung zum Referentenentwurf, B. Besonderer Teil, zu § 17.

[1081] Art. 7 Nr. 12 Übernahmekodex 1997.

[1082] Vgl. *Übernahmekommission*, Anmerkungen zum Übernahmekodex, zu Art. 9, S. 19; *Schuster*, Die Bank 1995, 609 (610).

[1083] Vgl. *Diekmann*, WM 1997, 897 (899).

[1084] Art. 7 Nr. 14 Übernahmekodex 1997.

ten oder der Bieter sein ursprüngliches nachbesserte.[1085] Auch die nach Ablauf des Angebots beginnende Nachbesserungsfrist gemäß Art. 15[1086] musste aus den Angebotsunterlagen hervorgehen.
Des Weiteren musste der Bieter die Annahmefrist bekannt geben,[1087] die nach Art. 11 zwischen 28 und 60 Kalendertagen liegen durfte. Damit blieb die Frist unterhalb des Zeitraums, den der EU-Richtlinienvorschlag gewährt. Mit ihr sollte den Wertpapierinhabern der Zielgesellschaft zum einen hinreichend Zeit für eine besonnene Entscheidung eingeräumt, zum anderen der Börsenhandel und die Aktivitäten der Zielgesellschaft nicht übermäßig eingeschränkt werden.[1088] Die Behinderung der Zielgesellschaft konnte allerdings zur Strategie des Bieters gehören.[1089] Daher empfahl es sich, die Möglichkeit der Fristverlängerung nach Art. 14 auf mehr als 60 Tage vorsichtig zu handhaben. Der Vorlauf von knapp einem Monat ermöglichte auch nicht marktnahen Wertpapierinhabern auf das Angebot zu reagieren und Dritten blieb Zeit, eigene Konkurrenzangebote zu unterbreiten.[1090] Andererseits war zu bedenken, dass die Frist für die Einberufung einer Hauptversammlung mindestens einen Monat beträgt,[1091] so dass es beispielsweise dem Management der Zielgesellschaft verwehrt bleiben konnte, sich Verteidigungsmaßnahmen genehmigen zu lassen.[1092] Da dies vom Bieter taktisch ausgenutzt werden konnte, hätte die Frist so lange sein sollen, dass die Chance zur Einberufung einer Hauptversammlung gewahrt blieb beziehungsweise sich die Frist verlängerte, wenn eine Hauptversammlung anberaumt wurde.[1093] Spätestens fünf Arbeitstage nach Ende der Angebotsfrist, den genauen Termin musste das Angebot ausweisen,[1094] hatte der Bieter das Ergebnis des Übernahmeangebots zu veröffentlichen.[1095]

1085 Art. 14 Übernahmekodex 1997; dazu später unter „Meistbegünstigung und Nachbesserung“, Seite 189 ff.

1086 Dazu auf Seite 189.

1087 Art. 7 Nr. 11 Übernahmekodex 1997.

1088 *Übernahmekommission*, Anmerkungen zum Übernahmekodex, zu Art. 11, S. 20; *Schuster/Zschocke*, Übernahmerecht, S. 28. Der EU-Richtlinienvorschlag sieht eine Frist von 2 Wochen bis drei Monaten vor, Art. 7 Abs. 1 Richtlinienvorschlag 2000, a.a.O. (Fn. 13).

1089 *Kallmeyer*, AG 1996, 169 (170); *Weisgerber*, ZHR 161 (1997), 421 (429).

1090 *Diekmann*, WM 1997, 897 (900).

1091 § 123 Abs. 1 AktG.

1092 Zur Verteidigungsmöglichkeit auf Seite 204.

1093 So § 16 Abs. 3 WpÜG.

1094 Art. 7 Nr. 15 Übernahmekodex 1997.

1095 *Übernahmekommission*, Anmerkungen zum Übernahmekodex, zu Art. 7, S. 18.

3. Sonstige Angaben und Selbstverpflichtung

a) Weiterführende Informationen

Im Angebot waren weitere Informationen aufzuführen, die den Wertpapierinhabern der Zielgesellschaft die jetzige und zukünftige Position des Bieters innerhalb ihrer Gesellschaft erläutern sollten, damit sie ihre Verkaufsentscheidung umfassend abwägen konnten. Angaben über die Anzahl der Wertpapiere der Zielgesellschaft, die sich schon im Besitz des Bieters befanden, wie viele er davon im Vorfeld des Übernahmeangebots erworben hatte und eventuelle Rechte auf Lieferung solcher Wertpapiere[1096] gaben den Aktionären Aufschluss über den Kursverlauf. Dabei musste der Bieter die gezahlten Preise jedoch nicht offenbaren.[1097] Mittelbare oder unmittelbare Beteiligungen der Zielgesellschaft an dem Unternehmen des Bieters waren, falls bekannt, aufzudecken. Weiterhin musste die Stellungnahme der Zielgesellschaft nach Art. 18 beigelegt werden, sofern diese bereits ergangen war.[1098]
Die Ziele und Absichten des Bieters bezüglich der Zielgesellschaft waren vom Bieter darzulegen. Dies umfasste gerade bei Pflichtangeboten neben strukturellen Maßnahmen, wie Umwandlung oder Eingliederung, auch die voraussichtlichen Auswirkungen, die ein erfolgreiches Angebot insbesondere auf die Finanzlage beider Gesellschaften haben konnte.[1099] Den Aktionären der Zielgesellschaft sollten dadurch die Konsequenzen einer Ablehnung des Angebots vor Augen geführt werden.[1100] Wie bereits oben dargelegt,[1101] konnten jedoch detailliertere, über vage Willensbekundungen hinausgehende Angaben nicht vom Bieter erwartet werden. Dieser musste gegebenenfalls auch über den Stand des kartellrechtlichen Verfahrens und über Befreiungen von Vorschriften des Kodex durch die Übernahmekommission informieren.[1102]

b) Individuelle Selbstverpflichtung

Schließlich musste das Angebot die Verpflichtung des Bieters enthalten, die Bestimmungen des Kodex zu befolgen.[1103] Kam der allgemeinen Aner-

---

1096 Art. 7 Nr. 8 Übernahmekodex 1997.

1097 *Übernahmekommission*, Anmerkungen zum Übernahmekodex, zu Art. 7, S. 18.

1098 Art. 7 Nr. 9 und 10 Übernahmekodex 1997.

1099 Art. 7 Nr. 13 Übernahmekodex 1997.

1100 *Übernahmekommission*, Anmerkungen zum Übernahmekodex, zu Art. 13, S. 18.

1101 Zur Einschränkung der unternehmerischen Freiheit und zur Gefahr der Aneignung dieser Pläne durch die Zielgesellschaft vgl. oben Seite 144; *Hopt*, ZHR 161 (1997), 368 (377).

1102 Art. 7 Nr. 16 bis 17 Übernahmekodex 1997; zum kartellrechtlichen Verfahren vgl. *Schuster/Zschocke*, Übernahmerecht, S. 38 f.

1103 Art. 7 Nr. 18 Übernahmekodex 1997.

kennungserklärung keine Rechtswirkung zwischen Bieter und Übernahmekommission zu,[1104] stellte sich die Frage, ob sich aus der Anerkennungserklärung gegenüber der Übernahmekommission oder aus der Verpflichtung nach Art. 7 Nr. 18 das Rechtsverhältnis zu den Wertpapierinhabern der Zielgesellschaft bestimmen ließ. Es hätte angenommen werden können, allein die öffentlich bekannt gemachte Anerkennungserklärung habe bewirkt, dass die Aktionäre auch ohne weitere Selbstverpflichtung des Bieters von dessen Willen zur Einhaltung des Kodex hätten ausgehen können, weil die Willenserklärung des Bieters durch die Anerkennungserklärung formiert gewesen sei.[1105] Wenn der objektive Empfängerhorizont durch die von der Übernahmekommission publizierte Anerkennungserklärung bestimmt wurde, dürfte ihm die Veröffentlichung von Kritik am jeweiligen Übernahmeangebot nicht entgangen sein, die von der Geschäftsstelle abgegeben wurde,[1106] falls sich das Angebot nicht nach dem Kodex richtete. Ging also aus dem konkreten Angebot erkennbar hervor, dass der Übernahmekodex nicht befolgt wurde, konnte der Wertpapierinhaber als Vertragspartner nicht von dessen Geltung für den Vertrag ausgehen, auch wenn der Bieter vormals seine Anerkennung erklärt hatte. Das vorgelegte Übernahmeangebot war insoweit eindeutig und ließ sich nicht anders auffassen. Mangels einer schuldrechtlichen Bindung zwischen Übernahmekommission und Bieter entfiel ebenso die Möglichkeit für Dritte, aus der Anerkennungserklärung Ansprüche abzuleiten. Die Anerkennung konnte daher – genauso wie bei den Wertpapierdienstleistungsunternehmen – keinen Vertrag mit Schutzwirkung zugunsten Dritter darstellen, denn abgesehen davon, dass bereits ein Vertrag fehlte, waren die Wertpapierinhaber auch nicht schutzbedürftig, weil ihnen vertragliche Ansprüche gegen den Bieter zur Verfügung standen.[1107]

Jedoch fand durch die Wiedergabe der Verpflichtung zur Einhaltung der Bestimmungen des Kodex im Angebot gemäß Art. 7 Nr. 18 eine Anerkennung in concreto statt. Der Kodex wurde infolgedessen zum Bestandteil der zwischen dem Bieter und den Wertpapierinhabern geschlossenen Verträge. Alle Empfehlungen, die die Verhaltenspflichten des Bieters betreffen, waren damit innerhalb dieses Rechtsverhältnisses verbindlich.[1108] Hieraus ergab sich für

---

[1104] Vgl. dazu oben Seite 168 f.

[1105] So *Hopt*, ZHR 161 (1997), 368 (402).

[1106] Vgl. Art. 21 Abs. 2 Satz 1 Übernahmekodex 1997; zu den Möglichkeiten der Geschäftsstelle später unter „Befugnisse und Struktur", Seite 206 ff.

[1107] *Groß*, DB 1996, 1909 (1910 f.); so auch *Schuster/Zschocke*, Übernahmerecht, S. 33.

[1108] *Übernahmekommission*, Drei Jahre Übernahmekodex, S. 12; *Groß*, DB 1996, 1909 (1911); *Mayer/Zschocke*, ÖBA 1996, 711 (712); *Schuster/Zschocke*, Übernahmerecht, S.

den Bieter ein vertragliches Haftungsrisiko.[1109] Ein solches hätte auch dort – unabhängig von der Anerkennung – für den Bieter zu Tage treten können, wo die Rechtsprechung den Kodex zur Konkretisierung von Informationspflichten herangezogen hätte, die im Rahmen der culpa in contrahendo hätte Bedeutung erlangen können.[1110] Solange der Kodex nicht die Usancen der betroffenen Verkehrskreise widerspiegelte, stand einem Rückgriff auf den Kodex als allgemeine Auslegungshilfe dessen freiwilliger Charakter entgegen.[1111] Dies galt vor allem für Pflichten, die über das Informationsverhalten hinausgingen, wie beispielsweise das Pflichtangebot.

IV. Pflichten des Bieters

Der Mindestinhalt des Angebots machte deutlich, dass der Übernahmekodex einen Schwerpunkt auf Informationspflichten und damit auf Transparenz setzte. Für den Fortbestand der Transparenz innerhalb des laufenden Angebots sorgte die Obliegenheit des Bieters in Art. 12, alle Geschäfte in Wertpapieren der Zielgesellschaft, die nach der Ankündigung des Angebots getätigt werden,[1112] der Geschäftsstelle der Übernahmekommission zu melden und zu veröffentlichen. Parallelgeschäfte in diesem Sinne waren auch der Kauf oder Verkauf für Rechnung des Bieters, der Erwerb von Optionsrechten oder der Wertpapiertausch gegen Wertpapiere der Zielgesellschaft. Tauschgeschäfte blieben jedoch unberücksichtigt, wenn durch sie die übliche Überlassung von Aktien an die Beschäftigten gemäß § 71 Abs. 1 Nr. 2 AktG ermöglicht wurde.[1113] Die Meldung musste bis zum nachfolgenden Geschäftstag erfolgen. Sie wurde in dem Börsenpflichtblatt bekannt gegeben, in dem auch das Angebot veröffentlicht worden war.[1114] Diese Meldepflicht ersetzte natürlich nicht die gesetzlichen Mitteilungspflichten (z.B. nach § 20 AktG und § 21 WpHG).

34; auch *Hopt*, ZHR 161 (1997), 368 (402). *Kallmeyer*, ZHR 161 (1997), 435 (451), sah darin die Möglichkeit des Bieters, für sein Übernahmeangebot zu werben.

1109 *Schuster/Zschocke*, Übernahmerecht, S. 34.

1110 *Assmann/Bozenhardt* in: *Assmann/Basaldua/Bozenhardt/Peltzer*, Übernahmeangebote, S. 1 (75 f.); *Assmann*, AG 1995, 563 (568); *Beckmann*, Übernahmeangebote in Europa, S. 81 ff.; *ders.*, DB 1995, 2407 (2408); *Grunewald*, WM 1989, 1233 (1236).

1111 Ähnlich *Kirchner/Ehricke*, AG 1998, 105 (108); vgl. oben Seite 168 f.

1112 Dieser Zeitpunkt konnte, obwohl dies aus dem Wortlaut von Art. 12 nicht hervorgeht, vor der Bekanntmachung des eigentlichen Angebots liegen, *Übernahmekommission*, Anmerkungen zum Übernahmekodex, zu Art. 12, S. 20.

1113 Art. 12 Satz 3; *Übernahmekommission*, Anmerkungen zum Übernahmekodex, zu Art. 12, S. 21.

1114 Art. 12 Satz 1; *Übernahmekommission*, Anmerkungen zum Übernahmekodex, zu Art. 12, S. 21.

1. Meistbegünstigung und Nachbesserung

Neben den aufgeführten informationsbezogenen Erfordernissen regelte der Übernahmekodex auch Tatbestände, die den Bieter zur Nachbesserung oder zur Abgabe eines obligatorischen Angebots verpflichteten. Erwarb der Bieter während der Angebotsfrist Wertpapiere der Zielgesellschaft zu besseren Konditionen, als er sie im Übernahmeangebot gewährte, galten gemäß Art. 13 die selben Konditionen auch für alle anderen Inhaber von Wertpapieren der selben Gattung. Dies galt unabhängig davon, ob sie bereits das öffentliche Angebot angenommen hatten. Die Meistbegünstigung stellte eine weitere Konkretisierung der Gleichbehandlung der Aktionäre dar.[1115] Hätten Parallelgeschäfte – die ohne weiteres möglich waren – zu besseren Konditionen abgewickelt werden können, wären nicht nur einige Aktionäre bevorzugt, sondern auch die gleichmäßige Beteiligung an der Kontrollprämie ausgehebelt worden. Bessere Bedingungen waren aber nicht nur höhere Preise; auch eine unbedingte oder unbegrenzte Abnahme stellte eine bessere Bedingung im Sinne dieses Artikels dar.[1116] Einer Umgehung dieser Vorschrift, indem Dritte den Erwerb auf Rechnung des Bieters vornahmen oder an diesen aufgekaufte Aktien nach dem Ende der Angebotsfrist weitergaben, stellte der Kodex einige Hindernisse entgegen. Zum einen waren Parallelerwerbe auf Rechnung des Bieters durch Dritte nach Art. 12 meldepflichtig und zum anderen unterfielen dem Begriff des Bieters auch Personen, die gemeinsam mit ihm handelten.[1117] Vor dem Hintergrund des Auslegungsgebots[1118] ließ sich daher auch bei solchem Zusammenwirken eine Ausgleichspflicht im Sinne von Art. 12 begründen.[1119]

Den Schutz der Aktionäre verfolgte auch Art. 14, indem er den Wertpapierinhabern der Zielgesellschaft für den Fall, dass konkurrierende Angebote von Wettbewerbern vorliegen, ermöglichte, das beste Angebot anzunehmen. Aktionäre, die bereits das Angebot des ursprünglichen Bieters angenommen hatten, waren berechtigt, innerhalb dessen Angebotsfrist zurückzutreten und das Angebot eines anderen Bieters anzunehmen.[1120] Hätte diese Möglichkeit nicht bestanden, hätte der ursprüngliche Bieter die im Rahmen seines Übernahmeangebots erworbenen Wertpapiere mit Gewinn an den zweiten Bieter verkaufen können; die Aktionäre hingegen wären durch den unwiderruflichen Ver-

---

1115 Vgl. zur Nachbesserung als Ausfluss der Gleichbehandlungspflicht oben unter „Inhalt der Treuepflicht bei Übernahmeangeboten“ auf Seite 60 ff.

1116 *Übernahmekommission*, Anmerkungen zum Übernahmekodex, zu Art. 13, S. 21.

1117 Begriffsbestimmungen: Bieter, Übernahmekodex 1997.

1118 Einleitung a.E. Übernahmekodex 1997.

1119 A.A.: *Diekmann*, WM 1997, 897 (901), der zumindest im Fall des Erwerbs auf Rechnung des Bieters Art. 12 für unanwendbar hielt.

1120 Art. 14 Satz 4 Übernahmekodex 1997.

tragsschluss gebunden gewesen und hätten nicht von dem Konkurrenzangebot profitieren können. Voraussetzung war allerdings, dass es sich bei den Angeboten der Konkurrenz ebenfalls um öffentliche Angebote handelte;[1121] das Risiko eines späteren besseren Individualangebots von einem Dritten trug der jeweilige Aktionär.[1122]

Um den Wettbewerb zwischen den Bietern zu fördern, war es ihnen gestattet, ihre Angebote nachzubessern.[1123] Zu diesem Zweck konnte auch die Angebotsfrist in Abstimmung mit der Übernahmekommission verlängert werden. Trat der ursprüngliche Bieter in die Konditionen des konkurrierenden Angebots ein, entfiel das Rücktrittsrecht der Aktionäre.[1124] Der Gedanke der Gleichbehandlung erforderte hier, dass die neuen Konditionen auch für diejenigen galten, welche das ursprüngliche Angebot bereits angenommen hatten. Dem hatte der Bieter Rechnung zu tragen.[1125] Derweil machte der Wortlaut des Art. 14 Satz 1 („insbesondere“) deutlich, dass Konkurrenzangebote nur einen exemplarischen Fall für Konstellationen darstellten, in denen dem Bieter nachträgliche Änderungsmöglichkeiten gelegen gekommen wären. War etwa abzusehen, dass ein Teilangebot stark überzeichnet wird, wäre für den Bieter eine Senkung des Angebotspreises sinnvoll gewesen. Um dies jedoch auszuschließen, ließ der Kodex nur Änderungen zu, die für die Aktionäre positiv waren.[1126]

Eine weitere Verpflichtung zur Nachbesserung sah Art. 15 vor: Veröffentlichte der Bieter nach dem Ende der Angebotsfrist ein besseres freiwilliges Übernahmeangebot, musste er bei denjenigen, die das vorhergegangene Angebot angenommen haben, nachbessern. Dies gebot die Gleichbehandlung und verhinderte, dass der Bieter mit neuen Angeboten den Markt lediglich „testete“.[1127] Eine ähnliche Vorschrift beinhalteten bereits die Leitsätze für Übernahmeangebote.[1128] Bedingt durch den Druck von Aktionärsvereinigungen bildete sich jedoch die Praxis heraus, eine Nachbesserung für alle Arten eines neuen Übernahmeangebots des Bieters zu verlangen. Machten innerhalb von 18 Monaten Konzernierungsmaßnahmen eine Abfindung nötig[1129] oder wurde

---

1121 *Übernahmekommission*, Anmerkungen zum Übernahmekodex, zu Art. 14, S. 22.

1122 Vgl. *Kallmeyer*, AG 1996, 169 (170).

1123 Art. 14 Satz 1 Übernahmekodex 1997; *Übernahmekommission*, Anmerkungen zum Übernahmekodex, zu Art. 14, S. 22.

1124 *Übernahmekommission*, Anmerkungen zum Übernahmekodex, zu Art. 14, S. 22.

1125 Art. 14 Satz 3 Übernahmekodex 1997.

1126 Art. 14 Satz 1 Übernahmekodex 1997.

1127 *Schuster*, Die Bank 1995, 609 (610).

1128 C. 20. LSÜbernahmeangebote.

1129 Z.B. bei Abschluss eines Beherrschungs- und Gewinnabführungsvertrags nach § 305 AktG, Eingliederung gem. § 320b AktG oder Umwandlung, §§ 29, 207 UmwG.

in einer gerichtlichen Überprüfung der Angemessenheit einer gesetzlichen Abfindung[1130] ein höherer Preis als das ursprüngliche Angebot festgestellt, galten die neuen Bedingungen auch für die Aktionäre, die ihre Wertpapiere zuvor im Rahmen eines öffentlichen Übernahmeangebots abgegeben hatten. Für einen potentiellen Bieter wurden damit die Kosten für ein Übernahmeangebot und die spätere Einbindung der Gesellschaft über einen langen Zeitraum unkalkulierbar.[1131] Vor diesem Risiko wollte der Übernahmekodex den Bieter schützen. Die Nachbesserungspflicht bezog sich daher ausschließlich auf freiwillige öffentliche Angebote des Bieters[1132] und konnte schon nach zwölf Monaten enden. Keine Verpflichtung zur Nachbesserung traf den Bieter, wenn sein Angebot nur eine Reaktion auf ein konkurrierendes Angebot darstellte. Eine solche hätte ihn gegenüber seinem Wettbewerber unangemessen benachteiligten.[1133]

2. Pflichtangebot

Im Pflichtangebot nach Art. 16 spiegelte sich der Gleichbehandlungsgedanke am deutlichsten wieder. Seine Einführung erfolgte, um die Wertpapierinhaber der Zielgesellschaft an dem regelmäßig über den Börsenkurs liegenden Preis, der für die Übernahme der Mehrheit gezahlt wird, zu beteiligen und dadurch den Wert ihrer Kapitalanlage zu sichern.[1134] Der Aktionär wurde demnach weniger als Mitglied, sondern in erster Linie als Investor verstanden. Neben dem Konzernrecht, das die Rechtsposition schützt, sollte das obligatorische Angebot die Vermögensposition der Aktionäre sichern und zu einem Ausgleich zwischen den Aktionären führen. Derartige Verpflichtungen zu Übernahmeangeboten wurden von den zunehmend international agierenden Investoren in fast allen europäischen Ländern vorgefunden und daher auch in Deutschland erwartet.[1135] Das obligatorische Übernahmeangebot war folglich eine zentrale Vorschrift des Übernahmekodex.[1136]

1130 Z.B. § 305 f. AktG, § 34 UmwG.

1131 *Übernahmekommission*, Anmerkungen zum Übernahmekodex, zu Art. 15, S. 22 f.

1132 *Übernahmekommission*, Anmerkungen zum Übernahmekodex, zu Art. 15, S. 22; *Kallmeyer*, AG 1996, 169 (170).

1133 Vgl. auch *Übernahmekommission*, Anmerkungen zum Übernahmekodex, zu Art. 15, S. 23.

1134 *Übernahmekommission*, Anmerkungen zum Übernahmekodex, zu Art. 16, S. 24. Inwiefern dazu die vorgesehene Preisregel beitrug vgl. unten Seite 201 ff.

1135 Vgl. zu den Ländern mit einer Regelung oben Fn. 5 ff.; *Übernahmekommission*, Anmerkungen zum Übernahmekodex, zu Art. 16, S. 24; *Schuster*, Die Bank 1995, 609 (611).

1136 *Schander*, NZG 1998, 799 (801); *Schuster/Zschocke*, Übernahmerecht, S. 24.

a) Angebotsschwelle bei 50 %?

In der alten Fassung des Übernahmekodex war der Erwerb von 50 % aller Stimmrechte das auslösende Moment für ein Pflichtangebot.[1137] Der Bieter galt dann als Mehrheitsaktionär und musste den Aktionären der Zielgesellschaft ein Angebot unterbreiten.[1138] Dieser im internationalen Vergleich hohe Schwellenwert wurde mit Besonderheiten des deutschen Gesellschaftsrechts – insbesondere mit dem Konzernrecht – begründet, die die Ausübung von Mehrheitsherrschaft erschweren.[1139] Ein beherrschender Einfluss auf der Hauptversammlung könne erst mit der Mehrheit der Stimmrechte ausgeübt werden, Satzungsänderungen und die Abberufung von Aufsichtsratsmitgliedern erforderten sogar 75 % der Stimmen. Dass die Mehrheit der Stimmen wegen niedriger Hauptversammlungspräsenzen häufig schon mit weniger als 50 % des Grundkapitals erreicht werden kann,[1140] vermochte den Ansatz der Schwelle nicht zu beeinflussen. Die Anwesenheit variiere so stark, dass sich der Inhaber von 30 % oder 40 % einer Mehrheit nicht sicher sein könne und daher die Präsenzmehrheit nicht als Grundlage für den Schwellenwert in Frage komme.[1141] Zudem sei die 50 %-Schwelle praktikabel, weil das Erreichen dieses Anteils ohnehin gemäß § 21 WpHG meldepflichtig ist und eine zusätzliche Überwachung daher entfalle.[1142]

Die 50 %-Schwelle begegnet aber zahlreichen Bedenken: Konkurrierende Angebote werden durch die 50 %-Schwelle verleidet. Hat ein Bieter bereits die Mehrheit aller Stimmrechte auf sich vereinigt, dürften die Wettbewerber in der Regel kaum Interesse daran haben, dem Bieter den Ausbau seiner Position streitig zu machen, weil für sie jedenfalls nur noch eine Minderheitsposition übrig bleibt.[1143] Ferner bedeutet eine Beteiligung an der Hälfte des Grundkapitals in der Praxis oftmals eine ¾-Mehrheit auf der Hauptversammlung, wo-

---

1137 Zustimmend: *Schiessl*, AG 1999, 442 (450); *Kallmeyer*, ZIP 1997, 2147 (2148).

1138 Art. 16 Abs. 1 Übernahmekodex 1995. Strenggenommen müsste man mehr als 50 % aller Stimmrechte halten, um Mehrheitsaktionär zu sein.

1139 Vgl. *Baumann*, WM 1996, 901 (901); *Schuster*, Die Bank 1995, 609 (611 f.); *Thoma*, ZIP 1996, 1725 (1727).

1140 S.o. Seite 27.

1141 *Übernahmekommission*, Anmerkungen zum Übernahmekodex, zu Art. 16, S. 25. *Pietzke*, FS Fikentscher 1998, S. 601 (604).

1142 *Assmann*, AG 1995, 563 (571); *Übernahmekommission*, Anmerkungen zum Übernahmekodex, zu Art. 16, S. 25.

1143 Ein rivalisierender Bieter kann de facto die Mehrheit nicht mehr erreichen, weil der ursprüngliche Bieter sie bereits besitzt; s. auch *Assmann*, AG 1995, 563 (571); *Sandberger*, DZWir 1993, 319 (324); *Wymeersch* in: *Hopt/Wymeersch*, European Takeovers, S. 351 (360), vgl. auch oben Seite 75.

durch der Bieter sogar wesentliche Entscheidungen treffen kann.[1144] Wegen dieser Präsenzquote erlauben es Beteiligungen unterhalb der Angebotsschwelle potentiellen Bietern, das Unternehmen in ihrem Sinne zu dominieren, ohne dass die de facto-Minderheit der übrigen Aktionäre durch ein obligatorisches Übernahmeangebot geschützt wäre.[1145]

Schließlich wirft dieser Schwellenwert noch die Frage auf, zu welchem systematischen Zeitpunkt die Angebotspflicht eingreifen soll. Dabei stehen zwei Alternativen zur Verfügung: Die Pflicht, ein obligatorisches Übernahmeangebot abzugeben, könnte entweder in dem Moment entstehen, in dem der Erwerber die Kontrolle tatsächlich erlangt oder die Abgabe des Angebots wird bereits fällig, kurz bevor er die Kontrolle erreicht. Letztere Alternative birgt Unsicherheiten bezüglich der Erkennbarkeit einer solchen Situation, denn es müssten Großaktionäre ausgenommen werden, die keine Ambitionen auf das Erlangen der Kontrolle hegen. Dies aber macht eine Prüfung der Absichten potentieller Bieter notwendig – ein Unterfangen, das sich tatsächlich nur schwer durchführen lässt und daher schon im EU-Richtlinienvorschlag von 1990 verworfen worden war.[1146]

Aber auch die erste Alternative hätte einen Nachteil. Die Aktionäre wären nämlich nicht mehr in der Lage, selbst über den Erfolg des Angebots zu bestimmen, weil der Bieter bereits die Kontrolle erworben hätte. Damit ginge ein wesentlicher Vorteil des Pflichtangebots verloren.[1147] Um in diesem Fall das Selbstbestimmungsrecht der Aktionäre über den Ausgang des Übernahmeangebots dennoch zu ermöglichen, wäre allenfalls ein Verbot für den Akquisiteur denkbar, das ihm untersagte, bei abgelehntem Übernahmeangebot seinen Mehrheitsanteil an den Stimmrechten auszuüben. Dies käme jedoch einer nicht wünschenswerten Wiedereinführung der Höchststimmrechte durch die Hintertür gleich, bei der sogar die Minderheit die Höchststimmzahl der Mehrheit diktieren könnte. Beide Lösungswege führen also nicht zu befriedigenden Ergebnissen.

Indes wirkt sich die Problematik des systematischen Zeitpunktes in der Praxis nur dann aus, wenn der Schwellenwert bei 50 % der nominalen Stimmrechte festgelegt wird, weil hier der Erwerber die Mehrheit unumstößlich in den Händen hält. Setzt man den Schwellenwert unterhalb davon an, etwa bei der

---

[1144] *Diekmann*, WM 1997, 897 (903); *Thoma*, ZIP 1996, 1725 (1727).

[1145] So auch *Munscheck*, RIW 1995, 998 (999 f.); *Thoma*, ZIP 1996, 1725 (1727).

[1146] Vgl. Art. 4 Abs. 1 Richtlinienvorschlag 1989 und 1990, a.a.O. (Fn. 601 und 605); dazu *Basaldua* in: *Assmann/Basaldua/Bozenhardt/Peltzer*, Übernahmeangebote, S. 157 (170 f.); *Baums*, ZIP 1989, 1376 (1380).

[1147] Nach *Wirth/Weiler*, DB 1998, 117 (120), bedeutete ein Pflichtangebot nach Kontrollerwerb eine ineffiziente Überregulierung.

faktischen Kontrollmehrheit, bleibt zumindest die theoretische Möglichkeit, dass ein anderer Bieter eine größere Beteiligung erwerben kann. Zudem können die Wertpapierinhaber der Zielgesellschaft durch ihre persönliche Verkaufsentscheidung über den Erfolg des Angebots bestimmen, womit der endgültige Ausgang wieder in die Hände der Aktionäre gelegt wird. Bezieht sich der Schwellenwert nicht auf die absolute Mehrheit am Grundkapital, sondern auf faktische Mehrheitsverhältnisse, ist es unerheblich, ob er tatsächlich die Kontrollmehrheit markiert oder nicht. Festzuhalten ist demnach, dass ein Schwellenwert von 50 % und mehr für ein Pflichtangebot unbrauchbar ist.[1148] Der Schwellenwert ist vielmehr so anzusetzen, dass er mit hinreichender Wahrscheinlichkeit unterhalb der faktischen Mehrheit liegt. Dadurch wird auch die Notwendigkeit umgangen, den subjektiven Übernahmewillen des Erwerbers zu ergründen, denn dieser wird mit Erreichen der Schwelle fingiert, so dass es auf die Frage nach dem systematischen Zeitpunkt nicht mehr ankommt.

b) Kontrolle als Angebotsschwelle

Die Börsensachverständigenkommission hatte sich aus den vorgenannten Gründen dazu entschieden, das Pflichtangebot zu verschärfen: Danach war der Bieter verpflichtet, unverzüglich ein Übernahmeangebot abzugeben, wenn er die Kontrolle über die Zielgesellschaft erreicht hatte.[1149] Der Kontrollbegriff wurde nicht einheitlich definiert, sondern in vier alternative Tatbestände aufgeteilt, bei deren Vorliegen die Kontrolle über die Zielgesellschaft unterstellt wurde. Die alte Angebotsschwelle bildete den ersten Unterfall.[1150] Danach hat die Kontrolle erreicht, wer einschließlich der nach § 22 Abs. 1 WpHG analog hinzuzurechnenden Stimmrechte über deren Mehrheit verfügte, sprich 50 % des Grundkapitals hielt.[1151] Der zweite Fall betraf Pooling beziehungsweise Shareholder-Agreements, also die Fälle, in denen dem Bieter aufgrund von Vereinbarungen mit anderen Aktionären der Zielgesellschaft die Mehrheit der

[1148] A.A. wohl *Schiessl*, AG 1999, 442 (450); *Kallmeyer*, ZIP 1997, 2147 (2148), der sich zuvor in ZHR 161 (1997), 435 (443), für eine Absenkung des Schwellenwerts auf 25 % aussprach.

[1149] Art. 16 Abs. 1 Satz 1 Übernahmekodex 1997.

[1150] Vgl. *Übernahmekommission*, Anmerkungen zu den Änderungen des Übernahmekodex, S. 2.

[1151] Art. 16 Abs. 1 Satz 2 Punkt 1 Übernahmekodex 1997; für § 22 WpHG ist allerdings nicht endgültig geklärt, ob die Mehrheit aller Stimmrechte oder die faktische Mehrheit maßgeblich ist, vgl. *Assmann*, WpHG, § 22 Rn. 55 ff. Durch den Vergleich mit Art. 16 Abs. 1 Satz 2 Punkt 4 Übernahmekodex 1997 lässt sich aber schließen, dass im Kodex die Mehrheit aller Stimmrechte gemeint ist; kritisch: *Benner-Heinacher*, DB 2521 (2522 in Fn. 12); *Raschke*, Diskussionsbericht, ZHR 161 (1997), 455 (456).

Stimmrechte allein oder gemeinsam zustand.[1152] Ferner besaß Kontrollmacht, wem das Recht zustand, die Mehrheit der Mitglieder des Verwaltungs-, Leistungs- oder Aufsichtsorgans zu bestellen oder abzuberufen.[1153] Insoweit waren die Bestimmungen der Kontrolle an § 290 Abs. 2 und 3 HGB sowie § 22 Abs. 3 WpHG angelehnt. Die wesentliche Neuerung fand sich im letzten Kontrolltatbestand. Danach war zur Abgabe eines Übernahmeangebots verpflichtet, „wer durch Erwerb oder auf sonstige Weise ein Stimmrechtsanteil erlangt, der bei der ersten Beschlussfassung in allen drei vorhergehenden ordentlichen Hauptversammlungen der Zielgesellschaft zu einem Stimmrechtsanteil von jeweils mindestens drei Vierteln des präsenten, stimmberechtigten Grundkapitals geführt hätte."[1154] Hier zollte der Übernahmekodex der Tatsache Tribut, dass bei niedriger Präsenz auf der Hauptversammlung mit der Mehrheit aller Stimmrechte ein erheblicher Einfluss geltend gemacht werden kann.[1155] Dabei wurde in Kauf genommen, dass die gewonnene Flexibilität und Einzelfallgerechtigkeit[1156] zu Lasten der Rechtssicherheit ging, die ein verbindlich festgelegter Schwellenwert bietet.[1157] Die Einführung der qualifizierten Präsenzmehrheit als Kontrollschwelle führte ferner zu einer Erweiterung des Anwendungsbereiches des Pflichtangebots.[1158] Die Inhaber größerer Aktienpakete mussten sich daher an der Präsenz orientieren, bevor sie weitere Zukäufe tätigten, um eine Angebotspflicht zu vermeiden. Der Rekurs auf die Präsenzen der letzten drei ordentlichen Hauptversammlungen[1159] bewahrte dabei vor den Folgen zufälliger Ausschläge der Anwesenheitsquote.

Innerhalb der Beurteilung der Kontrolle blieben Wertpapiere grundsätzlich unberücksichtigt, die zum Handelsbestand gehörten und für die entsprechend der Regelung des § 23 Abs. 2 WpHG eine Befreiung durch das Bundesaufsichtsamt für den Wertpapierhandel erteilt worden war.[1160] War ferner abseh-

---

1152 Art. 16 Abs. 1 Satz 2 Punkt 2 Übernahmekodex 1997. Die Vereinbarungen über den Aktienpool hätten also den Fall vorsehen sollen, dass durch Zukauf eines Angehörigen des Pools der gesamte Pool über die Angebotsschwelle steigen könnte.

1153 Art. 16 Abs. 1 Satz 2 Punkt 3 Übernahmekodex 1997.

1154 Art. 16 Abs. 1 Satz 2 Punkt 4 Übernahmekodex 1997.

1155 Vgl. *Benner-Heinacher*, DB 2521 (2522), der diese Regelung noch nicht weit genug geht.

1156 *Übernahmekommission*, Drei Jahre Übernahmekodex, S. 14.

1157 *Kallmeyer*, ZIP 1997, 2147 (2148); *Krause*, WM 1996, 893 (899); *Wirth/Weiler*, DB 1998, 117 (118).

1158 Bei einer Hauptversammlungspräsenz von durchschnittlich 50 % muss ein Übernahmeangebot schon bei einem Stimmrechtsanteil von 37,5 % abgegeben werden; vgl. auch *Wirth/Weiler*, DB 1998, 117 (117).

1159 Eine solche Rückschau nimmt auch der BGH zur Bestimmung des beherrschenden Einflusses vor, vgl. BGH, ZIP 1997, 887 (890) (VW) und BGHZ 69, 334 (347).

1160 Art. 16 Abs. 3 Übernahmekodex 1997.

bar, dass mit einem freiwilligen Angebot die Kontrollschwelle überschritten wurde, konnte direkt ein freiwilliges Pflichtangebot abgegeben werden. Dies waren freiwillige Angebote, die sich aber nach den Voraussetzungen eines Pflichtangebots richteten. Dadurch wurde verhindert, dass nach dem freiwilligen Angebot sofort ein neues Pflichtangebot abgegeben werden musste, um Kosten zu sparen.[1161]

c) Umfang

Das Pflichtangebot war an alle in der Zielgesellschaft verbliebenen Aktionäre zu richten[1162] und erstreckte sich auf sämtliche Wertpapiere.[1163] Teilangebote waren im Gegensatz zum EU-Richtlinienvorschlag und im Einklang mit dem Übernahmegesetz nur außerhalb des Pflichtangebots zulässig, wenn die Kontrollschwelle nicht überschritten wurde oder nach einem erfolgten Pflichtangebot die Mehrheitsbeteiligung ausgebaut werden sollte.[1164] Da die Nachbesserungspflicht aus Art. 15 vor der Gefahr einer Front-end Loaded Offer[1165] schützte, stellte die Angebotspflicht auf 100 % der Wertpapiere hauptsächlich eine Chance für die Aktionäre dar, der Minderheitsposition im Ganzen auszuweichen.

Dass die Kontrolle über eine „Zielgesellschaft"[1166] erforderlich war, heiß nicht, dass die bisherige Beteiligung durch ein vorangegangenes freiwilliges Angebot erlangt werden musste. Die vier Kontrolltatbestände gingen davon aus, dass der Bieter über bestimmte Beteiligungen „verfügte", dass diese ihm zustanden oder er sie auf „sonstige Weise" erworben hatte.[1167] Folglich war das obligatorische Übernahmeangebot von der Erwerbsform unabhängig, das Wort „Zielgesellschaft" wurde nur der begrifflichen Einheit halber verwendet.

[1161] Dies wird von der Geschäftsstelle der Übernahmekommission in ständiger Praxis gebilligt; dazu *Übernahmekommission*, Drei Jahre Übernahmekodex, S. 27.

[1162] Art. 16 Abs. 1 Satz 1 Übernahmekodex 1997.

[1163] Abgesehen von stimmrechtslosen Vorzugsaktien, vgl. oben unter „Maßgebliche Wertpapiere", Seite 174.

[1164] Vgl. zum Richtlinienvorschlag 2000 Seite 138; *Übernahmekommission*, Anmerkungen zum Übernahmekodex, zu Art. 10, S. 19. § 32 WpÜG verbietet Teilangebote bei Angeboten, die den Kontrollerwerb zum Ziel haben.

[1165] Dazu s.o. Seite 43.

[1166] Art. 16 Abs. 1 Satz 1 Übernahmekodex 1997.

[1167] Vgl. Art. 16 Abs. 1 Satz 2 Punkt 1 bis 4 Übernahmekodex 1997; so auch *Wirth/Weiler*, DB 1998, 117 (119).

Also löste auch das Erreichen der Kontrolle durch die Übernahme eines Aktienpakets von einem Mehrheitsaktionär die Angebotspflicht aus.[1168]
Nachdem die Kontrolle erlangt worden war, musste das obligatorische Übernahmeangebot abgegeben werden. Ausschlaggebender Zeitpunkt war der des letzten Verfügungsgeschäftes (closing), ab dem die Rechte aus den Wertpapieren tatsächlich ausgeübt werden konnten und der Bieter die Kontrollschwelle erreichte.[1169] Die dem Bieter in der alten Fassung eingeräumte Frist von insgesamt 21 Monaten[1170] zur Abgabe des Angebots wurde für notwendig gehalten, um ihm ausreichend Zeit zu gewähren, von den Ausnahmetatbeständen Gebrauch zu machen. In diesem Zeitraum könne er die erforderlichen Vorbereitungen treffen und gesetzlichen Veröffentlichungs- und Einladungsfristen nachkommen, die für die Aktivierung der Minderheitsrechte des Gesellschaftsrechts (Unternehmensvertrag, Eingliederung und Verschmelzung) notwendig sind.[1171] Gleichwohl sollte der Bieter unverzüglich nach Überschreiten der 50 %-Schwelle eine Aussage über seine Absichten hinsichtlich einer Konzernierung treffen.[1172]
Jedoch erschien diese Frist, insbesondere im Vergleich zum City Code, der eine unverzügliche Angebotspflicht vorsieht,[1173] unangemessen lang.[1174] Eine Stärkung des Finanzplatzes konnte nicht damit erreicht werden, dass der Anlegerschutz unter Hinweis auf nationale Besonderheiten verwässert wird. Besonders internationale Investoren schreckte dies ab.[1175] Dem trug die Änderung des Kodex Rechnung, denn das Angebot war nunmehr unverzüglich[1176] abzugeben. Nur für den Fall, dass der Bieter konzernrechtliche Maßnahmen veranlassen wollte und unverzüglich eine dahingehende Absicht kundtat,

---

1168 *Übernahmekommission*, Standpunkte, S. 12; *Mayer/Zschocke*, ÖBA 1996, 711 (715). Das erstmalige Erlangen der Kontrolle war daher nur ein Unterfall des Kontrollwechsels; kritisch dazu: *Weisgerber*, ZHR (161) 1997, 421 (428).

1169 *Übernahmekommission*, Anmerkungen zu den Änderungen des Übernahmekodex, S. 3.

1170 Art. 16 Abs. 1 Übernahmekodex 1995. Der Bieter hatte 18 Monate Zeit, konzernrechtliche Maßnahmen zu ergreifen. Tat er dies nicht, musste er innerhalb von weiteren drei Monaten ein Angebot abgeben.

1171 *Übernahmekommission*, Anmerkungen zum Übernahmekodex, zu Art. 16, S. 24; *Schuster*, Die Bank, 1995, 609 (612).

1172 *Thoma*, ZIP 1996, 1725 (1728); *Übernahmekommission*, Anmerkungen zum Übernahmekodex, zu Art. 16, S. 24.

1173 Vgl. Rule 2.2 (a) City Code, a.a.O. (Fn. 5).

1174 *Thoma*, ZIP 1996, 1725 (1727).

1175 *Thoma*, ZIP 1996, 1725 (1728, 1733).

1176 Also ohne schuldhaftes Zögern gem. § 121 Abs. 1 BGB, *Schuster/Zschocke*, Übernahmerecht Nachtrag, S. 2; § 35 WpÜG differenziert: Das Überschreiten der Kontrollschwelle muss der Bieter unverzüglich veröffentlichen (Abs. 1), spätestens nach vier Wochen muss er seine Angebotsunterlagen vorlegen (Abs. 2).

wurde die Frist auf 18 Monate ausgedehnt. Gab er diese Absicht auf oder kamen keine entsprechenden Beschlüsse zustande, lebte die sofortige Angebotspflicht wieder auf.[1177]
Anteilsbestände, die vor Inkrafttreten des Übernahmekodex erworben worden waren und den Schwellenwert überschritten, lösten keine Angebotspflicht aus.[1178] Die Börsensachverständigenkommission sah in einer Rückwirkung über das Inkrafttreten hinaus rechtliche Bedenken.[1179] Inwieweit diese im Rahmen einer freiwilligen Selbstverpflichtung tatsächlich bestanden, sei hier dahingestellt. Jedenfalls wäre eine solche Rückwirkung schwer zu vermitteln gewesen, zumal sich eine relative Rückwirkung schon daraus ergab, dass ein über die Angebotsschwelle hinausgehender Anteilserwerb nach Inkrafttreten auch dann eine Angebotspflicht auslöste, wenn die Anerkennung des Kodex erst später erfolgte.[1180]
Ferner entfiel die Angebotspflicht, wenn die Kontrolle über eine Gesellschaft mit Sitz im In- oder Ausland erreicht und damit nur mittelbar die Kontrolle über ein inländisches börsennotiertes Unternehmen erworben worden war.[1181] Ging lediglich die Mehrheitsbeteiligung innerhalb eines Konzerns über, so löste dieser Vorgang kein obligatorisches Übernahmeangebot aus.[1182] Letztere Ausnahme rechtfertigte sich vor dem Hintergrund, dass den Aktionären der Untergesellschaft keine neue Konzernspitze vorangestellt wurde. Der mittelbare Kontrollerwerb durch Übernahme einer Holding hätte jedoch zumindest in den Fällen eine Angebotspflicht begründen sollen, in denen die Erlangung der mittelbaren Kontrolle wesentlicher Zweck des Erwerbs gewesen war.[1183] In diesen Fällen schlug der Kontrollwechsel auf die Aktionäre der Untergesellschaft durch.

d) Ausnahmen

Neben der Möglichkeit, dass die Übernahmekommission den Bieter von der Angebotspflicht befreite,[1184] beinhaltete Art. 16 Abs. 2 drei Ausnahmetatbestände, deren letzter in vier Alternativen untergliedert war. Der erste Tatbe-

---

1177 Art. 16 Abs. 2 a.E. Übernahmekodex 1997.

1178 Vgl. dazu die Übergangsregeln, abgedruckt in AG 1998, R 220.

1179 *Übernahmekommission*, Anmerkungen zum Übernahmekodex, zu Art. 16, S. 25.

1180 *Weisgerber*, ZHR 161 (1997), 421 (427).

1181 *Übernahmekommission*, Anmerkungen zu den Änderungen des Übernahmekodex, S. 3.

1182 Z.B. bei Umstrukturierungsmaßnahmen, *Übernahmekommission*, Anmerkungen zum Übernahmekodex, zu Art. 16, S. 25.

1183 So auch die *Übernahmekommission*, Anmerkungen zu den Änderungen des Übernahmekodex, S. 3.

1184 Art. 23 Satz 2 Übernahmekodex 1997, dazu unten Seite 206 ff.

stand ließ die Angebotspflicht entfallen, wenn die Wertpapiere nur vorübergehend gehalten worden waren, um sie an Dritte weiter zu platzieren.[1185] Genauso wenig angebotspflichtig machte sich ein Wertpapierinhaber, der die Kontrolle unbeabsichtigt erreichte und unverzüglich wieder abgab.[1186] Eine derart kurzfristige Kontrollübernahme gab dem Inhaber dieser Wertpapiere keine Gelegenheit, Einfluss auf die Gesellschaft zu nehmen; er hätte dies auch regelmäßig nicht beabsichtigten. In diesen Fällen war der Ausschluss einer Angebotspflicht gerechtfertigt.

Im dritten Ausnahmetatbestand wurden die Besonderheiten des deutschen Gesellschaftsrechts integriert.[1187] Kein Pflichtangebot war abzugeben, wenn der Inhaber der Kontrolle Beschlüsse beabsichtigte, die einen Unternehmensvertrag (§§ 291 ff. AktG), die Eingliederung (§§ 319 ff. AktG), den Formwechsel (§§ 190 ff. UmwG) oder die Verschmelzung der Zielgesellschaft (§§ 2 ff. UmwG) zum Gegenstand hatten oder die Zielgesellschaft ihn per Beschluss von der Abgabe eines Pflichtangebots befreite.[1188] Waren diese konzernrechtlichen Maßnahmen schon vor Erreichen der Kontrolle beschlossen worden, entfiel das Pflichtangebot ebenfalls.[1189] Sollte die Zielgesellschaft den Inhaber der Kontrolle von der Angebotspflicht befreien, durfte er bei der Beschlussfassung darüber seine Stimmrechte nicht ausüben.[1190] Über das hierzu notwendige Quorum schwieg der Kodex, so dass von einer einfachen Mehrheit ausgegangen werden konnte.[1191] Andererseits bedeutete dies, dass schon mit 25 % des Grundkapitals ein solcher Beschluss möglich war,[1192] wohingegen für einen Unternehmensvertrag, eine Verschmelzung oder einen Formwechsel mindestens eine ¾ Mehrheit[1193] erforderlich war.

Der Vorrang konzernrechtlicher Maßnahmen unterstrich nicht nur das Bestreben der Börsensachverständigenkommission, die Regelung für Übernahmeangebote in den Kontext des deutschen Rechts einzubetten, sondern er verdeutlichte auch die Subsidiarität des Übernahmekodex zum Konzernrecht[1194]. Wo

---

1185 Art. 16 Abs. 2 Punkt 1 Übernahmekodex 1997.

1186 Art. 16 Abs. 2 Punkt 2 Übernahmekodex 1997.

1187 *Pietzke*, FS Fikentscher 1998, S. 601 (619).

1188 Art. 16 Abs. 2 Punkt 3 Spiegelstrich 1 bis 5 Übernahmekodex 1997.

1189 *Übernahmekommission*, Anmerkungen zu den Änderungen des Übernahmekodex, S. 3.

1190 Art. 16 Abs. 2 Punkt 3 Spiegelstrich 5 Übernahmekodex 1997.

1191 *Assmann*, AG 1995, 563 (569 f.).

1192 Da die Beteiligung des Bieters von 50 % ausfiel; vgl. auch *Kallmeyer*, AG 1996, 169 (170).

1193 § 293 Abs. 1 Satz 2 AktG bzw. §§ 65 Abs. 1 Satz 1, 233 Abs. 2 Satz 1, 240 Abs. 1 Satz 1 UmwG. Eine Eingliederung setzt sogar eine Beteiligungsquote von 95 % voraus, § 320 Abs. 1 Satz 1 AktG.

1194 *Loehr*, WM 1997, 1374 (1374).

dieses für die Aktionäre eine Abfindung vorsieht, wenn sie die Gesellschaft verlassen,[1195] kam ihnen der Schutz durch das obligatorische Übernahmeangebot nicht mehr zugute. Das Pflichtangebot sollte nur eingreifen, wenn ein gesetzlicher Schutz der Vermögensposition für ausstiegswillige Aktionäre nicht bestand. Diese Subsidiarität erschien aus dem gesellschaftsrechtlichen Blickwinkel konsequent, wurde hier doch der Minderheitenschutz ergänzt. Gleichwohl war diese Zurückhaltung im Anwendungsbereich des Pflichtangebots nicht angebracht: Der direkte Vergleich zwischen dem Pflichtangebot und dem Konzernrecht hat gezeigt, dass das Konzernrecht kein qualitativ gleichwertiges Schutzniveau bieten kann.[1196] Insbesondere die Höhe der Abfindung erreicht die eines Übernahmeangebots nicht.[1197] Dass die Börsensachverständigenkommission dennoch den Kompromiss eingegangen war, einerseits das Konzernrecht nicht zu überlagern, andererseits aber an einem Pflichtangebot festzuhalten, ließ sich auch mit dem gewählten Regelungsansatz nur zum Teil erklären: Vorrangige Absicht war – das zeigt sich hier – nicht die Generierung einer möglichst hohen Anlagerendite, sondern es sollte eine Arbeitsplattform geschaffen werden, auf der Übernahmeangebote abgewickelt werden können.[1198] Dieses und andere Regelungsziele[1199] ergaben eine klare dogmatische Einordnung des Übernahmekodex in das Kapitalmarktrecht. Vor diesem Hintergrund aber ließen und lassen sich Abstriche im Minderheitenschutz durch ein subsidiäres Pflichtangebot nicht rechtfertigen. Es wäre zu kurz gegriffen, würde der Schutz der Aktionärsminderheit allein dem Gesellschaftsrecht mit der Begründung zugeordnet, es handele sich hierbei um Individualschutz, den das Kapitalmarktrecht nicht primär verfolge. Geht es um das Bestehen einer Regelung im internationalen Wettbewerb, müssen alle Standortfaktoren in das Kalkül einbezogen werden. Der Übernahmekodex sollte an die internationalen Standards anknüpfen und dadurch den Finanzplatz Deutschland für Investoren attraktiv machen. Die Gunst der Investoren gehört aber dem Finanzplatz, der ihre Interessen am besten schützt. Dieses Ziel verfehlte der Kodex durch die angeordnete Subsidiarität zum Konzernrecht.

1195 Die Aktionäre erhalten bei einem Unternehmensvertrag (§§ 291 ff. AktG) nach § 305 AktG, bei Eingliederung (§§ 319 ff. AktG) gem. § 320b AktG, bei Formwechsel (§§ 190 ff. UmwG) nach § 207 UmwG und bei Verschmelzung (§§ 2 ff. UmwG) nach § 29 UmwG eine Abfindung.

1196 S. zum Vergleich oben unter „Pflichtangebot und Konzernrecht", Seite 78 ff.

1197 Dies auch trotz der neuen Rechtsprechung des BVerfG, vgl. oben Seite 88; vgl. auch *Thoma*, ZIP 1996, 1725 (1729).

1198 Vgl. oben unter „Regelungsziel", Seite 165 ff.

1199 Etwa die Transparenz oder die Vermeidung von Marktverzerrungen, s.o. Seite 175 bzw. Seite 177.

e) Preisregel

Mit dem Pflichtangebot notwendigerweise verbunden ist eine Regelung über den Angebotspreis. Ihre Ausgestaltung entscheidet darüber, ob das obligatorische Übernahmeangebot einen effektiven Minderheitenschutz entfaltet oder der Bieter die Angebotspflicht durch eine unattraktive Preisgestaltung leer laufen lassen kann.[1200] Eine solche Preisregel galt im Kodex sinngemäß, wenn Wertpapiere im Wege eines Tausches angeboten wurden,[1201] denn eine Baralternative war nicht zwingend vorgeschrieben.[1202] Die alte Fassung der Preisregel sah vor, dass sich, wenn nach Erreichen der Angebotsschwelle kein weiterer Zukauf stattgefunden hatte, der Preis nach dem aktuellen Börsenpreis richten sollte. Angesichts des Zeitraums von 21 Monaten, der dem Bieter nach Überschreiten der Angebotsschwelle zur Abgabe seines Pflichtangebots blieb, wurde angenommen, dass nur der aktuelle Börsenkurs den Wert der Zielgesellschaft am Markt ausdrücke.[1203] Darüber hinaus durfte dieser Preis bis zu 25 % unter demjenigen liegen, den der Bieter in den sechs Monaten vor Überschreiten der Angebotsschwelle im Mittel für Wertpapiere der Zielgesellschaft gezahlt hatte.[1204] Der für die Übernahme der Aktienmehrheit gezahlte Preis spiegele den Wert wieder, den die Kontrolle für den Bieter habe. Der Abschlag von maximal 25 % lasse sich damit erklären, dass größere Aktienpakete unter Umständen teurer sein können als der relative Börsenpreis einzelner Aktien, denn gebündelte Stimmrechte vermitteln direkt einen nennenswerten Einfluss und treiben, anders als ein kontinuierlicher Zukauf über die Börse, auch nicht den Kurs in die Höhe.[1205]

Sicherlich wird für ein Aktienbündel aus den aufgeführten Gründen ein Paketzuschlag gezahlt, jedoch ist ein Ziel des Pflichtangebots, dass auch die anderen Wertpapierinhaber der Zielgesellschaft von diesem Zuschlag, nämlich der Kontrollprämie, profitieren.[1206] Dies tun sie aber gerade nicht, wenn der Aufpreis vom Angebotspreis abgezogen werden kann.[1207] Ferner konnte der Bieter bis zur Abgabe seines Angebots schon eine Weile seine Kontrollmacht aus-

---

1200 Vgl. oben Seite 75.

1201 Art. 17 Abs. 3 Übernahmekodex 1997.

1202 Vgl. dazu § 305 Abs. 2 AktG, der bei herrschenden Unternehmen mit Sitz im Inland eine Abfindung in Aktien, ansonsten nur die Barabfindung zulässt und somit einen Wertvergleich erleichtert. Kritisch auch: *Schander*, NZG 1998, 799 (803).

1203 *Übernahmekommission*, Anmerkungen zum Übernahmekodex, zu Art. 17, S. 26.

1204 Art. 17 Abs. 1 Übernahmekodex 1995.

1205 *Übernahmekommission*, Anmerkungen zum Übernahmekodex, zu Art. 17, S. 26 f.; vgl. auch *Pietzke*, FS Fikentscher 1998, S. 601 (608).

1206 Vgl. dazu oben unter „Beteiligung an der Kontrollprämie", Seite 76 ff.

1207 *Thoma*, ZIP 1996, 1725 (1728).

üben, so dass sich unter Umständen die Bewertung der Zielgesellschaft verändert hat.[1208] Da der aktuelle Börsenkurs dies widerspiegelt, erleiden die Minderheitsaktionäre gegebenenfalls einen Wertverlust ihrer Anteile, bildete der niedrigere aktuelle Börsenpreis den Referenzwert. Durch das obligatorische Angebot soll ihnen aber die Möglichkeit gegeben werden, sich durch Verlassen der Gesellschaft vor ungewünschten Auswirkungen auf ihre Beteiligung zu schützen, die ein Kontrollwechsel mit sich bringen könnte.[1209]

Diese Argumentation wurde in der Neufassung des Art. 17 nur zum Teil berücksichtigt.[1210] Nach diesem konnte der Preis auf zwei Arten berechnet werden, die davon abhingen, wann der Bieter zuletzt Wertpapiere der Zielgesellschaft erworben hatte. Waren alle Käufe von Wertpapieren der Zielgesellschaft bis zu dem Zeitpunkt des Erreichens der Kontrolle durchgeführt worden, bemaß sich der Preis für das Pflichtangebot nach einem angemessenen Verhältnis zum höchsten Börsenpreis in den letzten drei Monaten vor Erreichen der Kontrolle.[1211] Bei der Ermittlung eines angemessenen Verhältnisses zwischen Angebots- und Börsenpreis waren auch spekulative Einflüsse zu berücksichtigen, auf die ein Kursanstieg hätte zurückgeführt werden können. Hierbei dienten der Branchenindex, die allgemeine Kursentwicklung und der Umsatz in den Wertpapieren der Zielgesellschaft zur Orientierung.[1212] Als höchster Börsenpreis galt das Preismaximum, das während der Referenzperiode an einer inländischen Börse gezahlt worden war, zu dem also tatsächlich Umsatz stattgefunden hatte.[1213] Das Verbot von Marktmanipulationen für Bieter und Zielgesellschaft, insbesondere die Beeinflussung des Börsenkurses in die gewünschte Richtung, galt ebenfalls in diesem Zusammenhang.[1214] Daher endete auch die Referenzperiode spätestens mit dem öffentlichen Bekanntwerden des Kontrollerwerbs.[1215] Durch die Bezugnahme auf den höchs-

---

1208 Der Bieter konnte darauf zum Nachteil der Minderheitsaktionäre spekulieren, *Assmann*, AG 1996, 169 (170).

1209 Vgl. zu diesen Auswirkungen oben Seite 36 ff.

1210 Vgl. auch *Benner-Heinacher*, DB 2521 (2523); nach Ansicht der Übernahmekommission wurde der Preisabschlag häufig „missverstanden", *Übernahmekommission*, Anmerkungen zu den Änderungen des Übernahmekodex, S. 3. Kritisch zu den Änderungen: *Pietzke*, FS Fikentscher 1998, S. 601 (608 und 618 f.).

1211 Art. 17 Abs. 1 Übernahmekodex 1997.

1212 *Übernahmekommission*, Anmerkungen zum Übernahmekodex, zu Art. 17, S. 26.

1213 Es war unerheblich, ob sich der Preis aus dem Präsenzhandel oder dem elektronischen Handel ergab, *Übernahmekommission*, Anmerkungen zu den Änderungen des Übernahmekodex, S. 4. Allerdings sollte bedacht werden, dass es bei engen Märkten leicht (etwa durch eine unlimitierte Order) zu Kursprüngen kommen kann.

1214 *Übernahmekommission*, Anmerkungen zum Übernahmekodex, zu Art. 17, S. 27.

1215 *Übernahmekommission*, Anmerkungen zu den Änderungen des Übernahmekodex, S. 4.

ten Börsenkurs wurde sichergestellt, dass sich Kursverluste im Zeitraum zwischen Kontrollerlangung und Abgabe des Angebots nicht im Preis des Pflichtangebots niederschlugen. Einen vollständigen Schutz gewährte diese Berechnung nicht: Die verbliebenen Aktionäre bekamen zwar den Wert angeboten, zu dem sie ihre Aktien vor dem Angebot hätten veräußern können, an der Kontrollprämie wurden sie aber nicht beteiligt, weil diese bei einer Paketübernahme außerhalb der Börse bezahlt wurde.
Wenn der Bieter zwischen dem Zeitpunkt der Erlangung der Kontrolle und dem der Abgabe des Pflichtangebots weitere Zukäufe tätigte, war bei der Ermittlung des Angebotspreises der gewogene Durchschnittspreis dieser Zukäufe zugrunde zu legen, sofern dieser höher als der Preis nach Abs. 1 war.[1216] Diese Preisanhebung berücksichtigte die Situation, dass der Wert der Anteile gestiegen und der Bieter bereit war, diesen Preis zu zahlen. Gewährte er aber anderen Wertpapierinhabern der Zielgesellschaft einen besseren Preis, verlangte die Gleichbehandlung, dass er diesen auch den übrigen Wertpapierinhabern bezahlen musste.[1217] Obwohl hier auch der außerbörslich gezahlte Preis miteinbezogen wurde, wurden bei näherer Betrachtung die Aktionäre dennoch nicht an der Kontrollprämie beteiligt. In dieser Konstellation war die Kontrolle schon übergegangen und daher war die Prämie bereits gezahlt worden. Insgesamt war daher festzustellen, dass auch die neue Preisregel hinter ihren Möglichkeiten zurückblieb und somit die Wirkung des Pflichtangebots einschränkte.

V. Pflichten der Zielgesellschaft

Art. 18 und Art. 19 beinhalteten spezielle Pflichten der Zielgesellschaft beziehungsweise ihres Managements. Sie ergänzten die Pflichten, die für die Zielgesellschaft bereits aus den Grundsätzen des Übernahmekodex hervorgingen, nämlich die gleichmäßige Versorgung der eigenen Aktionäre und der Konkurrenten des Bieters mit Informationen sowie das Verbot von Marktmanipulationen und -verzerrungen. Die folgenden Pflichten ergaben sich ungeachtet ihrer systematischen Stellung innerhalb des Übernahmekodex bei jeder Art von öffentlichem Übernahmeangebot, also nicht nur beim Pflichtangebot.[1218]

[1216] Art. 17 Abs. 2 Übernahmekodex 1997.
[1217] *Übernahmekommission*, Anmerkungen zum Übernahmekodex, zu Art. 17, S. 27.
[1218] *Übernahmekommission*, Anmerkungen zum Übernahmekodex, zu Art. 18, S. 27.

1. Stellungnahme zum Angebot

Die Zielgesellschaft hatte gemäß Art. 18 eine begründete Stellungnahme zum vorliegenden Übernahmeangebot abzugeben.[1219] Diese musste unverzüglich, spätestens jedoch zwei Wochen nach der Publikation des Angebots, veröffentlicht werden.[1220] Diese Frist sollte eventuellen Ausführungsproblemen kleinerer Gesellschaften Rechnung tragen und es ermöglichen, schwierige Bewertungsfragen, die sich besonders bei Tauschangeboten hätten ergeben können und für die es ratsam erschien, ein Kreditinstitut hinzuzuziehen, zu bewältigen.[1221] Im Rahmen dieser Stellungnahme hatte der Vorstand die Angebotsunterlagen eingehend zu prüfen und sicherzustellen, dass der Bieter alle nach den Kodex erforderlichen Informationen geliefert hatte.[1222] Da die Stellungnahme entscheidend zur Meinungsbildung bei den Aktionären beitragen sollte, war sie zu begründen. In der Abgabe von Werturteilen hätte aber ein Verstoß des Managements der Zielgesellschaft gegen das Neutralitätsgebot (Art. 19) und das Verbot von Marktverzerrungen liegen können,[1223] denn fiel die Stellungnahme für den Bieter negativ aus, bevormundet sie die Aktionäre als eigentliche Entscheidungsträger und gefährdete dadurch den Erfolg des Übernahmeangebots. In Verbindung mit der Verpflichtung zur Stellungnahme aus § 76 AktG[1224] waren Werturteile der Zielgesellschaft mit dem Kodex vereinbar, solange sie auf einer fundierten Tatsachenbasis beruhten und den Interessen der Aktionäre entsprachen.[1225]

2. Keine Verteidigungsmaßnahmen des Managements

Zwischen der Bekanntgabe eines öffentlichen Übernahmeangebots und der Offenlegung seines Ergebnisses war es dem Management der Zielgesellschaft untersagt, Maßnahmen zu ergreifen, die dem Interesse der Wertpapierinhaber, von dem Angebot Gebrauch zu machen, zuwiderliefen.[1226] Insbesondere durfte eine Kapitalverwässerung durch die Ausgabe neuer Wertpapiere und die Än-

---

1219 Dies entspricht Art. 9 Abs. 1 lit. b) Richtlinienvorschlag 2000, a.a.O. (Fn. 13).

1220 Falls diese Stellungnahme nicht schon zusammen mit dem Angebot veröffentlicht worden war, vgl. Art. 7 Nr. 10 Übernahmekodex 1997.

1221 *Übernahmekommission*, Anmerkungen zum Übernahmekodex, zu Art. 18, S. 27.

1222 Großkommentar AktG-*Hopt*, § 93 Rn. 130; *Kort*, FS Lutter, 2000, S. 1421 (1425).

1223 *Diekmann*, WM 1997, 897 (903); *Thoma*, ZIP 1996, 1725 (1730).

1224 Dazu oben Seite 103; Kölner Komm-*Mertens*, § 76 Rn. 26; *Assmann/Bozenhardt* in: *Assmann/Basaldua/Bozenhardt/Peltzer*, Übernahmeangebote, S. 1 (103 ff.); *Hopt*, ZHR 161 (1997), 368 (391, 411); *Thoma*, ZIP 1996, 1725 (1729).

1225 *Übernahmekommission*, Anmerkungen zum Übernahmekodex, zu Art. 18, S. 28; *Schuster*, Die Bank 1995, 609 (611).

1226 Art. 19 Abs. 1 Übernahmekodex 1997.

derung des Aktiv- und Passivbestandes in erheblichem Umfang nicht beschlossen werden. Ganz allgemein war der Abschluss von Verträgen, die außerhalb des gewöhnlichen Geschäftsbetriebes lagen, untersagt.[1227] Wegen dieser Generalklausel war der Katalog der verbotenen Maßnahmen nicht abschließend, sondern es wurden alle denkbaren Maßnahmen umfasst, die den Wert der Zielgesellschaft erheblich hätten verändern können.[1228] Ausgenommen von den Beschränkungen waren laufende Kapitalmaßnahmen oder die Erfüllung von Verträgen, die vor Bekanntgabe des Angebots abgeschlossen worden waren.[1229] Um Umgehungsmöglichkeiten zu beseitigen, war unter dem Verwaltungs- und Leitungsorgan im Sinne dieser Vorschrift nicht nur das der Zielgesellschaft, sondern auch das der mit der Zielgesellschaft verbundenen Unternehmen zu verstehen.[1230]

Die Einschränkung der Geschäftsführung folgt aus der Neutralitätspflicht des Managements, die sich aktienrechtlich bereits ex legem herleiten lässt.[1231] Demgegenüber können die Aktionäre durch einen Hauptversammlungsbeschluss dem Vorstand den Einsatz von Verteidigungsmaßnahmen erlauben. Nach dem Kodex bedurften derartige Maßnahmen im Falle eines öffentlichen Angebots einer „ausdrücklichen Genehmigung" der Hauptversammlung.[1232] Unklar blieb dabei, ob sich der Beschluss auf eine konkrete, in diesem Moment anstehende Abwehrmaßnahme beziehen musste oder ob auch eine allgemeine vorherige oder nachträgliche Zustimmung ausreichend war. Obwohl der Begriff der „Genehmigung" strenggenommen eine nachträgliche Zustimmung ausreichen ließ,[1233] war hier von der Notwendigkeit einer vorherigen Zustimmung auszugehen, weil die Interessen der Aktionäre nicht mehr geschützt werden konnten, wenn bereits Verteidigungsmaßnahmen erfolgreich durchgeführt worden waren und das Angebot damit vom Tisch war. Auch die

---

1227 Art. 19 Abs. 2 Übernahmekodex 1997.

1228 *Übernahmekommission*, Anmerkungen zum Übernahmekodex, zu Art. 19, S. 28; kritisch dazu: *Kallmeyer*, AG 1996, 169 (170 f.), der diese Einschränkungen auf für die Gesellschaft nachteilige oder belastende Maßnahmen begrenzen wollte.

1229 Art. 19 Abs. 3 Übernahmekodex 1997.

1230 Art. 19 Abs. 1 Übernahmekodex 1997.

1231 Vgl. dazu ausführlich oben unter „Neutralitätsgebot", Seite 99 ff.; ferner: *Assmann*, AG 1995, 563 (569); *Hopt*, ZHR 161 (1997), 368 (391, 411); *Thoma*, ZIP 1996, 1725 (1730 f.); *Übernahmekommission*, Anmerkungen zum Übernahmekodex, zu Art. 19, S. 28; vgl. auch oben Seite 103 ff.

1232 Art. 19 Abs. 3 Übernahmekodex 1997.

1233 Vgl. die Legaldefinition der Genehmigung in § 184 Abs. 1 BGB. Allerdings wird dieser Sprachgebrauch auch innerhalb des BGB nicht konsequent eingehalten und die Genehmigung oft als Oberbegriff für vorherige oder nachträgliche Zustimmung gebraucht, vgl. Palandt-*Heinrichs*, BGB, Einf v § 182 Rn. 1.

Möglichkeit einer allgemeinen vorher erteilten Zustimmung war nach dem Wortlaut des Kodex zu verneinen, denn nur so kam dem Wort „ausdrücklich" eine eigenständige Bedeutung zu.[1234] Die Aktionäre sollten also mit dem konkreten Angebot konfrontiert sein, wenn sie eine Entscheidung über Abwehrmaßnahmen trafen. Dies entspricht im Wesentlichen Art. 9 des Richtlinienvorschlags 2000, der vorsieht, dass die beschlussfassende Hauptversammlung während der Frist für die Annahme des Angebots stattfinden soll.[1235] Hier griff daher die gleiche Kritik: Wenn die Aktionäre durch einen wohl überlegten Beschluss dem Vorstand Abwehrmaßnahmen erlauben, ohne dass ein öffentliches Übernahmeangebot vorliegt, haben sie sich freiwillig ihres Schutzes begeben und sollten keine weitere Protektion mehr genießen.[1236]

VI. Übernahmekommission

1. Befugnisse und Struktur

Dem englischen Regelungsvorbild folgend wachte die Übernahmekommission über die Anwendung des Übernahmekodex. Ihr sollte dabei vor allem eine Schiedsfunktion zukommen.[1237] Die Kommission bestand aus Repräsentanten der Gruppe der Emittenten, der institutionellen Anleger, der Privatanleger, der Kreditinstitute und der Wertpapierdienstleistungsunternehmen.[1238] Sie war zuständig für die verbindliche Interpretation des Kodex und schlug der Börsensachverständigenkommission Aktualisierungen oder Fortschreibungen vor, die sie aus den Erfahrungen der Anwendung gewann.[1239] Die Besetzung mit Vertretern der betroffenen Verkehrskreise gewährleistete zudem die erforder-

---

1234 So auch *Assmann*, AG 1995, 563 (569). Dies verdeutlichte die *Übernahmekommission*, Standpunkte, S. 22.

1235 Art. 9 Abs. 1 lit. a) Richtlinienvorschlag 2000, a.a.O. (Fn. 13), vgl. oben unter „Verbot von Verteidigungsmöglichkeiten", Seite 145 ff.. Auch die Übernahmekommission bezog sich auf den EU-Richtlinienvorschlag, *Übernahmekommission*, Anmerkungen zum Übernahmekodex, zu Art. 19, S. 29.

1236 Vgl. dazu die grundsätzlichen Ausführungen oben unter „Abwehrmaßnahmen nur nach Beschluss der Hauptversammlung", Seite 103 ff.

1237 Begriffsbestimmungen: Übernahmekommission Übernahmekodex 1997. Vgl. zum Panel on Takeovers and Mergers *Defriez* in: *Schuster/Zschocke*, Übernahmerecht, S. 292.

1238 Art. 20 Nr. 4 und Nr. 2 Übernahmekodex 1997, dort auch weitere Organisationsvorschriften. Die Aufzählung der möglichen Gruppen, aus denen sich die Mitglieder zusammenstellen, ist nicht abschließend, *Übernahmekommission*, Anmerkungen zum Übernahmekodex, zu Art. 20, S. 29.

1239 *Übernahmekommission*, Anmerkungen zum Übernahmekodex, zur Übernahmekommission, S. 10.

liche Praxisnähe. Daher lag für die sachgerechte Ausübung der ihr zugedachten Schiedsfunktion das Auslegungsmandat bei der Übernahmekommission. Diese entschied auf Antrag über die Ernsthaftigkeit einer Übernahmeabsicht im Sinne von Art. 2 Abs. 2 sowie über die Angemessenheit des Preises bei einem Pflichtangebot. Obwohl von der Börsensachverständigenkommission bestellt, war die Übernahmekommission in der Durchführung ihrer Aufgaben unabhängig und weisungsfrei. Sie traf ihre Entscheidungen in letzter Instanz.[1240] Diese Schiedsfunktion kam der Übernahmekommission im Verhältnis zwischen den Parteien und der Geschäftsstelle zu, die ihrer Aufsicht unterstellt war.[1241] Letztlich diente die Klärung anfallender Fragen durch die Übernahmekommission der Vermeidung von Streit zwischen den Parteien.

Die Geschäftsstelle fungierte als Exekutivorgan der Übernahmekommission, insbesondere um die Einhaltung der Empfehlungen des Kodex zu überwachen.[1242] Zu diesem Zweck beriet die Geschäftsstelle die Parteien im Vorfeld eines öffentlichen Übernahmeangebots und überprüfte gemäß Art. 22 formal und inhaltlich das Angebot binnen zwei Wochen nach dessen Veröffentlichung auf Übereinstimmung mit dem Kodex. Dazu waren Bieter, Zielgesellschaft und die beteiligten Wertpapierdienstleistungsunternehmen gehalten, alle für die Beurteilung erforderlichen Informationen und Auskünfte an die Geschäftsstelle zu übermitteln.[1243] Ergaben sich Differenzen, hatte diese die Möglichkeit, die Parteien durch die Veröffentlichung ihrer Bemerkungen, Empfehlungen und Entscheidungen zur Einhaltung des Kodex zu drängen.[1244] Des Weiteren erarbeitete die Geschäftsstelle Entscheidungsvorlagen für die Übernahmekommission. Sie stand mit ihr in regelmäßigem Kontakt und unterrichtete sie bei aktuellen Anlässen und Fragen grundsätzlicher Bedeutung. Die Geschäftsstelle überwachte den angebotsauslösenden Schwellenwert und kontrollierte die Preisfindung beim Pflichtangebot.[1245]

1240 *Übernahmekommission*, Anmerkungen zum Übernahmekodex, zu Art. 20, S. 29.

1241 *Übernahmekommission*, Anmerkungen zum Übernahmekodex, zur Übernahmekommission, S. 10.

1242 Begriffsbestimmungen: Geschäftsstelle Übernahmekodex 1997.

1243 Diese Verpflichtung ergab sich aus der Anerkennung des Kodex selbst. Eine gesonderte Erklärung war nicht erforderlich, *Übernahmekommission*, Anmerkungen zum Übernahmekodex, zu Art. 22, S. 30.

1244 Art. 21 Abs. 2 Satz 1 Übernahmekodex 1997, vgl. auch oben Seite 170 f.

1245 Weitere Aufgaben der Geschäftsstelle waren die Führung, Aktualisierung und Veröffentlichung der Liste derjenigen Unternehmen, die den Kodex anerkannt hatten (Art. 21), die Überwachung von Bedingungen (Art. 9), die Entgegennahme von Meldungen (Art. 5 und 12), die Verlängerung der Angebotsfrist (Art. 14) sowie die Feststellung des Vorliegens von Ausnahmetatbeständen (Art. 12, 16 und 19), *Übernahmekommission*, Anmerkungen zum Übernahmekodex, zur Geschäftsstelle, S. 11.

Wie im Richtlinienvorschlag 2000[1246] wurde der Übernahmekommission in Art. 23 des Kodex eine Generalermächtigung erteilt, den Bieter oder die Zielgesellschaft von einzelnen Vorschriften des Kodex zu befreien. Dabei wurde explizit darauf hingewiesen, dass ein Dispens nicht nur innerhalb eines freiwilligen Angebots etwa in Form von Fristverlängerung oder Befreiung von einzelnen Veröffentlichungspflichten möglich war, sondern auch – neben den Ausnahmetatbeständen in Art. 16 Abs. 2 – für das Pflichtangebot selbst erteilt werden konnte.[1247] Voraussetzung für eine Befreiung war, dass die Anwendung der Vorschriften des Übernahmekodex berechtigten Interessen des Bieters, der Zielgesellschaft oder der Inhaber ihrer Wertpapiere geschadet hätte.[1248] Persönliche Ansichten des Bieters oder der Zielgesellschaft sowie Interessen einzelner Wertpapierinhaber blieben dabei unberücksichtigt.[1249] Dieser großzügige Handlungsrahmen sollte einerseits die flexible und praxisnahe Anwendung des Kodex sichern,[1250] ließ aber andererseits Raum für Rechtsunsicherheit. Daran konnte auch die obligatorische Begründung der Befreiung nicht viel ändern. Gleichwohl hatte die Übernahmekommission nur in drei Fällen Ausnahmen vom Pflichtangebot zugelassen.[1251]

2. Rechtsschutz

Der Rechtsschutz war bei Übernahmeangeboten nach dem Kodex in zweifacher Hinsicht bedeutsam: Sowohl als Rechtsschutz vor der Übernahmekommission als auch durch diese. Zu Letzterem war festzustellen, dass die Übernahmekommission beziehungsweise ihre Geschäftsstelle nur vor und während eines Übernahmeangebots tätig wurde, indem sie öffentlich auf Verstöße gegen den Kodex hinwies. Die Geschäftsstelle war befugt, sich mit der Veröffentlichung von Bemerkungen, Empfehlungen und Entscheidungen zum konkreten Fall und der Auslegung von Vorschriften des Kodex in ein laufendes Übernahmeangebot einzuschalten. Präventiv beabsichtigte die Veröffentli-

---

1246 Vgl. zur Möglichkeit von Ausnahmen im Richtlinienvorschlag 2000 oben Seite 155 f.

1247 Art. 23 Satz 2 Übernahmekodex 1997; *Übernahmekommission*, Anmerkungen zum Übernahmekodex, zu Art. 23, S. 32.

1248 Art. 23 Satz 1 Übernahmekodex 1997.

1249 *Übernahmekommission*, Anmerkungen zum Übernahmekodex, zu Art. 23, S. 32.

1250 *Übernahmekommission*, Anmerkungen zum Übernahmekodex, zu Art. 23, S. 32.

1251 In zwei Fällen befreite die Übernahmekommission vom Pflichtangebot nach Art. 16, um die Sanierung zu ermöglichen. Der dritte Fall betraf die Befreiung von der Verpflichtung zur Einräumung eines Rücktrittsrechts gem. Art. 14. Diese erfolgte aufgrund einer Selbstverpflichtung des Bieters, die angebotenen Aktien nicht an einen konkurrierenden Bieter weiterzuverkaufen und kein besseres Angebot abzugeben, *Übernahmekommission*, Drei Jahre Übernahmekodex, S. 35; dazu auch: *Bad Homburger Kreis/Übernahmekommission*, Übernahmeangebote, Bd. 1, S. 7 und Bd. 3, S. 7 und S. 17.

chung von Positivlisten eine faktische Bindung an den Übernahmekodex.[1252] Dies erzeugte Druck zur Einhaltung der Empfehlungen und damit einen mittelbaren Schutz der Wertpapierinhaber der Zielgesellschaft. Aber eine Vermittlungsfunktion dergestalt, dass sich die Aktionäre bei nicht kodexkonformen Verhalten des Bieters oder des eigenen Managements durch die Anrufung der Übernahmekommission hätten schützen können, ergab sich aus dem Kodex nicht. Im Vorfeld des Vertragsschlusses kam folglich der Übernahmekommission beziehungsweise ihrer Geschäftsstelle nur eine Kontrollfunktion zu, die mittelbar Streit zwischen den Parteien vermeiden sollte. Eine Schiedsfunktion, wie sie in der Begriffsbestimmung zur Übernahmekommission genannt ist,[1253] bestand für die Verhältnisse zwischen Wertpapierinhaber, Bieter und Zielgesellschaft nicht. Dafür hätten Wertpapierinhaber und Bieter eine Schiedsklausel abschließen müssen, die sich aber dem Kodex, selbst bei dessen vertraglicher Einbeziehung,[1254] nicht entnehmen ließ. Den Parteien stand insoweit der Rechtsweg der ordentlichen Gerichtsbarkeit offen, was im Einzelfall zu erheblichen Verzögerungen bei der Abwicklung des Angebots hätte führen können.

Die genannten Maßnahmen der Geschäftsstelle waren dazu gedacht, die Entscheidung der einzelnen Wertpapierinhaber der Zielgesellschaft zu beeinflussen und damit wohl auch in der Lage, dem Renommee des Unternehmens in der Öffentlichkeit zu schaden. Beides griff in die Ausübung der Geschäftstätigkeit des Bieters und auch der Zielgesellschaft ein.[1255] Andere Entscheidungen tangierten unmittelbar die finanzielle Seite, wie die Prüfung der Angemessenheit des Preises eines Pflichtangebots oder die Grenzziehung zwischen erlaubter Geschäftsführung und verbotenen Verteidigungsmaßnahmen. Daher spielte die Möglichkeit eines effektiven Rechtsschutzes, genauer gesagt die Überprüfbarkeit der Entscheidungen der Übernahmekommission und ihrer Geschäftsstelle, für die Betroffenen eine eminente Rolle.[1256]

Zur Wahrung der Interessen derjenigen, die durch die Veröffentlichung betroffen wurden, installierte der Kodex ein zweistufiges Verfahren. Zuerst war der Geschäftsstelle hinsichtlich der Bekanntmachung ihrer Bemerkungen, Emp-

---

[1252] Vgl. dazu oben unter Seite 170 ff.

[1253] Begriffsbestimmungen: Übernahmekommission Übernahmekodex 1997.

[1254] Durch die Unterwerfung gem. Art. 7 Nr. 18 Übernahmekodex 1997, vgl. oben unter „Individuelle Selbstverpflichtung", Seite 186 ff.

[1255] *Thoma*, ZIP 1996, 1725 (1732) sieht darin einen Eingriff in grundrechtliche Schutzbereiche; in diese Richtung auch *Kallmeyer*, ZHR 161 (1997), 435 (450 f.). *Assmann*, AG 1995, 563 (564), hält dies unter Berücksichtigung der deliktsrechtlichen Grundsätze des Persönlichkeits- und Unternehmensschutzes für nicht zu beanstanden.

[1256] *Kirchner/Ehricke*, AG 1998, 105 (110).

fehlungen und Entscheidungen ein Ermessen eingeräumt,[1257] mit dem sie die Umstände des Einzelfalls berücksichtigen konnte. Nach welchen Kriterien sich dieses Ermessen bemaß, wird nicht näher konkretisiert. Es bedurfte daher der Ausgestaltung anhand von Sinn und Zweck des Übernahmekodex. Dieser ließ sich angesichts seiner niedrigen Regelungstiefe, besonders im Vergleich zum City Code,[1258] im Einzelnen aber nur schwer fassen.[1259] Die untere Ermessensgrenze wurde jedenfalls erreicht, wenn die unterlassene Rüge der Gewährung einer Ausnahme gleich gekommen wäre. Derartige Konzilianz war nämlich der Übernahmekommission vorbehalten.[1260] Voraussetzung der Publizierung war daher eine kurzfristige Anhörung der Betroffenen, innerhalb derer nach einvernehmlichen Lösungen gesucht werden sollte.[1261] Wurde bei der Anhörung keine Übereinstimmung der Auffassungen erreicht, konnte der Betroffene in einer zweiten Verfahrensstufe die Übernahmekommission anrufen, endgültig zu entscheiden.[1262] „Endgültig" implizierte dabei, dass eine Überprüfung der Maßnahme durch die Gerichte der ordentlichen Gerichtsbarkeit nicht vorgesehen war.[1263]

Keinerlei Rechtsbehelf stand den Betroffenen zur Verfügung, wenn es um die Erteilung beziehungsweise Verweigerung von Ausnahmen durch die Übernahmekommission ging.[1264] Zwar war die umfassende Kompetenz der Übernahmekommission, Dispense zu gewähren, an die Ausübung von Ermessen gebunden. Die Übernahmekommission durfte nämlich nur Ausnahmen zulassen, wenn die Anwendung der Vorschriften des Übernahmekodex berechtigte Interessen des Bieters, der Zielgesellschaft oder der Inhaber ihrer Wertpapiere beeinträchtigt hätte,[1265] so dass Anliegen der Betroffenen berücksichtigt wurden. Jedoch bedeutete die Gewährung einer Ausnahme für die einen eine Be-

---

1257 „Bei Zuwiderhandlungen [...] kann die Geschäftsstelle [...] veröffentlichen.", Art. 21 Abs. 2 Satz 1 Übernahmekodex 1997.

1258 Der City Code weist neben der „Introduction" und zehn „Principles" noch 38 „Rules" auf, die in 138 Einzelpunkte untergliedert sind.

1259 *Kirchner/Ehricke*, AG 1998, 105 (110).

1260 Vgl. soeben auf Seite 208 zu Art. 23 Übernahmekodex 1997.

1261 Art. 21 Abs. 2 Satz 2 Übernahmekodex 1997. Die Frist für die Anhörung sollte wegen regelmäßig gegebener Eilbedürftigkeit zwei Arbeitstage nicht überschreiten. Nach einer Textänderung erfolgte eine erneute Anhörung, *Übernahmekommission*, Anmerkungen zum Übernahmekodex, zu Art. 21, S. 31.

1262 Art. 21 Abs. 2 Satz 3 Übernahmekodex 1997. Wurde die Übernahmekommission angerufen, musste der Antrag auf Entscheid rechtzeitig vor der Veröffentlichung erfolgen, *Übernahmekommission*, Anmerkungen zum Übernahmekodex, zu Art. 21, S. 31.

1263 *Kirchner/Ehricke*, AG 1998, 105 (110).

1264 Vgl. Art. 23 Übernahmekodex 1997.

1265 Art. 23 Satz 1 Übernahmekodex 1997.

lastung für die anderen. Eine Befreiung vom Pflichtangebot zog die Gefährdung der Vermögensposition der Wertpapierinhaber nach sich. Angesichts solcher Konsequenzen hätte zumindest eine zweite Instanz eingerichtet werden sollen, um umfassenderen Rechtsschutz zu gewährleisten. Dies hätte dem von anderen freiwilligen Selbstkontrollen gewohnten Verfahren entsprochen, etwa dem der freiwilligen Selbstkontrolle der Filmwirtschaft.[1266] Entsprechend sieht der City Code die Überprüfbarkeit der Entscheidungen des Panel durch das Appeal Committee und in engen Grenzen auch ein gerichtliches Urteil des Court of Appeal vor.[1267] Der Rechtsschutz des Übernahmekodex war demnach nur unzureichend geregelt.
Ob die Maßnahmen der Übernahmekommission oder ihrer Geschäftsstelle einen so gravierenden Eingriff darstellten, der bei Anerkennung des Kodex zu einer unzulässigen Verkürzung des Rechtswegs geführt und gegen Art. 92 GG verstoßen hätte,[1268] oder der bei fehlender Anerkennung zur Unterlassungsklage berechtigt hätte,[1269] hing insgesamt von der Akzeptanz des Kodex ab. Da die Anerkennungsquote niedrig und damit seine Öffentlichkeitswirkung gering blieb,[1270] war der Eingriffscharakter nicht ausgeprägt genug, als dass ein weitergehenderer Rechtsschutz notwendig gewesen wäre.[1271] Daher war die Intensität der Veröffentlichungen nach Art. 21 auch für die Übernahmekommission bedeutsam. Denn die Klagen auf Unterlassung und Schadensersatz hätten sich, wegen fehlender Rechtsfähigkeit der Kommission, persönlich gegen die handelnden Personen der Übernahmekommission gerichtet.[1272]

C. *Kritik und Ausblick*

Der Übernahmekodex der Börsensachverständigenkommission bot in seiner Gesamtheit ein Konzept, das alle vier bedeutenden Elemente eines Übernahmerechts aufwies: Er regelte erstens mit einem transparenten Verfahren den Informationsfluss und stellte dadurch die Gleichbehandlung aller Aktionäre sicher. Zweitens fand der Gleichbehandlungsgedanke seine entscheidende Ausprägung im Pflichtangebot, das drittens durch ein Neutralitätsgebot vor

---

1266 *Kirchner/Ehricke*, AG 1998, 105 (110). Zum Vergleich mit der FSK *Thoma*, ZIP 1996, 1725 (1733).

1267 Dazu *Krause*, Übernahmeangebot, S. 48 f.; *Herkenroth*, Konzernierungsprozesse, S. 259 f.

1268 *Kirchner/Ehricke*, AG 1998, 105 (111 f.).

1269 *Kallmeyer*, ZHR 161 (1997), 435 (450 f.).

1270 Dazu sogleich unter „Geringe Akzeptanz", Seite 215 ff.

1271 *Assmann*, AG 1995, 563 (564); *Thoma*, ZIP 1996, 1725 (1733); dies gesteht auch *Kallmeyer*, ZHR 161 (1997), 435 (451) ein.

1272 *Kallmeyer*, ZHR 161 (1997), 435 (451).

dem Management der Zielgesellschaft geschützt wurde. Viertens wachte ein unabhängiges Gremium über seine Einhaltung. Diese Grundlagen eines Übernahmerechts entsprachen auch in ihrer inhaltlichen Ausformung weitgehend den Gepflogenheiten der internationalen financial community. Sie vermittelten daher den Eindruck, Deutschland hätte mit dem Übernahmekodex Anschluss an den Wettbewerb der Finanzmärkte gefunden.

I. Umsetzung der EU-Richtlinie durch den Kodex?

Die Hoffnung, die Existenz des Übernahmekodex erübrigte die Umsetzung der 13. EU-Richtlinie, war angesichts seines alle zentralen Punkte umfassenden Regelungsinhalts nicht unbegründet[1273] und wurde durch weitgehende Parallelen zwischen beiden Ansätzen genährt.[1274] Der Richtlinienvorschlag basiert ebenfalls auf den vier Regelungssäulen des Übernahmerechts. Sein Charakter als Rahmen-Richtlinie und die sehr geringe Regelungsintensität bieten ferner einen großzügigen Gestaltungsraum, der es hätte ermöglichen können, den Kodex im Wesentlichen unverändert zu belassen. Schließlich regt der Richtlinienentwurf eine außergerichtliche Streitschlichtung durch Stellen der freiwilligen Selbstkontrolle an.[1275]

1. Verschiedene inhaltliche Ansätze

Hingegen zeigten sich, neben einigen Unterschieden im Detail,[1276] auch bedeutende inhaltliche Divergenzen beider Regelungen. Das Pflichtangebot braucht nach dem Richtlinienvorschlag 2000 nicht auf alle Aktien abgegeben zu werden, sondern kann je nach Ausgestaltung durch die Mitgliedsländer auf Teilangebote begrenzt werden.[1277] Solche Teilpflichtangebote ließ der Kodex wegen der damit verbundenen Zwangslage und dem unvollkommenen Vermögensschutz nicht zu.[1278] Eine Teilangebotsklausel wäre innerhalb des Kodex besonders brisant gewesen, bedeutete sie doch, dass der Bieter keine

---

1273 Gemeinsame Stellungnahme der *Wirtschaftsverbände* v. 29.3.1996, RV 47/96, S. 3; *Baumann*, WM 1996, 901 (902); *Kaiser*, ZVglRWiss 96 (1997), 1 (5); *Körner*, DB 2001, 367 (367 f.); *Than*, FS Claussen, 1997, S. 405 (407); *Kirchner/Ehricke*, AG 1998, 105 (106).

1274 *Übernahmekommission*, Anmerkungen zum Übernahmekodex, zur Einleitung, S. 6; *Beckmann*, Übernahmeangebote in Europa, S. 92 f.; *Hopt*, ZHR 161 (1997), 368 (407); *Peltzer*, AG 1997, 145 (150).

1275 Präambel, Erwägungsgrund 11 Richtlinienvorschlag 2000, a.a.O. (Fn. 13).

1276 Abweichungen existierten hinsichtlich der vom Pflichtangebot einbezogenen Wertpapiere, der Angebotsfrist und dem Fehlen einer ausdrücklichen Geheimhaltungsvorschrift für das Aufsichtsorgan; vgl. auch *G. Schuster*, EuZW 1997, 237 (238 ff.).

1277 Zu der Möglichkeit von Teilangeboten oben Seite 138 f.

1278 *Übernahmekommission*, Drei Jahre Übernahmekodex, S. 21.

Konzernierungsmaßnahmen durchführen wollte und daher zwar ein Pflichtangebot abgeben musste, aber gleichzeitig Aktionäre bei einer Überzeichnung ungewollt in der Gesellschaft verblieben wären und ihnen nicht einmal Schutz durch das Konzernrecht zugekommen wäre. Außerdem zeigte die praktische Erfahrung, dass Angebote auf alle Aktien regelmäßig den Anteil des Bieters an der Zielgesellschaft nur um wenige Prozentpunkte erhöhen und somit eine Teilangebotsregelung nur wenig Relevanz hat.[1279]

Eine weitere Abweichung des Richtlinienvorschlags 2000 besteht in der Befugnis der Mitgliedsstaaten, Abwehrmaßnahmen zuzulassen. Diese Ermächtigung verkennt die Bedeutung der Neutralitätspflicht, während der Kodex, der strenge Verhaltenspflichten vorsah, ihr richtigerweise Rechnung trug.[1280] Zudem sieht der Richtlinienvorschlag die Unterrichtung der Arbeitnehmer und die Berücksichtigung ihrer Interessen durch das Management vor.[1281] Derartiger Arbeitnehmerschutz wurde innerhalb des Übernahmekodex aber für systemfremd und die abverlangte Darlegung der Beschäftigungsbedingungen[1282] für unrealistisch gehalten.[1283]

2. Die freiwillige Selbstregulierung als Umsetzungsform?

Unabhängig von den differierenden Ansätzen und Ausprägungen beider Regelungen stellte sich die Frage, ob der Übernahmekodex in seiner Gestaltung als freiwillige Selbstregulierung überhaupt zur Umsetzung einer EU-Richtlinie ausgereicht hätte. Der Richtlinienvorschlag von 2000 sieht ausdrücklich „Verhaltenskodizes und sonstige Regelungen" als Umsetzungsmöglichkeit vor.[1284] Hingegen wurde bereits festgestellt, dass für die Umsetzung staatliches Handeln erforderlich ist. Die Vorschriften der Mitgliedstaaten müssen allgemeinverbindlicher Natur sein,[1285] also unabhängig vom Willen der Beteiligten gelten. Dazu ist zwar ein Gesetz nicht zwingend notwendig,[1286] es muss aber bei der Anwendung der Richtlinie gewährleistet sein, dass die Betroffenen von der Richtlinie und ihrer Bedeutung Kenntnis erlangen und ihre Rechte gegebe-

---

1279 Durchschnittlich wurden durch ein Pflichtangebot ca. 6,6 % des Grundkapitals erworben, *Übernahmekommission*, Drei Jahre Übernahmekodex, S. 26.

1280 Zum Richtlinienvorschlag 2000 s.o. Seite 147 ff.; zum Übernahmekodex Seite 204 ff.

1281 Vgl. Art. 3 Abs. 1 lit. c), Art. 6 Abs. 1 Satz 3 und Abs. 2 Satz 3 Richtlinienvorschlag 2000, a.a.O. (Fn. 13).

1282 Art. 6 Abs. 3 lit. h) Richtlinienvorschlag 2000, a.a.O. (Fn. 13).

1283 *Übernahmekommission*, Drei Jahre Übernahmekodex, S. 21.

1284 Art. 1 Richtlinienvorschlag 2000, a.a.O. (Fn. 13).

1285 Vgl. oben unter „Subsidiarität und Umsetzung", Seite 127 ff.

1286 EuGH, Urt. v. 23.3.1995, Rs C-365/93, EuGHE 1995, I-499, 507 (Tz. 9), Hochschuldiplome; *Grabitz* in: *Grabitz/Hilf*, Kommentar zur EU, Art. 189, Rn. 59.

nenfalls gerichtlich geltend machen können.[1287] Der Richtlinienvorschlag beschneidet daher nicht die Rechtsverfolgung in den einzelnen Mitgliedsländern und verlangt, dass der Aufsichtsbehörde alle zur Erfüllung ihrer Aufgaben notwendigen Befugnisse zur Verfügung stehen müssen.[1288] Der Kodex hingegen verpflichtete nur diejenigen, die ihn anerkannt haben, und das auch nur mittels eines moralischen Drucks.[1289] Unter Rechtsschutzaspekten erwies sich die in ihm installierte Selbstkontrolle ebenfalls als lückenhaft. Der Übernahmekommission kam keine Schiedsfunktion zwischen den Parteien zu. Insbesondere bei der wichtigen Erteilung von Ausnahmen stand den Betroffenen keine Möglichkeit offen, gegen die Entscheidung vorzugehen.[1290] Der Übernahmekodex gewährleistete weder eine allgemeine Verbindlichkeit noch einen durchgängigen Rechtsschutz. Daher stellte er keine geeignete Umsetzung der EU-Richtlinie dar.[1291]

II. Der Kodex in der Praxis

Auch wenn der Übernahmekodex die gesonderte Umsetzung des 13. EU-Richtlinienvorschlags nicht hinfällig machte, bleibt weiterhin zu klären, ob er den an ihn gestellten Anforderungen und Ansprüchen gerecht wurde, weil er als Vorbild für das Übernahmegesetz dient und dieses sich am Kodex messen lassen muss. Das selbst gesteckte Ziel war, durch einen transparenten Informationsfluss eine Plattform für Übernahmeangebote zu schaffen, die denen der internationalen Konkurrenz gewachsen war. Der damit einhergehende Minderheitenschutz, insbesondere durch das Pflichtangebot, ist ein Faktor bei der Investitionsentscheidung der Anleger.[1292]

[1287] EuGH, Urt. v. 30.5.1991, Rs C-361/88, EuGHE 1991, I-2567, 2600 (Tz. 15), Kommission/BRD (TA-Luft); vgl. auch *Hopt*, ZHR 161 (1997), 368 (407 f.).

[1288] Art. 4 Abs. 5 Richtlinienvorschlag 2000, a.a.O. (Fn. 13).

[1289] Vgl. oben unter „Durchsetzung“, Seite 170 ff.; dazu vergleichend mit dem City Code: *Habersack/Mayer*, ZIP 1997, 2141 (2144 f.).

[1290] Zum Rechtsschutz s.o. Seite 208 ff.; dazu vergleichend mit dem City Code: *Habersack/Mayer*, ZIP 1997, 2141 (2145 f.).

[1291] *Habersack/Mayer*, ZIP 1997, 2141 (2145 f.); *Neye*, DB 1996, 1121 (1124 f.); *Peltzer*, AG 1997, 145 (150); *Roos*, WM 1996, 2177 (2178 ff.); *Schander*, NZG 1998, 799 (806). Nach *Hopt*, ZHR 161 (1997), 368 (407 f.), *Kallmeyer*, ZHR 161 (1997), 435 (451 f.), *Krause*, AG 1996, 209 (209, 215 ff.) und *G. Schuster*, EuZW 1997, 237 (241), genügt die freiwillige Selbstregulierung, vorausgesetzt, sie ist allgemeinverbindlich, vgl. *Raschke*, Diskussionsbericht, ZHR 161 (1997), 455 (455). A.A.: *Than*, FS Claussen, 1997, S. 405 (407) allerdings zum Richtlinienvorschlag von 1996; *Kirchner/Ehricke*, AG 1998, 105 (106).

[1292] Vgl. oben unter „Investmentcharakter der Aktie“, Seite 90 ff.

Eine gesetzliche Regelung stieß zunächst auf großen Widerstand, was sich schon an der Opposition gegen die EU-Richtlinienvorschläge gezeigt hat.[1293] Um dennoch die erhoffte Wettbewerbsfähigkeit des Finanzplatzes voranzutreiben, wurde der Übernahmekodex als freiwillige Selbstregulierung konzipiert und somit die Untätigkeit des Gesetzgebers umschifft. Die Vorzüge einer Selbstregulierung und der damit verbundenen Selbstkontrolle liegen im Zugewinn an Flexibilität, Praxisnähe sowie schneller Entscheidung. Durch die Anpassungsfähigkeit entfallen zeitaufwendige Verfahren, die auch für kleine Reformschritte bei einer gesetzlichen Regelung nötig sind, und die Entscheidungen dazu werden von marktnahen Experten getroffen, die keine politischen, unter Umständen sachfremden Erwägungen treffen müssen. Eine umsichtige, auf den Einzelfall abstimmbare Anwendung der Regeln führt in Kombination mit unbürokratischer Rückkopplung durch eine Aufsichtsstelle zu Effizienzgewinn und Kostenersparnis auf Unternehmerseite.[1294] Unter dem Aspekt der Deregulierung zieht auch der Staat Nutzen aus der Selbstkontrolle. Er muss sich nicht mit der Gesetzgebung und weitestgehend auch nicht mit der Durchsetzung und Sanktionierung einer Übernahmeregelung befassen.[1295]

1. Geringe Akzeptanz

Inwieweit der Übernahmekodex einen solchen Effizienzgewinn zu leisten vermochte, richtete sich nach dem Grad der Anerkennung durch die beteiligten Parteien.[1296] Das Problem lag auf der Hand: Die in Frage stehenden Unternehmen und Personen akzeptierten den Übernahmekodex, wenn die Vorteile die Nachteile überwogen, sich also der angesprochene Effizienzgewinn realisierte.[1297] Unterwerfen sich einige Marktteilnehmer einer Selbstverpflichtung, sind ihrem Handeln eben jene selbst gewählten Grenzen gesetzt. Das Vorgehen der anderen hingegen unterliegt keinen Schranken, eventuell bietet sich ihnen sogar die Möglichkeit, positive Effekte der Regulierung nutzbar zu machen, aber den verpflichtenden Teil zu umgehen (sog. Free Rider).[1298] Derart opportunistisches Verhalten zieht also eine Marktasymmetrie nach sich, die wiederum dazu führt, dass die ökonomischen Anreize der Selbstverpflichtung weitaus geringer ausfallen, als bei einer flächendeckenden Anwen-

---

1293 Auch ein Gesetzesentwurf der SPD, BT-Drucks. 13/8164, wurde abgelehnt.

1294 *Hopt*, ZHR 161 (1997), 368 (397 f.); *Schander*, NZG 1998, 799 (806 f.).

1295 Dazu *Kirchner/Ehricke*, AG 1998, 105 (114) mit einer diesbezüglichen public-choice-Analyse des Verhaltens von Politikern.

1296 *Hopt*, ZHR 161 (1997), 368 (398); *Kirchner/Ehricke*, AG 1998, 105 (105); *Weisgerber*, ZHR 161 (1997), 421 (424).

1297 *Kirchner/Ehricke*, AG 1998, 105 (113).

1298 Vgl. *Hopt*, ZHR 161 (1997), 368 (398); *Loehr*, Pressegespräch v. 2.2.1999.

dung.[1299] Gerade diese ökonomischen Anreize aber stellen die Prämisse einer Selbstregulierung dar. Befolgt also ein Teil der Marktteilnehmer die freiwilligen Regeln nicht, verkehrt sich deren Anerkennung vom wünschenswerten Effizienzgewinn zum Wettbewerbsnachteil.[1300]
Bezüglich des Übernahmekodex konnte aber nicht von einer breiten Anerkennung gesprochen werden.[1301] Insgesamt lagen nur rund 800 Anerkennungserklärungen vor.[1302] Von über tausend in Deutschland börsennotierten Unternehmen hatten rund 600 den Kodex anerkannt. Hinzu kamen 67 nicht notierte Gesellschaften im Wertpapierdienstleistungssektor beziehungsweise im Mergers & Acquisitions-Bereich, die den Kodex akzeptiert hatten, sowie 63 ausländische und 66 sonstige nicht börsennotierte Unternehmen. Selbst innerhalb des DAX 30 hatten zwei Unternehmen (*BMW AG* und *Volkswagen AG*) den Kodex nie akzeptiert und innerhalb des MDAX entschlossen sich nur 73 % der Gesellschaften zur Anerkennung.[1303] Gerade einmal die Hälfte der börsennotierten Unternehmen hatte also den Kodex akzeptiert. Bedenkt man, dass zumindest als Bieter noch zahlreiche nicht notierte Gesellschaften und Personen auch aus dem Ausland in Frage kamen, ergab dies eine ernüchternde Bilanz.[1304]

2. Praktische Bedeutung

Es wäre voreilig, von der mangelnden Akzeptanz des Übernahmekodex auf dessen Bedeutungslosigkeit zu schließen. Seit Oktober 1995 hatte die Übernahmekommission über hundert Übernahmeangebote begleitet, unter denen sich 85 freiwillige Angebote und sieben Pflichtangebote befinden. Bei drei Übernahmeangeboten wurde der Bieter von der Angebotspflicht befreit.[1305] Dies zeigt, dass Übernahmeangebote in Deutschland eine gebräuchliche Transaktionsform darstellen und daher dem Übernahmekodex ein großer

---

1299 *Hopt*, ZHR 161 (1997), 368 (398); *Kirchner/Ehricke*, AG 1998, 105 (114).

1300 S. auch *Kirchner/Ehricke*, AG 1998, 105 (114).

1301 S. auch: *Übernahmekommission*, Standpunkte, S. 8; *Hopt*, ZHR 161 (1997), 368 (395); *Weisgerber*, ZHR 161 (1997), 421 (424).

1302 570 Anerkennungserklärungen im Februar 2000 gegenüber 508 im März 1999.

1303 Daten nach Angaben der Übernahmekommission, Stand: Februar 2000.

1304 Vgl. dazu *Baumann*, Pressegespräch v. 2.2.1999; *Loehr*, Pressegespräch v. 2.2.1999; Presseerklärung der *Börsensachverständigenkommission* v. 2.2.1999.

1305 Stand aller Angaben: Februar 2000; s. dazu die detaillierte Aufstellung in *Bad Homburger Kreis/Übernahmekommission*, Übernahmeangebote, Bd. 1 (1995/96), Bd. 2 (1997), Bd. 3 (1998) und Bd. 4 (1999); vgl. auch *Übernahmekommission*, Drei Jahre Übernahmekodex, S. 25 ff.

Anwendungsbereich geboten wurde, in dem er sich bewähren konnte.[1306] Übernahmeangebote wurden nicht nur zum „feindlichen" Erwerb eines Unternehmens abgegeben, sondern auch, um eine Gesellschaft zu restrukturieren, etwa zur Vorbereitung einer Umwandlung oder Veränderung des Betätigungsfeldes, um die Einstellung der Börsennotierung einzuleiten oder um Restposten außenstehender Minderheiten zur Erweiterung des Handlungsspielraums zu erwerben.[1307] Der Kodex regulierte zudem das Verfahren in einer Weise, die die schwache Position der Aktionärsminderheit stärkte und dadurch einen Rückgang der Auseinandersetzungen zwischen Minderheitsaktionären und Mehrheitsaktionär herbeiführte.[1308] Allerdings wurde in vier Fällen ein Übernahmeangebot wegen Nichteinhaltung verschiedener Regelungen des Kodex kritisiert. In 25 Fällen wurde die Angebotsschwelle überschritten und dennoch kein Übernahmeangebot abgegeben. Diese Unternehmen hatten den Kodex nicht anerkannt und gänzlich missachtet. Einen allgemeinen Wettbewerb auf gleicher Ebene und einen umfassenden Schutz der Minderheitsaktionäre konnte der Kodex also nicht herstellen.[1309]

III. Gründe für die mangelnde Akzeptanz des Kodex

Die Zurückhaltung bei der Anerkennung des Übernahmekodex durch die Unternehmen war nicht nur in der Asymmetrie des Wettbewerbs begründet. Schließlich entstanden die ungleichen Wettbewerbsbedingungen vornehmlich durch die fehlende Bereitschaft, den Kodex zu befolgen. Die Ursachen lagen vielmehr im Konzept und teilweise auch in der Ausgestaltung seiner Regelungen.

1. Ungleiche Verteilung der Pflichten

Inhaltlich stellten sich die Auswirkungen des Kodex beim Bieter und bei der Zielgesellschaft unterschiedlich dar. Die vornehmlichen Pflichten des Managements der Zielgesellschaft waren das Unterlassen von Marktmanipulationen, die Abgabe einer Stellungnahme zum Angebot sowie seine Neutralität und die damit verbundene Einschränkung der Handlungsfreiheit.[1310] Ein Ansatz zu diesen Pflichten lässt sich aber bereits, wie dargestellt, im geltenden Aktien-

---

[1306] *Übernahmekommission*, Drei Jahre Übernahmekodex, S. 22; *Loehr*, Pressegespräch v. 2.2.1999.

[1307] *Übernahmekommission*, Drei Jahre Übernahmekodex, S. 28 f.

[1308] *Weisgerber*, ZHR 161 (1997), 421 (434); *Hopt*, ZHR 161 (1997), 368 (395), erwähnt einen Rückgang von Rechtsstreitigkeiten im Zusammenhang mit Übernahmen.

[1309] *Baumann*, Pressegespräch v. 2.2.1999; *Loehr*, Pressegespräch v. 2.2.1999; *Übernahmekommission*, Standpunkte, S. 8.

[1310] Art. 3, 18 und 19 Übernahmekodex 1997.

und Kapitalmarktrecht finden. Die Insider- und Publizitätsgesetze des WpHG beugen Verzerrungen des Markts vor,[1311] aus § 76 und § 93 AktG kann eine Pflicht zur Stellungnahme[1312] und das Neutralitätsgebot entnommen werden.[1313] Gleichwohl standen die gesetzlichen Pflichten in ihrem Umfang und ihrer Präzision hinter denen des Kodex zurück, so dass die Anerkennung nicht bloß deklaratorischen Wert hatte. Dennoch ergaben die Obliegenheiten der Zielgesellschaft keine tiefgreifenden Veränderungen für das Management. Zusätzlich bestärkte die Anerkennung seitens der Unternehmensleitung das Vertrauen der Anleger in die Gesellschaft.

Anders sah die Lage für den Bieter aus, denn er lud sich durch die Anerkennung des Übernahmekodex zusätzliche Pflichten auf. Sowohl die Nachbesserung und Meistbegünstigung für die Aktionäre der Zielgesellschaft als auch insbesondere das Pflichtangebot ergaben durch ihre Preisbindung eine erhebliche finanzielle Belastung für den Bieter.[1314] Vor dem Hintergrund, dass der ökonomische Nutzen des Pflichtangebots nach wie vor angezweifelt und daher auch dessen Aufnahme in den Kodex kritisiert wurde,[1315] stellte dieses ein großes Hindernis für dessen Akzeptanz dar.[1316] Die relative Rückwirkung der Angebotspflicht auf einen vor der Anerkennungserklärung liegenden Beteiligungserwerb verschreckte ferner einen Teil der Unternehmen, die den Kodex erst später anerkennen wollten.[1317]

Die Bewertung der Auswirkungen, die die Anerkennung mit sich brachte, fällt also bei den Unternehmen unterschiedlich aus. Verstanden sie sich primär als Bieter, sahen sie eher von der Anerkennung ab, als wenn sich die Gesellschaft als potentielle Zielgesellschaft einstufte. Diese Polarisierung aus eigennützigen Motiven verstärkte die Schere in der Anerkennungsfrage.

1311 *Assmann*, WpHG, Vor § 12 Rn. 34 ff., 37 f., 43a.

1312 Kölner Komm-*Mertens*, § 76 Rn. 26; *Assmann/Bozenhardt* in: *Assmann/Basaldua/Bozenhardt/Peltzer*, Übernahmeangebote, S. 1 (103 ff.); *Hopt*, ZHR 161 (1997), 368 (391, 411); *Thoma*, ZIP 1996, 1725 (1729).

1313 *Assmann*, AG 1995, 563 (569); *Hopt*, ZHR 161 (1997), 368 (391, 411); *Thoma*, ZIP 1996, 1725 (1730 f.); vgl. dazu ausführlich oben unter „Neutralitätsgebot", Seite 99 ff.

1314 Vgl. dazu oben Seite 93.

1315 *Assmann*, AG 1995, 563 (570 f.); *Weisgerber*, ZHR 161 (1997), 421 (426 ff.).

1316 *Assmann*, AG 1995, 563 (565); *Hopt*, ZHR 161 (1997), 368 (395 f., 402 f.); *Raschke*, Diskussionsbericht, ZHR 161 (1997), 455 (456); *Weisgerber*, ZHR 161 (1997), 421 (426 ff., 429); o.V., FAZ v. 26.4.1997, S. 23 und v. 2.5.1997, S. 15.

1317 Vgl. dazu die Übergangsregeln, abgedruckt in AG 1998, R 220; *Weisgerber*, ZHR 161 (1997), 421 (427 f.).

2. Mangelnde Rechtssicherheit

Verantwortlich für die zögerliche Anerkennung waren auch Unklarheiten, die bei der Anwendung auftraten. Die Übernahmekommission hatte durch die Veröffentlichung ihrer Anmerkungen zu einigen der angefallenen Rechtsfragen Stellung genommen beziehungsweise diese beantwortet: So unter anderem die Anwendung des Kodex auf ausländische Bieter,[1318] den Umgang mit Eurex-Optionen[1319] und den Wegfall der Angebotspflicht bei mittelbarem Kontrollerwerb.[1320] Am Beispiel ausländischer Bieter zeigte sich aber, dass schon der Anwendungsbereich des Kodex Asymmetrien entstehen ließ. Zwar werden die ausländischen Bieter in den Anwendungsbereich mit einbezogen, sie waren aber in ihrer Gesamtheit schwierig zu erfassen und wohl auch kaum mittels moralischen Drucks zu sanktionieren.[1321] Ihrer Einbindung durch das begleitende Wertpapierdienstleistungsunternehmen konnten ausländische Bieter entgehen, indem sie sich anderer europäischer Wertpapierdienstleister bedienten, die nach EU-Recht auf dem deutschen Markt frei agieren dürfen.[1322] Aus diesen Gründen hatten nur 63 ausländische Unternehmen den Übernahmekodex anerkannt, obwohl Übernahmeregeln mit einem Pflichtangebot anderen Ländern keineswegs fremd waren.

Unsicherheiten ergaben sich auch für die Zielgesellschaft beziehungsweise deren Management. Ihre Geschäftsführungsbefugnis unterlag während der Dauer des Übernahmeangebots den Beschränkungen einer Generalklausel, deren genaue Reichweite nur schwer bestimmbar war.[1323] Dies behinderte nicht nur die unternehmerische Tätigkeit, sondern barg auch ein Haftungsrisiko, wenn im Glauben, den Kodex zu befolgen, die Geschäftsführung vernachlässigt worden wäre: Allein die Befolgung des freiwilligen Kodex rechtfertigte nämlich Verstöße gegen gesetzliche Normen nicht.[1324] Exemplarisch für die bestehende Rechtsunsicherheit war die in der Literatur unterschiedlich

---

1318 Klargestellt durch Änderung der Definition des Bieters im Kodex; s.o. Seite 173.

1319 Dazu oben Fn. 1008.

1320 *Übernahmekommission*, Anmerkungen zu den Änderungen des Übernahmekodex, S. 3; dazu oben Seite 198.

1321 *Kirchner/Ehricke*, AG 1998, 105 (113); *Pietzke*, FS Fikentscher 1998, S. 601 (617); zur alten Fassung: *Thoma*, ZIP 1996, 1725 (1726).

1322 Gem. Art. 49 ff. EG in der konsolidierten Fassung mit Änderungen durch den Vertrag von Amsterdam vom 2.10.1997 (in Kraft getreten am 1.5.1999), zuvor Art. 59 ff. EG. Solche Umgehungen hat es auch tatsächlich gegeben, vgl. *Übernahmekommission*, Standpunkte, S. 10.

1323 Art. 19 Übernahmekodex 1997, dazu s.o. Seite 204.

1324 *Assmann* AG 1995, 563 (568); dazu Beispiele bei *Weisgerber*, ZHR 161 (1997), 421 (429 f.); zur Haftung bei Verteidigungsmaßnahmen s. *Thümmel*, DB 2000, 461.

beurteilte Rechtswirkung der Anerkennung.[1325] In der Praxis hatte diese Beurteilungsschwierigkeit zur Konsequenz, dass die Anerkennung aus Sicht der Unternehmen zur Spekulation geriet.[1326]

3. Unzureichende Sanktionen

Die Einhaltung des Kodex wurde hauptsächlich durch den Druck der Öffentlichkeit verfolgt. Anfänglich hatte man darin eine geeignete und hinreichende Möglichkeit gesehen, die angesprochenen Unternehmen zur Akzeptanz und Befolgung des Übernahmekodex zu bewegen.[1327] Die praktischen Erfahrungen und vor allem die niedrige Anerkennungsquote sprachen jedoch für sich. Alle gegebenen Sanktionsmechanismen waren augenscheinlich nicht in der Lage, dem Kodex zur flächendeckenden Geltung zu verhelfen.[1328] Die Rücknahme des „feindlichen" Angebots der *Krupp-Hoesch AG* zur Übernahme der *Thyssen AG* hatte zwar verdeutlicht, was öffentlicher Druck zu leisten vermag, dieser wurde jedoch hauptsächlich durch den Protest der Arbeitnehmer und von politischer Seite erzeugt. Veröffentlichungen der Geschäftsstelle der Übernahmekommission vermochten eine solche Medienpräsenz dagegen kaum zu erreichen. Zudem hatte der Austritt der *Metallgesellschaft AG* aus dem Übernahmekodex gezeigt, dass dieser Affront gegenüber dem Kodex in der Presse zur Kenntnis genommen worden war,[1329] aber doch weitgehend ohne Konsequenzen blieb.[1330] Dass ferner die Zugehörigkeit zu wichtigen Börsenindizes und -segmenten die Anerkennung des Kodex voraussetzte, betraf nur die Unternehmen, die neu aufgenommen werden sollten, nicht aber die schon dort präsenten.[1331] Die Möglichkeiten, die der Übernahmekommission an die Hand gegeben waren, die Empfehlungen des Kodex durchzusetzen, erwiesen sich also in der Praxis als „stumpfes Schwert".[1332]

1325 Vgl. dazu oben unter „Anerkennung", Seite 168 ff.

1326 *Wirth/Weiler*, DB 1998, 117 (118); vgl. dazu oben Seite 168 f.

1327 *Assmann*, AG 1995, 563 (565); *Loehr*, WM 1997, 1374 (1374); *Schuster*, Die Bank 1995, 609 (614), *Thoma*, ZIP 1996, 1725 (1726): „die Waffe Publizität".

1328 *Übernahmekommission*, Standpunkte, S. 9 f.

1329 Die Metallgesellschaft AG widerrief ihre Anerkennungserklärung mit Schreiben vom 12.12.1996. Dies war wegen der rechtlichen Unverbindlichkeit möglich. Für inakzeptabel hielt dies die *Übernahmekommission*, Erklärung v. 19.2.1997; o.V.; dazu auch o.V., DSW fordert Gesetz zu Übernahmen, FAZ v. 28.1.1997, S. 25; *Zeise*, Übernahmekodex braucht Gesetz, Börsen-Zeitung v. 7.3.1997.

1330 *Benner-Heinacher*, DB 1997, 2521 (2523); *Hopt*, ZHR 161 (1997), 368 (396).

1331 *Übernahmekommission*, Drei Jahre Übernahmekodex, S. 23; *Benner-Heinacher*, DB 1997, 2521 (2523).

1332 *Übernahmekommission*, Standpunkte, S. 9 f.; so i.Erg. bereits *Habersack/Mayer*, ZIP 1997, 2141 (2144); vgl. auch *Raschke*, Diskussionsbericht, ZHR 161 (1997), 455 (456).

Nicht zuletzt war die fehlende Durchschlagskraft der Sanktionen auch im Zusammenhang mit dem Rechtsschutz bedeutsam. So musste beispielsweise eine Zielgesellschaft hinnehmen, dass ein Bieter sich nicht nach den Regeln des Kodex richtete, wohingegen sie selbst, wenn sie sich kodexkonform verhalten wollte, auf dessen rudimentären Rechtsschutz verwiesen war.[1333] Hieraus resultierte ebenfalls eine Wettbewerbsasymmetrie und damit ein weiterer Grund für die mangelnde Akzeptanz.

IV. Ergebnis

Die Unklarheiten, die sich bei der Anwendung der Empfehlungen ergaben, deren mangelnde Durchsetzbarkeit und der dürftige Rechtsschutz erzeugten ein hohes Maß an Rechtsunsicherheit für die Beteiligten. Zusätzlich resultierte aus den unzureichenden Sanktionen und den verschieden starken Pflichtbelastungen zwischen Bieter und Zielgesellschaft ein unterschiedlicher Nutzen des Kodex für die Beteiligten. Diese Funktionsdefizite führten zur Zurückhaltung bei seiner Anerkennung, die wiederum die Marktasymmetrie verstärkte. Die Spaltung des Markts zog eine Verzerrung des Wettbewerbs nach sich.

Eine Reihe dieser Schwächen waren der Konzeption des Übernahmekodex immanent. Seine Gestaltung als freiwillige Selbstregulierung hatte zur Folge, dass die Akteure die Möglichkeit hatten, sich unter Opportunitätsgesichtspunkten zur Akzeptanz zu entschließen oder eben nicht. Da die Übernahmekommission keine juristische Person war, resultierte keine rechtliche Verbindlichkeit aus der Anerkennungserklärung, kraft derer die Parteien Ansprüche hätten geltend machen und für Zuwiderhandlungen zur Rechenschaft gezogen werden können. Aus diesen Gründen konnte der Kodex keinen Druck aufbauen, der die Unternehmen von der Notwendigkeit überzeugt hätte, diesen zu akzeptieren und zu befolgen. Wegen der geringen Akzeptanz reichte der auf Freiwilligkeit basierende Regelungsansatz, selbst wenn man ein formelles Gesetz für nicht notwendig erachtete, für die anstehende Umsetzung der 13. EU-Richtlinie durch eine allgemeinverbindliche Regelung nicht aus.

Es wird deutlich, dass die Selbstregulierung eine flexible und praxisnahe Verwirklichung ermöglicht, aber ihre Grenzen dort findet, wo nicht genügend ökonomische Anreize bestehen, sich ihr zu unterwerfen. Um dennoch eine adäquate Regelung von Übernahmeangeboten zu bieten, die sowohl der Wettbewerbsfähigkeit des Finanzmarkts als auch einer EU-Richtlinie gerecht wird, war es folglich richtig, gesetzgeberische Maßnahmen zu ergreifen.[1334] Ein Ge-

---

[1333] Vgl. oben unter „Rechtsschutz", Seite 208 ff.

[1334] Dies gestand auch die *Übernahmekommission*, Standpunkte, S. 9 f., ein; dazu auch die Presseerklärung der *Börsensachverständigenkommission* v. 2.2.1999. Aus der Politik und Wirtschaft: *Bury* in: Pressemitteilung der SPD-Bundestagsfraktion v. 3.2.1999; o.V., setz garantiert die allgemeine Anwendung und ermöglicht eine mit spürbaren Sanktionen bewehrte Durchsetzung der Vorschriften. Als Experiment und Übergangslösung war die freiwillige Selbstkontrolle durchaus berechtigt.[1335] Ferner konnte der Zeitraum bis zum Erlass eines Übernahmegesetzes als Gelegenheit genutzt werden, den Kodex in der Praxis anzuwenden und fortzuentwickeln.[1336] Wegen seiner Bewährung im tatsächlichen Einsatz bot sich der Kodex als Basis und als Messlatte für das Übernahmegesetz an.

DSW für Übernahmegesetz, FAZ v. 6.3.1999; o.V., Von der SPD lernen, Börsen-Zeitung v. 4.2.1999, S. 1; o.V., Gesetz soll schärfer als Übernahmekodex sein, Börsen-Zeitung v. 3.2.1999, S. 3; o.V., Unternehmensübernahmen sollen durch Gesetz geregelt werden, FAZ v. 3.2.1999; o.V., Die Empfehlungen für ein Übernahmegesetz, Handelsblatt v. 3.2.1999; *Weber*, Finanzplatz braucht Spielregeln, Handelsblatt v. 3.2.1999; o.V., Der deutsche Gesetzgeber soll Übernahmen regeln, Neue Zürcher Zeitung v. 3.21.1999; so auch schon *G. Schuster,* Internationale Anwendung des Börsenrechts, S. 202.

1335 *Hopt*, ZHR 161 (1997), 368 (398).

1336 Vgl. o.V., Leere Floskeln, FAZ v. 3.2.1999.

5. Kapitel: Regelungsinhalt eines Übernahmegesetzes

In der Darstellung und Analyse des Richtlinienvorschlags und des Übernahmekodex wurden die meisten Bestandteile einer Regelung für öffentliche Übernahmeangebote bereits besprochen und ausgeführt, welchen Bedenken diese Regelwerke sowohl im Allgemeinen als auch im Speziellen begegnen. Daraus ergeben sich verschiedene Detailergebnisse, die für eine sinnvolle Regelung von Bedeutung und auf das Übernahmegesetz übertragbar sind, aber – um eine Redundanz zu vermeiden – nicht nochmals aufgegriffen werden sollen. Die sich anschließenden Erörterungen beziehen nur zu den zentralen Punkten Stellung. Darüber hinaus werden einige Regelungsaspekte im Rekurs auf die erarbeiteten Grundlagen aufgegriffen und überprüft, in welcher Form das von der Bundesregierung verabschiedete Übernahmegesetz auf diese eingeht.

A. Vorüberlegungen

I. Rahmengesetzgebung

Die Notwendigkeit einer gesetzlichen Regelung für öffentliche Übernahmeangebote lässt sich heute nicht mehr ernsthaft bezweifeln.[1337] Öffentliche Übernahmeangebote sind inzwischen ein fester Bestandteil des Geschehens auf dem deutschen Kapitalmarkt. Die Untersuchung des Übernahmekodex hat gezeigt, dass ein System der Selbstregulierung als Antwort auf die rege Übernahmetätigkeit wegen seiner Freiwilligkeit nicht ausreicht.[1338] Zusätzlich verlangte der EU-Richtlinienvorschlag die Schaffung allgemeinverbindlicher Vorschriften und ließ daher einen Ansatz, der allein auf Freiwilligkeit beruht, ohnehin nicht genügen.[1339] Indes war der Rechtsrahmen, den der Richtlinienvorschlag vorgibt, sehr großzügig, weil dessen detaillierte Ausfüllung den Mitgliedstaaten überlassen war.[1340] Diese Freiheit bei der Umsetzung bezog sich nicht nur auf einzelne Regelungselemente, sondern erstreckte sich auch auf die Organisation der Aufsichtsbehörde durch staatliche Behörden oder

---

1337 S. auch *Land/Hasselbach*, DB 2000, 1747 (1747); *Witte*, BB 2000, 2161 (2161); *Schiessl*, AG 1999, S. 442 (450), weist auf die Notwendigkeit einer inhaltlichen Auseinandersetzung hin, anstatt über das Pro und Contra einer Regelung zu diskutieren. A.A.: *Körner*, DB 2001, 367 (367 f.), die eine gesetzliche Regelung für nicht notwendig hält, aber die Schwächen des Kodex anerkennt.

1338 Vgl. soeben unter „Gründe für die mangelnde Akzeptanz des Kodex“, Seite 217 ff.

1339 Vgl. dazu oben „Subsidiarität und Umsetzung“, Seite 127 f. und „Die freiwillige Selbstregulierung als Umsetzungsform?“, Seite 213 f.

1340 KOM (95) 655 endg. Begründung, I. Nr. 7; *Than*, FS Claussen, 1997, S. 405 (406).

Vereinigungen sowie andere private Einrichtungen.[1341] Damit wurden die Mitgliedsländer in die Lage versetzt, die Regelung ihren Rechtsordnungen anzupassen[1342] sowie über deren Umfang zu entscheiden. Es ist also zunächst zu klären, welcher Regelungsansatz innerhalb des weitläufigen Rahmens am geeignetsten ist, bevor die näheren Einzelheiten untersucht werden.
Das Spektrum möglicher Umsetzungen reicht von einer detailliert ausgearbeiteten Normierung, die alle denkbaren Sachverhalte erfasst, die sich vor, während und nach öffentlichen Übernahmeangeboten ergeben könnten. Es endet mit einer Regelung, die sich darin erschöpft, dass sie die Kompetenzen zum Erlass eines Reglements anderweitig zuweist und einem Aufsichtsamt Hoheitsgewalt zur Sanktionierung einräumt, um möglichst marktnahe Bestimmungen gewährleisten zu können.[1343] Daraus ergibt sich das Erfordernis, einen Mittelweg zwischen der unerlässlichen Rigidität zur Wahrung der Rechtssicherheit und der für Vorgänge am Kapitalmarkt wünschenswerten Flexibilität zu finden.[1344] Bewegt man sich innerhalb dieser Grenzen, sprechen einige grundsätzliche Gesichtspunkte dafür, den Kompromiss eines Rahmengesetzes zu beschreiten, das punktuell verbindliche Detailregelungen trifft:[1345] Im Zuge der Umsetzung einer zukünftigen Richtlinie muss garantiert sein, dass die Normadressaten von ihr und ihrer inhaltlichen Tragweite Kenntnis erlangen und ihnen ausreichende Rechtsbehelfe zur Verfügung stehen, um ihre Interessen geltend machen zu können.[1346] Daraus folgt, dass ein entsprechendes Gesetz die Befugnis einer Aufsichtsbehörde, die Adressaten sowohl ausnahmsweise von bestimmten Regeln zu befreien als auch erforderlichenfalls zu sanktionieren, klar umreißen muss. In beiden Fällen müssen die Grenzen der Ermächtigung und die zur Durchsetzung verfügbaren Mittel für die Betroffenen von vornherein erkennbar sein. Ferner müssen Instanzen eingerichtet werden, die den Betroffenen Rechtsschutz gewähren. Diese Problematik wird am Pflichtangebot deutlich, weil dieses in mehrfacher Hinsicht in Grundrechte

---

1341 Art. 4 Abs. 1 Richtlinienvorschlag 2000, a.a.O. (Fn. 13); vgl. auch *Habersack/Mayer*, ZIP 1997, 2141 (2143); *Krause*, AG 1996, 209 (209); *Peltzer*, AG 1997, 145 (149).

1342 Vgl. Präambel, Erwägungsgrund 4 Richtlinienvorschlag 2000, a.a.O. (Fn. 13).

1343 Vgl. *Hopt*, ZHR 161 (1997), 368 (398); s. dazu auch die public-choice-Analyse bei *Kirchner/Ehricke*, AG 1998, 105 (114 ff.), in der dargelegt wird, dass Politiker sich wegen eines möglichen Fehlschlags einer freiwilligen Regelung aus Opportunismus für eine gesetzliche Normierung öffentlicher Übernahmeangebote entscheiden werden.

1344 *Basaldua* in: *Assmann/Basaldua/Bozenhardt/Peltzer*, Übernahmeangebote, S. 157 (160).

1345 Dafür auch bes. *Neye*, DB 1996, 1121 (1124 f.); *Schander*, NZG 1998, 799 (807); *Krause*, AG 1996, 209 (215), plädiert für gesetzgeberischen Flankenschutz.

1346 EuGH, Urt. v. 30.5.1991, Rs C-361/88, EuGHE 1991, I-2567, 2600 (Tz. 15), Kommission/BRD (TA-Luft); vgl. auch *Hopt*, ZHR 161 (1997), 368 (407 f.).

eingreift.[1347] Für den Erwerber bedeutet das obligatorische Übernahmeangebot einen Eingriff in Art. 12 Abs. 1 GG[1348], denn er wird durch den höheren Kapitalbedarf, den die Pflicht zum Kauf aller angedienten Anteile mit sich bringt, bei der Übernahme der Kontrolle über die Zielgesellschaft, also einer unternehmerischen Tätigkeit, behindert.[1349] Auf Seiten des Veräußerers ist eine mögliche Verletzung des Art. 14 Abs. 1 GG zu beachten, denn zumindest für einen Paketinhaber wird der Verkauf seines Aktienpakets en bloc mit zunehmender Größe immer schwerer, weil für die Käufer die Wahrscheinlichkeit steigt, die Kontrollschwelle zu überschreiten und somit ein obligatorisches Übernahmeangebot abgeben zu müssen.[1350] Da Eingriffe in diese Grundrechte unter Gesetzesvorbehalt stehen, setzt die verfassungskonforme Einführung des Pflichtangebots eine entsprechende Normierung durch den Gesetzgeber voraus.[1351] Andererseits ist zu beachten, dass Flexibilität und Geschwindigkeit gerade auf dem Kapitalmarkt essentiell sind,[1352] so dass die Regelung marktspezifischer Einzelheiten, wie zum Beispiel die Ausarbeitung von Ausnahmetatbeständen, der entsprechenden Behörde zu überlassen sind.

II. Berührungspunkte mit anderen Rechtsgebieten

Öffentliche Übernahmeangebote spielen sich nicht nur im Rahmen vertraglicher Beziehungen zwischen den agierenden Parteien ab, sondern sie tangieren auch das Kapitalmarktrecht und Wirkungskreise anderer Rechtsgebiete. Bezüglich des Kapitalmarktrechts ist bei der Ausgestaltung vor allem auf eine Kohärenz zwischen dem Übernahmerecht und dem Insiderrecht sowie den Publizitätsregeln zu achten.[1353] Nur wenn die verschiedenen Rechtsinstitute

---

[1347] *Loritz/Wagner*, WM 1991, 709, halten das Pflichtangebot für verfassungswidrig; Bedenken äußern ebenfalls *Kallmeyer*, ZHR 161 (1997), 435 (436) und *Thoma*, ZIP 1996, 1725 (1732). Diese Ansicht kann jedoch nicht geteilt werden, vgl. die ausführlichen Grundrechtsprüfungen von *Krause*, Übernahmeangebot, S. 162 ff. und *Beckmann*, Übernahmeangebote in Europa, S. 108 ff.; so auch *Grunewald*, WM 1991, 1361 (1362 in Fn. 10).

[1348] Je nach Auffassung zum Konkurrenzverhältnis ist auch ein Eingriff in Art. 14 GG gegeben, vgl. *Krause*, Übernahmeangebot, S. 170; *Beckmann*, Übernahmeangebote in Europa, S. 115 ff.

[1349] *Krause*, Übernahmeangebot, S. 167 ff.; *Beckmann*, Übernahmeangebote in Europa, S. 119 ff.; *Loritz/Wagner*, WM 1991, 709 (717).

[1350] *Krause*, Übernahmeangebot, S. 173 ff.; *Beckmann*, Übernahmeangebote in Europa, S. 109 ff.; *Loritz/Wagner*, WM 1991, 709 (714).

[1351] Vgl. den allgemeinen Gesetzesvorbehalt in Art. 12 Abs. 1 Satz 2 GG bzw. Art. 14 Abs. 1 Satz 2 GG; dazu *Scholz* in *Maunz/Düring*, GG, Art. 12 Rn. 294 ff. und *Papier* in *Maunz/Düring* Art. 14 Rn. 298

[1352] Vgl. o.V., Gesetzliche Übernahmeregeln legen Anlegerschutz lahm, Börsen-Zeitung v. 10.02.1998; *Hopt*, ZHR 161 (1997), 368 (397 f.); *Schander*, NZG 1998, 799 (806 f.).

[1353] *G. Schuster*, EuZW 1997, 237 (238).

aufeinander abgestimmt sind, können sie einfach und sicher in der Praxis angewandt werden.[1354]
Durch Kontrollübernahmen werden neben dem Interesse an einem funktionsfähigen Finanzmarkt zahlreiche weitere öffentliche Interessen berührt. So droht zum Beispiel der Verlust über die Kontrolle der eigenen Wirtschaftsstruktur, über sensible Güter und über volkswirtschaftliche Schlüsselstellungen, kurz, all das, was sich unter das Stichwort „Überfremdung" subsumieren lässt.[1355] Ein wichtiges öffentliches Interesse ist darüber hinaus die Wettbewerbsordnung, die durch Kontrollübernahmen regelmäßig tangiert wird. Gleichwohl handelt es sich bei dem Komplex der öffentlichen Interessen um die Ergebnisse einer Kontrollübernahme. Diese sind aber von der Form des Kontrollwechsels unabhängig, weshalb die Regelung öffentlicher Übernahmeangebote nicht der richtige systematische Ort ist, um sich mit ihnen zu befassen.[1356]
Auch die Interessen nicht direkt beteiligter Gruppen, insbesondere der Arbeitnehmer werden durch die Kontrollübernahme betroffen, sofern durch die neue Führung der Verlust von Arbeitsplätzen droht.[1357] Infolgedessen sieht der Richtlinienvorschlag die Unterrichtung der Arbeitnehmer unter anderem durch die Darlegung der Beschäftigungsbedingungen vor,[1358] um für diese einen mit den Aktionären vergleichbaren Informationsstand zu gewährleisten.[1359] Das WpÜG verlangt zusätzlich, dass auch bei der Besetzung des zukünftigen Beirats die Interessen der Arbeitnehmerschaft berücksichtigt werden sollen.[1360]
Die Information der Arbeitnehmer ist zwar unerlässlich, diesbezügliche Regelungen erfolgen innerhalb eines Übernahmegesetzes aber an der systematisch

---

1354 Vgl. dazu oben „Verhältnis zur Publizität nach dem WpHG", Seite 179.

1355 Vgl. *Baums*, AG 1990, 221 (239 f.); *Kort*, FS Lutter, 2000, S. 1421 (1427, 1435); *Mertens*, AG 1990, 252 (253); *G. Schuster*, Internationale Anwendung des Börsenrechts, S. 197.

1356 Vgl. dazu *Adams*, AG 1990, 243 (248); *Assmann/Bozenhardt* in: *Assmann/Basaldua/Bozenhardt/Peltzer*, Übernahmeangebote, S. 1 (48); *Baums*, ZIP 1989, 1376 (1381); *Herkenroth*, Konzernierungsprozesse, S. 26, 364; *Mertens*, AG 1990, 252 (253); *G. Schuster*, Internationale Anwendung des Börsenrechts, S. 198; dazu auch schon oben unter „Förderung unerwünschter Konzentration?", Seite 96 ff.

1357 *Assmann/Bozenhardt* in: *Assmann/Basaldua/Bozenhardt/Peltzer*, Übernahmeangebote, S. 1 (16 f.); *Meier-Schatz*, ZHR 149 (1985), 76 (82); *G. Schuster*, Internationale Anwendung des Börsenrechts, S. 197.

1358 Art. 6 Abs. 3 lit. h) Richtlinienvorschlag 2000, a.a.O. (Fn. 13); s. dort auch Präambel, Erwägungsgrund 15, Art. 3 Abs. 1 lit. c), Art. 6 Abs. 1 und 2 sowie Art. 8 Abs. 2.

1359 *Neye*, ZIP 1997, 2172 (2172 f.); vgl. auch KOM (88) 823, Darlegung der Gründe, II. zu Art. 19.

1360 § 5 Abs. 1 Nr. 4 WpÜG. Der Beitrat ist das äquivalent zur Übernahmekommission.

falschen Stelle.[1361] Zudem ist die Wirksamkeit eines solchen Arbeitnehmerschutzes mehr als ungewiss. Die Übernahmekommission hält die Bekanntgabe aller Änderungen der Beschäftigungsbedingungen bei Vorlage des Angebots für illusorisch.[1362] Die zukünftige Personalpolitik lässt sich vor der Übernahme, also ohne exakte Kenntnis der diesbezüglichen Struktur der Zielgesellschaft, nur sehr grob einschätzen. Deshalb haben diese Angaben weder Bindungswirkung noch kann ihre Einhaltung nachträglich eingefordert werden.[1363] Es ist sogar zu befürchten, dass bei konkurrierenden Angeboten versucht wird, mit allzu optimistischen Angaben unbegründete Sympathien zu gewinnen. Generell ist fraglich, inwiefern im Rahmen der Durchführung von Übernahmeangeboten dem Schutz der Arbeitnehmer gedient werden kann, denn die Gefährdung von Arbeitsplätzen ist eine Auswirkung der Kontrollübernahme und tritt damit losgelöst von der Akquisitionsform auf. Die Aufsichtsorgane haben keinerlei Handhabe, auf die zukünftige Unternehmenspolitik des Bieters einzuwirken. Die Erforderlichkeit derartiger Einwirkungen ist schließlich auch ökonomisch zweifelhaft, weil sie sich behindernd auf notwendige Umstrukturierungen auswirken.[1364] Der Arbeitnehmerschutz wird in diesem Zusammenhang schon hinreichend durch das geltende Recht gewahrt, zumal sich allein durch die Übernahme an der rechtlichen Stellung der Arbeitnehmer nichts ändert.[1365]

B. Einzelne Regelungsfragen

I. Anwendungsbereich

Im Hinblick auf eine möglichst flächendeckende Anwendung, ist es notwendig, dass sich das Angebot auf alle übertragbaren Wertpapiere erstreckt, die

---

[1361] Vgl. *Hopt*, ZHR 161 (1997), 368 (375); Stellungnahme der Kommission, KOM (2001) 77 endg. Ziff. 3.2.4.

[1362] Die *Übernahmekommission*, Drei Jahre Übernahmekodex, S. 21, hält die Bekanntgabe aller Änderungen der Beschäftigungsbedingungen bei Vorlage des Angebots für unrealistisch.

[1363] Vgl. zur Einschränkung der unternehmerischen Freiheit und zu der Gefahr, dass sich die Zielgesellschaft die Pläne des Bieters unentgeltlich zu Eigen macht *Herkenroth*, Konzernierungsprozesse, S. 365, und oben Seite 144.

[1364] Dazu *Romano* in: *Hopt/Wymeersch*, European Takeovers, S. 3 (40 f., 45), die darlegt, dass durch die Berücksichtigung der Arbeitnehmerinteressen innerhalb einer Übernahme letztlich nur das Management der Zielgesellschaft geschützt wird.

[1365] So auch *Übernahmekommission*, Standpunkte, S. 25. Nach § 76 Abs. 1 AktG hat der Vorstand die Arbeitnehmer zu informieren, vgl. *Hüffer*, AktG, § 76 Rn. 12.

ein Stimmrecht vermitteln oder die zu deren Erwerb berechtigen.[1366] Stimmrechtslose Vorzugsaktien sollten – anders als im Übernahmegesetz –[1367] nur in den Anwendungsbereich einbezogen werden, wenn auf sie ein öffentliches Übernahmeangebot abgegeben wird. Die entsprechenden Aktionäre werden nicht in eine Minderheitsposition gedrängt, so dass das Pflichtangebot inklusive Preisbindung seine Berechtigung verliert. Dennoch erfordert diese Transaktion eine sinnvolle kapitalmarktgerechte Regelung, weil sonst eine Abwicklung unter Wahrung von Effizienz und Chancengleichheit nicht gewährleistet ist.[1368] Diese Argumentation spricht ebenfalls gegen eine Beschränkung der Anwendbarkeit auf „feindliche" Übernahmeangebote, denn auch bei „freundlichen" Angeboten ist zum einen eine Verfahrensregelung wichtig und zum anderen wird eine von außen antizipierte Differenzierung kaum gelingen.[1369]

II. Verfahrensregelung

1. Kapitalmarktrechtlicher Ursprung

Die Regelung des Übernahmeverfahrens muss das Funktionieren des Markts gewährleisten. Die dazu erforderliche Unterbindung manipulativer Beeinflussung des Markts ergibt sich aus deren Strafbarkeit gemäß §§ 88 ff. BörsG.[1370] Folglich bedarf es innerhalb des Übernahmegesetzes keines gesonderten Manipulationsverbots, was aber nicht bedeutet, dass damit das Risiko von Marktverzerrungen vollständig ausgeschlossen ist. Zu deren Vermeidung sowie zur Verhütung von Insiderhandel und letztlich zur Stärkung des Vertrauens der Anleger in den Kapitalmarkt, ist es notwendig, die Offenlegungspflichten über den Anwendungsbereich der ad hoc-Publizität nach § 15 WpHG[1371] hinaus zu erweitern, weil insbesondere der Bieter nicht in jedem Fall diesen Tatbestand

---

1366 So auch die Definition der Wertpapiere im Übernahmekodex. Dazu im Rahmen des Richtlinienvorschlag 2000, a.a.O. (Fn. 13), s.o. Seite 129 ff.

1367 Vgl. Begründung, B. Besonderer Teil, zu § 2 Abs. 2 WpÜG, a.a.O. (Fn. 15).

1368 Vgl. auch *Übernahmekommission*, Anmerkungen zum Übernahmekodex, Wertpapiere, S. 10.

1369 Auch eine Zerschlagung der Zielgesellschaft kann sich für die einzelnen Betriebsteile effizienzsteigernd auswirken, vgl. *Wymeersch* in: *Hopt/Wymeersch*, European Takeovers, S. 351 (357); *Basaldua* in: *Assmann/Basaldua/Bozenhardt/Peltzer*, Übernahmeangebote, S. 157 (166 ff.); s. auch oben Seite 89.

1370 Vgl. oben „Funktionsschutz durch Manipulationsverbot und Wettbewerb", Seite 68 ff.; *Schwark*, BörsG, § 88 Rn. 1.

1371 Zu den Zielen der ad hoc-Publizität: *Fürhoff/Wölk*, WM 1997, 449 (449).

erfüllt.[1372] Eine hinreichende Publizität erfordert daher eine eigene Verpflichtung des Bieters, seinen Entschluss zur Abgabe eines Übernahmeangebots zu veröffentlichen.[1373]

Die Informationsasymmetrie zwischen Bieter und Wertpapierinhabern der Zielgesellschaft muss reduziert und der auf den angesprochenen Aktionären lastende Entscheidungsdruck vermindert werden, weil anderenfalls eine rationale, Fehlallokationen vermeidende Entscheidung der Wertpapierinhaber nicht möglich ist.[1374] Dazu muss eine angemessene Annahmefrist der Zielgesellschaft hinreichend Zeit zur Durchführung einer Hauptversammlung gewähren. Das Übernahmegesetz regelt dies praxisgerecht durch eine automatische Fristverlängerung in Falle der Einberufung einer Hauptversammlung.[1375] Das Erfordernis detaillierter Informationen zur Förderung der Transparenz darf die Übernahme aber nicht verzögern oder verteuern.[1376] Da der Finanzmarkt ein sensibles Gebilde ist, das ständig neue Anlagemöglichkeiten und -techniken hervorbringt, erscheint es nicht nur aus Praktikabilitätsgründen zweckmäßig, die lange Liste der inhaltlichen Details eines Übernahmeangebots nicht im Gesetz aufzuführen, sondern ihre Aufstellung und schnelle Anpassung dem Überwachungsorgan zu überlassen.[1377] Insbesondere sollten öffentliche Teilangebote nur insoweit zulässig sein, als sie nicht auf die Kontrollerlangung abzielen und eine Abnahmepflicht pro rata vorsehen. Während die Möglichkeit solcher Angebote im Richtlinienvorschlag nicht bedacht worden ist, deckt das Übernahmegesetz konsequent alle Angebotsarten ab, um Irritationen des Kapitalmarks zu vermeiden.[1378]

1372 Vgl. oben unter „Verhältnis zur Publizität nach dem WpHG“, Seite 179; vgl. auch *Fürhoff/Wölk*, WM 1997, 449 (452).

1373 Vgl. § 10 WpÜG, der gem. Abs. 6 eine abschließende Sonderregelung zu § 15 WpHG darstellt, vgl. Begründung, B. Besonderer Teil, zu § 10 Abs. 6 WpÜG; s. auch *Riehmer/Schröder*, NZG 2000, 820 (820 f.).

1374 Zur Informationsasymmetrie s.o. unter „Informationsdefizit“, Seite 39 f.; zum Entscheidungsdruck s.o. Seite 42 ff.; *Burgard*, WM 2000, 611 (616), fordert dazu eine fortlaufende Veröffentlichung der Anzahl der bereits angenommenen Angebote.

1375 Vgl. § 16 Abs. 3 WpÜG. Die Ladungsfrist für die Hauptversammlung beträgt gem. § 123 Abs. 1 AktG einen Monat. Hinzu kommt noch ein Entscheidungsvorlauf und ein Spielraum zur Fristwahrung, vgl. auch oben zum Übernahmekodex 1997 auf Seite 185.

1376 *Übernahmekommission*, Drei Jahre Übernahmekodex, S. 18 f.

1377 Dem trägt § 11 WpÜG nur bedingt Rechnung.

1378 Vgl. o. unter „Individualschutz durch transparente Information“, Seite 66 f.; s. auch Begründung zum Übernahmegesetzentwurf, A. Allgemeiner Teil, II., Nr. 4. Ferner schreibt § 19 WpÜG eine Zuteilung pro rata vor.

2. Gesellschaftsrechtlicher Ursprung

Soll durch das öffentliche Übernahmeangebot die Kontrolle über die Zielgesellschaft erreicht werden, hat dies auch Auswirkungen auf die Treuepflicht zwischen den Aktionären. Das Gebot der Gleichbehandlung hat insbesondere zur Folge, dass der Bieter die angesprochenen Wertpapierinhaber der Zielgesellschaft am Kontrollzuschlag beteiligen muss.[1379] Auch wenn dieses Pflichtengefüge der gesellschaftsrechtlichen Treuepflicht entstammt, so dass es nach der hier vertretenen Auffassung ohne gesetzliche Umsetzung Geltung beanspruchen kann, ist dennoch deren Durchsetzung mittels richterlicher Rechtsfortbildung ein langwieriger und unsicherer Weg. Daher ist aus Gründen der Rechtssicherheit eine Normierung unerlässlich.[1380]

III. Ausgestaltung des Pflichtangebots

Das Pflichtangebot lässt sich weder mit der Treuepflicht zwischen den Aktionären begründen noch aus der kapitalmarktrechtlichen Gleichbehandlungspflicht herleiten.[1381] Mangels Rechtsgrundlage ist eine gesetzliche Normierung erforderlich.[1382] Die Intention einer solchen Regelung – nämlich der Schutz der Investitionen von Minderheitsaktionären – findet sich auch im Konzernrecht. Dessen Schutzniveau bleibt jedoch hinter dem des Pflichtangebots zurück, weil selbst im Vertragskonzern nach dem Beschluss des BVerfG[1383] die Kontrollprämie nicht berücksichtigt wird.[1384] Es zeigt sich, dass das Pflichtangebot einen umfassenden, an den Bedürfnissen des Kapitalmarkts orientierten Schutz entfaltet und daher nicht durch Maßnahmen der Konzernierung umgangen werden darf, wie dessen ungeachtet in Art. 16 Abs. 2 Punkt 3 des Übernahmekodex vorgesehen. Die im Übernahmegesetz vorgesehene Totalangebotspflicht ist daher zu begrüßen.[1385]

Für die ökonomische Effizienz des Pflichtangebots und einen umfassenden Schutz der Investition muss das Pflichtangebot nicht nur in dem Fall eingreifen, in dem der Erwerber das Kontrollpaket erst bildet, sondern auch dann,

---

1379 S. zur Beteiligung an der Kontrollprämie im Rahmen des Pflichtangebots oben unter „Beteiligung an der Kontrollprämie", Seite 76 ff., und im Verhältnis zu der Abfindung aus § 305 AktG s. Seite 88 ff.

1380 So auch *Reul*, Gleichbehandlung, S. 268.

1381 Vgl. oben unter „Schutz der Mitgliedschaft", Seite 70 ff.

1382 In diesem Sinne auch *Reul*, Gleichbehandlung, S. 268. Eine gesetzliche Regelung ist auch bereits wegen des Eingriffs in Grundrechte notwendig, dazu soeben auf Seite 224.

1383 BVerfG, Beschl. v. 27.4.1999 = WM 1999, 1666, s.o. Seite 86.

1384 S. dazu oben unter „Abfindung im Vertragskonzern", Seite 84 ff.

1385 § 35 i.V.m. § 32 WpÜG; im Gegensatz zum Richtlinienvorschlag 2000, a.a.O. (Fn. 13), der Teilangebote zulässt, s.o. unter Seite 138.

wenn er ein bestehendes übernimmt, weil sich mit dem Wechsel der Kontrolle eine qualitative Änderung vollzieht. Zwar kann der derzeitige Kontrollinhaber ebenfalls eine solche qualitative Änderung herbeiführen, jedoch ist in diesem Fall einzuwenden, dass die Aktionäre den Kontrollinhaber mit seinen Fähigkeiten einschätzen können und ihm – wie die Wahl ihres Investments zeigt – wohl auch vertrauen. Ein Wechsel der Kontrolle bringt indes einen neuen Mehrheitsgesellschafter mit sich, mit dem die Aktionäre ursprünglich nicht gerechnet haben.[1386]

1. Starre oder flexible Kontrollschwelle?

Die Schwelle, deren Überschreiten das Pflichtangebot auslöst, ist für die Schlagkraft des obligatorischen Übernahmeangebots von entscheidender Bedeutung. Ist der Schwellenwert zu hoch, läuft der Minderheitenschutz Gefahr, umgangen zu werden, denn der Akquisiteur könnte schon mit der faktischen Hauptversammlungsmehrheit die Gesellschaft lenken.[1387] Dass ein Schwellenwert von 50 % und mehr für ein Pflichtangebot ungeeignet ist, wurde bereits festgestellt.[1388] Der Schwellenwert sollte demnach unterhalb der faktischen Mehrheit liegen. Dabei ist aber zu berücksichtigen, dass eine zu niedrige Schwelle auf eine Angebotspflicht für Anteilseigner hinausliefe, die eventuell die Kontrolle überhaupt nicht anstreben. In diesem Fall ließe es sich nicht rechtfertigen, den übrigen Aktionären den Ausstieg aus dem Unternehmen zu ermöglichen, weil ihre Position auch in finanzieller Hinsicht nicht gefährdet ist.[1389]

Der Schwellenwert von 50 % aller Stimmrechte bezeichnet also die obere Grenze, ab der ein Pflichtangebot die Erwartungen nicht mehr vollständig erfüllen kann. Je mehr der Schwellenwert unter die absolute Stimmrechtsmehrheit gesenkt wird, desto stärker wird der Umstand berücksichtigt, dass nicht alle Minderheitsaktionäre ihre Stimmrechte voll wahrnehmen und desto höher wird die Wahrscheinlichkeit, dass auch Käufer eines großen Aktienpa-

---

1386 *Übernahmekommission*, Standpunkte, S. 12 f.; *Hommelhoff*, FS Semler, 1993, S. 455 (460 f.). *Kallmeyer*, ZHR 161 (1997), 435 (443), *ders.*, ZIP 1997 2147 (2147) und *Wirth/Weiler*, DB 1998, 117 (119) sehen davon ab, wenn eine „Eingangskontrolle“ möglich ist, wie in den Fällen eines Kontrollerwerbs durch Kapitalerhöhung mit Bezugsrechtsausschluss oder einer Verschmelzung. Letztere wird aber schon vom Anwendungsbereich nicht erfasst, während bei einem Kontrollerwerb aus einer Kapitalerhöhung die Notwendigkeit für ein Pflichtangebot durchaus die gleiche ist.

1387 Vgl. zur faktischen Kontrolle oben Seite 27.

1388 Vgl. oben unter „Angebotsschwelle bei 50 %?“, Seite 192 ff.; A.A. wohl *Schiessl*, AG 1999, 442 (450); *Kallmeyer*, ZIP 1997, 2147 (2148), der sich zuvor in ZHR 161 (1997), 435 (443), für eine Absenkung des Schwellenwerts auf 25 % aussprach.

1389 Vgl. *Hommelhoff*, FS Semler, 1993, S. 455 (460); *Munscheck*, RIW 1995, 998 (999).

kets zur Abgabe eines Pflichtangebots gezwungen werden, obwohl sie tatsächlich die faktische Kontrolle noch nicht erreicht haben. Hier eine Grenze zu finden, die allen Seiten gerecht wird, ist schwierig, aber für die Verhältnismäßigkeit und ökonomische Effizienz des Pflichtangebots unerlässlich.
Ein Schwellenwert lässt sich auf zwei Arten festsetzen: als starrer Prozentwert[1390] oder als flexible Generalklausel.[1391] § 29 Abs. 2 WpÜG sieht eine festgelegte, klare Grenze bei 30 % vor. Dafür spricht, neben dem City Code als prominentes Vorbild,[1392] vor allem die Rechtssicherheit, denn die potentiellen Bieter, wie auch die Wertpapierinhaber der Zielgesellschaft erkennen auf einen Blick, wann sie mit einem Angebot rechnen können.[1393] Ein starrer Wert trägt aber dem Umstand sich ändernder Hauptversammlungs-Präsenzen keine Rechnung. Daher geht auch die Systematik des Gesellschaftsrechts nicht von festgesetzten Prozentverhältnissen aus. Bei Hauptversammlungsbeschlüssen wird die schwankende Beteiligung durch das Abstellen auf die Anwesenheit einbezogen,[1394] was aber bei einer festgesetzten Kontrollschwelle für ein Pflichtangebot nicht möglich ist. Die Konsequenz einer starren Kontrollschwelle könnte sein, dass Paketinhaber einerseits Pflichtangebote abgeben müssten, ohne tatsächlich die faktische Kontrollschwelle erreicht zu haben. Andererseits hätten sie bei entsprechend niedriger Beteiligung an der Hauptversammlung die faktische Kontrolle inne, ohne der Angebotspflicht zu unterliegen.[1395]
Um dem individuellen Einzelfall gerecht zu werden, müsste der Schwellenwert von der Präsenz auf der Hauptversammlung abhängig gemacht werden.[1396] Dies führt jedoch zu dem Problem, die Beteiligung an der nächsten Hauptversammlung der Zielgesellschaft antizipieren zu müssen, was allenfalls durch einen Rekurs auf die Beteiligungen in der Vergangenheit und selbst dann auch nur annäherungsweise gelingen dürfte.[1397] Dabei ist noch zu be-

---

1390 So wird z.B. in Großbritannien und Irland bei 30 %, in Frankreich bei einem Drittel aller Stimmrechte das Pflichtangebot ausgelöst.

1391 So z.B. in Belgien, Dänemark und Italien.

1392 Rule 9.1 City Code, a.a.O. (Fn. 5).

1393 *Kallmeyer*, ZIP 1997, 2147 (2148); s. zur Kontrollschwelle des WpÜG auch *Mülbert*, ZIP 2001, 1221 (1225 ff.)

1394 Vgl. z.B. § 133 Abs. 1 oder § 179 Abs. 2 Satz 1 AktG.

1395 Vgl. *Basaldua* in: *Assmann/Basaldua/Bozenhardt/Peltzer*, Übernahmeangebote, S. 157 (172); *Hommelhoff*, FS Semler, 1993, S. 455 (460); *Munscheck*, RIW 1995, 998 (999).

1396 Vgl. *Übernahmekommission*, Standpunkte, S. 14 f.

1397 Vgl. Art. 16 Abs. 1 Punkt 4 Übernahmekodex 1997, der auf die Beteiligung bei den letzten drei Hauptversammlungen abstellt. Auch der BGH zieht die Anwesenheit auf den vergangenen Hauptversammlungen zur Bestimmung des beherrschenden Einflusses heran, vgl. BGH, ZIP 1997, 887 (890) (VW) und BGHZ 69, 334 (347).

rücksichtigen, dass der Ausbau der Beteiligung durch den Erwerber ohnehin zu einer höheren Präsenz führt, wodurch die Kontrollschwelle bei zukünftigen Hauptversammlungen sprunghaft nach oben schnellen wird und der Erwerber unter Umständen ein Angebot abgeben muss, obwohl er auf der nächsten Hauptversammlung mit dieser Beteiligung keine Mehrheit erreicht hätte.[1398] Beließe man es trotz dieser dargestellten Defizite allein bei einer flexiblen, präsenzabhängigen Schwelle, könnte diese wegen der variierenden Anwesenheit auf einen beliebig niedrigen Wert, theoretisch sogar bis auf ein einzelnes Stimmrecht absinken.[1399] Dieser Umstand ermöglicht den Aktionären und besonders den Paketinhabern die Angebotspflicht als ein taktisches Mittel zu instrumentalisieren, indem sie von der Hauptversammlung fernbleiben und somit den Inhaber des größten Aktienpaketes, der dann wegen der niedrigen Präsenz plötzlich die Kontrolle erhält, zur Abgabe eines Übernahmeangebots beziehungsweise zum Verkauf eines Teils seiner Stimmrechte zwingen.[1400] Dieser Missbrauch ließe sich zwar dadurch beseitigen, dass beim Erlangen der Kontrolle auf einen aktiven Vorgang abgestellt wird, so dass kein Pflichtangebot ausgelöst wird, wenn einem Aktionär die Kontrolle ohne sein Zutun in die Hände fällt.[1401] Gegen eine beliebig niedrige Schwelle spricht aber weiterhin die im Aktienrecht vorgesehene Sperrminorität von 25 % des bei der Beschlussfassung vertretenen Grundkapitals.[1402] Es wäre kontraproduktiv, jeman-

---

1398 Kritisch zu einer flexiblen Kontrollschwelle: *Kallmeyer*, ZIP 1997, 2147 (2148); *Wirth/Weiler*, DB 1998, 117 (118). Dazu folgendes Rechenbeispiel: Hat ein Unternehmen eine durchschnittliche Hauptversammlungsbeteiligung von 60 %, so ergibt sich eine Kontrollschwelle bei 30 % aller Stimmrechte. Die Aktien, die ein Erwerber über die Börse kauft, stammen aber auch von Aktionären, die nicht an den Hauptversammlungen teilnehmen. Daher kauft ein Erwerber Aktien von allen Aktionären im wahrscheinlichen Verhältnis 60:40. Sein „Kontrollanteil" von 30 % besteht daher zu 40 % (12 Prozentpunkten) aus Stimmrechen von Aktionären, die nicht auf den Hauptversammlungen waren. Auf der nächsten Hauptversammlung ergibt dies folglich eine Beteiligung von 72 % und damit eine Kontrollschwelle von 36 %. Durch den Zukauf von Stimmrechten nicht präsenter Aktionäre liegt der Schwellenwert nach dem Erwerb also regelmäßig höher als zuvor.

1399 Die Hauptversammlung ist beschlussfähig, wenn nur ein einziger Aktionär mit Stimmrecht erscheint, vgl. *Henn*, Aktienrecht, Rn. 737.

1400 Vgl. dazu auch *Munscheck*, RIW 1995, 998 (1001).

1401 Gewährt ein Großaktionär anderen Aktionären Vorteile dafür, dass sie von der Hauptversammlung fernbleiben, um dadurch das Pflichtangebot zu umgehen, handelt er nach § 405 Abs. 3 Nr. 7 AktG ordnungswidrig und in dieser Weise gefasste Beschlüsse sind gem. § 243 Abs. 2 AktG anfechtbar. Ferner ließe sich in der Gewährung von Vorteilen ein aktiver Kontrollerwerb erblicken.

1402 Zur Aufstellung der Beschlüsse, die einer ¾-Mehrheit bedürfen, s. *Henn*, Aktienrecht, Rn. 732.

den, der nicht die Kontrolle, sondern nur ein Mitspracherecht bei besonders wichtigen Beschlüssen möchte, mit der Aussicht auf ein Totalangebot zu bedrohen. Dies würde nur dazu führen, dass entsprechende Beteiligungen verkleinert werden, worunter die Wahrung der Interessen der Minderheit leidet. Folglich ist die untere Grenze für die Kontrollschwelle bei einer Nominalbeteiligung von 25 % anzusiedeln.[1403]

2. Kombinierte Kontrollschwelle

Da sowohl starre als auch flexible Schwellenwerte Schwächen aufweisen, bietet es sich an, beide Systeme zu kombinieren. Vorgeschlagen wurde in diesem Zusammenhang eine Einbindung der Kontrollschwelle in das Gesellschaftsrecht. Neben einer absoluten Schwelle bei 51 % sollte der beherrschende Einfluss nach § 17 AktG ein Angebot auslösen.[1404] Indes eignen sich wie gezeigt Schwellenwerte ab 50 % für ein Pflichtangebot nicht.[1405] Ferner muss die Anlehnung an den Abhängigkeitsbegriff in § 17 Abs. 1 AktG Zweifeln begegnen, denn die Definition der Abhängigkeit ist noch weniger präzise als die Berechnung eines präsenzbezogenen Schwellenwerts. Der BGH stellt innerhalb des Abhängigkeitstatbestands auf Einflussmöglichkeiten ab, die sich durch eine niedrige Beteiligung an der Hauptversammlung ergeben. Parallel dazu hat er eine Fülle anderer Kriterien für die Abhängigkeit entwickelt. Der Tatbestand des § 17 Abs. 1 AktG wird nach dem BGH ebenfalls mittels einer Bezugnahme auf die Hauptversammlungs-Präsenzen ausgefüllt, zusätzlich beruht er jedoch noch auf weiteren Merkmalen.[1406] Also wird durch dessen

---

1403 Ähnlich *Munscheck*, RIW 1995, 998 (1001).

1404 So *Hommelhoff*, FS Semler, 1993, S. 455 (469), ebenso *Beckmann*, Übernahmeangebote in Europa, S. 131 f.; *ders.*, DB 1995, 2407 (2410).

1405 Vgl. oben unter „Angebotsschwelle bei 50 %?", Seite 192 ff.

1406 Nach dem BGH, ZIP 1997, 887 (889 f.), setzt der Abhängigkeitstatbestand voraus, dass ein rechtlich selbständiges Unternehmen aus seiner Sicht in eine Situation geraten ist, nach der es der Möglichkeit einer Beherrschung durch ein anderes Unternehmen ausgesetzt ist. Dabei kann auch eine unter 50 % liegende Beteiligung in Verbindung mit weiteren verlässlichen Umständen rechtlicher oder tatsächlicher Art eine Abhängigkeit begründen. Erforderlich ist die Möglichkeit einer Einflussnahme, die beständig, umfassend und gesellschaftlich vermittelt ist. Das kann bereits der Fall sein, wenn die Hauptversammlungen einer Aktiengesellschaft erfahrungsgemäß so besucht sind, dass die unter 50 % liegende Beteiligung eines Großaktionärs regelmäßig ausreicht, um für einen längeren Zeitraum Beschlüsse mit einfacher Mehrheit durchzusetzen. Ferner kann die Abhängigkeit durch die Möglichkeit einer tatsächlichen Einflussnahme auf den Vorstand und seine Geschäftspolitik verstärkt werden, die ein Großaktionär bei einer Gesellschaft, an der überwiegend Klein- und Kleinstaktionäre beteiligt sind, in hohem Maße ausüben kann. Das ist insbesondere der Fall, wenn er ein oder mehrere Mandate im Aufsichtsrat

Heranziehung als Schwellenwert die Rechtsunsicherheit nur noch verstärkt.[1407] Für die Gewährleistung der Effizienz des Kapitalmarkts bedarf es dagegen einer schnellen Abwicklung ohne hohe Transaktionskosten. Die Rechtssicherheit ist daher für den Kapitalmarkt von großer Bedeutung, was sich besonders bei der Durchführung börslichen Handels in Standardverträgen zeigt. Ein flexibler Schwellenwert sollte daher nicht auf den Abhängigkeitsbegriff, sondern ausschließlich auf die Präsenzwerte abstellen.
Zur Verbindung der Rechtssicherheit einer starren Schwelle mit der Einzelfallgerechtigkeit eines flexiblen Grenzwerts erscheint ein umgekehrtes System praktikabel. Ein niedriger fester Schwellenwert garantiert, dass die Angebotspflicht nicht unterlaufen wird. Diese Schwelle sollte bei 25 % aller Stimmrechte angesetzt werden, weil eine Beteiligung von 50 % auf der Hauptversammlung für die Aktionäre keine allzu große Herausforderung darstellen dürfte.[1408] Ferner ist diese auch unternehmenspolitisch nicht anders zu beurteilen, als etwa eine Ein-Drittel-Grenze, solange die Beteiligung nicht die Kontrolle vermittelt. Ein Grenzwert von 25 % vereinfacht aber die Verwaltung, da er gemäß §§ 20, 21 AktG und § 21 WpHG ohnehin mitteilungspflichtig ist.[1409] Um jedoch eine ungerechtfertigte Angebotspflicht zu vermeiden, sollte folgendes Verfahren eingerichtet werden: Das Aufsichtsamt kann den betroffenen Erwerber von der Angebotspflicht freistellen, wenn dieser ihr darlegt, dass er trotz Überschreiten der Schwelle nicht die Mehrheit auf der Hauptversammlung hält. Dieser Nachweis funktioniert dann über eine Prognose der Beteiligung auf der nächsten Hauptversammlung durch den Vergleich mit den Beteiligungsquoten der letzten Hauptversammlungen anhand der Präsenzlisten[1410]. Das Aufsichtsamt muss zur Überzeugung gelangen, dass der Erwerber die faktische Kontrolle nicht erreicht hat und aller Voraussicht nach auch in naher Zukunft nicht erreichen wird. Bei jedem weiteren Zukauf ist der Akquisiteur verpflichtet, erneut seine Position darzulegen. Die Kontrolle wird danach also bei 25 % zunächst widerlegbar vermutet.[1411] Zeigt sich dennoch auf einer der folgenden Hauptversammlungen, dass der Akquisiteur die Mehrheit der anwesenden Stimmrechte innehat, würde jeder Schutz umgangen, wenn der Großaktionär zwar kein Pflichtangebot abgeben muss, aber dennoch die Kontrolle

---

besetzen kann; im Einzelnen umstritten, s. *Emmerich* in: *Emmerich/Habersack*, Aktienkonzernrecht, § 17 Rn. 4 ff.; *Hüffer*, AktG, § 17 Rn. 4 ff.; *Henn*, Aktienrecht, Rn. 234 ff.

1407 Dies gesteht auch *Beckmann*, DB 1995, 2407 (2410), ein; vgl. auch *Munscheck*, Übernahmeregelung, S. 69 ff.

1408 Vgl. *Munscheck*, RIW 1995, 998 (1001).

1409 So auch *Kallmeyer*, ZIP 1997, 2147 (2148).

1410 Zu den Präsenzlisten *Henn*, Aktienrecht, Rn. 821.

1411 Ähnlich *Munscheck*, RIW 1995, 998 (1000 f.).

übernimmt. In diesem Fall muss die Umgehung des Pflichtangebots ausgeschaltet werden. Dazu könnte an eine Verpflichtung des Erwerbers gedacht werden, nur so viele Stimmrechte auszuüben, dass er unterhalb der Präsenzmehrheit bleibt.[1412] Ein solcher Stimmrechtsverzicht erinnert indes systematisch an die für börsennotierte Gesellschaften nicht mehr zulässigen Höchststimmrechte.[1413] Außerdem könnte der Akquisiteur aktuell während jeder Hauptversammlung seine ausgeübten Stimmen in der Weise anpassen, dass er knapp unter der Mehrheit bliebe und dadurch eine Vielzahl von Beschlüssen stark beeinflussen, ohne der Gefahr eines Pflichtangebots ausgesetzt zu sein.[1414]

Dem Missbrauch der Mehrheitsmacht beziehungsweise der Umgehung des Pflichtangebots in diesen Fällen kann durch die Einräumung einer Anfechtungsmöglichkeit aller mit der Mehrheit des Akquisiteurs gefassten Beschlüsse begegnet werden. Die Anfechtung hat den Vorteil, dass es möglich ist, notwendige Beschlüsse zu fassen, aber dennoch die Minderheitsaktionäre einschreiten können, wenn sie ihre Interessen in Gefahr sehen. Kombiniert wird der Missbrauchsschutz mit dem Wiederaufleben des Pflichtangebots in dem Moment, in dem sich die faktische Kontrolle des Erwerbers abzeichnet, so dass dem Akquisiteur auch in dieser Hinsicht keine Vorteile erwachsen. Im Zusammenwirken mit dem Anfechtungsrecht ergibt sich ein wirksamer Mechanismus, der Kontrollerwerber abschreckt, ihre Beteiligung herunterzuspielen, um kein Pflichtangebot abgeben zu müssen. Dabei gewährleistet die Einschaltung des Aufsichtsamts eine zügige und praxisnahe Prüfung und Überwachung.

Das Übernahmegesetz nimmt sich dieser Problematik in § 37 WpÜG an, der unter bestimmten Umständen die Befreiung vom Pflichtangebot vorsieht. In diesem Zusammenhang verdient die diesbezügliche Verordnung Beachtung, die unter § 9 Satz 2 auf einige der oben angesprochenen Situationen eingeht und eine Befreiung in Aussicht stellt, wenn zwar der Schwellenwert überschritten, aber die Kontrolle nicht erlangt wird.[1415]

3. Preisfindung

Das Pflichtangebot kann nur dann seine Schutzwirkung entfalten, wenn seine Umgehung durch eine unattraktive Angebotsgestaltung ausgeschlossen

---

1412 So der Vorschlag von *Munscheck*, RIW 1995, 998 (1002).

1413 Vgl. zu den Höchststimmrechten auch oben Seite 106.

1414 Übte der Akquisiteur 49 % der abgegebenen Stimmen aus, müssten so gut wie alle anderen Aktionäre entgegengesetzt abstimmen, um zu einem anderen Beschluss zu kommen. Dies beschwört wiederum Missbrauchsgefahren herauf.

1415 Vgl. § 9 Satz 2 WpÜG-Angebotsverordnung v. 27.12.2001 (BGBl. I S. 4263).

wird.[1416] Aus diesem Grund kann man die Bestimmung der Höhe der Gegenleistung beim Pflichtangebot im Gegensatz zu freiwilligen Angeboten nicht dem Bieter überlassen. Sie muss vielmehr vorgeschrieben werden. Dabei bildet unter Berücksichtigung der Rechtsprechung des BVerfG der Börsenkurs der Anteile vor Bekanntwerden der Übernahmeabsicht den untersten Preis,[1417] wobei die Höhe der Gegenleistung nicht an einem Stichtag, sondern über eine mehrmonatige Referenzperiode ermittelt werden sollte, um zufällige Marktschwankungen und andere Einflüsse auszugleichen.[1418]
Dieser Mindestpreis garantiert indessen noch keine Partizipation an der Kontrollprämie. Aufgrund der Nachbesserungspflicht muss der Bieter den angesprochenen Aktionären den gleichen Preis offerieren, den er einem anderen Aktionär außerhalb des Übernahmeangebots aber im Hinblick auf den Kontrollerwerb gewährt hat. Nur so wird die Preisgestaltung der Gleichbehandlungspflicht gerecht.[1419] Für die Bestimmung der Gegenleistung muss daher der höchste Preis maßgeblich sein, für den der Bieter im Referenzzeitraum Aktien erworben hat.[1420] Im Fall von Tauschangeboten, die keine Baralternative vorsehen, gilt ebenfalls diese Art der Preisberechnung. Die Unternehmen dürfen keinen Vorteil daraus ziehen, dass sie sich die Finanzierungsmethode aussuchen können. Im Gegensatz dazu nehmen die Bestimmungen sowohl im Richtlinienvorschlag als auch im Übernahmekodex den Börsenkurs als Maßstab, so dass nach diesen Preisregeln die Kontrollprämie nicht verteilt wird.[1421] Der Mindestpreis sollte sich nach dem richten, was der Bieter zuvor gezahlt hat und keinesfalls darunter liegen dürfen. Eine Regelung, die dieser Forderung entspricht, findet sich erstmalig in der Verordnung, die zur Gestaltung der Gegenleistung nach § 31 WpÜG erlassen wurde.[1422] Danach hat der Bieter als Gegenleistung mindestens den Preis zu entrichten, für den er in den drei Monaten vor dem Angebot Aktien der Zielgesellschaft erworben hat. Dabei

---

1416 S.o. Seite 75.

1417 Vgl. dazu oben Seite 86.

1418 Die *Übernahmekommission*, Standpunkte, S. 17, hält eine Periode von sechs Monaten für notwendig.

1419 Vgl. zum diesbezüglichen Umfang der Gleichbehandlungspflicht oben unter „Nachbesserung", Seite 60 ff., und unter „Beteiligung an der Kontrollprämie", Seite 76 ff.

1420 So auch der ursprüngliche SPD-Gesetzesentwurf, BT-Drucks. 13/8164, in Art. 1, § 32 Abs. 4; dazu mit a.A. *Schiessl*, AG 1999, 442 (450 f.).

1421 Vgl. Art. 5 Abs. 1 Satz 3 Richtlinienvorschlag 2000, a.a.O. (Fn. 13); Art. 17 Abs. 1 Übernahmekodex 1997; s. dazu oben Seite 139 f. bzw. Seite 201 f.; vgl. *Land/Hasselbach*, DB 2000, 1747 (1750).

1422 S. § 4 WpÜG-Angebotsverordnung v. 27.12.2001 (BGBl. I S. 4263); kritisch zu den Preisregeln des WpÜG *Mülbert*, ZIP 2001, 1221 (1223 ff.).

spielt es keine Rolle, ob dieser Erwerb innerhalb oder außerhalb des Börsenparketts stattgefunden hat.

IV. Neutralitätspflicht des Managements der Zielgesellschaft

Die Konsequenz des Neutralitätsgebots ist, dass Abwehrmaßnahmen nur von der Hauptversammlung beschlossen werden dürfen, während sich die Verwaltungsorgane jeder Geschäftsführungsmaßnahme, die das Übernahmeangebot in die eine oder andere Richtung beeinflussen könnte, enthalten müssen. Anders als in der EU-Richtlinie und im Kodex vorgesehen, bestehen keine Bedenken dagegen, dass – wie nunmehr auch in § 33 Abs. 2 WpÜG vorgesehen – die Hauptversammlung Abwehrmaßnahmen auch im Voraus beschließt,[1423] solange diese Entscheidung auf eine umfassende Information und Aufklärung über deren Folgen zurückgeht. Andererseits sollte die Neutralitätspflicht nicht durch einen Ausnahmenkatalog, wie ihn der derzeitige Richtlinienvorschlag vorsieht, ausgehöhlt werden.[1424]

Gleichwohl ist das neue Übernahmegesetz an entscheidender Stelle verfehlt: Gemäß § 33 Abs. 1 Satz 1 WpÜG besteht zwar nominal eine Neutralitätspflicht, indes gilt diese nicht „für Handlungen, denen der Aufsichtsrat der Zielgesellschaft zugestimmt hat."[1425] Es wurde bereits verdeutlicht, dass im Aufsichtsrat grundsätzlich die gleiche Interessenkollision herrscht, wie im Vorstand.[1426] Tatsächlich könnte ein Bieter sogar versucht sein, den Aufsichtsrat als erstes auszutauschen, um die Kontrolle über den Vorstand zu gewinnen. Nach dem Übernahmegesetz kann aber der Aufsichtsrat alle Abwehrmaßnahmen befürworten, denen die Hauptversammlung nicht zustimmen muss. In Folge dessen wird das Neutralitätsgebot faktisch ausgehebelt.

Entgegen der Regelung des Übernahmegesetzes sollte das Management lediglich solche Maßnahmen abwickeln dürfen, mit deren Realisierung schon vor dem Übernahmeangebot begonnen worden ist. Des Weiteren ist die Beschränkung der Neutralitätspflicht auf „feindliche" Übernahmen nicht zu befürworten, denn dieses Kriterium sagt erstens wenig über den gesamtwirtschaftlichen Nutzen der Übernahme aus, zweitens kann das Attribut der Übernahme während des Angebots wechseln und drittens ist bei freundlichen Übernahmen ohnehin nicht mit Maßnahmen, die die Durchführung des Angebots beein-

---

1423 Vgl. dazu oben unter „Abwehrmaßnahmen nur nach Beschluss der Hauptversammlung", Seite 103 ff.

1424 Dazu oben Seite 147 f.

1425 Vgl. § 33 Abs. 1 Satz 2 WpÜG; dies wird mit dem Schutzgefälle im Vergleich zu den USA begründet, s. Beschlussempfehlungen des Finanzausschusses, BT-Drucks. 14/7477, S. 67; zu diesem Argument s.o. Seite 148; s. auch zum RegE *Drygala*, ZIP 2001, 1861.

1426 S.o. Seite 103.

trächtigen, zu rechnen.[1427] Um einer vollständigen Handlungsunfähigkeit der Verwaltung entgegenzuwirken, muss ihr das Ermessen zustehen, zu entscheiden, ob sich die jeweilige Maßnahme auf das Übernahmeangebot auswirkt. Ist eine solche Wirkung, wenn auch nur im Reflex, nicht erkennbar, kann die Geschäftsführungsmaßnahme von den Leitungsorganen durchgeführt werden.[1428] In diesem Zusammenhang ist zu begrüßen, dass das Übernahmegesetz immerhin verbietet, eine Entscheidung der Leitung der Zielgesellschaft zu erkaufen, auch wenn dies in der Realität schwer zu überprüfen sein wird.[1429]

Die Hauptversammlung hat, wie gezeigt, keine Möglichkeit, durch bloßen Beschluss das Übernahmeangebot anzunehmen oder abzulehnen, wie dies vereinzelt vorgeschlagen worden ist, um den Entscheidungsdruck und das damit zusammenhängende Entscheidungsdilemma abzumildern.[1430] Ein solcher Beschluss wäre ein weitreichender Eingriff in die Privatautonomie des Bieters und der Aktionäre, der auch mit der Treuepflicht nicht zu rechtfertigen ist.[1431] Das Übernahmegesetz gibt den Aktionären die Möglichkeit, das Angebot noch zwei Wochen nach Ablauf der Angebotsfrist und Bekanntgabe des Ergebnisses anzunehmen.[1432] Diese weitere Angebotsfrist mindert den Entscheidungsdruck, weil die Aktionäre nicht mehr über den Erfolg des Angebots spekulieren müssen.[1433]

Zwar ermöglicht dies wirtschaftlichere Entscheidungen, risikoaverse Anleger werden jedoch dazu ermutigt, den Ausgang des Angebots abzuwarten, mit der Folge, dass das Angebot insgesamt scheitern könnte. Zudem gibt es ein milderes Mittel, um das Entscheidungsdilemma abzuschwächen: Die Aktionäre können abwarten, ob überhaupt eine Hauptversammlung einberufen beziehungsweise ob in einer solchen eine Entscheidung über Abwehrmaßnahmen

---

1427 Vgl. auch oben Seite 26. Diese Unterscheidung innerhalb der Beschränkung von Geschäftsführungsmaßnahmen wurde von *Basaldua* in: *Assmann/Basaldua/Bozenhardt/Peltzer*, Übernahmeangebote, S. 157 (176), vorgeschlagen; vgl. auch *Grunewald*, WM 1991, 1361 (1365).

1428 Vgl. dazu oben unter „Beschränkung der Geschäftsführung“, Seite 108 ff.

1429 S. § 33 Abs. 3 WpÜG. Falls nach der Übernahme beispielsweise ein Teil des Managements in der Zielgesellschaft verbleibt, wird sich nicht nachweisen lassen, ob dies eine Gegenleistung für die Unterstützung des Übernahmeangebots ist; vgl. auch *Börsensachverständigenkommission*, Stellungnahme zum Diskussionsentwurf, Nr. 8.

1430 Grundlegend dazu *Bebchuk*, 98 Harv. L. Rev. 1985, 1693 (1758), der vorgeschlagen hat, das Angebot unter der Bedingung der Billigung des Übernahmeangebots auf der Hauptversammlung anzunehmen; vgl. dazu *Krause*, Übernahmeangebot, S. 134 ff.; *Munscheck*, Übernahmeregelung, S. 172 ff.

1431 Vgl. dazu oben Seite 105.

1432 § 16 Abs. 2 WpÜG.

1433 Vgl. dazu oben unter „Entscheidungsdilemma“, Seite 40 f.

getroffen wird. Wenn dem so ist, wissen sie, dass das Übernahmeangebot mehrheitlich abgelehnt wird. Wenn anderenfalls keine Hauptversammlung zusammentritt oder Verteidigungsmaßnahmen nicht beschlossen werden, signalisiert dies den Wertpapierinhabern der Zielgesellschaft, dass die Übernahme mehrheitlich befürwortet wird (was eine strikte Einhaltung des Neutralitätsgebots voraussetzt). Der einzelne Aktionär kann also, ohne dass ein weiteres Verfahren notwendig wäre, zumindest den tendenziellen Ausgang des Übernahmeangebots abschätzen.

V. Aufsichtsbehörde

Die bereits mehrfach angesprochene Wandlungsfähigkeit und Geschwindigkeit des Kapitalmarkts[1434] macht es notwendig, ein Übernahmegesetz mit hinreichender Flexibilität auszustatten, um die Zukunftstauglichkeit eines solchen Regelwerks zu gewährleisten. Dies lässt sich dadurch bewerkstelligen, dass der Aufsichtsbehörde, die wegen des Sachzusammenhangs zweckmäßigerweise beim Bundesaufsichtsamt für den Wertpapierhandel eingerichtet wurde,[1435] weitreichende Kompetenzen eingeräumt werden, die ihr die Regelung der Marktspezifika erlaubt. Dies bedeutet, ihr die Regelungskompetenz zur inhaltlichen Ausgestaltung der Angebotsunterlagen sowie zur Ausarbeitung von Ausnahmetatbeständen und eines Verfahrens zur Berechnung der faktischen Mehrheit zu überlassen. Dem folgt das Übernahmegesetz durch eine Ermächtigung des Finanzministeriums, die auf das Bundesaufsichtsamt übertragen werden kann, zum Erlass von Verordnungen betreffend die Einzelheiten der Angebotsunterlagen, der Preisgestaltung und der Befreiung vom Pflichtangebot.[1436]

Exekutiv sollte das Aufsichtsamt tätig werden, indem es die Einhaltung des Verfahrens von sich aus überwacht, das Vorliegen von Ausnahmetatbeständen und dergleichen überprüft und bei der Auslegung der Vorschriften im Rahmen der dazu zu erlassenden Richtlinien behilflich ist. Um die Einhaltung der Übernahmeregeln durchsetzen zu können, muss – das haben die Überlegungen zum Übernahmekodex gezeigt[1437] – die Missachtung mit Sanktionen geahndet werden können, zum Beispiel durch ein Bußgeld oder das Ruhen des Stimmrechts.[1438] Entsteht zwischen den Parteien des Angebots oder zwischen diesen

---

1434 Vgl. zu den Effizienzkriterien des Kapitalmarkts oben Seite 64 ff.

1435 § 4 WpÜG.

1436 Vgl. zur Angebotsunterlage m.E. zu detailliert § 11 WpÜG; die Ermächtigung findet sich in den Abs. 4 und 5, zur Gegenleistungsgestaltung in § 31 Abs. 7 WpÜG und zum Pflichtangebot in § 37 Abs. 2 WpÜG.

1437 Vgl. oben unter „Unzureichende Sanktionen", Seite 220 f.

1438 So auch §§ 60 ff. WpÜG.

und der Geschäftsstelle Streit, sieht das Übernahmegesetz zweckmäßigerweise vor, dass das Aufsichtsamt erstinstanzlich entscheidet, bevor Beschwerde bei Gericht eingelegt werden kann.[1439] Dieser Rechtsschutz ist als beschleunigtes Verfahren mit limitiertem Suspensiveffekt und maximal einer weiteren Instanz ausgestaltet,[1440] weil andernfalls die Rechtsschutzmöglichkeiten zur Behinderung des Übernahmeangebots benutzt werden könnten und der Kapitalmarkt in seiner Funktionalität gestört würde.[1441]

C. *Schlussbetrachtung*

I. Zusammenfassung der Thesen

(1) Die Motive des Bieters entscheiden darüber, ob ein Übernahmeangebot sowohl gesamtwirtschaftlich als auch für den einzelnen Aktionär positiv oder negativ zu beurteilen ist. Möchte der Bieter durch die Übernahme Synergieeffekte freisetzen, dürfen die Aktionäre auf einen Wertzuwachs ihrer Anteile hoffen. Verfolgt er eigennützige Ziele, bietet ihm ein öffentliches Übernahmeangebot die Chance, einen besonderen Entscheidungsdruck auf die Aktionäre der Zielgesellschaft auszuüben. Dadurch kann er sowohl die Aktionäre, die in der Zielgesellschaft verbleiben als auch diejenigen, die die Gesellschaft verlassen, expropriieren, solange keine besonderen Schutzvorkehrungen existieren.[1442]

(2) Der Bieter unterliegt bei der Durchführung öffentlicher Übernahmeangebote der gesellschaftsrechtlichen Treuepflicht. Da der Bieter kurz davor steht, eine besondere Stellung in der Zielgesellschaft einzunehmen, unterfällt er der Treuepflicht auch dann, wenn er noch kein Aktionär der Zielgesellschaft ist und es sich bei öffentlichen Übernahmeangeboten um einen Vorgang handelt, der sich verfahrenstechnisch außerhalb der Mitgliedschaft abspielt.[1443]

(3) Aus der Treuepflicht ergibt sich die Obliegenheit des Bieters, die Wertpapierinhaber der Zielgesellschaft gleich zu behandeln. Dies verbietet die Zuteilung nach dem Prioritätsprinzip sowie die zeitliche Staffelung von Angeboten. Der Bieter ist verpflichtet, das Angebot nachzubessern, wenn er im

---

[1439] Vgl. Abschnitt 6 und 7 WpÜG.

[1440] § 43 WpÜG ordnet die sofortige Vollziehbarkeit an, eine weitere Beschwerde (vgl. § 568 Abs. 2 ZPO) ist nicht vorgesehen. Ein vergleichbares abgekürztes Gerichtsverfahren findet sich im deutschen Recht etwa bei der einstweiligen Verfügung (vgl. § 924 ZPO), im Kartellrecht (§§ 54 ff. GWB) und im Vergaberecht (§§ 102 ff. GWB).

[1441] Vgl. nur *Hopt*, ZHR 161 (1997), 368 (392); *Übernahmekommission*, Standpunkte, S. 30.

[1442] S.o. unter „Ökonomische Grundlagen", Seite 25 ff., bes. Seite 36 ff.

[1443] S.o. unter „Gebot der Gleichbehandlung", Seite 47 ff., bes. Seite 53 ff.

Zuge des Kontrollerwerbs Aktionären außerhalb des Angebots bessere Konditionen offeriert.[1444]

(4) Die Regelung des Übernahmeverfahrens und der damit verbundenen kapitalmarktbezogenen Verhaltenspflichten ist an der allokativen, institutionellen und operativen Effizienz des Finanzmarkts auszurichten. Dies beinhaltet die rechtzeitige, umfassende und gleiche Information sowohl der Wertpapierinhaber der Zielgesellschaft als auch des Gesamtmarkts. Die Transaktion muss so ausgestaltet sein, dass der Kapitalmarkt nicht verzerrt und ein Wettbewerb um die Kontrolle ermöglicht wird.[1445]

(5) Das Pflichtangebot lässt sich, obwohl es die deutlichste Form der Gleichbehandlung darstellt, nicht mit der Treuepflicht zwischen den Aktionären begründen.[1446] Vielmehr rechtfertigt es sich durch seine Auswirkungen:

(a) Das Pflichtangebot sichert den Aktionären den Erhalt ihres Anteilswerts und entspricht damit der Wertung des Konzernrechts, dass die Kontrollübernahme nicht zu Lasten der Anteilsinhaber der übernommenen Gesellschaft gehen darf. Im Zusammenspiel mit der Gleichbehandlungspflicht stellt es darüber hinaus die Beteiligung der Aktionäre an der Kontrollprämie sicher.[1447]

(b) Übernahmeangebote, die ihren Gewinn aus der Ausbeutung der Aktionäre beziehen, werden verhindert, denn eine Angebotspflicht auf alle Anteile erschwert es dem Bieter, seine Kosten an die Aktionäre weiterzugeben. Daher rechnen sich nur solche Übernahmen, die auf gesamtwirtschaftlich positive Synergien spekulieren.[1448]

(c) Das Pflichtangebot ist dem Schutzsystem des Konzernrechts deutlich überlegen.[1449] Der Aktionär muss keinen langen und riskanten Rechtsweg beschreiten, um den Wert seiner Anteile zu sichern. Die Gegenleistung eines Pflichtangebots liegt über der einer konzernrechtlichen Abfindung und ist zum Zeitpunkt der Konzernbegründung fällig. Damit wird die Aktie als Investment aufgewertet.

(6) Vorstand und Aufsichtsrat der Zielgesellschaft haben sich neutral zu verhalten. Die Neutralitätspflicht folgt de lege lata aus § 76 AktG und der

---

1444 S.o. unter „Inhalt der Treuepflicht bei Übernahmeangeboten", Seite 58 ff.

1445 S.o. unter „Funktionales Verfahren", Seite 63 ff.

1446 S.o. unter „Schutz der Mitgliedschaft", Seite 70 ff.

1447 S.o. unter „Beteiligung an der Kontrollprämie", Seite 76 ff.

1448 S.o. unter „Vermeidung ineffizienter Übernahmen", Seite 93 ff.

1449 S.o. unter „Pflichtangebot und Konzernrecht", Seite 78 ff.

Gleichbehandlungspflicht in § 53a AktG. Die Aktionäre der Zielgesellschaft sind zur Entscheidung über das Angebot berufen. Daher dürfen Abwehrmaßnahmen nur aufgrund eines Hauptversammlungsbeschlusses erfolgen. Nach umfassender Aufklärung ist dies auch im Wege von Vorratsbeschlüssen zulässig. Ein Aufweichen der Neutralitätspflicht ist zu abzulehnen.[1450]

(7) Eine EU-Richtlinie ist für ein einheitliches Schutzniveau in Europa notwendig. Der gescheiterte Vorschlag beschreitet den richtigen Weg, ließ aber den Mitgliedstaaten in Bezug auf die Kontrollschwelle und die Neutralitätspflicht zu viel Spielraum.[1451]

(8) Der Übernahmekodex war ein praxiserprobtes und flexibles Regelwerk, dem es aber an Durchsetzungskraft und Rechtsschutzmöglichkeiten fehlte. Wegen seiner Freiwilligkeit stellte er keine geeignete Umsetzung der EU-Richtlinie dar. Die Funktionalität des Übernahmegesetzes ist am Kodex zu messen.[1452]

(9) Gesetzliche Normierungen sollten Teilpflichtangebote untersagen und die Wertpapierinhaber der Zielgesellschaft an der Kontrollprämie beteiligen, um einen umfassenden Schutz und die bestmögliche Funktion des Pflichtangebots zu gewährleisten.[1453]

(10) Die Kontrollschwelle, ab der ein Pflichtangebot abgegeben werden muss, sollte bei einem Anteil von 25 % der Stimmrechte widerlegbar vermutet werden. Dem Inhaber dieses Anteils steht der Nachweis offen, dass er die faktische Kontrolle nicht innehat.[1454] Starre Kontrollschwellen führen im Einzelfall zu ungerechtfertigten Angeboten, während rein flexible Schwellen Rechtsunsicherheit hervorrufen.

II. Ausblick

Obwohl oder gerade weil im Jahr 2001 die 13. Gesellschaftsrechtsrichtlinie betreffend Übernahmeangebote trotz über 25 Jahren Vorlauf entgegen allen Erwartungen nicht verabschiedet worden ist, ist schließlich auch in Deutschland eine verbindliche Regelung in Kraft getreten. Damit wurde nachgeholt, was bei unseren europäischen Nachbarn schon lange Regelungsalltag und auch

---

1450 S.o. unter „Neutralitätsgebot“, Seite 99 ff.

1451 S.o. unter „Der EU-Richtlinienvorschlag 2000“, Seite 126 ff., bes. Seite 135 f. und Seite 147 f.

1452 S.o. unter „Der Übernahmekodex“, Seite 163 ff., bes. Seite 213 ff. Seite 217 ff.

1453 S.o. Seite 139 zur Preisregel und Seite 144 zu Teilangeboten nach dem Richtlinienvorschlag 2000 und Seite 201 zum Übernahmekodex.

1454 S.o. „Kombinierte Kontrollschwelle“, Seite 234 f.

für die hiesigen Finanzmärkte längst überfällig war. Hieraus den Schluss zu ziehen, dass Regelwerke nur adaptiert werden, um der financial community zu gefallen,[1455] wird der Sache nicht gerecht. Sicherlich wäre es unbedacht, in Abkehr vom eigenen Rechtsgefüge gedankenlos einem Trend zu folgen, der aus einem anderen Rechtskreis stammt. Jedoch muss auch ein von den bisherigen Gewohnheiten abweichender Ansatz anerkannt werden, wenn er dem eigenen überlegen ist. Dies gilt umso mehr, wenn sich dieser Ansatz, der sich im Pflichtangebot konkretisiert, durchaus in die bestehenden Strukturen einfügen lässt.

Die Attraktivität des Finanzplatzes Deutschland und sein Bestehen im weltweiten Wettbewerb ist für die Sicherung unserer Volkswirtschaft von unbestreitbarer Bedeutung. Die Umsetzung der dargestellten Elemente einer Regelung für öffentliche Übernahmeangebote trägt zur Behauptung unseres Kapitalmarkts im globalen Wettbewerb bei, denn sowohl nationale als auch internationale Anleger haben die Möglichkeit, in Deutschland zu den Standards zu investieren, die sie kennen und schätzen.[1456] Damit gelingt es der Regelung öffentlicher Übernahmeangebote, die Förderung unserer Volkswirtschaft mit dem Schutz der Anleger zu verbinden. Das neue Übernahmegesetz beschreitet dabei grundsätzlich den richtigen Weg. Leider wurde die Wirksamkeit des Anlegerschutzes durch die Aushebelung der Neutralitätspflicht entscheidend geschwächt. Es bleibt abzuwarten, in welchem Umfang Aufsichträte in Zukunft ihre neuen Kompetenzen tatsächlich im Interesse der Aktionäre ausüben werden.

1455 So deutlich *Kallmeyer*, ZHR 161 (1997), 435 (443); *Pietzke*, FS Fikentscher, 1998, 601 (614 f.).

1456 Die Bedeutung des Erreichens von internationalen Standards zur Optimierung der Volkswirtschaft betonen z.B. *Assmann*, 40 Jahre Bundesrepublik, 1990, 253 (273 und 278); *Hopt*, ZHR 161 (1997), 368 (376 bes. zum Gleichbehandlungsgrundsatz); *Schiessl*, AG 1999, S. 442 (450); *Weisgerber*, ZHR 161 (1997), 421 (423).

Literaturverzeichnis

Adams, Michael: Bankenmacht und Deutscher Juristentag, ZIP 1996, 1590

ders.: Was spricht gegen eine ungehinderte Übertragbarkeit der in Unternehmen gebundenen Ressourcen durch ihre Eigentümer?, AG 1990, 243

ders.: Höchststimmrechte, Mehrstimmrechte und sonstige wundersame Hindernisse auf dem Markt für Unternehmenskontrolle, AG 1990, 63

ders.: Der Markt für Unternehmenskontrolle und sein Mißbrauch, AG 89, 333

Aha, Christian: Aktuelle Aspekte der Unternehmensbewertung im Spruchstellenverfahren, AG 1997, 26

Altmeppen, Holger: Zur Vermögensbindung in der faktisch abhängigen AG, ZIP 1996, 693

ders.: Anmerkung zu BGH, Urteil v. 20.3.1995 = BGHZ 129, 136, NJW 1995, 1739

Assmann, Heinz-Dieter (Hrsg.): Kommentar zum Wertpapierhandelsgesetz, 2. Auflage, Köln 1999

ders.: Verhaltensregeln für freiwillige öffentliche Übernahmeangebote – Der Übernahmekodex der Börsensachverständigenkommission, AG 1995, 563

ders.: Das künftige deutsche Insiderrecht, AG 1994, 237

ders.: Kapitalmarktrecht – Zur Formation eines Rechtsgebiets in der vierzigjährigen Rechtsentwicklung der Bundesrepublik Deutschland, in: Nörr, Knut Wolfgang (Hrsg.), 40 Jahre Bundesrepublik Deutschland – 40 Jahre Rechtsentwicklung, Tübingen 1990

ders.: Konzeptionelle Grundlagen des Anlegerschutzes, ZBB 1989, 49

ders.: Prospekthaftung als Haftung für die Verletzung kapitalmarktbezogener, Informationsverkehrspflichten nach deutschem und US-amerikanischem Recht., Köln 1985

Assmann, Heinz-Dieter / Bozenhardt, Friedrich: Übernahmeangebote als Regelungsproblem zwischen gesellschafsrechtlichen Normen und zivilrechtlich begründeten Verhaltenspflichten, in: Assmann, Heinz-Dieter / Basaldua, Nathalie / Bozenhardt, Friedrich / Pelzer, Martin, Übernahmeangebote, ZGR Sonderheft 9, Berlin u.a. 1990

Aubel, Thomas van: Vorstandspflichten bei Übernahmeangeboten, München 1996, zugl.: München, Diss. 1995

Bad Homburger Kreis / Übernahmekommission (Hrsg.): Übernahmeangebote, Bd. 1 (1995/96), Bd. 2 (1997), Bd. 3 (1998), Bd. 4 (1999), Frankfurt am Main 1996 ff.

Basaldua, Nathalie: Der Vorschlag für eine dreizehnte Richtlinie des Rates auf dem Gebiet des Gesellschaftsrechts über öffentliche Übernahmeangebote, in: Assmann, Heinz-Dieter / Basaldua, Nathalie / Bozenhardt, Friedrich / Pelzer, Martin, Übernahmeangebote, ZGR Sonderheft 9, Berlin u.a. 1990

Baum, Harald: Der Markt für Unternehmen und die Regelung von öffentlichen Übernahmeangeboten in Japan, AG 1996, 339

ders.: Börsen- und Kapitalmarktrecht in Japan, in: Hopt, Klaus / Rudolph, Bernd / Baum, Harald (Hrsg.), Börsenreform: eine ökonomische, rechtsvergleichende und rechtspolitische Untersuchung, Stuttgart 1997

Baumann, Karl-Hermann: Der neue Verhaltenskodex für Unternehmensübernahmen sorgt für größere Transparenz am Kapitalmarkt, WM 1996, 901

Baumbach, Adolf / Hopt, Klaus J.: Kurzkommentar zum Handelsgesetzbuch, 29. Auflage, München 1995

Baums, Theodor: Anwendungsbereich, Kollision und Abstimmung von Kapitalmarktrechten, in: Festschrift für Peter Raisch, Köln u.a. 1995

ders.: Vorschlag eines Gesetzes zu öffentlichen Übernahmeangeboten, ZIP 1997, 1310

ders.: Vollmachtsstimmrecht der Banken – Ja oder Nein, AG 1996, 11

ders.: Höchststimmrechte, AG 1990, 221

ders.: Übernahmeregeln in der Europäischen Gemeinschaft, ZIP 1989, 1376

Baums, Theodor / Fraune, Christian: Institutionelle Anleger und Publikumsgesellschaft: Eine empirische Untersuchung, AG 1995, 97

Bebchuk, Lucian A.: Towards Undistorted Choice and Equal Treatment in Corporate Takeovers, 98 Hav.L.Rev. 1985, 1693

Becker, Dietrich: Verhaltenspflichten des Vorstands der Zielgesellschaft bei feindlichen Übernahmen, ZHR 165 (2001), 280

Becker, Hans Paul: Feindliche Übernahmen: Wesen, Ziele und Gefahren, WiSt 1990, 218

Becker, Michael: Börsen- und Kapitalmarktrecht der Vereinigten Staaten, in: Hopt, Klaus / Rudolph, Bernd / Baum, Harald (Hrsg.), Börsenreform: eine ökonomische, rechtsvergleichende und rechtspolitische Untersuchung, Stuttgart 1997

Beckmann, Ralph: Übernahmeangebote in Europa, Münster 1995, teilw. zugl.: Münster, Diss. 1994/95

ders.: Der Richtlinienvorschlag betreffend Übernahmeangebote auf dem Weg zu einer europäischen Rechtsangleichung, DB 1995, 2407

Behrens, Peter: Rechtspolitische Grundsatzfragen zu einer Europäischen Regelung für Übernahmeangebote, ZGR 1975, 433

Benner-Heinacher, Jella S.: Mindeststandards für Übernahmeregeln in Deutschland, DB 1997, 2521

Berger, Klaus Peter: Unternehmensübernahmen in Europa, ZIP 1991, 1644

Beß, Jürgen: Eine europäische Regelung für Übernahmeangebote, Teil I und II, AG 1976, 169 und 206

Bittner, Claudia: Die EG-Richtlinie aus englischer Sicht, RIW 1992, 182

Bozenhardt, Friedrich: Freiwillige Übernahmeangebote im deutschen Recht, Tübingen, Diss. 1990

Bungert, Hartwin: Pflichten des Managements bei der Abwehr von Übernahmeangeboten nach US-amerikanischem Gesellschaftsrecht, AG 1994, 297

Burgard, Ulrich: Kapitalmarktrechtliche Lehren aus der Übernahme Vodafone-Mannesmann – Zur Verletzung der Mitteilungspflicht nach §§ 21 Abs. 1, 22 Abs. 1 Nr. 6 WpHG und den sich daraus ergebenden Folgerungen für ein Viertes Finanzmarktförderungsgesetz, WM 2000, 611

ders.: Die Offenlegung von Beteiligungen bei der Aktiengesellschaft, AG 1992, 41

Busch, Hans Wilhelm: Die Notwendigkeit spezialgesetzlicher Regelungen von öffentlichen Übernahmeangeboten in Deutschland, Sinzheim 1996, zugl.: Erlangen-Nürnberg, Diss. 1995

Busse von Colbe, Walther: Der Vernunft eine Gasse: Abfindung von Minderheitsaktionären nicht unter dem Börsenkurs ihrer Aktien, in: FS Marcus Lutter, Köln 2000

Choper, Jesse H. / Eisenberg, Melvin A.: Corporations, New York u.a. 1996

Cranston, Ross: The Rise and Rise of the Hostile Takeover, in: Hopt, Klaus / Wymeersch, Eddy (Hrsg.), European Takeovers – Law and Practice, London u.a. 1992

Dedič, Jan / Bučková, Ivana: Übernahmerecht und Meldepflicht in Tschechien – Im Blickpunkt: Ein Rechtsvergleich mit der Regelung des Übernahmerechts in der EU und in Österreich, RIW 1999, 193

Depser, Ingrid: Der Vorschlag der EG-Kommission zur Takeover-Richtlinie im Spiegel der amerikanischen Takeover-Erfahrungen, RIW 1992, 351

Diekmann, Hans: Hinweise zur Anwendung des Übernahmekodexes der Börsensachverständigenkommission, WM 1997, 897

Dietrich, Hartmut: Die Tender Offer im Bundesrecht der USA, AWD BB 73, 304

Dörfler, Wolfgang / Gahler, Wolfgang / Unterstraßer, Stefan / Wirichs, Robert: Probleme bei der Wertermittlung von Abfindungsangeboten – Ergebnisse einer empirischen Untersuchung, BB 1994, 156

Dreher, Meinrad: Treuepflichten zwischen Aktionären und Verhaltenspflichten bei der Stimmrechtsbündelung – Gesellschaftsrechtliche und zivilrechtliche Grundlagen, ZHR 157 (1993), 150

Drygala, Tim: Die neue deutsche Übernahmepraxis und ihre Auswirkungen auf die Vorstandspflichten nach § 33 WpÜG, ZIP 2001, 1861

Düring, Markus: Kollisionsrechtliche Anknüpfung bei öffentlichen Übernahmeangeboten, RIW 1999, 746

Easterbrook, Frank H. / Fischel, Daniel R.: The Proper Role of a Target's Management in Responding to a Tender, 94 Harv. L. Rev. 1161 (1982)

Ebenroth, Carsten Thomas / Daum, Thomas: Kompetenzen des Vorstands einer Aktiengesellschaft bei der Durchführung und Abwehr unkoordinierter Übernahmen – Teil I und II, DB 1991, 1105 und 1157

Ebenroth, Carsten Thomas / Schrupkowski, Reiner: Die Abwehr von Unternehmensübernahmen in der Schweiz im Lichte europäischer Herausforderungen, ZVglRWiss 90 (1991), 319

Eisenhardt, Ulrich: Gesellschaftsrecht, 8. Auflage, München 1999

Ellger, Reinhard / Klass, Susanne: Börsen- und Kapitalmarktrecht des Vereinigten Königreichs, in: Hopt, Klaus / Rudolph, Bernd / Baum, Harald (Hrsg.), Börsenreform: eine ökonomische, rechtsvergleichende und rechtspolitische Untersuchung, Stuttgart 1997

Emmerich, Volker / Habersack, Mathias: Kommentar zum Aktienkonzernrecht, München 1998

Emmerich, Volker / Sonnenschein, Jürgen: Konzernrecht, 6. Auflage, München 1997

Flassak, Hansjörg: Der Markt für Unternehmenskontrolle: eine ökonomische Analyse vor dem Hintergrund des deutschen Gesellschaftsrechts, Bergisch Gladbach u.a. 1995, zugl.: Hohenheim, Diss. 1995

Fleischer, Holger: Zum Begriff des öffentlichen Angebots im Wertpapiererwerbs- und Übernahmegesetzes, ZIP 2001, 1653

Fleischer, Arthur Jr. / Sussman, Alexander R.: Takeover Defense, Vol.1, 6. Auflage, Gaithersburg, 2000

Flume, Werner: Die Rechtsprechung des II. Zivilsenats des BGH zur Treuepflicht des GmbH –Gesellschafters und des Aktionärs, ZIP 1996, 161

Forum Europaeum Konzernrecht: Konzernrecht für Europa, ZGR 1998, 672

Fox, Eleanor M. / Fox, Byron E.: Corporate Acquisitions and Mergers, New York, Release 75, 2001

Frei, Stephan: Öffentliche Übernahmeangebote in der Schweiz – mit besonderer Berücksichtigung der Übernahmeregelung im Bundesgesetz über die Börsen und den Effektenhandel BEHG, Bern u.a. 1996, zugl.: Zürich, Diss. 1995

Füfhoff, Jens / Wölk, Armin: Aktuelle Fragen zur Ad hoc-Publizität, WM 1997, 449

Geßler, Ernst / Hefermehl, Wolfgang / Eckhard, Ulrich / Kropff, Bruno (Hrsg.): Kommentar zum Aktiengesetz, München 1973 ff.

Gilson, Robert J.: Seeking Compettitive Bids Versus Pure Passivity in Tender Offer Defense, 35 Stan. L. Rev. 51 (1982)

Grabitz, Eberhard / Hilf, Meinhard: Kommentar zur Europäischen Union, Bd. II, München

Gröner, Helmut (Hrsg.): Der Markt für Unternehmenskontrollen, Berlin 1992

Groß, Wolfgang: Übernahmekodex für öffentliche Übernahmeangebote: Anerkennung und Rolle des begleitenden Wertpapierdienstleistungsunternehmens, DB 1996, 1909

Großfeld, Bernhard: Unternehmens- und Anteilsbewertung im Gesellschaftsrecht, 3. Auflage, Köln 1994

Großkommentar zum Aktiengesetz: hrsg. von Klaus Hopt und Herbert Wiedemann, 11. Lieferung: § 92 – 94, Berlin u.a. 1999

Gruber, Marco: Die Pflicht zum Übernahmeangebot im neuen Börsengesetz, Zürich 1996, zugl.: Fribourg, Diss. 1996

Grunewald, Barbara: Europäisierung des Übernahmerechts, AG 2001, 288

dies.: Der geänderte Vorschlag einer 13. EG-Richtlinie betreffend Übernahmeangebote, WM 1991, 1361

dies.: Was bringt der Vorschlag einer 13. EG-Richtlinie über Übernahmeangebote für das deutsch Recht?, WM 1989, 1233

Gruppe Deutsche Börse (Hrsg.): Leitfaden zu den Aktienindizes der Deutschen Börse, Version 3.1, Frankfurt am Main, Januar 1999

dies.: Regelwerk Neuer Markt, Frankfurt am Main, Stand 1.3.1999

dies.: Monthly Statistics – Cash Market, Frankfurt am Main, Januar 2000

Habersack, Mathias / Mayer, Christian: Der neue Vorschlag einer Takeover-Richtlinie – Überlegungen zur Umsetzung in das nationale Recht, ZIP 1997, 2141

Hahn, Dieter: Die feindliche Übernahme von Aktiengesellschaften: eine juristisch-ökonomische Analyse, München 1992, zugl.: Hamburg, Diss. 1992

ders.: Die Regulierung von Übernahmen in der Europäischen Gemeinschaft, ZBB 1990, 10

Hansen, Herbert: Die großen Fusionen der jüngsten Zeit, AG 1999, R 4

ders.: Aktienbesitz in Deutschland, AG 1997, R 415

Happ, Wilhelm (Hrsg.): Aktenrecht: Handbuch – Mustertexte – Kommentar, Köln u.a. 1995

Hauschka, Christoph / Roth, Thomas: Übernahmeangebote und deren Abwehr im deutschen Recht, AG 1988, 181

Hecker, Renate / Wenger, Ekkehard: Der Schutz von Minderheiten im Vertragskonzern, ZBB 1995, 321

Heermann, Peter W.: Interessenkonflikte von Bankvertretern in Aufsichtsräten bei (geplanten) Unternehmensübernahmen, WM 1997, 1689

Heinsius, Theodor: Abfindung außenstehender Aktionäre und Übernahmeangebote in deutschen Aktien- und Konzernrecht, in: Schmitthoff, Clive M. / Goré, François / Heinsius, Theodor (Hrsg.), Übernahmeangebote im Aktienrecht, Frankfurt 1976

Hennrichs, Joachim: Treuepflichten im Aktienrecht, AcP 195 (1995), 221

Henssler, Martin: Die Haftung des Stimmrechtsvertreters, DZWir 1995, 430

ders.: Verhaltenspflichten bei der Ausübung von Aktienstimmrechten durch Bevollmächtigte – Zivilrechtliche Grundlagen, ZHR 157 (1993), 91

Henze, Hartwig: Die Treuepflicht im Aktienrecht, BB 1996, 489

Herkenroth, Klaus E.: Konzernierungsprozesse im Schnittfeld von Konzernrecht und Übernahmerecht, Berlin 1994, zugl.: Hannover, Diss. 1992/93

Herrmann, Marcus: Zivilrechtliche Abwehrmaßnahmen gegen unfreundliche Übernahmeversuche in Deutschland und Großbritannien: eine rechtsvergleichende Untersuchung unter Berücksichtigung des künftigen europäischen Rechts, Heidelberg 1993, zugl.: Münster, Diss. 1992

Hirte, Heribert: Entwicklung des Unternehmens- und Gesellschaftsrechts in Deutschland in den Jahren 1991 – 1995 – Teil 1., NJW 1996, 2827

ders.: Kampf um Belgien – Zur Abwehr feindlicher Übernahmen, ZIP 1989, 1233

Hitschler, Werner: Leveraged (Management-) Buyouts – Bestimmungsfaktoren, Finanzierung und rechtliche Gestaltungsmöglichkeiten in der Bundesrepublik Deutschland, BB 1990, 1877

Hoffmann-Becking, Michael: Empfiehlt es sich, das Recht faktischer Unternehmensverbindungen neu zu regeln? Referat zum 59. Deutschen Juristentag, München 1992, S. R 8

Hommelhoff, Peter: Konzerneingangs-Schutz durch Takeover-Recht?, in: Festschrift für Johannes Semler, Berlin u.a. 1993 *ders.:* Empfiehlt es sich, das Recht faktischer Unternehmensverbindungen neu zu regeln? Gutachten G zum 59. Deutschen Juristentag, München 1992

ders.: Praktische Erfahrungen mit dem Abhängigkeitsbericht – Ergebnisse einer rechtstatsächlichen Untersuchung, ZHR 156 (1992), 295

Hommelhoff, Peter / Kleindiek, Detlef: Takeover-Richtlinie und europäisches Konzernrecht, AG 1990, 106

Hopt, Klaus: Verhaltenspflichten des Vorstands der Zielgesellschaft bei feindlichen Übernahmen, in: Festschrift für Marcus Lutter, Köln 2000

ders.: Europäisches und deutsches Übernahmerecht, ZHR 161 (1997), 368

ders.: Aktionärskreis und Vorstandsneutralität, ZGR 1993, 534

ders.: Harmonisierung im europäischen Gesellschaftsrecht, ZGR 1992, 265

ders.: Übernahmeangebote im europäischen Recht, in: Festschrift für Fritz Rittner, München 1991

ders.: Präventivmaßnahmen zur Abwehr von Übernahme- und Beteiligungsversuchen, in: Festgabe für Theodor Heinsius, WM Sonderheft 25.9.1991

Hopt, Klaus / Rudolph, Bernd / Baum, Harald (Hrsg.): Börsenreform: eine ökonomische, rechtsvergleichende und rechtspolitische Untersuchung, Stuttgart 1997

Hopt, Klaus / Wymeersch, Eddy (Hrsg.): European Takeovers – Law and Practice, London u.a. 1992

Hüffer, Uwe: Kurzkommentar zum Aktiengesetz, 4. Auflage, München 1999

Hurstel, Daniel / Süß, Gisela: Reformansätze des französischen Übernahmerechts, EuZW 1998, 203

Immenga, Ulrich: Öffentliche Übernahmeangebote (Takeover Bids), SAG 75, 89

Joussen, Edgar: Die Treuepflicht des Aktionärs bei feindlichen Übernahmen, BB 1992, 1075

Kaiser, Andreas: Entwicklung und Stand des deutschen und italienischen Kapitalmarktrechts im Vergleich, ZvglRWiss 96 (1997), 1

Kallmeyer, Harald: Ausschluss von Minderheitsaktionären, AG 2000, 59 *ders.:* Pflichtangebote nach dem Übernahmekodex und dem neuen Vorschlag 1997 einer Takeover-Richtlinie, ZIP 1997, 2147

ders.: Die Mängel des Übernahmekodex der Börsensachverständigenkommission, ZHR 161 (1997), 435

ders.: Der Übernahmekodex der Börsensachverständigenkommission, AG 1996, 169

Kirchner, Christian: Szenarien einer "feindlichen" Unternehmensübername: Alternative rechtliche Regelung im Anwendungstest, BB 2000, 105

ders.: Neutralitäts- und Stillhaltepflicht des Vorstands der Zielgesellschaft im Übernahmerecht, AG 1999, 481

Kirchner, Christian / Ehricke, Ulrich: Funktionsdefizite des Übernahmekodex der Börsensachverständigenkommission, AG 1998, 105

Klein, Albrecht: Abwehrmöglichkeiten gegen feindliche Übernahmen in Deutschland, NJW 1997, 2085

Kölner Kommentar zum Aktiengesetz: hrsg. von Wolfgang Zöllner, 2. Auflage, Köln u.a. 1986 ff.

Köpfli, Christian: Ausschluss der Minderheitsaktionäre nach einem öffentlichen Übernahmeangebot, SJZ 1998, 53

Körner, Marita: Die Neuregelung der Übernahmekontrolle nach deutschem und europäischem Recht – insbesondere zur Neutralitätspflicht des Vorstands, DB 2001, 367

Kort, Michael: Rechte und Pflichten des Vorstands der Zielgesellschaft bei Übernahmeversuchen, in: Festschrift für Marcus Lutter, Köln 2000

Krause, Hartmut: Zur „Pool- und Frontenbildung“ im Übernahmekampf und zur Organzuständigkeit für Abwehrmaßnahmen gegen „feindliche“ Übernahmeangebote, AG 2000, 217

ders.: Zur Gleichbehandlung der Aktionäre bei Übernahmeangeboten und Beteiligungserwerb – Teil I und II, WM 1996, 845 und 893

ders.: Der revidierte Vorschlag einer Takeover-Richtlinie (1996), AG 1996, 209

ders.: Das obligatorische Übernahmeangebot – Eine juristische und ökonomische Analyse, Baden-Baden 1996, zugl.: München, Diss. 1995

Kropff, Bruno: Benachteiligungsverbot und Nachteilsausgleich im faktischen Konzern, in: Festschrift für Walther Kastner, Wien 1992

Kübler, Friedrich: Gesellschaftsrecht: die privatrechtlichen Ordnungsstrukturen und Regelungsprobleme von Verbänden und Unternehmen, 5. Auflage, Tübingen 1998

Lammers, Brigitte: Verhaltenspflichten von Verwaltungsorganen in Übernahmeauseinandersetzungen: eine rechtsvergleichende Untersuchung des US-amerikanischen, deutschen und europäischen Rechts, Frankfurt am Main u.a. 1994, zugl.: Bonn, Diss. 1993

Land, Volker / Hasselbach, Kai: Das neue deutsche Übernahmegesetz, DB 2000, 1747

Lenz, Carl Otto (Hrsg.): EG-Handbuch – Recht im Binnenmarkt, 2. Auflage, Herne u.a. 1994

Lipton, Martin: Takeover Bids in the Target's Boardroom, 35 Bus. Law. 101 (1979)

Loehr, Helmut: Der neue Verhaltenskodex in der praktischen Umsetzung – Eine Zwischenbilanz, WM 1997, 1374

Loritz, Karl-Georg / Wagner, Klaus-R.: Das „Zwangsübernahmeangebot" der EG-Takeover-Richtlinie aus verfassungsrechtlicher Sicht, WM 1991, 709

Lübbert, Harald: Der Markt für Unternehmenskontrollen – Chancen und Risiken für Wettbewerb und Konzentration, in: Gröner, Helmut (Hrsg.), Der Markt für Unternehmenskontrollen, Berlin 1992

Lutter, Marcus: Die Treuepflicht des Aktionärs – Bemerkungen zur Linotype-Entscheidung des BGH, ZHR 153 (1989), 446

ders.: Hundert Bände BGHZ: Konzernrecht, ZHR 151 (1987), 444

ders.: Stand und Entwicklung des Konzernrechts in Europa, ZGR 1987, 324

ders.: Anmerkung zu BGH, Urteil v. 16.2.1976, JZ 1976, 562

Lutter, Marcus / Timm, Wolfram: Konzernrechtlicher Präventivschutz im GmbH-Recht, NJW 1982, 409

Luttermann, Claus: Kurzkommentar zu BayObLG, Beschluss v. 29.9.1998, EWiR 1998, 965

Macharzina, Klaus: Unternehmensführung, 2. Auflage, Wiesbaden 1995

Manne, Henry G.: Mergers and the Market for Corporate Control, 73 J.Pol.Econ. (1965), 110

ders.: The Publicity Held Corporation as a Market Creation, ZgS 137 (1981), 689

Marsch-Barner, Reinhard: Treuepflichten zwischen Aktionären und Verhaltenspflichten bei Stimmrechtsbündelung, ZHR 157 (1993), 172

Maier-Reimer, Georg: Verhaltenspflichten des Vorstands der Zielgesellschaft bei feindlichen Übernahmen, ZHR 165 (2001), 258

Mayer, Thomas / Zschocke, Christian: Der deutsche Übernahmekodex – Inhalt und erste Erfahrungen, ÖBA 1996, 771

Meier-Schatz, Christian J.: Managermacht und Marktkontrolle – Bemerkungen zur amerikanischen Debatte um Übernahmeangebote und Markt für Unternehmenskontrolle, ZHR 149 (1985), 76

Merkt, Hanno: Verhaltenspflichten des Vorstands der Zielgesellschaft bei feindlichen Übernahmen, ZHR 165 (2001), 224

Mertens, Hans-Joachim: Deliktsrecht und Sonderprivatrecht – Zur Rechtsfortbildung des deliktischen Schutzes von Vermögensinteressen, AcP 178 (1978), 227

ders.: Förderung von, Schutz vor, Zwang zu Übernahmeangeboten?, AG 1990, 252

Mestmäcker, Ernst-Joachim: Verwaltung, Konzerngewalt und Rechte der Aktionäre: eine rechtsvergleichende Untersuchung nach deutschem Aktienrecht und dem Recht der Corporations in den Vereinigten Staaten, Karlsruhe 1958

Michalski, Lutz: Abwehrmechanismen gegen unfreundliche Übernahmeangebote („unfriendly takeovers“) nach deutschem Recht, AG 1997, 152

Möschel, Wernhard: Aktienrechtliche Aspekte des Zusammenschlusses Thyssen / Rheinstahl, ZRP 1973, 162.

Mülbert, Peter O.: Übernahmerecht zwischen Kapitalmarktrecht und Aktien(konzern)recht – die konzeptionelle Schwachstelle des RegE WpÜG, ZIP 2001, 1221

ders.: Unternehmensbegriff und Konzernorganisationsrecht, ZHR 163 (1999), 1 *ders.:* Empfehlen sich gesetzliche Regelungen zur Einschränkung des Einflusses von Kreditinstituten auf Aktiengesellschaften, NJW- Beilage 1996, 24

Münchener Kommentar zum Bürgerlichen Gesetzbuch: hrsg. von Rebmann, Kurt / Säcker, Franz J. / Rixecker, Roland, Bd. 5, 3. Auflage, München 1997

Munscheck, Karsten: Die Übernahmeregelung – eine Alternative zum Schutz von Minderheitsaktionären abhängiger Aktiengesellschaften, Frankfurt am Main 1999, zugl.: Passau, Diss. 1998

ders.: Das Übernahmeangebot als Konzernbildungskontrolle, RIW 1995, 998

Neye, Hans-Werner: Der gemeinsame Standpunkt des Rates zur 13. Richtlinie – ein entscheidender Schritt auf dem Weg zu einem europäischen Übernahmerecht, AG 2000, 289

ders.: Kurzkommentar zu BVerfG, Beschluss v. 27.4.1999, EWiR 1999, 751

ders.: Der Vorschlag 1997 einer Takeover-Richtlinie, ZIP 1997, 2172

ders.: Der neue Vorschlag der Kommission für eine dreizehnte Richtlinie über Übernahmeangebote, DB 1996, 1121

ders.: Der neue Übernahmekodex der Börsensachverständigenkommission, ZIP 1995, 1464

Noack, Ulrich: Die konzernrechtliche Sonderprüfung nach § 315 AktG, Wpg 1994, 225

o.V. Finanzministerium: Diskussionsentwurf zum Übernahmegesetz, AG 2000, R 315

o.V. Mannesmann will Mobilfunkgesellschaft Orange übernehmen, AG 1999, R 513

o.V. Freiwilliger Übernahmekodex gescheitert, AG 1999, R 128

o.V. Übernahmeregeln in Frankreich erneuert, AG 1999, R 76

o.V. Übergangsregelung für die zum 1.1.1998 in Kraft getretenen Änderungen des Übernahmekodex, AG 1998, R 220

o.V. Gibt es bald ein Übernahmegesetz?, AG 1998, R 111

o.V. Die DAX 30 und MDAX Werte, AG 1998, R 79

o.V. Überarbeitung des freiwilligen Übernahmekodex, AG 1997, R 487 *o.V.* Verknüpfung von Dax und Übernahmekodex, AG 1997, R 420

o.V. Widerstand in Bonn gegen Takeover-Richtlinie, AG 1990 R 134

o.V. EG-Übernahmerichtlinie: Parlament setzt sich durch, AG 1990 R 40

Otto, Hans-Jochen: Buy-Out-Gestaltungen bei Konzern-spin offs mittels „umgekehrtem Kombinationsmodell", AG 1999, 173

ders.: Die Verteilung der Kontrollprämie bei Übernahme von Aktiengesellschaften und die Funktion des Höchststimmrechts, AG 1994, 167

ders.: Übernahmeversuche bei Aktiengesellschaften und Strategien der Abwehr, DB Beilage 12/1988

Palandt, Otto: Kommentar zum Bürgerlichen Gesetzbuch, 59. Auflage, München 2000

Peltzer, Martin: Der Kommissionsentwurf für eine 13. Richtlinie über Übernahmeangebote vom 7.2.1996, AG 1997, 145

ders.: Die Rolle der Banken bei Unternehmensveräußerungen, ZIP 1991, 485

ders.: Übernahmeangebote nach künftigem Europa-Recht und dessen Umsetzung in deutsches Recht, in: Assmann, Heinz-Dieter / Basaldua, Nathalie / Bozenhardt, Friedrich / Pelzer, Martin, Übernahmeangebote, ZGR Sonderheft 9, Berlin u.a. 1990

ders.: Hostile Takeovers in der Bundesrepublik Deutschland, ZIP 1989, 69

Pense, Andreas / Puttfarken, Hans-Jürgen: Französisches Börsen- und Kapitalmarktrecht, in: Hopt, Klaus / Rudolph, Bernd / Baum, Harald (Hrsg.), Börsenreform: eine ökonomische, rechtsvergleichende und rechtspolitische Untersuchung, Stuttgart 1997

Picot, Gerhard / Land, Volker: Der Internationale Unternehmenskauf, DB 1998, 1601

Pietzke, Rudolf: Das zwingende Übernahmeangebot bei Erwerb einer Kontrollmehrheit, in: Festschrift für Wolfgang Fikentscher, Tübingen, 1998

Pötzsch, Thorsten / Möller, Andreas: Das neue Übernahmerecht – Der Regierungsentwurf vom 11. Juli 2001, ZIP 2001, 1256

dies.: Das künftige Übernahmerecht – Der Diskussionsentwurf des Bundesministeriums der Finanzen zu einem Gesetz zur Regelung von Unternehmensübernahmen und der gemeinsame Standpunkt des Rates zur europäischen Übernahmerichtlinie, WM Sonderbeil. 2/2000

Pulver, Urs: Zur Regelung öffentlicher Übernahmeangebote, in: Neues zum Gesellschafts- und Wirtschaftsrecht, Festschrift für Peter Forstmoser, Zürich, 1993

Raschke, Thorsten: Diskussionsbericht, ZHR 161 (1997), 455

Reul, Jürgen: Die Pflicht zur Gleichbehandlung der Aktionäre bei privaten Kontrolltransaktionen : eine juristische und ökonomische Analyse, Tübingen 1991, zugl.: Tübingen, Diss. 1989/90

ders.: Übernahmeangebote in der ökonomischen Analyse – Zur Kritik des aktuellen Richtlinienvorschlags der EG, in: JJZ 1990, 11, Kapitalmarktrecht, Schadensrecht, Privatrecht und deutsche Einheit, Hamburger Tagung 17.-20. Juli 1990, für die Gesellschaft Junger Zivilrechtswissenschaftler, hrsg. v. Baum, Harald / Engel, Christoph / Remien, Oliver / Wenckstern, Manfred, Stuttgart 1991

Riehmer, Klaus / Schröder, Oliver: Der Entwurf des Übernahmegesetzes im Lichte von Vodafone/Mannesmann, NZG 2000, 820

Rittner, Fritz: Gesellschaftsrecht und Unternehmenskonzentration – Zu den Vorschlägen der Monopolkommission, ZGR 1990, 201

Rojo, Angel: Das öffentliche Übernahmeangebot im spanischen Recht, AG 1994, 16

Romano, Roberta: A Guide to Takeovers: Theory, Evidence and Regulation, in: Hopt, Klaus / Wymeersch, Eddy (Hrsg.), European Takeovers – Law and Practice, London u.a. 1992

Roos, Michael: Der neue Vorschlag für eine EG Übernahme-Richtlinie, WM 1996, 2177

Rudolph, Bernd / Röhrl, Heiner: Grundfragen der Börsenorganisation aus ökonomischer Sicht, in: Hopt, Klaus / Rudolph, Bernd / Baum, Harald (Hrsg.), Börsenreform: eine ökonomische, rechtsvergleichende und rechtspolitische Untersuchung, Stuttgart 1997

Sandberger, Georg: Teilübernahmeangebote und Zwangsübernahmeangebote im Europäischen Take-over-Recht, DZWir 1993, 319

Schaaf, Petra: Möglichkeiten der Abwehr von Takeover Bids in Großbritannien und USA, RIW 1985, 273

Schäfer, Carsten: Diskussionsbericht, ZHR 157 (1993), 192

Schäfer, Frank A.: Grundzüge des neuen Börsenrechts, ZIP 1987, 953

Schander, Albert A.: Aktienrückkauf und Abwehr von Übernahmeversuchen, M&A Rev. 1998, 314

ders.: Selbstregulierung versus Kodifizierung – Versuch einer Standortbestimmung des deutschen Übernahmerechts, NZG, 1998, 799

Schander, Albert A. / Posten, Olaf H.: Zu den Organpflichten bei Unternehmensübernahmen, ZIP 1997, 1534

Schanz, Kay-Michael: Feindliche Übernahmen und Strategien der Verteidigung, NZG 2000, 337

Schiessl, Maximilian: Ist das deutsche Aktienrecht kapitalmarkttauglich?, AG 1999, 442

Schilling, Wolf Ulrich: Takeover, Treupflicht & Shareholder Value, BB 1997, 1909

Schmidt, Dominique: Das obligatorische öffentliche Übernahmeangebot von Unternehmensteilen im französischen Recht, AG 1994, 12

Schmidt, Karsten: Handelsrecht, 5. Auflage, Köln u.a. 1999

ders.: Gesellschaftsrecht, 3. Auflage, Köln u.a. 1997

ders.: Abhängigkeit und faktischer Konzern als Aufgaben der Rechtspolitik, JZ 1992, 856

Schneider, Uwe H.: Auf dem Weg zum Pensionskassenkorporatismus? Zehn Thesen zu den Auswirkungen der zunehmenden Beteiligung institutioneller Anleger an den Publikumsgesellschaften, AG 1990, 317

ders.: Gesetzliches Verbot für Stimmrechtsbeschränkungen bei der Aktiengesellschaft, AG 1990, 56

Schön, Wolfgang: Mindestharmonisierung im europäischen Gesellschaftsrecht, ZHR 160 (1996), 221

Schuster, Gunnar: Der neue Vorschlag für eine EG-Takeover-Richtlinie und seine Auswirkungen auf den Übernahmekodex, EuZW 1997, 237

ders.: Die internationale Anwendung des Börsenrechts – Völkerrechtlicher Rahmen und kollisionsrechtliche Praxis in Deutschland, England und den USA, Berlin u.a. 1996

Schuster, Stephan: Neue Regeln für Übernahmen, Die Bank 1995, 609

Schuster, Stephan / Zschocke, Christian: Übernahmerecht – Takeover Law, Frankfurt am Main 1996

Schwark, Eberhard: Kommentar zum Börsengesetz, 2. Auflage, München 1994

ders.: Gesellschaftsrecht und Kapitalmarktrecht, in: Festschrift für Walter Stimpel, Berlin u.a. 1985

Sieben, Günter / Stein, Heinz G. : Unternehmensakquisitionen: Strategien und Abwehrstrategien, Stuttgart 1992

Steding, Rolf: Das Take-over und Strategien zu seiner Abwehr im Aktienrecht, Jura 1999, 181

Steinhauer, Carsten: Der Börsenpreis als Bewertungsgrundlage für den Abfindungsanspruch von Aktionären, AG 1999, 299

Stockenhuber, Peter: Take-overs nach österreichischem Übernahmerecht, RIW 1999, 52

Sünner, Eckhart: Zur Abwehr feindlicher Übernahmeangebote in Deutschland, in: Festschrift für Karlheinz Quack, Berlin u.a. 1991

Than, Jürgen: Zwangsweises Ausscheiden von Minderheitsaktionären nach Übernahmeangebot?, in: Festschrift für Carsten Peter Claussen, Köln u.a. 1997

Thoma, Georg F.: Der neue Übernahmekodex der Börsensachverständigenkommission, ZIP 1996, 1725

Thümmel, Roderich: Haftungsrisiken von Vorständen und Aufsichtsräten bei der Abwehr von Übernahmeversuchen, DB 2000, 461

Timm, Wolfram: Grundfälle zum Konzernrecht – Teil I und II, JuS 1999, 553 und 656

ders.: Das Recht der faktischen Unternehmensverbindung in Umbruch, NJW 1992, 2185

ders.: Treuepflichten im Aktienrecht, WM 1991, 481

Übernahmekommission (Hrsg.): Standpunkte der Börsensachverständigenkommission zur künftigen Regelung von Unternehmensübernahmen, Frankfurt am Main 1999

dies.: Drei Jahre Übernahmekodex – Bericht der Börsensachverständigenkommission, Frankfurt am Main 1999

dies.: Anmerkungen zum Übernahmekodex der Börsensachverständigenkommission, Frankfurt am Main 1996 *v. Werder, Axel:* Shareholder Value-Ansatz als (einzige) Richtschnur des Vorstandshandelns, ZGR 1998, 69

Vater, Hendrik: Die Abwehr feindlicher Übernahmen – Ein Blick in das Instrumentarium des Giftschranks, M&A 2002, 9

Walz, Rainer: Ökonomische Regulierungstheorien vor den Toren des Bilanzrechts, in: Wagner, Franz W. (Hrsg.) Ökonomische Analyse des Bilanzrechts, ZfbF Sonderheft 3, Düsseldorf 1993

Weber-Rey, Daniela / Schütz, Bernhard G.: Zum Verhältnis von Übernahmerecht und Umwandlungsrecht, AG 2001, 325

Weimar, Robert / Breuer, Jürgen H.: International verwendete Strategien der Abwehr feindlicher Übernahmeversuche im Spiegel des deutschen Aktienrechts, BB 1991, 2309

Weisgerber, Thomas: Der Übernahmekodex in der Praxis, ZHR 161 (1997), 421

Werner, Winfried: Probleme „feindlicher" Übernahmeangebote im Aktienrecht, Berlin u.a. 1989

Westermann, Harm Peter: Kurzkommentar zu BGH, Beschluss v. 17.3.97, EWiR 1997, 681

ders.: Zum Verhalten des Großaktionärs bei Umtauschangeboten gemäß § 305 AktG, AG 1976, 309

Wiedemann, Herbert: Die Unternehmensgruppe im Privatrecht, Tübingen 1988

ders.: Gesellschaftsrecht, Band I Grundlagen, München 1980

ders.: Das Abfindungsrecht – ein gesellschaftsrechtlicher Interessenausgleich, ZGR 1978, 477

ders.: Der Kapitalanlegerschutz im deutschen Gesellschaftsrecht, BB 1975, 1591

ders.: Unternehmerische Verantwortlichkeit und formale Unternehmensziele in einer zukünftigen Unternehmensverfassung – Eine rechtsvergleichende und rechtspolitische Studie, in: Festschrift für Carl Hans Barz, Berlin 1974

Wilm, Daniel: Nochmals: Abfindung zum Börsenkurs – Kommentar zu OLG Düsseldorf, NZG 2000, 1075, NZG 2000, 1070

Wirth, Gerhard / Weiler, Lothar: Änderungen des Übernahmekodex ab 1.1.1998 – Das erweiterte Pflichtangebot, DB 1998, 117

Wirtschaftsverbände: Gemeinsamer Arbeitsausschuss des Bundesverbandes der deutschen Industrie, des Bundesverbandes deutscher Banken, der Bundesvereinigung der deutschen Arbeitgeberverbände, des Industrie- und Handelstages und des Gesamtverbandes der deutschen Versicherungswirtschaft für Fragen des Unternehmensrechts, Stellungnahme zum geänderten Richtlinienvorschlag 1996 v. 29.3.1996, RV 47/96

dies.: Stellungnahme zum Richtlinienvorschlag 1989 v. 21.6.1989, RV 89/89

Witt, Carl-Heinz: Der neue Vorschlag für eine EG-Richtlinie über Übernahmeangebote, EWS 1998, 318

Witte, Jürgen: Diskussionsentwurf zur Regelung von Unternehmensübernahmen: Abwehrmöglichkeiten des Vorstands der Zielgesellschaft, BB 2000, 2161

Wolf, Martin: Konzerneingangsschutz bei Übernahmeangeboten, AG 1998, 212

Wymeersch, Eddy: Unternehmensführung in Westeuropa – Ein Beitrag zur Corporate Governance-Diskussion, AG 1995, 299

ders.: Problems of the Regulation of Takeover Bids in Western Europe: A Comparative Survey, in: Hopt, Klaus / Wymeersch, Eddy (Hrsg.), European Takeovers – Law and Practice, London u.a. 1992

ders.: The Mandatory Bid: A Critical View, in: Hopt, Klaus / Wymeersch, Eddy (Hrsg.), European Takeovers – Law and Practice, London u.a. 1992

Zimmer, Daniel: Internationales Gesellschaftsrecht: das Kollisionsrecht der Gesellschaften und sein Verhältnis zum internationalen Kapitalmarktrecht und zum internationalen Unternehmensrecht, Heidelberg 1996

Zinser, Alexander: Der Ausschluss von Minderheitsaktionären („squeeze out“) nach dem neuen deutschen Übernahmegesetz, M&A 2002, 17

Zöllner, Wolfgang: Empfiehlt es sich, das Recht faktischer Unternehmensverbindungen neu zu regeln? Referat zum 59. Deutschen Juristentag, München 1992, S. R 35

ders.: Die Schranken mitgliedschaftlicher Stimmrechtsmacht bei den privatrechtlichen Personenvereinigungen, München 1963

Kolibri 360 GmbH
Ferdinand-Jühlke-Straße 7
99095 Erfurt, Deutschland
produktsicherheit@kolibri360.de

Druck:
CPI Druckdienstleistungen GmbH
im Auftrag der
Kolibri 360 GmbH
Ferdinand-Jühlke-Str. 7
99095 Erfurt